U0679983

2007年上海市哲学社会科学规划重大项目（2007DTQ001）
上海重点学科建设项目（B406）

美国对华情报解密档案

（1948~1976）

主编：沈志华　杨奎松

第一编　中国综合状况

主编：沈志华

第二编　中国内战

主编：杨奎松

中国出版集团 東方出版中心

《美国对华情报解密档案》编辑委员会

前　　言

2004年10月，我们和本中心研究员李丹慧、北京大学教授牛军到美国华盛顿“水门”饭店参加了一次特别的学术会议。这次会议由美国国家情报委员会(National Intelligence Council)委托威尔逊国际学者中心冷战史项目(Cold War International History Project, Woodrow Wilson International Center for Scholars)主持召开，而参加者除了几位美国学者、2位俄国学者和我们4位中国学者外，其余的都是国家情报委员会和中央情报局(Central Intelligence Agency)的官员、专家。新任美国国家情报委员会主席和中央情报局局长出席了会议，著名外交家基辛格也到场做了演说。

会议内容是对当天解密的71件、共1 000余页中央情报局档案的价值以及意义进行讨论和评估。这些文件都是1948～1976年之间中情局收集的关于中国情况的情报以及对这些情报的分析和评估报告。会前一个多月，我们收到了这批当时尚未解密的档案，并按照要求分工写出了4篇评论。会上，中、美、俄三国学者交换了对这批文件的看法，并对在场的中情局官员和专家进行了询问。这批文件的解密及为此而召开的会议，应该看作是美国在“9·11”事件后对情报机构进行调整的举动之一。中情局是美国最主要、最核心的情报机构，在如此重大的事件中受到各方面的质疑，是可以想见的，检验其历史上对华情报评估的结果也是一种办法。不过，关于冷战史的研究，特别是对于我们中国学者而言，这批档案的解密更有其特殊的意义。

回到上海以后，我们深感这些对华情报评估档案的重要，决定把收集、整理、翻译这类档案作为冷战国际史研究中心的一项重大课题。2005年5月任务确定后，我们和当时正在中心做博士后的姚昱、詹欣、张民军三位年轻学者一起，开始全面收集这方面的资料。经过几个月的努力，我们收集(复印或下载)了有关对华情报的美国档案6 000余件，其来源比较复杂，主要有以下几个方面：

一、纸质本档案集

1. National Intelligence Council(ed.), *Tracking the Dragon National Intelligence Estimates on China During the Era of Mao, 1948 - 1976*, Washington, D. C.: Government Printing Office, 2004.《追踪龙脉：美国对毛泽东时代中国的国家情报评估(1948～1976)》

2. State Department(ed.), *Foreign Relations of the United States*, 1952 - 1954, Vol. XIV, China and Japan; 1955 - 1957, Vol. III, China; 1958 - 1960, Vol. XIX, China; 1961 - 1963 Vol. XXII, China, Korea, Japan; 1964 - 1968, Vol. XXX, China; 1969 - 1972, Vol. XVII, China, Washington: Government Printing Office, 1985、1986、1996、2006.《美国对外

关系文件集(FRUS)》,可见美国国务院官方网站(http://www.state.gov/r/pa/ho/)和美国威斯康星大学网站(http://digicoll.library.wisc.edu/FRUS/)

3. Woodrow J. Kuhns(ed.),*Assessing the Soviet Threat: The Early Cold War Years*,Washington D.C.: Center for the Study of Intelligence,1997.《评估苏联的威胁:冷战的早期岁月》

4. Dennis Merrill(ed.),*Documentary History of the Truman Presidency*,Washington D.C.: University Publications of America,1998.《杜鲁门总统时期历史文献》

二、缩微胶卷

1. Paul Kesaris(ed.),CIA Research Reports China,1946 - 1976,Guide compiled by Robert Lester,A Microfilm Project of University Publications of America,INC. 1982.《中情局研究报告:中国编》

2. Paul Kesaris(ed.),OSS/State Department Intelligence and Research Reports,Part III,China and India,A Microfilm Project of University Publications of America,INC.,1977.《美国战略情报局/国务院情报与研究报告(III),中国与印度》

3. Paul Kesaris(ed.),OSS/State Department Intelligence and Research Reports,Part IX,China and India: 1950-1961 Supplement,A Microfilm Project of University Publications of America,INC.,1979.《美国战略情报局/国务院情报与研究报告(IX),中国与印度,1950～1961年补编》

三、数据库

1. Digital National Security Archive(DNSA),《国家安全档案数据》,由美国ProQuest资讯公司出版。

2. Declassified Documents Reference System(DDRS),《解密文件参考系统》,由美国Gale公司出版。

四、专业网站

1. 中央情报局电子阅览室:CIA FOIA Electronic Reading Room,http://www.foia.cia.gov

2. 美国威尔逊国际学者中心国际冷战史项目:Woodrow Wilson International Center for Scholars,Cold War International History Project,http://www.cwihp.si.edu

此外还有大量零散文件是沈志华、李丹慧几年前在美国国家档案馆(The National Archives)、美国国家安全档案馆(The National Security Archive)、杜鲁门图书馆(Truman Library)和香港大学主图书馆(The University of Hong Kong Main Library)缩微胶片阅览室复制的。

收集工作大体结束以后，我们从这批档案中选出了560余件比较重要的文件，并开始组织整理和翻译工作。一年半以后，翻译工作初步完成，我们便以“美国对华情报评估：解密档案的整理与研究”为题，申请了2007年上海市哲学社会科学规划重大课题，并获得批准(项目批准号2007DTQ001)。重大课题专家评议组的专家、学者对本项目提出了许多宝贵的建议和意见，对此，我们表示十分感谢。

在介绍美国对华情报评估文件之前，我们有必要简单交代一下美国的情报机构及其下属部门的功能，以便读者了解各个机构所形成的文件之分量和使用价值，从而能够在研究中更好地利用这些文件。

美国对情报工作的重视始于第二次世界大战，在战时设立了战略情报局(Office of Strategic Services，OSS)。战后不久，即1945年9月20日，杜鲁门总统发布第9621号行政命令，指示解散战略情报局，其中的研究和分析处(Research and Analysis Branch)和论证处(Presentation Branch)转归国务院，余者由陆军部接管。① 1946年1月22日，为了统一美国的情报系统，杜鲁门以信函的形式向国务卿、陆军部长和海军部长发出了关于协调对外情报活动的指令，命令三者与总统任命的个人代表一同组成国家情报委员会(National Intelligence Authority，NIA)，并从各自所属部门抽调人员建立中央情报小组(Central Intelligence Group，CIG)。中央情报小组组长要在国家情报委员会的指导和管理下履行以下职责：对与国家安全有关的情报进行归类和评估，继而在政府内部适当地分发最终整理出来的战略和国家政策情报。期间，应充分利用国务院、陆军部和海军部各情报机构的人员和设备；制订协调国务院、陆军部和海军部各情报机构与国家安全有关的活动的计划，并在确立确保最有效地完成国家情报任务的总体政策和目标方面向国家情报委员会提出建议；为了保证以上各部门情报机构的利益，承担起在国家情报委员会看来中央组织可以最有效地完成的多个机构共同关心的工作；履行总统和国家情报委员会随时可能赋予的与国家安全情报有关的其他职责。但是，中央情报小组不得行使维持治安、执法和保证国内安全的职能。而且，除非法律和总统指令批准，否则国家情报委员会和中央情报小组不得在美国大陆及其属地行使调查权。次日，杜鲁门决定让悉尼·索尔斯(Sidney W. Souers)在确定中央情报小组组长正式人选之前临时担任中央情报小组组长，同时任命威廉·莱希(William D. Leahy)为总统在国家情报委员会中的个人代表。② 这一切标志着美国国家对外情报体制的初步形成。

1946年2月8日，国家情报委员会发布题为“中央情报小组的组织和职能”的第2号指

---

① “Executive Order 9621,” September 20, 1945, in *Foreign Relations of the United States*(以下简称*FRUS*), Special Volume, 1945－1950, Emergence of the Intelligence Establishment, Washington D. C.: U. S. Government Printing Office, 1996, pp. 44－46.

② “President Directive on Coordination of Foreign Intelligence Activities,” January 22, 1946, in *FRUS*, Special Volume, 1945－1950, Emergence of the Intelligence Establishment, pp. 178－179; “Letter From Harry S. Truman to James F. Byrnes, Robert P. Patterson and James Forrestal,” January 23, 1946, in Dennis Merrill, *Documentary History of the Truman Presidency*, vol. 23, doc. 19; “Letter From Harry S. Truman to William D. Leahy and Sidney W. Souers,” January 23, 1946, *Documentary History of the Truman Presidency*, vol. 23, doc. 20.

令,规定国务院、陆军部和海军部应向中央情报小组提供必要的人员。中央情报小组由中央情报小组组长、管理科(Administration Section)、中央报告办公室(Central Reports Staff)、中央计划办公室(Central Planning Staff)以及中央情报处(Central Intelligence Services)组成。当前,需要中央情报小组组长优先考虑的两项任务是为总统及国家情报委员会成员等人提供概括与国家安全和国外重大事件有关的重要发展形势的每日摘要(Daily Summary)并对现有的用于收集外部情报的设备设施的情况进行调研且提出适当的建议。① 此后相当长一段时间,撰写具有时事情报(Current Intelligence)性质的每日摘要一直是中央情报小组中央报告办公室②的主要职责,撰写国家情报评估居于其次。③

1947 年 7 月,美国国会通过了《国家安全法》。法案规定,国家情报委员会解散,另外成立国家安全委员会(National Security Council,NSC),并在国家安全委员会下面设立中央情报局(Central Intelligence Agency, CIA)。中央情报局应在国家安全委员会的指导下履行以下职责:在涉及与国家安全有关的政府部门和机构的情报活动的事务方面向国家安全委员会提出建议;就协调与国家安全有关的政府部门和机构的情报活动这一问题向国家安全委员会提出建议;对与国家安全有关的情报进行归类和评估,并利用现有的、适当的机构和设备在政府内部分发情报,前提条件是中央情报局不得行使维持治安、传唤和执法的权力,各部门和其他机构应继续收集自身所需的情报并对其进行评估、归类和分发,中央情报局局长有责任严守有关情报来源和方法的秘密,以防未经授权的泄密;为了保证现有情报机构的利益,从事国家安全委员会认为由中央机构可以更有效地完成的以上情报机构共同关心的其他工作;履行国家安全委员会随时可能赋予的与国家安全情报有关的其他职责。④ 1948 年,中央情报局将单独的中央情报局立法草案提交国会,但国会未来得及按程序对草案进行审议便休会了。1949 年,中央情报局再次将草案呈送国会。6 月 20 日,获得通过中央情报局法正式生效。该法案的主要意义在于赋予中央情报局不受相关法律法规的限制自由使用资金并按照预算局批准的数额与其他部门机构之间相互挪用资金的权力。⑤

1947 年国家安全法和 1949 年中央情报局法的通过一方面使中央情报局成为依法建立

---

① "National Intelligence Authority Directive No. 2," February 8, 1946, in *FRUS*, Special Volume, 1945 - 1950, Emergence of the Intelligence Establishment, pp. 331 - 333.

② 7 月该机构改名为情报研究和评估办公室(Office of Research and Evaluations),10 月再次改名为情报报告和评估办公室(Office of Reports and Estimates)。

③ https: //www. cia. gov/library/center-for-the-study-of-intelligence/csi-publications/csi-studies/studies/vol51no2/the-beginning-of-intelligence-analysis-in-cia. html

④ "Introduction of the National Security Act of 1947," in *FRUS*, Special Volume, 1945 - 1950, Emergence of the Intelligence Establishment, p. 522; "Letter From the Director of the Central Intelligence (Hillenkoetter) to the Chairman of the Senate Armed Services Committee (Gurney)," June 3, 1947, in *FRUS*, Special Volume, 1945 - 1950, Emergence of the Intelligence Establishment, pp. 574 - 575; "Memorandum for the Record," June 19, 1947, in *FRUS*, Special Volume, 1945 - 1950, Emergence of the Intelligence Establishment, p. 576; "Central Intelligence Group Memorandum," July 21, 1947, in *FRUS*, Special Volume, 1945 - 1950, Emergence of the Intelligence Establishment, pp. 577 - 578.

⑤ "Introduction of the National Security Act of 1947," in *FRUS*, Special Volume, 1945 - 1950, Emergence of the Intelligence Establishment, p. 522.

的机构，拥有了签约、财政和用人权，另一方面也充分保护了各部门情报机构的利益，将中央情报局置于由各部门首脑组成的国家安全委员会之下，允许各部门情报机构继续从事原来的工作，且并未明确赋予中央情报局收集情报和采取秘密行动[①]的权力。然而这一切并不意味着中央情报局的权力和职能从此便一成不变了，因为1947年国家安全法规定中央情报局可以从事国家安全委员会认为中央情报机构能够更有效地完成的各部门情报机构共同关心的其他工作，国家安全委员会有权随时赋予中央情报局与国家安全有关的其他职责。

置于中情局之下的情报报告和评估办公室的关注重点依旧是当前问题，其评估报告本质上仍属于"局势报告"。1950年6月，中情局由于没有预料到朝鲜战争的爆发而声誉扫地。10月，杜鲁门对中情局进行了重大改组，任命沃尔特·斯密斯(Walter B. Smith)代替罗斯科·希伦科特(Roscoe H. Hillenkoetter)出任第四任中情局长。一方面，10月20日情报顾问委员会建立了新的国家情报评估撰写机制：各部门情报机构提供与其关心领域相关的情报，中央情报局根据这些情报起草国家情报评估初稿，随后将初稿返回各部门情报机构征询评价和修改意见，继而在综合其他情报机构建议的基础上对初稿进行修订，并将终稿提交情报顾问委员会讨论。如果各情报机构之间的分歧无法得到解决，则在获得批准的国家情报评估中明确标明不同意见及其原因；一旦出现紧急事件，则召开情报顾问委员会特别会议，命令各情报机构代表立即起草国家情报评估初稿，并马上提交情报顾问委员会讨论、修改和批准。[②] 另一方面，11月13日史密斯撤销了情报报告和评估办公室，代之以国家评估委员会(Board of National Estimates，BNE)，负责撰写国家情报评估(National Intelligence Estimates，NIEs)的工作。[③] 新的国家情报评估撰写机制的建立和中央情报局内部的机构改革使中央情报局真正获得了撰写国家情报评估报告的职能。

此外，在20世纪50年代，来自情报顾问委员会的书面文件，特别是来自国务院情报研究所(Office of Intelligence Research，OIR)的文件，也颇为重要。情报研究所的贡献主要集中在所有评估及分析报告的非军事部分。那时，它几乎在全球的政治与社会情报以及在社会主义阵营之外的全部经济情报方面处于独占地位。惟是如此，除中央情报局的评估报告外，本书还选译了大量国务院的情报报告。

至60年代，中情局已拥有一个非常庞大的面向中国的情报机关。其中执行情报辅助功能的有如下几个机构：(一)联系情报来源与分析活动之间的部门是收集指导参谋部(Collection Guidance Staff，CGS)，负责向各情报收集部门提出要求。收集指导参谋部有4名负责中国事务的职员，他们每年下达或收回数以百计的关于中国的情报。(二)总务办公室(Office of Central Reference，OCR)，负责文件的获取和分发，提供文件的检索和参考服务，以及外文资料的处理。总务办公室有66名全职员工负责中国事务，包括24名翻译与7

---

① 英文为"covert action"，国内冷战史学界通常译为"隐蔽行动"。在本文中，"秘密行动"和"隐蔽行动"是通用的。

② "Minutes of a Meeting of the Intelligence Advisory Committee," October 20, 1950, in *FRUS*, 1950－1955, The Intelligence Community, 1950－1955, Washington D. C.: U. S. Government Printing Office, 2007, pp. 47－52.

③ [美]约翰·兰尼拉格：《中央情报局》，潘世强等译，范道丰校，北京：中国社会科学出版社1990年版，第224页。

名专家。他们每年获取和分发12万份文件，为8万份文件编索引，处理9.7万页中文材料，查找5 400份文件。总务办公室的传记登记簿上有9万名中国人的卷宗，发行了几部传记出版物。(三) 国外广播新闻处(Foreign Broadcast Information Service，FBIS)，负责国外广播的监听、翻译，并分发这些资料且加以分析。新闻处有52名雇员，包括5名分析家，对几百小时的中国广播(每年约10万次播送和评论)进行监听、宣传与分析。无线电宣传组(Radio Propaganda Division，RPD)检查关于对外、集团内与国内事务的中国无线电与新闻宣传。对中文宣传的分析包括在无线电宣传组的2份期刊及其特别报告中，所有无线电宣传组的出版物都被分发给各情报机构及华盛顿的其他政府部门，还要分发给美国大使馆和海外军事基地及某些北约和东南亚条约国家的政府。① (四) 国内联络处(Domestic Contact Service，DCS)，负责从国内渠道(包括侨民)收集关于中国的情报以及获取和分析中文研究成果。在华盛顿总部，有3位全职的专题官员专门对中国问题进行研究，还有5位兼职研究员，此外143名各领域的专家也在某种程度上从事与中国相关的工作。国内联络处每年出版数百份关于中国的情报报告，收集并分析无数的中国研究成果。② (五) 国防部情报局(DD/I)，有136人在国家照片分析中心(National Photographic Interpretation Center，NPIC)专门对中国进行研究。图像分析组(Imagery Analysis Division，IAD)按照中情局的要求，提供照片情报报告、大量的简报与其他服务。在1965年，图像分析组中的13名负责中国项目的全职分析员的成果几乎是图像分析组全部分析成果的五分之一。图像分析组提交的数百份关于中国的报告，主要与军事事务相关。③

负责情报撰写的机构主要有基本情报办公室(Office of Basic Intelligence，OBI)、时事情报处(Office of Current Intelligence，OCI)、研究和报告办公室(Office of Research and Reports，ORR)、国防部情报研究参谋部(DD/I Research Staff)与中情局-国防情报局联合分析组(CIA/DIA Joint Analysis Group)。基本情报办公室的职责是撰写关于中国的国家情报调查(National Intelligence Survey，NIS)，这是某种基础或背景性的情报，包括各种来源的地理及相关环境的情报及情报地图。④

时事情报办公室负责报告关于中国(除了纯粹的经济事务)的时事情报，也撰写关于中国的参考情报(即阐明当前发展的支持性材料)、基础或背景性情报(国家情报调查的政治部分)及政治研究(例如关于持不同政见者)报告。时事情报大部分是由中国和亚洲卫星国组(China and Asian Satellites Division)撰写的，该组有11名负责中共事务的全职的跨组分析家，5名负责外交，3名负责内部形势，3名负责军事问题。而负责中国先进武器与空间计划时事报告的是时事情报办公室的军事组(Military Division)，它有2名全职人员。时事情报

① China and the US，1960－1998. CH00024. pp. 1－3. 引自ProQuest Information and Learning Company的数字国家安全档案DNSA(Digital National Security Archive)。

② China and the US，1960－1998. CH00024. p. 5.

③ China and the US，1960－1998. CH00024. pp. 5－6.

④ China and the US，1960－1998. CH00024. pp. 6－9.

办公室的中国报告有三种每日报告(时事情报公告、时事情报摘要和非正式的中国组出版物——中国焦点),两种每周评论(一种是各种来源的评论,一种是秘密层面的评论),一种每月政治报告[关于中国主要局势发展的时事情报办公室/中情局负责计划的副局长(Deputy Director for Plans,DDP)联合摘要],还有每月总计达数百页的多种特别备忘录与简报。①时事情报办公室的研究成果直接送交各级美国政府。

研究和报告办公室负责有关中国的经济情报及中国军事计划的基础研究。该办公室的经济研究机构负责提供并协调来自各种渠道的有关中国大陆的经济情报。有关时事情况的研究包括继续探求对美国安全至关重要的经济恢复的前景、农业与粮食供应的问题、防务工业的状况、建设与运输的发展及对外经济关系。25 名分析家完全或主要集中于中国事务,其中 3 人做时事情报报告,4 人做关于农业的研究,10 人做工业(包括国防工业),6 人做建筑、运输和通讯的研究,3 人做外贸的研究。研究和报告办公室的军事研究领域有 5 名全职和 4 名兼职分析家进行中国事务的研究,这些研究包括武器生产与发展、武装力量中的人力与资源的分配、军事组织的开支。②

国防部情报研究参谋部负责政治研究,其 4 位中国事务分析家对中苏关系与世界共产主义运动、中国的外交与内政以及中国领导层进行深入的研究,以促进国家情报评估报告的撰写。③

中情局-国防情报局联合分析组则关注共产党军事力量发展的长期计划。④

从我们所收集档案的形式看,大体可以分为三类。第一类属于具体的各类情报或消息,大多是美国驻外使领馆或有关机构发回的电报或报告,其中包括很多道听途说的传言。这类档案在数量上占多数,不过,我们基本没有收入本文件集。第二类属于定期的或常规的情报综合分析,如国务院情报和研究署的"情报报告"、中央情报局的"国家情报评估"(NIE)等。第三类属于情报机构受命撰写的专题报告,一般是针对一些重大事件或问题专门向白宫和总统提交的文件,如中央情报局的"特别国家情报评估"(SNIE)。本套书收入的大部分是后两类档案,特别是"国家情报评估"和"特别国家情报评估"。⑤ 从 1950 年 10 月开始,这些评估最初是单纯以序列号的形式出现,例如 NIE 1、NIE 2。但是为了更好地区分各个国家或地区,从 1954 年开始中央情报局做了一些改变,变单个数字为三个数字,第一个数字代表地区(如 13 代表中国,11 代表苏联等)、第二个数字是文件的序列号、第三个数字代表年代。例如 NIE 13 - 2 - 62,表示这是 1962 年提交的关于中国的第二个文件。这一改变一直延续至今。

经过整理和编辑,我们把所选译的档案分为 15 编:第一编:中国综合状况;第二编:中

---

① China and the US, 1960 - 1998. CH00024. pp. 9 - 10.
② China and the US, 1960 - 1998. CH00024. pp. 12 - 13.
③ China and the US, 1960 - 1998. CH00024. pp. 13 - 14.
④ China and the US, 1960 - 1998. CH00024. pp. 14 - 18.
⑤ 需要说明的是,在中央情报局的文件中,我们主要收录了"国家情报评估"和"特别国家情报评估","每日摘要"、"每周摘要"(Weekly Summary)、"每周评论"(Weekly Review)以及其他有关历次隐蔽行动的文件不在选择的范围内。

国内战;第三编:中国政治;第四编:中国经济;第五编:中国军事;第六编:中国外交;第七编:台湾问题;第八编:文化大革命;第九编:中苏关系;第十编:国际共产主义运动;第十一编:中国与第三世界;第十二编:中国与朝鲜战争;第十三编:中国与印度支那战争;第十四编:中国与南亚;第十五编:美国情报机构。每一编都有一个由子课题负责人撰写的导论,介绍和分析该编的主要内容,并做必要的技术性说明。除了保留档案文件的原有注释外,为便于读者阅读,我们还增加了一些注释——译者所加为"译注",校者和编者所加为"编注"。全书最后附有附录,列出"外国人名译名对照表"和"专有名词译名对照表",供读者参考。

在阅读这批档案文件时,我们感到有以下几点应该提请读者注意:

第一,关于情报报告和情报评估所依据的情报来源。我们通过 2004 年 10 月美国有关对华情报评估学术会议上对中情局官员的询问得知,他们的所谓"情报",除了美国驻外各机构提供的信息或道听途说的消息外,主要来自在中国大陆公开出版的报刊杂志和电台的广播(通过设在中国周边国家的监听站),利用职业间谍和高空侦察等技术手段得到的资料不多——有关这部分内容的情报来源一般都在档案公布时被遮蔽了。不过,从 20 世纪 60 年代开始,美国情报部门利用高科技手段("科罗纳"间谍卫星和 U－2 间谍飞机)获取情报的情况有所增加——这一点,中情局的官员大概不愿意提起。此外,出席这次水门饭店会议的情报分析官员证实,为避免落入国民党意识形态的偏见和圈套,美国情报部门当时基本不接受、也不重视台湾情报机构收集的情报。因此可以认为,美国情报官员借以分析的情报资料及其结论,既有一定的客观性,也有一定的局限性。

第二,关于情报评估报告所依据的统计数据。既然情报来源都是中国公开的资料,那么其中的统计数据自然就是中国官方公布的。中情局的分析官员认为:"尽管这些数据常常由于没有独立资料而无法核实,但根据对目前可获得的独立资料和数据进行仔细核查和比较分析,可以说评估中的这些数据就是中共所掌握的基础经济数据,而且我们认为中共在大多数情况下,没有夸大这些数据的必要。"但是,中国官方对数据没有进行故意修改,并不能证明这些数据本身就是准确的和真实的。这里的问题主要在于基层单位上报的原始数据"定义模糊"、"采集不足",或者由于仓促上报、"计划成果汇报的压力以及为了支持某种政见"而采用了"不完整或选择性的数据"。虽然情报评估的作者已经注意到这个问题,但是他们没有其他的数据可供参考,也只能抱着"怀疑"的态度,以此为基础进行分析。这种情况在很大程度上制约了美国情报机构的分析和预测能力。

第三,关于这批档案文件的解密程度。按照保密要求,这些档案原本大多由低至高分为秘密、机密和绝密三个等级,就整体文件来说,目前已经解密。但是,其中也有一些文件的部分内容尚未解密,对此,我们在编辑时都加注予以说明了。研究者在使用这类档案时,特别是在引用未解密部分前后的文件内容时,应避免犯断章取义的错误。当然,美国档案的解密是一个不断发展的过程,有些档案开始没有完全解密,但以后会逐步扩大解密内容(当然个别也有缩小的情况)。就是说,在这里收录的少数档案中未解密的部分,将来很可能会陆续得到解密,这也是需要研究者密切关注的。

第四，关于这批档案文件的功能和作用。读者在阅读这些文件时，必须在头脑中有一个明确的概念：情报评估的结论或建议并不等于实际执行的对外政策。美国情报机构在印发文件时，经常在报告的首页提醒收件人注意文件的性质——只是情报报告，而非政府政策。中央情报局、国务院情报和研究署等重要情报机构所形成的文件，的确是美国核心决策层即白宫和国家安全委员会制定对外政策的重要依据。但是，影响美国外交决策的并非都是外部信息和局势变化，在很多情况下，美国国内因素在决策过程中发挥了更重要的影响。而这些上交给决策部门的情报报告，其建议有的会被采用，有的会被部分采用，有的则可能被束之高阁。这也是2004年10月会议上，美国中情局官员在答复学者询问时讲述的情况。

第五，关于这批档案文件的使用价值。这里收集的国家情报评估和特别国家评估虽然都是中央情报局局长提交的，但参与评估的美国情报组织不仅有中央情报局，往往还有国务院、陆海空三军、参谋长联席会议和原子能委员会的情报部门，并且最后得到了美国情报委员会的赞同。而参与文件定稿的经常有以下重要成员：国务院情报和研究署署长、陆军部负责情报的助理参谋长、海军部负责海军行动（情报）的助理参谋长、美国空军司令部负责情报的助理参谋长、联合参谋部情报局局长、美国情报局驻原子能委员会代表、特种作战部的助理国防部长、国家安全局局长、联邦调查局助理局长。因此，这些文件应该被看作是美国情报部门和精英集体研究的成果。不过，正如许多研究者已经注意到的，同一件档案文献或史料的使用价值，是根据研究对象的不同而发生变化的。对于研究美国情报机构及其作用，研究美国外交决策者的信息来源及对外部世界的认识，研究美国外交决策的程序等，我们翻译出版的这些材料都是非常宝贵的第一手资料。但是，这批档案所反映的毕竟只是美国情报机构眼中的中国状况，而远非实际上客观存在的中国状况。因此，在研究中国历史和中国问题时，使用这些文件就必须考虑到其局限性。

第六，对于读者一般比较关注的问题——美国情报官员的这些分析、评估和预测是否正确、是否准确，我们在导论中自然也会给以适当评判。不过，应该指出的是，我们把判断这些报告的结论正确或准确与否的关注点放在两个方面：中国总体及各方面的实际发展趋势；历史事件或过程的真实情况。也有两个方面我们基本不去涉及。其一，所有评估报告都是站在美国的立场、从美国的利益出发进行分析的，其理念、概念、观点、逻辑乃至用语都属西方资本主义的意识形态范畴，这是不言而喻的。对于这些，读者在阅读和分析文件时注意到就是了，而无需我们一一进行反驳，因为这里毕竟不是意识形态辩论和批判的场所。其二，在预测中国未来经济或军事实力变化前景时，如上所述，这些评估报告依据的都是当时中国官方公布的统计数字。鉴于这些统计数字的缺陷自然会影响到评估的准确性，而目前很多方面（尤其是军事、科技）的统计数据中国官方尚未公布，所以目前很难对这些具体预测指标的准确与否进行评判。

华东师范大学冷战国际史研究中心

沈志华　杨奎松

总　目　录

前言 ··· 沈志华　杨奎松　（ 1 ）

第一编　中国综合状况

导论 ··· 沈志华　（ 5 ）
1-1　中情局关于至1957年前中国潜在能力的评估报告(1954年6月3日)················ 33
1-2　中情局关于至1960年前中国能力及行动方针的预测(1956年1月5日)············ 47
1-3　中情局对中国现状及至1961年前发展的情报评估(1957年3月19日)············ 73
1-4　中情局关于中国状况及此后五年发展趋势的评估(1958年5月13日)··········· 100
1-5　中情局关于中国发展趋势的评估报告(1959年2月10日)··························· 108
1-6　中情局关于中国发展趋势的评估报告(1959年7月28日)··························· 118
1-7　中情局关于中国状况的评估及预测(1960年12月6日)······························ 134
1-8　中情局关于中国十年后发展的预测(1961年9月28日)······························ 161
1-9　中情局关于中国发展前景的评估报告(1962年5月2日)······························ 163
1-10　中情局关于中国当前政策的评估和未来发展的预测(1963年5月1日)········ 165

第二编　中　国　内　战

导论 ··· 杨奎松　（189）
2-1　国务院关于中国政治军事局势的评估报告(1945年12月11日)····················· 205
2-2　国务院关于中国政治协商会议的评估报告(1945年12月27日)····················· 211
2-3　国务院情报研究所关于中国民盟当前立场的报告(1946年2月7日)·············· 220
2-4　国务院关于支配中共军队规模主要因素的报告(1947年6月25日)··············· 232
2-5　中情局关于苏联实现在华目的的报告(1947年9月15日)···························· 239
2-6　中国事务处助理处长赖斯关于影响中苏关系的因素的报告(1947年12月18日)······ 248
2-7　国务院关于苏联在伪满洲的经济利益的报告(1948年1月27日)················· 252
2-8　国务院情报研究所关于对中共政权普遍反应的报告(1948年4月15日)········ 259

2－9 中情局关于中国的调查报告(1948 年 5 月)…… 273
2－10 中情局关于中国和平谈判前景的报告(1948 年 7 月 12 日)…… 384
2－11 中情局关于目前中国形势的报告(1948 年 7 月 22 日)…… 388
2－12 国务院关于苏联拆运日本在伪满洲工业设备的质询报告(1948 年 10 月 8 日)…… 390
2－13 国务院关于美国对华政策给国家安全委员会的报告(1948 年 10 月 13 日)…… 412
2－14 中情局关于中国可能发展趋势的报告(1948 年 11 月 3 日)…… 425
2－15 中情局关于中共领导全中国能力的报告(1948 年 12 月 10 日)…… 428
2－16 国务院情报研究所关于中共夺取政权后对远东其他地区的影响的研究报告(1949 年 1 月 24 日)…… 434
2－17 国务院情报研究所关于中国政权变更的研究报告(1949 年 2 月 14 日)…… 444
2－18 中情局研究评估署对台湾可能的发展趋势的评估(1949 年 3 月 14 日)…… 452
2－19 国务院情报研究所关于"一个失望的党员"透露的中共状况及中苏关系的报告(1949 年 3 月 22 日)…… 456
2－20 中情局关于中国发展形势的评估(1949 年 6 月 16 日)…… 465
2－21 国务院情报研究所关于中共与桂系恢复和谈的前景的研究报告(1949 年 7 月 26 日)…… 482
2－22 国务院情报研究所关于中国在远东的潜力的报告(1949 年 8 月 1 日)…… 490
2－23 国务院情报研究所关于蒋介石与非中共领导人合作前景的报告(1949 年 9 月 19 日)…… 517
2－24 国务院情报研究所关于中国政府权力的本质和范围的研究报告(1949 年 9 月 21 日)…… 524
2－25 中情局关于影响香港地位的因素的评估报告(1949 年 10 月 4 日)…… 536
2－26 中情局关于中国非共产党政权存在的可能性分析(1949 年 10 月 19 日)…… 544
2－27 国务院情报研究所关于中国对美国白皮书的最初反应的报告(1949 年 11 月 3 日)…… 552
2－28 中情局关于中国局势的备忘录(1949 年 11 月 4 日)…… 559
2－29 国务院情报研究所关于毛泽东作为理论家和领袖的研究报告(1949 年 12 月 22 日)…… 560
2－30 中情局关于台湾可能的发展形势再评估的备忘录(1950 年 5 月 11 日)…… 569

第三编 中国政治

导论 …… 张民军 (5)

第一部分 建国之初的政治运动与社会状况

3－1 国务院情报研究所关于中国的新闻自由的备忘录(1951 年 4 月 17 日)…… 17

3-2 国务院情报研究所关于朝鲜战争给中国带来的国内压力的报告(1951年12月28日) …… 20
3-3 国务院情报研究所关于中国开展“三反”、“五反”运动的报告(1952年3月12日) …… 23
3-4 国务院关于中国的“批斗会”的情报备忘录(1952年4月21日) …… 29
3-5 国务院情报研究所关于中国本土的佛教机构及其基本情况的报告(1952年9月24日) …… 33
3-6 国务院情报研究所关于中国开展的“仇美”宣传运动的报告(1953年1月15日) …… 46
3-7 国务院情报研究所关于中国采取所谓的逼供方法的报告(1953年2月19日) …… 61
3-8 国务院关于新中国政权性质分析的备忘录(1954年5月14日) …… 70
3-9 国务院情报研究所关于中国佛教政策的情报报告(1955年11月10日) …… 75

第二部分 政权机构的调整与政权的稳定性

3-10 国务院情报研究所关于1952年中国政府机构调整的分析报告(1952年12月5日) …… 76
3-11 中情局关于中国领导层与接班问题的分析报告(1964年3月20日) …… 82
3-12 中情局关于中国领导人健康状况的情报备忘录(1964年10月27日) …… 91
3-13 中情局关于中国政治问题及其前景的评估报告(1965年8月5日) …… 93
3-14 中情局关于中国领导层人事变动的情报备忘录(1966年6月17日) …… 100

第三部分 民众的态度及社会控制

3-15 国务院情报研究所关于毛泽东1957年2月27日秘密讲话的分析报告(1957年7月1日) …… 110
3-16 中情局关于1962年5月广东边民外逃香港事件的研究报告(1965年2月23日) …… 117
3-17 中情局关于1960年“信阳事件”的研究报告(1965年9月17日) …… 126
3-18 中情局关于中国的异议与反抗潜力的研究报告(1965年12月7日) …… 138
3-19 中情局关于中国民众的态度与士气的特别报告(1965年12月17日) …… 152
3-20 中情局关于中国“压迫”知识分子的特别报告(1966年4月8日) …… 157

第四部分 中国的发展政策及其趋势

3-21 中情局关于中国大陆1950年可能发生饥荒的分析报告(1950年2月3日) …… 165
3-22 国务院情报研究所关于中国1952年发展趋势的分析报告(1953年2月4日) …… 168
3-23 中情局关于中国国庆十周年庆典的预测分析报告(1959年9月1日) …… 171

3-24 海外情报活动总统委员会关于中国未来发展趋势及美国对策的报告(1960年5月23日) …… 182
3-25 中情局关于中国1961年局势的分析报告(1961年7月27日) …… 188
3-26 国务院情报和研究署关于中国20世纪60年代初的粮食危机及其影响的研究备忘录(1962年7月9日) …… 192
3-27 中情局关于中国20世纪60年代初的经济思想与实践的特别报告(1963年5月24日) …… 201
3-28 中情局关于新中国成立15年来国内政策走向的分析报告(1964年7月31日) …… 205

第四编 中国经济

导论 …… 姚昱 (227)

第一部分 中国国内经济状况

4-1 中情局关于1960年中国经济局势及问题的特别评估(1961年4月4日) …… 247
4-2 中情局关于中国1960年燃料与电力工业重大进展的备忘录(1961年6月21日) …… 256
4-3 中情局关于1961年中国粮食状况的评估(1961年9月2日) …… 267
4-4 中情局关于中国经济前景的国家情报评估(1964年1月28日) …… 269
4-5 中情局关于中国经济发展势头的预测(1964年4月) …… 278
4-6 中情局关于中国经济发展的评估与前景预测(1965年12月11日) …… 296
4-7 中情局关于中国经济发展的评估与前景预测(1966年1月13日) …… 317
4-8 中情局关于中国经济发展趋势与前景的评估(1966年4月18日) …… 324
4-9 中情局关于“文化大革命”对中国经济影响的评估(1967年1月10日) …… 348
4-10 中情局关于中国经济发展的评估(1967年6月29日) …… 350
4-11 中情局关于到1970年中国经济的评估与预测(1967年8月) …… 357

第二部分 中国对不发达国家的贸易与援助

4-12 经济情报委员会关于中国在不发达国家经济活动的情报评估(1956年3月5日) …… 378
4-13 中情局关于中国对不发达地区的政策的评估(1956年4月24日) …… 380
4-14 经济情报委员会关于中国对不发达地区经济政策的评估(1956年8月8日) …… 393
4-15 中情局关于中国对不发达地区经济政策的评估(1957年3月26日) …… 413
4-16 国务院情报研究和分析所关于中国在远东经济活动的评估(1958年2月

28 日)…………………………………………………………………………………… 416
4-17 中情局、国务院关于中国在不发达国家经济活动的情报评估(1958 年 3 月 31 日)…………………………………………………………………………………… 425
4-18 中情局、国务院关于中国在不发达国家经济活动的情报评估(1958 年 9 月 30 日)…………………………………………………………………………………… 427
4-19 经济情报委员会关于中国在不发达国家经济活动的情报评估(1959 年 8 月 28 日)…………………………………………………………………………………… 429
4-20 经济情报委员会关于中国在不发达国家经济活动的情报评估(1960 年 2 月 29 日)…………………………………………………………………………………… 431
4-21 中情局、国务院关于中国在不发达国家经济活动的情报评估(1960 年 4 月 1 日)…………………………………………………………………………………… 433
4-22 经济情报委员会关于中国在不发达国家经济活动的情报评估(1964 年 8 月 1 日)…………………………………………………………………………………… 435
4-23 中情局关于 20 世纪 60 年代中国对非洲援助的情报备忘录(1968 年 9 月 1 日)…………………………………………………………………………………… 444

第五编 中 国 军 事

导论 ……………………………………………………………………… 詹 欣 (5)

第一部分 中国战略武器计划

5-1 国务院情报研究所关于中国原子能计划的报告(1956 年 3 月 22 日)……………… 31
5-2 中情局关于中国原子能计划的评估(1960 年 12 月 13 日) …………………………… 33
5-3 中情局关于中国尖端武器能力的评估(1962 年 4 月 25 日)………………………… 44
5-4 中情局关于中国核武器计划的评估(1962 年 12 月 14 日) ………………………… 57
5-5 中情局关于中国尖端武器计划的评估(1963 年 7 月 24 日)………………………… 63
5-6 中情局关于中国核武器能力的评估(1964 年 7 月 22 日)…………………………… 70
5-7 中情局关于中国即将进行核试验的评估(1964 年 8 月 26 日)……………………… 72
5-8 中情局关于中国尖端武器计划的评估(1965 年 1 月 27 日)………………………… 75
5-9 中情局关于中国尖端武器计划的评估(1966 年 7 月 1 日) ………………………… 83
5-10 中情局关于中国尖端武器计划的评估(1966 年 11 月 3 日) ……………………… 93
5-11 中情局关于中国进口对其尖端武器计划的影响的评估(1967 年 5 月 1 日)…………………………………………………………………………………… 95
5-12 中情局关于 1966 年中国尖端武器计划的一些新进展的评估(1967 年 6 月 30 日)…………………………………………………………………………………… 105

5-13 中情局关于中国战略武器计划的评估(1967年8月3日) …… 106
5-14 中情局关于中国战略武器计划的评估(1968年4月4日) …… 115
5-15 中情局关于中国洲际弹道导弹和潜射弹道导弹计划的评估(1968年9月19日) …… 118
5-16 中情局关于中国战略武器计划的评估(1969年2月27日) …… 121
5-17 中情局关于中国战略武器计划的评估(1969年10月30日) …… 129
5-18 中情局关于中国战略武器计划的评估(1970年8月20日) …… 137
5-19 中情局关于中国战略武器计划的评估(1971年10月28日) …… 141
5-20 中情局关于中国战略武器计划的评估(1974年7月16日) …… 172

第二部分　中国军事战略与常规部队

5-21 中情局关于中国军事组织的评估(1965年3月10日) …… 193
5-22 中情局关于中国的军事政策、常规和防空部队的评估(1967年4月6日) …… 206
5-23 中情局关于中国常规和防空部队的评估(1968年8月1日) …… 216
5-24 中情局关于中国常规和防空部队的评估(1970年6月11日) …… 225
5-25 中情局关于到1977年中国军事政策的评估(1972年7月20日) …… 237
5-26 中情局关于中国的防御政策和武装力量的评估(1976年11月11日) …… 242

第六编　中国外交

导论 …… 徐友珍 (259)
6-1 美国驻香港"总领事馆"关于中国外交政策目标的电报(1953年7月16日) …… 287
6-2 国务院情报研究所关于共产党国家对中国在联合国的席位问题的态度的情报报告(1953年7月31日) …… 292
6-3 国务院情报研究所关于中国的世界观(对美国的看法)的情报报告(1956年9月) …… 298
6-4 国务院情报研究所关于中国"人民外交"的情报报告(1957年2月7日) …… 327
6-5 联邦调查局关于美国共产党领导人与毛泽东会谈的情报(1959年4月15日) …… 457
6-6 国务院情报和研究署关于周恩来外交的情报报告(1960年5月20日) …… 459
6-7 国务院情报和研究署关于中国外交政策走向的情报报告(1960年7月28日) …… 465
6-8 中情局关于中国在远东的能力和意图的特别国家情报评估(1961年11月30日) …… 468
6-9 中情局关于法国对中国政策评估的特别报告(1963年9月6日) …… 477

6-10 中情局关于新华社对外使命的特别报告(1964年2月7日) …… 480
6-11 中情局关于中国外交环境的特别报告(1964年12月31日) …… 485
6-12 中情局关于中国外交政策的国家情报评估(1965年5月5日) …… 488
6-13 中情局关于陈毅记者招待会的情报备忘录(1965年10月1日) …… 498
6-14 中情局关于中国及其当前问题的情报手册(1966年1月1日) …… 500
6-15 中情局关于中国对世界局势评估的情报备忘录(1966年3月11日) …… 541
6-16 中情局关于中国的国际姿态的国家情报评估(1970年11月12日) …… 543

第七编 台湾问题

导论 …… 双惊华 (7)

第一部分 美台关系及国际社会对台湾地位认识的问题

7-1 国务院情报研究所关于台湾"外交部长"叶公超声明的分析(1952年7月14日) …… 31
7-2 国务院情报研究所关于国际社会对美国台海政策反应的评估(1955年2月8日) …… 33
7-3 国务院情报研究所关于英国的台湾问题立场背景的分析(1955年2月14日) …… 36
7-4 国务院情报研究所关于国际社会对美国台海政策看法的分析(1955年4月18日) …… 52
7-5 国务院美国驻台北"大使馆"关于美国对台计划的评估(1956年11月6日) …… 58
7-6 国务院情报研究和分析所关于中国大陆和台湾获得国际社会承认情况的分析(1957年11月7日) …… 97
7-7 国务院情报和研究署关于国际社会对台湾地位认识的分析(1960年1月14日) …… 107
7-8 国务院情报和研究署关于国际社会对台湾和中国大陆承认情况的分析(1961年2月20日) …… 131
7-9 中情局关于台湾在联合国地位的评估(1964年4月16日) …… 142
7-10 中情局关于1966年联大会议以前蒋介石言行的分析(1966年11月30日) …… 144

第二部分 台海局势与两岸关系

7-11 国务院关于中国大陆攻占台湾的可能性的分析(1950年7月26日) …… 146
7-12 中情局关于中国共产党人与国民党人对台湾的意图和能力的分析(1950年7月27日) …… 152

7－13 国务院情报研究所关于影响中国大陆进攻台湾决策有关因素的分析(1950 年 9 月 11 日)…… 157
7－14 中情局关于中国大陆进攻台湾的“威胁”的分析(1950 年 10 月 12 日) …… 167
7－15 国务院关于背叛国民党人员的名录(1950 年 11 月 3 日)…… 169
7－16 中情局关于中国大陆的力量及其对台湾意图的评估(1951 年 4 月 10 日)…… 171
7－17 中情局关于 1952 年中国大陆的力量及其对台湾意图的评估(1952 年 4 月)…… 179
7－18 中情局关于台湾国民党政权今后实际反攻能力及对美国助国民党反攻大陆计划的可能反应之评估(1952 年 6 月 12 日以后)…… 189
7－19 国家安全委员会关于台湾局势及中国大陆对台湾意图及能力的评估(1952 年 11 月 1 日) …… 197
7－20 中情局关于在美海空军直接参与下国民党人重新夺回海南岛可能引发的反应的评估(1953 年 9 月 9 日) …… 200
7－21 中情局关于中国沿海岛屿局势的分析(1954 年 9 月 8 日) …… 208
7－22 中情局关于美国对台湾国民党政权的行动进程可能引发的国际反应的评估(1954 年 11 月 2 日)…… 216
7－23 中情局关于中共针对美国在中国沿海岛屿某些可能行动路线的反应的评估(1955 年 1 月 25 日)…… 219
7－24 国务院情报研究所关于中共在台湾海峡活动的再评估(1955 年 8 月 24 日)…… 222
7－25 国务院关于中共在某些沿海岛屿展开军事行动可能性的评估(1956 年 4 月 10 日)…… 236
7－26 中情局关于台湾海峡地区的可能发展的评估(1958 年 8 月 26 日)…… 237
7－27 中情局关于中共与苏联在台湾海峡地区的可能意图的评估(1958 年 9 月 16 日)…… 250
7－28 国务院情报研究和分析所关于台湾海峡危机期间苏联的声明及舆论反应的评估(1958 年 9 月 29 日)…… 253
7－29 中情局关于台湾海峡危机可能发展趋势的评估(1958 年 10 月 28 日) …… 263
7－30 中情局关于中共在台湾海峡地区的意图和可能采取的行动的评估(1959 年 3 月 13 日)…… 266
7－31 中情局关于台湾国民党政权的飞机在飞越中国大陆时失踪的分析(1959 年 10 月 8 日) …… 282
7－32 中情局关于台湾国民党政权对中国大陆军事行动的可能后果的评估(1962 年 3 月 28 日)…… 284
7－33 中情局关于台湾国民党政权飞机在飞越中国大陆领空时出动战斗机提供空中掩护的报告(1963 年 12 月 12 日) …… 289
7－34 中情局关于台湾国民党政权巡逻艇沉没的报告(1965 年 8 月 7 日) …… 290

7 - 35 中情局关于台湾国民党政权反攻大陆能力的分析(1965 年 8 月 18 日)………… 292
7 - 36 中情局关于蒋经国希望美台联手反对大陆演说的汇报(1965 年 9 月 22 日)…… 297
7 - 37 中情局关于在严家淦与约翰逊会谈前就台湾对大陆的军事政治意图的评估(1967 年 5 月 5 日) ………… 300

第三部分 台湾岛情与国民党政权的基本形势

7 - 38 中情局关于台湾未来发展趋势的预测(1949 年 3 月 14 日)………… 302
7 - 39 国务院情报研究所关于台湾国民党政权形势的评估(1950 年 8 月 21 日)……… 307
7 - 40 国务院情报研究所关于战后台湾岛内经济形势的评估(1953 年 8 月 10 日)…… 323
7 - 41 国务院情报研究所关于蒋经国之阅历、权力地位及执政能力的评估(1953 年 9 月 8 日) ………… 329
7 - 42 中情局关于台湾国民党政权士气的评估(1955 年 4 月 16 日)………… 336
7 - 43 国务院情报研究所关于台湾独立运动的情报报告(1956 年 8 月 8 日) ………… 344
7 - 44 中情局关于台湾国民党政权基本形势的评估(1956 年 9 月 4 日) ………… 354
7 - 45 国务院情报和研究署关于台湾国民党政权治理通货膨胀的货币政策及相关金融形势的评估(1959 年 7 月 23 日)………… 369
7 - 46 国务院情报和研究署关于台湾国民党政权基本形势的评估(1960 年 5 月 6 日) …… 376
7 - 47 中情局关于台湾国民党政权前景的基本评估(1961 年 6 月 20 日)………… 403
7 - 48 中情局关于金三角国民党残部的评估(1961 年 7 月 29 日)………… 423
7 - 49 中情局关于台湾国民党政权未能派代表参加肯尼迪葬礼的评估(1963 年 11 月 28 日) ………… 424
7 - 50 中情局关于周鸿庆事件之后台湾岛内形势的评估(1963 年 12 月 30 日) ……… 425
7 - 51 中情局关于台湾国民党政权形势的基本评估(1964 年 3 月 11 日)………… 427
7 - 52 中情局关于台湾国民党政权士气问题的特别报告(1965 年 1 月 22 日)………… 443
7 - 53 中情局关于蒋经国政治前途的评估(1965 年 8 月 5 日) ………… 447

第八编 文 化 大 革 命

导论 ………… 何 慧 (5)
8 - 1 中情局关于毛泽东做喉癌手术的情报信息电报 (1966 年 4 月 15 日) ………… 21
8 - 2 中情局关于“文革”初期政治斗争的情报信息电报(1966 年 7 月 25 日)………… 22
8 - 3 中情局关于在北京获取外国媒体信息的情报报告 (1966 年 9 月 14 日) ………… 24
8 - 4 中情局关于“文革”动乱致国家评估委员会的特别备忘录 (1966 年 9 月 23 日) …… 26
8 - 5 中情局关于林彪地位的特别报告(1966 年 9 月 23 日)………… 29
8 - 6 中情局关于中国国内政治力量分化的情报信息电报(1967 年 1 月 19 日)………… 37

8-7 中情局关于红卫兵谴责刘少奇的情报信息电报（1967年1月31日）…… 40
8-8 中情局关于“文革”对中国经济影响的情报备忘录（1967年2月）…… 43
8-9 国务院情报研究所主任关于中国对第三世界政策致国务卿的报告(1967年3月1日）…… 49
8-10 中情局关于毛泽东“老态龙钟”的情报信息电报(1967年3月2日)…… 52
8-11 中情局关于“文革”对中国经济影响的情报备忘录（1967年3月）…… 53
8-12 中情局关于“文革”动乱及政治斗争的情报备忘录（1967年4月25日）…… 59
8-13 中情局关于中国“文革”的国家情报评估（1967年5月25日）…… 91
8-14 中情局关于“文革”对中国外贸影响的情报备忘录（1967年6月2日）…… 101
8-15 中情局关于“文革”波及香港的情报备忘录（1967年7月11日）…… 106
8-16 中情局关于中国大陆局势对香港影响的情报备忘录(1967年8月25日)…… 111
8-17 中情局关于周恩来与“文革”的特别报告（1967年9月8日）…… 116
8-18 中情局关于中国局势和前景的国家情报评估(1968年5月23日)…… 122
8-19 中情局关于中国社会秩序混乱的特别报告（1968年7月19日）…… 133
8-20 中情局关于中国领导层内部矛盾的特别报告（1968年9月20日）…… 143
8-21 中情局关于中国政治安全体制的情报报告(1969年11月28日）…… 151

第九编 中苏关系

导论 …… 何 妍 （197）

第一部分 中苏结盟期(1949～1953)

9-1 中情局关于中共外交政策与党派关系的备忘录(1949年11月21日)…… 211
9-2 中情局关于毛泽东与斯大林签署条约的备忘录(1950年1月4日)…… 213
9-3 中情局关于目前苏联在中国的军事形势的报告(1950年4月21日）…… 214
9-4 中情局关于苏联向广州提供军事援助的报告(1950年4月27日）…… 219
9-5 中情局关于苏联有重大敌对行动准备的情报备忘录(1950年8月25日）…… 220
9-6 中情局关于中国政权稳定性、中苏关系的评估(1951年1月17日)…… 222
9-7 国务院情报研究所关于中苏条约及协定的报告(1951年5月23日）…… 227
9-8 国务院关于中国亲苏宣传减少的分析与评估(1951年8月10日）…… 232
9-9 国务院中国事务处关于美国挑拨中苏关系产生的影响的备忘录(1951年9月28日）…… 234
9-10 中情局关于远东地区对于苏联的战略意义的评估报告(1951年11月13日）…… 239
9-11 国务院情报研究所关于在华苏联顾问情况的情报简报(1951年12月11日）…… 246
9-12 国务院情报研究所关于中苏关系的情报分析报告(1952年1月11日)…… 248

9-13 中情局关于中苏关系的特点及其走势的评估(1952 年 8 月 10 日)………………… 252

第二部分 中苏蜜月期(1954～1957)

9-14 国务院欧洲事务局关于中苏关系及其分歧的报告(1954 年 4 月 6 日) ………… 260
9-15 国务院情报研究所关于苏联在中国新疆行为的报告(1954 年 9 月 14 日)……… 265
9-16 驻香港总领事馆关于 1954 年中苏关系给国务院的报告(1955 年 3 月 28 日) …… 284
9-17 国务院驻东京事务处官员同南使馆一秘关于中国关系的谈话备忘录(1956 年 5 月 11 日)………………………………………………………………………… 294
9-18 国务院情报研究所关于中国对共产主义阵营看法的情报报告(1956 年 12 月 3 日) ………………………………………………………………………… 295
9-19 国务院情报研究所关于周恩来访问苏东及苏联政策的情报报告(1957 年 1 月 30 日)………………………………………………………………………… 308
9-20 国务院情报研究所关于中苏在克什米尔争端的情报报告(1957 年 2 月 25 日)………………………………………………………………………… 312

第三部分 中苏分歧期(1958～1960)

9-21 国务院、国防部、参联会等关于外界对美国在远东使用核武器的反应的评估(1958 年 7 月 22 日)…………………………………………………………… 318
9-22 国务院情报和研究署关于中苏军事及核合作报道的情报备忘录(1958 年 8 月 19 日)………………………………………………………………………… 329
9-23 国务院情报和研究署关于中苏同盟的分裂及聚合因素的情报报告(1958 年 9 月 15 日)………………………………………………………………………… 331
9-24 国务院情报和研究署关于中苏关系最新发展的评估报告(1959 年 3 月 27 日)……… 349
9-25 香港总领事关于中-南-苏三角关系的电文(1959 年 4 月 16 日) …………………… 364
9-26 国务院情报和研究署关于赫鲁晓夫访华加剧中苏分歧的报告(1959 年 10 月 15 日)………………………………………………………………………… 370
9-27 国务院欧洲司关于美国对中苏关系公开评论的备忘录(1959 年 10 月 16 日) …… 379
9-28 马德里大使馆关于佛朗哥谈中苏分歧发往国务院的电报(1959 年 11 月 4 日)…… 381
9-29 驻香港总领事馆关于中苏在意识形态方面分歧的电报(1960 年 7 月 22 日)………………………………………………………………………… 383
9-30 国务院情报和研究署关于中苏分歧达到顶峰的情报报告(1960 年 8 月 3 日) …… 384
9-31 中情局关于中苏关系的预测(1960 年 8 月 9 日) ……………………………… 404
9-32 国务院情报和研究署关于苏联技术人员撤离中国的情报报告(1960 年 8 月 30 日)………………………………………………………………………… 430

第四部分　中苏分裂期(1961～1969)

9－33　中情局关于中苏分歧及其影响的分析和预测(1961 年 4 月 1 日) …………………… 433
9－34　中情局关于中苏关系前景的评估和预测(1962 年) ……………………………………… 456
9－35　中情局关于中苏分歧对北越及其政策影响的评估报告(1963 年 6 月 26 日)…… 469
9－36　中情局关于中苏边境新疆地区地理情况的情报备忘录(1964 年 2 月) ………… 475
9－37　中情局关于中苏边境东北地区地理情况的情报备忘录(1965 年 5 月) ………… 482
9－38　中情局关于中苏关系前景的评估与预测(1966 年 12 月 1 日)………………………… 489
9－39　中情局关于中苏关系现状的备忘录(1969 年 8 月 8 日) ……………………………… 497
9－40　中情局关于中苏分裂的评估与预测(1969 年 8 月 12 日)……………………………… 500

第十编　国际共产主义运动

导论 ……………………………………………………………………………… 郭　洁　(5)
10－1　中情局关于远东共产主义运动弱点的情报备忘录(1949 年 9 月 20 日) ………… 25
10－2　国家安全委员会关于 1953 年中期苏联阵营形势的评估报告(1952 年 11 月 1 日)…………………………………………………………………………………… 50
10－3　中情局关于 1953 年中期苏联阵营潜能的评估报告(1952 年 11 月 12 日) ……… 57
10－4　中情局关于 1954 年中期苏联阵营潜能的评估报告(1952 年 12 月 15 日) ……… 66
10－5　中情局关于 1955 年中期共产党在亚洲行动的评估报告(1954 年 3 月 15 日) ………………………………………………………………………………… 75
10－6　中情局关于 1954～1957 年间共产党在亚洲行动的评估报告(1954 年 11 月 23 日)……………………………………………………………………………… 83
10－7　中情局关于 1965 年国际共产主义运动的高级研究报告(1959 年 7 月 20 日)…… 97
10－8　中情局关于 1960 年《各国共产党和工人党代表会议声明》的高级研究报告 (1961 年 2 月 17 日)……………………………………………………………………… 111
10－9　中情局关于国际共产主义运动中权威与控制的评估报告(1961 年 8 月 8 日) …… 130
10－10　中情局关于苏联及其他社会主义国家政治发展的评估报告(1962 年 2 月 21 日) ……………………………………………………………………………… 148
10－11　中情局关于中国在世界各国共产党中影响力增强的特别报告(1963 年 5 月 17 日) ……………………………………………………………………………… 169
10－12　中情局关于国际共产主义运动前景的评估报告(1964 年 6 月 10 日) ………… 175
10－13　中情局关于中国在国际共产主义运动中日渐“孤立”的特别报告(1966 年 8 月 5 日)……………………………………………………………………………… 187

第十一编　中国与第三世界

导论 ……………………………………………………… 牛可 刘青（199）
11-1　中情局关于签订对日和约前景的评估(1947年11月14日) …………………… 217
11-2　中情局关于1951年中苏袭击日本的可能性的评估(1951年8月17日) ……… 226
11-3　国务院情报研究所关于共产党在亚洲的和平运动的评估(1952年5月27日)…… 230
11-4　国务院情报研究所关于中共“侵入”缅甸的分析报告(1953年7月16日)……… 235
11-5　国务院情报研究所关于亚洲共产党战略中中国地位的评估(1953年8月6日) ……………………………………………………………… 238
11-6　中情局关于1957年之前共产党在亚洲行动方针的估测(1954年11月23日)……………………………………………………………… 248
11-7　国务院情报研究所关于中国在亚非会议上立场的分析报告(1955年1月20日)……………………………………………………………… 262
11-8　国务院情报研究所关于中国创建亚洲工会代表大会的分析(1955年1月24日)……………………………………………………………… 268
11-9　国务院情报研究所关于中国在万隆会议上立场的分析报告(1955年5月20日)……………………………………………………………… 275
11-10　国防部关于中苏阵营向拉美“渗透”的评估(1955年12月14日)…………… 279
11-11　中情局关于缅甸今后几年发展的全面评估(1956年4月10日) …………… 294
11-12　国务院情报研究所关于中国对外关系状况的分析报告(1956年7月25日) …… 308
11-13　国务院情报研究所关于中缅边境问题的分析报告(1956年8月29日) ……… 311
11-14　国务院情报研究所关于中国对马来亚华侨政策的情报报告(1957年2月18日) ……………………………………………………………… 318
11-15　中情局关于中国在亚洲非共产党地区角色的分析(1957年12月3日) ……… 325
11-16　中情局关于马来亚联邦及新加坡局势的分析与预测(1958年1月14日) …… 338
11-17　国务院情报和研究署关于中国军队撤离朝鲜的影响的分析报告(1958年3月17日) ……………………………………………………………… 356
11-18　国务院情报和研究署关于苏联阵营对不发达地区进行医疗援助的报告(1958年12月9日) ……………………………………………………… 361
11-19　中情局关于中苏支持拉美革命给白宫的报告(1959年4月11日) …………… 363
11-20　中情局关于中苏在拉美的“渗透”与“争夺”的报告(1960年2月26日) ……… 365
11-21　布福德关于东西方力量对比发展趋势研究计划的备忘录(1960年3月4日) …… 375
11-22　中情局关于中国在非洲的“政治和经济攻势”的情报报告(1960年8月29日) ……………………………………………………………… 377

11－23 中情局关于共产党对东南亚条约组织反应的特别评估报告(1961年10月10日) …… 387
11－24 中情局关于琅南塔陷落影响的评估报告(1962年5月9日) …… 390
11－25 中情局关于中苏论战中朝鲜立场的分析和展望(1964年3月6日) …… 394
11－26 中情局关于企图推翻刚果政府的流亡者组织的评估(1964年5月22日) …… 399
11－27 中情局关于中国在非洲活动的分析和评估(1964年6月19日) …… 402
11－28 中情局关于刚果共和国政治日渐左倾的特别报告(1964年10月30日) …… 409
11－29 中情局关于印尼存在的主要问题和前景的特别备忘录(1965年1月26日) …… 415
11－30 中情局关于巴基斯坦外交政策的特别报告(1965年4月16日) …… 420
11－31 中情局关于中国在非洲各国活动的备忘录(1965年4月30日) …… 424
11－32 中情局关于中国对尼泊尔影响的特别报告(1965年5月7日) …… 437
11－33 中情局关于重新评估尼雷尔的特别备忘录(1965年6月10日) …… 441
11－34 中情局关于中苏在北非、中东及南亚的战略战术的特别评估报告(1965年7月15日) …… 447
11－35 中情局关于中国与阿拉伯各国关系的特别报告(1965年9月17日) …… 475
11－36 中情局关于刚果局势的情报备忘录(1966年2月24日) …… 481
11－37 中情局关于中国在印尼遇到挫折的特别报告(1966年4月1日) …… 484
11－38 中情局关于中国对阿富汗政策的情报备忘录(1966年6月2日) …… 489
11－39 中情局关于亚洲共产党将谈判作为政治策略的报告(1966年11月) …… 491
11－40 中情局关于哥伦比亚共产党所受国内外影响的情报报告(1967年3月) …… 495
11－41 中情局关于共产党在非洲“颠覆”活动的情报备忘录(1967年10月19日) …… 511
11－42 中情局关于佐藤在日本的地位的特别报告(1967年11月9日) …… 517
11－43 中情局关于桑给巴尔目前混乱局势的情报备忘录(1968年12月2日) …… 524
11－44 中情局关于中国与缅甸叛乱关系的情报报告(1971年7月) …… 529
11－45 中情局关于南沙群岛争端的评估备忘录(1971年8月) …… 535
11－46 中情局关于泰国叛乱评估的情报备忘录(1972年10月30日) …… 539
11－47 中情局关于中共对第三世界民族党发展友好关系的报告(1978年8月14日) …… 550
11－48 国防情报局关于中国对阿富汗局势反应的评估报告(1983年3月) …… 552

第十二编　中国与朝鲜战争

导论 …… 邓　峰 (5)
12－1 艾奇逊关于美国是否重新占领三八线致保罗的电报(1950年7月12日) …… 27
12－2 战略联合计划委员会关于朝鲜军事形势的评估报告(1950年7月14日) …… 29
12－3 中情局关于朝鲜战争初期中苏动向的评估报告(1950年7月19日) …… 34

12-4 中情局关于朝鲜战争初期中国军事目标的评估(1950 年 8 月 16 日) …………… 35
12-5 中情局关于中国出兵朝鲜可能性的评估备忘录(1950 年 9 月 8 日)……………… 37
12-6 中情局关于中国是否介入朝鲜的评估报告(1950 年 9 月 15 日) ……………… 40
12-7 中情局关于中苏介入朝鲜能力的评估报告(1950 年 9 月 20 日) ……………… 42
12-8 中情局关于中国是否介入朝鲜的评估报告(1950 年 9 月 30 日) ……………… 44
12-9 中情局关于中国是否介入朝鲜的评估报告(1950 年 9 月 30 日) ……………… 45
12-10 中情局关于中国是否介入朝鲜的评估报告(1950 年 9 月 30 日)……………… 46
12-11 中情局关于中国是否介入朝鲜的评估报告(1950 年 10 月 3 日)……………… 47
12-12 中情局关于中苏是否介入朝鲜的评估报告(1950 年 10 月 6 日)……………… 48
12-13 中情局关于中国是否介入朝鲜的评估报告(1950 年 10 月 9 日)……………… 50
12-14 中情局关于中苏在远东意图和能力的评估(1950 年 10 月 12 日) ……………… 51
12-15 中情局关于如果中苏介入朝鲜后远东局势的评估(1950 年 10 月 12 日) ……… 53
12-16 中情局关于中国是否介入朝鲜的评估报告(1950 年 10 月 16 日) …………… 63
12-17 中情局关于中苏是否介入朝鲜的评估报告(1950 年 10 月 18 日) …………… 64
12-18 中情局关于中国是否介入朝鲜的评估报告(1950 年 10 月 20 日) …………… 66
12-19 国务院关于驻外机构对中国意图评估的备忘录(不早于 1950 年 10 月 23 日)……………………………………………………………………… 67
12-20 中情局关于中国是否介入朝鲜的评估报告(1950 年 10 月 28 日) …………… 71
12-21 中情局关于中国是否介入朝鲜的评估报告(1950 年 10 月 30 日) …………… 72
12-22 中情局关于中国是否出兵朝鲜的评估报告(1950 年 10 月 31 日) …………… 73
12-23 中情局关于中国出兵朝鲜致总统备忘录(1950 年 11 月 1 日)………………… 74
12-24 中情局关于中国出兵朝鲜情况的评估报告(1950 年 11 月 2 日)……………… 76
12-25 中情局关于中国军队在朝鲜作战的评估报告(1950 年 11 月 3 日)…………… 78
12-26 中情局关于中国出兵朝鲜情况的评估报告(1950 年 11 月 6 日)……………… 79
12-27 参谋长联席会议关于中国出兵朝鲜致远东司令部电报(1950 年 11 月 8 日)…… 84
12-28 参谋长联席会议关于中国出兵朝鲜致国防部长备忘录(1950 年 11 月 9 日)…… 85
12-29 关于是否动用原子弹打击中国军队的备忘录(1950 年 11 月 9 日)…………… 89
12-30 中情局关于中国出兵朝鲜意图的评估报告(1950 年 11 月 10 日) …………… 91
12-31 中情局关于中国出兵朝鲜后世界局势的评估报告(1950 年 11 月 15 日) ……… 92
12-32 中情局关于中国介入战争情报评估的总结备忘录(不早于 1950 年 11 月 15 日)……………………………………………………………………… 97
12-33 中情局关于中国介入朝鲜战争意图的评估报告(1950 年 11 月 17 日)………… 100
12-34 作战参谋部关于中国军队致远东司令部的电报(1950 年 11 月 20 日)………… 102
12-35 国务院关于中国介入朝鲜战争的评估报告(1950 年 11 月 22 日)…………… 106
12-36 中情局关于中国出兵朝鲜的评估报告(1950 年 11 月 24 日)………………… 109

12－37 国家安全局关于利用通讯情报系统侦查中国出兵朝鲜的总结报告(不早于1950年11月26日) …… 111
12－38 中情局关于中国介入朝鲜战争的情报研究所做的评注(不早于1950年11月26日) …… 119
12－39 中情局关于苏联空军是否保卫中国东北的评估报告(1950年11月27日)…… 121
12－40 国防部关于中国出兵后美国下一步行动意见的备忘录(1950年11月28日)…… 123
12－41 国务院情报研究所关于中国的朝鲜战争宣传的评估报告(1950年11月29日) …… 125
12－42 中情局关于是否在朝鲜使用台湾军队的备忘录(1950年12月27日)…… 130
12－43 中情局关于在南朝鲜坚守桥头堡的评估报告(1951年1月11日) …… 134
12－44 第八集团军作战研究室关于中国军队作战状况的评估备忘录(1951年1月27日) …… 136
12－45 参谋长联席会议关于中国大陆与台湾军事状况致国防部长备忘录(1951年3月16日) …… 147
12－46 中情局关于共产党方面停战目标的特别评估报告(1951年7月6日)…… 155
12－47 中情局关于朝鲜战争对中国内部局势影响的评估报告(1951年7月10日) …… 161
12－48 中情局关于停战谈判失败后远东局势的特别评估报告(1951年8月6日)…… 166
12－49 中情局关于共产党方面对朝鲜的影响及拟采取行动的评估报告(1951年12月7日) …… 174
12－50 中情局关于美国行动引起的后果的特别评估报告(1951年12月15日)…… 183
12－51 中情局关于共产党方面在朝鲜的能力和意图的预测报告(1952年6月10日) …… 186
12－52 中情局关于共产党方面在朝鲜的能力和意图的评估报告(1952年7月30日) …… 190
12－53 中情局关于共产党方面在朝鲜的能力及拟采取行动的评估报告(1953年4月3日)…… 201
12－54 中情局关于共产党方面对联合国军行动反应的特别评估报告(1953年4月8日)…… 214
12－55 参谋长联席会议关于朝鲜战争的总结报告(1954年3月)…… 219

第十三编　中国与印度支那战争

导论 …… 赵学功 (225)
13－1 中情局关于影响中国对印度支那军事政策的各种因素的报告(1950年6月1日) …… 243

13 - 2 中情局关于印度支那抵御中国“入侵”前景的报告(1950 年 9 月 7 日) ………… 248
13 - 3 中情局关于 1951 年印度支那局势可能的发展的评估报告(1951 年 8 月 7 日) …………………………………………………………………… 256
13 - 4 中情局关于至 1952 年中期印度支那局势可能的发展的评估报告(1952 年 3 月 3 日) …………………………………………………………… 261
13 - 5 中情局关于中国和苏联对美国在东南亚某些行动的反应的评估报告(1954 年 6 月 15 日)…………………………………………………………… 266
13 - 6 中情局关于中共与越共在各自国家夺权指示比较的报告(1954 年 10 月 8 日) …………………………………………………………………… 271
13 - 7 中情局关于共产党对美国在老挝和北越的其他行动的反应(1962 年 6 月 12 日)……………………………………………………………………… 275
13 - 8 中情局关于共产党国家对美国在东南亚行动的反应的报告(1963 年 6 月 18 日)……………………………………………………………………… 277
13 - 9 中情局关于法国对印度支那政策的特别备忘录(1964 年 2 月 5 日) …………………… 281
13 - 10 中情局关于中国在东南亚防空能力的特别报告(1964 年 7 月 17 日) ………… 284
13 - 11 中情局关于共产党的军事态势、能力与东南亚的特别备忘录(1964 年 12 月 31 日) …………………………………………………………………… 288
13 - 12 中情局关于共产党的军事能力与近期在老挝和南越的意图的报告(1965 年 2 月 1 日)……………………………………………………………………… 291
13 - 13 中情局关于中国支持扩大印度支那战争的特别报告(1965 年 2 月 12 日) …… 294
13 - 14 中情局关于共产党对美国针对北越的军事行动可能做出的反应的评估报告(1965 年 2 月 18 日) ………………………………………………… 299
13 - 15 中情局关于共产党对美国可能的行动的反应(1965 年 4 月 6 日)………… 303
13 - 16 中情局关于共产党国家就柬埔寨问题举行日内瓦会议态度的报告(1965 年 4 月 26 日) ………………………………………………………………… 308
13 - 17 中情局关于苏联未来在越南行动的特别备忘录(1965 年 4 月 27 日) ………… 311
13 - 18 中情局关于共产党国家对美国某些行动的反应的评估报告(1965 年 4 月 28 日) …………………………………………………………………… 314
13 - 19 中情局关于共产党对美国某些行动可能的反应的评估报告(1965 年 6 月 2 日)……………………………………………………………………… 320
13 - 20 中情局关于共产党谈判立场变化的备忘录(1965 年 6 月 21 日) ……………… 324
13 - 21 中情局关于对美国可能采取的行动的反应的评估报告(1965 年 6 月 28 日) …… 327
13 - 22 中情局关于共产党与非共产党国家对美国一项可能的行动方针的反应的评估报告(1965 年 7 月 23 日) ………………………………………………… 329
13 - 23 中情局关于苏联和中国对北越军事援助状况的特别报告(1965 年 9 月 3 日) …… 335

13-24 中情局关于共产党对美国行动方针的可能反应的评估报告(1965年9月22日) …… 339
13-25 中情局关于中国在北越军事态势可能的变化的备忘录(1965年10月17日) …… 346
13-26 中情局关于中国在北越军事存在的备忘录(1965年10月20日) …… 347
13-27 中情局关于北越和中国近期对作战相关药品进口增长的备忘录(1965年12月16日) …… 351
13-28 中情局关于中国在越南意图的评估报告(1966年7月29日) …… 361
13-29 中情局关于当前中国对越南局势意图的评估报告(1966年8月4日) …… 364
13-30 中情局关于中国在北越地位的备忘录(1966年8月5日) …… 365
13-31 中情局关于中国在北越军事力量的备忘录(1966年9月29日) …… 369
13-32 中情局关于中苏分裂对苏联援助北越的可能影响的备忘录(1967年2月10日) …… 374
13-33 中情局关于共产党对美国各种行动的反应的备忘录(1967年5月23日) …… 377
13-34 中情局关于中越摩擦的备忘录(1967年6月21日) …… 382
13-35 中情局关于柬埔寨与越共关系的备忘录(1967年11月16日) …… 387
13-36 中情局关于中国对印度支那形势反应的评估报告(1970年5月28日) …… 392
13-37 中情局关于中国对老挝战事发展反应的评估报告(1971年2月18日) …… 398
13-38 中情局关于1970～1974年共产党对北越军事与经济援助情况的报告(1975年) …… 403

第十四编 中国与南亚

导论 …… 戴超武 (7)
14-1 中情局关于中印关系的情报文摘(1951年3月30日) …… 25
14-2 中情局关于印度在东西方冲突中的立场的评估(1951年9月4日) …… 31
14-3 中情局关于1951年底克什米尔问题发展前景的评估(1951年9月14日) …… 35
14-4 国务院情报研究所关于印度和巴基斯坦同苏联集团进行经贸往来的报告(1952年7月1日) …… 44
14-5 国务院情报研究所关于苏联和中国同印度发展经济、文化关系的报告(1952年7月22日) …… 48
14-6 国务院情报研究所关于尼赫鲁对共产主义、苏联和中国的态度的报告(1953年7月24日) …… 59
14-7 中情局关于中国提供给印度5万吨钢材的信函(1956年3月9日) …… 77
14-8 国务院情报研究所关于苏联集团与印度开展经贸活动的报告(1957年4月

29 日） …… 78
14－9 国务院情报研究所关于苏联集团与巴基斯坦开展经贸活动的报告（1957 年 5 月 3 日） …… 103
14－10 行动协调委员会关于西藏反叛的备忘录（1959 年 3 月 31 日） …… 108
14－11 中情局关于达赖喇嘛的报告（1959 年 4 月 23 日） …… 109
14－12 国务院情报和研究署关于印度对华政策以及印度内政外交的报告（1959 年 11 月 25 日）…… 111
14－13 中情局关于中印关系的评估（1960 年 5 月 17 日） …… 116
14－14 国务院情报和研究署关于印度对华政策的报告（1961 年 3 月 7 日）…… 123
14－15 中情局关于印度处理果阿事件及其影响的电报（1961 年 12 月 27 日）…… 129
14－16 中情局关于中印冲突近期展望及其影响的评估（1962 年 11 月 9 日） …… 131
14－17 中情局关于中印冲突的前景和影响的评估（1962 年 12 月 14 日）…… 140
14－18 中情局关于印度经济与中印冲突的备忘录（1962 年 12 月 14 日）…… 144
14－19 中情局关于中印争端概况的分析（1962 年 12 月 18 日）…… 147
14－20 中情局关于国际形势的电报（1963 年 7 月 5 日）…… 151
14－21 中情局关于印度第三个五年计划的报告（1963 年 8 月 16 日） …… 153
14－22 中情局关于苏联支持印度发展钢铁工业的报告（1963 年 8 月 26 日） …… 157
14－23 中情局关于印度共产党同印度劳工组织的关系的分析（1964 年 4 月 17 日） …… 162
14－24 中情局关于印度共产党党派斗争的报告（1964 年 8 月 21 日） …… 166
14－25 中情局关于印度对中国试爆原子弹的反应的电报（1964 年 10 月 18 日）…… 171
14－26 中情局关于印度发展核武器的电报（1964 年 10 月 22 日）…… 172
14－27 中情局关于印度核计划的分析（1964 年 11 月 6 日） …… 173
14－28 中情局关于印度边界防御的分析（1964 年 11 月 20 日）…… 176
14－29 中情局关于印度发展前景的评估（1964 年 12 月 10 日）…… 181
14－30 中情局关于巴基斯坦发展前景的评估（1965 年 3 月 24 日） …… 183
14－31 中情局关于中国在尼泊尔的影响的报告（1965 年 5 月 7 日） …… 185
14－32 中情局关于印巴问题的评估（1965 年 8 月 18 日） …… 188
14－33 中情局关于中国对克什米尔危机的意图和能力的评估（1965 年 9 月 7 日）…… 191
14－34 中情局关于中国向印度施加威慑力的分析（1965 年 9 月 8 日）…… 194
14－35 中情局关于中国向印度发出最后通牒的分析（1965 年 9 月 15 日） …… 196
14－36 中情局关于中国军队在中国-尼泊尔边界采取行动的报告（1965 年 9 月 15 日）…… 198
14－37 中情局关于中国对印巴战争政策的评估（1965 年 9 月 16 日） …… 199
14－38 中情局关于中国在拉达克地区的进攻对印巴冲突的影响的备忘录（1965 年 9 月 17 日） …… 200
14－39 中情局关于中国军队进入拉达克地区的电报（1965 年 9 月 18 日） …… 201

14－40 中情局关于印巴战争后果的备忘录(1965 年 9 月 25 日) …… 202
14－41 中情局关于中巴在 1965 年印巴战争中进行合作的备忘录(1965 年 10 月 14 日) …… 206
14－42 中情局关于印度核武器能力的评估(1965 年 10 月 18 日)…… 215
14－43 中情局关于印巴对美国某些行动方针的反应的评估(1965 年 12 月 7 日) …… 218
14－44 中情局关于英迪拉・甘地出任印度新总理的分析(1966 年 1 月 20 日) …… 227
14－45 中情局关于印度和巴基斯坦对外政策的评估(1966 年 7 月 7 日)…… 230
14－46 中情局关于印度军方对发展原子能看法的电报(1966 年 8 月 2 日)…… 232
14－47 中情局关于印巴军备竞赛及其对经济影响的评估(1967 年 8 月 3 日)…… 233
14－48 中情局关于中印发生边界冲突的电报(1967 年 9 月 13 日) …… 235
14－49 中情局关于柯西金访问印度期间印苏官员会谈的电报(1968 年 2 月 2 日)…… 236
14－50 中情局关于印度与苏联官员讨论中国问题的电报(1968 年 2 月 3 日)…… 240
14－51 中情局关于甘地同柯西金会谈内容的电报(1968 年 2 月 6 日)…… 243
14－52 中情局关于巴基斯坦局势的评估(1969 年 2 月 6 日)…… 247
14－53 中情局关于印度和巴基斯坦政治及经济发展趋向的评估(1970 年 10 月 20 日) …… 252
14－54 中情局关于 1970 年 12 月 7 日巴基斯坦国民大会选举的预测(1970 年 11 月 27 日) …… 271
14－55 中情局关于印巴局势的备忘录(1971 年 12 月 7 日) …… 273
14－56 中情局关于中国介入印巴战争的能力的评估(1971 年 12 月 7 日) …… 277
14－57 中情局关于印度击败巴基斯坦的影响的分析(1971 年 12 月 9 日) …… 280
14－58 国务院关于孟加拉领导层的评估(1971 年 12 月 17 日)…… 284
14－59 中情局关于孟加拉国成立的记述(1971 年 12 月 23 日)…… 286
14－60 中情局关于印度粮食状况的评估(1972 年 8 月)…… 301
14－61 中情局关于印度发展前景的评估(1974 年 7 月)…… 312
14－62 中情局关于西藏问题的报告(1977 年)…… 332

第十五编　美国情报机构

导论 …… 梁　志　(347)
15－1 多诺万关于建立中央情报机构给总统的信函(1945 年 4 月 30 日)…… 373
15－2 多诺万关于建立中央情报机构的备忘录(1945 年 8 月 25 日)…… 378
15－3 李海关于建立中央情报部门的备忘录(1945 年 9 月 19 日)…… 383
15－4 杜鲁门关于战略情报局的解散及其职能归属的行政命令(1945 年 9 月 20 日)…… 386
15－5 杜鲁门关于解散战略情报局给多诺万的信函(1945 年 9 月 20 日)…… 388

15 - 6 杜鲁门关于建立中央情报处的备忘录(1945 年 11 月 7 日)…… 389
15 - 7 克利福德关于中情局问题的报告(1945 年 12 月初)…… 390
15 - 8 索尔斯关于中情局问题的备忘录(1945 年 12 月 27 日)…… 391
15 - 9 贝尔纳斯和福里斯特尔关于协调情报活动给杜鲁门的信函(1946 年 1 月 7 日)…… 400
15 - 10 克利福德关于协调情报活动的指令(1946 年 1 月 8 日)…… 403
15 - 11 克利福德关于建立国家情报委员会的行政命令草案(1946 年 1 月 8 日)…… 405
15 - 12 杜鲁门关于建立国家情报委员会的行政命令草案(1946 年 1 月 12 日)…… 407
15 - 13 麦格鲁德关于陆军部战略情报分队获取情报优势的备忘录(1946 年 1 月 15 日)…… 410
15 - 14 克利福德关于建立国家情报委员会的总统指令的新闻稿(1946 年 1 月 18 日)…… 415
15 - 15 杜鲁门关于建立国家情报委员会和中央情报小组的批示(1946 年 1 月 18 日)…… 416
15 - 16 关于建立国家情报委员会和中央情报小组的总统指令的备忘录(1946 年 1 月 18 日)…… 419
15 - 17 克利福德关于建立国家情报委员会和中央情报小组的总统指令的备忘录(1946 年 1 月 21 日)…… 420
15 - 18 克利福德关于建立中央情报组织的总统指令的备忘录(1946 年 1 月 21 日)…… 422
15 - 19 克利福德关于司法部长批准总统指令定稿的备忘录(1946 年 1 月 21 日)…… 423
15 - 20 杜鲁门关于协调情报活动的指令的备忘录(1946 年 1 月 22 日)…… 425
15 - 21 白宫关于建立国家情报委员会和中央情报小组的总统指令的新闻稿(1946 年 1 月 22 日)…… 426
15 - 22 杜鲁门关于建立国家情报委员会和中央情报小组的指令(1946 年 1 月 22 日)…… 428
15 - 23 杜鲁门关于任命主要情报官员致国务卿等人的信函(1946 年 1 月 23 日)…… 430
15 - 24 杜鲁门关于李海和索尔斯任命的信函(1946 年 1 月 23 日)…… 432
15 - 25 财政部长关于执行协调情报活动的总统指令给杜鲁门的信函(1946 年 2 月 5 日)…… 433
15 - 26 国家情报委员会第二次会议的会议记录(1946 年 2 月 8 日)…… 434
15 - 27 国家情报委员会第 1 号指令(1946 年 2 月 8 日)…… 436
15 - 28 查普曼关于执行情报协调活动的总统指令给杜鲁门的信函(1946 年 2 月 21 日)…… 438
15 - 29 帕特森关于任命范登堡为中央情报小组组长的备忘录(1946 年 5 月 28 日)…… 439
15 - 30 索尔斯关于中央情报小组工作进展报告的备忘录(1946 年 6 月 7 日)…… 440

15-31 福里斯特尔关于任命范登堡将军给杜鲁门的信函(1946 年 6 月 8 日)………… 445
15-32 埃尔西关于建立中情局的立法提案的备忘录(1946 年 7 月 17 日) ……………… 446
15-33 国家情报委员会第四次会议的会议记录(1946 年 7 月 17 日) ………………… 448
15-34 李海关于美国在拉美情报工作交接事宜的备忘录(1946 年 8 月 12 日) ……… 453
15-35 李海关于中央情报小组接管原子能委员会情报职能的备忘录(1946 年 8 月 21 日) …………………………………………………………………… 454
15-36 蒙塔古关于中央情报小组研究和评估办公室重要人员聘任的备忘录(1946 年 9 月 24 日) …………………………………………………………………… 455
15-37 范登堡关于特别行动办公室的职能的备忘录(1946 年 10 月 25 日)…………… 457
15-38 福兹海默关于中央情报小组立法提案的备忘录(1946 年 11 月 26 日)………… 459
15-39 赖特关于建立中情局的立法提案的备忘录(1946 年 12 月 2 日) ……………… 461
15-40 埃德加关于中央情报小组每日和每周摘要的备忘录(1947 年 1 月 2 日)……… 469
15-41 埃尔西关于范登堡与克利福德 1947 年 1 月 8 日谈话的备忘录(1947 年 1 月 9 日)…………………………………………………………………… 473
15-42 福兹海默关于中央情报小组建议提交的议案的备忘录(1947 年 1 月 28 日) ……… 474
15-43 国家情报委员会关于第九次会议的会议记录(1947 年 2 月 12 日) …………… 478
15-44 蒙塔古关于中央情报小组每日和每周摘要问题的备忘录(1947 年 2 月 26 日) …………………………………………………………………… 483
15-45 埃尔西关于中央情报小组提交的法案草案的备忘录(1947 年 3 月 14 日) …… 485
15-46 埃尔西关于国家对外情报体制问题给克利福德的信函(1947 年 3 月 19 日) ……… 486
15-47 埃尔西关于中情局法案问题给克利福德的备忘录(1947 年 4 月 4 日)………… 489
15-48 1947 年国家安全法中涉及的中情局部分(1947 年 7 月) ……………………… 491
15-49 美国参众两院关于 1947 年的国家安全法(1947 年 7 月 26 日)……………… 493
15-50 希伦科特关于 1947 年国家安全法实施问题的备忘录(1947 年 9 月 11 日)…… 499
15-51 国家安全委员会第一次会议的议事日程(1947 年 9 月 19 日) ………………… 501
15-52 莱关于国家安全委员会第一次会议日程给索尔斯的信函(1947 年 9 月 25 日) …………………………………………………………………… 505
15-53 国家安全委员会第一次会议的会议记录(1947 年 9 月 26 日) ………………… 507
15-54 国家安全委员会第一次会议的声明(1947 年 9 月 26 日) ……………………… 509
15-55 希伦科特关于 1947 年国家安全法的备忘录(1947 年 10 月 2 日)…………… 511
15-56 希伦科特关于 1947 年国家安全法的备忘录(1947 年 10 月 15 日) ………… 514
15-57 莱关于希伦科特撤回有关设立国家安全委员会分委会建议给索尔斯的信函(1947 年 10 月中旬) …………………………………………………… 516
15-58 希伦科特关于国家安全委员会执行秘书的建议的备忘录(1947 年 10 月 17 日) …………………………………………………………………… 517

15-59 克拉克关于中情局职能和性质的备忘录(1947年12月3日) …… 519
15-60 布什关于中情局组织形式问题的备忘录(1947年12月5日) …… 522
15-61 国家安全委员会第1号情报指令(1947年12月12日)…… 523
15-62 国家安全委员会第三次会议的会议记录(1947年12月12日)…… 525
15-63 康奈利关于建立中情局问题给莱斯特的信函(1947年12月13日)…… 528
15-64 莱关于美国公众舆论对情报体制看法的备忘录(1947年12月19～29日)…… 529
15-65 国家安全委员会关于利用国内情报信息来源的情报指令(1948年2月12日) …… 532
15-66 希伦科特关于特别行动办公室追加职能问题的备忘录(1948年3月22日) …… 534
15-67 斯蒂尔曼关于国会议员德维特演讲的备忘录(1948年4月24日) …… 537
15-68 希伦科特关于国家安全委员会建立特别计划办公室的指令草案给莱的信函(1948年6月9日)…… 538
15-69 索尔斯关于特别计划办公室问题给国家安全委员会的报告(1948年6月18日) …… 540
15-70 休斯敦关于管理政策协调处的职责和权力的备忘录(1948年10月19日)…… 543
15-71 威斯纳关于政策协调处的计划的备忘录(1948年10月29日)…… 547
15-72 威斯纳关于杜勒斯-杰克逊-科雷亚报告的备忘录(1949年2月14日) …… 549
15-73 1949年中央情报局法(1949年6月20日) …… 552
15-74 国务卿和国防部长关于中情局和国家情报组织问题给国家安全委员会的报告(1949年7月1日)…… 558
15-75 希伦科特关于国家安全委员会批准杜勒斯报告的备忘录(1949年7月12日) …… 566
15-76 财政科关于中情局与经济合作署经济关系的备忘录(1949年10月17日) …… 570
15-77 休斯敦关于当前中情局面临的基本问题的备忘录(1950年8月29日) …… 572
15-78 史密斯关于中情局每日摘要内容的备忘录(1950年9月21日) …… 575
15-79 杜鲁门关于希伦科特辞职一事给他的信函(1950年10月10日) …… 577
15-80 威斯纳关于国家安全委员会第10/2号文件及其相关问题的备忘录(1950年10月12日)…… 579
15-81 柯克帕特里克关于特别行动办公室问题的备忘录(1951年6月8日)…… 580
15-82 杜勒斯、杰克逊和威斯纳的个人简介(1951年8月23日)…… 581
15-83 中情局人员会议纪要(1951年10月22日)…… 583
15-84 莱关于秘密行动的范围和进度给国家安全委员会的报告(1951年10月23日) …… 585
15-85 福兹海默关于中情局拨款问题的备忘录(1951年10月25日)…… 587

15-86 史密斯关于中情局局长报告的备忘录(1952年4月23日) …… 589
15-87 史密斯关于中情局秘密活动处组织结构的备忘录(1952年7月15日) …… 592
15-88 杜鲁门关于史密斯离任给他的信函(1953年1月16日) …… 595
15-89 索尔斯对中情局的由来及其个人经历的回忆(1954年12月15日) …… 596
15-90 杜鲁门关于管理中情局问题给莫尔斯的信函(1963年2月22日) …… 604
15-91 杜鲁门关于建立中情局的原因给莫尔斯的信函(1963年3月14日) …… 606
15-92 杜鲁门关于建立中情局的初衷给莫尔斯的信函(1963年4月11日) …… 607
15-93 杜鲁门关于对中情局功能评价给诺伊斯的手写备忘录(1963年12月1日) …… 608
15-94 杜鲁门关于恢复中情局原有功能的文章(1965年12月11日) …… 609
15-95 克兰斯顿关于杜鲁门对中情局功能看法的国会记录(1975年1月23日) …… 612

附录

一、外国人名译名对照表 …… 615
二、专有名词译名对照表 …… 632

第一编　中国综合状况

目　录

导论　沈志华 / 5
1－1　中情局关于至 1957 年前中国潜在能力的评估报告(1954 年 6 月 3 日) / 33
1－2　中情局关于至 1960 年前中国能力及行动方针的预测(1956 年 1 月 5 日) / 47
1－3　中情局对中国现状及至 1961 年前发展的情报评估(1957 年 3 月 19 日) / 73
1－4　中情局关于中国状况及此后五年发展趋势的评估(1958 年 5 月 13 日) /100
1－5　中情局关于中国发展趋势的评估报告(1959 年 2 月 10 日) / 108
1－6　中情局关于中国发展趋势的评估报告(1959 年 7 月 28 日) / 118
1－7　中情局关于中国状况的评估及预测(1960 年 12 月 6 日) / 134
1－8　中情局关于中国十年后发展的预测(1961 年 9 月 28 日) / 161
1－9　中情局关于中国发展前景的评估报告(1962 年 5 月 2 日) / 163
1－10　中情局关于中国当前政策的评估和未来发展的预测(1963 年 5 月 1 日) /165

导　论

沈志华

本专题为“中国综合状况”。顾名思义，这里包含的内容是美国有关中国情报的全面性、整体性的评估和预测，其中大体涉及政治、经济、军事、外交几个方面。在我们对所选译的300多件档案进行分类时，已经专门列出了“中国政治”、“中国经济”、“中国军事”、“中国外交”等专题。在那些专题中，对问题的分析和论述更为详细，也更加专门化，而列入本专题的文件都是从总体上对这几个方面加以综合讨论的。我们没有把这些文件进行分解并列入上述各个专题，一方面是这样做难免破坏文件的整体性，另一方面，更重要的是，这样做的结果将不可避免地抹杀这些文件单独存在的价值。美国情报机构的评估报告，大量的是对一些突发或重要事件进行讨论，或对一些专门问题进行阶段性研究。除此之外，从1954年开始，美国中央情报局几乎每一至二年都要对其所收集的对华情报做一次综合性评估，并预测未来几年中国的发展趋势。这些文件反映了中情局乃至美国主要情报机构对中国政策取向及发展趋势的最终认识和判断，而这种认识和判断往往是在其他专门评估报告的基础上归纳、提炼或升华而来，因此显得更为重要而不可替代。

列入本专题的共10个文件，其中包括1954～1963年这10年间的8个综合性国家情报评估报告，即本编1－1、1－2、1－3、1－4、1－6、1－7、1－9、1－10文件，这里的每一个评估报告都要对当前中国的现状和政策取向做出评判，更主要的是对未来几年内中国的政策和发展趋势做出预测。这种报告之所以不间断地提出，是因为随着形势和情况的变化，中情局的看法也在不断改变。因此，后面出现的评估报告，经常是对前一份评估报告的修正或补充。①另有一份专门的国家情报评估即本编1－5文件，专题分析“大跃进”和人民公社问题，因为正如文件指出的，在中情局看来，这两年发生的“大跃进”和人民公社运动，其“意义超过了自共产党1949年执政以来其他任何国内的发展”。本专题还收入了一件特别国家情报评估报告即本编1－8文件，这是中情局对中国10年后发展的预测，带长期预测的性质，虽然没有特别的价值，但还是有一定的代表性。至于1964年以后的国家情报评估，我们把它们列入了另一个具有特殊意义的专题——“中国的文化大革命”。

显示这些文件重要性的还在于它们有一个共同的特点，即这些文件虽然都是美国中央情报局局长提交的，但参与评估的情报组织不仅有中央情报局，往往还有国务院、陆海空三军、参谋长联席会议和原子能委员会的情报部门，并且最后得到了美国情报委员会的赞同。

---

① 正是由于这一特点，本专题的文件之间重复的内容很多。考虑到篇幅问题，有些内容基本相同的地方，我们做了节略的处理。

而参与文件定稿的经常有以下重要成员：美国国务院情报和研究署署长、陆军部负责情报的助理参谋长、海军部负责海军行动(情报)的助理参谋长、空军司令部负责情报的助理参谋长、联合参谋部情报局局长、美国情报局驻原子能委员会代表、特种作战部的助理国防部长、国家安全局局长、联邦调查局助理局长。因此,这些文件应该被看作是美国情报部门和精英集体研究的成果。

阅读和研究这些文件时,应该注意到两个技术性前提。

第一,评估报告所依据的情报来源。通过 2004 年 10 月美国有关对华情报评估学术会议上对中情局官员的询问得知,他们的所谓“情报”,除了美国驻外各机构道听途说的消息外,主要来自在中国大陆公开出版的报刊杂志和电台的广播(通过设在中国周边国家的监听站),利用职业间谍或高空侦察等技术手段得到的资料不多。这个说法是可信的。① 有研究表明,到 1949 年 6 月,中央情报局已经撤退了在中国大陆的所有工作人员,如果需要则派遣特工人员潜往大陆搜集情报。到 1956 年,由于派遣工作屡遭失败,中情局便关闭了所有旨在对付中国的海外行动中心。② 此外,出席这次水门饭店会议的情报分析官员证实,为避免落入国民党意识形态的偏见和圈套,美国情报部门当时基本不接受、也不重视台湾情报机构收集的情报。因此可以认为,美国情报官员借以分析的情报资料及其结论,既有一定的客观性,也有一定的局限性。

第二,评估报告所依据的统计数据。既然情报来源都是中国公开的资料,那么其中的统计数据自然就是中国官方公布的。在本编 1－3 文件中,中情局的分析官员认为:“尽管这些数据常常由于没有独立资料而无法核实,但根据对目前可获得的独立资料和数据进行仔细核查和比较分析,可以说评估中的这些数据就是中共所掌握的基础经济数据,而且我们认为中共在大多数情况下,没有夸大这些数据的必要。”但是,中国官方对数据没有进行故意修改,并不能证明这些数据本身就是准确的和真实的。这里的问题主要在于基层单位上报的原始数据“定义模糊”、“采集不足”,或者由于仓促上报、“计划成果汇报的压力以及为了支持某种政见”而采用了“不完整或选择性的数据”。特别是 1958～1959 年“大跃进”时期的数据,其可靠程度更要大打折扣。虽然评估报告的作者已经注意到这个问题,但是他们没有其他的数据可供参考,也只能抱着“怀疑”的态度,以此为基础进行分析。

下面分总体评估、政治问题、经济问题、军事问题、外交问题五个方面,综合介绍一下本专题的文件内容。重点在于:

第一,突出中央情报局对于中国问题的关注点,特别是那些过去我们在分析问题时往往

① 不过,从 20 世纪 60 年代开始,美国情报部门利用高科技手段(“科罗纳”间谍卫星和 U－2 间谍飞机)获取情报的情况有所增加,中央情报局下属科技分局在这方面起到了巨大作用。这一点,中情局的官员大概不愿意提起。

② Memorandum Howe to Butterworth, 22 June 1949, NARA, RG 59, Entry 1561, Box 7; Evan Thomas, The very best men, New York, 1995, p. 157。转引自 *Ю. Тотров* Американская разведка в Китае(1945 - 1956гг.)// Проблемы дальнего востока, 2002, №2, с. 117、121。

不太注意的地方；

第二，突出美国情报分析部门和官员观察问题的角度和分析问题的方法，看看与我们研究问题时的做法有何不同；

第三，突出在不同的历史阶段他们对各种情报所做评估及发展趋势所做判断的相同之处和不同之处，从而看看从朝鲜战争结束到“文化大革命”开始前这10年之间，美国在整体上对中国的认识和理解有没有变化，有哪些变化。

最后，对于人们一般比较关注的问题——美国情报官员的这些分析、评估和预测是否正确、是否准确，我们自然也会给以适当评判。不过，应该指出的是，我们把判断这些报告的结论正确或准确与否的关注点放在两个方面：中国总体及各方面的实际发展趋势；历史事件或过程的真实情况。也有两个方面我们基本不去涉及。其一，所有评估报告都是站在美国的立场、从美国的利益出发进行分析的，其理念、概念、观点、逻辑乃至用语都属西方资本主义的意识形态范畴，这是不言而喻的。对于这些，读者在阅读和分析文件时注意到就是了，而无需我们一一进行反驳，因为这里毕竟不是意识形态辩论和批判的场所。其二，在预测中国未来经济或军事实力变化前景时，如上所述，这些评估报告依据的都是当时中国官方公布的统计数字。鉴于这些统计数字的缺陷自然会影响到评估的准确性，而目前很多方面（尤其是军事、科技）的统计数据中国官方尚未公布，目前很难对那些具体预测指标的准确与否进行评判。

关于总体评估

对于朝鲜战争后中国发展趋势的总体评估，中央情报局首先着眼于判断中共领导人的目标和理想。

1954年6月本编1-1文件认定：“中国共产党人的长远目标是把中国建设成为一个具有自身经济军事实力基础、在东亚和南亚占据统治地位的苏联模式的国家。”为此，“他们将继续逐步扩大经济中的国有部门，削减和抑制私营企业，并建立大型合作式和集体式农庄。他们仍将最优先考虑基础工业和交通运输业的发展。中共政权也将投入大量资源加强其武装力量的现代化，作为执行其外交政策的实力基础”。

1956年1月本编1-2文件认为：“中共政权决心把农业占主导的经济转变成苏联模式的工业化国家”，“在东亚消除西方（特别是美国）的影响和势力，取得控制权”，“对台湾和其他他们认为传统意义上属于中国的地方建立起控制”，并“作为世界上一个主要大国获得认可”。中国的总体目标是“促进国际共产主义运动”的发展。

1960年12月本编1-7文件指出，由于“在过去11年中，共产党中国在工业、军事力量、对人民的组织和管理上都取得了突出成就”，并受到“共产主义的理想主义和中国的民族主义这种复杂的心理鼓舞”，中共领导人“决心尽快把中国建设成一个占领导地位的世界强国”，并将“加速共产主义的建设”。

从这三个时间段的报告可以看出，在中情局眼中，到20世纪60年代，中国未来目标的特点集中在三个方面:“苏联模式”,“共产主义”,“占有领导地位的世界强国”。这无疑表明,在国家发展目标的设定上,中国就是美国在冷战环境下和意识形态上的敌人,并早晚会成为其全球竞争的潜在对手。

在对中国实际地位进行不间断的评判时,中央情报局发现,在中共掌握政权后的10年间,中国正在以惊人的速度接近其所设定的目标。

到1956年初本编1-2文件中,中情局认为:“中国共产党人已经在中国大陆牢固地确立了他们的控制,并且正干劲十足地沿着苏联模式的路线尝试改造经济制度、社会制度,建设军事力量。在苏联的帮助下,武装力量得到极大的增强并在很大程度上得以现代化了,经济产量大部分都达到或超过了战前的峰值。由于其成就和蒸蒸日上的国力,共产党中国在亚洲的威望和影响已经大大地增强了。”1957年3月本编1-3文件认定:“在过去的七年里,中国共产党人有效控制了中国大陆地区并建立了一个与苏联结盟且敌视美国的强大中央政府”,“彻底改变了中国社会的许多基本特质”。因而,“中国在非共产世界的影响力有了显著提高,在亚洲尤其能感受其力量的存在”。

经过“大跃进”运动后,中情局1959年7月本编1-6文件断定:尽管中国国力还远远低于美国和苏联,但是,“在其执政的第10个年头,中国共产党人已牢牢地控制了中国大陆,国家经济飞速增长,共产党中国在世界事务中的分量也不断上升”。到1960年底,中国的经济发展开始进入了一个特殊的困难时期。这时,本编1-7文件的认识是:虽然“面临着一些最严重的问题”,但“中国经济继续保持快速增长,同时在军事力量上也保持稳定增强,这使得该政权更接近实现其主要世界强国的目标”。显然,对于中国发展速度的这种判断,相应地决定了美国把中国设定为主要或危险敌人这一思考进程的速度。

在这个判断的基础上,该文件对中国未来5～10年的发展预测是:“到1965年,无论共产党中国是否是联合国会员,它都将实实在在地成为世界主要强国之一。”“北平的政策会处于相对平和的方式和彻底的强硬态度之间,但是对美国强烈的仇恨以及渴望推动共产主义世界革命的情绪仍然会在北平的外交政策中占主导地位。几乎可以肯定地说,共产党中国的傲慢和自负也会成为苏联的一个主要担忧。同时共产党中国给美国的利益带来的危险,特别是在亚洲地区还会增长。”本编1-8文件认为,到1971年,中国将拥有8.5亿的人口,继续拥有世界上最庞大的常备军和军事储备。煤、钢、电力的产量可能跻身世界前三位,但“质量、多样性和生产的技术水平仍然明显低于日本、苏联和西方工业化国家”。无论如何,那时的中国仍将显示出“冷酷、坚定、统一并对美国有着根深蒂固的敌意”,其“作为世界主要权力中心之一的地位将会大大加强”。

如果说从意识形态和国家利益对立的角度出发,美国情报部门有意无意地过分突出了其潜在对手的发展,那么在对经济发展的实际状况进行预测时,他们还是保持了比较冷静和客观的态度。在中国经济发生困难的第三个年头,中情局分析官员对情况的判断已经没有那么肯定了,本编1-9文件认为:“未来中国共产党的走向主要取决于三个不可预测的变数:领导人的智慧和现实性;农业生产的水平;对外经济关系的性质和范围。在过去的几年中,这三个变数全都不利于中国。1958年,领导人发起了一系列错误的、极端的经济和社会改革;1959年是三个歉收年景的头一年;1960年苏联停止了绝大部分的经济与技术援助。这三个因素共同造成了国家经济的混乱。越来越多的人营养不良,对外贸易下降,工业生产和发展急剧下滑。现在还看不出该政权的经济状况有马上恢复的迹象。”

应该承认,中情局对于造成中国三年经济困难的原因,进行了比较客观的分析。不仅对这三个因素的概括是全面的、符合实际的,而且其排列顺序也非常合理:人的因素第一,自然因素第二,外来因素第三。更重要的是,这三个变数,特别是第一项,确实对以后中国经济发展的前景具有决定性的意义。在困难时期,中国领导人提出了“调整、巩固、充实、提高”的八字方针,对国家发展采取了一种比较务实的政策。这一点,美国人也是看在眼里的。1963年5月本编1-10文件指出,中国的“国内形势似乎有些许改善”。不过,报告也预言,“在未来的五年内”,“荒谬的教条主义政策、恶劣的天气以及其他不利因素综合起来将会导致彻底的经济停滞”。前景究竟如何,“一个关键的问题是,中共领导人是否会在面临强大的意识形态冲动的情况下保持一种务实的路线”。后来的历史进程不幸被中央情报局言中:在“意识形态冲动”下发生的“文化大革命”,确实把中国带入了一个相对来说“经济停滞”的发展期。

关于政治问题

在政治方面,美国情报分析专家主要集中讨论的三个问题是:政治体制的形成及其特点,政权的稳定性和社会控制,国家领导人现状和继承人问题。

关于中国的政治体制,中情局在20世纪50年代的几个评估报告中确定了两个特点:第一是高度集权,第二是党政合一。1954年6月本编1-1文件就指出:“中共已经对苏联式行政及政治方面的制度和管理技术加以改造以适应中国的条件”,并且“强行建立了一套垂直管辖至村一级的统一的政体结构”;“中国的根本权力属于共产党并被授权给党的中央委员会政治局”,而政治局的主要成员也都是行政机关的领导人,并且从中央到地方都是这样一种“党政一体”的模式。此后不久,6月19日,中央人民政府决定撤销大行政区一级行政机构,同时合并若干省、市建制。于是,1956年1月本编1-2文件说:中国政府“最近进行了改组,控制权进一步集中到北平”。还说,中国共产党“统治和控制着政府机构”,尽管缺乏关于党内权力分配的情报,但“党的主席毛泽东的至高无上似乎是绝对的。毛既是党的政治局和中央委员会书记处的主席,也是政府的正式首脑”。一年后,本编1-3文件又写道:政府被中国共产党完全掌控,国家和地方大部分重要的政府职位都由中共党员担任。从中央到下面最小的行政区,都设立了与政府组织机构平行的中共党组织机构。北京的指令从政府和党两条渠道下达。

或许是考虑到中共在中国政治体制中这种特殊的地位,在60年代初期的评估中,已经不再讨论国家体制问题,而集中分析党的情况了。本编1-4、1-7文件认为,中共为保证党的活力而采取了不断发展新党员的做法。1949年以后，党员队伍不断膨胀，到1960年底已经达到1600万人，比苏联还多400万人，“成为世界上最大的共产党”。为了解决党内矛盾，树立党的绝对权威和统一性，中国采取了两种措施：一是“更新纪律措施”，针对党内不同意见开展批评运动——1959年的反对“右倾机会主义”运动就是典型；一是通过开展学习毛泽东著作选读本的运动大力推崇“毛的意识形态”，为“‘毛个人崇拜’潮流注入新的动力”。党的活力就是国家的活力，党的团结就是国家的团结，党的制度就是国家的制度，这一点，中情局看得很清楚。

对于中共政权稳定性的考察，始终是中情局评估报告不可或缺的内容，其结论是：尽管出现了各种各样的问题和困难，这个政权一直都是稳固的。

中情局的报告指出：“1949年，该政权面临着普遍的经济崩溃，面临着12年实际上不间断战争造成的普遍困顿。”就是面对如此严重的障碍，“共产党人进行了大规模的政治及社会变革，他们基本上清除了有效的反抗。他们极大地恢复了国家经济并对之建立起控制”。① 在1955～1956年的“社会主义过渡阶段”，面对巨大的阻力，中共一方面借助苏联的经验，一方面根据自己的经验，运用“松紧结合”的策略，通过“党对权力的垄断和国家对经济关键部位的直接控制”，对“中国传统社会体系”进行了改造，并摧毁了他们眼中的敌对势力“可能具有的凝聚力和独立领导能力”。② 在1956～1957年，尽管合作化运动引起了农民的不满，反右派运动打击了知识分子的积极性，“超速度的改造也造成了国内普遍的压力和紧张”，但是，这“还没有发展到威胁共产党领导地位的危险程度，对生产的阻碍也没有发展到限制中国经济进一步增长的严重程度”；“我们相信中共有能力继续牢固和有效地控制中国大陆。党的领导人继续显示了内聚力和决断力，同时具有一定程度上的灵活性”。③

至于保证国家稳定和社会控制的手段，中情局认为中共采取了镇压和宣传相结合的方针。除了“一系列镇压运动”，中共还通过“一个大规模高度协调的宣传机构”，“竭力向人民灌输一种加入‘新中国’的感受”，“激励国人的民族自豪感”。④ 美国人也注意到了具有中国特色的社会控制手段：“中共政权拥有大量训练有素的警察、民兵和安全机构，同时辅以告密者网络和对单独家庭进行监督的地方‘居民委员会’。党的控制通过社会和职业两条线建立的群众组织系统得到进一步加强。这种群众组织系统负责动员支持共产主义纲领的居民各类团体，同时也是进行宣传和教化的渠道。”因此，“民间不同政见和几乎不可避免会爆发的地方不满都不会威胁到中共政权的生存或者其对大陆地区的控制力”。⑤ 说中国民间有“告密者网络”不免言过其实，但所说“居民委员会”确是看到了中国社会的独

① 见本编1-1文件。
② 见本编1-2文件。
③ 见本编1-4文件。
④ 见本编1-1文件。
⑤ 见本编1-3文件。

到之处。

到1960年，“大跃进”造成的混乱和危急已经显露，人民公社的许多激进措施也被迫放弃。与此同时，党的领导层“也有着明显的不同看法”（庐山会议）。这时中情局认为，人民群众，特别是农民，“面对不得不肩负的沉重负担引发的不满和对事实的觉醒可能会有所加强”，中共政权也“将面临越来越多的问题，需要解决公众的冷漠、疲劳和消极抵制”。但是，“共产党中国在对人民的管理和领导人的自信心方面，总体上还是表现出显著的能力”。除了通常的统治手段，在中情局看来，这一时期能够保证稳定局面的因素还有以下几点：党的领导人采取各种措施避免特殊化和脱离群众，如干部下放劳动（连毛泽东也去参加集体劳动）；在全国范围内大规模建立起民兵制度，这支拥有2.2亿人、“分布广泛的民兵的主要任务显而易见是在经济和政治领域”；取代判刑定罪和送入劳改营，对于思想的教育和批判已经成为形成“社会压力”的“主要手段”。因此，人们“对政权依然是拥护的，他们中很多人对共产党中国迅速成为一个世界强国感到骄傲”。“在任何情况下，我们目前都看不到对政权的延续存在着什么严重的威胁，无论在党内还是在党外。”[①]甚至在经历了三年经济困难的严重危机之后，尽管看到中国面临着种种困难，中情局依然认为这种局势不会“恶化到在不久的将来引发突如其来的、大规模的抵制”。相反，由于最困难的时刻已经过去，“北平领导人的自信心增强了”，“他们相信通过这些磨炼他们已经确立了政权的合法性”。[②]

总的说，这些看法还是比较客观的。不过，这里有一个问题似乎需要提及，即在“文化大革命”以前，当时中国民众的不满主要是针对基层干部的，而对于党和政府，特别是毛泽东本人，广大人民是衷心拥护并寄予极大希望的，因此才有“大跃进”和人民公社运动一哄而起的景象，才有调整时期经济迅速恢复的良好局面。这一点，中情局分析官员大概没有留心，或者根本就没有想到。

评估报告反复提到的另一个看法是值得引起注意的，即以高压手段保证社会稳定的长期效果问题。无论是镇压还是灌输，对于解决社会矛盾和平息社会不满，都属于一种压制性措施，而这种措施的长期效果是值得怀疑的。中情局1954年本编1-1文件谈到，由于“压制措施已经在许多人群中造成了恐惧气氛”，“1949年中共政权所获得的发自内心的大量支持已经消散了”。尽管恐惧和不满未必反映了当时中国社会多数人的心态，但随着时间推移，这一现象迟早会出现，特别是在社会精英和知识分子中间。在那场横扫全国的反右运动以后，中情局1958年本编1-4文件预测，“由于意识到中共政权的力量，并明白没有选择的余地，大多数中国人大概会继续默许共产党的统治”。到1960年底，本编1-7文件的说法是：那些工作过度、食不果腹、苦不堪言的中国人对中共政权的态度，用“最恰当说法就是顺从”。沉默和顺从不是没有意见，不是没有不满，只是在高压的手段下没有表露出来。任何

① 见本编1-6文件。
② 见本编1-7文件。

国家，任何社会制度，都有其内在的社会矛盾，甚至冲突。一个“世界主要强国”成功崛起的标志之一，就是具有在体制内随时化解这些矛盾和冲突的能力，而不是通过压制把它们积留下来。除了必要的强制手段，解决社会问题的主要途径应该是疏导，通过相应的机制和渠道把那些不利于国家稳定的因素和能量释放出来，并引上正确方向——促使有关机构正视社会问题和民间呼声。从这一点看，“文革”前中国的社会稳定中确含有不稳定因素——1966年突然爆发的社会大动乱固然有种种原因，但宣泄积留已久的不满情绪恐怕也是一个重要因素。

评估报告用大量篇幅讨论了中国权力核心的动态，其中特别是对毛泽东的健康状况及其所引起的继承人问题的预测。对于一个被认为是高度中央集权的政治体制，这种关心是必然的，也是可以想见的。

在1954年本编1-1文件中，中情局认为：“中国领导阶层显示出党内精英的内聚力和稳定性。共产党领导人通过自1921年共产党成立以来他们在革命战争中的共同经历而紧密团结在一起。”尽管“高饶事件”的发生说明“分歧与竞争的存在，并暗示在刘少奇和周恩来周围存在着不明帮派”，但并“无确凿证据证实在上层梯队内明显组建了派系”。即使时年60岁的毛泽东因“身体状况欠佳”而“退休或去世”，但无论是“共同掌权式的接班”，还是由刘少奇或周恩来作为继任者，都不会严重影响“中共政权管理和控制中国的能力”。

1956年本编1-2文件指出，“由于毛现在62岁了，并可能健康状况欠佳，毛的接班人问题将变得重要起来”。而“在毛去世的情况下”，因为在中共领导层没有任何人“拥有绝对权威的地位”，中情局认为，中共“可能会努力建立某种形式的集体领导”。同时，因为刘和周“在重大政策上所表达的观点并没有冲突之处”，所以他们及其他领导人之间的分工和不同背景“似乎更可能成为贯彻已同意过的政策的互补力量，而不是严重冲突的根源”。

中共八大召开以后，中情局对于中共领导核心的分析和评论就更加详细了。首先可以肯定的是，“中共最高领导层仍持续显示出其显著的持续性、统一性和稳定性”，而“毛的个人威望和影响力并未因苏联对‘个人崇拜’的抨击而减弱”。引起美国情报官员注意的是，中共中央委员会增加的103名委员和候补委员，这说明“中共高层机构增加了新鲜血液”。其中“最值得注意的个人提升就是邓小平被任命为中共中央委员会总书记，他在13位原政治局成员中很明显是年纪最轻的，却进入了政治局常委会”。评估报告再次谈到继承人的问题：“如果毛泽东去世或失去能力”，很可能出现的情况是由朱德接替毛泽东的国家领导人的位置，而实际权力由集体领导班子掌握。① 尽管可能出现权力之争并降低政策的灵活性，“但不会威胁到中共政权控制国家的能力”。②

---

① 见本编1-3文件。1945年6月19日，中共七届一中全会选举了13位中央政治局委员：毛泽东、朱德、刘少奇、周恩来、任弼时、陈云、康生、高岗、彭真、董必武、林伯渠、张闻天、彭德怀。后任弼时病逝，高岗自杀。1955年4月4日召开的七届五中全会补选林彪、邓小平为政治局委员。

② 见本编1-4文件。

1959年初毛泽东宣布辞去国家主席一职，在西方引起了广泛猜测。中情局经过分析认为，虽然在一系列政策方针上党内都存在着分歧意见，但“毛泽东的决定不是党内有任何反对他领导的意见而促动的，而是像官方宣布的，他希望集中精力去解决政策问题和共产主义理论问题。作为党的主席，他仍是国家的一号人物”。其理由是，“如果党内出现一个打算排挤毛的集团，按照逻辑应先把毛从党主席的位置上撤掉，保留国家主席来维持他的公众威望和象征意义”。但是，对于毛以后的情况，这时的估计就比较严重了：“毛的缺位可能会导致共产党的办事效率、活力及其在共产主义世界的声望下降”，而且“党内可能出现分裂”。①

庐山会议以及随后开展的党内反右倾运动使美国情报官员认识到，“虽然在过去的三年间党内一直持续着激烈的争论”，但“总体而言党的领导层并没有被激烈的党派之争所困扰，毛似乎继续控制着党及其制定的政策。毛的权威以及来自党领导层中其他很多成员的积极拥护，使得毛的观点可能仍占主导地位，而且党派之争在他有生之年将不会成为严重的问题”。即使毛泽东去世——鉴于毛当时67岁，中情局认为他可能在几年内去世，暂时出现的集体领导结构也会使党内的有关政策的激烈争论趋于相互妥协，而总体上不会引起中共的共产主义政策和统治能力出现基本的变化。② 1963年本编1－10文件进一步指出，“政权仍然被掌控在长征老同志那一小圈人手里”，而且“最后的权力仍然在毛泽东手里”。但是，这个领导团体“存在着一个日益严峻的问题——他们中几乎所有人都已经60多岁或70多岁了。毛泽东今年就要70岁了”。

中情局官员们之所以一直盯住毛泽东的年龄不放，并不断讨论毛以后的权力继承问题，就是因为他们认为，“越到晚年，毛泽东对权力抓得越紧，中共对国家权力的掌控正在从党的集权转向个人集权”。所以，对于中国政治问题的分析和讨论最后集中到这一点。

关于经济问题

对于中国20世纪50年代的经济发展，中央情报局最基本的判断是：取得了惊人的成就，面临着严重的问题，与世界主要大国相比还处于落后的水平。

1954年本编1－1文件指出：“尽管共产党人在恢复中国经济方面取得了相当大的进展，基本模式却原封未动。农业生产仍是主要活动，人均产量仍低下。”中国当时的国民生产总值大约270亿美元，“不到苏联的三分之一，差不多也就是美国的十四分之一”，而人均国民生产总值只有54美元，“大致与印度相当，但只不过是日本的四分之一”。“即使到了1957年，共产党人也才刚刚开始中国经济的现代化。就整体而言，中国仍将以农业为主，并且是欠发达的”。③

① 见本编1－5文件。
② 见本编1－7文件。
③ 见本编1－3文件。

1956年本编1-2文件认为:"中国共产党人只是最近才设法应付在创建社会主义国有经济过程中出现的根本性问题,就算得益于苏联的经验教训,这些问题也将是难于解决的。"报告预计:"从1952年到1960年,共产党中国将可能使发电量增长大约三倍,煤炭产量翻番有余,并将其机械工业产值增加大约二倍半。然而,即使有这些重大进展,共产党中国的工业基础仍将是薄弱的。"

一年以后,中情局承认,"在第一个五年计划(1953～1957)开始的四年里,中共政权在其工业化计划方面取得了长足的进步和很大的发展。国民生产总值平均年增长率可能已经达到7%～8%,这个增长率堪与近几年日本的增长速度相比,且大大地超过了亚洲其他国家"。其原因在于,"中国大陆地区的政治统一使中国近百年来第一次有了一个基本和平的环境,使中共政权能够整合此前停滞的经济、组织资源并在全国基础上进行生产"。

虽然认识到中共的目标"过于乐观",也看到"大跃进"运动会给中国的经济发展带来严重问题,但中情局还是对此后的发展趋势做出了过于乐观的估计:"我们相信共产党中国有能力使其1959年的国民生产总值比上年增长12%～15%,在余下的三年里,即在1960～1962年,也能成功地维持每年7%～10%的增长速度。这些增长可能会使第二个五年计划期间(1958～1962)的国民生产总值总体增长65%～85%。"具体地讲,1962年国民生产总值可能达到650亿～670亿美元,谷物2.15亿吨,棉花200万吨。[①] 看来,"大跃进"时轰轰烈烈的场面和层层加码的汇报数字,不仅使中国人头脑发热,也把美国情报官员搞晕了。[②]

1960年底本编1-7文件的评估又恢复到比较冷静的状态:在继续得到社会主义国家"设备和技术援助"的情况下,未来五年内中国的"年均国民生产总值将保持10%～11%的增长率"。到1965年,中国"在煤炭领域可能会居世界领先地位,在粗钢生产上居世界第三位,在电力生产上占主要地位,而且在海运、机械上的地位将有显著上升"。虽然取得了这些成功,但是中国"想要成为一个现代化工业大国还有很长一段路要走"。因为中国的基础毕竟太差,"1959年人均国民生产总值仅为120美元左右,或者只有日本的四分之一左右","工业产量还不到美国的10%,工业中科技总体水平和产品总体质量同世界工业化国家的标准比起来还远远落在后面"。"中共政权仅仅通过要求中国民众艰苦奋斗以及通过限制他们早已非常低的生活水平有所提高,从而才保持住其快速的经济发展"。

在中情局看来,制约中国经济发展的有两个基本问题,即人口的快速增长和资金的长期短缺。

中国是第一人口大国,正如1957年本编1-3文件指出的:"根据1953年的人口普查记录,中国的人口数量为5.83亿,1955年中共官方统计人口数为6.03亿,人口年增长率为

① 见本编1-4、1-5、1-6文件。

② 实际上,1962年的国民生产总值是1 149.3亿元人民币,约合467亿美元,比1957年的450亿美元略高一些,却远低于1958年的531亿美元。1962年的实际谷物产量0.96亿吨,棉花产量75万吨。武力主编:《中华人民共和国经济史(1949～1999)》,北京:中国经济出版社1999年版,第1492、1505页。

1.75%。中共发言人最近宣称1955～1956年的人口自然增长率为2.2%。按照这个增长率，1962年中国人口将达到7亿。这种人口增长率将给经济造成相当大的负担。"1958年本编1-4文件分析说："中国人口众多且日益增长，确保其粮食供应成为中国在不确定的将来首要的经济问题"；在未来五年，"中共政权将应付工业超速发展所带来的经济困难。但基本的问题仍将是人口增长与食品生产不足的矛盾"。

问题在于，中国领导人并没有深刻地认识到，"在有限的土地上为不断增长的人口提供改进的生活条件仍将是这个国家一大难题"。他们声称"人口众多是一种财富而非负担，并且应该强调人是生产者而非消费者"。尽管在1957年中国提出了"生育控制计划"，但可惜"被淹没"在第二年的"大跃进"热潮中。中情局预言："从长远角度看，为了减轻人口压力，这个国家仍将不得不恢复这项计划。"①

到1960年底，本编1-7文件估计，中国人口"在1960年年中的估计约为6.9亿，到1965年年中将达到7.62亿～7.8亿"，这"在西方国家大约需要50年时间才能实现"，如果不加以限制，"这样的增长率将导致人口在25年左右的时间里翻一番"。文件认为，中国领导人已经意识到了"人口快速增长将带来的长远危险"，并"可能会在我们预计的这段时间内采取更为有效的措施"。但是，两年多以后本编1-10文件又指出："马克思的教条会束缚政府全面地开展控制生育的运动。即使不是这样，北平在有效控制生育方面也会束手无策，特别是在农村地区，政府很难改变那里的社会观念，而且医疗服务也很差。"所以，"在接下来的五年中，无论中国共产党采取什么方法使其经济得到恢复，人口对食物资源要求的压力仍将是一个悬而未决的问题"。

评估报告对中国人口问题的压力及节制生育计划的效果进行的分析和判断，是客观的、符合事实的。"文革"前的两次计划生育运动都因政治波动和观念陈旧而流产，直到20世纪70年代中期真正意识到人口是关乎国计民生的最基本的问题时，中国政府才不得不采取强硬措施限制人口增长。② 正所谓"亡羊补牢，犹未为晚"。

凡是谈到中国经济发展的困难时，评估报告几乎都要提到资金问题。因为要把"一个落后国家发展成为现代化的工业国家，需要大量的资金和进口相当数量的高级设备"。③ 在中情局看来，中国的经济体制本身制约了资金的积累——"集中力量发展重工业的苏联模式很显然无法解决共产党中国资金短缺但劳动力过剩的问题。首先，这样的发展规划要求进口大量的资本货物，而共产党中国为此需要付出其自身的资源。其次，它不能充分利用巨大的且不断增加的劳动力。"④于是，中国只能依靠三种办法为加快发展重工业积累资金。第一是"严格限制消费"，采取的控制措施包括"粮食的强制收购"、"食品的定额配给"等。第二是"谋求从农民身上获益的最大化"，采取的措施包括减少农业投资、加大农业税收、压低农产

① 见本编1-6文件。
② 参见许涤新主编：《当代中国的人口》，北京：中国社会科学出版社1988年版，第415～422页。
③ 见本编1-6文件。
④ 同上。

品价格等。第三是指望从国外得到贷款和资本货物，特别是在经济恢复和重建的时期。①据估计，在第一个五年计划期间，中国得到来自社会主义国家的援助，即“价值超过60亿美元的资本货物、原材料和军用设备，其中15亿是苏联的经济和军事赊购，通过出口支付余欠款”，此外还有大量的技术援助。②

然而，这三项措施都不能从根本上解决问题。限制消费的最终结果是限制了生产，也就在很大程度上限制了资金的积累。压榨农业的恶果不仅降低了人民的生活水平，而且也制约了工业的发展，最终还是间接地影响到可再投入的资金积累。至于对外援助，是不可能长期依赖的，中苏关系恶化的首要反应就是莫斯科减少甚至停止向北京提供资金和设备。

中情局认为，1958年开始的“大跃进”和人民公社运动，是中国领导人为同时从根本上解决人口和资金问题所采取的两项措施，所以在讨论经济问题时，对这两个运动着墨甚多。在美国情报官员的眼里，“‘大跃进’和人民公社计划是中国共产党自1955～1956年以来进行的一系列试验中最新的，也是最激进的。在此之前，国家的发展基本上采用的是苏联模式。然而，从那时起，中共领导人越来越相信这种发展模式不会给经济带来足够快的发展；他们认为，如果要把一个落后的国家迅速转变成为世界强国，加快经济发展速度和进行激进试验是必须的”。因此，这两个“令世界震惊”的“戏剧性事件”对于中国的“内外政策及其在苏联集团里的作用”，其意义“超过了自共产党1949年执政以来其他任何国内的发展”。③

在谈到“大跃进”的起因时，评估报告指出：“这项雄心勃勃的计划最根本地是源自中共领导人中一种不断增长的信念，即认为，尽管在某些领域已经迅速有所收益，但现存的经济计划框架还不能达到最佳结果。”其一是解决资金问题。在“缺少苏联信用贷款，以及出口产品和市场受到明显的限制”的情况下，中国“只有通过一项较少依赖进口资源的项目来大幅提高其国内投资”。所以需要“努力大规模地动员农村劳动力扩大农业生产，发展地方工业”。其二是解决人口问题。“计划的制订者也承认，农业生产是一五计划发展最薄弱的一个方面。”在这种情况下，“面对人口增长的趋势和有限的耕地资源，马尔萨斯的灵魂已萦回在计划者的脑际”。所以中国领导人“越来越确信，在能供应更多的化肥和农业机械之前，强化劳动效力是提高农业生产的唯一途径”。于是，“大规模的宣称运动点燃了党员和群众的热情，提出了如‘一天等于20年’等极为乐观的口号”。④

从经济发展方式的角度看，评估报告注意到“大跃进”的两个重要特征：一个是“寻求更充分地动员共产党中国广大的不发达的劳动潜力”，“幼儿园儿童拔草；小学生做鞋子；家庭主妇挖水渠，为炼钢炉加燃料；老人养猪，照顾小孩”，充分利用“他们唯一唾手可得的剩余资

---

① 见本编1－1、1－2文件。
② 见本编1－3文件。
③ 见本编1－6、1－5文件。
④ 见本编1－5文件。

源”；一个是“更加重视中小型产业的发展”，建立了“数以千计的具有地方特色的后院工业。这些后院工业的最佳代表就是分布于全国各地农田间、校园内、办公院里众多的小型炼钢炉”。而这两个特征的共同之处在于改变了“最初是建立在苏联模式基础上的”经济形式，“中国领导人显然认为，只有通过激进地抛弃苏联的经济发展方式才能解决他们的经济问题”，而“发动并保持这一史无前例的工作狂潮”，正是中共对组织和管理经济活动的“绝招之所在”。① 这个分析很有眼光，看到“大跃进”和人民公社有可能成为引发中苏之间分歧的因素。对于莫斯科在人民公社问题上所采取的沉默态度，毛泽东一直耿耿于怀，终于在1959年的庐山会议上爆发出来，他愤怒地指责赫鲁晓夫不懂马克思主义，对“大跃进”、人民公社是反对的、怀疑的。②

对于“大跃进”的结果，中情局认为，“虽然1958年的生产增长远没达到当时北平提出的夸张标准，但是当年的经济产量还是获得了引人注目的成就”，即“国民生产总值创造了20%的增长记录，其中，工业产量增长了40%，农业产量增长了15%”。问题在于，这些成就“是在付出了相当大的经济和人力成本后获得的”。“其原因在于错误的统计资料和意识形态的压力——在‘政治挂帅’的口号下，不计成本、不顾后果地蛮干。”③这场运动过后，在中共党内和社会上流传的一个评价——“得不偿失”，“只算政治账，不算经济账”，说的就是这个意思。④

关于人民公社计划的动机，评估报告认为，公社是中国为实施其宏大的经济计划而找到的一种组织形式，“这种组织将打破各农业集体之间的界线，而建立一个强大到能够自行筹集资本并在最大限度内动员可利用的人力资源的单位”。不过，与单纯的生产运动不同，在这里，“意识形态的考虑”也起到了非常重要的作用，其意义甚至超过经济本身。“通过一举实现公社这个基本设想，不仅巩固了社会主义的成果，甚至还引入了某些纯粹共产主义社会的因素。通过给社会革命提供一个新的动力，这也许可以满足意识形态进步性的迫切需要”。中国领导人有理由相信，经过公社化，“中国将伫立在意识形态进步的前沿”。⑤ 毛泽东确实这样设想过：有了人民公社的经验，再加上大跃进的群众路线，过渡到共产主义，“我们可能搞得快一些”。他不无骄傲地指出：“苏联已经搞了41年，再搞12年还没有过渡，落在我们的后头，现在已经发慌了。”⑥

大搞人民公社运动，既有实用的价值，也有理想的成分。中情局就看到了一个中国人当时很少想到的问题，即“所有政治、经济和社会权利集中到一个单独的行政单位，采取军事化手段控制所有人，这使得对每个人的监督和人身控制变得更容易了。公社内部的群众性的民兵组织强化了这些作用”。不过，在最初看到公社现象时，情报官员也有一些过分主观的

① 见本编1-5、1-10、1-6文件。
② 参见沈志华：《苏联对“大跃进”和人民公社的态度及结果》，《中共党史资料》2003年第1期，第118～139页。
③ 见本编1-6文件。
④ 参见《建国以来毛泽东文稿》第8册，北京：中央文献出版社1993年版，第366、367页。
⑤ 见本编1-5、1-6文件。
⑥ 毛泽东在武昌会议的讲话，1958年11月21日。吉林省档案馆，全宗1，目录1-14，卷宗72，第1～6页。

猜想。他们认为:“公社的共同生活状态正在促使家庭的解体。最终,从幼年起开始管理和控制公民的公社制度会得以不断加强,这有助于实现国家培养‘又红又专’的一代人的目标,最终把中国人塑造成想象中的‘共产主义接班人’。”但无论如何,中情局把公社运动的实质归纳为“乡社合一”是不错的。中共试图把公社建成“中国共产主义社会的基本单元”,把“所有政治、经济和社会权利集中到一个单独的行政单位”。因此,“这是一场大胆的、深刻的社会革命,超过了共产主义以往在共产党中国或其他国家的实践”。①

正是考虑到人民公社运动的重大社会意义,评估报告认为中共不会轻易放弃这一计划。针对 1958 年 11 月中共中央纠正“浮夸风”、“共产风”的决议和后来的某些改进措施,中情局指出,“这些调整并不意味着公社的终结”,“公社的形式和实践会变得更加标准化和制度化”。“尽管这一计划有很多方面都会有改动,但北平对它评价很高,不想也不能完全放弃这一计划。”②的确如此,人们看到,人民公社制度在中国一直存在到 1983 年。

总而言之,“中共领导人是严肃认真地对待共产主义信条的,在‘不断革命’的理论下,强制地向前推进,以确立现代工业经济。如果‘大跃进’和公社的改革经过一段时间获得成功,他们就有可能把中国带入欧文式的空想社会,加快共产党中国成为一个重要的世界强国的进程”。③ 不过,评估报告也指出了一个隐患。报告认为,在中国领导人的观点中“也包括强烈的民族主义倾向”,而“这种民族主义成分有利于共产党中国领导人已经确定的前进速度,但是这种中国的民族主义与苏联盟友的需要之间的融合问题可能会变得日益困难”。④ 正如我们在上面已经指出的,“大跃进”和人民公社问题确实是 1958～1959 年中苏同盟在国内政策方面出现重大分歧的重大表现。

在对于中国经济发展前景的分析中,特别值得重视的是中情局 1963 年本编 1－10 文件的评估报告。1963 年是一个重要年份——困难时期已经结束,新的起点刚刚开始,这时的关键问题是国家经济政策的定位。正如报告指出的:“对经济最重要的一点可能就是国家经济政策。”中国“有经济持续增长的潜力”,因为“它拥有现代化工业所需的大部分天然资源,还拥有巨大的、勤劳的劳动大军”。所以,“如果管理适当,中国大陆的经济可以在最近几年中一直维持持续增长,虽然其人口会以每年 2.5%的速度增长”。然而,报告对这个问题却没有一个明确的结论,而感到“在未来两年内”,中国“国内政策的性质和方向将不那么确定”。原因在于,一方面,中情局看到,“到了 1962 年年底,国民经济基本上与 1957 年年底的经济水平持平。在这五年期间,中国人民一直在原地踏步,经历了艰辛、痛苦的岁月”;中国“领导人在 1958～1960 年的‘大跃进’期间尝足了苦头,因此在今后会十分小心,以使他们的名誉不再受损”。所以,在 1960～1962 年制定了包括允许“私营活动”在内的“适度的经济政策”,

---

① 见本编 1－5 文件。
② 见本编 1－6 文件。
③ 见本编 1－5 文件。
④ 见本编 1－6 文件。关于这个问题的详细讨论,参见沈志华:《苏联对“大跃进”和人民公社的反应及其结果》,《中共党史资料》2003 年第 1 期,第 118～139 页。

而刚刚宣布的第三个五年计划“调整了计划和投资的优先秩序：首先是农业以及支持农业和国防的重工业的有关部门；其次是轻工业；最后是一般的工业。对农业的强调表明将对农业给以更大投资，这是保证人民吃饭问题的必要条件，这优先于更强大的快速增长的重工业”，尽管这是“对标准的共产主义做法的一个重要背离”。但是另一方面，中情局也看到，“目前把经济放在优先位置和以物质刺激来推动生产的做法与北平的教条本质背道而驰，中国那种对‘现代化’的强烈渴望和教条式的共产主义对快速实现工业化的强迫性冲动与持续地将农业放在基础地位是相违背的”。特别是在1963年最初的几个月，政策制定者“开始以加强对经济的集中领导、限制私有活动为目标强化了政治压力和控制。这一行动引起了一系列问题，这些问题可能会在未来几年中更加显现出来，会破坏那些削弱减轻北平早些政策不良后果的路线”。最后的结论是：对于中国领导人来说，“由于此前的经验教训，因此不大可能会发生类似激进的、政治上冒风险的运动了。然而，从长期来看，如果他们追求的目标迟迟不能实现，那么这样的运动还是有可能出现的。”现在看来，这个分析和预测的确非常到位。基于对国内外形势的错误判断，急于求成的毛泽东在1964～1965年调整了国家安全战略和经济发展战略，中国第三个五年计划的经济发展重心便从解决“吃、穿、用”问题转到了加强军备和国防建设。① 不久，“激进的、政治上冒风险的运动”就在全国展开了。

关于军事问题

关于军事问题，评估报告首先对中国军事实力的总体发展进行了分析，其中分别谈到陆、海、空三军，以后又加上一个核武器。在这一基础上，报告着重从军事实力的角度讨论了中国武装力量的功能，即中国是否有可能以及在什么地方使用武力，其中重点分析的是台湾和大陆沿海岛屿问题。

朝鲜战争结束以后，中央情报局对中国军事实力的评估基本上是两点：第一，优势在于人力资源充足；第二，劣势在于武器装备落后。评估报告指出：“中共政权拥有的国内控制能力及国际权力地位，主要依赖中共军事组织的潜在能力，这一军事组织目前是亚洲国家之最。”这就是说，中国军事力量的优势在于“潜在兵力的巨量储备”。同时，“中国武装力量的一大弱点是，他们缺少本国的供给设施，而是依靠苏联来获得诸如坦克、飞机、军事运输工具、海军舰船、燃油润滑油、电子器材及备用件等物资”。朝鲜战争以来，在苏联的帮助下，中国迅速提高了军队现代化的水平。但是，直到1960年，中国军队的“车辆、燃油润滑油以及几乎所有复杂军事装备将继续依赖苏联来提供”，其本身“或许只能在轻武器及个人装备上实现自给自足”。②

20世纪50年代中期本编1－1文件认为，中国的陆军是十分强大的：“人民解放军的地

---

① 详见陈东林：《从“吃穿用计划”到“战备计划”》，《当代中国史研究》1997年第2期，第65～75页；李丹慧：《毛泽东的安全战略思路及其转变(1964～1965)》，《二十一世纪》2000年6月号，第37～46页。

② 见本编1－1、1－2文件。

面力量达到250万人,其中大部分人经历过战争考验而且都受过相当好的训练。"但是,空军和海军还不具备进行总体作战的能力。"中国的空军实力并未在朝鲜得到彻底检验。作战活动几乎完全局限于防空角色,而且中国空军是作为包括苏联部队和朝鲜部队在内的共产党空军的一个组成部分来运转的。在能见度良好条件下中国人有着相当的防空能力,但目前他们在夜间或复杂气象条件下的作战能力十分有限。"至于中国的海军,只能在"大陆近海水域执行有限的水面作战计划,包括突袭、沿海安全巡逻和护航、布雷和扫雷以及近距离水陆两栖突击"。因此,"以美国标准衡量,中国海军只有低水平的整体作战效能。不仅其装备匮乏,而且其使命和利益都从属于陆军和空军"。

1957年本编1-3文件认为,中国的空军和海军航空兵"共有8.7万人和包括1 870架喷气机在内的2 600架在作战部队中的各类飞机",已经成为"一支发展的相当不错且具有现代化飞机的空军"。但是,由于中国的雷达系统只能覆盖沿海地区、主要工业及人口中心,因此虽然具有一定的进攻能力,其"防空系统实质上还是'岛屿式'的孤立运作"。由于苏联的援助和旅顺基地及其设备交付给中国,海军已经拥有"4艘驱逐舰、13艘潜水艇、229艘巡逻艇(包括118艘摩托鱼雷艇)、25艘扫雷艇、64艘水陆两用船(包括10艘多用登陆艇)和250～300艘小型巡逻艇及武装机帆船"。尽管这支海军"是亚洲最具战斗力的",并"对沿海岛屿进行水陆的攻击表现得相当熟练",但仍然只能"进行沿海防卫"。在此阶段,中国的空军和海军,在设备、补给和训练方面,大部分还要依靠苏联。

到了60年代初,本编1-7文件认为,由于苏联的军事援助"急剧下滑",中国军队"在规模、装备或发展方面并没有什么戏剧性的变化",就军事思想而言,"维持大规模地面部队的观念仍然主导着中国共产党的军事教条"。1963年本编1-10文件进一步指出,中国"军队的现代化直到1960年以前始终在进行",但"经济困难以及苏联合作的急剧减少,已经降低了共产党中国军事组织的相对有效性"。"目前,中国甚至连米格-17都可能无法全部由本国生产,想要自己设计并生产更先进的不同种类的军用机还需要很多年";"在未来几年内,他们所有的海军军舰生产很可能仅仅局限于生产更小类型的海面船只上"。

虽然目前仍然没有看到中方公布的50～60年代中国军事实力的具体数字,但是对比中国出版的"当代中国丛书"系列著作的描述,应该说,中央情报局当时掌握的情况大体是符合实际的。中国的陆军装备改进比较快,1954年仿制成功122毫米榴弹炮和76.2毫米野炮,1959年第一批中型坦克仿制成功。虽是仿制,但说明中国已经可以自行制造大型陆军武器了。到60年代中期,中国自行设计定型的新式陆军武器品种累计仅70项,其中包括37毫米双管高射炮、野战火箭炮、新型迫击炮等,从而完成了向中国制式装备序列的重大转变,标志着兵器工业的科技开始进入成熟期。①

除了飞机的性能优势,空军的作战能力取决于飞行员的技术水平,其中最重要的衡量标

---

① 谢光主编:《当代中国的国防科技事业(上)》,北京:当代中国出版社1992年版,第20～21、76～78页;王立等主编:《当代中国的兵器工业》,北京:当代中国出版社1993年版,第282～283页。

准就是飞行员在何种气象条件下可以升空作战。所以,中情局的报告从这一点来判断中国的空战能力是有道理的。所谓气象条件,在各国空军中都毫无例外地分为四种,即昼间简单和复杂气象、夜间简单和复杂气象,在这四种气象条件下都可以起飞作战的称为"全天候"飞行员。1953年底,中国的歼击航空兵部队只有不到3%的飞行员完成了昼间复杂气象的大队战斗课目,7%的飞行员完成了夜间简单气象的战斗课目。就是到了1957年底,中国空军部队也才有44%的飞行员完成了夜间简单气象和昼夜间复杂气象的训练,其中达到"全天候"飞行的约占三分之一。至于空军装备,从1962年开始,中国陆续以仿制苏联的教练机、强击机、歼击机装备空军。60年代中期开始自行设计和制造飞机。直到70年代中期,中国的飞机、地空导弹等武器装备才基本上实现了国产化。①

在陆海空三大兵种当中,海军技术是最复杂的。在50年代初,中国只能自行制造小型巡逻艇。到50年代中后期,直接依靠苏联转让技术制造的各类舰艇开始装备部队,共116艘,4.3万吨,包括鱼雷艇、潜艇、扫雷艇、猎潜艇、护卫舰。60年代初,中苏关系恶化后,中国海军建设开始从"转让制造"向"仿制改进"过渡。1965年底,海军武器装备仿制能力已有明显提高,在当时仿制的7种型号舰艇的100多项主要材料和设备中,已经仿制成功、准备定型生产的占66%。1974年8月中国自行制造的第一艘核潜艇编入海军战斗序列,标志着中国海军的新飞跃。②

在对中国的军事实力进行评估时,中央情报局特别关注核武器研制能力的问题。③ 早在1956年本编1－2文件就开始讨论中国的核能力问题——"我们没有证据证明共产党中国拥有任何核武器,它所拥有的只是原始的核研究能力。但是,如果苏联提供必要的设备和技术人员,中国共产党人可在短时间内获得使用核武器的能力"。苏联提供给中国的核反应堆、处理放射性物质的实验室和回旋加速器,以及对原子能科学家的培训,可以使中国在1960年制定出"一个小规模核研究计划"。1957年3月,即苏联向中国提供核援助的《国防新技术协定》签字前半年,本编1－3文件认为,在今后几年内,"中国仍不大可能有能力独立担负起一个原子能项目"。但是,"如果苏联提供必需的设备和技术人员,中共则可能在短期内获得使用核武器的能力"。

显然,美国当时没有获得中苏在1957年10月15日签订《国防新技术协定》的消息及其内容,那时苏联已经同意向中国提供核武器的技术和设备援助。而1958年本编1－4文件断定,直到1962年,"几乎可以肯定共产党中国没有自己发展导弹或是核武器的生产能力"。不过,本编1－4文件认为,在中国的压力下,苏联可能会在中国部署核武器,而把控制权留在自己手中。同时,"只要中苏的利益需要",核武器就"可以被迅速利用上"。美国人的一个基本出发点是:"苏联不愿意看到共产党中国得到他们自己能控制的核武器",因此"不可能将核武器转交给中国共产党人控制"。即使在中国出现了核武器,"几乎可以确定的是,它们

① 王定烈主编:《当代中国空军》,北京:中国社会科学出版社1989年版,第239、242、303～305、301页。
② 杨国宇主编:《当代中国海军》,北京:中国社会科学出版社1987年版,第229～233、239、247页。
③ 关于这个问题,我们主要集中在本套书第五编"中国军事"中讨论,那里有更为详尽的资料和分析。

将处在苏联的监管之下"。1959年本编1-6文件判断,苏联可能向中国提供或帮助中国生产各种导弹,但是几乎可以肯定,到1963年中国也"不会具备自己生产核武器的能力"。这里反映出两个问题:(1)中情局对中苏关于核武器技术谈判的过程和结果一无所知;(2)中情局想到苏联不会直接向中国提供核武器,但没有想到赫鲁晓夫会答应向中国提供核技术和设备,并帮助中国制造核武器。①

到1960年底,中情局的结论发生了根本变化。很可能是建立在高空技术侦察结果的基础上,这时的本编1-7文件承认,过去,"在有关共产党中国核计划方面的一些证据同我们有关苏联援助的实质和程度方面的信息一样,是残缺不全的"。"我们曾经认为,苏联人在核领域对中国援助的步子可谓谨小慎微,试图将中国在这方面的急躁和不满情绪控制在一定程度"。但是,"最近的证据有力地证明,苏联过去一直在有关核武器制造方面给予中国共产党的技术援助比我们原先想象得要多","而且在这几年中一直还在增加"。具体地说,"我们相信一个具有几百吨铀金属装备的设备每年都在运作,而且一直留在中国。中国共产党可能已经开始了将铀放入实际操作的工作,因此我们认为他们目前正在建造钚生产的反应堆。虽然并没有确凿的证据,但有明显迹象表明他们可能同时也在建造一座铀-235气体扩散设备。"根据这些情报,中情局认为,中国"最早引爆核试验应该在1963年,不过也可能会推迟到1964年或提早到1962年,这主要得看苏联实际上对中国的援助情况"。因此,"考虑到苏联在材料、设计以及装备等方面的直接援助,中国可以在不久将来的任何时候生产出第一枚核武器"。接下来便谈到运载工具。报告认为,"考虑到经济上的限制以及地理的现实条件",中国"一开始可能会依赖飞机作为运输工具"。至于能够携带核弹头的中程导弹,目前"计划还处于早期研发阶段"。中国"会尽可能快地继续发展弹道导弹计划,可能会首先集中于射程为200～500海里的导弹上,这样的导弹能够运送分体式弹头",其范围可以到达日本、中国台湾、冲绳岛、韩国、南越以及东南亚其他一些国家和地区,"如果是在西藏发射,那么它可以覆盖印度北部的主要城市"。不过,"我们并不认为他们自己在1970年以前能够生产出6 500海里射程的导弹,从而有能力来对付美国"②。无论如何,既然中国"几乎毫无疑问地认为只有拥有了生产核武器的能力才可以称得上是一个世界强国",因此他们将会"尽快地推动其核武器计划",甚至可能会在苏联的帮助下,启动发射地球卫星的计划。至于核计划与对外政策的关系,中情局认为,在成为核大国之前,中国"会试图阻止达成任何裁军协议",而"一旦共产党中国引爆核装置,特别是当他们拥有了制造核武器的能力后,其外交政策将变得更加好战和军事化"。一年以后,本编1-8文件估计:"到1971年为止,中国共产党可能拥有中等程度的国产核武器储备。他们将生产短程甚至中程导弹,也可能具备潜艇发射导弹的能力。也不排除他们能够生产载有热核弹头的洲际弹道导弹的可能。"1963年本编1-10文件又指出,中国"可能希望在更短的时间内生产并引爆核装置,以此作

① 参见戴超武:《中国核武器的发展与中苏关系的破裂》,《当代中国史研究》2001年第3、5期;沈志华:《援助与限制:1950年代苏联与中国的核武器研制》,《历史研究》2004年第3期。

② 1海里等于1.853公里。一般说来,地对地中程导弹的射程在100～5 000公里之间。

为发展这种能力的一步，并期待这将会鼓舞士气，强化政府在世界强国中的地位，同时威慑其亚洲邻国”。

从目前已经掌握的资料看，中央情报局1960年以后对中国核武器研制进程的推断，大体是正确的。实际情况是，1955年4月中苏两国政府签订了关于苏联援助中国发展原子核物理研究与和平利用原子能的协定，协定规定由苏联帮助中国建造一座功率为7 000千瓦的研究性重水反应堆和一台2兆电子伏特的回旋加速器。在苏联专家协助下，1958年6月完成项目建设。1957年10月苏联援助中国核武器研制的《国防新技术协定》签字以后，中国的核研制工作迅速推进。1958年5月在湖南、江西的三个铀矿和一个铀水冶厂开工建设，1960年建成。1958年下半年兰州铀浓缩厂开工，1960年4月二机部把铀-235生产线列为重点工程。1962年8月以后，二机部报告，争取在1964年，最迟在1965年进行第一次原子弹爆炸试验。1964年初取得高浓铀。10月16日第一次核试验成功，1967年6月成功地爆炸了第一颗氢弹。① 不过，对于中国导弹研制计划的估计，就差了一些。实际情况是：1964年6月，中近程地对地导弹试验成功。1966年10月，装有核弹头的中近程导弹发射试验成功，这比中情局的估计提前了五至六年。不过，中国的第一颗洲际导弹直到1980年5月才发射成功。这个拖延，主要是受了“文化大革命”动乱的影响。②

通过对军事实力的分析，中央情报局认定中国具备对周边国家和台湾采取武力行动的能力。不过，中国是否会真正利用军事手段解决与这些国家和地区的矛盾，评估报告在不同时期做出了略有不同的判断，同时也对中国在不同地区，特别是在台湾海峡地区，采取武力行动的条件进行了分析。

在1956年本编1-2文件中，中情局认为，“共产党人在台湾海峡、越南、老挝甚至朝鲜发起战争的可能性仍将存在”，其条件是，“如果共产党人对北朝鲜或北越的控制受到严重威胁，北平几乎肯定会以武力做出反应。若国民党人对大陆的攻击水平有任何显著提升，北平几乎肯定会加以报复”。关于在台湾海峡可能出现危机的条件，除了台湾方面的举动，评估报告还特别特别指出，“中共对近海岛屿和台湾的行动方针将主要由他们对美国反应的估计来决定”，“只要美国维持其对国民党人的承诺，他们也许并不打算进攻台湾”。中情局认为：“自1955年4月万隆会议以来，中国共产党人已经试着通过外交途径而不是诉诸军事行动，来推进他们对国民党人控制的领土的主张。”这里指的是中美之间在华沙进行的大使级会谈。但是，一旦他们感到没有希望通过和谈取得沿海岛屿，“几乎肯定会试探性地”采取军事行动。当他们“确信美国不会用自己的部队来协助保卫这些岛屿或在别处以武力做出反应”时，“就会试图夺取它们”。而且，“在不招致美国军事报复的情形下成功占领国民党人控制的近海岛屿”后，中共军队“夺取台湾的活动就会有所加剧”。这个分析还是比较接近后来的

① 李觉等主编：《当代中国的核工业》，北京：中国社会科学出版社1987年版，第20、26～28、52～55、281页；《当代中国的国防科技事业（上）》，第65页。

② 《当代中国的国防科技事业（上）》，第73、76、295～296页。

实际情况的。①

1957年本编1-3文件显得更加乐观一些：对于周边国家，报告说，“如果北越或北朝鲜的共产主义政权遭受外部攻击，中共几乎肯定会给这些国家的共产主义政权提供物质支持，而且如果需要，他们会答应派遣‘志愿’部队来避免这些国家战败。然而，中国共产党人可能会通过努力限制冲突地区来实现停火”。对于台湾，“中共政府可能将设法避免采取在其看来会激起美国武力干涉的行动。但并不排除中共会对近海岛屿采取军事行动或试图从小一些的岛屿中夺取的一个，借以试探美国的意图并增加对美国的外部压力来迫使国民党力量从这些岛屿撤出”。1958年本编1-4文件更明确地预测：“只要中国认为可能陷入与美国的军事冲突，他们就不会采取公然的军事侵略。尽管他们对近海岛屿变得更具有侵略性，但是，只有估计美国不会进行军事干涉，他们才会做出以军事行动夺取这些岛屿的决定。”然而，实际结果是，三个月后毛泽东就下达了炮击金门的命令，并由此引发了第二次台海危机。当时毛泽东确实考虑了美国干预的可能性，不过他巧妙地利用了中苏同盟以及苏联的核威慑，以达到自己的目的，这大概是中情局始料不及的。②

至于这次台海危机产生的原因，美国情报官员认为：“没有有力的证据说明中国1958年进行的国内外冒险彼此之间存在着精心设计的联系。”“北京很可能预计到，激化台海危机有利于动员人民响应‘大跃进’和人民公社运动。但是，我们不相信中国对国内问题的考虑是这一年中国对外政策之所以极具侵略性的首要动机。”毛泽东为什么会在“大跃进”如火如荼展开和人民公社运动发起前夕下令炮击金门？这两者之间到底有什么联系？这个问题一直是目前冷战史学界讨论的热点之一，中情局半个世纪前的看法，值得研究者注意。1959年2月本编1-5文件指出：这次“好斗”行为的“基本原因看起来是其自信与焦虑的混合”。一方面，中国相信社会主义阵营的力量已经超过资本主义阵营，特别是受到“苏联人因为在科学和武器技术方面的进步而十分狂喜”的刺激，因而“急切地想要加速世界革命的进程”；另一方面，面对蒋介石仍然控制着台湾和沿海岛屿、美国继续在远东扩大其影响以及“两个中国”的观点在国际舞台上有所蔓延的情况，中共感到十分焦虑。这就是“北京引发台海危机的主要原因”。这个分析不无道理。

1959年7月本编1-6文件虽然认为“将会有不断的证据显示中国共产党人的好战特点，显示他们想以大国身份得到承认而出现的急躁心态”，也不排除中国在其亚洲地位受到威胁时使用武力做出反应，但是又强调中国采取非军事手段的可能性，由于“要求加入联合国所受到的压力以及来自世界范围内其他国际组织的压力也将增加”，“中国共产党人或许主要会通过政治和颠覆性手段来达到他们的目标”，包括继续采取“贸易和援助”的手段。至于台湾海峡，报告则预测，“几乎可以确定，中国共产党人将不会让台湾海峡的局势永久地保持平静”。虽然不会进攻主要岛屿，但“大概会继续对该地区保持零星的军事压力，如偶尔的

① 详见陶文钊：《中美关系史(1949～1972)》，上海：上海人民出版社1999年版，第307～329页。
② 参见沈志华：《1958年炮击金门前中国是否告知苏联？》，《中共党史研究》2004年第3期。

海军或空军演习。随着时间的发展，他们将采取一些手段在台湾海峡试探美国的意图。他们随时都有可能袭击由国民党人控制的一个或更多的较小的岛屿”。显然，对于三个月后出现的中印边界冲突的可能性，中央情报局是估计不足的，而对于台湾海峡，又过高估计了中国大陆的反应手段——直到毛泽东去世，台湾海峡再也没有发生引起世界注意的军事冲突。

总体说来，中央情报局对于中国军事实力的评估是比较接近事实的，而在中国何时、为何以及怎样使用武力方式的问题上，美国人似乎始终没有摸到中国的脉搏。

关于外交问题

朝鲜战争结束以后不久，美国情报部门对中国外交方针的总体判断是，中国将作为社会主义阵营的主要成员发挥作用。“部分出于对其长远目标的追求，部分出于对苏联政策的响应，北平已经在推进国际共产党人的亚洲政策中担当起领导角色”；“共同的意识形态和中苏联盟以及对苏联的依赖，导致中国把某些自身利益置于更大的集团利益之下”。[①] 在中情局眼里，此时的中国外交似乎更多的是革命性，而缺少灵活性。这显然是因为中国在朝鲜战争中的表现给美国人留下了深刻印象。[②] 但是没过多久中情局就敏锐地看到，日内瓦会议使中国“影响亚洲事态发展的实力和能力在朝鲜和印度支那得到了展示”，“通过在万隆的娴熟外交，通过与美国建立大使级接触，中共政权的形象在亚洲国家中得以提高”。与此同时，“在自由世界里面已出现强大压力，要求减少对与共产党中国进行贸易的管制，并允许共产党中国加入联合国”。因此，评估报告断定，中国“北平将继续奉行强调政治行动而不是军事行动的政策，只要这一办法可以服务于其目标”；在集团整体利益的范围内，中国“将努力使他们处理国际问题的方式具有和解和灵活的特征”。报告还预测：“如果共产党中国遵循政治行动而不是军事行动的方针，到 1960 年，多数非共产党国家可能已经承认北平并与之建立起正常的经济关系，而且，它可能已作为亚洲主要大国被接纳到国际社会。在这种局势下，它在中苏集团内的地位将得以提升，中国共产党人可能在他们与苏联的关系中拥有更大的灵活度。”[③]这确实是一副美好的图景，也是情报分析官员按照常理的推断，可惜情况很快就发生了变化。

1958 年本编 1－4 文件敏锐地察觉到：“在继续强调和平共处、发展与其他国家经济和政治关系的同时，中国的外交政策会表现出更多的主动性和过分的自信。在基本问题上，中国会采取不妥协的立场，在继续做出愿意与美国达成和解的姿态的同时，在整个远东继续从事颠覆性的活动。”不过，在“目前对苏联集团和西方的政策总体说来持续下去”的前提下，“共产党中国将大大增强与自由世界的交流。这种趋势很可能引起许多国家在外交上更多地承认北平”。实际情况是，1957 年 11 月莫斯科会议以后，毛泽东对国际形势做出了过于乐观的

---

① 见本编 1－1 文件。

② 毛泽东坚持中国无论如何必须出兵援助朝鲜的主要动机，就是出于对中共在社会主义阵营中所承担的亚洲革命领导者这一角色的考虑。详见沈志华：《毛泽东、斯大林与朝鲜战争》，广州：广东人民出版社 2007 年版，第 278～300 页。

③ 见本编 1－2 文件。

判断,认为“东风已经压倒西风”,因此提出对资本主义阵营应该采取更加强硬的进攻政策。结果,随着对美国的方针从“和平共处”转变为“绞索政策”,中国在对外政策方面开始出现了与莫斯科之间的分歧。[①] 于是,被中情局作为预测中国外交方针前提的两个方面都发生了变化。

1960年本编1-7文件对中国外交政策的转向做出了更加明确,也更加全面的分析。根据公开的报刊言论,该文件认为:“自从1957年底苏联的人造卫星上天后,中国坚信苏联的武器发展已经使其集团可以与世界军事强国保持均等地位。他们似乎还坚信,该集团在世界很多地区的政治影响力已经超过了西方国家,而且几年内在经济领域也会超过西方国家”;“他们对整个世界发展的解释看上去似乎有一个强烈的教条主义观念和以中国为中心的偏见,这导致了北平对共产主义的前景在总体上,特别是在共产党中国方面过于乐观”。中国人因此得出的结论是:社会主义阵营“必须对西方,尤其是主要敌人美国施加持续不懈的压力,整个国际局势正在成熟,共产主义政策需要继续努力,采取大胆的、军事的措施,甚至即使冒险挑起战争也在所不辞”。作为“对外政策的基本策略”,共产党中国“将继续采取反美的强硬态度”,并“将继续在亚洲、非洲和拉丁美洲制造麻烦和混乱,破坏反共力量,还可能破坏那些地区的非共产主义政府”。不过,中情局也清楚地看到,在中国的对外宣传和实际行动之间存在着“明显的矛盾”。“虽然说话口气表现出骄傲和强硬,但是北平在过去一年的实际行动上还是遵循着低风险的政策”,“除非他们有苏联的支持,否则可能会继续执行他们认为不会引起与西方之间发生战争的高风险的政策”。这说明,中国的外交政策“既不是失去理智的,也不是没有弹性的”。尽管有这样的分析,并认为除台湾海峡外,中国近期不会“在亚洲非共产主义地区采取军事行动”,但是,考虑到美国应该采取的对策,中情局最后还是“担心北平那种骄傲的自信心和革命偏好会增加中国给亚洲地区带来的危险”。[②] 这个评估报告的分析和预测虽言过其实,但也并非完全没有道理。在整个60年代,中国对外政策的调门甚高,一直高举反帝(后来又加上反修)的革命大旗,但是却从来没有采取可能引起与美国或西方发生军事冲突的实际行动。这当然并不证明中国领导人放弃了共产主义的远大目标和宏伟理想,而只是反映出毛泽东的战略和策略思考——所有的宣传都是在争取扩大革命力量,在没有把握对敌占据绝对优势的情况下,孤军奋战是没有任何意义的。

除了分析中国外交政策的总体方针和基本走向,中央情报局也经常讨论中国对各个国家和地区的具体政策。讨论比较多的有以下一些国家和地区,其基本结论在前述不同的评估时期大体是一致的。

美国:“共产党中国的领导人将美国看成是邪恶的标志”;“北平对外政策中最紧张的因

---

① 详见沈志华:《毛泽东、赫鲁晓夫与1957年莫斯科会议》,《历史研究》2007年第6期,第82～109页;《1958年炮击金门前中国是否告知苏联?——兼谈冷战史研究中史料的解读与利用》,《中共党史研究》2004年第3期,第35～40页;戴超武:《中国、苏联和第二次台湾海峡危机》,提交“冷战与中国”学术会议论文(成都,2000年8月)。

② 1963年本编1-10文件的结论与此基本相同。

素是对美国持续的敌对态度";同时又"避免采取在他们看来可能会引起美国武力干涉的行动方针"。①

日本：中国对日政策的基本方针包括:"在短期内通过利用美日政策分歧来削弱日本与美国的联系";"通过贸易与文化使团来增加与日本的半官方接触";"支持日本共产党避免采取暴力行为";"加紧运动来实现关系正常化"。②

印度：中国"把印度视为争夺亚洲领导权的竞争对手","最终寻求的是要取代印度在亚洲的影响";"为促进印度在整个亚洲和中东地区保持中立而努力";"边界纠纷在短期内不大会得到解决",中印"在亚洲的敌对态度可能会增强"。③

朝鲜：中国在朝鲜的政策目标是"期望促成联合国军从朝鲜撤走、美国在朝鲜的影响减弱,并最终颠覆南朝鲜";"作为对美国施压促其撤军的手段","将敦促就统一和'缓和紧张局势'进行新的谈判";"为此目的,或许会有更多的中共军队撤离"朝鲜。④

越南：中国"将继续支持越南共产主义分子将共产主义影响扩展到南越";中国"不会鼓励北越发动对吴庭艳的公开战争,但可能会怂恿河内发起游击运动"⑤;"如果美国或者东南亚条约组织在印度支那地区有军事干预,那么中国也可能会支持北越部队的行动,或者派遣中国'志愿'部队"。⑥

东南亚非共产党国家：中国"将施压与劝诱并举,以鼓励中立分子情绪、削弱与西方的联系、刺激对自由政府的颠覆活动"。⑦

非洲：在非洲独立运动兴起以后,"北平相当重视非洲地区",其"外交努力已经获得了很大成功",并期望通过贸易、援助和文化交流进一步得到非洲在外交上的支持。⑧

在包括美国在内的所有国家中,中央情报局最重视的是中国与苏联的关系,讨论最多的也是中苏关系。毫无疑问,苏联和中国是整个冷战时期美国最主要的两个对手,也是敌对的社会主义阵营中的核心力量。所以,中苏关系如何,对美国安全战略及相关外交政策的制定有着至关重要的影响。中情局一系列有关评估报告的中心和主线就是分析、判断和预测中苏关系的现状、性质及未来走向。

基于中苏同盟在朝鲜战争中的作用,1954 年本编 1－1 文件认为:"本评估期内中国对苏联的依赖不会大幅度减少,维持与苏联的联盟仍将是中国外交的主方面。"报告特别讨论了苏联影响和控制中国政策的方式问题,认为:"主要凭借着它们共同的意识形态及中国对苏联的经济和军事依赖,苏联有能力对中国的政策施加影响。"至于当时在中国大量存在的苏联顾问,报告指出:"苏联显然尊重其中国盟友。苏联顾问几乎肯定与中国党政最高领导阶

① 见本编 1－7、1－3 文件。
② 见本编 1－2 文件。
③ 见本编 1－2、1－3 文件。
④ 见本编 1－2 文件。
⑤ 见本编 1－3 文件。
⑥ 见本编 1－7 文件。
⑦ 见本编 1－2 文件。
⑧ 见本编 1－7 文件。

层有着联系,但我们认为这些苏联官员并不直接发布命令。"这个分析和判断完全正确,至少在苏共二十大召开之前,情况就是这样。①

日内瓦会议以后,中苏共同采取了"和平共处"的外交方针,但此后不久发生的第一次台海危机似乎反映出中国对外政策偏离了共同的轨道。② 中央情报局对此十分重视,开始研究中苏可能出现的分歧及其根源。在1956年本编1-2文件中,中情局认为,中国在台湾问题上的强硬立场"也许已经引起了苏联领导层的忧虑",但这"并不是中苏摩擦的重要根源"。该文件指出中苏之间潜在的分歧和利益冲突主要有三个方面,而分析的结果又都否定了其现实意义:第一,两国之间存在一条"长达1 400英里"且引起过"传统上的领土争端"的共同边界线,中国可能对苏联在新疆和东北的影响感到担忧。不过,"苏联从大连和旅顺港的撤离表明,苏联领导层已采取步骤来减轻中共对边境地区的敏感程度"。第二,"中国幅员辽阔,地处遥远",且中共"主要是通过自身努力"获取政权的,所以,"从一开始,中共政权就避免了卫星国地位"。而且,中国"在朝鲜战争的作用使得它在与苏联打交道时有了额外的讨价还价实力",因此,"也许会独立于苏联之外,对亚洲人的观点施加更多的影响"。不过,斯大林以后的苏联领导人似乎认可了中国"在集团内的地位"的进一步提升:"赫鲁晓夫和布尔加宁对北平进行史无前例的访问",马林科夫公开承认由于新中国的出现创造了"亚洲新局面",莫洛托夫则提到社会主义阵营是"由苏联——或者更确切地说——由苏联和中华人民共和国领导的"。第三,中国"几乎肯定已催促苏联提供比苏联所愿意答应的大得多的援助",因此在对中国工业化提供援助的问题上,"可能已经出现了分歧"。不过,"北平在武器、工业资源和技术援助等方面对苏联的依赖会让它继续在重大国际政策问题上重视苏联的观点"。结论是:"在未来的相当长时间里,优势互补、共同敌人的存在及单一意识形态几乎肯定将压倒各种更小意义的考虑,从而维持紧密的中苏关系,这一关系可能继续不为外界的操控所影响。""至少到1960年,北平几乎肯定会恪守这一同盟。"

1956年发生了两件影响到中苏关系的大事——苏共二十大和波匈事件。尽管赫鲁晓夫对斯大林的公开批判引起中共的不满,但是一方面双方的基本方针和路线是一致的,中共承认苏共二十大对国际共产主义运动发挥了积极作用,另一方面中国的公开表态和言论有利于苏联党内、国内乃至社会主义阵营内部情绪的稳定,赫鲁晓夫对此十分感激。③ 虽然中苏最初对于波兰危机的处理有不同意见,但问题最后基本按照中共的主张得到了解决。而在匈牙利事件的处理中,中苏双方能够及时沟通情况,协商对策,最后化解了危机。受苏联之邀参与处理东欧危机,说明中共在社会主义阵营中的地位和影响已经有了极大提高。④

---

① 详见沈志华主编:《苏联专家在中国(1948～1960)》,北京:中国国际广播出版社,2003年版,第176～252页。

② 参见戴超武:《中国、美国与第一次台海危机的结束》,朱瀛泉主编:《国际关系评论》第1卷,南京:南京大学出版社2000年版,第204～224页。

③ 详见沈志华:《苏共二十大、非斯大林化及其对中苏关系的影响》,载李丹慧主编:《国际冷战史研究》第1辑,华东师范大学,2004年,第28～70页。

④ 详见沈志华:《中国在1956年10月危机处理中的角色和影响——波匈事件与中国研究之一》,《历史研究》2005年第2期,第119～143页。

中情局敏锐地观察到中国在苏共二十大以后和波匈事件中的表现与苏联之间的差别，特别是中共在社会主义国家中影响的扩大。1957年本编1-3文件指出，“北京方面谨慎地指出斯大林的‘优点’和‘弱点’，中国对苏联对斯大林的批评的最初反应是旁观和不介入”。而在苏联和其卫星国之间的关系上，“中共可能倾向于采取一种更为灵活的处理方法”，因为中国始终“没有加入苏联对波兰媒体的批评，并有一些证据表明中国和苏联在波兰问题上有差异”。该文件认为，“中共声明的权威口吻以及苏共明显感觉到需要中国在东欧事务上给予支持，给共产主义世界留下了很深的印象，这进一步减弱了关于莫斯科是共产主义意识形态指导的唯一权威解释者的观念。中共的行动表明，为了社会主义集团的团结，需要在民族主义方面做些让步”。与此同时，文件还注意到：“中国支持苏联对匈牙利动用武力，并坚持说所有共产主义国家首要职责就是忠诚于苏联领导下的国际无产阶级团结。”其结论是：“在评估的这段时期，中共政权可能进一步增强其在共产主义集团内的影响力，并在可以影响集团整体的重大事件上起到更重要的作用。但是，中国仍将依靠苏联和社会主义集团为其提供主要的进口资源、资助及对其军事和经济计划有重要作用的技术援助。另外，中国几乎肯定要继续依赖苏联的军事担保来防御他们所认为的美国进攻威胁。尽管莫斯科和北京之间可能会发生一些利益矛盾和争执，双方都不大可能允许这类的矛盾削弱中苏团结。”

1957年11月的莫斯科会议可以说是中苏合作的经典之作，说明中苏同盟关系已经达到了顶峰，但同时也隐含着中苏之间在对国际形势的判断以及制定相应的政策方面出现的分歧。所以，在会议过后不到一年的时间，中苏分歧便显露出来——炮击金门事件反映出双方在对外政策上的分歧，而“大跃进”和人民公社运动反映出双方在对内政策上的分歧。[①] 然而在这里，中央情报局的感觉就显得十分迟钝了。或许是收集的情报有限，或许是受到莫斯科会议宏大气势的过分影响，本编1-4文件只看到中国的作用继续加强，却丝毫没有察觉到中苏之间已经隐含的分歧。该文件认为：“中国几乎肯定将保持与苏联的牢固结盟。北平将继续承认莫斯科作为共产主义世界的领袖，而一旦共产党中国在实力和地位上成长起来，在社会主义集团总的政策形成方面，中国很可能起到日益加强的重要作用。将来肯定会有些摩擦，但不太可能损害我们所评估的这一时期的中苏合作。”到1959年，本编1-5、1-6文件虽然看到了已经明显表露出来的中苏分歧，但其结论并没有任何变化：“尽管‘大跃进’和公社的计划在中苏关系间引起一些新的摩擦，但这些不和不可能威胁到针对西方世界的中苏之间的团结。”“几乎可以确定的是，在我们评估的这个时间段，中苏同盟将会保持紧密合作，共同对抗西方国家。”虽然认识到中国地位的提高将会导致中苏利益的调和“越来越困难”，并引起莫斯科的忧虑，但是“双方无疑都承认，他们之间的问题在于联盟本身的必然结果，他们没有选择的余地而必须维持现状”。所以，该文件十分肯定地判断：“这些分歧的主要后果是不断要求这两个国家在制定政策时相互为对方留有余地，而不是削弱联盟本身。”

1960年6月中苏两党在世界工联北京会议和布加勒斯特会议上的严重争吵，以及一个

---

① 详见沈志华主编：《中苏关系史纲(1917～1991)》，北京：新华出版社2007年版，第207～252页。

月后赫鲁晓夫提出撤退全部在华苏联专家的惊人举动，不仅使得中苏分歧公开化，而且大大伤害了双方的感情和脸面。① 然而，1960 年 9 月 8 日的评估报告竟然还认为，至少在五年之内，“中苏关系中的内聚力会比离心力更为强大”。尽管面对中苏分歧日益加重的明显事实，报告承认“无法对这些根本性的利益矛盾将如何影响中苏关系做出评估”，但仍坚持认为中苏“任何一方都不想把矛盾推向会给两国关系造成无法弥补后果的程度”。②

直到 1960 年底，中情局才看到并且指出中苏分歧的广泛性和严重性：“一系列基本问题都在争论之列。首先，是来自北平对苏联在国际共产主义统治地位的挑战。另外还有对集团政策性质看法的尖锐对立，这是俄国民族骄傲与中国民族骄傲的冲突，是毛个人威望和赫鲁晓夫个人威望的冲突。总之，冲突到了如此激烈的程度，而且将一些基本问题都卷入了进来，以致造成了双方严重的不和。”中情局还认为：“北平和莫斯科之间的分歧是非常基础性的，而且很大程度上是两国间不同国情的产物，因此很难找到一个满意的办法解决那些基本性的分歧。”因此，评估报告预测：“随着一些问题的起起落落，他们之间的不和仍会延续。即使中苏之间达成了一些表面上的融合，由于目前的争端而引起的不快和怀疑仍会继续给中苏关系蒙上一层阴影。双方都不会再像以前那样信任对方，政策的和谐也会变得更加困难。双方关系迟早会——虽然不一定会在将来的五年内发生——再次发生问题，而那是将会导致中苏关系之间更加严重的危机。”尽管如此，由于认定中苏“双方一致反对西方世界的立场不会改变”，“双方都敏锐地注意到双方之间的裂痕如果继续扩大，将会影响到各自的国家利益和国际共产主义的某些共同利益”，报告指出，中苏双方都不会允许同盟“出现公开的、正式的裂痕”，“对共产主义的共同责任，尤其是对反共世界的共同仇恨，使它们能够在反对西方的行动上协调一致，特别是在受到严重挑战的时候”。③

到 1963 年，中苏关系经历了一个短暂的调和期之后，再次出现激烈争吵和尖锐对立的局面。7 月 6～20 日在莫斯科举行的会谈是赫鲁晓夫在位期间中苏两党的最后一次高层接触，其结果导致了中苏同盟关系的最终破裂，并拉开了震动世界的政治大论战的序幕。④ 1963 年本编 1－10 文件对此做出了比较准确的判断和预测。文件认为，“北平同莫斯科的争端源于无法调和的国家和政党利益这一基本问题，而且中国共产党没有表现出任何妥协的迹象。公开辩论有时可能会熄火，但我们不认为会发生基本的和解”；“虽然两党都非常希望避免承担造成世界共产主义运动分裂的责任，从而分裂的机会正在减少，但正式的分裂随时可能发生”。两个月以后举行的莫斯科会谈的结果证明了这个预言。美国情报官员还有一个假设很有意思：考虑到“中苏两党一直耐心地努力避免正式破裂”，并“都继续鼓吹共产主义运动的团结”，文件指出，“可能双方都希望最终，或许是换了主要领导层后，新的领导人会

① 详见《中苏关系史纲》，第 273～283 页；《苏联专家在中国》，第 371～403 页。
② 见本套书第九编”中苏关系“9－31 文件。
③ 见本编 1－7、1－8 文件。
④ 详见李丹慧：《最后的努力：中苏在 1960 年代初的斗争与调和——1960 年代中苏关系研究之一》，《社会科学》2006 年第 6 期；《走向分裂：从暗中斗争到公开论战——1960 年代中苏关系研究之二》，《史学集刊》2006 年第 6 期。

有更多的理由来维持必要的合作以保持团结”。既然说到“双方关系进一步疏远一定会使赫鲁晓夫在苏联共产党面前更尴尬，而且也会导致继承人的争夺更加激烈”，那么更换领导人的说法似乎成了一年多以后赫鲁晓夫在克里姆林宫政变中被赶下台的另一个颇有预见的暗示。不过，美国人并不希望看到这种情况。因为“中国人更好战、更过分自信”，中情局“当然不希望在接下来两年——或者，可能是永远，世界共产主义运动的支点将转移到北平”。总之，这时中情局的论断是合乎事实的：“目前的中苏关系的特征可以说是一种事实上的破裂。”

这里有一个很重要的问题需要讨论：中苏之间可能、甚至一定会出现分歧，这是不难预见的，中苏之间已经出现了分歧，这也是很容易看到的。但是，这种分歧是否会导致同盟关系的破裂，则是一个需要推理和判断的问题。那么，在中苏分歧出现后的很长一段时间里（大约五年），中央情报局为什么始终没有预见到甚至不愿相信中苏同盟会走向破裂呢？

从逻辑上讲，出现分歧是任何同盟关系中普遍存在和难以避免的现象，但分歧并不一定会导致同盟破裂。在西方资本主义阵营各国之间也存在着分歧和矛盾，有时甚至也会发生激烈的冲突。但是，西方的同盟始终没有破裂。用一般的国际关系准则完全可以解释这一现象：维系他们之间相互关系的原则和标准是国家利益，而在冷战时代，这种国家利益的最终体现就是保证在与共产主义世界对抗中西方国家的整体安全。为了这个根本的利益，每个国家都可以、也愿意在某时某地放弃眼前利益和个别利益，就是说在需要的时候，他们可以通过相互之间的妥协来保证同盟的继续存在。因此，仅仅存在分歧和矛盾并不意味着同盟必然破裂，而只是预示了一种可能性。如果双方达成妥协，消除分歧，缓解矛盾，那么破裂是不会发生的。

中央情报局在1963年以前的多次判断正是出于这种逻辑思考。在他们看来，中苏之间存在着共同的意识形态——他们都信仰马克思列宁主义，共同的奋斗目标——他们都要走向共产主义社会，共同的安全利益——他们都以美国和西方世界为主要敌人，而他们之间分歧只是在方法、步骤以及所承担的风险等问题上。所以，尽管中苏分歧还会长期存在，甚至有所发展，但是在他们共同的根本信念和根本利益受到威胁时，双方都会调整各自的政策以适应巩固同盟的需要，共同“消除那些会给双方关系造成永久性破坏的趋势”。因为这种同盟的存在，不仅“极大地增强了整个社会主义阵营的军事力量”，而且“提高了中苏各自在国际事务中的地位”。此外，就双方的实力而言，虽然中国的力量和影响日益增长，但由于“在军事和经济上将继续依赖苏联”，“特别是在维持现有军备水平以及未来军事现代化的发展等方面，苏方的作用举足轻重”。因此，中国人“也许会感到，事实上，除了维持与苏联的同盟，他们别无选择”。① 看起来，美国的情报分析是非常理性的。

然而，这种合乎常理的推断却与中苏关系演变的历史事实相距甚远。个中原因当然是多方面的，如美国当时的情报来源有限，东西方文化背景存在较大差异，以及对毛泽东、赫鲁

① 见本套书第九编9-31文件。

晓夫等社会主义国家领导人个性缺乏必要的了解等等。不过,最重要的原因应该是分析方法的错位。中情局忽略的是,在社会主义国家外交决策的依据中蕴涵着许多从西方观点看来是“非理性”的因素,而其决策程序在当时也绝非谙练西方外交决策原则的情报分析人员所能理解和掌握的。因此,按照西方资本主义世界通行的一般国家关系准则和理念来分析并推断东方社会主义阵营的国家关系,显然是行不通的。这是我们在阅读美国国家情报评估报告时应该注意的一个重要问题。

1-1

中情局关于至1957年前中国潜在能力的评估报告

（1954年6月3日）

NIE 13-54

机　密

至1957年前共产党中国的潜在能力

（1954年5月25日通过）

（1954年6月3日出版）

问　　题

评估直到1957年前共产党中国的政治、经济及军事进展。

结　　论

1. 中国共产党人①的长远目标是把中国建设成为一个具有自身经济军事实力基础、在东亚南亚占据统治地位的苏联模式国家。为此目的，他们将采取具有共产党政权特色的强制且残酷的措施，尽快地向前推进，既按共产党的方针改造社会结构，又努力改善行政体系的效率，并且最大可能地发展经济。该政权将投入大量资源加强其武装力量的现代化，并使之强大，作为其外交政策的实力基础。

2. 尽管中国的经济发展计划不为人详尽知晓，但看起来这些计划打算，1957年的总产量要比1952年增加20%～25%。重点是增加现代工业部门，尤其是重工业和交通运输业的产量。中共政权经济计划的实现取决于增加农业产量，同时还得严格限制消费，以提供所需资源来支撑工业投资及军事计划。实现规划所需的大部分资本货物将不得不通过中国的出口从苏联集团其他各方来换取。可用资源必须高效率地加以调配，以确保关键经济部门，如交通运输业，能够满足因扩大生产所造成的需求。

3. 除非有重大危机或其他不可预见的事件发生，我们估计，中国1957年的国民生产总值将达到大约320亿美元，比1952年增长20%～25%。我们估计农业产量将比1952

---

① 原注：除非另外明确指出或上下文表明，后文中“中国”和“中国人”皆指“共产党中国”和“中国共产党人”。

年高出大约10%,而经济中的现代工业部门的产量将高出70%～100%。个体业(包括交通运输)的增长当然会与这一总的增长水平有着广泛的差异。然而即使到了1957年,共产党人也才刚刚开始中国经济的现代化。就整体而言,中国仍将以农业为主,并且是欠发达的。

4. 我们认为,到1957年,中共政权应该已经提高了其行政效能,进一步加强了对其民众及资源的控制,但该政权不会完成对传统社会模式的重大改造,大多数民众也只能是对之被动接受。不过,我们认为该政权管理和控制中国的能力不会被明显削弱。再者,我们认为,即使毛泽东万一去世或退休,中共政权还是有能力处理好可能出现的领导权问题。

5. 中共政权拥有的国内控制能力及国际权力地位,主要依赖中共军事组织的潜在能力,这一军事组织目前是亚洲国家之最。我们认为,通过该政权的现代化及训练计划,在本评估期内这一军事组织将在实力和战斗力方面有所提高。苏联的援助对此计划的实现仍将是不可或缺的。

6. 我们认为,本评估期内中国对苏联的依赖不会大幅度减少,维持与苏联的联盟仍将是中国外交的主方面。中共政权将继续巩固其政治地位,增强经济和军事实力,待到1957年将成为国际事务中比现在更强大的力量。中国某些方面的发展将被用来佐证"在亚洲,时间是站在共产党一边的"的断言。中国增长的实力和威望将对西方国家在亚洲的势力以及印度、日本争取亚洲领导地位的抱负提出挑战。

讨　　论

一、导　　言

7. 自从1949年夺取政权以来,中共在苏联援助下已经建立起一个强大的军事组织。共产党人进行了大规模的政治及社会变革,他们基本上清除了有效的反抗。他们极大地恢复了国家经济并对之建立起控制。

8. 共产党政权是在面临着严重障碍并付出巨大人力物力的情况下完成前述事项的。1949年,该政权面临着普遍的经济崩溃,面临着12年实际上不间断战争造成的普遍困顿。在大致与美国、墨西哥和阿拉斯加总和面积相当的领土上,该政权不得不把其意志强加给5亿中国人民。大多数人是目不识丁的;交通运输设施在许多地方都是初步的或者不足的。在中国人完成中共政权所设置的雄心勃勃的各目标之前,还有令人生畏的难题必须加以攻克。

二、中国的当前形势

9. 中共政权已着手建设一个工业化军事强国。目前,该政权的精力似乎致力于巩固和扩张中国的经济实力，对军队进行现代化，并对中国的政治社会结构加以改造。为着这些目标，该政权正在创建更有效执政的政府，加强控制，并开始对阻挠其目标的机构或个人加以肃清或使其中立。

（一）政治进展

10. 行政和领导权。中共已经对苏联式行政及政治方面的制度和管理技术加以改造以适应中国的条件。高度集中、专制的政府实行了有效措施来压制传统的地方效忠、宗派效忠及种族效忠等，并且强行建立了一套垂直管辖至村一级的统一的政体结构。

11. 中国的根本权力属于共产党并被授权给党的中央委员会政治局。在毛泽东的领导下，除了政治局负集体责任外，政治局的五个常委各自都有分管领域：刘少奇，党的事务；周恩来，政府工作；朱德，军事；陈云和高岗，经济事务。①

12. 政治局的决定通过苏联模式的政府结构来传达。政府结构中的最高地位保留给全国人民代表大会，这个机关将由现已允诺于 1954 年进行的全国选举来产生。在此之前，最高政府机关是由主席（毛泽东）和六个副主席领导的中央人民政府委员会。为了显示“政府是个联盟”，其中的三个副主席是代表其他政治团体如中国民主同盟和国民党革命委员会的“民主人士”。主要的行政机关——政府管理委员会及人民革命军事委员会——名义上对中央人民政府委员会负责。然而，由于政治局的主要成员也是这些行政机关的成员，共产党的权威就对国家的行政直接产生影响。国家官方做出的决定在中国各大行政区通过由党、政、军机关组成的区域性组织来执行。类似的党政一体模式重复至地方政府一级。

13. 中国领导阶层显示出党内精英的内聚力和稳定性。共产党领导人通过自 1921 年共产党成立以来他们在革命战争中的共同经历而紧密团结在一起。但是，像任何团体一样，过去有过，现在也几乎肯定存在某些权力斗争。党的一些声明，如 1954 年 2 月中央委员会发出的关于党的团结存在危险的警告，提示分歧与竞争的存在，并暗示在刘少奇和周恩来周围存在着不明帮派。不过，并无确凿证据证实在上层梯队内明显组建了派系。在过去的 16 年里并无大的清洗运动。

14. 苏联影响或控制渗透中国政策的确切方式不为人所知。苏联显然尊重其中国盟友。苏联顾问几乎肯定与中国党政最高领导阶层有着联系，但我们认为这些苏联官员并不直接发布命令。我们认为，主要凭借着它们共同的意识形态及中国对苏联的经济和军事依赖，苏联有能力对中国的政策施加影响。

15. 政治控制。共产党政权已积极而残酷地着手建立对中国人民的政治监控。为此，它采用了大量做法，包括利诱、爱国号召、威逼和恐吓等。

16. 中共建立起了一套精细的灌输体系，包括社会的、经济的、法律的和心理的压迫，也包括一个大规模高度协调的宣传机构的运转。共产党人竭力向人民灌输一种加入“新中国”

---

① 当时中共中央未设政治局常委，只有书记处。刘少奇、周恩来、朱德、陈云任书记处书记。——编注

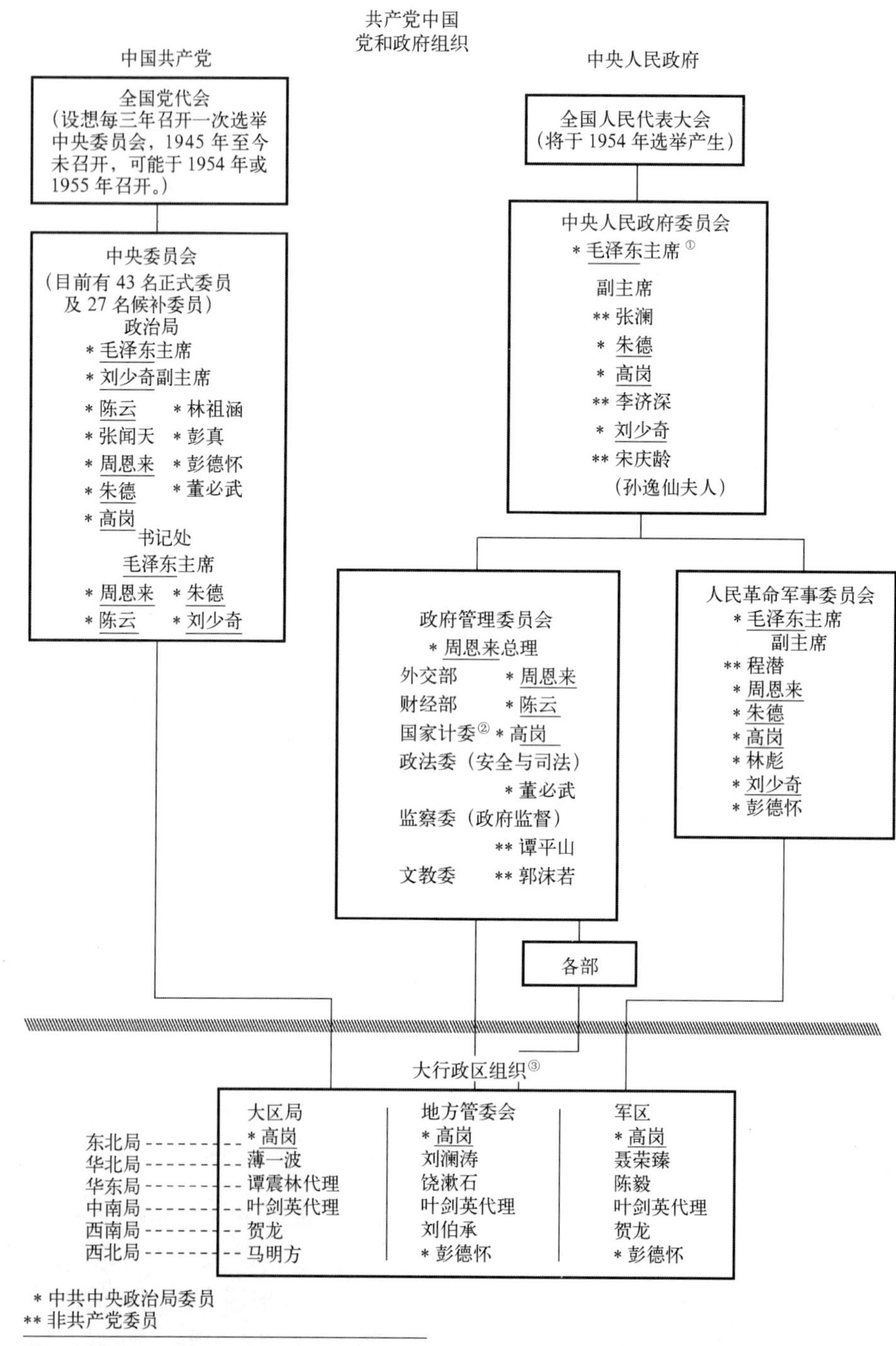

① 下划线表示六个政治局常委兼政府职务。

② 政府管理委员会国家计委的确切成员不详。

③ 大区一级另外还有两个自治区：内蒙古和西藏

图一

的感受，并且通过对中国军事和外交成就的夸大宣传，激励国人的民族自豪感。中共政权试图通过大规模的反腐运动、反裙带关系运动并通过许诺带给农民、城市无产阶级更多的机会来赢得大众的支持。该政权尤为努力想赢得年轻人的爱戴。

17. 共产党人在赢得某些人群的支持方面已经取得了相当的成就。一些初始的革命热情保留了下来。特别是有很大一部分年轻人对中共政权取得的成就印象深刻。其他重要而活跃的支持者出现在军方人士、政府工作人员、熟练产业工人和相当部分的妇女当中。

18. 通过恐吓和武力，共产党人已经清除了地主阶级以及数以千计的商人、专业人士和前政府官员。对中共政权已没有重大的有组织的反抗。为确保其控制，该政权在军队之外组建了广泛的安全和警察部队。除了这些有组织的力量外，通过一套遍及各地的治安维持会与自愿告密者相结合的体系，中共政权查获异己分子的能力得以增强。

19. 然而，1949 年中共政权所获得的发自内心的大量支持已经消散了。该政权的压制措施已经在许多人群中造成了恐惧气氛。出现了这样一些事例，对宗教团体和传统机构的冲击引发了强烈的敌对反应。增加农业税和生产队数量已在农民当中造成负面反响。由于没能提高真实的收入水平，工人中出现了不满。商贩及小业主对重税及政府的竞争牢骚满腹。由于生活水平下降，由于中共政权毫不留情地要求归顺，知识分子及专业人士群体中的不满已经增多。

20. 不过，中国现存的不满既无广度，也无强度，也没有物质手段借以转变成有效的反抗。

（二）经济形势

21. 中国是一个有着 5 亿人口的欠发达农业国。中国的预计大约 270 亿美元[①]国民生产总值不到苏联的三分之一，差不多也就美国的十四分之一。中国大约 54 美元的人均国民生产总值大致与印度相当，但只不过是日本的四分之一。尽管有了现代工业发展的起步，但工业部门目前对总产量的贡献尚小。要实现其现代工业化经济的长期目标，中共政权面临着艰巨的任务。为此，共产党人正在发展进行经济计划和经济控制的机构。

22. 像所有的计划经济一样，国家预算是把资源引导到实施政权的计划的主要工具。1952 年中国的国家预算上升到了国民生产总值的大约三分之一，这一比例比起苏联的要低很多。这一时期预算的两个最重要项目是军费支出和资本投资。（预算分解见图二[②]）

23. 1949 年，中国经济已经历 12 年战争破坏，当共产党人开始恢复和发展中国经济时，生产水平是极其低下的。那时，电力生产只是日本占领时期峰值的大约三分之二，煤大约是五分之二，成品钢大约是六分之一。（见表一）到 1952 年底，中国人大体上完成了经济恢复工作。钢产量比 1937 年至 1945 年达到过的最高水平超出了大约四分之一；粮食产量和发电量略高于这一水平；煤炭产量大约是这一水平的四分之三。（见图三）

---

① 原注：基于 1952 年数据做出的估计在全文中被广泛用到。1952 年后出现的变化据信并没有改变总的量序或各种关系。

② 原图二模糊不清，略去。——译注

表一　1952 年中国主要选择商品的估产

商　品	单　位	1937～1945 年最高值		1952 年
		年　份	数　量	
粮　食	百万吨	1939	106	112
电　力	十亿千瓦小时	1944	7	8
粗　钢	百万吨	1943	0.9	1.1
原　油	千　吨	1943	260	315
煤	百万吨	1942	65	50

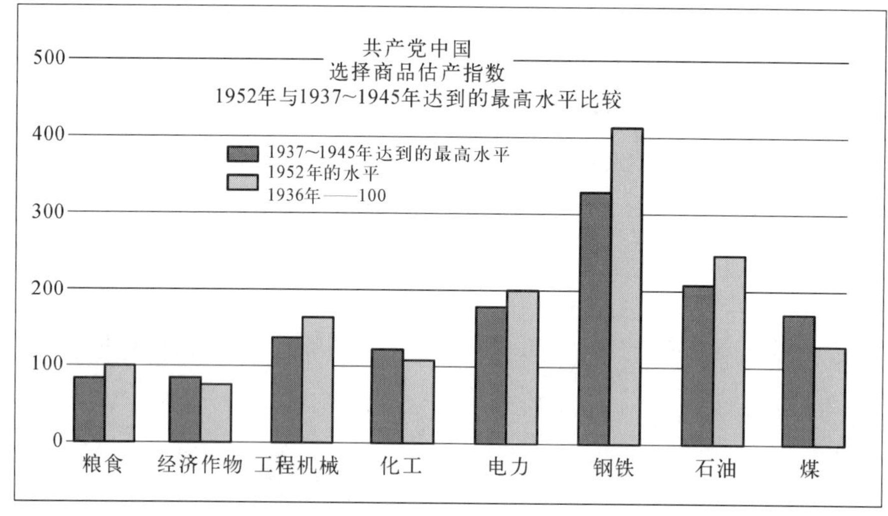

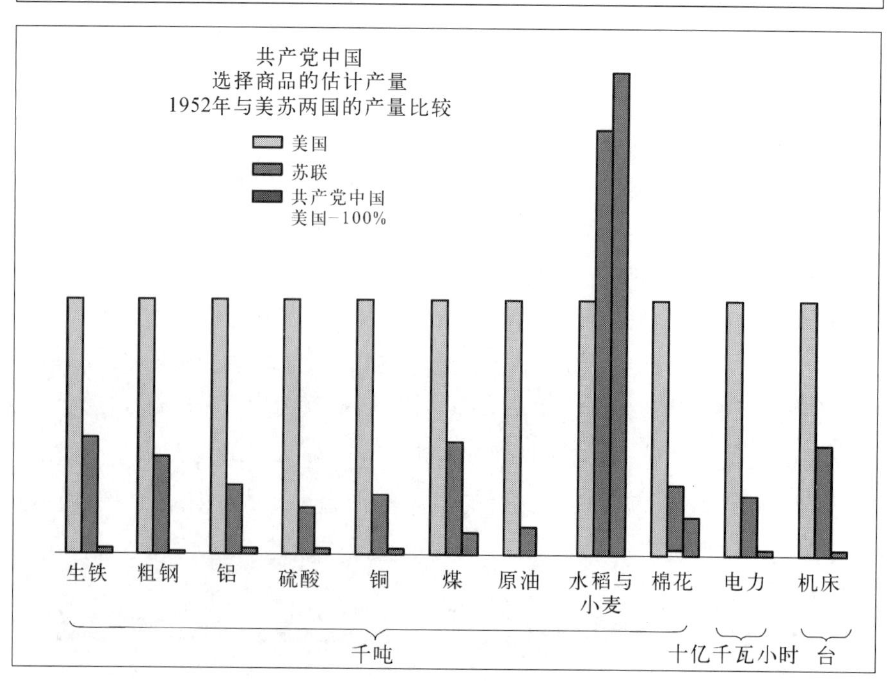

图三

24. 国内生产和贸易的总体增长,苏联集团与中国间陆上贸易的大膨胀,以及将军需物资运往朝鲜,对中国运输能力提出了更高的要求。中共政权对1945年前中国国民党和日本人在各自占领地建设的铁路网基本上都加以修复了。共产党人还完成了大约800英里新线路的建设。不过,铁路网在许多地区仍显不足。缺少铁路运输极大地阻碍了对中国西部战略矿藏的开发利用,包括像玉门油田开发这样的关键项目。此外,在货物车厢和机车的供给方面,中国人尚未恢复到战前水平。由于运输需求增加,由于铁路车辆不足,铁路系统目前都是在相当大的负荷下运转着。已采取极端的措施,强化设施的利用,从而扩大目前的运能。

25. 在中共政权的计划当中,其他类型的交通运输发挥的作用较小。仍然只有相当少的汽车运输。由于路况差和燃料短缺,长途汽车运输在多数地区是行不通的。内陆水上运输并未用足可供利用船舶的能力,很明显部分原因是贸易模式发生了重大变化。货运帆船构成了中国内陆和沿海水上运输能力的大部分,虽然由101艘小型慢速轮船组成的中国远洋商业船队在上海以北地区的沿海贸易中发挥着重要作用。中国几乎所有的海上对外贸易都依靠非中国方面的船运。民航极少得到开发,主要作为军事空运的帮衬,尤其是在朝鲜战争期间。

26. 尽管共产党人在恢复中国经济方面取得了相当大的进展,基本模式却原封未动。农业生产仍是主要活动,人均产量仍低下。主要部门对国民生产总值的贡献显示于示图4中。此外,中国境内经济活动的地理集中实际上还保持原样。

共产党中国
国民生产总值
1952年各部门贡献估计百分比

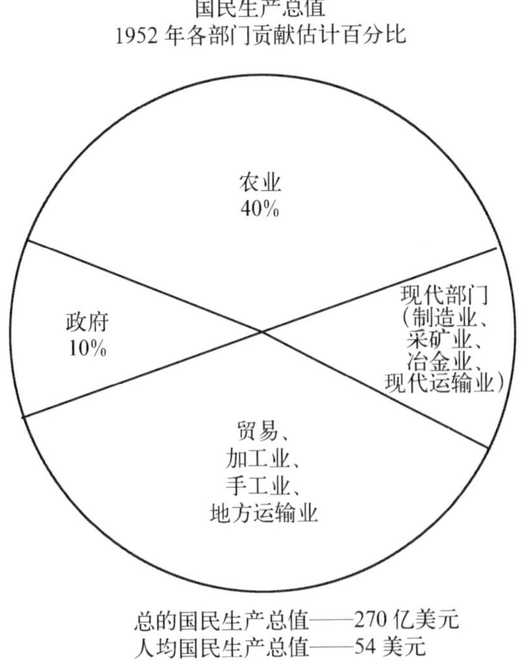

总的国民生产总值——270亿美元
人均国民生产总值——54美元

图四

27. 另一方面,共产党人已对中国的对外贸易导向和构成做了重要调整。1938 年实际上所有对外贸易都是与现在的非苏联集团国家进行的,而 1952 年与苏联集团的贸易已占到中国对外贸易的大约 70%。以不变美元计,中国 1952 年对外贸易总额与 1938 年大致相当。不过,以不变美元计 1952 年的进口大大少于 1938 年的进口,1938 年时日本在满洲的投资给大额进口盈余提供了资金。1952 年消费品的进口占总进口额的比重,比 1938 年要小些。1952 年军需品的进口占总进口的份额比起 1938 年大了很多。1952 年资本货物和工业原料的进口所占份额与 1938 年一样。导向和构成发生这些变化,部分是因为中国与苏联的新政治关系,部分是因为西方的贸易限制,再有部分是因为中国经济、军事发展计划的需要。

(三) 中共武装力量

28. 共产党政权对内实行控制,对外争取国际大国地位,主要依靠的是中国军事组织的潜在能力。自从毛泽东取得党的领导权后,军队在中国等级制中拥有独一无二的特权和强权地位。军队的忠诚大大增加了中共政权对人民的胁迫能力。中国军队编制目前是亚洲之最,野战部队超过 225 万人,实际的空军飞机不止 1 500 架。(见表二)这些获得苏联支持、经朝鲜战争大大改善的部队,使共产党人拥有了胜出非共产党亚洲国家的压倒性军事优势,并且深刻地影响了亚洲的整体力量平衡。

表二 中共军事实力

陆军		空军		海军航空兵		海军	
总兵力	3 300 000	总兵力	64 000	总兵力	1 200	总兵力	60 000
野战军	2 300 000	飞机总量		飞机总量		海军舰艇	
		编制装备表	实际数	编制装备表	实际数		
160 个步兵师 5 个装甲师 3 个空降师 6 个骑兵师 19 个炮兵师 40 个独立团 35 个独立营		1 980 架	1 500 架	160 架	80 架	1 艘轻型巡洋舰* 17 艘驱逐舰/炮艇 3 艘老式炮艇 4 艘机动炮艇 40～50 艘鱼雷快艇 16 艘内河炮艇 45 艘(或更多)各类型两栖舰艇 11 艘(或更多)辅助舰船	
		930 架 喷气式战斗机 280 架 活塞式战斗机 200 架 地面攻击机 200 架 喷气轻型轰炸机 240 架 活塞轻型轰炸机 10 架 活塞中型轰炸机 120 架 运输机	720 架 170 架 150 架 120 架 220 架 10 架 110 架	80 架 活塞式战斗机 40 架 喷气轻型轰炸机 40 架 活塞轻型轰炸机	40 架 10 架 30 架		
公安部队 100 万** 18 个保安师 16 个独立保安团							

* 这艘轻型巡洋舰被认为是非作战用的。除了所列出的舰艇外,中共还有 250～300 艘武装机帆船和区域巡逻艇。人们知道,中国某些人员接受了潜艇培训,而且有一艘苏联退役潜艇——可能是中程型的——停泊在青岛,由中国人支配。该潜艇被认为处于训练状态,不能用于作战。

** 经验明的部队只占估计总兵力的一小部分。除了其他未证实的师团外,还有数目不详规模不等的地方小分队散布于中国。

29. 中国陆军着重强调步兵、人力或畜力运输，比起机械化军队来，较少受可怕地形和恶劣天气的阻挠。另一方面，在能够使用重装备和现代技术的条件下与现代化的西方军队交锋时，后勤、交通、重装备和协同作战技巧诸方面的缺陷将使中国军队处于不利地位。

30. 中国的空军实力并未在朝鲜得到彻底检验。作战活动几乎完全局限于防空角色，而且中国空军是作为包括苏联部队和朝鲜部队在内的共产党空军的一个组成部分来运转的。在能见度良好条件下中国人有着相当的防空能力，但目前他们在夜间或复杂气象条件下的作战能力十分有限。尽管在朝鲜没有进行战术支援的军事行动，中国空军在这方面还是有些能力的。同样，虽然中国的轰炸能力没有在朝鲜得到检验，他们却有相当规模的喷气式和活塞式轻型轰炸机，还有少量的中型轰炸机。

31. 以美国标准衡量，中国海军只有低水平的整体作战效能。不仅其装备匮乏，而且其使命和利益都从属于陆军和空军。不过，中国海军还是有能力在中国大陆近海水域执行有限的水面作战计划，包括突袭、沿海安全巡逻和护航、布雷和扫雷以及近距离水陆两栖突击。尽管海军航空兵尚处在组建阶段，但通过布雷和对水上部队进行低姿态攻击，它还是有有限的能力对水面作战行动提供支援。

32. 中国武装力量的一大弱点是，他们缺少本国的供给设施，而是依靠苏联来获得诸如坦克、飞机、军事运输工具、海军舰船、燃油润滑油、电子器材及备用件等物资。目前如果在远东发生牵扯到中苏双方的全面战争，这一弱点就会是关键性的。那样的情况下，苏联供给中国军用物资的能力将会受限于横贯西伯利亚铁路的运力，因为这条运输线还必须承担对苏联远东部队的供给。中国的兵工厂现在有能力制造轻武器、轻重机关枪、迫击炮、轻型火炮及这些武器的弹药，但还不能生产足够数量以满足现代化计划的现时需要。

(四) 中共的外交政策

33. 按照共产党方针在中国完成政治、社会和经济革命的任务因中国的国际关系而变得错综复杂。共同的意识形态和中苏联盟以及对苏联的依赖，导致中国把某些自身利益置于更大的集团利益之下。主要因为中国针对非共产党国家的侵略姿态和行径，中国已经多半被切断了与非共产党经济的联系和外交援助。

34. 北平政权已着手一项把中国建成共产党亚洲主导力量的计划。该计划的一个内在部分是加强中国军事组织。部分出于对其长远目标的追求，部分出于对苏联政策的响应，北平已经在推进国际共产党人的亚洲政策中担当起领导角色。

35. 中国的本国利益、国际关系和长远抱负已导致遵循如下方针的外交政策：(1) 维持与苏联的联盟；(2) 对非共产党亚洲国家的本土共产主义政党和小组进行援助；(3) 继续运用政治战对非共产党亚洲施加压力；及(4) 努力开展外交和宣传以提高中国的威望和国际地位。这一政策似乎意欲在不引起与西方公开冲突的前提下促进中国的国内外目标的实现。看起来它也是基于这样一个信念：风向将转向共产党，有利于实现中国的国际抱负。

三、1957年前中国的可能趋势

(五)长远目标和计划

36. 中国共产党人把在中国建设一个具有自身经济军事实力基础、在东亚和南亚占据主导地位的苏式国家作为长远目标。为此,他们将继续对社会结构进行改造,完善行政管理体制,并尽快使经济现代化。他们将继续逐步扩大经济中的国有部门,削减和抑制私营企业,并建立大型合作式和集体式农庄。他们仍将最优先考虑基础工业和交通运输业的发展。中共政权也将投入大量资源加强其武装力量的现代化,作为执行其外交政策的实力基础。

(六)领导权问题和控制问题

37. 近几个月来,越来越多的迹象表明,党的领导层对若干高级官员的表现不满。目前对加强党内团结和集体领导的必要性的强调,虽然直接针对个别的唱反调者,但看起来最终目标是要对集体决策和集体管理加以完善。万一毛去世,它还力图把党的领导人之间的个人分歧最小化。关于苏联援助及社会主义改造步伐的不同意见可能会对经济计划的成功构成障碍。

38. 从现在到1957年,中国是有可能面临"接班"问题的。现已60岁的毛据说身体状况欠佳。这一时期内,如果他退休或去世,更可能的会是共同掌权式的接班,至少起初会是这样。假如选择单一领导人,那么,要么刘少奇要么周恩来,看来最有可能成为继任者。不管怎样,毛从舞台上消失可能会对中国统治集团产生不利影响,并几乎肯定会对中苏伙伴关系内的中方威望带来不利影响。然而,我们认为,因可能需要给毛选一接班人而造成的问题并不会严重削弱独裁统治或中共政权管理和控制中国的能力。

39. 中共政权还必须克服技术、管理和行政方面合格人才的严重短缺。此类短缺对该政权执政、控制和发展中国的努力的各个方面都会带来影响。中共政权已宣布,为实现国家的经济计划,到1957年需要大约60万名技师、教师、医务人员以及政务和商务方面接受过培训的工人,而中国的中学和高等教育机构的容量只够培养出其中的一部分。受教育人才短缺的影响还会因为普遍缺乏技术经验和高文盲率(80%)而变得更糟。因此,中国在本评估期内可能会试图通过降低教育水准、派遣更多学生到苏联受训以及使用苏联顾问和技术专家来解决受教育人员短缺的问题。通过这些措施,中国或许可以避免其政治经济计划的严重失灵。尽管如此,受教育人员的短缺仍将是中共政权整体发展的延缓因素。

40. 在推进其计划时,中共政权仍将在保持目前的支持率方面遭遇困难。政治经济压迫易造成农民和其他某些人群的反抗,各阶级都将越来越怨恨使用武力。政府让人民相信有必要接受苏联的建议和指导的努力,以及政府的民族主义号召,可能会由于助长对苏联影响中国的抱怨而自食其果,并因此增加对中共政权的不满。中共政权对中国传统价值观的抨击将继续遭到更多的抵抗，尤其是在农村地区。不管怎样，由于实现军事和投资计划存在必须使用可用资源的压力，中共政权将无法提供大量激励物品来缓和这些敌对反应。

41. 然而在若干部分人当中，某些别的因素将产生对中共政权有利的影响。到 1957 年，相当一部分中国人口将在共产党说教下走入成年。通过对“新中国”虚虚实实成就的鼓吹宣传，可能鼓舞起民族自豪感。经选举产生的地方性、区域性及全国性机关的活动将增加那种对中国国家生活的参与感，纵然这些机关实际上并无实权。

42. 总之，我们认为，在本评估期内，中共政权不会大大地改变主要的社会风俗习惯，也不会在减少文盲方面走得太远。我们认为，虽然中共政权仍将获得某些人的支持而面对另一些人的敌视，但大多数人将继续被动地接受共产党的领导。不管怎样，因为政府控制机构的效率可能得到改善，中共政权对人民施加监管的程度或许将加深。最后，我们认为，领导阶层将继续对有可能严重削弱其指引和控制中国的能力的个人分歧加以清除。

（七）经济问题和计划

43. 尽管中国人的经济发展计划不为人详尽知晓，中共政权 1953 年 5 月已宣布大幅降低其五年计划中第一年的目标。计划现在看起来是要把 1957 年的国民生产总值在 1952 年的基础上增加 20%～25%。重点放在增加现代工业部门尤其是重工业和交通运输业的产量。工业发展计划似乎特别指向了对满洲的工厂继续进行修复和扩建，对中国其他地区的工业做某些扩充。

44. 中共政权执行其计划所遭遇的核心经济问题是，积累重要资源并以最有利于快速高效完成计划的方式对这些资源进行调配。对计划的成功而言，主要的国内决定因素将是中共政权能在何种程度上增加农业产量来给日渐增多的人口提供食物、供给工业原料并提供出口以支付重要必需物资的进口。与此同时，中共政权在限制消费时必须避免破坏生产的促进因素。该政权还必须避免因太过激烈地推进其政治、社会和经济改革而扰乱生产。尽管面临着受教育人员的匮乏、交通落后、识字率低、书写语言笨拙等障碍，调配工作却必须建立起有效率的行政机构。一方面存在对资源的竞争性索取，一方面中共政权充满活力地推进经济、军事、政治及社会计划，必须在这两者之间做出调配决定。

45. 除了国内方面的考虑外，决定中国工业发展速度的最重要因素将是苏联可以提供给中国的物资和服务的数量。虽然中国出口苏联及欧洲卫星国所需商品的能力是一个基本要素，同样重要的是苏联集团提供中国所需物资和服务的能力，以及苏联在建设一个强大中国方面的政策。

46. 涵盖总人口大约四分之三的中国农业系统有着根本性的弱点。人均耕地少，农民缺少新技术知识，缺少资金购买肥料、杀虫剂和器具。个人拥有的土地面积一般太小，就算能获得资本，也不容许采用机械。这些因素导致人力使用的低效率和人均产量的低水平。

47. 考虑到有诸多问题，我们认为，1952～1957 年间农业生产将取得大约 10%的增长。产量中的增加部分有望来自耕地的扩充、灌溉设施的扩建和修复、化肥使用的增加、因城镇和出口市场扩大引起的集约化、多样化生产的额外刺激等。但是,气候及其他不可预测因素可能妨碍共产党人实现这一增产。中共政权还可能在其重组农业生产和征收粮食的努力上遭遇困难。重点将放在合作社的工作上而不是国营农场的组建上。不过,中共政权计划到1957年组织大约20%的农民进入生产者合作社,这一计划的实施可能对农业生产造成破坏性影响。

48. 为了从增加的产量中提供资本以支持工业扩张和资本货物的增量进口,共产党人必须维持对消费率的控制。增加消费的压力将来自农民、更多的产业工人和总人口的整体增长。人口增加——部分是经改善的公共卫生措施的结果,部分是更稳定状况的结果——将通过倾向于集中到大城镇地区的迁移,那些地方的人均消费大约是农村地区的两倍。因为这一点,在1952～1957年间,就算城镇和农村生活水平没有任何变化,规划每年不超过1%的人口增长也会增加5%～8%的总消费。尽管中共政权在限制消费方面面临许多困难,特别是在农村地区,但我们认为,其控制机构足以将消费限制到1957年总产量预计20%～25%增加值的大约一半。剩余部分可以提供充分的投资资源来实现中共政权拟定的工业和军事计划。

49. 实现工业计划的另一关键问题将是资本货物的供应问题。国内的资本货物产量小,品质差,种类有限。中国共产党人必须依赖对外贸易,尤其是与苏联集团的贸易,来供应大部分的资本货物。虽然在1950～1954年援助协议中苏联给中国提供了1亿美元的信贷,苏联或许不会授予中国大量的进一步信贷以进口资本货物,因此我们认为,可能除了若干军用物资外,中国的进口很可能近乎局限于出口所能筹措资金数额。此外,由于从集团国家进口的计划是以年度易货贸易合同方式确定的,由于中国与这些国家之间的交通运输困难,资本货物的交付很可能会是不确定的,从而对发展计划造成不利影响。

50. 考虑到目前铁路运输的不足及交通运输需求预期的大量增加,共产党人将不得不竭力确保运能的增长率,特别是铁路方面的,以跟上因增加生产而形成的需求。最紧迫的需求仍将是铁路车辆。国内不能制造足够数量的机车和货车,因此将不得不依靠进口。中国经济计划的实现所必需的一个关键投资领域将是铁路运能的扩张。中共政权已经认识到这一问题的重要性,我们认为它将继续对此给予优先考虑。

51. 中国人将把大量资源转用于建设一支现代军队。比已公布的国家预算分配给军事开支的资金(参见图二)还要多的大量用于军事目的(如兵工厂的建设等)的资金,都隐藏在预算的其他类目中。我们认为,目前超过30亿美元——国家预算的大约三分之一——被用在军事项目,这一水平在本评估期内将不会发生根本变化。而且,由于中国军工产业不生产诸如坦克、大炮或飞机等重装备,外汇收入的很大一部分必须用来购买扩大中国军火生产的设备及军队装备。我们认为中国人在本评估期内将使用大约三分之一的出口总收入来进口军事终端器件和燃油润滑油。这不包括苏联可能以拨款方式或信贷方式提供给中国的军需物资进口。

52. 我们估计,1957年中国能比1952年增加50%的总出口额,主要是通过增加农产品和矿物原料的出口。此增加额可能提供足够的资金来满足工业、农业及军事计划最低限度的进口需求。苏联集团或许能提供这些进口需求。

53. 中国共产党可能会谋求与非共产党国家发展贸易。非共产党贸易控制的松动能够有助于中共政权计划的实现，能够减轻中国对苏联集团其他成员的经济依赖。但是这些影响成为现实只能到那种程度，即非共产党国家愿意并有能力提供给中国从苏联集团无法获得的信贷及物资，或者开出给中国的条件比中国与集团贸易所承担义务更优越。

54. 概言之，尽管中国人要实现经济目标将面临诸多严重困难，我们认为，到 1957 年，中共政权还是能够将总产量在 1952 年的基础上提高 20%～25%。

（八）中共军事组织的可能进展

55. 中共政权显然打算主要通过现代化而不是通过大量增加人力来加强军队建设。苏联的援助对这一计划的实现仍将是不可或缺的。

56. 陆军的能力几乎肯定会得到改善。可能会削减步兵师的数量以提供人力充实到保留下来的步兵师及增加勤务和支援部队的数量。训练将得到加强，人员的挑选和使用将得到改善。

57. 空军预计会加以扩编并发展成为一支力量更加均衡的部队。其兵力可能扩编至大约 9 万人，其核准的飞机数量可能增加至大约 2 500 架，其中 1 400 架喷气式战斗机，480 架喷气式轻型轰炸机。飞机到位程度有赖于苏联的供给。因为飞机和兵力的增加、训练的改进及支援部队和辅助设备的增多，中国空军的整体作战准备预计会得到可观的改善。

58. 海军方面的进展可能会相对较小，尽管其中可能包括从苏联获得一些近岸或中程潜水艇。同样预计中国海军航空兵会得到壮大，将拥有 340 架飞机，其中 160 架喷气式战斗机、80 架喷气式轻型轰炸机。预计训练中会引入新方法，从而增强这支部队攻击中国沿岸各类型舰船的能力。

四、1957 年中国的地位

59. 我们认为，到 1957 年中共政权会进一步加强对人民的监控。我们还认为，除非发生重大危机或其他不可预测事件，该政权 1957 年将获得大约 320 亿美元的国民生产总值，比 1952 年的数据多出 20%～25%。1957 年农业对国民生产总值的贡献可能会比 1952 年的水平高出大约 10%。1957 年国民生产总值中现代工业部门的分量可能会是大约 60 亿美元，比 1952 年的水平增加 70%～100%。中国整体而言仍保持为农业为主的和欠发达的。

60. 虽然到 1957 年会有进步，共产党人也将才开始转变中国的任务。国家总体来看仍将是农业为主、文盲众多、发展落后的。此外，虽说中共政权或许已建设起适度的工业部门，中国在维持增长率方面还是会遇到更多的困难。

61. 我们认为，在本评估期内，中国对苏联的依赖不会明显减少，维持与苏联的同盟关系仍将是中国外交政策的主旋律。共产党中国政权将继续巩固其政治地位,增强经济和军事实力,待到1957年将成为国际事务中比现在更强大的一支力量。中国某些方面的进展将被用来佐证“在亚洲,时间站在共产党一边”的断言。中国增长了的国力和威望将对西方国家在亚洲的影响力以及印度、日本争取亚洲领导地位的抱负提出挑战。

图五 共产党中国1951年主要经济活动的区域分布①

National Intelligence Council, *Tracking the Dragon: National Intelligence Estimates on China During the Era of Mao, 1948 - 1976*, Washington, D. C.: Government Printing Office, pp. 101 - 118

范丽萍译,沈志华校

① 原图五模糊不清,略去。——编注

1－2

中情局关于至1960年前中国能力及行动方针的预测

（1956年1月5日）

NIE 13－56(取代 NIE 58,13－54,10－7－54)

机　密

至1960年前中共的能力及可能采取的行动方针

（1956年1月5日）

问　　题

评估至1960年前：(1) 共产党中国的政治、经济、军事方面的实力和弱点；(2) 中苏关系；(3) 中国共产党的行动方针。

结　　论

1. 中国共产党人已经在中国大陆牢固地确立了他们的控制，并且正干劲十足地沿着苏联模式的路线尝试改造经济制度、社会制度，建设军事力量。在苏联的帮助下，武装力量得到极大的增强并在很大程度上得以现代化了，经济产量大部分都达到或超过了战前的峰值。由于其成就和蒸蒸日上的国力，共产党中国在亚洲的威望和影响已经大大地增加了。(第10～12段)

2. 中共政权决心把农业占主导的经济转变成苏联模式的工业化国家。为此目的，它已经为接下来的数年安排了大量的投资，而且为了给这一计划调动资源，已采取措施抑制消费并加快农业社会主义改造的步伐。在追逐目标的过程中，政府将遭遇受教育人员匮乏、农民对政府管制的抵抗、人们对中共政权苛刻措施日益增长的冷漠或反对等严重难题。此外，当北平面对这些难题并试图处理社会主义改造的困难时，领导人的权力更迭可能会出现，预期也可能发生清洗，尤其是在较低级别。不过，我们认为北平的控制机构将足以维持中共政权的稳定。(第29～30、33～34、45～94段)

3. 我们估计，到1957年，中国共产党人将完成他们的强调重工业的第一个五年计划的许多目标，尽管在钢、生铁、卡车、石油产品和粮食作物方面会有不足(见第12页表格及说明①)。

---

① 即下文第34段的表格。——编注

他们或许无法开发出他们所设计的某些能力。工业总产值可能在计划期内增长75%,而计划所定的目标是增长98%。中国共产党的工业基础1952年小于日本的三分之一,且只生产有限种类的制成品,到1960年,工业基础将大为扩充,尽管重要产业的生产仍将低于日本1954年的水平。共产党中国仍将需要(苏联)集团相当的援助来满足其经济需求。我们认为,农业产量将增加大约10%,而不是中国共产党人计划的23%,但这并不一定会影响到他们的工业目标。然而,如果农业产量连这样的有限增长都不能获得的话,工业目标则几乎肯定会受到不利影响。(第42、59、92段,示图2)

4. 共产党中国在苏联的广泛援助下,至1960年将对其武装力量进行了进一步的强化和现代化。缺少美国大规模的对抗,北平将保有侵略南朝鲜、台湾和东南亚大陆的能力。然而,共产党中国仍将受困于军事弱点,特别是防空的缺陷和本国武器生产基础的不足。我们并无证据显示共产党中国拥有任何核武器,它所拥有的只是原始的核研究能力。但是,假如苏联提供必要的设备和技术人员,中国共产党人就可以在短时间内获得使用核武器的能力。(第91、93段)

5. 共产党中国和苏联之间的关系已成为不仅通过意识形态的纽带,还通过对美国的同仇敌忾、军事的互相依赖、外交的步调一致以及"革命"活动的优势互补而紧密结合的同盟关系。北平对苏联的军事和经济依靠将使之在总体政策的重大问题上继续把莫斯科的意见置于重要地位。但是北平在许多地区的战术地位给予它相当大的影响莫斯科的潜力。尽管存在潜在的利益冲突,但我们认为,共同的目标和优势的互补以及北平对苏联的继续依赖将起到阻止中苏关系至少截至1960年出现重大削弱的作用。(第95、98～100、102～103段)

6. 中共外交政策将继续聚焦于获得对台湾的控制、削弱西方(特别是美国)在亚洲的影响并扩大自身在该地区的影响。北平将继续奉行强调政治行动而不是军事行动的政策,只要这一办法可以服务于其目标。这方面考虑的主要因素是他们对美国进行军事对抗风险的估量,因此共产党中国在接下来的两年或三年里也许会强调政治行动。在他们估计军事行动获得的好处大过带来的军事后果的时候,共产党人可能会再次诉诸军事行动。为了中苏"与资本主义集团竞争共存"的联合政策,北平很可能会迎合亚洲的中立主义和民族主义情绪,操纵印度支那问题和台湾问题来分化西方,利用诸如韩日之间和印巴之间的紧张关系这类脆弱局势来赢得亚洲对苏联集团的进一步支持。中国共产党人或许将努力使他们处理国际问题的方式具有和解和灵活的特征,但是集团政策也许不允许对西方及其亚洲盟友做出重大让步。实际上,为了重申其特殊要求和主张,北平有时可能将会自负地维护其势力,但会是在集团战略总的限度内。(第105～106、112～113段)

7. 为了给美国和国民党的据点增加压力,中国共产党人或许会继续在台湾和近海岛屿的对岸集结。只要美国维持其对国民党人的承诺,他们也许并不打算进攻台湾,但他们可能指望逐步地侵蚀国民党的阵地。此外,除非北平相信它能够通过谈判获取近海岛屿,否则它几乎肯定会试探性地实施针对它们的军事行动。如果中国共产党人确信美国不会用自己的部队来协助保卫这些岛屿或在别处以武力做出反应,他们或许就会试图夺取它们。倘若北平的部队在不招致美国军事报复的情形下成功占领国民党人控制的近海岛屿,那么夺取台湾的运动就会有所加剧。(第119段)

8. 北平，连同河内政权，将继续做出努力通过宣传和外交来诋毁和破坏吴庭艳(Diem)政府的权威，从而扩大共产党人在南越的影响和控制。即使越盟向南越扩张其控制被耽搁，北平可能也不会鼓励越盟恢复公开的敌对状态。然而，在某个阶段，北平或许将鼓励越盟业已增加的在南越的游击活动。这么一个阶段之后的行动或许要视吴庭艳对抗的有效性和美国及东南亚条约组织成员国的反应而定。(第121段)

9. 共产党人在台湾海峡、越南、老挝甚至朝鲜发起战争的可能性仍将存在。另外，如果共产党人对北朝鲜或北越的控制受到严重威胁，北平几乎肯定会以武力做出反应。若国民党人对大陆的攻击水平有任何显著提升，北平几乎肯定会加以报复。(第116段)

讨　论

10. 中国共产党人的基本目标看来是：(1) 将中国发展成为一个具有强大工业经济和现代军队编制的苏式国家；(2) 在东亚消除西方(特别是美国)的影响和势力，取得控制权；(3) 对台湾和其他他们认为传统意义上属于中国的地方建立起控制；(4) 作为世界上一个主要大国获得认可；(5) 总体而言，促进国际共产主义运动的目标。

11. 自从1949年在北平正式建立以来，共产党政权已经显示了灵活性、技巧性和冷酷决心，并朝着目标的实现取得了重大进展。在整个大陆地区，其权威已牢固地树立起来，其控制是卓有成效的。遭受战争破坏、被忽视的工业和交通到1952年已大部分得到修复，多数重要部门的生产达到或超过了战前高峰值，苏联模式的社会主义改造在除了农业和零售贸易业之外的各领域顺利地推进。武装力量在从轻装备构成向有着苏联现代装备组织精良正规部队的发展方面已取得巨大进步。

12. 中共政权已经大大地提升了共产党中国在亚洲的影响和威望。其影响亚洲事态发展的实力和能力在朝鲜和印度支那得到了展示。通过在万隆的娴熟外交，通过与美国建立大使级接触，中共政权的形象在亚洲国家中得以提高。在自由世界里面已出现强大压力，要求减少对与共产党中国进行贸易的管制，并允许共产党中国加入联合国。同时，中苏同盟在很大程度上保障了北平的战略安全，并使之能获得集团的物资，此两点大大缓解了北平容易受到来自非共产主义方面攻击的压力。

13. 然而，在本评估期内，北平几乎肯定不能维持其第一个五年计划的发展势头。中国共产党人只是最近才设法应付在创建社会主义国有经济过程中出现的根本性问题，就算得益于苏联的经验教训，这些问题也将是难于解决的。

一、国 内 问 题

14. 中国共产党人把他们国内发展的现阶段定义为“社会主义过渡阶段”。尽管他们正依靠着苏联的经验,但他们继续根据中国共产党的经验并通过灵活对待他们认为基本上敌对的群体对政策加以调整。北平已谋求利用党对权力的垄断和国家对经济关键部位的直接控制,强迫剩余的商品服务个体生产者接受社会主义经济形式。压迫和社会变革的时间段继之以短暂的歇息。这一“松紧结合”的策略近年来既被用来使民众丧失胆量,也被用来摧毁知识分子、私营企业家和富农可能具有的凝聚力和独立领导能力。

(一) 政治形势

15. 共产党中国的政府最近进行了改组,控制权进一步集中到北平。尽管1954年9月的宪法赋予全国人民代表大会正式的行政职责,该实体主要还是公布已决定了的政策的论坛。在全国人民代表大会不常进行的会期之间,其大部分的职能由其常务委员会行使。常务委员会名义上对国务院进行监督,国务院则指导中央政府各部,包括国防部,并监督省级地级政府和“自治”少数民族地区政府的运作。(见图一)

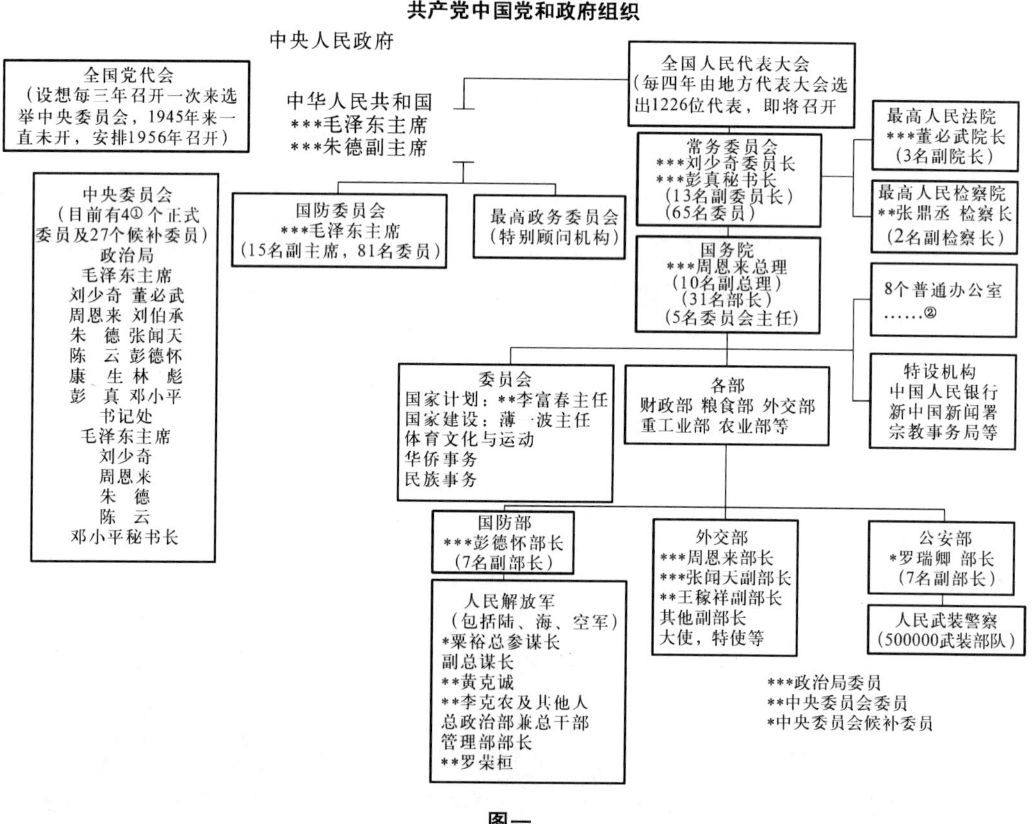

图一

16. 党的领导。中国共产党统治和控制政府机构。尽管关于党内权力的分配我们没有什么情报,但党的主席毛泽东的至高无上似乎是绝对的。毛既是党的政治局和中央委员会

---

① 原文此处数字模糊不清,可能是“4”字。——编注

② 原文此处三行模糊不清。——编注。

书记处的主席，也是政府的正式首脑。

17. 在新宪法下，毛的地位需要其在政府事务的正式指导方面少发挥积极作用，一些重要权力似乎已下放给其他领导人。刘少奇——党内仅次于毛的人物——看起来控制着党的组织部门；周恩来——政治局第三号人物——已成为行政管理和外交事务的统领人；陈云看来在经济事务方面作用最大。尽管朱德是德高望重的军队领导和“中华人民共和国”的副主席，但他将近70岁了，新近被任命为国防部长的彭德怀已经承担起对武装力量的有效领导。

18. 1938年以来的第一次高级别的党内清洗发生在1954年，当时高岗——国家计划委员会主席及政治局排位第六的成员，和饶漱石——党的组织部长一起，被开除党籍并与他们的若干同伙一起收监。高的死讯其后已公布，但饶的命运不为人所知。高和饶都是中央委员会的资深成员，并且直到1953年还分别是东北和华东两地党的最高领导。

19. 虽然高饶事件的真实细节仍笼罩在迷雾之中，导致清洗的主要原因可能是高、饶及其支持者们企图增加他们自身的权力。尽管官方予以否认，但关于国内政策的种种问题可能已经出现了一些分歧。高与饶也可能试图与某些军队领导人结党营私，但很明显没取得什么成效，因为并没有高级军方人士被牵扯到他们的蒙羞事件中。

20. 不管怎样，并无证据显示清洗已经对党的领导内核的稳定或领导内核对党的控制能力造成任何持久的影响。1955年4月公告清洗的同时，党宣布成立一个新的监察委员会来核查党的纪律。在中共政权面临社会主义改造的问题时，可能出现领导人的权势的转移，也可以预期会有清洗发生，尤其是在较低级别。

21. 由于毛现在62岁了，并可能健康状况欠佳，毛的接班人问题将变得重要起来。很让人怀疑，在毛去世的情况下，任何个人能在某些时间处于拥有绝对权威的地位。可能会努力建立某种形式的集体领导。

22. 刘和周或许处于争取超群地位的最佳位置。刘在党的正式列名中仅次于毛，是著名的理论家，其注意力主要集中在党内事务。周则有着更宽泛的经验和联络，并在战术灵活性方面享有声誉。但是，他们在重大政策上所表达的观点并没有冲突之处。除非中共政权遭遇重要挫折，这些领导人及其他领导人的不同背景似乎更可能成为贯彻已同意过的政策的互补力量，而不是严重冲突的根源。

23. 尽管军队的威信仍旧很高，其领导人的作用仍旧很大，军队在计划和政策方面的直接作用已经得到稳步的削弱，特别是自从1952～1954年大行政区政府解体以来。新组建的国防委员会似乎主要是顾问性的实体，比起其前任——人民革命军事委员会，拥有的权力要少。大部分国内安全部队的领导权已经从武装力量转移到公安部长的手中。看起来政府的公务成分和军事成分日益整合了。

24. 有确凿的证据显示，在职业的军事领导人和主要从政的团体之间出现了实际的冲突。高岗所宣称的信条——“军队创造了党”及在老革命根据地具有党务经历的人应该优先于非军队领导，在军队指挥人员中可能获得了一些同情。但是，许多军队指挥官在党内的高职位给予他们在中共政权的既得利益，长期以来建立起来的部队里设置政委的体系对军队领导人的活动提供不间断考察。我们认为，在本评估期内，没什么指望出现那种能严重影响到中共政权的凝聚力或稳定的分裂。

25. 中国共产党拥有超过800万或者说总人口的1.33%的成员，比起集团内其他国家的共产党员在人口的比例，明显小不少。虽然并不缺少潜在的成员，但在质量上和政治可靠性上存在严重问题。1955年发起了一场八年计划，对大约500万党员和非党员知识分子进行系统的政治灌输。尽管做了这些努力来改进党的质量，政府的效能仍将受制于低文化水平和老革命与新官僚之间的摩擦。

26. 民众的态度和支持。1951年以来出现的严格控制和一系列镇压运动已经驱散了中共政权起初所获得的部分支持，让许多的民众觉醒过来或疏远而去。不满情绪在1954年增加了，地方一级的市民不服从现象增多了。官方的公告宣称，从1954年2月至1955年5月，出现了364 604例"颠覆"案和"经济破坏"案。这些活动在城镇地区和农村地区都有发生，遍及共产党中国。主要的原因似乎是局部的粮食短缺，粮食短缺的起因则是1954年的洪涝和干旱、粮食作物征收和农业社会主义改造的推进以及强制性的严厉计划。不满情绪看来在农民当中尤其明显，至少有一起公开的"农民反抗"得到承认，于1955年4月发生了。

27. 共产党人改造中国传统社会体系的努力也遭遇到了相当大的阻力。他们摧毁家庭所有制和家庭凝聚力的尝试已经引起普遍的怨恨。中共政权已减弱了执行其婚姻法的力度，对家庭的改造现在主要是通过教育年轻人来尝试。

28. 中国知识分子很多都在西方接受过教育或受到西方思想的影响，也给中共政权带来了一个严重问题，这仍然是依靠着他们的技巧。获取他们的归顺的运动在1955年5月得以提速，当时，胡风——一个敦促更多言论自由的作者——被指控领导了反对国家的大阴谋。知识分子的卑屈表白被公之于众，在如医学和工厂管理等大为不同的领域内，群众被组织起来，开会谴责和洗刷"胡风思想的残余"。

29. 目前，民众的不满太零星，太混乱，不会给北平政权带来严重威胁。过去的一年里，对安全的最新强调和警惕心的提高也许部分地是打算通过制造恐惧和紧张气氛为继续进行严厉苛刻的经济管制提供理由。中共政权现在有了一套庞大有效的监管体系，包括除军队外的一支大约50万人的国内安全部队。在地方一级，"安全保障委员会"、"城镇居民委员会"以及其他群众组织构成的一套体系提供了额外的监控，延伸至每一条街道和每一个小社区。在社会主义改造过程于未来五年取得进展的同时，民众的不满，尤其是在农村地区，也肯定会增加。但是，中共政权将几乎肯定有能力压制这类不满。

(二) 经济

30. 北平政权已经表明，现代工业化经济的建立尽管付出最大的努力也将需要花去本世纪的剩余时间。它认为这一发展对共产党中国转变成强国是必不可少的。为此目的，它谋求建立一种经济，最终能够提供全方位的军事物资和资本货物，可以削减共产党中国对苏联的依赖。为了将他们的资源投入到发展工业特别是重工业上，中国共产党人在1951年开始推行五年计划。

31. 1950～1952年是一个恢复期，其间中共政权以相对少的投资取得了产量的相当大的增加，普遍地将生产水平提高到了或超过了共产党执政之前的高峰值。不过即使在恢复期后，工业基础仍是极其弱小的。1952年，共产党中国生产不了卡车、拖拉机、汽车或飞机；只能生产数量不多的诸如机车、电动机和涡轮机等重要项目；只能生产少量的最简单类型的机床。其钢铁和电力基础工业的产量只及日本的大约六分之一。而且，虽然中国共产党人拥有巨大的人力资源和大量的电力、矿藏资源，据之可建立强大的工业基础，但这些资源的质量和利用却有限。差不多80%的人是文盲，大约80%是农民或居住在落后的农村社会。共产党中国拥有世界上最辽阔的土地面积之一，但只有大约10%是耕地，其余则差不多都不适合耕种。它有着丰富的矿藏资源，但由于许多资源是低品位的或处在远离铁路和工业中心的地区，对它们进行开发和加工将是十分昂贵的。

32. 最后，中共政权面临着这样一个长期问题，即扩大其有限的资源以满足对资本投资的需求并满足正以据估计每年至少1.5%的速率增长的人口的最低需求。1953年中期，官方普查记录的总人口是5.826亿，至1960年总数可能大约为6.5亿。

33. 五年计划。1955年中期，中共政权在拖延许久后，正式通过了包罗万象的五年计划(1953～1957)。(主要目标见图二)这一计划是相当初步的，自发布以来已进行多次修改，预计可能还会有进一步的修改。纵然俄国人给予了广泛的技术援助，中国共产党人公认在起草计划时遭遇了巨大的困难。官方将计划的推迟宣布归咎于资源数据的不足、统计数据的收集困难、熟练人员的匮乏以及在处理快速发展中出现的问题时缺乏经验。

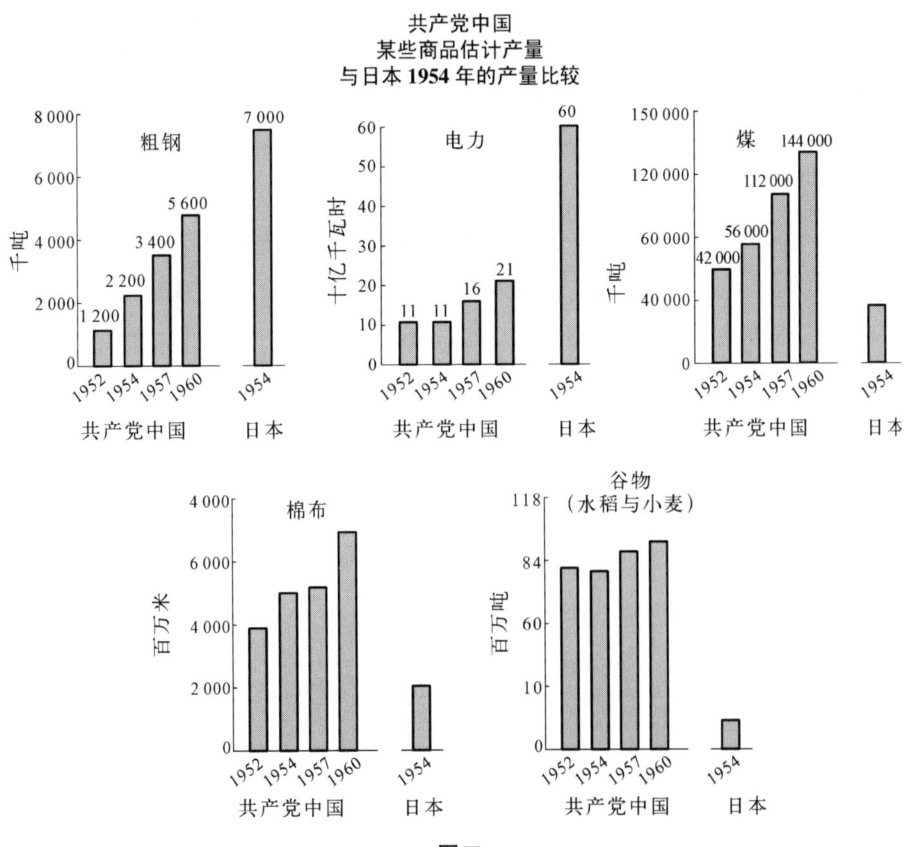

图二

34. 该计划规定国民经济和社会总支出为766.4亿元(328亿美元)。[①] 重大建设资金，即固定资产投资，总额达427亿元(181亿美元)，分配如下：

	十 亿 元	百 分 比
1. 工业	24.8	58
重工业	22.0	52
(1) 燃料与能源	6.8	16
(2) 机械工业	6.9	16
(3) 钢铁、化工、建筑材料	6.5	15
(4) 其他	1.8	5
轻工业	2.8	6
2. 运输、邮政和电讯	8.2	19
3. 农业、水利和林业	3.3	8
4. 文教卫生	3.1	7
5. 市政设施	1.6	4
6. 商业、银行业与商品仓储业	1.3	3
7. 其他	0.4	1
总 计	42.7	100

35. 投资的主要努力正用在重工业方面。为支持工业计划，中共政权给交通运输，程度轻一些地给卫生、教育和其他社会事业，安排了大量经费。为了实现其他重要部门——农业、轻工业和贸易业——的目标，中共政权明显打算主要依靠组织方面的变革，而且在农业方面还主要依靠农民和合作社的受到鼓励的投资。

36. 中共政权控制共产党中国经济资源特别是农业经济资源的配置的能力对计划目标的实现将会是很根本的。为此，已经积极地进入到了"社会主义过渡"阶段。在农业、贸易和信贷领域已经组织起国家控制的合作社，大部分现代工业[②]已实现了国有化。对待消费者采取了强硬路线，严格的控制措施——包括粮食的强制收购、棉花生产的控制、食品的定额配给——已经开始实施。

37. 中共政权看来已经将其投资计划建立在对控制大陆资源和获取苏联信贷方面的现实评估的基础上。1950～1955年间，国民生产总值以不变价格计算似乎增加了不止一半，而预算财政收入增至三倍还多，达到国民生产总值的三分之一。最重要的财政收入增加反映在国有企业的"利润"上。然而，中共政权至1960年的未来规划看来考虑将国民生产总值和预算财政收入的增速放缓不少，而预算收入仍将相对于国民生产总值有所增长，只是增长速率会慢些。(见示图3)

---

① 原注：依官方汇率($1=2.367元)换算，由于可能高估元，投资额可能被夸大20%～50%。
② 原注：中国共产党人用"现代工业"意指工矿生产，基本上将手工工业的产出排除在外。

共产党中国 1950~1955 年的预算
（10 亿现值元）

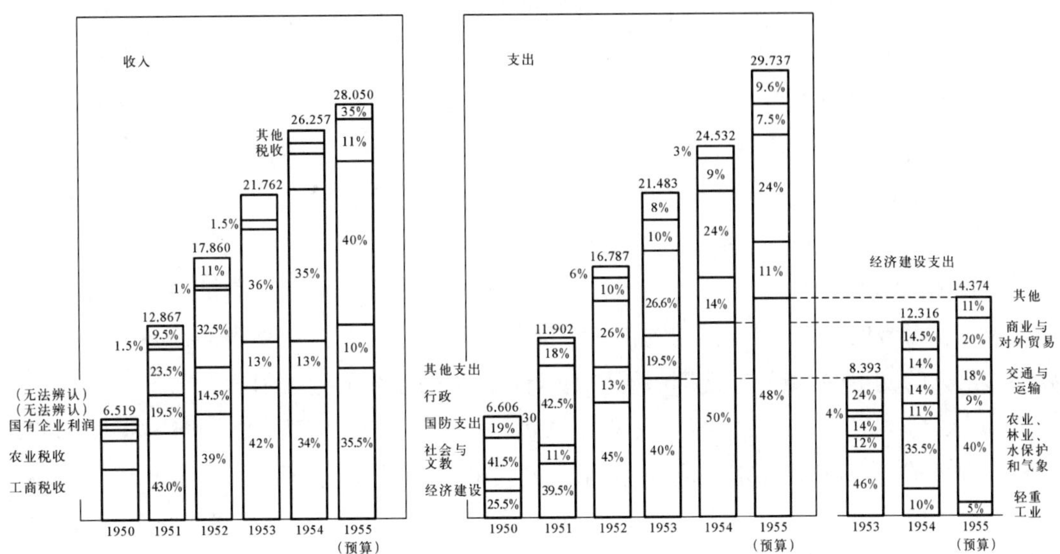

1954 年、1957 年和 1960 年中共选择商品的估产

注意：此表数据应谨慎采用。估值受制于各种误差，有些误差可能是显著的。某些商品 1954 年的估产或许应该当作最大值，特别是生铁和粗钢方面，它们的标示产量是在所有可能设施得到最大化利用的条件下估出的。经规划的 1957 年和 1960 年工业品的估产取决于产能的建设和改进、中国共产党人对先进技术的吸收，苏联集团援助的持续以及资本货物以目前的大致水平从西方的继续进口。

除了生铁、钢、卡车和粮食作物，我们对 1957 年生产的估值差不多达到中共的目标数量。关于原油和汽油，尽管产量估值正在做修改，我们认为共产党人的目标太过乐观。“五年计划”的具体目标在括号内给出。

	单　位	1954 年估值	1957 年估值	1960 年估值
煤炭	百万吨	80	113	140
焦炭	百万吨	5	7	11
电力	十亿千瓦小时	11	16	19～23
生铁	百万吨	3	4.2(4.7)	6
粗钢	百万吨	2.2	3.8(4.1)	5
钨	千吨	19	24	24
铜	千吨	13	14	15
锡	千吨	12	17	22
铅	千吨	22	23	24
锌	千吨	9	14	19
原油	千吨	—	—(2 000)	—
汽油	千吨	—	—(399)	—
	千吨	27	44	89
	千吨	300	500	734
汽车轮胎	千只	577	760	1 000
水泥	百万吨	5	6	8
机车	辆	50	200	500
货运车箱	千辆	5.5	8.5	8.5
卡车	千辆	0	0(4)	10—15
电动机	千千瓦	985	1 000	1 000
发电机	千千瓦	93	225	325
棉织品(除手工纺织外)	十亿米	5	5	7
纸张(机制)	千吨	490	650	700
粮食作物	百万吨	159	168～177(193)	182～191
木材	百万立方米	21	20	20

图三

38. 根据中国共产党的预算数据，国防和经济建设每年占总支出的大约70%。然而在过去的5年里，这两项的比重几乎完全颠倒过来。1950年，国防支出占42%，经济建设占26%；1955年，国防支出占24%，而经济建设占48%。虽说百分比下降了，1955年的预算内军费支出也达到自中共政权执政以来的最高水平。维持军费支出目前在预算所占比重看来与计划的经济增长速度是一致的。

39. 工业展望。在第一个五年计划期间，中国共产党人打算集中力量发展重工业的能力和生产。消费品工业将只获得总的工业重大建设资金的大约11%。苏联人已宣布将为之提供设备和技术指导的156个工业项目，其费用差不多占到工业化计划的一半。它们几乎都是重工业领域的，都在国内资源的供给方面享有绝对优先权。计划中的这一部分是最不可能做出大的变更的，虽然其他部门的计划目标以后可能进行重大的修订。

40. 尽管这156个项目中的多数不会在第一个五年计划期间完成，而且最重要的一些项目直到过了1960年也不能完成，但出于举例目的，这里给出以下关于重工业领域中经规划的某些重要开发项目的描述。重工业计划要求，在鞍山钢铁综合企业进行重大建设，在华中武汉和内蒙古包头开始建设大型钢铁联合企业。后两个项目的第一期开发到1962年才能完成。中国共产党人还计划到1957年建成他们的第一个铝厂(除国民党人建成的一个小型试验性工厂外)，并将发电能力在1952年的基础上翻番。

41. 我们认为，共产党对经济中工业部门的控制进展得顺利，足以确保将可获得的各种资源引向重工业项目。大约60%的工业产量来自国有工业，通过合作社和公私联营工业形式，中共政权还直接控制着另外20%。通过法令的颁布、银行的监管、原料的拨给和产品的分配，政府有效地控制着剩余的私营部门的产量。只是在个体手工业企业方面——大约1 000万人在其中全职工作——国家控制的扩张推迟了。在本评估期内，中共政权几乎肯定会进一步扩张对工业的控制。

42. 我们认为，中国共产党人将不能实现第一个五年计划的某些具体工业目标，特别是在生铁、粗钢、卡车、原油和煤油及高级机器装配等方面。他们可能无法开发出他们所设计的某些能力。中共政权已经没能维持所规划的固定资产投资率，在计划期的最后两年还剩有48%需要投资。而且，新工厂建设的单位成本已经超出预期，如果规划投资证实足以实现建设目标，肯定就会要求达成更激进的经济水平。此外，由于可能夸大了1953～1954年的轻工业产量，我们认为，计划内的轻工业生产增长率不足以实现1957年消费品产量的规划水平。除非中共政权在增加棉花和其他商用作物的产量上取得成功，否则它可能也无法实现其消费品工业的某些目标。我们认为，工业总产值在第一个五年计划期间将增加大约75%，而不是共产党人所计划的98%。

43. 在许多行业，产量的增加伴随着生产的高成本、品质的降低、产品品种的有限，导致工业品价格昂贵、劣质商品以及在不同的工业领域短缺与过量生产相伴而行。这些状况说明，在目前的生产水平上，存在着技能、设备和物资的欠缺，且反映了中共工业产量调整的灵活性有限。鉴于当前官方施压要求扩大产量，我们认为，浪费的问题仍将在未来的岁月里困扰中共政权。

44. 人力问题。据信，劳动力总数大致有 3 亿，包括 14 岁以上男性中的大约 95％和女性中的 65％。非农劳动力数量只有大约 6 000 万，其中近乎 400 万是政府雇员，300 万在军队和安全部门服役，1 900 万受雇于工商企业，其余则在贸易、服务和手工艺等行业从事个体劳动。大约 1 600 万非农劳动力直接由国家聘用于军事、政府管理和经济企业。中共政权宣称 590 万工厂工人目前就业于工业部门，自 1949 年来增加了不止 400 万。

45. 尽管有诸如控制巨量人口和就业不足这样的基本问题，中共政权最迫切的人力问题还是受过培训的管理人员和技术人员的短缺。由于谋求确保受培训人员的技术能力及政治可靠性，共产党人有使这一问题复杂化的倾向。

46. 中国共产党人继续通过聘用成千上万的苏联顾问和专家来努力克服受过培训人员匮乏的问题。这些苏联顾问和专家中的许多人在大学和与工厂或与具体的发展项目有关的培训计划中执教。在五年计划里，北平派遣 10 000 名学生和 11 300 名技术工人到苏联接受培训。最重要的是，中共政权已试图扩大教育系统并将学生的兴趣集中到技术课目。这一提速已造就了受劣质教育的工程师，而且合格的中学毕业生仍然太少，无法满足经济的需要和高等教育扩容的需要。北平现在认识到有必要进行更彻底的培训，并且在超出中等学校水平的多数技术领域采用了苏联的五年制课程。

47. 尽管在中等和高等教育水平，相当比例的毕业生将流入到日益扩张的教育系统里面，大量相当合格的毕业生最终还是会成为帮助中共政权实施其计划的有用人才。我们估计，到 1960 年，共产党中国将拥有 75 万～80 万名大学毕业生，比 1952 年增加 45 万～50 万名。从以下的估计入学人数——主要从中国共产党的公告推出——可以看出教育系统的最新进展和有计划的增长：

	1952～1953(千人)	**1954～1955(千人)**	**1957～1958(千人)**	**1959～1960(千人)**
高等教育	189	252	434	600～650
科学类	11	16	27	
工程类	66	95	177	
农林类	12	15	37	
医学与公共卫生	24	29	55	
教育类	32	50	89	
其他	44	47	49	
中等教育	3 148	4 247	4 707	6 000
初级教育(百万人)	49.8	51.2	60.2	65.0

48. 共产党中国的科研活动处于十分低下的水平。利用共产党中国科学领域有限的潜力的基本政策是专注于培训工作和与工业扩张有关的技术活动。虽然研究活动可能会缓慢

发展,但科学研究与开发或许不会给共产党中国在本评估期内争取经济与军事自给自足的努力做出特别重大的贡献。

49. 尽管教育有所扩张,共产党中国本评估期内仍将感到在熟练工和管理人员及受过培训技术员方面的不足。这些欠缺将体现在生产中的差错、浪费和损失上,并将成为中共向计划目标推进过程中的限制性因素。不过,有技能人员的短缺不太可能对计划造成重大挫折。

50. 农业展望。差不多2.5亿英亩,即共产党中国土地面积的大约10%,是耕地。虽然中国共产党人宣称另有10%的土地是可耕地,但这一数据几乎肯定是过高的。不管怎样,如此大量的土地会需要大规模的灌溉,或者会因为不足的生长期、劣质土壤或低降雨量而变得相对没什么效益。把二熟作物面积计算在内,总的种植面积相当于3.3亿英亩,其中3亿英亩用于基本粮食作物,3 000万英亩用于技术作物及其他杂粮。另外,共产党中国还有大量尚未有效利用起来的放牧区,有广阔的淡水渔场和滨海渔场。共产党中国大部分地方都被毁林了,然而,北满和内蒙古的木材积蓄据信足以满足超出本评估期的需求,虽然地处遥远会带来运输难题。

51. 在1954～1955年收成年,我们估计,中国共产党人生产了大约1.58亿吨的基本粮食作物,大约100万吨棉花,而中共所宣布的分别是1.7亿和110万吨。这些作物连同鱼类、家畜及其他工业用或商业用产品,给中国人民提供最基本的维持生存水平,给国内衣物生产提供大部分的原料纤维。但中国共产党人依然出口了价值大约10亿美元的农产品,占到中共1954年出口总额的大约三分之二。

52. 中共政权在对数以百万计的个体农民建立起控制方面面临着巨大问题。由于农产品直接或间接提供主要资本来源,中共政权不得不从农民那里获取最大化贡献来支撑其工业化计划。

53. 在仍然能够巩固其控制的时期,中共政权主要通过税收和购销政策谋求从农民身上获益的最大化。1953年,中共政权增加了对农民的施压。实行了向国家义务售粮政策,并伴之以在全国范围内继续组织互助组的运动,为的是根据季节聚集劳力和设备。到1953年底,1.1亿农民家庭中的大体一半已经被组织进入到这样的组里。这些互助组对农民来说是通过互助增加产量的一种方法,但对中共政权来说,它们就是向农业社会主义改造迈出的第一步。

54. 对农民的压迫在1954年和1955年春还在进一步增加。义务售粮的份额不断上升。小型生产者合作社(在里面,虽保留土地私有制,但土地、设备和劳力归集体使用)的大规模组建开始了,到1955年春,共产党人宣布大约15%的农民家庭已经被组织进入到67万个合作社里。然而,农业政策还有某些不确定性。1955年,由于农民对歉收年增加义务售粮做法不满,中共政权将未来三年的定额固定在1954年的水平。与此同时,大约有2万个新的合作社因为管理不善、组织太匆忙或成员不合作而解散了。

55. 农业政策的模糊期很明显在1955年7月结束了,其时,毛号召加快社会主义改造并严惩那些力促放慢步伐的人。他将社会主义改造中出现的困难归咎于贯彻的失误上。他敦促依靠积极的领导来引导农民合作，并建议从各行政中心派遣数千干部去监督农村干部组建合作社。

56. 毛概述了一个时间表，按照该时间表，到1958年春，农村人口的一半将被组织进合作社。那时，有些合作社将合并成更大规模的单位。到1960年，所有农业人口都将融入到至少是小型合作社里。不过毛阐明，农业要到20世纪70年代中期才能完全集体化。

57. 既出于教条的冲动，也出于充分控制生产以满足工业原材料、出口和城镇消费需求的实际需要，中共政权可能已认可冒着政治风险和经济风险进行相对快速的农业社会主义改造。强加于个体农民的税收和义务售粮显然不能实现这一任务。中共政权似乎认为，与苏联及其卫星国的经验相反，社会主义改造能够不给生产带来负面影响而得以完成。

58. "五年计划"规定，中央政府在农业方面的投资要最小化。只有大约10亿元或者说重大建设资金的2%将直接划拨给农业，另外有66亿元的一部分通过洪涝监控、开垦及其他项目而给农业带来间接实惠。对农业的最大投资将来自农民本身。"计划"算计五年内农民投资100亿元用于新工具、固定资产的更新及诸如种子和肥料这样的消耗性资产。中共政权打算着手低成本计划，如分发抗病害种子、控制昆虫、双季种植、种植高产作物及扩大使用自然肥料等。另外，该政权打算制造新型农用机具、增加化肥的供应并适度增加种植和灌溉面积。

59. 我们认为，中国共产党人不能完成他们的主要农业目标，特别是基本粮食作物方面的目标。尽管中共政权计划在"五年计划"期间农业总产量实现23%的增长，但我们认为能取得超过10%的增长，它就做得不错了。在基本粮食作物方面，我们认为中国共产党人将在"计划"期内增加大约6%～8%的产量，而不是他们所谋求的18%。规划目标的无法实现将是多种因素的结果，其中最重要的因素是：中共政权或许将不能确保农民做出所期望的投资；政府投资或许将不足；还有，集体化计划或许将对产量造成抑制影响。

60. 估测的粮食产量增长接近估测的人口增长，但由于农业出口占农业总产量不到3%，中共政权或许能够满足其出口目标，这一进程对工业计划至关重要，尽管可能需要进一步压缩国内的生活标准。因此，中共政权不能实现其农业生产目标而是有我们所指出的差距，这并不会必然影响其工业目标。然而，由于无法利用物质刺激，中共政权要获得计划中的生产率增长将遇到障碍，而且持续快速的城镇扩张可能使得它很难限制消费的增长，那些地方的生活成本和生活水准都更高些。此外，如果农业产量不能取得那些有限的增长，我们估计工业目标几乎肯定将受到不利的影响。

61. 交通运输设施展望。共产党中国缺少全国范围的现代运输设施。在中国东北的工业区有一个铁路网，铁路通达国内几乎所有其他工业发达地区。在其他的多数地方，则依靠原始的运输方式来应付分配需求。对共产党中国的运输设施状况的大致衡量从与印度的对比中显而易见：

	共产党中国 人口：6 亿 面积：388 万平方英里	印度 人口：3.8 亿 面积：120 万平方英里
铁　　路	16 000 英里	34 000 英里
公　　路	90 000 英里	163 000 英里
内陆航道	80 000 英里	5 500 英里

62. 但是，中共的铁路——工业经济部门主要的依靠——明显已能满足日益增长的军事和经济的需要。基于估测的生产数据①和对由铁路运送的产量比重的估计，我们认为，1954 年大致上有 1.44 亿吨诸如煤、建设物资、粮食作物、木材和铁金属等大宗商品已通过铁路来运输。此外，铁路几乎肯定还运送了大量的其他物资，如机械、军事装备、燃油润滑油及消费品。应该注意到，大量的笨重而庞大的货物，如煤之类，其运输是相对短途的。②

63. 现有铁路设施的使用近乎满负荷。中国共产党人在车厢使用方面显然达到了远较目前美国实际达到的高得多的水平，比起苏联也要略高一些。如此一来，铁路车辆或许是超负荷和欠维护的，储备则显然削减到了最低限度，尽管共产党人增加了铁路车辆维修和制造设备的容量。

64. 中国共产党人声称，1954 年庞大的内陆水运系统通过除平底帆船外的现代水上运输工具运送了 2 000 万吨。据估计，1954 年内河帆船运载了全国总货物的一大部分，特别是在扬子江系统和珠江系统。内陆航道虽然未得到充分利用，却是大宗商品运输的主要运输设施。初级公路网只有小部分是全天候类型的。公路将对面向台湾的地区提供重要支持，对西北的经济发展也提供主要的支持。民航运输主要局限于北平与少数其他城市之间的航班。民航机群包括大约 50 架轻型运输机。

65. 中共商业船队规模小且相当落伍，共产党中国必须依靠悬挂外国国旗的船只来经营所有的海外贸易，以及一小部分但却具有战略意义的沿海货运。沿海航运，既包括近海帆船运输也包括远洋货轮运输，为大连、天津、上海、广州等主要港口之间运送大宗货物提供最廉价的途径。然而，由于中国国民党的军事行动，抵达汕头以北至温州间的港口的所有沿海货轮都是注册为非共产党国家的。黄海海域的沿海航运为缓解满洲与华北间单一铁路联系的压力提供替代性的运输便利。在东南沿海，沿海航运则是主要的运输途径。据测算，在 1954 年 830 万吨总运量中，中共注册的远洋沿海航运(船舶注册总吨位超过 1 000 吨)运送

① 原注：这些估值受制于第 12 页表格(即前文第 34 段的表格——编注)提到的限定。

② 原注：美国空军情报主任及参谋长联席会议情报副主任认为，没有充足的情报来准确估算中共铁路运送的吨数。中共零零散散的、通常含糊不清的公告暗示，1954 年铁路发出的吨数高达 1.5 亿～1.8 亿吨。但是，由美国空军情报主任及参谋长联席会议情报副主任解读的铁路运行情报显示，就货运车厢、机车和其他设施来说，运能只够发出这一数值大约一半也即大约 8 000 万吨。在获得更好的情报之前，我们认为，只能估计 1954 年实际发送的货物吨数大约介于这些相差甚远的极端值之间。

了差不多87%，而从事沿海贸易的悬挂外国国旗的船只运载了大约13%。我们无法估算近海帆船运输运送的吨数。

按注册地计，1954年抵达共产党中国港口的商船船次①

非共产党方面	数量		
英国	518	法国	14
日本	97	德国	4
挪威	80	巴拿马	4
瑞典	32	巴基斯坦	2
丹麦	35	印度	2
意大利	23	摩洛哥	1
荷兰	17	非共产党方面总计	847
芬兰	18	苏联集团方面总计	158

66. 第一个“五年计划”分配了70亿元，即固定资产总投资的16%给交通运输业，其中大部分给予铁路部门。“五年计划”期间，预期将建设大约5 800公里新的干线及支线铁路。（重大项目见地图1）此外，为森林铁路、货物支线、工作场和复线安排了差不多同等数量的轨道建设。相当部分的这类建设可能既出于经济考虑也出于战略考虑。另外，“计划”要求，在5年时间内生产550辆机车及33 000节货运车厢。

67. “计划”中关于货运车厢的生产目标是有可能实现的，尽管机车计划可能会有些不足。这一铁路车辆生产量以及很可能达到的轨道扩充程度对支持中共的发展计划来说将有可能是足够的或者差不多是足够的，除非这些设施大量转用于纯军事目的。有可能于1956年初投入运营的横贯蒙古的铁路，全面运转后每年单向运力大约270万吨，也将减轻共产党中国目前对沿海贸易的依赖。但是，即使有了这一条新线路，海上贸易的中断还是会削减共产党中国的对外贸易，足以造成其发展计划的严重延期。

68. 对外贸易及苏联援助。共产党中国依赖进口来获取其工业和军事计划的基本要素。“五年计划”中重大建设支出的15%或者说27.5亿美元划拨给进口机械与设备，同时，扩大工业产量对原料和其他生产必需品的进口需求日益增加。然而，除了苏联集团提供的拨款与信贷外，共产党中国获得这类物资的能力目前受到其对农业出口的依赖的限制。农产品在1954年中共出口总额中占到大约三分之二。中共的贸易能力还受到美国市场的完全关闭和其他自由世界国家对向中国出口维持的更轻些管制的不利影响。最后，集团内各市场在吸收中共某些出口方面明显存在着困难。

69. 中国共产党人宣称其1954年外贸总额大约相当于34亿美元。尽管他们声称对外贸易“基本平衡”，我们认为部分贸易逆差可能由苏联集团提供的贷款抵消。虽然因此类贷

---

① 原注：此表将注册总吨位在1 000吨以下的船舶排除在外。这些总数代表实际抵达数次，每艘船舶当它从非中国港口抵达中国港口时都被累加一次。

款而获得的这些进口和苏联物资的性质并不为人所知，但有迹象表明，其总价值可能高达4～5 亿美元。

70. 共产党中国的贸易 1954 年变得更加指向于苏联集团了。与亚洲和欧洲卫星国的贸易在 1953 年的基础上有了大幅增长，而与苏联的贸易则大体维持在同一水平。即使把卫星国将中共产品转售给非集团成员国这一点考虑在内，集团还是占据了共产党中国贸易量的大约四分之三。

71. 1954 年，中共与自由世界的贸易总额比 1952 年多，可能大致与 1953 年持平。但是，与日本和巴基斯坦的贸易出现了激增。1954 年主要非共产党国家向共产党中国出口有记载的出口额为：

	百万美元		百万美元
香港	67	法国	8
锡兰	48	马来亚	7
巴基斯坦	26	印度	6
西德	21	意大利	5
日本	19	其他	36
英国	18		
埃及	11	总计	272

自由世界向共产党中国出口的吨数从 1952 年的 49.7 万吨稳步增长到了 1953 年的69.2万吨及 1954 年的 85.8 万吨。

72. 中国共产党人表示，其对外贸易量在 1954 年总计超过 900 万吨。我们认为这一数据不完整，总数可能达到 1 000 万～1 100 万吨之间。通过海上运输的大约有 510 万吨，相比较 1953 年则是 480 万吨。共产党中国与非共产党国家的几乎所有贸易，以及与集团国家贸易的大约 25％都是经由海上运输。共产党中国与集团间贸易的大部分是由陆路运输的。

73. 为了满足五年计划的要求，中共打算在这期间将外贸总额增加 65％，主要通过扩大矿物、手工艺品及农产品的出口来实现。据估算，共产党中国能够不做新的重大投资而轻易地扩大其焦煤和铁矿石的出口量(例如，出口到日本)。然而，共产党中国也许在把更多数量的手工艺品和更高要价的农产品出售到集团内国家方面会遇到麻烦，因为这些国家吸收这些增加量或将它们转出口获利都有个能力问题。中共对自由世界出口的下降已经刺激了自由世界对中共某些传统产品的生产和使用替代品。

74. 尽管假如目前的贸易管制有所松动而变成对苏联集团欧洲国家所维持的级别，与自由世界已经增长的贸易几乎肯定还会发展，但是，这种增加也许不会造成中共贸易实质意义上的重新定向。贸易管制的松动，如果也包括美国方面的，虽不会大大增加共产党中国获取现在无法通过转运而得到的物资的能力，但却会给以机会增加向目前对其不开放市场的出口，并降低某些物资的进口成本。我们认为，这种管制的松动能增加共产党中国每年大约1.5亿美元的进口能力，其中大约三分之二将归功于美国管制的减少。1.5亿美元总值约等于共产党中国包括钢铁在内资本货物进口额的大约四分之一，也约等于1955年共产党中国经调整的资本投资计划额的大约5%～10%。在此程度上，共产党中国经济和军事潜力的发展可以被加速。集团内部的运输成本也会有所削减，总计大致相当于1亿美元。我们是不可能在共产党中国和苏联集团其他国家之间对这一节约进行调配的。放宽管制会增加规划、采购和装运的灵活性。然而，它或许不会导致共产党中国基本的内外政策发生重大变化。

75. 北平已利用贸易管制问题来分化美国及其盟友，并指控美国坚持管制对日本、泰国、菲律宾和其他亚洲国家的经济困难负责。如果管制放宽，北平还是会继续其针对美国的宣传运动，但会谋求扩大与其他亚洲国家尤其是与日本的贸易接触，并将继续利用贸易作为渗透的手段，利用贸易施舍作为政治战的工具。①

76. 增加只针对共产党中国的贸易管制或许能增加转运的物资量，但不会对共产党中国的国内发展造成可感觉得到的迟缓。不过，假如现在实行管制的西方国家都对中国的进口实施类似美国目前所执行的禁运，共产党中国就会失去现在几乎占据出口总额20%的市场。由于集团内市场被认为不容易扩展，共产党中国的进口能力可能会相应地下降，除非苏联集团的信贷能够增加。出口收益的这一下降可能会明显地延缓共产党中国的国内发展。

77. 苏联的信贷在帮助共产党中国获得进口方面是一个重要因素。已公布的苏联经济援助总价值为4.3亿美元，其中1950～1954年间为恢复和重建提供了3亿美元，1954年提供了1.3亿。此外，中共自1950年以来的预算公告显示，还有其他的苏联信贷提供给了共产党中国。1954年，数量似乎达到4亿美元。1955年，数量明显更大，主要部分指定用于军事采购。

（三）军事形势

78. 中共政权的势力基于其武装力量的实力及其潜在兵力的巨量储备。自朝鲜战争结束以来，共产党中国已经对其军事组织加以强化并在很大程度上加以现代化了。不过，它继续依靠苏联提供重武器、复杂装备、燃油润滑油以及几乎所有的海空军装备。

79. 陆军。中共陆军大约250万人，编成115个步兵师、22个炮兵师、4个骑兵师、3个装甲师及1～3个空降师，还有其他的混成部队。近乎40%的陆军兵力位于华北、东北地区和朝鲜，另外40%在华东和中南地区，只有相当少的部队在内地。（见地图2）

80. 自朝鲜战争结束以来已经在组织、装备和训练等方面做了大量的改进。多数步兵师的实际兵力据估计在15 000人，师的编制包括一个有36门野战炮的炮兵团。据信，37个

---

① 原注：减少贸易管制的政治效果在SNIE 100－56“放宽对与共产党中国进行贸易的管制的政治效果”（1956年1月17日）报告当中得到仔细的考虑。

军中的2个集团军直属部队以及115个步兵师中的16个编有坦克团。装甲师的标准装备包括有80辆中型坦克、8辆重型坦克及8门自行火炮。炮兵师中的12个师是野战炮兵，其标准装备包括108门口径达152毫米的火炮。不过，人们认为，装甲部队和炮兵部队实际拥有的装备数量比编制装备表所列出的要略微少些。

81. 因为士兵被赋予社会特权地位，而且职业化程度增加和意识形态灌输，陆军总的士气被认为是很高的。1955年7月全面征兵的采纳可能通过固定服役期限并将入伍方式合理化而增加军人士气。然而，普通民众特别是农民当中对政府不满的显著增加，可能会对许多服役人员的士气带来负面影响。

82. 到1960年，除非中国共产党人自我感觉面临着迫在眉睫的大规模战争，否则中共陆军为数众多的兵力可能不会增加了。但是，1958年开始执行的征兵法要求每年估计有45万～60万退伍军人中的大多数以及人数不定的40岁以下未服过役的男子服预备役，从而增加受过训练的预备役部队。

83. 至1960年，陆军预期将已完成把一个坦克团、更多火炮和重型武器配备到每个步兵师的过程。中共制造的轻武器及苏联制造的重武器的标准化将最终完成。

84. 中共的防空弱点令其将相当的重心放在防空防御上。多数作战师现在都拥有进行局部保护的高炮营。已经确认有5个高炮师和大约19个独立高炮团。火力监控设备，尤其是雷达，似乎供应不足。随着在本评估期内预计的设备增加和进一步的训练，中国共产党人将可能挖掘出可观的防空能力。

85. 空军。中共空军(包括海军航空兵)估计总编制有2 270架飞机(包括1 485架喷气式飞机)及大约8万人。至1960年，空军主要的攻击性武器将是喷气式轻型轰炸机，目前据估计有310架“小猎犬”伊尔-28轰炸机，而到1960年可能会达到差不多590架。尽管目前主要驻扎在靠近朝鲜和台湾的基地，但这支轰炸机部队能够重新进行部署以便到达马来半岛和南部菲律宾以北的任何亚洲目标。(见地图2)它受到的束缚是作战经验和战斗机护航能力的欠缺。共产党中国只有10架活塞式中型轰炸机(“公牛”图-4轰炸机)，预计到1960年也不会超过60架。这些轰炸机可以到达远至关岛和新加坡的目标。在1960年以前共产党中国或许尚不会获得其第一架喷气式中型轰炸机。

86. 共产党中国的空中防御能力主要在于其喷气式战斗机(估计有1 175架)及其作战老练的核心飞行员。我们认为这支部队在有能见度的作战条件下可以随时候命。到1958年中期，用苏联喷气式战斗机替换掉尚存的少量活塞式战斗机的工作应该能完成，随后不久可能就会开始发展一支全天候部队。到20世纪60年代中期，大约570架全天候战斗机可能被充实到空军。1958年中期，总的战斗机力量可能将达到大约1 600架喷气式战斗机的顶点。尽管有建设和供给的困难，共产党中国已经极大地完善了其在台湾对岸地区的基地建构。

87. 海军。通过苏联的援助和技术建议，中共海军已经达成现在适度的编制，有4艘驱逐舰、13艘潜艇、50艘巡逻艇和炮艇、118艘鱼雷快艇、13艘布雷艇以及56艘水陆两栖艇。

若干苏联小型舰艇近期可能连同旅顺港一并移交给了中国共产党人。

88. 尽管有迹象显示苏联最近帮助中国共产党人制定了一个加快海军建设的计划，至1960年海军的发展可能将继续主要依赖从苏联获得的物资。中国共产党人将继续拥有足够的空军海军力量以便在美国不进行干涉的条件下，为在台湾海峡和近海岛屿地区的两栖军事行动而控制必要的空域和海域。他们将拓展进行中程潜艇军事行动的能力，并可能为在沿海水域实施防御性军事行动进一步发展其水雷战和水上作战能力。这些因素连同现存的空中力量，将可能在本评估期内赋予他们对抗在沿海水域行动的敌对力量的强大能力。

89. 海军航空部队(包括在第85段内)有185架飞机及4 700人。中共海军航空兵的发展近来得到了重点关照，这或许反映出有了执行标准的海军使命(诸如支援两栖登陆、反潜巡逻、护航、搜救、侦察和布雷等)的需要。也有可能，仿效苏联模式，将某些沿海地区和基地的保卫任务指派给海军航空部队。不管怎样，已知的是，用喷气式飞机再装备海军航空部队被给予了优先权。

90. 中国共产党人的常规两栖类型舰艇足够搭乘携带着一些装甲、支援兵器和有限运输工具的3.5万～4.5万人的部队或搭乘最多7万人的轻武装步兵部队。1955年中期，中共商船包括有111艘(注册总吨位达1 000吨以上)，总吨位27.8万吨，估计货运能力41.7万英吨。利用这一运输能力可以另外搭乘大约20万人的部队。不过，考虑到两栖军事行动特有的分阶段实施、控制和部队保护以及必要的后勤保障和增援部队运送能力等具体问题，估计中共起初的攻击力量会限制在7.5万～10万人。

91. 核能力。我们没有证据证明共产党中国拥有任何核武器，而且它只有原始的核研究能力。但是，如果苏联提供必要的设备和技术人员，中国共产党人可在短时间内获得使用核武器的能力。最近苏联承诺，在接下来的数年里提供给共产党中国一个6 500千瓦的核反应堆、一个处理放射性物质的实验室及未确定数量的2.5兆电子伏特回旋加速器，并承诺培训中共原子能科学家，若付诸实施，可导致至1960年中共一个小规模核研究计划的出现。这一援助似乎在诸如医学和生物学等领域最为有用，要启动核武器或核能计划则需要不同性质的并比所宣布的大得多规模的额外的苏联援助。

(四) 1960年的共产党中国

92. 除非发生像重大战争或系列自然灾害之类的不可预测突发事件，中共的经济至1960年将可能继续扩张，虽然速度会比第一个“五年计划”慢一些。大部分现代工业将可能是国有的，多数农民会进入某种形式的合作社。从1952～1960年，共产党中国将可能使发电量增长大约三倍，煤炭产量翻番有余，并将其机械工业产值增加大约2.5倍。然而，即使有这些重大进展，共产党中国的工业基础仍将是薄弱的。粗钢产量或许不会超过500万吨，或者说比日本1954年的水平低大约280万吨。[①] 其估计大约210亿千瓦小时的发电量将比

---

① 原注：见第12页表格(译文第56页示图3。——编注)之说明。

日本1954年的发电量低390亿千瓦小时。此外,最佳状况下农业生产的增长率将只是大体上与人口增长一致。在这样一些条件下,中共政权将继续在满足其日渐增长的投资与出口需求方面遇到巨大的困难。最后,大量工业复合件继续依靠国外进口以及缺少熟练技术员将使所规划的经济发展变得错综复杂。

93. 中国共产党人将大大地增加军事能力。与各国固有的军事力量对比,北平将保有对南朝鲜、台湾、近海岛屿以及东南亚大陆地区发动侵略的能力。不过,共产党中国还将受困于军事弱点,特别是防空缺陷和足够的本国武器生产基础的缺乏。至1960年,中共车辆、燃油润滑油以及几乎所有复杂军事装备将继续依赖苏联来提供。共产党中国或许只能在轻武器及个人装备上实现自给自足。

94. 监控体系将受到越来越多的压力。尤其是,对食物的更多需求将与中共政权建设大型储备、增加食品出口及扩大经济作物种植面积的计划相冲突。虽然中共政权在连年歉收的情况下或许会对其投资计划做某些修改以增加消费品的供给,但它可能不会做出重大让步。它的监控机构也许足以强制向经济目标推进,但中共政权可能将不得不诉诸清洗和恐怖做法,特别是针对农民。在农民和知识分子当中,民众对中共政权的支持很可能进一步下降,政党本身也可能会丧失革命阶段特有的很多精神。

二、中 苏 关 系

95. 过去的五年里,共产党中国和苏联的关系已经变得利益与行动一致起来,已经建立起坚固程度的相互依赖。这两个同盟国不仅通过意识形态纽带,还通过对美同仇敌忾、通过共产党中国的人力资源与战略位置和苏联的工业与技术能力的军事互补、通过步调一致的外交和"革命"活动的共同优势,而联系在一起。虽然我们认为共同关心的政策是共同决定的,但北平在武器、工业资源和技术援助等方面对苏联的依赖会让它继续在重大国际政策问题上重视苏联的观点。然而,北平在许多地区的战术地位或许赋予其相当的潜力来影响苏联。

96. 从一开始,中共政权就避免了卫星国地位,这既因为中国幅员辽阔,地处遥远,也因为该政权主要是通过自身努力获得的政权。共产党中国在朝鲜战争的作用使得它在与苏联打交道时有了额外的讨价还价实力。

97. 自1950年末,苏联评论作者已因为毛在"殖民地和半殖民地"国家进行革命的战略战术领域对"马克思列宁主义宝藏"做出的贡献而给予了毛特殊的荣誉。1954年夏末,马林科夫公开提及由于共产党中国的出现创造了"亚洲新局面",赫鲁晓夫和布尔加宁对北平进行史无前例的访问,这些都显示了苏联对中国共产党人的非比寻常的关切。莫洛托夫随后在1955年2月提到,"世界社会主义和民主阵营"是"由苏联——或者更确切地说——由苏联和中华人民共和国领导的",共产党中国在集团内的地位进一步提升了。

98. 中苏之间沿着 1 400 英里共同边界的传统上的领土争端是两个同盟国间发生冲突的潜在根源。自 18 世纪以来，中国就视唐努图瓦①和外蒙古为中国领土。虽然中国共产党人现在似乎已接受苏联对这些地区的控制，但他们可能还是担忧苏联在新疆的影响，并可能对苏联近来关心发展与新疆和满洲毗邻、先前被忽视的地区有所忧虑。不过，得到大肆宣传的苏联从大连和旅顺港的撤离表明，苏联领导层已采取步骤来减轻中共对边境地区的敏感程度。

99. 中苏间的经济关系是发生潜在冲突的另一领域。关于苏联对共产党中国工业化的援助水平，可能已经出现了分歧，而且中国共产党人几乎肯定已催促苏联提供比苏联所愿意答应的大得多的援助。

100. 尽管没有证据表明，在中共、苏联与亚洲其他共产党之间的关系存在严重的摩擦或缺乏协调，但在这些关系中出现紧张的潜在可能是存在的。在北朝鲜，中国共产党人在朝鲜战争期间增加了他们的影响，但苏联培训出来的人物仍掌握着大多数的重要职位。在北越，地缘相近助长了中共的影响，而且中共的宣传支持力度和规划的援助量超过了苏联方面的。随着近来某些日本共产党领导人从共产党中国返回日本，中共对日本共产党的影响或许也有所增加。中国共产党人明显控制着马来亚共产党，但他们对印度尼西亚共产党的影响也许会被长期以来业已建立的亲莫斯科的渠道所抵消。

101. 共产党中国“解放台湾”运动在若干场合下的加强，也许已经引起了苏联领导层的忧虑。自万隆会议来中共乐意运用外交技巧来推进他们在台湾的目标，这或许表明，这一关于着重点的可能分歧现在并不是中苏摩擦的重要根源。

102. 在本评估期内，共产党中国推行那种可能与苏联利益或愿望相悖的行动方针的实力和潜力也许会增长。共产党中国也许会独立于苏联之外，对亚洲人的观点施加更多的影响。中共声望的增长可能会鼓舞某些中共领导人试图扩大中国对其他亚洲共产党的影响，超出苏联所期望的程度。然而，在本评估期内，在亚洲看起来并无可能出现重大的利益分歧。

103. 在未来的相当长时间里，优势互补、共同敌人的存在及单一意识形态几乎肯定将压倒各种更小意义的考虑，从而维持紧密的中苏关系，这一关系可能继续不为外界的操控所影响。北平也许相信，中苏同盟阻止了联合国军扩大朝鲜战争并遏制美国采取针对大陆的行动。中国共产党人几乎肯定会觉得，在他们自身在远东地区的力量得到进一步发展之前，有必要获得继续的保护。

104. 因此，至少到 1960 年，北平几乎肯定会恪守这一同盟。东西紧张关系的缓解或许不会极大地影响北平对这一同盟仍有必要的估计，并可能舒缓中苏间经济和军事谈判的压力。东西紧张关系的加强可能会给这一同盟带来新问题，但将增强北平对团结一致的愿望，除非苏联证实不愿意给北平政权确保安全。

---

① 即唐努乌梁海。——编注

三、中共在亚洲可能采取的行动方针

105. 在追逐其外交政策基本目标的过程中，北平在接下来的五年里或许会集中精力于：消灭国民党政府并控制所有国民党人占领的土地，消除西方(尤其是美国)在亚洲的影响和势力，扩大自己在该地区的影响，并作为中国的合法政府获得承认。中国共产党人或许相信时间站在他们一边。此坚定信念基于一个信条：国际共产主义运动终将取得胜利，在强大的中央政府统治下中国是有力量的。列宁主义教条和他们自己对近期事件的解读或许已使他们确信，灵活变通甚至战术退却不会严重地危及他们的长远前景。

(一) 中共对局势的评估

106. 决定北平以何种方式追逐其对外政策的目标的主要因素是它对美国可能采取的行动和反应所做的估计。它也许认为美国在亚洲的终极目标是消灭中共政权，但也许估计，美国在接下来的数年内，不受到挑衅的话，并不打算进攻共产党中国。

107. 北平几乎肯定推测，己方公开对台湾或南朝鲜进行侵略，将招致美国的强烈对抗，可能包括采取针对中国大陆的行动并且可能包括使用核武器。它也许进一步推测，中共公然对任何别的非共产党亚洲国家发动攻击也将承担美国军事对抗中国大陆的风险。它或许还估计，越盟对任何印度支那国家公开进攻可能导致美国至少局部的军事反应，在南越的情形尤为可能做出这类反应。中国共产党人或许也估计，在朝鲜、台湾、印度支那，甚至在中国大陆，美国军队的集结和有效运用的能力仍优于己方。然而，几乎肯定还留有那么些“曙光地区”，在这些地区，他们对美国在出现攻击国民党近海岛屿或加强非共产党国家内颠覆努力的情况下做出反应的意图和能力还不能确定。

108. 此外，中国共产党人也许估计，在亚洲以政治为主的斗争中他们有了某些胜过美国的优势。他们几乎肯定认为，共产党中国在亚洲的声望将随同他们政权的军事和经济实力的增长而水涨船高。他们也许估计，各国本土共产党以及较轻程度上东南亚的 1 200 万海外华人，给他们提供了挖非共产党政府墙角的独特工具。依他们看来，非共产党诸大国间关于亚洲政策的分歧将令美国很难采取有效措施来反对通过非公开侵略措施而从事的共产主义扩张。另外，他们也许估计，反殖民地、中立主义和民族主义情绪将继续协助他们做出努力来诋毁美国在亚洲的动机。他们也许还估计，由于美国在其他地区承担着义务，由于美国承受着国内外政治压力，这些压力使美国的外交没有他们的外交那么灵活，故而，美国的外交变得麻烦棘手了。

109. 同时，中国共产党人可能认识到在扩张他们的势力时存在着严重的障碍：(1) 在亚洲的大多数非共产党国家，民族主义是主导力量，这些国家的多数领导人认识到国内共产主义运动对独立的威胁；(2) 尽管偶有大造舆论的技术和物资援助的提供，中共的资本资源是不足以帮助这些国家满足它们的工业发展的需求的；及(3) 意义小一些地，在若干个这些国家中，有权有势的地方华人社区仍然被人用妒忌和怀疑眼光来看待。

110. 中国共产党人也许不那么担忧东南亚条约组织目前的实力，而更担忧将来可能会在亚洲出现更广更强的反共集团。在这一点上他们的忧虑也许集中在日本身上，在他们看来日本是在本评估期内唯一的可能极大地增加反共势力的亚洲强国。中国共产党人也许还把印度视为争夺亚洲领导权的竞争对手。他们或许也估计，印度会对共产党在南亚和东南亚大肆扩展影响感到憎恶，并会被中共在这些地区进行的公开侵略所疏远。北平显然觉得，对外显示出对日本、印度和其他亚洲强国地位的尊重态度将促进它们消极、被动并倾向于从亚洲的团结出发来思考问题。它似乎相信，像共同声明忠于"五项原则"①这样的卖弄式花招很可能有助于消除亚洲人民对北平动机的怀疑。

111. 在共产党中国看来，法国、荷兰、葡萄牙甚至或许英国，它们可能存在的根本敌意不大可能被有效地显示出来，因为它们存在政治和军事弱点，稍轻点说，还因为它们盼望与共产党中国进行贸易。因此，中共对这些国家的敌意一直从属于对美国的敌意。中共政权可能估计，只要它对这些国家做得克制些，它们对自己会有相当的价值，既在贸易方面，也在劝使美国修正其远东政策方面。

（二）中共外交政策的主要路线

112. 在本评估期内，北平几乎确切地希望避免与美国发生严重的军事纠葛。因此，我们认为，北平不大可能用自己的军队来挑起公开的敌意，除了针对近海岛屿有可能外。北平或许也不大可能鼓励北朝鲜人或越盟采取大规模的军事行动，因为它可能估计，这样的行动不可能得以实施却不导致共产党中国与美国发生大规模的冲突。然而，在这期间北平却可能鼓励扩大印度支那的游击活动。尽管北平可能继续认可目前存在的其他的游击运动，但它不大可能，至少在这一时期的早期阶段，对这些活动的大规模扩张提供必要的支援。

113. 虽然共产党人在他们估计好处大过军事劣势时可能再次诉诸军事行动，北平还是会继续遵循强调政治行动而不是军事行动的政策，只要这一方法可以服务于它的种种目标。在这方面，主要的因素将是他们对美国进行军事对抗这一风险的估量。因此，共产党中国在接下来的两到三年时间可能将着重于政治行动。与苏联合作，共产党中国将实行"与资本主义集团竞争共存"的政策。中国共产党人将致力于以息事宁人和灵活多变为特征的态度来处理国际问题，但是中苏共同的政策事实上将不允许对西方做出重大让步。此外，两党都可能觉得，出现偶然的危机局势会削弱美国的外交地位并增强中立主义，却不至于严重损害到它们自身的"共存"姿态。共产党中国也将受到某些压力，比苏联要甚，在其对外事务中制造

---

① 原注："五项原则"首先由周和尼赫鲁于 1954 年 4 月签署作为指导中印关系的总原则，其定义是"互相尊重主权和领土完整，互不侵犯，互不干涉内政，平等互利及和平共处"。尽管有报道称是应尼赫鲁的要求加入的，这些原则却是典型的共产党人的套路，十分类似于苏联 1945 年与国民党中国、1950 年与共产党中国签订的条约所采纳的原则。自 1954 年中期以来，这些原则成了北平外交的主要口号，并在缅甸吴努、印尼阿里・沙斯特罗阿米佐约与周的联合公报中得到签署，也获得了胡志明和苏联方面的确认。

危机以为在国内实施新生产运动和新紧缩运动提供借口。由此，我们认为虽然北平将继续标榜支持“五项原则”，有时它还是会炫耀式地维护其势力以重申其特殊主张和权利，但会在集团战略总的限度以内。

114. 如果共产党中国遵循政治行动而不是军事行动的方针，到1960年，多数非共产党国家可能已经承认北平并与之建立起正常的经济关系，而且，它可能已作为亚洲主要大国被接纳到国际社会。在这种局势下，它在中苏集团内的地位将得以提升，中国共产党人可能在他们与苏联的关系中拥有更大的灵活度。

115. 为了集团的“竞争共存”政策，北平的外交活动将集中在亚洲和中东，在这些地方有种倾向把共产党中国当作从前的帝国主义和资本主义压迫的受害者。在这一努力中，共产党中国的作用将是：迎合亚洲中立主义者和民族主义者的情绪；操纵印度支那问题和台湾问题来分化西方；利用亚洲人内部如韩日和印巴之间的紧张关系之类的脆弱面。中国共产党人几乎肯定将继续努力诋毁美国在亚洲各地的行动和动机，坚持说美国的政策是伪装的殖民主义，目的就是要发动一场“利用亚洲人来打亚洲人”的战争。特别是，他们将力图使美国在亚洲自由国家间建立军事合作基础的努力受挫。北平将强调不发达国家间“相互自助”的好处，强调从共产党国家获得技术和经济援助的好处。他们也将谋求减少西方在这一地区的军事、商业和其他特权。在这些话题上中共的宣传将主要谋求让反共亚洲人在“殖民主义”问题上继续采取守势，同时共产党人未来推进的基础却得到巩固。共产党中国将鼓励在任何可能的地方组建起大众阵线类型的政府，在这类政府中，共产党人的影响会是巨大的且中共模式的反殖民“人民民主”被得以研究和赏赞。虽然对美国北平的政策看来不会有所妥协，但对许多亚洲国家北平的政策看起来有可能是怀柔的和灵活的。

116. 共产党人在台湾海峡、越南、老挝甚至朝鲜发动战争的可能性仍将存在。此外，如果共产党对北朝鲜或北越的控制受到严重的威胁，北平几乎肯定会以武力做出反应。对国民党人针对大陆的攻击水平的任何显著提高，他们几乎肯定会进行报复。

(三) 具体的行动方针

117. 台湾。北平致力于解放国民党人控制的所有领土，并称台湾问题是内部问题，不容外国干涉。不过，在本评估期内，中共对近海岛屿和台湾的行动方针将主要由他们对美国反应的估计来决定。

118. 自1955年4月万隆会议以来，中国共产党人已经试着通过外交途径而不是诉诸军事行动，来推进他们对国民党人控制的领土的主张。但是，北平强调，它目前“如果可能就和平地”接管台湾的愿望不应该被解读为对其基本目标的放弃。中共的努力将集中在削弱中国国民党政府和大陆中国人在台湾的社团的士气，以期国民党领导人最终能被说服就台湾融入共产党中国与北平进行谈判。中国共产党人还将继续努力迫使美国同意举行双边或多边会议，他们的会议目的是劝诱美国撤销对台湾的军事保护。

119. 为了对美国增加压力并削弱台湾的士气，中国共产党人可能将继续在台湾和近海岛屿对岸地区集结。虽然只要美国保持对国民党人的承诺，中国共产党人或许不打算进攻台湾，但他们几乎肯定将实施针对近海岛屿的探索性军事行动。如果中国共产党人确信，美国不会以其自身的部队来协助保卫这些岛屿，他们可能就会尝试夺取它们。假如北平的部队成功占领国民党控制的近海岛屿而不招致美国的军事报复，那么夺取台湾的活动就会有所加剧。

120. 印度支那。我们认为，当越盟获准完全控制北越，中共在印度支那的眼前目标已在日内瓦达成了。北平也许已相信，它还得到了南越 1956 年 7 月将移交的含蓄承诺，而且不管怎样，已经创造了条件令美国很难加以干涉。然而，我们认为，中国共产党人现在估计美国将竭力挫败共产党将控制扩张到南方。

121. 与河内政权一道，北平将继续努力扩张共产党在南越的影响和控制。通过高压措施、颠覆活动和宣传攻势，这两个共产党政权将设法诋毁、破坏吴庭艳政府的权威并在全国选举问题上让该政府和美国难堪。另外，中国共产党人将继续进行外交努力，使吴庭艳政府与西方国家和亚洲中立国隔离开来。即使越盟由于选举或别的原因，在获得有利于他们扩张对整个越南的控制的解决方案方面被拖延，中国共产党可能也不会鼓励越盟恢复公开的敌意。但是，在某个阶段他们可能会鼓励越盟在南越的业已增加的游击活动。那样一个阶段之后，他们的行动可能要取决于吴庭艳方面的抵抗效率以及美国与东南亚条约组织国的反应。

122. 在柬埔寨和老挝，中国共产党人将施压与劝诱并举，以鼓励中立分子情绪、削弱与西方的联系、刺激对自由政府的颠覆活动。我们认为，如果巴特寮①的地位被王权政府的行动所威胁，北平将鼓动越盟以保持巴特寮的地位所需的力度援助之。中国共产党人不大可能会鼓励巴特寮在他们目前的聚集区外采取侵略性军事行动，至少在国际监控委员会还存在且老挝国内缺少大众对巴特寮支持的更多证据的情况下会是这样。倘若南越没能落入越盟手中，共产党人对在老挝和柬埔寨的颠覆活动和准军事行动的支持几乎肯定会有所增加。

123. 朝鲜。中国共产党人，与苏联一道，期望促成联合国军从朝鲜撤走、美国在朝鲜的影响减弱，并最终颠覆南朝鲜。作为对美国施压促其撤军的手段，苏联集团可能将敦促就统一和“缓和紧张局势”进行新的谈判。为此目的，或许会有更多的中共军队撤离。共产党人将几乎确切地拒绝威胁到共产党人对北朝鲜的控制或不能提供比现在更优的共产党最终掌控整个朝鲜的前景的任何有关朝鲜的解决方案。

124. 日本。共产党中国谋求抢在日本重新崛起之前，成为亚洲主要的军事和政治强国，并在短期内通过利用美日政策分歧来削弱日本与美国的联系。北平的策略可能将继续依靠操纵日本国内对日本保守派政策的反对、以中日贸易利诱及采取对日本政府直接施压。共产党中国也许能够通过贸易与文化使团来增加与日本的半官方接触，并可能加紧运动来实现关系正常化。

125. 共产党中国可能将继续支持日本共产党避免采取暴力行为及努力建立民众阵线

---

① 巴特寮，原意是革命力量，这里指在老挝人民党领导下的武装力量和群众力量。——编注

的当前路线。然而,如果日本政府着手广泛的重整军备计划或逆转目前允许与北平的非官方关系扩张的政策,共产党中国也许会公开恢复认为日本对和平构成重大威胁的立场,并在日本国内掀起一场威胁和恫吓运动来加强左翼反对派的力量。

126. 印度。尽管共产党中国几乎肯定把印度视作竞争对手,但至少在接下来的两三年里,它也许会谋求鼓励印度当前的中立立场,这种做法已经通过增强在亚洲和中东的中立主义者情绪,推进了中苏外交的目标。因此,共产党中国将强调其与印度的共同利益,并可能继续做出努力来扩大其在印-藏边境地区的影响,只是会避开印度政府的敌意决无隐藏可能的那种地方。

127. 缅甸。在接下来的两三年里,防止缅甸放弃现在的中立立场也许会是北平最起码的目标。之后,共产党中国将努力通过鼓励缅甸加强与共产党国家的联系来扭转缅甸的中立。其军事力量的威胁将继续增强共产党中国的强调给予友谊、强调和平合作的外交运动。北平几乎肯定将试图利用缅甸的财政和经济难题来实现缅甸与中共更紧密的联系。此外,中国共产党人将保留对缅甸东部边境的少数民族进行破坏的能力。

128. 印度尼西亚。印尼共产党是亚洲非共产党地区内最强大的本土共产党,中国共产党人或许估计,通过强调对印尼政府的"和平"态度,印尼共产党的能力将继续得以最大化。共产党中国也许将继续努力增强印尼共产党参与民族阵线政府的机会,途径是它自己表露出支持印尼民族主义者的目标的一面。即使印尼共产党被排斥在将于 1956 年春上台的新政府之外,印尼共产党人可能还是会受到中国共产党人的鼓舞,继续主要地通过渗透、宣传和组织工作来努力建立大众阵线。

129. 马来亚。共产党中国也许希望通过鼓励马来亚的民族主义运动来迫使英国在那种增加当地共产党人声誉的条件下从马来亚撤离。北平也许估计,其达成这一目标的能力因该地区仍为殖民地身份,在新加坡则因海外华人压倒性人口数量,而得到加强。北平几乎肯定将继续鼓励马来亚共产党人为组建大众阵线政府而奋斗、扩大对华裔青年和工运的控制并保存他们的游击组织。

地图一　共产党中国①

地图二　共产党军事分布图

National Intelligence Council, *Tracking the Dragon National Intelligence Estimates on China during the Era of Mao, 1948－1976*, Washington, D. C.: Government Printing Office, 2004(所附光盘版),或见美国情报委员会网站: http://www.foia.cia.gov/nic_china_collection.asp

范丽萍译,沈志华校

① 此地图一及以下地图二模糊不清,略去。——编注

1-3

中情局对中国现状及至1961年前发展的情报评估

（1957年3月19日）

NIE 13-57(取代 NIE 13-56)

机　密

至1961年的共产党中国

（1957年3月19日）

问　　题

调查共产党中国(以下简称中国)目前的国内状况和国际关系情况,并评估其在今后五年大致的发展。

结　　论

1. 中国共产党在今后五年内几乎肯定能有效地掌控中国大陆,并继续推进其创造一个工业化共产主义国家的计划。通过激励和镇压手段的结合使用,中共政权大概仍有能力防止群众的不满转变成为其计划执行力的阻碍。(第19段)

2. 中国共产党人应能在工业发展方面持续取得实质性进步,但是农业产量实际增长速度大概仅能达到计划增长率的一半,这样一来,整体经济增长率就会受到限制。(第37段)

3. 中国非常重视保持和发展其作为国家实力一个基本方面的陆海空力量。在苏联的援助下,中国的军事能力发展得远比其他亚洲国家要强大得多,并且在今后五年内仍应会持续增长。(第38～39段)

4. 斯大林去世后中国的发展,以及特别是中国共产党人去年在苏联社会主义集团危机中起到的重要作用,使中国共产党人在共产主义世界的地位大大提高了。北京可能会在共产主义集团内进一步扩大自己的影响,并在能够影响整个集团的事件中起到重要作用。中国仍会继续依赖从共产主义集团国家进口军事和经济产品。尽管苏联和中国之间可能会存在某些利益和意见上的冲突和矛盾,但双方都不会允许此类冲突和矛盾削弱中苏团结。(第40、43段)

5. 中国在非共产世界的影响力有了显著提高,在亚洲尤其能感受其力量存在。中共在亚洲大部分非共产主义地区营造了中国是一个有活力的、稳固的且并非不友好的国家的印象，从而使这些地区国家感觉到与西方结成过于紧密的同盟而冒犯中国是不明智的。(第44、54、57～58段)

6. 在亚洲地区以共产主义势力替代西方势力仍是中共的主要目标。不论是在达到此主要目的还是解决其他国际问题的方法上，中共都会避免采取在他们看来可能会引起美国武力干涉的行动方针。中共对美国仍将怀有敌意，在基本问题上不会做出重大让步。但是，可能会努力在国际事务上显示出灵活性和愿意和解的姿态。同时，中共仍会持续其颠覆性活动，并趁机利用机会来进行共产主义扩张，可能包括增加对非共产主义政府的武装起义的支持。中共仍决心掌控台湾，但是只要美国承诺对台湾安全负责，中国几乎肯定不会尝试武力夺取台湾。(第59～60、62、64段)

讨　论

一、共产党中国内部的发展

7. 在过去的七年里，中国共产党人有效控制了中国大陆地区并建立了一个与苏联结盟且敌视美国的强大中央政府。通过劝说、谨慎使用恐怖行动以及施加社会压力，中共彻底改变了中国社会的许多基本特质。中共在逐步建立工业基础和增加经济其他部门产量方面取得了长足的进步。中共武装力量在苏联的帮助下正在实现现代化，其在亚洲大陆和毗邻海域的军事能力同时也得到了大幅度提高。

(一) 政治局势

8. 政府被中国共产党完全掌控。国家和地方大部分重要的政府职位都由中共党员担任。从中央到下面最小的政区，都设立了与政府组织机构平行的中共党组织机构。北京的指令从政府和党两条渠道下达。中共干部的主要职能是监督省一级以及地方政府的运作，同时在例如农业的社会主义合作化之类的重要项目实施中担任领导职务。非党员们在政府和政协中占少数席位，但他们的职位不是形同摆设就是被用来压榨其技能。

9. 自1952年以来，中共党员已经增加了一倍多，目前人数可能已经超过1 100万。大部分仍然是从农民阶层吸收(大约69%)，但城市工人比例现在已经增加到约14%。大约10%的党员为女性。

10. 中共最高领导层仍持续显示出其显著的持续性、统一性和稳定性。1956年9月召开的中共八大确认了毛泽东及其副手刘少奇、周恩来、朱德和陈云的主导地位。刘少奇等四人既为中央委员会副主席，同时也是新成立的党内最有权力组织——六人政治局常务委员会的成员。毛泽东本人仍任中共中央委员会、政治局和政治局常务委员会主席。毛的个人威望和影响力并未因苏联对“个人崇拜”的抨击而减弱。

11．同时，中共高层机构增加了新鲜血液。在省和自治区党委、中央政府和党的机关，以及武装部队的高级官员中，已有103个成为中共中央委员会委员和候补委员。通过向省一级党的机关和政府机构以及部队的关键部门增加党代表，中共加强了对政府这些部门的控制。最值得注意的个人提升就是邓小平被任命为中共中央委员会总书记，他在13位原政治局成员中很明显是年纪最轻的，却进入了政治局常委会。①

12．在今后的五年内，中共领导层应能保持团结和凝聚力。如果毛泽东去世或失去能力，则有可能发生权力争夺从而降低领导层效力。毛泽东的国家领导人的位置可能被年老的副主席朱德接替。但在这种权力争斗的最初，应仍由高级党员们组成的集体领导班子掌握有效权力。

13．中国共产党将持续致力于保持和加强党纪。为了防止出现一个非政治专家组成的（排他）社会阶层，中共大概会继续加强对军队和经济实体的控制。为了在加强中央控制并防止地方势力发展的同时激发地方的主动性，中共还会努力协调党和政府的中央和地方组织之间的关系。这样做尽管可能会提高其行政效率，但缺乏训练有素的党员干部和行政管理人员仍会继续阻碍中共政权的发展。

（二）对中共政权的普遍看法

14．我们相信中共政权正面对相当多的不满。这种不满部分是由于中共实施严格的控制，强制推行社会变革，甚至在像西藏这样的地方以公开挑衅的方式厉行节俭；另一方面，中共曾由于其对建设繁荣和新工业化中国的承诺以及对中国扩大世界声誉和影响的主张而获得一些团体的积极支持，而这些团体的大部分成员目前却对中共政权的统治采取屈从的态度，因为他们深知中共已实现对其有效统治，与之对抗得不到任何好处。

15．考虑到持续缺乏普遍而积极的支持所带来的负面影响，中共政权在1956年的春天试图缓和国内紧张状态。这种紧张状态主要是由于1955年合作化浪潮所蕴含的激烈社会变革所造成的。中共尝试降低其政策的强硬度，并试图激发民众对其各类计划和纲要更为积极的反响。同时，他们向中国几乎所有的社会团体承诺要在一定程度上改善其粗陋的生活条件。中共特别采取了一些措施来改善知识分子的工作和生活条件，增加农民和城市工人的积极性。中国共产党人之所以承认生产和社会重组中存在其后来称之为的“人性因素”，显然是由于他们希望巩固其社会变革成果。

16．中共的以上这些策略不包含任何在个人自主权方面的显著增强。尽管宣称要加强对农民和工人的物质奖励，但由于中共政权的长期规划将不可避免地要求进行持续的节俭和制定苛刻的经济政策，这类奖励将会是有限的。一些私营企业主加入了公私合营的行列，

---

① 1945年6月19日，中共七届一中全会选举了13位中央政治局委员：毛泽东、朱德、刘少奇、周恩来、任弼时、陈云、康生、高岗、彭真、董必武、林伯渠、张闻天、彭德怀。后任弼时病逝，高岗自杀。1955年4月4日召开的七届五中全会补选林彪、邓小平为政治局委员。——编注

针对他们的那些奖励政策将是暂时的。而中共在某些领域容忍甚至鼓励知识分子的多样性只是为了鼓励中国数量有限的知识分子和专门技术人员在其专业领域取得最大成就,绝不意味着中共会允许他们对基本政策和政权进行攻击。

17. 即使未能得到更加积极的支持,中共也应该有能力牢牢控制整个中国并完成广泛的社会变革。中共政权拥有大量训练有素的警察、民兵和安全机构,同时辅以告密者网络和对单独家庭进行监督的地方“居民委员会”。党的控制通过社会和职业两条线建立的群众组织系统得到进一步加强。这种群众组织系统负责动员支持共产主义纲领的居民各类团体,同时也是进行宣传和教化的渠道。1955、1956 年农业合作社和集体社的迅速普及可能加强了中共对农民的控制并降低了农民大范围起义的可能性。而支撑这个控制机制的是庞大的中共军事力量。

18. 中共承认在中国边境的一些少数民族中存在动荡、不安的局面,在这种情况下,中共需要通过武力镇压和渐进式强制实行共产制度。看来最近最严重的武装冲突是与藏民的冲突。尽管中共 1951 年就在西藏建立了军事政权,但是直到 1956 年 5 月他们才开始在西藏迈出建立中国“自治区”的第一步。在承认西藏存在对变革强大抵抗的同时,中共表示将在该地区逐步强制推行社会变革。

19. 除非卷入大规模战争,否则在此段评估期间中共政权对民众的控制力会随着社会主义化企业更加稳固地建立而日益增强。可能继续在如西藏等少数民族地区强制实行中共政策仍有困难,这些少数民族地区的变革要缓慢而谨慎地进行。然而,中共大概仍会通过对话和改善党组织,以及汉民迁入政策来建立对这些地区的控制。以目前状况来看,在此评估期间,民间不同政见和几乎不可避免会爆发的地方不满都不会威胁到中共政权的生存或者其对大陆地区的控制力。这个政权很可能能够从某些特权人群,例如技工、技师和科学家们那里获得更加积极的支持。

(三) 共产党中国的经济①

20. 将农业中国转变成一个“现代的社会主义工业”国家是中共公开承认的主要目标。在第一个五年计划(1953～1957)开始的四年里,中共政权在其工业化计划方面取得了长足的进步和很大的发展。国民生产总值平均年增长率可能已经达到 7%～8%,这个增长率堪与近几年日本的增长速度相比,且大大地超过了亚洲其他国家。这种增长是顶着强制节俭以及交通、能源及其他生产部门材料短缺等产生的强大压力下实现的。目前看来,工业发展已经超过了第一个五年计划的目标,而农业增长率则远比计划的要低。工业投资率已经达

---

① 原注:参见附录一关于中国目前经济状况的另外讨论。这一部分的讨论参考的评估大部分是依赖中共的数据。尽管这些数据常常由于没有独立资料而无法核实,但根据对目前可获得的独立资料和数据进行仔细核查和比较分析,可以说评估中的这些数据就是中共所掌握的基础经济数据,而且我们认为中共在大多数情况下,没有夸大这些数据的必要。这些数据存在的问题大部分是由于数据定义模糊、数据采集不足或没有经验、临时报告、计划成果汇报的压力以及为了支持某种政见而在报告中采用不完整或选择性的数据。

到国民生产总值的20%，工业产量以预估的年平均增长率近17%的速度增长。据估计，钢锭产量已从1952年的135万吨增长到1956年的450万吨，有限的电力生产翻了一番。农业产量以预估平均年增长率3%的速度增长。

21. 这种相对快速的经济进步是通过推动相对耗费较低且大小适中的工业地区重建实现的。这些工业区大部分由日本人建立，集中在满洲，较少部分在华北和上海。中国大陆地区的政治统一使中国近百年来第一次有了一个基本和平的环境，使中共政权能够整合此前停滞的经济、组织资源并在全国基础上进行生产。而且，在1953～1956年的四年间，中共政权还从其他社会主义集团国家获得了价值超过60亿美元的资本货物、原材料和军用设备，其中15亿是苏联的经济和军事赊购，通过出口支付余欠款。很显然，尽管社会主义集团国家有时会在送货上延误，但他们满足了中国必须的，尤其是机械方面的进口需求，同时给中国提供了大量技术支持。

22. 促成中共经济计划的最主要因素之一就是中共政权在不造成生产大幅下滑的前提下，成功地建立了对经济的有效控制。这些普遍而深入的经济控制在产量增加时有效地限制了消费，形成了一种集中于发展重工业的资本和用于交换重要进口货品的商品积累。由于控制近4.5亿耕种数百万计小面积农田的农民们存在困难，1950年曾占国民生产总值三分之二的农业就成为了严重问题。虽然也要面对组织生产的问题，因为中共政权可以通过中央政府直接获得大部分重工业的所有权，建立对工业的控制相对而言困难就小一些。

23. 在建立对全国统治的早期，中共允许大部分私有企业继续存在，同时对大多数私企采取了从财政、银行业务和贸易渠道来间接控制的方法。中共政权用其政策无情地强制人们顺从并消除最主要的潜在反抗源。中共现在通过教育、宣传和社会压力来促使人民接受私有企业的终结，并通过一系列转型在一个小范围内推行社会主义管理。然而，在1955年冬天到1956年，中共通过加速社会主义改造实际上已经消除了私有资本主义并取得了对所有工业和商业的直接控制权。

24. 为了减轻农业社会主义转型的不适，中共首先采用了一种分步实施的方法，从简单的人力和工具共同分担转成农业生产者合作，再到全面集体化。在包括对更高收入的许诺和对不服从的惩罚的刺激下，中国农民被劝诱接受了不断加强的国家控制。同时，中共政权加速控制主要的农业产品市场并建立了对物价控制、分配以及农业贷款的控制。在目前五年计划(1953～1957)早期，合作化进程缓慢、没有规律且有些不确定。到1954年10月，不到2%的农户加入了合作社，基本上没有多少加入集体社。

25. 在毛泽东1955年7月的讲话后，集体化的速度突然加快。毛提倡通过充满活力的领导层来实现更快的社会主义转型，并严厉批评了那些力主放慢速度的人。到1956年11月，中共宣称农户总数的96%都属于某种农业生产合作社，这些农户的83%是完全意义上的集体化了。我们相信几乎所有的农民现在都被分派到农业集体中，但是许多这样的集体都还没有固定下来。

26. 现在就对这些结构变化最终的作用和影响下结论还为时尚早。虽然中共政权宣称,在大部分情况下农业和工业产品都增产了,同时商业也得到了发展,但是他们也承认在社会主义化计划中“错误和失误不是少数”。其中被承认的最主要缺点是:(1) 多余的和不完善的计划;(2) 对牲畜和农村手工业的忽视;(3)“运动的快速前进”造成机构不完善。除了社会主义转型这个大计划本身存在的问题,还有很多问题是由于那些负责推动社会主义转型的党员们没有经验且缺乏专门训练而产生的。但是,在社会主义转型方面,尤其是农业合作化的方法上,到目前中共避免了大多数苏联经历过的灾难性后果。

27. 为第二个五年所作的计划。我们估计很多计划在 1957 年完成的第一个五年计划的目标在 1956 年底就能完成。但这是以耗尽积蓄材料和几乎不能维持的低水平运营资本为代价的。因此,在更加雄心勃勃的第二个五年计划开始前,1957 年将是一个调整和巩固的时期。中共政权对消费和刺激与可用于投资的资本总额之间的相互关联的问题给予越来越多的关注。他们承认有以下几个威胁:(1) 消费品的短缺将导致难以保持物价稳定;(2) 支付给农民的大部分产品价格都太低,无法激励他们增加生产;(3) 轻工业产品不足将会降低工人的积极性并减少产量,同时也会缩小国家利润及减少国家的重工业投资资源。尽管中共政权最近宣布了要将 1957 年的工业投资保持在 1956 年水平的意向,他们已经承认有必要减少对非工业投资。一个旨在节约其他政府开支的计划将出台。

28. 尽管以上提到的中共这些考虑可能导致最近宣布的第二个五年计划中的投资计划有所修改,中共大概仍会努力在第二个五年计划期间,尝试达到与第一个五年计划同样程度的经济发展水平。已宣布第二个五年计划提出工业产量要比 1957 年预计达到量增加 80%,农业产量超过 1957 年预计量的三分之一(见表二和表三)。如果这些目标能实现,那么国民生产总值将增加大约 45%。

29. 第二个五年计划的一个最大问题就是它设想农业产量能够以每年 6%的速度增长。我们估计就算通过非常大的努力,农业年增长率按规律也只能达到 3%,因此不但计划个人消费增加会缩水,计划投资也会减少。

30. 主要经济问题。从增加耕种土地数量存在的困难来看,中共政权能否提高农业生产主要取决于其增加产量和收益的能力。如果能在肥料和灌溉上下大力气投资,中国目前土地的质量和水供应足够支持每亩土地产量的充实增长。然而,我们认为包括第二个五年计划(1958～1962)在内的农业总体投资额无法达到其农业目标。国家投资大部分都投在大范围洪水控制和灌溉工程。用于地方项目的大部分投资由合作社从其生产中提供,这部分投资数额超出了其在国家预算中的份额。

31. 合作社是否能实现其目标,部分取决于农民对集体化的反应和态度。全面实施集体化的第一年(1956),可能由于有望迎来一个好收成年,农民对集体化的态度并未过度敌对。我们认为,农民们能否保持这样的态度要看中共政权是否有能力,并愿意允许农民的实际收入有一些增加。农民收入增加的前景将取决于中共对于国家总支出和投资的决策以及气候条件。我们相信,在承认农民积极性问题的前提下,中共政权可能对农民做出让步,党员干部已经得到指示,在合作社收入中限制投资、福利和储备金分配来最大限度地增加农民直接报酬。这样一来，中共希望通过集体化运动聚集可用于投资的额外财富将受到限制，而且如果农业产量下降幅度增大，中共的集体化运动也将受到影响。

32. 即便资本形成进展顺利，中共仍需要解决长期存在的计划和合理分配投资的问题。随着工业部门逐渐相互结合，有序的发展将倚靠及时、现实和准确的计划。要避免发生1956年水泥和钢铁不足，石油产品缺乏，很多工业产品质量低下和出口产品不足的类似错误，相关计划制定者必须行动起来，结束发生在各个铁道线上的堵塞和延迟状况。①

33. 专门人才的短缺将成为另一个主要问题。投资的增加、新工厂的计划建成以及进程中的工业一体化都必然增加对工业专门人员的需求。中共承认，在如化学、通信设备和精密机械等工业的建立和扩展中，必备技能的增强尤为关键。在第二个五年计划期间，教育系统将难以满足自身扩展和工农业产生的技术人员需求。此外，科研人员的缺乏状况仍将持续，科学研究和发展仍会有限。

34. 如何满足日益增长的对机器和其他商品的必须进口需求也会成为另外一个问题。几乎所有工业生产增长都将依靠具有新生产能力的装置，这些装置大部分将由以苏联为首的社会主义集团提供，但其中一部分会来自西方国家。在此评估期间，如果像目前迹象所显示的，苏联不再向中国提供贷款，中共的进口能力很可能会因而受到负面影响。同时，中共的进口能力还会因偿还余下的苏联贷款和延长对亚洲共产主义和非共产主义国家援助和贷款而受到影响。因此中共将不得不增加出口额，并使其超过进口额。在目前靠榨挤农产品来出口的状况下，要想使出口额大幅增加是很困难的。而且，苏联国内和欧洲社会主义集团内部的发展状况可能会对中国从社会主义集团进口量和货物到达时间产生负面影响。由于社会主义集团内存在的压力而延迟或收缩相关设备的安装，可能会对中国社会主义工业增长率产生很严重的抑制性后果。但是，如果西方贸易限制能免除，那么中共政权对集团的依赖度就会减小且其进口问题也会缓和。②

35. 为了保持庞大的军事建设，物资消耗仍然会持续，与第一个五年计划的18%相比，军事耗费在第二个五年计划的预算占13%。可以很肯定地说，这个计划假设军事支出将保持在1956年的水平。军事开支不仅会占用其他用途的经费，它还会争夺那些如钢铁和卡车一类的供应短缺的商品，同时还会将大部分出口收入用来支付军事进口费用。

36. 前景。我们相信，根据目前状况，第二个五年计划的很多目标都是不现实的。中共看来也承认这种情况，很可能会减少一些这类不切实际的目标。然而，尽管有以上讨论的那些难题，中共在过去一直显示出一种能够解决类似问题的能力，有了相当好的发展势头且进一步加强了其控制机制，这样来看，他们可能将继续取得进步。

37. 除非发生一系列自然灾害或在远东地区爆发战争，我们相信与1952～1957年的大约7%～8%的年增长率相比，1956～1962年间国民生产总值的年增长率将为6%～7%。这

---

① 原注：见附录一，第16～25段关于交通的论述。

② 原注：贸易控制在附录一第23、24段的讨论。

个增长率将使1958～1962年的国民生产总值总增长率为35%～40%，与其形成对比的是1956年9月宣布的第二个五年计划设计书中设想国民生产总值总增长率为45%。农业产量将以大概年均3%而不是计划的6%的速度增长。由于中共将不得不抵补农业的差额，中国人民，尤其是农民，将承受极大压力。不过，中共在这五年内不大可能将投资计划推动到按人口平均计算的消费量都无法增加的程度，虽然他们有可能为了补偿经济倒退而在短期内这么做。

(四)军事制度①

38. 中共政权一直非常重视对其国家力量的基本面——武装力量的保持和发展。在苏联的帮助下，中共已经成为到目前亚洲最强大的军事力量。人民解放军的地面力量达到250万人，其中大部分人经历过战争考验而且都受过相当好的训练。据评估，包括海军航空兵在内的空军力量拥有395架喷气式轻型轰炸机和1 475架喷气式歼击机。海军力量包括4艘驱逐舰和13艘潜艇及其他部分在建的装备和约计315架飞机。这315架飞机中，160架为喷气式轻型轰炸机，30架为喷气式歼击机。

39. 海陆空三军在未来的几年里可能不会增加人员，但在陆军和空军采用先进武器的同时，海军将制造完成或得到另外的潜水艇和巡逻艇，这三军力量都将获得更完整的装备。中国在此评估阶段的绝大部分主要军事装备以及解放军的大部分供给都仍将依靠苏联。

二、共产主义世界中的中国

40. 斯大林去世后中共的发展，尤其是其在社会主义集团事件中所起到的突出作用，使中国在社会主义世界中的地位大大提高。北京方面谨慎地指出斯大林的"优点"和"弱点"，中国对苏联对斯大林的批评的最初反应是旁观和不介入。然而，由于波兰和匈牙利事件，北京越来越深地卷入东欧事务中。中共声称各个共产主义国家需要按照自己的政治和社会背景来发展，并指出没有任何一个共产主义国家被授予比其他共产主义国家更优越的权力，同时在苏联和其卫星国之间的关系上，中共可能倾向于采取一种更为灵活的处理方法。中国到目前为止都没有加入苏联对波兰媒体的批评，并有一些证据表明中国和苏联在波兰问题上有差异。另一方面，中国支持苏联对匈牙利动用武力，并坚持说所有共产主义国家首要职责就是忠诚于苏联领导下的国际无产阶级团结。

41. 中共声明的权威口吻以及苏共明显感觉到需要中国在东欧事务上给予支持，给共产主义世界留下了很深的印象，这进一步减弱了关于莫斯科是共产主义意识形态指导的唯一权威解释者的观念。中共的行动表明，为了社会主义集团的团结，需要在民族主义方面做些让步。

42. 尽管大部分亚洲共产党听命于苏联，但在很多情况下，他们是从中国共产党人那里获得指引。中共对北越和北朝鲜有实质性的影响力。中国向这两个国家分别提供了3.2亿

---

① 原注：更加全面的关于中共军事制度的讨论参见附录二。

美金的贷款,在北朝鲜继续保留大量武装力量,同时为北越提供主要的军事援助。中共正在发展对外蒙古的影响力,而外蒙古直到最近仍是苏联的势力范围。1956 年,中国共产党人给外蒙古的轻工业设备提供了 4 000 万美元的四年贷款,并供给了大量技术人员。

43. 在评估的这段时期,中共政权可能进一步增强其在共产主义集团内的影响力,并在可以影响集团整体的重大事件上起到更重要的作用。但是,中国仍将依靠苏联和社会主义集团为其提供主要的进口资源、资助及对其军事和经济计划有重要作用的技术援助。另外,中国几乎肯定要继续依赖苏联的军事担保来防御他们所认为的美国进攻威胁。尽管莫斯科和北京之间可能会发生一些利益矛盾和争执,双方都不大可能允许这类的矛盾削弱中苏团结。

三、共产党中国与非共产主义世界

44. 中国在非共产主义世界的影响有了显著的提高,尤其在亚洲能感受其政治势力的存在。中国与世界不到三分之一的国家有正式的外交联系,但这些国家就包括亚洲的印度、缅甸、印尼、斯里兰卡和巴基斯坦。现在尤其在日本、西欧和英国,有一种越来越强的要求与中国恢复正常关系的压力。美国的影响力一直以来是阻止更多国家承认中国并同意其加入联合国的主要因素。①

45. 中国拓展了甚至与那些没有建立外交关系的国家的联系。中国与非社会主义世界的许多国家开展贸易并有规律地参加商品交易会。现在中国和其他国家间的官方和非官方代表团互访稳定增加,同时中国共产党人经常针对如专业人员、知识分子和宗教团体等具体目标人群进行关系培养,给他们提供前往中国大陆地区的免费观光。

46. 为了促进与发展中国家的贸易关系,在一些情况下中国会因为其政治影响而选择某些商品进行贸易。例如,尽管中国自身钢短缺,仍在 1956 年上半年向埃及出口 3.7 万吨钢材。其他例子像与斯里兰卡的大米换橡胶交易,中缅贸易协议和向日本提出的用大量煤和铁矿来交换机器和钢。

47. 中共也采用了经济援助方式来施加影响。1956 年 6 月签订的中柬援助协定在 1956～1957年间以技术支援、建设材料和货物形式向柬埔寨提供大约 2 240 万美金的赠款。双方国家都强调此援助的“无条件性”。在 1956 年 10 月签订的一个协议里,尼泊尔在三年内将获得总额大约为 1 280 万美金的赠与基金。老挝政府未对中共的援助提议做出反应。

48. 中国共产党人有意将亚非集团发展成为削弱西方在欠发达地区经济和政治影响的工具。1955 年的万隆会议周恩来起了主导作用,积极支持“和平共处的万隆精神”。万隆精神从此成为中共外交的主要口号,从而使非共产主义亚洲国家相信中国的和平意愿并增强共产主义在这些地区的影响。

49. 强调“和平共处的万隆精神”的同时,中共仍在努力争取海外华侨社团对他们的忠

① 原注:见附录三:承认中国的国家。

心,也未放弃对东南亚的颠覆性活动。而且,中共武装能力的增强和偶发的边境冲突给邻国造成持续的压力。

50. 中共试图在海外,尤其是东南亚地区的中国人团体中增加自己的影响,同时消除国民党中国的影响。中共试图控制当地的中文学校、报纸、团体和领导,并发动一个大范围的运动来唤起当地华人对中国文化的兴趣。在中国大陆,政府许诺给予华侨学生和华侨亲属特惠待遇。尽管中共的这些努力使共产中国在华侨的中影响有所增加,但是大部分华侨看来仍决意只是要改善他们在目前常住国家的地位,并努力避免卷入中共为了争取他们忠心的这场争斗。

51. 中共暗中支持亚洲各国的共产主义团体。尽管会给中共与中立国家的政府关系带来负面影响,但中共甚至在中立国家也执行这个政策。在缅甸,当地政府就为中共使馆提供给当地共产党人援助而担忧。很多印尼人,尤其是那些军人和穆斯林党派的人,为印尼共产党人与中共的关联感到担忧。印度政府担心中共可能会给尼泊尔的共产党人提供援助,并担心那牙(Naga)部落可能已经从中国那里得到了武器。

52. 尽管中共几乎只宣传其通过"和平"方式"解放"台湾的意图,但仍继续增强其台湾海峡地区的武装能力。中共对国民党人采取了一种"缓和"的态度,与那些前国民党与中共合作的人待遇一样,中共给很有可能叛离台湾的国民党官员提供中共政府内的职位。针对台湾的中共宣传试图制造一种印象,即美国是国民政府不可靠的同盟,国民政府将不可避免地垮台。尽管中共对台湾了这样看似缓和的态度,但中国共产党人仍坚持拒绝任何关于"两个中国"解决台湾问题的折中建议,也拒绝关于宣布放弃在台湾地区使用武力的建议。

53. 中国对美国的态度仍是敌对和不信任的,其政策旨在破坏美国在远东的地位。北京政府将美国描绘成亚洲地区和世界和平的主要威胁以及亚洲国家面临的大部分难题的源头。不过,中国共产党人也做出了一些姿态,表示目前的共产主义"和平"策略也应用于中美关系。然而,这些姿态看来并不是用来与美国改善关系的,却是意在破坏美国的政策,并且要使世界,尤其是亚洲相信美国对中国态度的转变迫在眉睫。

四、亚洲对共产党中国的印象

54. 中国共产党人已经使亚洲大部分非共产主义国家建立了中国是个生机勃勃、持久并且友好的世界强国的印象,这个世界强国会在亚洲事务进程中施加主要影响。中共对中国大陆如此巨大的面积和人口的有效控制、大规模的全国社会主义转型建设、军事力量和工业产量稳定且具有实质性的增长以及中国不断增强的与其他国家进行贸易和提供经济援助的能力,都给许多亚洲人留下深刻印象。

55. 中共取得的这些成就对许多亚洲国家人民和领导人来说具有十分重要的意义,因为他们也在尝试进行意义深远的社会、经济以及政治变革,而中国共产主义模式看来在某些方面提供了解决他们问题的办法,他们很倾向于采纳这些方法。这些国家的很多人民和领导人倾向于将更多注意力放在中国明显的物质发展而不是取得这些发展和成绩的方式上。

56. 许多亚洲人已经对中国的反殖民主义宣传印象深刻，一方面也是由于他们持续对西方不信任，也不相信中国共产党人会想要将其控制力扩展到整个亚洲。他们接受中共的这种宣传是受到了亚洲将资本主义和私人企业等同于殖民主义的观点的影响。很多亚洲人也倾向于接受共产党人对美国的指控，认为美国拓展军事公约和基地的计划是一种殖民政策，威胁到亚洲国家的独立自主并会增加战争的危险。

57. 尽管中国充分利用了亚洲对西方的不信任，在亚洲其实也有一种潜在的对中国真正意图的担忧。这种忧虑是产生于中国在国际共产主义中的作用，尤其是中共对单个亚洲国家共产主义运动的支持以及很多亚洲国家由于中国历史上扩张主义而产生的不信任。

58. 亚洲人意识到中国现在是亚洲最强大的武装力量，而他们依靠着美国来御防可能的共产主义攻击。由于并不喜欢这样对美国的安全依赖且对美国采取对他们保护的行动的后果感到担忧，很多杰出的，尤其是南亚和东南亚国家的亚洲人开始相信他们应该对中共问题采用某种形式的中立主义或至少显示出友好的意愿并回应中共的友好表示，如果最后出现共产主义夺取胜利的趋势，他们不能成为最后试图进行政治适应性调整的人。就算增加与中国的政治和经济联络，很多亚洲领袖看来有信心，相信自己有能力抵抗那些试图破坏他们政治独立的企图。这些想法甚至也存在于许多与美国结盟的国家。但同时，在那些未结盟的中立国家中，广泛存在一种未公开的对美国在抑制中国明显侵犯方面重要性的认可。

五、中国共产党人可能的对外系列行为

59. 中国共产党人可能会尽力在他们解决国际问题的方法上显得灵活并且希望达成一定和解，但中苏联合政策事实上却不允许在台湾或北朝鲜和北越局势等根本问题上对西方做重大让步。中国将继续支持亚洲的中立主义、反殖民主义和民族主义情绪，继续努力败坏美国的亚洲行动和意图的名声，并试图减弱西方在亚洲的影响和武装力量。中共将支持在亚洲任何地方建立能够受到共产主义影响的政府。中共几乎肯定会增强与非共产主义亚洲的政府和人民之间的官方和非官方的联系，并可能会继续增加与非共产主义国家，尤其是日本和其他亚洲国家的贸易往来。北京政府同时也将会给特定的非共产主义国家提供经济援助，同时宣传此类援助的非政治性。中共也将持续努力获得对生活在非共产主义亚洲的中国人的影响力以及得到他们的支持和忠心。中共将持续努力以获得加入联合国的资格。

60. 虽然对亚洲邻国采取“温和”政策，但中国仍然会继续在亚洲地区进行破坏活动，可能会有选择地施加压力从而向亚洲人显示其力量。同时中共会利用可能包括向反对非共产主义政府的武装暴动提供援助的机会来进行共产主义扩张。在此评估时段内，中共政府可能将设法避免采取在其看来会激起美国武力干涉的行动。但并不排除中共会对近海岛屿采取军事行动或试图从小一些的岛屿中夺取的一个，借以试探美国的意图并增加对美国的外部压力来迫使国民党力量从这些岛屿撤出。一旦中国共产党人相信美国不会动用自己的力

量来协助这些岛屿进行防卫,那他们可能会试图夺取它们。如果北越或北朝鲜的共产主义政权遭受外部攻击,中共几乎肯定会给这些国家的共产主义政权提供物质支持,而且如果需要,他们会答应派遣"志愿"部队来避免这些国家战败。然而,中国共产党人可能会通过努力限制冲突地区来实现停火。

61. 美国。中国承认美国是实现其在亚洲野心的主要障碍。中共几乎肯定地会继续重点压制支持美国的来源,使美国在其同盟中处于孤立,最终破坏美国在亚洲的地位。然而,在其"和平"的策略下,北京政府可能会在不重要的问题上做出和解姿态,以显示其处事的妥当。中共政府几乎肯定会继续推动与美国进行一次大使级会谈,并会寻找其他能够自我引荐的与美国接触的机会。

62. 台湾。北京政府仍决意要控制台湾。但很明显中共承认在美国的武力反对下,其武装力量将不能够夺取台湾。于是,北京试图破坏台湾的士气,期望最后能劝诱国民党领导人与其进行台湾归顺中国的磋商。中共与美国的任何会谈的主要目的都是劝诱美国撤离其对台湾的武装保护。中国共产党人将继续增强其在台湾对面地区和近海岛屿上的军事能力,但只要美国承诺对台湾防护,他们几乎肯定不会试图以武力夺取。

63. 朝鲜。在朝鲜问题上,中共与苏联一样,希望能确保联合国军队从朝鲜的撤离并最终消灭大韩民国。作为向美国施加压力使其撤军的手段,中共可能会另外再撤离部分军队,但他们几乎肯定要在满洲安置足够的军队来为紧接的再次干涉朝鲜做准备。几乎可以肯定地说,共产党人不会同意任何可能对共产主义对朝鲜的控制造成威胁的调整或安排。

64. 日本。中国将与苏联合作,继续试图压制日本并阻止其重新成为亚洲的主要军事和政治力量。中共将通过利用美日政策的差异来削弱日本与美国的联盟。中国共产党人将试图增强日本社会主义者和其他团体对共产主义的理解和宽容。他们还可能会以贸易作诱饵,企图在加强中日贸易的同时,诱使日本解除对中国的禁运。中国还会试图增加与日本的文化和其他半官方的接触,期望与日本建立正式的外交关系。中共的这些政策将会有利于削弱日本对美国的中国政策的支持。

65. 越南、老挝和柬埔寨。北京政府将继续支持越南共产主义分子将共产主义影响扩展到南越,同时也可能同河内合作,将共产主义影响扩大到柬埔寨和老挝。通过施加压力、颠覆和公开宣传,中越这两个共产主义政权将试图破坏吴庭艳政府的权威并败坏其名声。中国共产党人可能不会鼓励北越发动对吴庭艳的公开战争,但可能会怂恿河内发起游击运动。如果一个软弱的南越政府上台,北京可能会通过安抚来鼓励其向中立立场发展。只要柬埔寨和老挝的执政府能保持与中国互利互惠,中国共产党人将继续保持他们友好的姿态,并不会参与公开的反动宣传。中国将可能发展与这两国的关系,很可能与其建立正式的外交关系。

66. 巴基斯坦、泰国和菲律宾。尽管迄今为止中共一直将主要精力放在了与不结盟国家的关系上,但在未来几年里,他们将很有可能比以前更关注那些与西方结盟的国家,包括巴基斯坦、泰国和菲律宾这些东南亚条约组织成员国。这些国家希望同中国大陆进行贸易的情绪日益增长,北京将试图利用这种情绪。同时作为与这些国家发展关系的切入点,中共将鼓励这些国家与其进行“非正式”接触，并会试图加剧这些国家间关于与西方关系国家政策方面的政治争执。

67. 印度尼西亚。印尼共产党是共产主义集团之外最强大的共产党。中共大概预估，只要中共政府对印尼政府保持友好态度，印尼共产党就能保持其最大的影响力。中国共产党人将继续暗中支持印尼共党主义者。

68. 马来半岛和新加坡。北京政府将可能继续鼓励马来亚共产党人为人民阵线政府而工作，并扩大对马来西亚中国青年和工人运动的控制，同时保持他们的游击组织。在马来半岛独立(预计在1957年8月实现独立)和新加坡自治实现后，北京政府将寻求这些政府的承认并努力在马来居民相关问题上施加更大的政治影响。

69. 印度。尽管中国将最终寻求的是要取代印度在亚洲的影响，但至少在接下来的几年内，中共仍可能继续加强与印度的友好关系，同时为促进印度在整个亚洲和中东地区保持中立而努力。但这将可能不会使中国共产党人停止他们在印度-西藏边境增强影响力的努力。

70. 缅甸。北京将在继续向缅甸政府示好的同时支持缅甸的共产主义分子。在一些看起来和解的条件下，中国将可能会乐意赞同解决边境争端，但中共不大可能停止在中缅边界少数民族地区的破坏活动。

71. 香港和澳门。虽然未像对待台湾问题那么公开，中国承诺最终要合并香港、澳门。然而，在这段评估时期内，中国共产党人可能不会试图以武力夺取这些殖民地。非共产主义的香港和澳门作为与西方的接触点，对北京来说还是有一定效用的。况且北京可能认为，攻击香港至少会使北京陷入与英国甚至可能与美国的敌对之中。尽管如此，在此段评估时期内，中国仍将试图利用在香港和澳门问题上产生的摩擦。为了增加在香港和澳门的政治和经济影响力，降低这两个地区作为西方潜听哨的效能并削弱英国和葡萄牙在这两个地区保持其地位的决心，北京几乎肯定会继续通过直接颠覆和“和平渗透”的方式来全力开展运动。

附录一

共产党中国的经济[①]

工业

1. 中共政权在第一个五年计划中将其投资集中在机械制造业、电力和武器等的重工业

① 原注：这一部分的分析参考的评估大部分是依赖中共的数据。尽管这些数据常常由于没有独立资料而无法核实，但根据对目前可获得的独立资料和数据进行仔细核查和比较分析，可以说评估中的这些数据就是中共所掌握的基础经济数据，而且我们认为中共在大多数情况下，没有夸大这些数据的必要。这些数据存在的问题大部分是由于数据定义模糊、数据采集不足或没有经验、临时报告、计划成果汇报的压力以及为了支持某种政见而在报告中采用不完整或选择性的数据。

上。工业产品于是(除了个别的手工业产品)达到了年均大约17%的增长率,同时重工业产量增长率达到了大约20%。(见表一)虽然中共政权已经宣布了工业分散政策,但是第一个五年计划的工业投资并没有改变工业生产集中在东北、华北和上海等已建成的工业区的状况。

表一 中共经济增长评估*

(单位:10亿元)

	1952	1953	1954	1955	1956(初步的)	1957(计划的)	1953～1957年间的年增长率
国民总产值(根据1955年要素价格)	57.5	73.8	79.2	84.1	91.6	97.0	7.5
年增长(%)	—	9.8	9.3	8.2	8.8	8.0	
农业产值	32.4	32.2	32.0	34.8	35.8	36.9	2.6
年增长(%)	—	−0.5	−0.6	8.8	2.9	3.1	
工业产值(不包括个人手工业)	8.2	10.3	12.4	13.4	15.8	17.6	16.5
年增长(%)	—	25.6	20.4	8.1	17.9	11.4	
轻工业产值	3.8	4.5	5.4	5.4	8.1	6.7	11.5
年增长(%)	—	15.0	−20.0	—	13.0	9.8	
重工业产值	4.3	5.2	7.0	8.0	5.7	10.9	20.5
年增长(%)	—	34.9	−20.7	14.5	21.3	12.4	

* 给出的数值适用于以1955年的价格为基础的估算收入。这些数字不同于中共报告中给出的总值。表中的数据没有包括间接税和原材料费用来避免重复计算。指数也不同,因为表中指数是基于具体物品有形生产的估算,包括表二和表三所给出的生产估算。

2. 机器制造业。中国正尝试发展最终能够满足其自身对机械、设备和武器需求的机器制造业。中共目前在纺织机械制造方面已能自给自足,(依照苏联原型制造的)某些型号的机床和农业设备及交通设备的产量也有所增加(见表二)。1956年9月,中共宣布成功自行组装了一架喷气飞机(大概在沈阳北机场进行的),但他们几乎肯定用了苏联配件。我们相信中国共产党人有能力制造飞机,而且在此段评估时期内其自制的飞机构件将会大量增加。尽管将于1958年底在北京附近建成的通信产品中心会使中共有能力生产数量可观的电子配件和一些更为复杂的电子和通信设备,化学和炼油设备以及电子设备很大程度上仍须依靠进口。虽然普通工业的发展带动了中共武器工业的发展,但他们目前仍不具备生产主要重型军用产品的能力。

表二 工业产量——共产中国

(1952～1957 年评估和中共 1962 年目标)

[注]请谨慎使用这个表中的数据(参见本附录一的第一个脚注)。这些估算有不同程度的误差,有的还很严重。中共建设或生产能力的进步;对先进技术的消化和吸收;将从西方国家和社会主义集团国家进口工业品的生产资料量大概维持在目前水平,这些都将影响目前估算的1957年计划的工业产品产量目标的实现与否。中共在第二个五年计划的中间点给出了表中1952年的数字。我们认为,为实现这些目标而制定的投资计划并不合理。中国共产党人显然也意识到了这一点,有迹象表明他们正在修改计划,很可能会将计划目标降低。

	单 位	1952	1955	1956(初步的)	1957(计划的)	1957超过1952(增加百分数)	1962(中共目标)	1962超过1957(增加百分数)
电 力	10亿千瓦时	7.26	12.278	15.30	18.0	148	41.5	131
煤	百万吨	64	94	165	117	83	200	71
原 油	—	430	956	1 200	1 600	272	5 500	244
汽 油	—	130	240	220	310	138	1 200	287
生 铁	—	1 870	3 610	4 630	5 375	187	9 500	77
钢 锭	—	1 350	2 853	4 516	5 400	300	11 200	107
焦 炭	—	2 860	5 200	5 900	6 685	134	10 000	50
铁矿石	—	4 850	4 058	12 745	14 918	268	23 400	57
钨(浓缩68% WO)	—	15.8	15.8	22.1	23.7	50	Na	—
锰矿石(+35% Mn)	—	123.8	195.0	280.0	310.0	150	620.0	100
铜(精炼)	—	8.0	12.9	13.2	13.6	70	Na	—
锡	—	9.8	15.0	16.0	16.0	63	Na	—
铅	—	7.0	22.5	22.8	23.1	239	Na	—
锌	—	3.5	7.9	8.3	11.0	214	Na	—
铝	—	0	10	12	20	—	110	450
化学肥料	—	104	371	472	578	204	3 100	436
水 泥	千个单位	2 851	4 503	6 400	7 700	169	13 500	—
机械工具	—	13.7	13.7	27	29	112	62.5	116
火车头(新/重组)	—	29	98	184	200	—	Na	—

续 表

	单 位	1952	1955	1956(初步的)	1957(计划的)	1957 超过 1952(增加百分数)	1962(中共目标)	1962 超过 1957(增加百分数)
运货车厢(新/重组)	—	5 783	18 300～19 900	6 400	6 500	12	Na	—
卡 车	—	0	0	1	4	—	45	—
拖拉机	—	0	0	0	0.15	—	20.5	—
机动车辆轮胎	—	417	503	575	760	82	Na	—
海 船	—	2	10	14	10	850	43	126
商 船	—	9	8	10	11	22	16	45
内河航船自动	—	8	9	16	23	188	58	152
非自动	—	14	26	33	40	158	76	90
涡轮(蒸汽&液压)	—	6.7	90	164	180	—	1 450	687
电子马达	—	639	524	1 048	1 153	80	Na	—
电子发电机	—	30	108	281	331	—	Na	—
棉 纱	—	658	720	929	1 016	55	1 540	62
纸(机制)	—	372	589	707	800	115	1 550	94

3. 冶金。中国共产党人在增加钢产量方面进步显著,据统计,其钢锭产量从 1952 年的 135 万吨增长到 1956 年的 450 万吨。然而,1956 年钢产品总供应量的 15%～20%仍不得不依靠进口。炼焦煤和铁矿石质量低以及缺乏合金元素、铬、镍都将持续阻碍钢材的生产。虽然其他金属产量都有所增加,但铜和铝的产量仍然不足。

4. 电力和煤。尽管自 1952 年起中国电力年平均增长率为 20%,但电力仍无法满足工业需求。尽管中共宣称煤资源短缺,煤产量通常能满足主要的国内需求,甚至还允许有限的出口。

5. 石油。1956 年中国石油和石油产品产量相当于国内消费量的三分之一,所以仍然有必要稳定进口原油和精制石油产品。石油产品的质量和种类都有所改进和增加,现在已经建成一条相对完整的石油产品生产线。而同为石油产品的飞机燃料和高级润滑剂却是例外,他们占了 1956 年军用油料进口额的四分之一。预计 1958 年左右投入使用的兰州精炼厂和已经通过测试的玉门精炼厂开始生产高质润滑剂时,精制石油产品不足的状况将有所改观。1956年9月中共宣布，到1962年，年原油产量（自然和合成）要从1956年大约120万吨的水平提高到500万～600万吨。这个增长目标主要依靠提高玉门油田产量和开采利用柴达木和准噶尔盆地那些新发现但未测试完毕的油田。就算1962年的目标都能实现，截至1962年，中国仍可能不得不大量进口飞机燃料和高级润滑油。

6. 其他工业。化学工业一直以来发展并不显著，国家化学工业投资本来就少，结果超过三分之二此类投资还都用在肥料上。虽然仍需大量进口，化学肥料产量大概会在接下来的几年中有显著增长。尽管1949年以来水泥工业有了明显发展，但仍不能满足国内的高需求，其中部分原因是因为要向苏联出口。中共宣称，到1962年要将1956年的水泥年产量翻番。

7. 因为不属于国家投资重点，再加上农业原料短缺，轻工业的发展一直受限，而且这个状况仍将持续。然而，中共可能超额完成了1956年棉纺工业的目标任务，这个目标数额占了轻工业总值的三分之一。中国轻工业主要问题是质量问题，这是由于缺少有效的质量控制和节约原材料以及要求增加人均产量的压力而产生的。

农业

8. 1952～1956年间，农产品以年均近3%的速度增长。（见表三）主要通过增加肥料用量和增加灌溉，每单位土地的产量有所增加。同时一些额外增加的土地也已被用于农业耕作。

表三　农业产量*

（共产党中国，1952～1957，1962）

［注］农业部门的产量估算由于严重缺少相关数据报告和新闻报道而并不精确。农业产量数据看来表现了非常大的偏差，主要是数据过大，涨幅过高。这种偏差产生的原因一部分是因为地方报告有了改进从而出现更多的数据报道；另一方面是由于农作物报告参照的取样过程不可靠。相关登记吨位数量很大而且基本粮食作物的产量主要基于耕地、水利化农田的增加和肥料的效果。看来任何一年的产量趋势都比那年的生产水平更可靠。

	单位	1952	1953	1954	1955	1956	1957	年均增长率1952～1957	1962	年均增长率1957～1962
粮　食	百万吨	153	168	164	180	183	187	2.7	217	3.0
米	百万吨	68	70	56	74	78	80	3.3	96	3.5
小　麦	百万吨	18	18	23	23	22	23	5.1	25	2.5
其他谷类	百万吨	52	51	49	55	54	53	0.4	60	2.5
块茎作物（相当于谷物）**	百万吨	16	17	17	19	20	20	4.5	24	3.7

续 表

	单位	1952	1953	1954	1955	1956	1957	年均增长率1952～1957	1962	年均增长率1957～1962
大　豆	百万吨	9.3	10	9	9	9	11	3.0	12	1.7
肉	百万吨	5 513	5 665	5 819	5 523	5 525	5 820	1.1	6 870	3.4
鱼	千吨	1 633	1 900	2 295	2 520	2 650	2 810	11.5	4 830	11.5
糖(原始价)	千吨	630	640	10	840	960	1 060	10.7	2 000	13.5
食用蔬菜油	千吨	1 133	1 070	1 285	1 364	1 434	1 625	7.5	2 700	18.7
花　生	千吨	2 316	2 127	2 757	2 920	3 372	3 473	8.5	4 025	3.0
棉　花	千吨	1 365	1 175	1 085	1 518	1 463	1 650	4.8	2 400	7.2
香　烟	千吨	222	213	232	298	331	373	11.0	800	10.0

*　农业部门产量。

**　按 4∶1 的比例换算成谷物。

9. 尽管其他的农产品产量受到了影响，主要农作物的产量增长并未受到 1955～1956 年的大规模农业集体化的干扰。农民传统上一直养猪，生产如桐油、茶、丝这类的农产品，其他农产品生产仅作为辅助活动。但是冬天建设规划和新成立的农村集体分配的其他任务占用了农民们用来传统生产的时间，同时也降低了他们进行传统生产的积极性。

交通

10. 中国的交通系统主要依赖铁路运输，铁道目前承载大部分国内交通，与苏联贸易的主要运输方式也是铁路。① 中国有广大的内陆水路系统，主要分布在华中地区。以上海北部为起点，有一条重要沿岸交通线，主要行驶中国商业舰队。尽管中共越来越强调公路改进和战略道路的建设，总的来说公路系统仍是落后的。中国完全依靠国外船只进行海运，1955 年外船航运量占中国总外贸量的 60％强(见表五)。民用航空对于解决交通问题作用十分有限。通讯网络发展不足。

11. 铁路。铁路网络(见此份评估最后的地图)主要集中在连接重要的工业和人口中心

① 原注：中共宣称中国铁路 1955 年的发货量为 1.934 亿吨，比计划目标少 10 个百分点。我们认为真实发货量可能比这个公布的数量还要少。(联合参谋部负责情报的副处长不同意这个脚注的说法。他认为这个脚注的说法让人觉得中国 1955 年铁路实际发货量与官方公布的数据之间差距很小。他认为并没有足够的证据能判断这其中的误差。——编注)

的东部和东北部。铁路交通的主要任务是将一些散装货物从数量有限的原产地运输到几个主要的目的地。作为被单独运载的最重要的货物，煤的运输在整个铁路运输总量中占到三分之一，而大约五分之一为农业产品和建设材料。

12. 1953～1957 年间，铁路在国家总体投资中所占的比重为 13%。其中大约一半资金投放于新增铁路路线的建设，目前主要分布在西部的大约 3 000 英里铁路已修建完成。1956 年 1 月横穿蒙古和横穿西伯利亚铁路连接的开通；修建从兰州向西经玉门和乌鲁木齐与阿克斗卡(Aktogay)附近的苏联铁路系统相连的线路；进入柴达木盆地的计划路线的完工，这些都将对开发西部新地区以及推动与苏联的贸易起到重要的作用。同时，与北京-汉口-广东线平行和西向干线轨道部分的建设工作正在进行。这条线将穿过包头、兰州、成都、重庆和昆明，最终将成为一条连接北越和苏联的中国内部环形线路。其他新的线路如四川理塘-湛江和最近修建完成的鹰潭-厦门线都大大增强了中共在这些战略地区的军事后勤能力。

13. 铁路建设总投资的另一半用于改善现有铁路线的厂房和设备。这个计划包括建立双倍跟踪系统和修缮、发展场地设备，安装通讯设备，大量增加更高能力运货车厢的车辆总量以及采用新的中央管理系统。

14. 尽管轨道设施和运输设备产量有所增加，而且进行集约使用，然而自 1954 年起就有迹象表明，轨道设施的发展速度仍然与运输量的增长速度不匹配。1956 年由于运输需求的剧增，增速超过了工业发展的快速增长水平，铁路运输能力不足成为交通的主要问题。尤其在近几年来，特别是在像北平-汉口、陇海这样的关键地段和石门-太原铁路以及重要的边界运输点上，出现越来越多由于运输能力不足和交通拥堵而引发的问题。

15. 虽然存在某种程度的过度损耗，我们认为中国铁路系统已经能够满足整体经济的绝大部分需求。然而，随着中国经济体制从分散的农业经济转向更加工业化，铁路运输能力将逐渐成为关键问题。为了解决运输能力问题，中共将不得不增加对铁路运输，尤其是已有线路运输能力方面的投资。

16. 海运。除了少数对越南的出口贸易的船队，拥有约 112 支船，注册总吨超过 1 000 吨(总载重吨 287 300 吨)的小型商船队被限制从上海北沿海岸行驶。此规定同样适用于在中国提供运输服务的波兰船只。

17. 1955 年到达中国船只的总注册吨位增加了将近 20 个百分点(见表四)。①中国海运仍严重依靠非社会主义集团国家的船只，其中很大部分是租用的。而这些国家的船只占了 1955 年所有抵达船舶吨位的 81%。而且，这些国家的造船所还为与中国进行贸易的社会主义集团国家的商船队提供重要的造船和修理服务。如果不是自由世界的海运和相关服务，那些已经负荷很重的中苏运输和分配设备将面对更大的难题。

① 原注：据不完全数据显示，由于非共产主义阵营海运量增加大约 26%，1955 年的抵达吨位增长率应该更大。

表四　中国到达船只

到达中国港口的非共产主义集团船只	1954		1955		GRT变化百分比(比较1954)	1956		GRT变化百分比(比较1955)
	数量	千/总吨位	数量	千/总吨位		数量	千/总吨位	
国　旗								
英　国	518	2 056	524	2 276	10%	532	2 650	16%
日　本	97	504	198	748	48%	278	1 150	55%
挪　威	50	323	54	234	−27%	81	316	26%
丹　麦	35	381	34	174	−4%	33	185	6%
瑞　典	32	181	26	156	−14%	41	233	33%
意大利	23	151	16	94	−38%	9	60	−35%
法　国	14	105	10	74	−30%	16	96	30%
荷　兰	17	120	58	329	174%	57	304	−8%
芬　兰	18	80	19	95	7%	20	90	4%
巴拿马	4	28	—		—	—		—
德　国	4	20	3	64	220%	35	270	311%
巴基斯坦	2	14	6	41	193%	3	21	−45%
印　度	2	12	3	20	67%	1	7	−65%
摩洛哥	1	7	—		—	—		—
土耳其	—	—	4	17	—	2	7	−59%
埃　及	—	—	2	15	—	5	23	87%
南　非	—	—	2	14	—	5	45	220%
缅　甸	—	—	1	6	—	1	6	—
黎巴嫩	—	—	1	2	—	1	7	250%
	848	3 791	982	4 359	16%	1 129	5 473	28%
到达中国港口的共产主义集团船只								
苏　联	113	535	132	653	22%			
波　兰	41	253	55	355	40%			
捷克斯洛伐克	4	22	8	46	110%			
	158	810	195	1 054	30%			

18. 非社会主义集团抵达船舶总注册吨位的二分之一是从事香港和大陆或日本与大陆贸易的船只。从欧洲非集团国家港口始航的船只占了非集团抵达船舶总量的另外三分之一。而剩下的大部分非集团抵达船舶是从东欧或南亚港口起航的。与中国进行贸易的苏联集团船只大部分从社会主义集团国家港口,特别是从波兰和苏联远东出发。1955 年,来自欧洲社会主义集团国家油轮数量急剧增长,这些油轮先到苏联远东卸载油料,然后空船开往中国装载回程货物。于是,抵达中国的社会主义集团船只 50%来自苏联远东,但只有 39%的离港集团船只驶往远东地区。

19. 1955 年,很多挂着非社会主义集团旗帜的船舶断断续续地参与了中国国内沿海贸易,并为中共提供了颇有价值,但仅从抵达船舶数据上看不出来的服务。而社会主义集团船舶基本上没有参与沿海航运。

外贸

20. 经济体系工业化和提高军事能力仍高度依赖于机械和军事装备的进口。为了满足这些进口需求,中共逐步加大了农产品(占总出口量的五分之四)和包括矿石在内的工业原材料的出口量。据统计,截至 1955 年,中国的外贸总值大约为 45 亿美金,比 1954 年高出 30%,比 1950 年高出 250%(见表五)。中国外贸大约 80%是与社会主义集团国家进行的,其中进口值大约为 20 亿美金,出口值为 15 亿美金。这个入超(入口超额)可能大部分是针对经济和军事装备的苏联贷款支付的。中国出口了价值大约 4.5 亿美金货物给非共产主义国家,同时从这些国家进口了大约价值 4.2 亿美金的货物。中国的出口能力将会受到国内农产品需求增长、加工货物质量低和辅助农产品产量减少等因素的影响。

表五　1955 年中国外贸

进口				
贸易量(千吨)				贸易价格(百万美元)
	海　运	陆　运	总　量	
非集团	1 552	可忽略	1 532	420
集　团	452	2 240	2 602	2 065
总　量	2 004	2 240	4 344	2 485
出口				
贸易量(千吨)				贸易价格(百万美元)
	海　运	陆　运	总　量	
非集团	2 675	133	2 808	455
集　团	1 910	4 165	8 075	1 545
总　量	4 585	4 298	8 883	2 000

21. 1955年从苏联进口货物的大约三分之二是机械、设备和一些如军用油料、有色金属、肥料和其他化学物品的必需供给，剩下大部分可能是军事装备，其中包括在中国中转的苏联军事装备和设施。从非共产主义国家的进口货物为纺织原材料(29%)、药和化学制品(26%)、金属和机械(18%)、橡胶(7%)和其他主要为食品/粮食、椰子油和纸张的各种货物(20%)。

22. 初步数据显示，中国1956年的贸易额为43亿美金。与1955年相比，中国与苏联集团的贸易额看来已经减少了大约10个百分点。但是，如果不把1955年苏联转给中国的军事货物量以及位于在中国的装置数量计算在内的话，1956年中国与苏联集团的贸易额可能是有小幅增长的。

23. 初步报告显示，中国与非集团国家1956年的贸易额远高于1955年水平。通过中国共产主义“例外程序”，进口量在1956年间急剧增长。与1952～1955年间大约1 500万美金的总量相比，1956年获准装船出货的货物总量大约为7 000万美金。如果1956年获准出货的货物都抵达目的地，那么这个货物量则占中国从非社会主义集团国家进口额的16%。钢和铁产品和摩托车及其设备这两类占了例外出货货物的二分之一。其他重要的货物类别分别为镀锡铁皮、开凿机、起重机、金属运作的机械和动力设备。主要出口国为英国、西德、法国、意大利和日本。

24. 持续对跨国贸易进行管控将阻碍中国共产主义经济和军事的发展。因为这类的贸易控制使中国进口问题复杂化，增加贸易成本并减少其灵活性。此外，目前美国的单方面金融控制将继续拒绝接收来自中国的汇款，且否认中国曾是美国一个很重要的出口市场。如果中国能将其对西方的贸易控制放宽到与欧洲社会主义集团进行贸易的尺度，中国与自由世界之间的贸易几乎毫无疑问地会得到进一步发展。尽管如此，这种贸易增长大概不会使中国共产主义贸易改变方向，重新定位。我们认为，这种贸易控制的放松能够增加中国的年进口能力，同时会增强其在计划、调配和装运方面的灵活性。然而，不论是继续保持贸易控制还是放宽贸易尺度，中国的基本外交和国内政策大概都不会有重大改变。

25. 苏伊士运河的关闭给中国的海运外贸造成了负面影响。货物装船量遭到缩减，尽管铁路运输是一个选择，但由于费用昂贵，只能选择最重要的货物来进行铁路运输。中国海运总贸易额的40%通常是通过苏伊士运河进行运送的。如果苏伊士运河仍要延长一段关闭时间的话，中国共产党人将会遭受货物延迟、运输混乱和许多进口货物成本增加而造成的损失。而且他们将面对如何储存几乎必然会延迟抵港的农产品这个难题。如果非社会主义集团国家船只(正是这些船只在1955年占了中国总抵达吨位的81%)转向与其他国家进行贸易的话，对中共来说，这可能就会产生苏伊士运河关闭潜在的最严重后果。

科技

26. 中国极度缺少研究和发展能力，严重缺少科技人力，并且相关培训质量低，这些因素都严重阻碍其在经济领域的发展。中国计划在今后的12年里将有经验的技术和专业人员数量从目前的10万人增加到100万，尤其要注重如工程、农业、医药和教育专业人员的发展。中国计划在1958～1962年间，每年提供工程和物理专业毕业生大约4万名，这个数字比1955年美国相同领域毕业生人数要稍多一些。然而，这些毕业生的大部分要留校成为教学人员。我们估计在第二个五年计划期间，工业技术人员的短缺问题将会变得特别严重。

人口

27. 根据1953年的人口普查记录，中国的人口数量为5.83亿，1955年中共官方统计人口数为6.03亿，人口年增长率为1.75%。中共发言人最近宣称1955～1956年的人口自然增长率为2.2%。按照这个增长率，1962年中国人口将达到7亿。这种人口增长率将给经济造成相当大的负担。去年中共对人口问题表示了越来越多的关注。中央发出了节育的指示并发表建议晚婚的文章。看来中共可能会将其控制人口运动升级，然而任何此类运动的后果都是不可预测的。共产主义计划制定者们声明，在第二个五年计划中将提供600万～700万个工业方面的工作。而随之可能产生的是，如果失业人数不增加的话，那么接下来五年间大部分新就业者将不得不加入发展较慢的农业部门或其他生产力低的非工业单位。无论如何，人口的增长很可能导致任何计划中的人均消费增长停滞。

附录二

中国共产党的军事组织

陆军

1. 中共陆军总兵力据估计有250万人，其中80万隶属于36个军和候援部队。这支主要战斗力量包括114个步兵师、3个装甲师、1个或可能多至3个伞兵师、3个骑兵师和22个炮兵师。一个军大都有约5万人，大部分步兵师有大约1.5万人(编制和装备表显示力量分别为6万人和1.9万人)。一个配备24辆流动炮车和12门重型迫击炮的炮兵团和配备12门防空/对空轻型炮的防空营，以及一个有800人和36辆中型坦克的坦克团组成步兵师。目前认为只有15%～20%的步兵师有坦克团。据报道，9个步兵师每个师都配备一个装备了12门45/47毫米大型反坦克炮的反坦克营。一个装甲师有大约6 000士兵，80辆中型坦克和10辆重型坦克及8门自行火炮。据估计，一个伞兵师有7 000人。22个炮兵师及其编制和装备细分如下：12个野外炮兵师，各配备口径108～152毫米的炮；2个火箭发射师，72×132毫米的多头火箭发射装置各一座；3个反坦克师分别配备了72门反坦克炮；5个防空师的装备分别是108座轻型和中型炮。大部分陆军部队估计占总编制及装备比例的85%。

2. 陆军总兵力大约25%驻扎在满洲和北朝鲜。另外25%驻扎在以上海、汉口、广东和东南海岸为界的三角地带，14%保留在华北的山东、河北和陕西省。部分余下的军队则驻扎在上海以北和广东西南的海防地带，其余则作为储备部队和边防力量，部署在中部、西部和西北部。

3. 参军待遇优惠再加上中共军人发扬的对军队和国家的自豪感使陆军士气颇高。中共军队正在设立一个固定的年度军事训练周期。这种训练本来是为了春季大练兵而设置的基础训练，现在看来，到下个冬天，这将升级为团和军一级的训练方式。一个军官和士官军队授课系统也正在运行，同时建立了高等参谋院校。作为国内培训的补充，很多初级和高级军官被送到苏联相应级别的军事学校进修。

4. 中共陆军正努力通过扩大步兵候援部队的比例来进一步平衡兵力，同时也考虑通过在战术原则上做一定程度的转变来解决核战争所带来的难题。中国进行了多次核战争演习，强调采取与苏联相似的个别保护措施。这些演习可能预示着中共陆战战术原则会发生变化，包括放弃集中和大规模的攻击，转向更具灵活性和分散性的攻击。

5. 1955 年的兵役法规定陆军服役期限为三年。中国后备部队就是由部分已服役三年的入伍士兵组成的，这种三年兵役同时也为后备部队做准备。据估计，陆军兵役将每年为经过专门训练的后备部队增加 80 万人，并将在 1958 年后的任何一年里构建一个 240 万人之多的后备部队，而这些后备士兵都是在之前三年中服过现行兵役的。高中和大学的预备役军训制度提高了现行和后备部队候选人员的素质。其他的服兵役前训练则由国防运动俱乐部和新民主主义青年联盟组织进行，它们一直为平民百姓提供广泛的军事体育训练项目。

6. 大多数中共陆军重装备，如装甲车、炮和复杂电子设备，都是由苏联提供的。中共生产大部分目前他们所需要的小型武器、迫击炮、无后坐力步枪、火箭发射装置以及这些武器的军火弹药。1956 年中共工业产值的普遍增长增强了其军需品的生产能力，但在此段评估期间，中共陆军的大部分重型装备仍需继续依赖苏联。

国内安全力量

7. 公安部和国防部共同保障国内安全。人民武装警察是支持中国各地区民政的国家警察力量，拥有大约 50 万警力，隶属公安部。作为军队的组成部分和国防部的下属部队，公安军负责处理警察能力范围外的国内或边境安全问题。公安军总体大约有 20 万人，被编制成至少 20 个师和 13 个独立团。这些部队比正规部队的规模要小，配备要少，但是他们肯定拥有战场独立军事行动所需的兵役和火力支援组。

空军力量

8. 中国的空军的飞机、设备、支援和训练都严重依赖苏联。据统计，中共空军和中共海军航空兵一共有 8.7 万人和包括 1 870 架喷气机在内的 2 600 架在作战部队中的各类飞机。这些组成了一支发展的相当不错且具有现代化飞机的空军，同时相关的空军职业观念也在不断进步。这些空军士兵都很年轻且精力旺盛，具有很强的团队精神。他们被组编成轰炸、战斗、进攻和运输部队，在一个大型的空军基地中心来指挥这些部队进行作战，这个中心指挥空军部队从中国外围的很多点上发起进攻。同时，中共空军也具有相当发达的侦察能力。

9. 据统计，中共主体轰炸力量包括 395 架轻型喷气机轰炸机(机型名："小猎兔犬")和 220 架活塞轻型轰炸机(机型名："蝙蝠")。在苏联援助的一个更新换代计划中，"蝙蝠"机型将被"小猎兔犬"所替代。"小猎兔犬"可装载 4 400 磅炸弹，最高速度可达 450 海里/小时，不补给燃料的战斗范围在 3.5 万英尺海拔条件下为 745～1 400 海里。实际轰炸效果将会受到一些因素的影响，例如在视觉或理想雷达条件之外的条件下，电子设备有限的能力将影响轰炸的准确性和缺乏战斗经验都会影响轰炸效果。

10. 据统计，中共空军现役部队拥有 1 475 架喷气式歼击机和大约 180 架活塞式战斗机。大部分战斗机被部署在工业和人口中心附近，重点防卫上海地区。以喷气式歼击机取代活塞式的计划正稳步进行，到 1957 年底活塞式歼击机应完全被淘汰。缺少足够的地面控制拦截雷达、严重缺少空中拦截设备、夜晚和全天候飞行经验不足以及仅仅可以使用而仍需改进的对拦截程序进行地面控制的能力，这些问题都妨碍的中共空中拦截能力的发展。但在能见度好的条件下，中共空军和中共海军航空兵将会对前来进行攻击的轰炸机造成相当大的威胁。同时，中共空军通过操作训练加强了支援地面作战的能力。

11. 大部分中共空防都集中在具有主要军事和工业目标的地区。中共空防拥有覆盖整个海岸、主要工业及人口中心的雷达系统。这套系统提供了能够清晰地观察到敌方对沿海及主要目标地区的攻击的极好能力，除了超高空的空袭之外。尽管设有中央控制中心，但由于地区间距离太远以及通讯设备相对较落后，中共防空系统实质上还是"岛屿式"的孤立运作。

12. 通过苏联支持的现代化培训计划，中共空军力量逐步得到加强。到 1959 年中旬，轻型活塞式轰炸机可能将被完全取代。到 1960 年，中型活塞式轰炸机数量可能将增至 60 架，而此时我们相信此类中型活塞式轰炸机可能将随着中型喷气式轰炸机的逐步引入而被淘汰。我们预计到 1962 年，中共总战斗力将增长 22%，而且全天候战斗机的比例将从不到 2%增加到大约 30%。随着全天候喷气式战斗机计划的发展和通讯的改善，整个防空系统都将有长足的进步。

海军力量

13. 据统计，中共海军拥有 4 艘驱逐舰、13 艘潜水艇、229 艘巡逻舰艇(包括 118 艘摩托鱼雷艇)、25 艘扫雷艇、64 艘水陆两用船(包括 10 艘多用登陆艇)和 250～300 艘小型巡逻艇及武装机帆船。大部分驱逐舰和潜艇都是自 1953 年以来从苏联获得的。大部分较大型的军舰自杭州湾向北进行军事活动，海军力量最主要集中在上海和青岛。仅有小部分巡逻艇和港内巡逻艇在台湾对面地区海岸活动。海军航空兵部队拥有大约 30 架喷气式和 40 架活塞式战斗机，大约 160 架喷气式和 60 架活塞式轻型轰炸机，这些军事力量集中在华东和东北的一些地区。这支规模小、新组建的军事力量正在稳定的发展和进步。

14. 尽管中共海军规模小而且主要是进行沿海防卫，但它仍是亚洲最具战斗力的。中共海军能通过潜水艇攻击、空中打击、水雷战、驱逐舰和鱼雷艇攻击对中共海域内的敌军进行打击。中共海军的近程水陆两栖军事行动(包括采用海陆空三方联合力量)可能是最具攻击力的。此行动不仅采用常规水陆两用军事舰艇，还利用商船运输、帆船和其他小型船只。

缺少主要战斗部队、舰艇的船龄老化再加上舰艇来源混杂,这些都成为限制中共海军战斗力发展的不利因素。中共在苏联协助下正在实施自制舰艇计划,以上提到的中共海军存在的问题有望随着相关计划目标的达成而得到改善。

15. 中共海军对沿海岛屿进行水陆的攻击表现得相当熟练。通过定期的练习,他们的技术将能够得到进一步改进。在具备有利条件和最大化利用现有的常规水陆两用舰艇的前提下,中共海军针对近海岛屿运送兵力范围如下:(1) 4 万～7 万人轻型武装军队;(2) 2 万～2.5 万的军队,由一个装甲师、炮兵师和轻型摩托化运输部队提供支持;(3) 两个师,分别有装甲兵和炮兵,同时有轻型摩托化运输部队。有 89 艘总能力为 26 万载重吨位的商船可供使用(不包括另外的 23 艘),这些商船同沿海船只以及机动帆船和风帆船一起,可为 20 万军队提供短途运输。然而如果针对台湾的话,据估计,多种因素将使中共海军最初攻击力量削减为 7.5 万～10 万军队。厦门轨道线路的完工以及最近福州支线的建成,将大大增加中共在台湾海峡地区的后勤支援能力。如果只对付国民党(军队),则中共完全有能力夺取并保持对台湾海峡的制空、制海权,并且能组织、发动和支援对台大规模海陆空联合攻击。

16. 中共海军的主要物资保障,尤其是机械、电子用具、军火和燃料都靠苏联提供。在苏联造船专家的监督和指导下,中共最近将其海军建设计划范围扩展到潜水艇、巡逻艇、扫雷艇和摩托鱼雷艇。尽管中共工业建设发展速度比较快,但在此评估阶段期间,中共海军补给在很大程度上仍将依靠苏联。

核能计划

17. 中国没有足够数量合格的原子能科学家来支撑一个意义重大的原子能计划。通过苏联原子能援助计划和联合核研究所提供的帮助,中国得以在基础核物理和医药、农业以及工业研究原子能应用方面培训自己的科学家。然而就算有这样的援助,在此评估期间内中国仍不大可能有能力独立担负起一个原子能项目。当然,如果苏联提供必需的设备和技术人员,中共则可能在短期内获得使用核武器的能力。

附录三

共产党中国的外交状况

承认中国的联合国成员国:

阿富汗

阿尔巴尼亚

保加利亚

锡兰(斯里兰卡)

捷克斯洛伐克
丹麦
埃及
芬兰
匈牙利
印度
印度尼西亚
以色列
尼泊尔
荷兰
挪威
巴基斯坦
波兰
罗马尼亚
瑞典
叙利亚
英国
苏联
南斯拉夫
也门
承认中国的非联合国成员国：
瑞士
东德
北朝鲜
北越
外蒙古

地图：中国　铁路——1957年2月
地图：中国　空军力量，军事区域——1957年1月1日

National Intelligence Council, *Tracking the Dragon National Intelligence Estimates on China during the Era of Mao, 1948 - 1976*, Washington, D. C.: Government Printing Office, 2004（所附光盘版），或见美国情报委员会网站：http://www.foia.cia.gov/nic_china_collection.asp

朱丹丹译，沈志华校

1－4

中情局关于中国状况及此后五年发展趋势的评估

（1958 年 5 月 13 日）

NIE 13－58(取代 NIE 13－57)

共产党中国

（1958 年 5 月 13 日）

问　　题

分析第一个五年计划(1953～1957)时期的中共国内发展状况和对外关系，估计下一个五年的发展趋势。

结　　论

1. 我们相信中共有能力继续牢固和有效地控制中国大陆。党的领导人继续显示了内聚力和决断力，同时具有一定程度上的灵活性。中共是一个得到约 1 300 万党员支持的政党，它控制着一支庞大而又有实力的军队和公安系统。我们认为，如果毛泽东去世或者丧失能力，可能会给某些目标的实现带来麻烦，并降低党的政策的灵活性，但这不会威胁到对国家政权的控制。(第 43～45、66～68 段)

2. 显然，在按照共产主义的模式努力改造中国社会的传统结构方面，中共政权取得了很大的进步。几乎对所有农民都实行了集体化，私营工商业主事实上也被消灭了。尽管中国人赞赏中共政权取得的某些成就，但勒紧裤腰带的生活，以及统一行动、极其艰苦的工作，这些不断的压力引起了人们特别是在农民中间的很多不满。在过去的两年，中共承认存在问题，鼓励人们进行讨论，并推行“百花齐放，百家争鸣”的方针，取得了广泛的支持，但这一方针现在被严厉地中止了。(第 27～42 段)

3. 由于决心尽快实现工业化，中共试图争取得到民众的支持时，将很少考虑物质刺激的因素。不满和偶发的群众暴乱仍将继续，特别是在农民和一部分少数民族人群中间，但我们相信，这对中共政权方针真正的影响不过是使其复杂化或受到妨碍。由于意识到中共政权的力量，并明白没有选择的余地，大多数中国人大概会继续默许共产党的统治。(第 68～70 段)

4. 在第一个五年计划(1953～1957)期间，中国经济取得了高增长率，这显示了他们在经济落后情况下对资源利用的掌控能力。中国经济计划的一个重要因素是苏联不断在贸易、信贷和技术上提供援助。从很薄弱的基础开始，工业产量年均增长率达到16%左右，但1957年底的工业产量仍低于日本和英国的水平。农业产量能满足基本需求，但其发展远远低于经济的其他部分。(第17～26段)

5. 在下一个五年期间，中共政权将应付工业超速发展所带来的经济困难。但基本的问题仍将是人口增长与食品生产不足的矛盾。目前中国人口大约6.4亿，每年增长约2.0%～2.5%；在下一个五年，农业产量与第一个五年计划相比，每亩增长最多大概也不超过5%。如果遇到几个歉收年份和农民普遍抵制合作，政权将面临更大的困难。然而，即使出现这些情况，中共政权很可能凭借其控制的机构维持执政地位，同时保持工业的增长，尽管速度会降低一些。(第54～57段)

6. 我们认为，下一个五年期间，中国能保持和过去五年大抵相当的经济增长速度。到1962年，国民生产总值与1957年的450亿美元相比，可能达到650亿～670亿美元。其中工业部分与1957年的增长率19%相比，大约是26%。(第52、53、59段)

7. 到1962年，中国在远东的军事力量将比现在更重要更强大。军队规模可能更小些，但装备更精良更具机动性。空军和海军将加大规模和实效性。在苏联技术的帮助下，中国的军工产业将能够满足即使不是全部也是大部分军队对小型武器、火炮、运输和军火的需要。造船和飞机生产将大大增长。然而，对于重型及复杂的军事装备和许多组件，中国仍将依靠苏联。(第71～73段)

8. 到1962年，中国几乎肯定还不能依靠自己的能力发展导弹或是核武器，尽管如此，我们认为，中共将为此先进武器向苏联施压。到时，苏联很可能提供某种类型的导弹和其他可适用于携带但并不携带核弹头的武器。除非受到一个有效的国际协议禁止，否则苏联到1962年就可能把核武器引进中国，尽管可以肯定这些核武器仍将在苏联控制之下。无论怎样，即使不在共产党中国部署核弹头，只要中苏的利益需要，它们就可以被迅速利用上。(第74段)

9. 中国几乎肯定将保持与苏联的牢固结盟。北平将继续承认莫斯科作为共产主义世界的领袖，而一旦共产党中国在实力和地位上成长起来，在社会主义集团总的政策形成方面，中国很可能起到日益加强的重要作用。将来肯定会有些摩擦，但不太可能损害我们所评估的这一时期的中苏合作。(第75～83段)

10. 在努力削弱和消除西方在亚洲的影响方面，共产党中国很可能主要运用非军事的手段。在继续强调和平共处、发展与其他国家经济和政治关系的同时，中国的外交政策会表现出更多的主动性和过分的自信。在基本问题上，中国会采取不妥协的立场，在继续做出愿意与美国达成和解的姿态的同时，在整个远东继续从事颠覆性的活动。共产党中国会继续阻止台湾国民党人独立的愿望，让他们在国际上名誉扫地。在台湾问题上，只要中国认为可能陷入与美国的军事冲突，他们就不会采取公然的军事侵略。尽管他们对近海岛屿变得更

具有侵略性,但是,只有估计美国不会进行军事干涉,他们才会做出以军事行动夺取这些岛屿的决定。(第88～90段)

11. 日本将是北平最重要的目标,特别是因为中日在这一地区不断加剧的竞争。北平将利用日本对卷入核战争的担心,日本与美国在许多方面的摩擦,以及日本渴望拓展与中国大陆的贸易,继续谋求削弱保守力量和美国在日本的影响。为了实现这些目标,共产党中国会继续使用安抚和强硬两手策略,中日贸易很可能增长,为此,北平可能在日本获得准外交地位。(第93、63段)

12. 假定目前对苏联集团和西方的政策总体说来持续下去,我们认为,在下一个五年计划期间,共产党中国将大大增强与自由世界的交流。这种趋势很可能引起许多国家在外交上更多地承认北平,但不是确立正式的外交关系。这也会给在联合国排斥共产党中国带来更大的困难。(第95～96段)

13. 如果共产党中国保持其现行国际政策,我们认为它在亚洲的威望在下个五年将继续提高。无论是否会有更多的国家承认共产党中国,或是接受中国进入联合国,这种情况都会出现。但是,没必要由于中国威信的提高就得出结论,认为亚洲的非共产党国家会采取共产党中国所希望的内外政策。中国在亚洲未来的作用将由五个领域发展的重要程度所决定,而这五个领域在不同程度上超出了中共的控制:

(1) 美苏关系和冷战各方面的发展态势。

(2) 苏联集团内部的发展,例如惊人的科技成就或是巨大的政治变化。

(3) 各地区共产党,如印度尼西亚、老挝和印度共产党,政治力量的发展或衰败。

(4) 中国力量的发展所引起的亚洲政府日益增长的忧惧,如对中国未来意图的担心,由此导致这些政府至少要采取越来越有效的措施对付自己国内的共产党。

(5) 美国对亚洲非共产党政府的信心和信任程度,这不仅有助于这些政府抵御共产党,而且能满足他们国家的愿望。(第97段)

讨　　论

一、导　　言

14. 在第一个五年计划期间,为实现把中国从一个落后的农业国转变成一个工业国的长远目标,中共政权取得了长足的进步。在苏联的援助下,中共取得了国民总值的高增长率,特别是重工业产量的增长。对社会进行高速的共产主义制度改造,其结果实际上消灭了工业、商业和农业的私有企业。这些成就和正在增长的军事力量提高了中国对外部的影响,其中既有自由世界,也有共产主义集团。

15. 同时,超速度的改造也造成了国内普遍的压力和紧张。这些压力和紧张是由于共产主义方法的本质特征——僵化和抑制产生的，它也阻碍了广大人民群众对政权的进一步支持。他们必然认为，这个政权急切地要把中国人都嵌入一个纪律严明的共产主义社会。干预也加大了社会紧张，在社会所有层面和所有活动中，党的工作人员有指挥的权力，但大多数时候，在他们负责管理的特定的教育、社会或是经济组织里，他们没有得到充分的训练和经验。而且，国家为了加大投资而极力限制消费，这一点农民感觉特别强烈，因而降低了生产积极性。然而，就目前我们能看到的，这些紧张还没有发展到威胁共产党领导地位的危险程度，对生产的阻碍也没有发展到限制中国经济进一步增长的严重程度。

16. 1956年由于经济问题产生的悲观主义达到了顶点，中共在经历了这一时期之后，现在对于他们能够在下一个五年期间保持经济的快速发展是有信心的。而这种信心有所削弱，是由于公众对政权的批评程度，这一批评是在短暂地放松了对公众讨论的控制时产生的；是由于出现了党不断脱离群众的事实；由于农民因集体化不能带来收入增长而普遍不满。这种信心受到削弱，还由于更现实的认识到那些基本问题重要性，特别是农业问题。

二、第一个五年计划期间的发展

……①

三、共产党中国在下一个五年期间可能的发展趋势

52. 我们认为，在下一个五年期间中共将继续对中国大陆进行有效的控制，在进一步把共产主义的社会机构和形式灌输给中国人方面取得某些成功。国家很可能使经济保持与过去五年大致相当的增长率，但由于不断增长的人口，这就需要继续严格控制消费。由于国家要保持经济发展和社会变革的步伐，这就严格限制了其要争取更多群众支持的努力。群众不满和不平的感觉仍会普遍和起伏不定，多少会妨碍国家的计划，但大概不会转变成有效的反抗。

(一) 经济

53. 尽管第二个五年计划正在制定过程中，但作为政府计划的基础，1956年9月就宣布了这个计划的总纲。我们据此推测，第二个五年计划期间年增长大概在7%～8%，或是大约与第一个五年计划一样快。由于来自现有工厂的可以进一步集中使用的资金远远不足，所以生产的增长可能需要更多的投资。无论如何，第二个五年计划期间的投资相对于总产量

① 原文此节与前件内容大体相同，略去未译。——编注

会继续增长。还会强调工业发展,到 1962 年工业比例将占到总产值的 26%,而 1957 年是 18%,1952 年是 13%。

54. 农业生产。临近第二个五年计划,中共已被迫优先扩大农业生产,以提供最低消费和保证人口增长的需求;提高农业原材料的生产,特别是棉花生产,以满足工业发展的需要;同时增加出口偿还贷款,为进口重要的基础设备提供经费。优先发展农业将会对工业发展做出某些调整,加大投资生产化肥、农药、灌溉设备和农业器具的重工业。例如,在第二个计划期间,化肥厂的投资占整个国家投资的比例,将从第一个五年计划的 1%提高到 3%。

55. 中共 1958 年就宣布,国家在农业方面的投资将达到 14%,整个第二个五年计划用于农业的投资将是"一五"计划的四倍,而"一五"计划的农业投资只有 7.8%。国家在农业方面的投资主要用于大型水利项目,而集体用于灌溉、排水设施、化肥、农具和机器、牲畜及其他生产必需品的直接投资,将继续为农业发展提供主要资金。政府认为,这样的投资和有关技术的进步是迅速提高农业产量最有效的途径。

56. 1956 年 9 月,政府提出的 1962 年农业目标是生产谷物 2.5 亿吨,棉花 240 万吨,但到了 1957 年,政府承认这些目标过于贪大,因而在切实增强农业发展努力的同时,降低目标,谷物为 2.4 亿吨,棉花 215 万吨。尽管如此,考虑到有限的化肥要用到那些经过开垦和多种栽培开发出来的已灌溉和播种了的地区,我们认为这些目标仍过于乐观。1957 年到 1962 年间,谷物生产很可能从 1.85 亿吨只提高到 2.15 亿吨,棉花从 164 万增长到 200 万吨。大约四分之一的增产期望来自增加的化肥供应。

57. 上述估计意味着农业产量年增长率约在 3%,比每年人口可能的增长率 2%～2.5%稍高一点,但许多偶然性可能一笔勾销这点差距。一个重要而无法估计的因素是农民是否自愿在集体化条件下努力生产。天气及其对种植的影响也是不可预测的。最后,我们不能完全忽视现在的人口增长率会提高的可能性。对中共来说,最糟糕的就是这些偶发因素合在一起——连年歉收、农民冷漠、人口增长率上升,这将使政府面临巨大困难。尽管如此,凭借内部的安全系统和控制粮食分配,中共政权几乎肯定能维持自己的政权。而且,北平有其他的权宜之计,包括贷款或是得到苏联集团的援助,减少出口及进口农产品等措施。同时,在重工业方面政府有足够的生产和建设能力,尽管会降低速度但能保证工业的增长。

58. 中国人口众多且日益增长,确保其粮食供应成为中国在不确定的将来首要的经济问题。可耕地相对有限,尤其大部分土地分布在海拔高、干旱或是山地而不适宜耕种。目前,约 11%土地是耕地。通过开垦不毛之地,加大投资和应用现代技术,成倍扩展耕作以增加播种面积,这种可能性只有一半。在雨水充足、生长季节长的重要农业区,通过防洪、灌溉、防虫、耕作方式和施肥等方面的改善,农业产量能得到提高。因此,我们认为,随着投资加大,中共能成倍提高农业产量。但是,如果现在人口的增长依然照旧,那么在 28～35 年间人口将翻番,到时即使实现了农业发展的潜能,也很难改善人民的生活水平。

59. 工业生产。第二个五年计划还没有定稿,但是基本方案在 1956 年 9 月的中共八大上已经提出了,工业生产总值的增长在"二五"期间约 86%,"一五"计划期间是 115%。继续优先发展重工业。虽然在各个工业目标上有一定的变化,但如计划的那样,由于预计的工业投资水平,工业的总体目标能够实现。

60. 基于原材料产地和战略考虑,东北北部、中西部和西北等新兴工业地区的重工业投资比例会有所增加。"二五"计划产值的增加将主要依靠"一五"计划期间开始建设的生产能力。与强调建立大型企业"一五"计划相比,("二五"期间)钢铁和煤炭产量增加将主要源于新创建的中小型企业。这个计划一旦付诸实施,将会增加就业、减少资本存量并降低机械进口数量。

61. 中国工厂制造的各种产品增长很快,但也会出现短缺,特别是化肥和原油。在第二个五年计划期间,机器制造业提供的机器需求很可能达到70%,相比较"一五"计划提供的是60%。除了优先发展化肥和机械工业之外,"二五"计划期间将更多地关注商船制造业、制铜业和原油工业。中国政府即使实现了它的原油目标,在1962年仍要严重地依赖原油进口,以满足快速增长的需求。

62. 受过培训的技术人员和科学家短缺的现象将继续存在。为努力解决这个问题,政府计划从50万院校毕业生中选派三分之一投入各个领域的教学。那些不从事教学的人员,一半将成为工程师,三分之一将从事机器制造、科学、农业或是森林业;约有六分之一将从事法律、社会科学和其他领域。在这期间,政府还计划使目前中小学的在校生增加一倍。到1962年,即使这些目标都实现了,还远远不能满足在科学和技术领域对高素质人员的需要。

63. 对外贸易。"二五"期间的整个出口估计是320亿人民币,进口是292亿;而在"一五"计划期间,出口是233亿人民币,进口是252亿元。我们认为,在"二五"计划里,共产党中国的大部分贸易仍是与社会主义国家进行,特别是苏联。但是,与非共产党国家的贸易比例很可能会增加,可能从占整个贸易的22%扩大到30%。贸易增长的最重要因素,我们认为是中国将扩大对日本铁矿和煤的出口,对南亚和东南亚消费品的出口;从日本进口化肥、工业设备和钢材,从西欧进口资本货物。共产党中国可能会更多地利用其正在增长的国家船队商船进行国际贸易。

64. 保持目前多边的贸易控制状况,由于日益严重的进口问题、费用的不断提高以及灵活性的不断降低,将会使中国经济和军事发展复杂化。此外,目前美国实行的单方面金融控制,拒绝承认共产党中国是一个重要的出口市场,并减少了其美元收入。

65. 显然,没有苏联新的长期贷款,共产党中国也会继续进行他们的第二个五年计划。中国将通过出口为进口工业化所需提供资金,同时偿还"一五"期间欠苏联的贷款,并为他们自己的援助项目筹措资金——所有总计起来估计有30亿人民币。以他们现在的能力,没有苏联的进一步贷款,中国也能够执行他们的工业发展计划。但考虑到一系列的经济困难,中国人可能谋求和得到苏联在信贷上的某种援助。

(二) 党

66. 党在保持活力、灵活性和党内纪律方面可能会继续面临着困难。由于最近大规模安排干部到基层工作造成了紧张局面，而1949年以后党员队伍膨胀所造成的困难还将继续。在形成政府计划中出现的不可避免的困难必然会导致党的各级领导中出现政策的不一致。尽管这些问题可能迫使党有时候采取压制的手段，大体上中共政权还是能够通过定期的修正计划，用讨论、说服和行政纪律处分的程序解决党内矛盾。而且，我们认为党在其政策中会保持非常重要的灵活性。

67. 这些问题可能因为毛泽东的去世或是丧失能力而加重。在下一个五年中，谁来继承毛泽东的问题应该提出来了，党的权威很可能在最初过渡到一个小组，小组的成员最有可能是刘少奇、周恩来、邓小平和陈云，朱德为国家名誉主席。在缺少毛时，政策的争论和权力斗争会很尖锐。占据毛的位置的诱惑会很大，这可能导致党内权力斗争。我们认为，这样的斗争会使政权要达到的目标复杂化，降低其政策的灵活性，但不会威胁到中共政权控制国家的能力。

(三) 民众态度

68. 我们很难预测，群众的不满在最近的将来能够转变为有组织的和积极的反抗。这种不稳定将继续保持在现有水平上，可能会发生孤立的偶发事件、小规模的反抗，特别是在乡村和少数民族地区。经济紧缩和工业化带给人们日益增大的压力，群众对此的反应可能随时导致政府的强行压制，如果必要，中共领导人会使用严厉的镇压措施让老百姓听话。但是，同时他们很可能避免普遍地和有步骤地使用恐怖手段。还会有很多不满，但我们认为，这对政府计划的真正影响不过是使其复杂化或妨碍计划的实施。尽管政府将继续谋求更多的积极支持，由于其决定推行的经济和社会计划，它的努力将获得有限成功，大多数中国人对政府的反应仍可能是默许的态度。

69. 政府将继续处理知识分子问题。1957年春，来自大学里的直言不讳的批评向政府表明，尽管它努力教导但没能迫使多数的学生和教授接受共产主义的道路。由于缺少高等教育设备，以及给毕业生提供的城市就业机会有限，赢得学生这一代的问题变得更困难了，因此需要加强纪律和对学生的政治控制。此外，国家很可能继续强迫大批中学毕业生接受到农村长期的农业劳动。

70. 农民肯定还会给政府带来麻烦。政府承认“二五”计划期间的主要问题是改善集体农场的管理，让农民更多地接受集体制度。政府可能会通过更严的控制让农民保持一致，而在收成好的年份允许适当提高消费。

(四) 军事建设

71. 在下一个五年，共产党中国的军事能力几乎肯定会继续提高。尽管军队在规模上会缩减，但它将装备新的更好的武器，比目前更具有机动性和受到更好的训练。空军和海军在规模和实效上将有所提高。尽管军队力量的平衡会好一点，但保持大规模的地面部队的主张将仍然盛行。中共很可能会保持一支庞大的常规军，除了它的进攻和防御任务外，还作为基本力量控制中国大陆,并继续在亚洲发挥威吓作用。

72. 到 1962 年,空军总共可能会有 3 600 架飞机,增加超过 700 架。中共可能把他们的战斗机和轻型轰炸机转换成喷气式飞机,也许到时会有些喷气式中程轰炸机。在强调提高国土内水域的防御能力的原则下,海军会继续高速发展。可能会重点加强潜艇的力量,替换超期服役的船只,提高海军行动的实效性。

73. 军事工业将在规模上和效率上得到提高,但在"二五"期间,对于多种重型和复杂的军事装备,以及技术支持,中国仍将严重依赖苏联。1958～1962 年期间,军事工业也许能够满足军队对小型武器、几乎所有火炮、运输工具和弹药的需要,但仍不能满足装甲战斗运输车和更复杂的火力控制系统的需要。制船业也将继续扩展。国内飞机生产会有一定的提高,但中国在许多组件上会继续依赖苏联。

74. 由于缺少技术人员,以及其他军事和经济计划对其有限资源的需求,到 1962 年,几乎可以肯定共产党中国没有自己发展导弹或是核武器的生产能力,尽管如此,我们认为,共产党中国会向苏联施压获得如此先进的武器。在下一个五年,苏联可能提供给中共某些种类的导弹和适合用携带核弹头但只带常规弹头的武器。中共和苏联在把核弹头(包括炸弹)引进中国来的问题上看法还不确定。除非遭到一个有效的国际协定禁止,苏联到 1962 年可能把核武器引进共产党中国,尽管可以肯定这些核武器仍在苏联控制之下。无论怎样,即使不在共产党中国部署核弹头,只要中苏的利益需要,它们可以被迅速利用上。

四、共产党中国的对外关系

……①

National Intelligence Council, *Tracking the Dragon: National Intelligence Estimates on China During the Era of Mao, 1948 - 1976*, Washington, D. C.: Government Printing Office, 2004, pp. 122 - 145

李锐译,沈志华校

① 原文此节与前件内容大体相同,略去未译。——编注

1－5

中情局关于中国发展趋势的评估报告

（1959 年 2 月 10 日）

NIE 13－2－59

机　密

共产党中国当前的发展趋势

（1959 年 2 月 10 日）

问　　题

评价“大跃进”和公社计划的重要性，它们与毛泽东领导权问题的相互关系，中苏关系和中共对外政策。

结　　论

1. 中共的“大跃进”方针多半建筑在巨大耗费人力的基础上。尽管很难精确评估中共所宣称的数字，但据我们初步判断，1958 年的生产确实有显著的增长。农业至少提高了 10％，可能是 20％；某些方面的工业生产，例如钢、煤和机床，几乎可能是 1957 年的两倍，尽管有些增加的产品质量可能很糟糕，没有多大用处。今年肯定可以看到总产量会有另一个大幅度提高，但前进速度在 1959 年之后很可能不再继续，因为在这疯狂时期产生的某些人为的和经济的问题开始显现。

2. 几乎所有的农村在不同程度上都被组织成了公社。我们认为，中共党在最近一个时期采取的缓和公社发展的方针，包括推迟城市公社的建设，反映出中共在重新向前推动以前需要把人心团结起来。尽管已经考虑到民众会有负面反应，不过很少会出现明显的反抗迹象。我们认为，中共政权强大的控制系统及其所显示出的灵活性，能够使北平既避免流血镇压，又不会被迫从公社做法后退。

3. 毛泽东宣布他打算辞去政府主席的职位，引起人们对他在党内地位的猜测。尽管如此，我们认为，毛泽东的决定不是党内有任何反对他领导的意见而促动的，而是像官方宣布的，他希望集中精力去解决政策问题和共产主义理论问题。作为党的主席，他仍是国家的一号人物。

4. 尽管“大跃进”和公社的计划在中苏关系间引起一些新的摩擦，但这些不和不可能威胁到针对西方世界的中苏之间的团结。

5. 至于说到1958年期间共产党中国对内对外的冒险，没有坚实的证据说明二者有什么确定的相互关系。二者都是作为加速共产主义革命进程这一运动的一个方面出现的。虽然北平可能估计，挑动台湾海峡危机有利于团结人民搞“大跃进”和人民公社，但我们不认为，这是触发危机的主要动机。

6. 在近海岛屿危机中，美国和国民党中国的回应以及世界的反应，或许对于北平总的外交政策思考会起到某些缓和的作用。较少强调美国所谓的弱点，而更多强调中国在亚洲的目的及其政策的“和平的”、“合理的”特征。这些考虑并不意味着中共强有力的行动会受到阻止，特别是那种在有机会实现其某些目标时所采取的行动。

7. 对于“大跃进”和公社计划的社会代价，亚洲已经有了某些负面反应。如果这些计划惨败，共产主义在亚洲就没有人相信了，共产党中国对其他亚洲政府的影响力也将减弱。然而，在执行这些计划时，任何事情只要不是大的失败，仍能让中共政权处于对邻国施以巨大压力的地位。如果这些计划成功了，在南亚和东南亚对中国的顾虑会增大，要防止诸如柬埔寨、泰国这样的小国迎合中国的要求就更困难了。成功将大大增强北平领导人的信心，认为自己有能力加快实现国内和国外的目标，并且强化他们的信念，共产主义基本原则是实现那些目标的唯一指南。

讨　　论

一、导　　言

8. 在过去一年里，共产党中国发生的戏剧性事件也许有着长远的重要意义，对于共产党中国的内外政策及其在苏联集团里的作用，这些事件的意义超过了自共产党1949年执政以来其他任何国内的发展。

9. 推行“大跃进”方针，寻求更充分地动员共产党中国广大的不发达的劳动潜力，这使已经发展很快的经济速度突然有了巨大的增长，也引起了共产党中国已经确立的经济形式的重要改变，这种形式最初是建立在苏联模式基础上的。这是一场大胆的、深刻的社会革命，超过了共产主义以往在共产党中国或其他国家的实践，是史无前例的，它试图创建公社，并作为国家经济、政治和社会组织的基本单位。这些庞大的计划伴随着武断的意识形态方面的要求，不断加强的充满自信的声明，以及对外政策方面经常性的挑战，包括在台湾海峡挑起严重危机。就在这一年底，宣布了毛泽东打算从国家主席退下来同时仍保留党的主席职位的消息。

10. 毫无节制的、急风暴雨似的“大跃进”运动，特别是公社组织的发展，令世界震惊。

1958 年以前,中共政权在各项计划上已取得了显著成绩：牢固地确立了对国家大部分地区的控制;第一个五年计划(1953～1957)的目标总体实现或超额完成;国民生产总值年平均增长率约 7%～8%;相对平稳地实现了农村集体化和工商业社会主义改造;北平在社会主义集团里的特殊地位和重要作用得到认可,共产党中国在亚洲的地位大大加强了。1956 和 1957 年出现了一些经济和政治上的困难,但经济增长的势头是好的,也没有对政权的稳定构成严重威胁。对于那些不像北平统治者那么有雄心的人,这样成功的业绩可以使其继续原有的经受了检验的政策。

11. 相反,过去一年发生了激进的改革。尽管到年末缓和了一些,但这些改革表明,中共领导人是严肃认真地对待共产主义信条的,在“不断革命”的理论下,强制地向前推进,以确立现代工业经济。如果“大跃进”和公社的改革经过一段时间获得成功,他们就有可能把中国带入欧文式的空想社会,加快共产党中国成为一个重要的世界强国的进程。

二、“大跃进”和公社计划

(一) 这些计划的动机

12. “大跃进”。这项雄心勃勃的计划最根本地是源自中共领导人中一种不断增长的信念,即认为,尽管在某些领域已经迅速有所收益,但现存的经济计划框架还不能达到最佳结果。这种想法在 1957 年间明显地增强了,因为 1956 年当局正在应付由于经济不平衡发展所造成的混乱。党也正在寻找一种方式来证明,在 1957 年整风运动中特别强调的口号“依靠群众”,可以产生具体的效果。

13. 从 1957 年重新审查经济计划起,当局明确地得出结论,认为集中地单一发展大规模的重工业,这一脱离实际的模式过多依赖中国的进口能力和技术,而阻碍了更多使用中国资源的产品发展。由于缺少苏联信用贷款,以及出口产品和市场受到明显的限制,当局只有通过一项较少依赖进口资源的项目来大幅提高其国内投资。当局在继续鼓励重工业的增长,优先进口对工业有用的货物,发展国内资本货物产业的同时,也努力大规模地动员农村劳动力扩大农业生产,发展地方工业。

14. 计划的制订者也承认,农业生产是“一五”计划发展最薄弱的一个方面。我们估计,农业增长大约是 13%,与中国膨胀的人口持平。当局已经发现很难扩大粮食出口、不断增加粮食供应和为城市提供农业原料。而且,面对人口增长的趋势和有限的耕地资源,马尔萨斯的灵魂已萦回在计划者的脑际。同时他们越来越确信,在能供应更多的化肥和农业机械之前,强化劳动效力是提高农业生产的唯一途径。

15. 从 1957 年底开始出现新的集体劳动的方式。在 9 月份党宣布,农业生产更大的增长能够实现,而且必须实现。劳动大军(据报道总共有 1 亿人)将被组织起来,利用相对空闲的冬季参与农村规划,特别是灌溉工程。城市的工人、学生和其他“志愿者”每周要花好几个小时到农村劳动,如挖渠、积肥。有关扩大地方工业可能性的讨论越来越多。

16. 令人惊讶的是,2月宣布的1958年度经济计划仍然是适度的。但是,当冬春动员的结果变得明显时,当局表现出强烈的自信,而到5月党的代表大会,领导人正式发动了"大跃进",号召"多快好省"地加紧生产。大规模的宣传运动点燃了党员和群众的热情,提出了如"一天等于二十年"等极为乐观的口号。"大跃进"的生产目标有时高得出奇,而且不断攀升。

17. 公社。为了实施新的经济计划,需要发现一种组织形式,这种组织将打破各农业集体之间的界线,而建立一个强大到能够自行筹集资本并在最大限度内动员可利用的人力资源的单位。从1956年起,各种分散存在的合作社开始合并为更大的单位,到了1958年春,在一些省出现了逐渐加快的合并趋势。湖南的这样一个单位,后命名为"卫星"公社,成为后来公社运动的范例。这种新的组织形式的特征是:(1) 将一个乡的所有农业生产合作社联合在一起;(2) 乡政府与公社管理合并,实际上控制着该区域的农业及其他各种活动;(3) 通过扩大集体化的范围使剩余的私有制进一步缩小;(4) 孩子被送到公共托儿所、学校,在集体食堂吃饭,以便把妇女从家务中解放出来去参加劳动;(5) 工人按照军队方式组织起来,并被派到田间或是小工厂。

18. 这些经验显然使党的领导人相信,他们至少找到了一种组织方式,使他们能够充分利用中国的劳动力,甚至包括孩子和老人,以满足"大跃进"方针的需要。因而,1958年8月突然发动了集中推进城市公社的运动。

19. 在组建公社的运动中,意识形态方面的考虑无疑也起了重要作用。1957年的整风运动表明,有些中共领导人感觉到革命正在失去动力,向共产主义迈进需要一个重要的新的步骤。通过一举实现公社这个基本设想,不仅巩固了社会主义的成果,甚至还引入了某些纯粹共产主义社会的因素。通过给社会革命提供一个新的动力,这也许可以满足意识形态进步性的迫切需要。

20. 此外,所有政治、经济和社会权利集中到一个单独的行政单位,采取军事化手段控制所有人,这使得对每个人的监督和人身控制变得更容易了。公社内部的群众性的民兵组织强化了这些作用。家庭是唯一保留下来的能够与国家和党分享忠诚的单元,但公社的共同生活状态正在促使家庭的解体。最终,从幼年起开始管理和控制公民的公社制度会得以不断加强,这有助于实现国家培养"又红又专"的一代人的目标,最终把中国人塑造成想象中的"共产主义接班人"。

21. 促动北平的还有战略上的考虑,公社体制所固有的经济和政治权力的下放和分散,符合战备的需要。中共报刊毫不隐讳地说,如果战争爆发,国家在新的组织形式下就不那么容易崩溃。

(二)"大跃进"和公社时期的发展

22. "大跃进"。到目前为止很难精确判断中国所公布的产量,但据我们初步估计,1958年的产量确实显著提高了。我们认为,农业的产量超过了1957年,尽管实际产量远低于他们所说的,但至少达到了10%,也可能是20%。在老天帮忙的同时,考虑到中国已实行了集体耕作,在一个年份里有这样的增长,公平地说也能称为“突破”了。工业生产是实际产量在多数情况下接近所公布的数字,但要考虑到增长的部分主要是机床、钢铁和煤,且质量很差,用处有限。

23. 我们认为,在过去的一年,中国的统计数字,特别是关于农业的统计数字,突然恶化。最主要的原因似乎是因为各级组织为实现不断上升的目标而承受了巨大的压力,领导者则急于要向世界证明共产主义在中国的飞跃发展。此外,报告“大跃进”的情况需要庞大的统计工作,有很多毫无经验的新手参与其中,还要用到新的统计技术,况且几千份来自地方工业的原始报告材料又非常不规则。由于在丰收季节开始实行公社计划而引起行政管理机构的改变,使得这些问题进一步复杂化。最后,我们认为,党的领导人感到这些生产数字应该可以证明,在共产党中国新的强迫式的前进道路上,没有那些以前的和“比较保守”的(如果不是更现实的)指标的一席之地。

24. 公社。1958年11月初,北平宣布99%的农村人口组织成了26 500个公社,平均每个公社有4 750户。可以使用的证据显示,到这个时候,公社组织发展的实际程度是不平衡的,一个极端是这样的组织仅存在于纸面上,另一个极端是如同“美好新世界”一类的公社,人们住在临时搭建的住所,孩子由公社养育,食物、衣服和其他必需品由国家供应。然而,到1959年1月,我们认为,有充分的证据支持如下的判断,属于上述两种极端情况的公社只有极少数。无论如何,如果考虑到公社组织基础的相当部分已经存在了,那么,公社化表现出来的这种速度还是颇为可信的。由农业高级社合并而形成公社的这种乡一级单位已经存在,并且在乡的范围内,农业高级社及其他经济组织中的各种经济合作,在1957年后期已经开始了。

25. 1958年12月10日,中共发出指示,要求纠正一些公社的极端激进的现象,要求过于热情的组织者不要急于用他们的“命令主义”对待别人。中央的指示和后来发表的社论还警告说,公社采取的“供给”制不要推行得太过头,对于孩子的教育父母要有些选择权,减缓推行军营生活方式,减少过度劳作而多睡觉,总之要全面纠正错误和弊端。在激进者之后紧跟着一个调整期,调整是中共经常采取的一种手段。看到调整时期很可能误以为是软弱的信号或是当局改变了主意。

26. 试图在城市里组建公社的努力一开始就遇到了更严重的问题。把复杂的、相互依赖的城市社会完全机械地组成大小容易控制的半自足单位,证明是不行的。另外,此举也遭到一部分城市居民的强烈抵抗,以至共产党报纸抱怨说这是“资产阶级思想的顽固残余”。由于这些困难,北平推迟了城市公社计划。

27. 在12月发布的整顿指示反映出存在不少公众的不满和消极抵抗,当局也承认这一点。为了有助于转变公众的态度,中共决定减缓推行某些更激进的社会措施,着手加紧对农民的“社会主义教育”。这些困难还不足以对其政权和公社计划构成任何大的威胁。

(三) 1959 年的展望

28. 我们很可能会看到生产在这一年将继续增长，只是稍逊于 1958 年的成就。整个年份会继续充分动员劳动力，保持比 1958 年稍高的效率，同时将停办一些小的生产项目，包括许多小工厂。农业生产远低于所说的目标，但仍会大大提高(假设有好的天气)。1959 年的工业发展实际上将会接近许多雄心勃勃的目标。随着新工厂不断投入生产，工业产品也会提高，特别是轻工业能够从 1958 年工业的高水平成果中获益。

29. 然而，这一年可能会出现新的严重问题。导致 1958 年生产明显上升的主要因素——未充分就业的人力资源已经基本耗光了；现在已没有尚未开发的人力储备。此外，甚至这些中国人也都没有力量或不愿意无限制地继续 1958 年下半年那种狂热的速度了，一种可能性已经在 12 月公社调整中反映出来，人们表达了诸如一天八小时睡眠这样的需要。在如何调配快速增长的产品，以及进一步加快发展已经超负荷的运输系统方面，当局将面临严重的问题。更大的困难来自于农村产品的质量低劣和缺少行政及专业技能。这些也许由于即兴式的和地方上的首创精神的继续而得到部分弥补，这种精神在过去的一年已经展现出来，但是中共大概不再能保持 1958～1959 年的增长速度。

30. 1958 年浮夸的统计很可能到 1959 年底给共产党中国的领导人带来麻烦。这一问题在农业方面特别尖锐，1959 年的主要粮食产量目标差不多比 1958 年所宣布的产量增长了一半，大概是 1957 年的三倍。由于缺少可靠的统计数字和经常改变生产目标，给共产党中国制订均衡发展的经济计划带来了严重问题。此外，在声称粮食生产大幅提高的情况下，还要坚持有限的消费计划无疑是困难的。

31. 1959 年将继续调整公社体制，减少一些极端的做法，一些措施可能会更实际、更符合地方条件，但当局肯定会继续坚持公社的方针，不会有大的改变。认识到这项计划的重大意义及其在最初阶段的重要性，中共无疑将尽更大的努力尽可能顺利而有效地发挥公社的作用。问题仍存在的同时，我们认为当局总体上会成功保持现有的进程。

32. 会有零星的主动对抗和不少消极对抗，以及各种新的政治和社会问题。公社计划已产生了广泛反响，当局在年底前放慢步子就是对此做出的部分回应。对传统家庭的冲击是公社革命中最敏感的部分。但是，这种冲击还将持续近十年，过去的经验表明，北平很清楚什么样的交易可做，它可能继续努力调整步伐以避免严重的不满。这种灵活性加上当局的控制，我们无法期望会有全国范围的抵抗，足以导致流血或是迫使当局从公社运动中后退。

三、毛泽东的地位

33. 毛泽东宣布今年春天辞去国家主席一职，尽管还保留党的主席，还是引起了人们对他在党内地位的猜疑。可以想象，毛的政策在党内受到攻击，他的助手们现在联合就足以挑战他的领导，只要他们想这么做。在党的报刊上有证据表明，在过去的两三年里，对于“双百方针”是否得当、在推行对外政策目标时中国能够承受的冒险程度、经济发展的最佳速度等方面，党内都存在着分歧。此外，领导人在中苏关系的一些问题上可能有分歧，在如何对待当前“大跃进”和公社计划所引起的困难上，也不完全一致。

34. 尽管如此，没有证据说党内出现了分裂主义，我们也不能确定任何组织或集团想要剥夺毛的权利。相反，在过去的岁月，党多次声明强调毛在领导党和制定主要政策中的作用。处于最佳地位反对毛的人，是那些与当前“大跃进”和公社决策密切相关的人。此外，如果党内出现一个打算排挤毛的集团，按照逻辑应先把毛从党主席的位置上撤掉，保留国家主席来维持他的公众威望和象征意义。

35. 因此，我们认为，很可能是毛自己提出了辞去国家主席一职。他大概希望用更多时间来巩固他作为共产主义理论家的领导地位，解决政权面临的各种国内外的问题。毛公开宣布辞去主席一职至少有一年了。国家主席权力不大，只是象征性的，所以毛没有牺牲任何重要的权力，只是减少了耗费时间的礼节性活动。

36. 毛辞去国家主席对于中国领导层没有多大影响。他肯定仍是党和国家的领袖。谁来接替毛的国家主席之位尚无定论，很可能是一位有些威望，但在领导层很少露头角的人，他不会是毛的党领袖的潜在接班人。

四、中 苏 关 系

37. 尽管苏联一直都接受中国共产党的国内实践以及在意识形态上出现的很大变化，但是中国远离早已牢固确立的苏联经济模式这一事实，加上中国社会采取的人民公社组织所具有的独特性，已经对苏联的正统领导地位构成了挑战。此外，几乎可以肯定，中国人在实行人民公社计划时所采用的排他性方式以及在意识形态上的武断，将引起苏联领导人极大不满。过去两年北平在国内进行如解决人民内部矛盾问题、整风、百花运动、反右运动、“大跃进”和人民公社这样的行动时所具有的特点——迅速性和有时不可测性，在社会主义集团中引起了不稳定，这也许使莫斯科感到不安。

38. 在意识形态教义方面，在8月和9月的一些声明中，北平强烈暗示，中国在通往真正共产主义道路上的前进速度要快于苏联，并认为北平已经发现了实现共产主义的正确方法。而中国新工业化计划多少有些临时性的特点，几乎肯定在下面几个方面制造了麻烦：中苏的贸易谈判，苏联对出口中国物资进行的分配，整个社会主义集团的经济运作，以及苏联通过经济杠杆对其盟国施加影响的程度。此外，对于社会主义集团内外的不发达国家来说，中国各种强调农业的经济计划将与苏联实现社会快速工业化的正统经济计划形成竞争。

39. 中国的人民公社受到了苏联的冷遇。莫斯科的评论给人的印象是要贬低这一尝试的重要性。赫鲁晓夫与米高扬公开说苏联进行的公社实验由于缺乏经济刺激而失败。苏联再次强调他们自己正在快速实现共产主义，并有针对性地指出，作为实现这一转变的前提，高水平的经济生产率是十分重要的。

40. 东欧对人民公社的国内反应也很冷淡。东欧人——特别是波兰人——有这样一种看法，认为人民公社计划“证明”了中国人是“强硬的”共产主义者，中国现在正在对莫斯科施加压力，并挑战其在社会主义集团中的意识形态领导权。据报告，一些卫星国的共产党领导人现在反对公社对中国社会的摧毁。只有保加利亚公开表示接受人民公社的想法，但即使在那里，这种情况也可能是保加利亚党内斗争的反映。

41. 中国共产党很可能会对苏联明显表现出来的不满而感到愤怒。但是为了中苏团结的利益，以及由于国内各种原因，在意识形态上，中国共产党开始从去年秋天的最初强硬立场有所后退，当时他们很明显地表示，北京在实现共产主义方面要强于莫斯科。作为要团结的进一步姿态，中国共产党最近公开强烈支持苏联的这一声明——苏联的七年经济计划将会加快苏联迈向共产主义的速度。

42. 从长远角度来看，大跃进与人民公社计划对苏联造成了不少麻烦，其中一些还很严重。如果大跃进与人民公社失败，那么在不发达世界那里，共产主义在某种程度上就是不可信的。而如果出现严重的挫折，那么中国经济出现的混乱将会对整个社会主义集团的经济与中苏关系产生非常严重的负面影响。相反，如果这些计划成功，它们将加强共产党中国采取独立行动的能力，并会相对削弱苏联在国际共产主义运动中的意识形态领导地位。

43. 但对于由中国发动大跃进和人民公社而引发的中苏摩擦，是否会动摇他们在共同的世界目标及共同的敌人方面的一致性，我们表示怀疑。赫鲁晓夫也许偶尔会因为北京的行动而生气，但可以从十分现实主义的角度出发来容忍北京的行动自由。就毛泽东而言，我们不认为他会尝试让他的理论或是中国凌驾于整个集团之上。在苏共二十一大上，赫鲁晓夫与周恩来都用毫不含混的词语强调两国“牢不可破的团结”，还特别提到任何尝试分裂中苏同盟的努力都是徒劳的。苏共二十一大结束后，中苏共产党立刻在 2 月 7 日宣布他们达成了九年经济协议。

五、对 外 政 策

44. 并没有有力的证据说明中国 1958 年进行的国内外冒险彼此之间存在着精心设计的联系。这些冒险都是中国要强制性地加速革命共产主义过程的几个侧面。北京很可能预计到，激化台海危机有利于动员人民响应大跃进和人民公社运动。但是，我们不相信中国对国内问题的考虑是这一年中国对外政策之所以极具侵略性的首要动机。

45. 共产党中国在 1958 年之所以好斗，基本原因看起来是其自信与焦虑的混合：中国相信社会主义集团的力量，而且中国领导人还觉得西方集团内部意见不一致；急切地想要加速世界革命的进程，因为后者到现在为止还没有为中国外交政策带来可见的好处，而这些好处被中国领导人认为是中国作为一个大国所应得的。共产党中国的立场在苏联举行成立四十年周年庆典时变得额外强硬这一点，很明显是因为受到了刺激——苏联人因为在科学和武器技术方面的进步而十分狂喜。中国立场的强硬也来自于这样一种自信——共产党中国与西方发生对抗的地方，恰恰是西方国家实力不足、内部缺乏团结以及因此出现的与其他地区相比表现软弱的地方。中国还公开表示了对下列事件的焦虑：中华民国继续控制台湾和沿海岛屿，美国在远东的影响，世界上“两个中国”观点的发展，由台湾政府掌握的中国在联合国代表权。我们继续相信，①上述自信与焦虑的混合，加上中国共产党认为时机已经成熟而进行试探又不会失去什么的想法，是北平引发台海危机的主要原因。

46. 在沿海岛屿危机期间，美国和中华民国的应对以及世界的反应，也许对北平总体对外政策思想有某种软化作用。中国不再强调美国所谓的弱点，而是更加强调中国在亚洲目标和政策的“和平”、“合理”本质。这些考虑决没有排除中国采取一次强有力行动的可能性，特别是在出现了有利机会的时候。中国共产党的政策也许继续带有我们称为“进攻型灵活性”的特点。也就是说，根据具体环境使用大量软硬兼备的策略，但时刻准备在必须或者有机会的时候实现极大的推进。

47. 需要特别指出的是，北平也许要再次鼓励并支持老挝、越南、印尼这些地区当地共产党组织更加有力的行动。在泰国或南越与柬埔寨的对峙以及前者尝试推翻柬埔寨王子西哈努克的事件中，北平也许会对要求保护柬埔寨的请求作出回应，或者是派出志愿军。中国很可能准备继续对日本、马来亚、香港和澳门施加坚定的经济压力以实现其政治目标。共产党中国很可能会继续在台湾海峡实施零星的军事压力，例如炮击，偶尔的海空打击，并会阶段性地让台北注意到中国共产党的军事能力。此外，也不能忽略这样的可能性，即共产党中国也许会在台湾海峡地区采取重大的军事行动。②

48. 无论是哪种情况，“大跃进”和人民公社今后都将与共产党中国的对外关系发生很大的关联。亚洲国家已经对“大跃进”和人民公社的社会代价产生了一些负面看法。如果这些计划出现了灾难性的失败，那么共产主义对于亚洲来说就失去了声誉，而共产党中国影响其他亚洲国家政府的能力将会被削弱。台北将会受到鼓励而再次考虑尽早重返大陆。但是，只要“大跃进”和人民公社并未出现重大问题，那么中国仍然占据着能对其邻国施加巨大压力的地位。如果“大跃进”和人民公社成功，东南亚与南亚对共产党中国的恐惧就会增长；同时很可能在这些国家内部会出现对经济缓慢发展的不满。共产党中国日益增加的力量将会使像柬埔寨和泰国这样的中国邻国很难不服从中共的要求。成功还会极大地增强北京领导人对他们能更快实现国内外目标的能力的自信，并会使他们更加相信，共产主义基本原则提供了实现这些目标的唯一指引。

---

① 原注：见 SNIE 100 - 9 - 58，“台湾海峡地区局势的可能发展”，与 SNIE 100 - 12 - 58，“台海危机的可能发展”。

② 原注：SNIE 100 - 4 - 58“中国共产党在台海地区的意图与可能的行动方针”，有专门对台海地区局势可能性的分析。

附录[①]

National Intelligence Council, *Tracking the Dragon National Intelligence Estimates on China during the Era of Mao, 1948 – 1976*, Washington, D. C. : Government Printing Office, 2004(所附光盘版)，或见美国情报委员会网站：http：//www. foia. cia. gov/nic_china_collection. asp

李锐、姚昱译，沈志华校

① 该附录专门讨论人民公社问题(共3页)，观点与上述内容相似，略去未译。——编注

1-6

中情局关于中国发展趋势的评估报告

（1959 年 7 月 28 日）

NIE 13-59(取代 NIE 13-58,13-2-59)

机　密

共产党中国

（1959 年 7 月 28 日）

问　　题

分析中国共产党的国内发展状况和对外关系，评估其接下来五年内可能的趋势。

结　　论

1. 在其执政的第十个年头，中国共产党人已牢牢地控制了中国大陆，国家经济飞速增长，共产党中国在世界事务中的分量也不断上升。去年国内激进的政策和措施也带来了前所未有的经济和社会矛盾。亚洲国家也不断认识到中共政权中无情的一面和对外政策中的侵略性企图。这些问题的确会使共产党中国在未来的五年里相当困难。然而，我们认为这一政权有能力解决其国内问题，共产党中国的力量在未来五年里将会得到相应增强。尽管该政权取得了一些成就，但其国力仍将会远远低于美国和苏联。

2. 虽然 1958 年的生产增长远没达到当时北平提出的夸张标准，但是当年的经济产量还是获得了引人注目的成就。我们认为 1958 年国民生产总值创造了 20%的增长纪录，其中，工业产量增长了 40%，农业产量增长了 15%(部分原因是因为当年的气候条件相当好)。然而，这些生产记录是在付出了相当大的经济和人力成本后获得的。(第 25～29 段)

3. 在接下来的五年里，为了保持高速的生产增长，共产党政权将遭遇生产动力、生产和运输中的混乱、错误的统计数据、意识形态的压力等方面的严重问题。尽管如此，我们相信共产党中国有能力使其 1959 年的国民生产总值比上年增长 12%～15%，在余下的三年里，即在 1960～1962 年，也能成功地维持每年 7%～10%的增长速度。这些增长可能会使第二个五年计划期间(1958～1962)的国民生产总值总体增长 65%～85%。工业的年增长率可能比 1953～1957 年间 16%的惊人的增长率要平均高出 50%。接下来的五年里产出上最具戏剧性的增加恐怕是在基础工业的产品方面。比如，共产党中国可能有能力将粗钢的生产量在1962年提高至2 000～2 500万吨，这些粗钢虽然没有完全达到西方的标准，却具有其商业价值。（第31～37段）

4. 另一方面，农业生产在被评估的时期可能无法获得如此戏剧性的增长。1958年15%的增长速度不可能再现。在整个“二五”计划期间（1958～1962），农业的总增长速度可能是在20%～30%之间。这样的速度对于支撑经济发展可能是足够了，但却赶不上消费的极大增长。（第38段）

5. 公社体制为共产党政权提供了更有效的方式来动员和指挥其巨大的潜在劳动力。然而，在接下来的五年里，这一政权在试图成立中国共产主义社会的基本单元——公社的努力上却面临严重困难。公社计划给当局带来的极大困难是无法避免的。这种困难和经济混乱，迫使共产党政权修改了公社的一些非常极端的政策。我们认为，如果在经济或政治上有必要的话，北平会继续推行公社计划并进行一些政策上的改变。这些不断强加在人民身上的压力在民众当中可能引起的后果，对于大部分人来说就是勉强的顺从。然而，鉴于这个政权具备应变能力和监控能力，民众的反抗不可能达到迫使政府在血腥镇压或者放弃公社之间做出选择的地步。（第46～53段）

6. 尽管有迹象表明过去25年里毛泽东在中国共产党中独一无二的凝聚力已随着时间的推移而开始减弱，但我们认为毛泽东仍将是共产党中国的主导人物。选举刘少奇作为毛的继承人而担任国家主席，这可能也意味着确定他同时继承毛而成为党的领导人。如果毛泽东逝世或丧失了工作能力，将权力移交给刘可能就不会遇到什么挑战，但是共产党的办事效率、活力及其在共产主义世界的声望可能会下降。（第54～57段）

7. 接下来的五年，共产党中国的军事装备实力将会有一个实质性的提高。然而，共产党中国在我们评估的这段时期可能不会研发值得重视的本国导弹项目。苏联可能提供或帮助中国共产党人生产不够精密的导弹。在评估的这个时间段，中国共产党可能有以下一种或多种导弹是苏联设计的，它们是地对空、空对空、空对地、短程地对地导弹。共产党中国可能已经启动了核武器研发计划，但也几乎可以确定，1963年它还不会具备自己生产核武器的能力。[①]（第71～75段）

8. 我们认为苏联和中国共产党人在核武器方面的利益之间存在某种程度的矛盾。苏联不愿意看到共产党中国得到他们自己能控制的核武器，这一点基本上是确定的。从共产党中国方面讲，也几乎可以确定他们想拥有核武器，并承认一旦达成禁止核试验协议，其发展核武器的机会就将大大减少。对于共产党中国是否拥有核武器，我们没有可靠的证据。我们认为苏联不可能将核武器转交给中国共产党人控制。然而，他们却有可能给中国共产党人提供一些可携带核武器且其射程足以到达台湾的地对地导弹。更有可能的是这些导弹

① 原注：NIE 100-2-58，1958年7月1日的报告“第四类国家核能力的发展：可能性和后果”估计（第75段），共产党中国在苏联的支持下“在将来的十年内可能拥有小型的不受约束的核武器”。

的核弹头可以安置在共产党中国的领土上。如果是这样的话，几乎可以确信它们将处在苏联的监管之下。无论如何，除非是受一项有效的国际条约的禁止，在我们评估的这个历史阶段，核武器是有可能在中国出现的，当然几乎可以确定的是，它们将处在苏联的监管之下。(第84～86段)

9. 几乎可以确定的是，在我们评估的这个时间段，中苏同盟将会保持紧密合作，共同对抗西方国家，当然，苏联在联盟中将继续保持领导地位。然而，随着共产党中国的力量和地位的提高，它对苏联集团的政策和共产主义意识形态上的影响力也将不断上升，中苏利益的调和也会越来越困难。特别是在核武器、对待西方的态度和策略、经济和社会发展模式上，也会产生一些不同的观点。我们同时认为，虽然莫斯科欢迎共产党中国对苏联集团力量所作的贡献不断增加，但它更关心共产党中国力量不断壮大背后的长期影响。尽管如此，双方无疑都承认，他们之间的问题在于联盟本身的必然结果，他们没有选择的余地而必须维持现状。因此，在接下来的5年里，这些分歧的主要后果是不断要求这两个国家在制定政策时相互为对方留有余地，而不是削弱联盟本身。(第77～82、87～89段)

10. 中国共产党政权在国内计划、西藏局势和对外政策上的侵略性特点，造成整个亚洲对共产党中国的强大及其意图的忧惧不断增加。尽管中国共产党人在过去的几年里遭受了外交政策上的挫败，他们大概仍有相当的信心乐观地面对未来。我们认为将会有不断的证据显示中国共产党人的好战特点，显示他们想以大国身份得到承认而出现的急躁心态。但共产党中国要求加入联合国所受到的压力以及来自世界范围内其他国际组织的压力也将增加。中国共产党人或许主要会通过政治和颠覆性手段来达到他们的目标。他们也将继续他们的贸易和援助，不过，由于经济发展的制约，这种努力可能依然是受到限制和有选择性的。然而，强调非军事手段并不排除使用武力去开拓一些其他的目标，也不排除使用武力对一些情况做出反应。这些情况可能被解释为对他们在亚洲的地位的一种严重威胁。(第90、99、106段)

11. 几乎可以确定，中国共产党人将不会让台湾海峡的局势永久地保持平静。但至少在接下来的几年里，中共入侵几个主要近海岛屿是不可能的，除非北平开始相信美国帮助中华民国政府防卫这个海岛的决心已减弱。中国共产党人大概会继续对该地区保持零星的军事压力，如偶尔的海军或空军演习。随着时间的发展，他们将采取一些手段在台湾海峡试探美国的意图。他们随时都有可能袭击由国民党人控制的一个或更多的较小的岛屿。(第102段)

讨　论

一、导　言

12. 在过去的一年里，共产党中国大力提高其经济增长和社会变革的速度。其结果是遇到了建国10年来所经历的最大的困难。高产出导致了生产的严重不平衡和供给的分配不均。人为推动的生产力发展导致人口过度劳累，食不果腹，因而士气严重下降。人民公社改革进一步增强了共产党政权对人口的控制，但是，它和同时进行的“大跃进”运动一起，由于管理不善给早已危机四伏的政权增加了更多困难。当共产党中国在处理与其他国家关系中恢复其自信的时候，作为一种反应，一些困难也随之而来了，这些困难是：中国在意识形态方面的主张引起苏联的不满，以及在与台湾、日本、西藏相关的问题上对外政策遭遇的挫折。北平选择的通向世界强国的道路显然是不平坦的，但这些困难并不会阻止他们继续沿着这条道路前进。

13. “大跃进”和人民公社计划是中国共产党自1955～1956年以来进行的一系列试验中最新的，也是最激进的。在此之前，国家的发展基本上采用的是苏联模式。然而，从那时起，中共领导人越来越相信这种发展模式不会给经济带来足够快的发展；他们认为，如果要把一个落后的国家迅速转变成为世界强国，加快经济发展速度和进行激进试验是必须的。

14. 存在的大量问题。人口的增长几乎与农业生产的增长相等。主要依赖税收和市场控制的共产党政权发现，调动供给以喂饱飞速膨胀的城镇人口和获得用于出口的产品都很困难。快速的工业化需要不断进口和引进资本，这时优惠的苏联贷款也终止了。只有通过扩大出口才能满足不断增长的进口需要。此外，调动中国共产党内部的革命精神再次显得必要，因为当局已经失去了大部分它一开始得到的普遍支持。同时，共产党中国也没有得到来自外部的重大补偿以达到心理上的平衡：它没有成功地获取台湾，也未能取代中华民国而加入联合国。最后，由于苏联领导层中出现的混乱，非斯大林化，匈牙利革命，共产党中国自身力量的增长，以及中共在核武器领域需要苏联帮助的愿望未得到满足等等原因，导致了与苏联的关系越来越复杂。

15. 自1956年初以来，中国共产党人在经济和政治计划上的根本变革——通过一次接一次的试验——都是为了调动人民群众的积极性。显然，从1956～1958年，中国共产党内部关于经济和政治问题，特别是在前进的速度上，有很多不同的观点。到1958年中期，共产党似乎已定下了一套大胆的和激进的路线。实行人民公社和“大跃进”运动表明了共产党领导层内部强硬观点的胜利。与这些措施相伴随的，是官方授意的统计数据和经济目标的公布，以及对外政策的好战性、苏联集团内部对教义的维护、共产党中国内部意识形态认同的显著增长。到1958年末，不断加剧的紧张带来了一些退却。当然，这些只是调整本身所具有的特点，而不是发生了变化。至少，未来几年总的经济和政治模式似乎已经建立。

16. 在过去的一年里，北平的行动表明，共产党中国领导人决心迅速地和残酷地实现其野心勃勃的目标：在他们不发达的国家完成工业化，使其变成一个世界强国，使其人民成为“共产主义新人”。塑造中国共产主义生活模式的一个最重要的因素是这样一个事实，即现任共产党领导人是第一代革命者，对于他们的共产主义教条的标牌和“不断革命”的概念非常认真。然而,在他们的观点中也包括强烈的民族主义倾向,所谓“共产主义新人”,一定会是中国的共产主义者。这种民族主义成分有利于共产党中国领导人已经确定的前进速度,但是这种中国的民族主义与苏联盟友的需要之间的融合问题可能会变得日益困难。

17. 在评估的这个时间段,中国领导人面临的主要困难是保持经济发展的强制性速度。他们在面对这些困难时,会继续灵活地改进手段和方法,但是几乎可以确定的是,他们不会改变自己的基本目标。

二、“大跃进”

(一) 背景

18. 共产党中国有两个基本经济问题。第一个且最根本的是,其快速增长的人口对有限的食物供应所造成的压力。在第一个五年计划期间增加的食品刚刚能满足人口的增长。共产党政权仅仅通过对农村地区稳步增加的控制以及通过限制消费,来拨出农产品中必要的剩余部分,以满足城镇人口的增长和出口需要。然而,虽然工业产品的大大增加,日益严重的波动依然会强烈干扰发展轻工业和增加出口计划。

19. 第二个问题是获得高强度资金积累的困难。为了把共产党中国从一个落后国家发展成为现代化的工业国家,需要大量的资金和进口相当数量的高级设备。在严格控制消费的基础上,充分提高农产品产量这一措施的失败,限制了资金的数量,而这些资金本可以通过现代工业产生的。苏联集团已经满足了共产党中国进口资本货物的需求,但是其中只有一小部分是通过贷款得到的,而且没有证据显示共产党中国已经从其富裕的苏联盟友那里收到过一个红色戈比的经济补助。在过去的10年里,除了军事借贷,北平从莫斯科那里得到的所有资助就是两次总数为4.3亿美元的经济贷款。自1956年以来,北平从苏联那里进口的所有东西都是以货款两清为基础的。除此之外,为了报答前几年苏联的贷款,北平还必须大力提高出口。

20. 1956年经济发展的不平衡,使共产党政权在1957年开始了一段经济巩固时期和对发展政策的再考虑。集中力量发展重工业的苏联模式很显然无法解决共产党中国资金短缺但劳动力过剩的问题。首先,这样的发展规划要求进口大量的资本货物,而共产党中国为此需要付出其自身的资源。其次,它不能充分利用巨大的且不断增加的劳动力。城市人口无法充分就业,而且每年都有几个月,5亿农民相对没有产出。同时,1957年的经济发展为1958年的扩大生产铺好了路。① 即使没有“大跃进”的推动,1958年的国民生产总值增长率也会达到1956年所创造的12%～13%的纪录。

---

① 原注:1957年,棉花和其他经济作物——它们为1958年的轻工业提供原材料——的产量极大提高。伴随着1957年消费的稍微减少和资本投资的下降,消费品和生产品的库存充分增加,足够弥补1956年库存的下降。由于1956和1957年的国家投资要远多于1953～1955年的,1958年是可以被期待的。当许多项目能按计划完成,一些关键工业的产值会有重大的提高。

21. 虽然共产党中国领导人一开始为1958年制定了相对保守的目标，然而在那年的上半年他们做出判断，比他们计划预见得更快的发展速度也是可能的。他们决定利用中国众多人口的劳动潜力，在各个领域发起"大跃进"运动。在第一个五年计划期间建立的投资模式和财政价格政策将会继续，但是除了现有的计划，也会采取新的措施。

（二）特点

22. "大跃进"的一个主要特征是更加重视中小型产业的发展，与大型的产业相比，这些中小型产业需要的资本投入、技术和知识含量较小，并能迅速产出并盈利。与此同时，对这些中小型产业的监管权也移交给了地方政府。这一举措促进了地方工业和地方建设的进程，同时更加有效地利用了劳动力和地方资源。重工业工厂和其劳动力的过度使用也使得这一产业生产力有所提高。工人进行多重轮班工作，并时常受到超额完成更高目标口号的鼓动。

23. 然而，中国共产党"大跃进"的一个特别之处在于农业生产中所迸发出的惊人的生产能力：①灌溉工程，数以千计的具有地方特色的后院工业。这些后院工业的最佳代表就是分布于全国各地农田间、校园内、办公院里众多的小型炼钢炉。这些自制炼钢炉一般由学生、家庭主妇、职员和农民等志愿者操作，使用一切能够得到的碎钢片（包括农民烧饭用的锅）和地方上生产的矿石和煤炭。他们所生产的产品占1958年生铁总产量的40%和钢总产量的20%。然而，这些产品中的大部分质量低劣，根本无法使用。

24. 人人参与劳动：幼儿园儿童拔草；小学生做鞋子；家庭主妇挖水渠，为炼钢炉加燃料；老人养猪，照顾小孩。劳作的时间长，而志愿者也没有假期。同时，追求"多、快、好、省"的压力常常存在。发动并保持这一史无前例的工作狂潮正是中国共产党的动机、组织和管制的绝招之所在。

（三）成就②

25. 尽管还远远没有达到北平政府的生产目标，中国在1958年的生产力纪录仍是引人注目的。在这一年，农业和工业第一次同时有了大幅度增长。据我们估算，1958年的国民生产总值比1957增长了20%左右，大大超过了1956年增长13%的现有纪录。

26. 据中国官方声称，1958年的农业产值上比1957年增加了64%，而基本粮食作物的产量比1957年增加了一倍。这些数据显然是不可信的，可获得的信息无法支持这些数据，同时参考中国所实行的密集型农业状况，这些数据也是难以置信的。因此我们相信，农业产量上有一个引人注目的增长，可能是在总体上是15%左右，而基本粮食作物的增长在

---

① 原注：农业中劳动力的组织和利用，在第41段的开始讨论人民公社的部分中有所论及。

② 原注：我们对经济的估算与前些年相比不太确定。这是由于共产党中国经济的快速扩张和激进变革以及中共1958年已明显恶化的数据统计。我们认为，中国共产党经济的全景式描述是应当是精确的，但是一些具体的数据估算并不精确，特别是在农业和手工业方面。关于这一问题的讨论将在附录四中国共产党的新统计数据中展开。

15%～20%之间。① 而这一增长的三分之一得益于风调雨顺的气候。在持续数年进行的发展项目下,棉花和其他经济作物的生产大幅度增长,并超过了整个“一五”计划。然而,蔬菜,肉类和其他农副产品一般只作为农民个人的副业而被忽视,实际上可能衰退了。

27. 一方面,粮食产量在1958年取得的显著的异常的15%～20%的增长率,而另一方面1958年到1959年间出现了严重的食物短缺,这是由以下几个因素造成的:(1)高密度的劳动使得对于食物和热量的需求随之显著增长;(2)最初国家在通过公社分配食物的过程中总的来说过于慷慨;(3)粮食产出中用于非食物用途的部分可能增加了,例如农业项目中不断增加的种子、饲料需求和用于制造业的粮食的膨胀;(4)交通运输条件的缺乏阻碍了粮食从富裕地区转移到缺粮地区,特别是城市。此外,由于农副产品(肉类和蔬菜类)的减少和以土豆代替谷物的情况不断增加,使得人们的膳食结构不断恶化。1958年7月到1959年6月国家粮食储备目标是比上一年增加43%,但是北平政府承认1958年下半年的粮食储备的增长只有24%。尽管粮食产量增加的50%可能予以保证,但是整个一年的粮食获取量可能远远落后于既定的目标。在1958年的下半年,官方的粮食售价比1957年同期增长了33%。这阻碍了粮食储备增长计划地实现,并造成出口上的减少。

28. 中国共产党所声称的工业数据相比农业上的夸张的成分少一点,而我们所获得的数据也比农业方面真实可信。② 我们相信,1958年总体的工业产量大致增长40%,约是官方所称标准的三分之二。这一增长是目前幅度最大的一次增长,也是最大的一次绝对性增长。轻工业大概增长了20%左右,而重工业增长了60%左右。同时工业扩张出现在广阔的领域中,而主要的重心放在了钢铁工业上。我们认为总的钢产量也许正如声称的为1 100万吨,比1957年翻一番。即使不算上大多数来自地方小规模工厂350万多吨的不合格产品,1958年的钢产量也比去年增长了40%。然而,为了满足发展的需要,钢铁的进口不得不翻一番,达到100万吨,并且加快了所有现代钢铁厂的建设。煤产量的增幅可能已经接近所声称的增长了一倍,但是增幅中大约有40%为来自地方经营的低档煤产品。共产党中国可能已成为美国和苏联之后的世界第三大产煤国。机械工业和化工业也取得了巨大的增长。

29. 1958年的产量记录的取得是以巨大的经济和人力成本为代价的。对产量的迷信和

---

① 原注:估计基本农作物的增长得益于以下几个因素:播种面积较1957年并无明显增长,但是有相当多的土地转向种植红薯,而较之少的土地转向种植谷物,这些土地主要是从种植小麦和其他各种低产量作物的土地转来的。单单政府主导下的这一调整(不算入各种作物平均产量的变化)就带来了较之1957年4%的增长。另外1958年的气候条件较之1957年更加适宜农作物的成长,尽管中国共产党并不是这样宣称的,用以鼓吹其生产措施的有效性。这一因素大概使得产量增加了5%左右。一个不太确定的因素是采用的生产措施对于产量提高的影响。这时期展开了巨大的灌溉工程建设,使得1958年的已开发耕地的灌溉面积比例从30%提高到60%,这一增长比第一个五年计划(1953～1957)要达到的增长标准多出一倍多。有机肥的使用例如粪肥和池塘积肥的使用据称较1957年增加了10倍。然而,声称的新近得到灌溉的土地中只有一小部分在1958年得到收益,而所附加的有机肥料是低级的化学肥料,其可获得量由100万吨增长到280万吨。但是如此数量对于基本农作物产量增长的影响只能小于2%。深耕,密植,改进的种子和其他新技术的使用,也被视为产量增长的一个重要影响因素,但是这些措施也只局限于小面积,同时其中的一些措施实施到最后也基本无用。此外,由于竞争,提供足够的丰收作物,这些生产措施的实际效果在一定程度被抵消,从而给正常的丰收带来损失。我们估算,这些生产措施对于基本粮食作物产量提高的贡献率在7%～10%之间。综合其他因素,估计1958年基本粮食作物的总增长量为15%～20%之间。

② 原注:参见附录四:中国共产党新的统计数据。

家庭工厂运动的开展造成了巨大的经济浪费。特别是，劳动力经常不必要地浪费在几乎没有产值的工作上。结果，大量的庄稼要么无人收割，要么收割得太晚，要么在等待运输的过程中腐烂。在超负荷运转的工厂里，由于任务紧迫，管理人员不愿让设备停止运行去做维护和修理，而维修厂也转向了生产。

（四）前景

30. 在"大跃进"的头一年，保守主义成了诅咒，计划也让位于即兴创作和生产的仓促扩展。到 1959 年中期，北平政府仍然没有正式采用第二个五年计划，且于 1956 年 9 月宣布的暂定的五年目标也因"大跃进"而被认为是陈旧的。这个国家致力于继续保持 1959 年强劲的发展步伐，但同时也认识到必须纠正生产不平衡并改进新机构的安排，特别是要整顿人民公社体系。现在还没有证据表明中国共产党人想放弃他们原来准备将"大跃进"再延长三年的计划。然而，他们已不得不稍稍减缓压力，几乎可以肯定的是他们不能再重新恢复并保持在 1958 年取得的增长速度和人们的劳动强度。

31. 事实上，这个国家在试图维持目前"大跃进"的步伐上也面临很多问题。一个首要的问题将是维护农民和工人的积极性。产量的增长应该相应地使消费有适度的增长，但是这在部分上却为长期的分配困难和供应的不平衡所阻扰。甚至，工人和农民可能认为他们在消费上的增长太少，与他们被要求付出的努力是不成比例的。如果这个国家继续夸大农业产量，这种不满的情绪将会增强。

32. 规划者如何纠正 1958 年来形成的不平衡的能力将决定未来几年的经济增长率。产量的"大跃进"带来对运输的要求远远超过运输系统的容量。在交通上很大一部分的增长包含为迅速发展的钢铁产业运输煤矿和矿石。在调配和运输上的需求在一段时期内将继续超过运输可负担的容量。对这个问题的认识使国家政权将总投资中用于运输和交通的比例从 1958 年的 13％提高到 1959 年的接近 21％。1959 年货车产量的目标大概是 1958 年产量的2.5 倍。以这种增长的比率继续投资于运输工业将必须持续很多年以弥补现存的差距并满足不断增长的需求。需求增长是由于产量的增长（尤其是钢产量及其原材料）、产业间相互依赖的增强以及因为经济的发展城镇和农村相互依赖的增强的结果。作为主要运输工具的铁路到 1959 年计划将其运输能力增强 37％，即便是达到了这个目标（虽然我们认为不大可能），1959 年间仍会发生一些交通堵塞，需要有严格的运输先后次序。①

33. 1959 年，产业不均衡导致一些经济部门不得不减产，并且转换投资方向，这些变动代价高昂。到 1958 年底，当局承认国产煤炭、生铁和钢的质量低下，导致这一项目的急剧减产。现代钢铁项目中原材料的不足导致 1959 年第一季度与去年第四季度相比可使用的钢铁的减产。成品钢的生产量落后于粗钢的产量，而由于在种类和型号上的限制，钢铁生产不平衡。北平仍然将努力集中在生产的现代化和设备的扩展上，而且以牺牲其他产业为代价

① 原注：参见附录五：运输。

的钢铁及相关产业上的投资显著增长。机械产量在1958年大幅增长,建立了很多不考虑需求的产出项目,但是这个产业因为新的先后次序的需要而被限制了其主要能力。这就导致许多种设备的机械重组和产量减小,因此限制了在1958年末取得的产量增长率。这些不均衡不会因为一些快捷和简单的方案而得到解决,反而会因为国家政权强迫产量大幅度增长而在一些产业部门持续下去。

34. 这一政权还面临着如何使它已经重新组织起来的经济管理部门,尤其是那些被不断赋予权威和责任的人民公社及地方政府能够有效运作的困难。在这方面,中国共产党人的行动将受到困扰,其原因在于错误的统计资料和意识形态的压力——在"政治挂帅"的口号下,不计成本、不顾后果地蛮干。他们的经济发展计划将随着经济的快速增长变得更加复杂。

35. 虽然有这些困难,我们相信共产党中国的国民生产总值在第二个五年计划期间也将以平均每年10%～13%的速度增长。这将比第一个五年计划的增长率提高三分之一到二分之一,并将使1962年与1957年相比总产值提高65%～85%。这个判断来源于我们认为在1958年取得的20%、1959的10%～15%以及1960～1962每年的7%～10%的增长速度。我们认为此后四年会以巩固1958年异乎寻常的成果为特征。

36. 在第二个五年计划期间经济的快速增长是有可能的,因为国民生产总值中很大一部分可以用作新的投资。这是有可能的,一是因为重工业增长速度很快,二是当局可以通过手中的权力只把财富的一小部分用于分配和国民的消费。因此我们估计,在1957年,21%的国民生产总值用于国内总投资,这个百分比在1958年大约增加至28%,并且我们相信1959年将至少将达到30%。我们认为在第二个五年计划期间投资总额大约是第一个五年计划的三倍。

37. 将国家预算的65%投入工业并且重工业与轻工业的投入比例为9∶1的模式很可能将在以后的几年里继续下去。在第二个五年计划中工业总产值的增长将在1953～1957年每年16%增长率的基础上再增加50%。1959～1963年期间最引人注目的特征将是基础工业产品产量的显著增长,这个增长在1958年"大跃进"前会被西方观察家认为是难以置信的。例如,现在我们认为,相对于1957年535万吨可使用的粗钢产量和1962年1 050万～1 200万吨的原计划产量指标,共产党中国有可能在1959年将可使用的粗钢产量提高到1 400万吨,到1962年这个数字可能达到大约2 000万～2 500万吨。然而必须意识到,就成品钢的种类和质量而言,炼钢业还是远远落后于日本和西方国家。此外,也不是所有炼钢部门都能以如此惊人的速度发展。

38. 尽管这个国家将继续加快农业发展的步伐,但我们认为,在下一个五年中,农业产量不会以1958年的15%的速度显著增长。如果化肥总产量翻一番的雄伟目标可以实现的话,将足以实现农业总产量5%的增长。灌溉、优化品种等计划的实施将有可能促进产量的增长,同时"大跃进"的浪费措施也取消了。如果实施了这些计划,到1962年农业总产值将会在1957年的基础上提高30%,或者说将第一个五年计划的增长率翻一番。然而,公社的不稳定，人们不能或不愿执行目前的一些计划，将使产量的增长限制在20%以内。数年连续的坏收成使这个国家面临严峻的困难。① 然而这个国家几乎肯定可以维持它的政权，并将保持工业增长，虽然比率会减小。

39. 人口增长。如果目前人口继续维持大约每年2.5%速度增长，共产党中国的人口在1963年将达到7.4亿，比1959年中期多8 000万。中国共产党现今声称中国人口众多是一种财富而非负担，并且应该强调人是生产者而非消费者。然而，在有限的土地上为不断增长的人口提供改进的生活条件仍将是这个国家一大难题。这个国家在1957年实行了生育控制计划，这个计划虽然在“大跃进”时期被淹没了，官方的生育控制工作仍然在小规模和未公开地进行。从长远角度看，为了减轻人口压力，这个国家仍将不得不恢复这项计划；不论怎样掩饰，它将会减小人口出生率。同时，用加工制造品作交换来减少粮食的净出口并增加肥料进口的任务也是非常紧迫的。

40. 外贸。在接下来的5年中，共产党中国将有可能以平均每年10%的增长速度发展对外贸易，与经济产量的全面发展步调一致。然而由于生产和计划中的困难影响共产党中国出口的水平，增长将是不平衡的。从非结盟国家的进口在1958年末加速了，大部分靠几近枯竭的外汇贮备支付。在1958年末和1959年的前半年，北平没能实现对于西欧的某些出口承诺，在一段时期内甚至拒绝签署进一步的外贸合同。尽管与非结盟国家的贸易在后半年会有所恢复，1959年的对外贸易很有可能相对于1958年有所回落。因为与结盟国家的贸易在1959年有所增加，与许多结盟国家长期的贸易协定已经缔结，共产党中国的贸易模式在这一时期将有可能继续以结盟国家为主。② 共产党中国在对外贸易上的主要问题是如何长足地扩展贸易以满足快速增长的投资项目的需求。矿产和轻工业产品将会逐渐代替农产品出口。

三、公社和人民③

41. 人民公社计划的动机。为了实施于1958年制定的新的“大跃进”计划，这个国家探索到一种组织和控制形式，它既能突破集体农业的限定界限，又能形成一个强大的能产生自己的资本并将可获得的人力资源发挥到最大效力的单位。从1956年开始，中国通过将合作社聚合成一个更大的单位而进行了零星的试验，1958年春，一些省市中出现了这种合并加速发展的趋势。在湖南就有这样的一个单位，被命名为卫星人民公社，后来成为公社运动的

① 原注：尽管到目前为止今年的洪水可能已经造成当地严重的困难，我们仍相信它们对今年农业总产量的影响将是很轻的。

② 原注：1958年，中国与苏联的贸易额大约占其30.8亿的贸易总额的40%，与欧洲及亚洲苏联的卫星国家的占22%，与自由世界国家占38%。1955年以来，共产党中国从苏联的进口大于它的出口，然而这种形式从共产党中国必须压榨国内人民来获得出口的时候开始转变。1950年2月，这两个国家签署了一项协议，要求苏联在1959～1967年期间提供价值12.5亿美元的设备和技术来支持共产党中国建造78个新的主要工厂。而中国在同一时期有义务出口等值的商品和服务到苏联。此协定不涉及任何贷款和承诺。

③ 原注：又见附录三：中国的共产主义公社。

典范。这种新组织形式的特点是:(1) 将一个乡镇里所有的农业生产合作社合并起来;(2) 乡镇政府管理和公社管理合而为一,并被赋予在其区域内拥有从农业生产到其他任何事务的控制权;(3) 随着合作社范围的扩展,私有制的残余进一步减少了;(4) 儿童寄宿在公共托儿所或学校,在食堂里吃饭,从而把妇女从家庭事务中解放出来,投入劳动生产;(5) 工人们以军队方式编制并配置到田地及小企业中。

42. 这种尝试显然使共产党领导层确信他们至少已发现一种组织形式可充分利用全国的劳动力——包括妇女、儿童乃至老年人,并满足"大跃进"事业的经济需求。因而,全面组建城市公社的运动在 1958 年 8 月突然开展起来。

43. 意识形态的考虑在合作社试验的探索中自然也起到了非常重要的作用。1957 年的整风运动表明,中国共产党一些领导人感觉到革命开始失去动力,向共产主义迈进需要一个重大的新步骤。到 1958 年年中,由"大跃进"激发的热情和乐观在意识形态复兴潮流中反映出来。在意识形态的前线大步前进的迫切要求在公社激进的概念中找到了完美的答案。一举建成公社体系,不仅可以巩固社会主义的成就,甚至引进了一些真正共产主义社会的因素。共产党中国将伫立在意识形态进步的前沿。

44. 而且,所有政治、经济、社会权力集中到一个行政组织和对所有成员的军事管理极大地解决了对个人的持续监控和人身控制这个问题。公社里全民皆兵也加速了这个进程。公社共同的生活状态正在导致家庭这个唯一能够与国家和党分享忠诚的单元加速破裂。最终,公社对每个公民从小就进行关怀和监控使得对他们不断灌输思想的过程得以存在。

45. 公社制度中固有的经济和政治分权所带来的分散性前景可能也激励了北平,虽然这可能只是北平的次要考虑因素。中共的媒体明确指出,即使战争到来新体制下的国家也是牢固的。然而,实际上,这可能是试图为他们因为其他原因而进行的计划争取更多的支持。

46. 关于公社的记录。1958 年 11 月初北平宣称 99%的农村人口纳入到了 26 500 个公社中,平均每个公社拥有 4 750 个家庭。可以使用的数据表明,到这个时候,公社组织的发展程度是不平衡的:一个极端是,这样的组织仅停留在纸面上,另一个极端是,作为一种高度管制的社区团体,人们住在临时搭建的住所,孩子由公社养育,衣食和其他必需品都由国家供应。然而,到了 1959 年中期,属于这两种极端情况的公社只是极少数。很多纸面上的组织至少被部分的实现了,而高级公社一些极端的特点已经按照中共 1958 年 12 月 10 日的指示做了修改。

47. 当这些公社成立到四个月时,他们的倡导者已经面临一些棘手问题了。一开始,新的形式尚未完善,旧的制度已经被抛弃了。结果是在管理、账目、税收、地区商业等方面出现了混乱。对农民管理的加强和对其时间的额外征用造成了辅助性粮食作物的急剧减少(共产党中国认为谷物和甘薯之外的都是辅助粮食作物),如织布、工具制造等的传统家庭副业也遭到相应损失。即使那些身体健康的人也很难完成艰苦的长时间的劳作。尽管现在公社最长的工作时间是 12 小时,允许有 8 个小时的睡眠,但是有证据证明,在某些情况下仍会要求一日 18 小时的工作量。在这种情况下，公社计划不可避免地给政权带来很大灾难。

48. 尽管全国范围没有农民暴动的风浪，但是很明显农民阶级中的相当一部分人还是怨恨公社给他们的生活带来了痛苦。许多居住在边境地区的人越境逃到了非共产主义国家。这其中很多人需要冒着极大的风险，而且他们留在国内的亲属将受到严厉的报复。写给境外亲属的信件反映了对公社生活的不满。然而，任何公然的反抗都被无情的压制住了。其他类型的反抗，如盗窃集体的生产资料和保留上交国家后返回的粮食等事件都发生了(这些事件有时还有共产党干部的参与)。但是随着国家管理机器的健全，这些行为都为禁止住了。再做这些事情就被认为是冒险了。

49. 公社计划中一个明显的失败可能是“免费供给”制度。也就是根据公社成员的“需要”分配食堂饭菜、其他物品和服务。1958 年上半年粮食丰收使国家认为粮食问题已经得到解决，因此有可能在保证最大限度的国家积累的同时可以采取公社大锅饭以提供充足的粮食。在这种按需分配的体制下，一段时间内出现了农民在总体上比以前吃得好得多的情况。但是粮食消费的略微增加就超过了粮食产量的夸张的统计数据。公社社员一开始是抱怨饭菜冷而无味，而现在开始抱怨吃不饱。1959 年初很多公社关闭了食堂，“允许”农民在自己家吃饭。最近，官方发言人指出公社成员可以从公社食堂中退出。国家同样也关心起“免费供给”制度造成的革命动力的损失。过去几个月里共产党政权已经不得不提醒过公社领导不要以免费供给的方式来供应公社成员，并且近来食堂饭票的发行量已经与完成工作的类型和数量相挂钩。

50. 1958 年 12 月发起的原本只有三个月的“大跃进”运动还在继续；在 1959 年，对公社的改革和巩固也将继续进行。很多激进的措施已经被停止了，过去农业高级社的一些措施也被重新采用。重心已经转移回奖金鼓励，允许个人经营一些副业(包括养猪)，对家庭制度的攻击也减少了。公社在城市推广的计划也推迟了。对民兵体制的大规模特性的强调开始减少。

51. 前景。然而，这些调整并不意味着公社的终结。高层领导人对此具有坚定而又明确的信念：公社——不管是城市的还是农村的——是中国加快社会主义建设和向共产主义过渡的最好方法。我们相信虽然该体制还需要完善，甚至包括一些战术上的退却，但是在农村公社会保留其基本的形式。公社的形式和实践会变得更加标准化和制度化，而且奖金制度会进一步发展。现今，将公社联合成一个更大的公社的运动很可能继续进行。城市中的公社现在正在试验，主要在湖南省；在 1963 年前，一些城市公社类型可能会在全国范围内采用。

52. 在执行公社计划时，当局将面临无数的困难。在计划和管理中可能存在代价高昂的错误。无休止的奉献和廉价的回报可能引起某些农民的公然反抗，但是反抗将会遭到严厉镇压，这些反抗很少或者根本不会被公开。很多农民显然认为公开对抗公社是没有指望的，消极抵制可能才是这个政权所面临的最大困难。然而，以往的经验表明：必要时当局具有应变的能力，而且它会在需要的地方采取任何形式的集权压制和监控。

53. 公社计划直接牵涉到5亿人，对他们的生活的各个方面产生了强烈的影响。它是历史上急剧变革社会的一个最大胆的尝试。尽管这一计划有很多方面都会有改动，但北平对它评价很高，不想也不能完全放弃这一计划。民族自豪感和成就感对政权有利，但是对人民施加的必要的和无休止的压力最多只能在民众中间造成勉强的顺从。但是这种勉强的顺从与公社要创造出"共产主义新人"的意图有很大差距。不能成功地激发人民热烈的拥护，这在将来只会导致更多的怀疑。然而，鉴于当局具备应变能力和监控能力，民众的反抗不可能达到迫使政府在血腥镇压或者放弃公社之间做出选择的地步。

四、党的问题

54. 党的领导阶层和团结。虽然我们认为中共领导阶层之间基本上仍是团结的，但是有迹象表明，随着时间的流逝，他们之间25年来的紧密团结关系已经受到了影响。两年来中共领导人在一些重要的新计划和项目上持不同的意见。这些问题包括集体化、"百花齐放和百家争鸣"、共产主义社会中"矛盾"的性质、整风以及公社。对于经济发展的步伐，以及在推动实现外交政策目标时当局所能承受的冒险程度，也有着明显的不同看法。此外，在中苏关系的某些问题上，领导人的意见也不统一。

55. 毛的个性在很多计划中有体现，这在党内引起了争论。至少，一些党员认为毛对政策的引导是错误的、不明智的。然而，没有证据表明他是被迫辞去国家主席职务的。我们认为，极有可能是毛本人主动放弃了次要的职务，目的是把更多的时间投入到对他来说更为重要的党主席的职务上，投入到基本政策和意识形态的问题上。而且，毛可能在考虑建立一个明确的最高领导人继承次序。很明显，毛至高的地位没有遇到挑战。现在，他比作为国家主席接班人的刘少奇还要更加引人注意，得到了更多的好评。毛还是党的首脑，我们认为他会继续在中共内保持其主导地位。

56. 党内二号人物刘当选为国家主席，并可能被确定为毛在党内领导职位的继承人。过去两年的政策走向越来越与刘的观点相一致。与其观点相符的几个人都处在党内有影响的位置，其中突出的是总书记邓小平。周恩来继续保持他在党内第三号人物的地位，是党和国家机器的主要联结者。

57. 如果这段被评估的时期内，毛去世或丧失了工作能力，权力可能会自然的转移给刘少奇。然而，党内可能出现分裂，毛的缺位可能会导致共产党的办事效率、活力及其在共产主义世界的声望下降。

58. 政党和人民。中共领导人已经下定决心避免党的革命活力低落，这种低落可能会削弱党的吃苦耐劳的精神，而党必须保持这种精神以实现其目标。而且高层领导人已经从匈牙利革命的客观教训中清楚地认识到中共不能允许自己脱离群众。中共已经寻求各种途径来避免产生与人民脱离的"新特权阶层"。这些途径包括党内整风，把官僚和党内积极分子大量地输入农村，送官员到部队基层服役。毛本人和其他领导人也偶尔参加体力劳动。

59. 党可能会继续展示以往的灵活性以试图与人民保持一致。然而，国家的计划使得许多群众疏远了，而他们改变这种状况的努力又被当局所能提供给人民的有限地物质补偿所束缚。巨大的钢铁产量的数字不能当饭吃，而且相当大比重的经济利润将不能转化成消费，可以确定的是，饥饿疲惫的民众不会对共产党有亲密的认同感。

60. 政党和知识分子。为了达到其雄伟的目标，共产党中国必须全力使用知识分子和经过高等教育的人才，尽管当局自己也承认，这些人中的大部分是非马列主义者，对中共态度冷淡。这些人被任用但是并不被信任，这和当局多方努力要求他们全力支持的做法是明显矛盾的。

61. 这种需要是毛 1956～1957 年发动"百花齐放"运动的主要原因之一，此时他已明显地确信，共产党体制在中国已经赢得了普遍的认可，并认为更为自由的氛围将促成知识分子为这个政权提供更加热心的支持。关于这次冒险是否明智，党内很明显有相当人持怀疑态度，当知识分子接受了共产党的邀请提出批评(1957 年 5 月)并开始攻击政权本身的基础时，这样的怀疑被证明是正确的。结果这些人被打成"右派"，被送到农村改造或以其他的方式被镇压。尽管共产党还继续采用"百家争鸣"的口号和名义上恢复了一些被指控为"右派"的人的地位，但是还可以很清楚地看出，共产党的政策似乎只是容忍知识分子和利用他们的技能。与此同时，他们尽一切努力去培养"又红又专"的新一代知识分子。

62. 共产党和少数民族。中共去年对几乎所有方面的野心勃勃的态度也反映在其对待少数民族的措施上面。不仅在西藏，同时也在甘肃、新疆、青海和云南这些省，过去一年中，这些省份零星地爆发反抗汉族统治的事件，原因是这些少数民族不满汉族的统治以及汉族对他们民族习俗和制度的摧毁。而在西藏发生的反抗，则是因为藏族高层对于政教分离政策的不满，以及由似乎威胁达赖喇嘛地位的事件所点燃。中共的强硬反应起因于西藏对其直接的威胁，这几乎确切地反映了北平对于共产党中国少数民族地区统治的关心。

63. 共产党从根本上调整它的高压政策是不可能的，虽然它可能根据当地的形势予以调整。少数民族的不满同样也不可能减少，虽然这些少数民族的抵抗力量未必会有完备的领导、组织、武器和食物供给，以使他们的活动能超出打游击战的范围。在西藏，中共无疑试图摧毁达赖喇嘛的西藏领袖的地位，这是由于他坚持了西藏独立的愿望。中共尝试维持西藏的自治和宗教自由，但是却加快了"改革"的步伐，试图尽快使西藏成为共产党中国不可分割的一部分。

64. 中共和军队。党和军队的关系总体上是紧密的。1958 年林彪元帅被提升为中共的最高领导机构的成员——六个政治局常务委员会委员之一。尽管如此，创建一个现代化的、职业的军事力量可能会给党和军队之间一向团结的关系带来分裂性影响。1957 年秋到 1958 年秋，北平电台和报纸上一系列的文章和讲话批评了"军队中的一些人"，这些人持有"军事绝对化的观点"。党对军队完全领导的观点被重新强烈强调，"分裂分子"也受到了批评，因为他们认为现代战争具有"突发性和复杂性"，军事力量中的党军双重模式会让军队力量很危险而且没有效率，或者他们过分重视现代武器的作用，忽视了战争中"人民的作用"。对这些人教育的措施包括学习毛泽东军事著作的计划和颁布法令让官员定期到部队基层进行短期服役。这样党和军队的矛盾可能不会很尖锐。但是创建一个职业的、高素质的、像过去一样完全听命于党控制的军队的尝试,有时很可能会导致党和军队领导人之间的分歧。

五、军 队 建 设[①]

六、与共产党集团的关系

七、与非共产党国家的关系

附录一

共产党中国的军事力量

附录二

共产党中国的科学技术

附录三

中国的共产主义公社

附录四

中国共产主义的新统计学

① 此处和以下各节及附录的内容与前面报告大体相同,略去未译。——编注

附录五

运　　输

National Intelligence Council, *Tracking the Dragon National Intelligence Estimates on China during the Era of Mao, 1948 - 1976*, Washington, D. C.: Government Printing Office, 2004(所附光盘版),或见美国情报委员会网站: http: //www. foia. cia. gov/nic_china_collection. asp

肖瑜、陈丹译,沈志华校

1－7

中情局关于中国状况的评估及预测

（1960年12月6日）

NIE 13－60(取代NIE 13－59)

共产党中国

（1960年12月6日）

中央情报局局长提交

以下的情报组织参与了此次评估：中央情报局、国务院的情报部门，陆海空三军、参谋长联席会议和原子能委员会。

得到美国情报委员会的赞同。

1960年12月6日，由国务院情报和研究署署长（The Director of Intelligence and Research，Department of State）、陆军部负责情报的助理参谋长（The Assistant Chief of Staff for Intelligence，Department of the Army）、海军部负责海军行动（情报）的助理参谋长（The Assistant Chief of Naval Operations [Intelligence]，Department of the Navy）、美国空军司令部负责情报的助理参谋长（The Assistant Chief of Staff，Intelligence，USAF）、联合参谋部情报局局长（The Director for Intelligence，Joint Staff）、美国情报局驻原子能委员会代表（The Atomic Energy Commission Representatives to the USIB）、特种作战部的助理国防部长（The Assistant to the Secretary of Defense，Special Operations）、国家安全局局长（The Director of the National Security Agency）、联邦调查局助理局长（The Assistant Director，Federal Bureau of Investigation）提交。

问　　题

分析中国共产党在国内的发展和对外关系，估计下一个五年可能的发展趋势。

结　　论

1. 共产党中国的领导人决心尽快把中国建设成一个占领导地位的世界强国。在过去11年中，共产党中国在工业、军事力量、对人民的组织和管理上都取得了突出成就。这种成就，再加上他们抱有的坚定信念，即坚信世界潮流将越来越有利于共产主义事业，明显增强了其在过去一年中对西方和苏联好斗的自信心。

2. 我们相信在此评估期间，共产党中国的经济，尤其在重工业领域会迅速增长，尽管其速度比不上1958～1960年期间。共产党中国在经济、军事装备和技术援助上对集团的依赖会逐步减少。到1965年，共产党中国在煤炭领域可能会居世界领先地位，在粗钢生产上居世界第三位，在电力生产上占主要地位，而且在海运、机械上的地位将有显著上升。它在科技领域也会取得很大进步并成为一个现代科技强国，尽管这与发达国家的水平仍不可同日而语。然而，如果中苏关系恶化，共产党中国从集团中获得的工业设备和技术援助等资源将大大减少，这会减慢其经济增长速度，并进一步影响工业内部其他综合领域，也会减缓军事发展。（第17～20、34、36段）

3. 北平在未来很多年内都将继续面临主要的经济问题。在工业、军事装备和一些专业技术知识方面等关键项目上它仍将继续依靠国外资源。共产党中国的石油需求在未来五年内将会出现急速增长，即使是国内石油产量预期将翻三番都无法消除中国对石油进口的依赖。交通负荷仍会过重。农业产量在国内需求和出口需求上仍显不足。人均食品供应和其他消费商品的增长幅度不会很大，因此物质刺激仍然无法取代威权和政治压力，作为刺激生产的主要方式。人口急剧增长的问题将使政权在决策过程中遇到困难。（第16、18～20、24～25、29、31、33段）

4. 中国百姓面对不得不肩负的沉重负担引发的不满和对事实的觉醒可能会有所加强，因此政权将面临越来越多的问题，需要解决公众的冷漠、疲劳和消极抵制。另外，毛泽东死后党派之争可能会加剧。但是这些情况不会威胁到政权对局势的控制能力，它仍将直接领导国家。而且数百万人在北平的统治下得到了真正的发展，因此对政权依然是拥护的，他们中很多人对共产党中国迅速成为一个世界强国感到骄傲。无论怎样，我们现在还看不到这个政权面临什么来自外部或内部的严重威胁，它将继续存在。（第42～43、49段）

5. 北平的陆军能力可能会继续增长，并对亚洲周边非共产主义地区的威胁不断增长。共产党中国军事能力的增长速度，在很大程度上将取决于该政权在整体经济发展规划中对经济本身的需求，以及苏联援助的性质和程度。共产党中国在评估时间内可能会在核设施上已取得突破，并生产出少量、初级的核武器。它也可能会生产出中型喷气式轰炸机，但在导弹领域除非有苏联的援助，否则到1965年甚至连发展或生产中程导弹也不大可能，而我们不认为苏联在这一领域会帮助中国。（第50～64段）

6. 共产党中国在过去一年中最重要的变化是中苏之间关于共产主义世界政策和在集团中权威归属问题上发生了很大争执。我们认为北平和莫斯科之间的分歧是非常基础性的，而且很大程度上是两国间不同国情的产物，因此很难找到一个满意的办法解决那些基本性的分歧。虽然不排除完全决裂的可能性，我们认为双方一致反对西方世界的立场不会改变。然而，两国之间关系的疏远仍会继续，在新问题面前有起

有伏。[①]（第 70～73 段）

7. 共产党中国对外政策的基本策略——确立中国在远东地区的霸权地位——在评估的这段时间内几乎肯定不会发生变化。政权将继续采取反美的强硬态度，在一定的代价范围内会随时随地损害美国利益。几乎可以肯定，它将继续在亚洲、非洲和拉丁美洲制造麻烦和混乱，破坏反共力量，还可能破坏那些地区的非共产主义政府。（第 82、86～88 段）

8. 在评估的这段时间内，北平的政策将处于相对适度和完全强硬的范围之内。北平可能会再次对台湾海峡地区施加军事压力。但是，我们认为北平在其他地区不会通过公开的武力行动来实现其目标，尽管它可能会对挑战和机遇采取激烈反应。北平所持有的傲慢的自信、对革命的偏好以及扭曲的世界观可能会误导它，对风险做出错误的判断。如果共产党中国获得核武器制造能力，这种危险将增加。（第 89～90 段）

9. 即使北平在核设施上取得突破之前，其军力和潜在力量可能会增加国际裁军问题的复杂性。北平会利用这一局势来努力提升其国际地位，但同时也会试图阻止达成任何裁军协议，至少在它成为一个核大国之前会这么做。（第 91 段）

10. 到 1965 年，无论共产党中国是否是联合国会员，它都将实实在在地成为世界主要强国之一。它的傲慢主张以及独立行动的能力仍将成为苏联关注的问题之一。同时共产党中国对美国的利益，尤其是它在亚洲地区的利益，带来的威胁可能会增大。（第 92 段）

讨　　论

一、导　　言

11. 随着共产党中国统治进入第 12 年，在其平衡表上表现出令人注目的资产和令人生畏的负债。中国经济继续保持快速增长，同时在军事力量上也保持稳定增强，这使得该政权更接近实现其主要世界强国的目标。同时，无论在国内还是国外，政权都面临着一些最严重的问题。

12. 虽然农民存在很多不满，态度也十分冷漠，但总体上共产党中国在对人民的管理、领导人的自信心方面还是表现出显著的能力。对“傲慢”这个词做出解释的一些报告都表现出惊人的一致性。甚至共产主义访问者都宣称中国的贡献和增长力同其他共产主义国家比起来都是十分显著的。

13. 虽然北平表现出很强的自信，但是它面临着国内农业上的弱点和国外同莫斯科关系的危机。1960 年，这个国家的食物消费仍处于相当低的水平，政权从国内生产中一直无法满足出口的义务性需求。由于北平公开挑战莫斯科在共产主义集团中的权威，使得这一年的问题更为严峻。这一行动使北平遭遇到来自苏联以及集团内其他国家对它的不满，并

① 原注：本段的判断与最近我们在莫斯科会议上得到的信息似乎一致。

可能会导致集团对中国的经济、技术援助大大减少甚至中止，而这种援助在中国快速发展以成为一个强国中起着非常重要的作用。

14．领导共产党中国的那个小团体对他们的政权和国家抱着无限野心。他们公开宣称中国应该尽快实现彻底的公有化，很显然，他们坚信中国最终将成为一个世界强国。对现实和理想的信念使得这股热诚驱动着他们自己，同时也浪费着中国人的生命和精力；他们许诺产量的迅速增加最终会带来更多得多的物质回报，以此促使并强迫工人和农民做最大量的工作，同时获取最小量的报酬。领导人自己也受共产主义的理想主义和中国的民族主义这种复杂的心理鼓舞。他们以发扬共产主义来加速共产主义的建设。

二、国 内 基 础

（一）经济①

15．总体情况。从1958～1960年，中共政权急功近利地致力于在最短时间内使国家加入主要工业大国的行列。结果，1958年共产主义的国民生产总值（国民生产总值）增长了18%，1959年增长12%，1960年增长12%。②要不是在后两年恶劣天气大大影响了农产品的产量，这两年增幅应该会更大。巨大劳动力和资金的投入都集中在经济规模的扩大上，尤其在重工业方面。尽管当时还处于“大跃进”，到了1960年底，当局的经济政策相对于1958年极端的计划而言已变得较为保守了。

16．虽然共产党中国取得了这些成功，但是想要成为一个现代化工业大国还有很长一段路要走。1959年，其工业产量还不到美国的10%，工业中科技总体水平和产品总体质量同世界工业化国家的标准比起来还远远落在后面。而且，其人口的80%从事于农业生产，1959年人均国民生产总值仅为120美元左右，③或者只有日本的四分之一左右。中共政权仅仅通过要求中国民众艰苦奋斗以及通过限制他们早已非常低的生活水平有所提高，从而才保持住其快速的经济发展。

17．因此，共产党中国的经济在接下来的五年中将面临更多资产和更多债务并存的局面。经济主要集中于保证在重工业上的投资，国民生产总值投资比例将比1957年增长20%，之后比1960年再增长约33%，从而达到比1955年增长40%的水平。④ 同时，该政权

---

① 原注：中国共产党同他们的苏联导师们一样，给国外观察家通过可信的数据来对其经济运作得出一些清晰的理解上带来了困难。他们只公布了部分的数据，而且从各方面看，在经济产量和活动的报告上出路很大。因此，对中国共产党的数据要带批判性地分析，有时还要大打折扣。见附表二。

② 原注：在第一个五年计划中（1953～1957）国民生产总值年增长率为7%。

③ 原注：为了便于比较而将一国的国民生产总值转化成另一个的货币时有很多种方法。这些不同的方法往往导致结果有很大差异，特别是当像美国和中国这两国经济结构非常不一样的时候。任何一种方法在提供国家间比较时都存在缺陷；因此以上数据只能提供一个粗略的参考。

④ 原注：在中国，资本货物比起劳动力来少得多，因此比美国的要高。如果投资以美国价格结构来界定价值的话，中国国民生产总值投资所占比例将减少大约三分之一；即使如此，其国民生产总值的投资比例还是相当高的。资本货物的价格更高也导致了国民生产总值的增长率略微更高。

也将面临很多严重的经济困难。但是,该国领导人可能会找到很多有效的解决方案来保持经济的快速增长,尽管这有时会不稳,且总是处于极大的压力下,尤其在农业方面。权衡以上方面,我们估计倘若它如果能够得到集团内其他国家设备和技术援助,那么在接下来的五年内年均国民生产总值将保持10%～11%的增长率。

18. 对集团的依赖。直到最近,由于中国技术能力的提高,因而根据协议苏联在华技术人员数量渐渐减少;苏联在华技术人员数量于1960年初仅为达到高峰的1954年的一半。然而,1960年夏莫斯科单方面撤回了仍留在中国的大部分技术人员。如果没有人员补充进去,那么中国工业、技术和武器进入更为复杂领域的速度将会减慢。更有甚者,来自集团帮助的大量减少将会改变共产党中国经济增长的规模和结构。国民生产总值虽然会因为高水平投资而仍保持比较大的数值,但是年增长会有所下降。政府对其发展项目将不得不做出变动,对那些需要更先进的技术和更复杂的设备的一些部门的强调会减少。

19. 重工业的一些部门在设备或技术上特别倚重外援,或者在这两方面都严重依赖外援,这样的部门包括:铝和钢的最终锻炼阶段,大型电力站,水泥,精工化学(肥料、塑料和人造纤维),大型复杂的机械设备和核能。而且,当前油料(POL)有一半左右是从集团内部进口的。

20. 中国经济中有几个部门从没得到苏联集团实质性的支持,或者已经超越了需要很多外援的阶段,即农业、交通、轻工业、矿业和重工业中的一些部门。直到1965年,重工业应该能够按计划满足以下所有产品的需求:熔炼和精炼铜、铝的设备,中小型钢、铁熔炉和轧钢厂机械,较初级的煤炭开采机械,钻油机,精练原油设备(除催化裂化外),重工化学,中小型涡轮发电设备,橡胶轮胎,车床,卡车,小型商用轮船,小型运输飞机,收音机和电视机。

21. 农业。1955年和1958年农业方面的成就为我们的调查提供了机会,尤其是在集体化和共产化方面的调查。虚假的数字严重夸大了1958年食物产量增长的实际情况。这些上报的数字误导了中央政权,使其在1958年后期作出决定,同意在食堂实行粮食免费供应,这样的粮食消耗速度是无法维持的。中央还作出决定减少种植面积,期望通过实施共产主义集约耕作的新方法来实现在更少土地上的更大产出。到了1958年底,粮食储备早已经所剩无几了,而且在全国很多地区都存在严重的地方短缺问题。而再加上连续两年收成不好,这就进一步大大恶化了局势。1959年谷物产量比我们预估的1958年2.12亿吨的产量少了10%以上。1960年的收成也丝毫不见起色。而这两年人口却增加了约3 000万。

22. 结果,不得不加强粮食配给的管制。另外,中央感到有必要补充城市粮食供给,于是在全国范围内强制征收食物和布料。尽管以上种种措施,到了1960年秋,北平已经无法实现原来作出的出口承诺,不但如此,甚至反而进口谷物。因为国家一些地区上报了出现严重饥荒和营养不良问题,而且在早夏收获季节来临前的整个1961年春天这一问题可能会继续恶化,棉花产量也供应不足,导致纺织工业的生产收到了暂时的影响,并使得政府实行了更为严格的棉布配给制度。

23. 中央逐渐意识到为了满足日益增长的需求,更应该致力于对农产品的投入,虽然还是已经晚了一点。在过去的三年间，北平越来越关注农业。对农业的投入在全国预算中从1957年的8%略多一点增加到了1960年的将近20%，而此时在公社组织下的农民的投入增加了两倍多。1960年下半年为增加农村劳动力，国家做出了各种努力。干部和公务人员被派到农村地区，所有与生产无关的单位，如福利小组、文化小组、运动小组等都被解散了，而这些人也都被派到农业的“前线”去工作。

24. 如果1961年仍将由于恶劣的天气原因而延续为第三个连续的自然灾害年，那么到1961年收获时分，现有的粮食和出口紧急需要几乎都将耗尽。考虑到总体上的天气情况，中央可能可以实现接下来五年或更长时间内的农产品最小需求量。虽然1965年的人口比1960年要多出约9 000万，我们认为中央会在化肥、灌溉、机械化和人力等方面投入足够多以满足增长了的需求，甚至还可能在原有的饮食结构基础上有所改善。然而，就可预见的将来而言，中央对工业优先的计划会影响到他们在农业方面的努力程度。也就是说在消费者需求与农产品之间的平衡将是不稳定的，总是受限于变化无常的天气情况和农业政策。1961年的另一个歉收年景可能会实质上减少发展的成果，以及对投资从工业向农业进一步再调整的考虑。

25. 我们对共产党中国人口在1960年年中的估计约为6.9亿，到1965年年中的估计将达到7.62亿～7.8亿。其人口每年增长2%～2.5%的速度反映了对公共健康的有力的措施，这使得人均寿命从1949年前的30岁增长为1958年的54岁，在西方的人口变迁统计中，这样的增长率在西方国家大约需要50年时间才能实现。其结果，在看不到迅速采取措施减少人口出生率的情况下，这样的增长率将导致人口在25年左右的时间里翻一番。不过，我们认为中国领导人意识到了人口快速增长将带来的长远危险。同时，也许降低生产力的有效的计划将会涉及相当大的高压强制手段并将遇到重要的意识上的和社会上的抵制，从而引来党内部的反对力量，破坏党的团结以及民心。无论从哪方面看，当局对人口问题的重要实质会看得越来越清楚，它可能会在我们预计的这段时间内采取更为有效的措施。

26. 工业。在过去三年间工业一直保持着增长，但是并不稳定。出现过两次急剧的增长：一次是在1958年下半年，另一次是在1959年最后一个季度和1960年第一个季度。工业产量的快速增长部分地被解释为是从10年的强化扩大重工业的努力中得到的回报。在从集团成员国，主要是苏联中得到的设备和技术基础上建立了一些大工厂。这些工厂中有许多在过去3年中已经投入生产，而且它们起步都是很低的，而产出的增加值使得增长的百分比到达了惊人的数字。作为对大工厂产量的补充增长，是大量现代化的小型国有工厂，这些工厂使用劳动力密集方式进行生产。

27. 但是增加的劳动力投入只是工业产量快速扩大的原因之一。中国共产党如今正在从过去10年的高强度的劳作和在重工业中扩大生产力中得到回报。借助从以苏联为首的集团成员国中得到的设备大型工厂，一些大型工厂得以建立。这些工厂中有很多已经在过去的三年中开始有产出了，由于产量的基数本来就很低，所以这些大型工厂的产量加起来使得百分比出现了惊人的增长。除了来自这些大工厂的产量外，一些比较小的工厂的产出也使百分比得到了很大的增长，这些工厂主要是大量现代化的小型国有工厂，那里实行的是劳动力密集型生产。

28. 1958年工业产量比1957年增加了40%左右，而1959年又增长了33%。我们预计1960年的增长约为25%。我们认为作为中央特别强调的粗钢的产量将会有如下的增长(单位是百万吨)：

年　份	百 万 吨	年　份	百 万 吨
1957	5.4	1959	13.4
1958	8.0	1960(计划)	18.4

按计划，1960年的粗钢产量的增长速度将无法达到1959年第四季度的增长速度，可能是因为这已经超出了轧钢厂的生产能力，超出了与其他重工业的平衡。估计煤炭产量将从1957年的1.307亿吨增长到1960年的4.25亿吨，尽管其质量将会有所下降。① 电力产量则可能会在三年里翻三倍：1957年193亿千瓦小时；1960年，估计将达到583亿千瓦小时。其他的基础工业也会出现大幅增长。

29. 虽然共产党中国的原油从1957年的170万吨到1960年估计增长到520万吨，但到1960年下半年仍将会出现一个大范围的短缺。目前中国生产了它所使用的原油和石油产品的一半，而另一半将依赖进口(主要来自苏联)，这实际上包括其所有的航空燃料。到了1965年国内原油产量可能会达到1 800万吨，而且精练能力也会有相应的提高。即使如此，由于需求的增长如此快，以至国内石油产品的四分之一不得不依靠进口。

30. 当中国在第一个五年计划期间集中和加速创建苏联模式的项目时，他们的努力是最有成效的，但是当他们采取了一种激进的(中国的)从这种创建中分离时，其努力则是最不成功的。在向综合性现代工业社会发展的成长时期，计划和对工业生产的组织很可能更应该采取类似于苏联的模式。

31. 然而，工业扩大的速度虽然仍维持很高，但由于一系列原因，将会在下一个五年计划中呈下滑趋势。最近强调较为狭隘、简单的必需品的产品组合②将让位于更大的多样性、复杂性和专业化。这种更大的多样性和复杂性将需要更大量的投入和在投入与工业生产力产出之间的更长期的生产周期。而且，工业投入在整个投入中的比例将会减少，因为对农业和交通的投入也有必要增加。还有，随着对工人和农民的物质激励继续维持在最小限度，北平可能将不得不在维持劳动力的积极性和增加劳动产出上面对困难。

32. 假定苏联在贸易和技术上的支持不出现什么戏剧性的下降，我们预计共产党中国

① 原注：这使得共产党中国在煤产量上位于美国之前，仅次于苏联，排在第二位，但是煤仍然是中国主要的能源。在石油、天然气和电力方面中国的产量排位非常靠后。

② 原注：例如，目前中国的钢铁工业产量仅有集中合成钢和有限的锻造型和打压型。当经济开始转型更先进的复杂机械化生产时，需要大量的特殊合成钢和根据实际需要的各种各类的形状。

的工业增长率将从1960年的约25%下降到1965年的12%，而这一增长率在1953～1957年期间平均略超过15%，在1958～1959年间约为35%。在重工业中生产的扩大比轻工业的生产快得多得多，到1965年可能会超过1959年水平的三倍多。重工业中的生产到1960年可能会增长将近三分之一，但是到1965年，年增长率可能会减少到约六分之一。轻工业生产到1960年估计将会增长10%，到1965年则会减少一半左右。

33. 虽然北平可能会增加对现代交通的投入，从而使其能力到1965年扩大约一倍，但即使如此，交通状况仍将十分紧张。铁路，这种最主要的运输方式会得到持续发展，地区建的铁路网会得到进一步改善，新疆至苏联这条线路，至西南的铁路网，甚至一条通往拉萨的铁路都可能开通。铁路交通还可能会进一步扩大，用于解决短途交通，而沿海以及内陆的水上交通也会得到快速发展以补充陆路和铁路交通。共产党中国还可能通过建造和购买的方式大力扩大其商业海运，并可能会使自己的船只在对外贸易中占有相当大的比重。中国的电讯设备在过去几年中发展迅速，它仍将进一步得到发展，并会对政权的经济、军事和政治项目提供进一步的支持。

34. 到1965年共产党中国的工业总产量将可能达到英国、西德、法国和日本的水平。其煤炭产量将会成为世界第一，而且也会成为一个主要的电力生产国。① 在粗钢产量上它可能会位居世界第三。

35. 但是，从产品质量和多样性上来看，共产党中国仍在第三等工业国之列。中国和日本之间仍会存在一个相当大的技术鸿沟。从人均国民生产总值或人民的生活水平角度看，中国还是一个落后的国家。虽然国民人均收入可能会有所增加，并略微超过1960年的水平，但是食物以及其他消费品的人均产量仍无法增长到足够取代高压和政治压力作为刺激工业生产的主要因素这一点。

36. 科技。② 北平政权认为，科技进步在红色中国发展成一个世界强国中具有极其重要性。中国做了周密的直至1967年的12年计划，在重大领域中的一些科技水平已正在取得重要进步。政府把精力努力集中在11个广泛的技术领域，如电子学和核能，同时，相关的基础研究也开始进行了。在几个关键的技术型领域中，早已经有了一些十分引人注目的成功，我们认为总体科技能力到1967年将会有重要的进展。但是共产党中国相对水平仍将落后于先进国家的水平，这主要是因为其科研人力总体上缺乏，这也是限制中国发展的最关键因素。

(二) 社会政治

37. 政党。中国共产党党员在寻求实现中央给他们设定的目标时面临着巨大的问题。这些问题在基层干部中表现尤为突出，无论他们的精力和技术如何，处于党领导者的要求和

① 原注：如果30个大型水电站项目开始建造，那么到1965年中国的电产量可以达到每年2 000亿千瓦。这比到时的所有欧洲卫星国生产的电量总和还要多，大约相当于美国1940年的电量。

② 原注：有关共产党中国的科技见附录一，有关核武器能力在下文的第56～62段有详细的讨论。

中国人民的愿望中间的两难境地。正是他们不得不日复一日地催促农民和工人,坚持要求他们工作到身体极限,而同时只得到确实少得可怜的一点回报。这些党员干部的处境随着过去三年党领导层不断地突然变化而变得更加困难。比如,党领导人公开承认1958年做出的很多汇报被夸大了,他们突然放弃深耕地、后院炼钢的计划,而在这些计划中成千上万的群众却是近乎疯狂地投入生产。而且,党领导人公开批评这些干部,因为他们执行了那些就在几个月前北平命令他们做的事。结果,在党精神中经常出现低落情绪,而北平也感到有必要来重新鼓舞党的热情、加强党的纪律。

……①

38. 为了赢得党员们积极、热情的支持,上面采取了各种措施。一直到1960年6月的18个月期间,在全国范围内展开了招募新党员的工作,以此来重新唤起低层党员的活力。一共大约有250万人成为了新党员,从而使党员总人数达到了1 600多万。② 在宣扬党员是一个特殊群体、一种荣誉和激励党员是先锋队等方面,共产主义的宣传还是很成功的。

39. 然而,党内显然更新了纪律措施。从1959年夏开始,党内就出现了一系列将矛头对准党员的运动。一场反对“右倾机会主义”运动的用意是压制那些对党1958～1959年的极端政策提出批评的人,让他们沉默,并重新树立了党领导的绝对正确性。干部们也在“三反运动”的对象之列,这场运动旨在反对官僚主义、贪污和浪费。将干部们下放到基层的方法充当了另一种训诫的工具。

40. 为建立党的绝对权威的另一个努力就是上一年在全国范围内开展的运动,让所有党员和非党员都集中学习毛泽东著作选读本,该选读本被推崇为是“毛的意识形态”。毛本人也被说成是中央主要政策的制订者,而最近出版的毛选读第四卷又给“毛个人崇拜”潮流注入了新的动力。除了进一步加强党的权威和统一性,这种树立毛的权威的做法,可能表明领导人的民族主义自豪感和自信心——一种作为马列主义继承人的优越感——正浮出水面。该做法还通过显示中国人是最活跃的共产主义理论家来挑战克里姆林宫。

41. 虽然在过去的3年间党内一直持续着激烈的争论,党的上层纪律还是能够使中央保持其基本的团结,党还没有被逼到采取斯大林式的大清洗的地步。1959年撤销国防部长彭德怀及参谋长黄克成的职务,很可能是因为他们对党的政策持怀疑态度所致,其他一些人也失去了职位,或者影响力日渐减弱,这其中包括政治局委员陈云(经济专家)和张闻天(包括中苏关系在内的对外政策专家)。但是,总体而言党的领导层并没有被激烈的党派之争所困扰,毛似乎继续控制着党及其制定的政策。毛的权威以及来自党领导层中其他很多成员的积极拥护,使得毛的观点可能仍占主导地位,而且党派之争在他有生之年将不会成为严重的问题。

42. 但是如今毛已经67岁了,所以可能他会在我们估计的这段时间内死去。如果这

---

① 原文此处有三页图形数据,但字迹模糊,未复制。——编注

② 原注:虽然党员人数在总人数中所占的比例不大,中共早已成为世界上最大的共产党,如今比苏联的共产党多400万党员。(在共产党中国中约占2.3%,苏联的在本国占3.3%。)

样，那么他在中国的共产主义守护神似的影响力将仍会很大，特别是作为很可能成为他的继任者的刘少奇，看上去似乎很赞成毛的政策。而且，党内团结这一传统仍会有很大的分量。但是，无论是刘还是其他任何一位继承人，都无法继承毛的个人权威和威望。所以，可能会暂时出现一种更倾向于集体领导层的趋势，这可能会涉及在一些争论激烈的政策上的相互妥协。或者，可能随着毛时代的向心力的消失，对政策的不同意见或权力之争会变得更加频繁和严重，职业军事领导人的意见可能会更有分量，而且党的领导权将开始向第二代转移。[①] 毛之死也许会因此带来相当大的反响，但是我们认为，总体上它不会引起中国共产主义政策或党执行独裁的能力出现基本的变化。

43. 人民。总体而言，那些工作过度、吃不饱的中国人对中央的态度最恰当说法是顺从。大家都苦不堪言，但是很难说清这部分平民的性格。唯一持续着的公开抵制来源于该国家的少数民族，显然大部分来自西藏。在中国广大的西部地区还有一些穆斯林的起义，虽然不乏勇敢，但没有什么效果，另外还有一些相互孤立的来自饥饿的农民对政府粮仓的攻击。不过，这些都不足以威胁到政权的权威。党的警觉性，无处不见的秘密警察，以及告密者给大家造成的阴影和恐怖，驱除了除极偏远地区外的持不同政见者的组织。另外，还存在相当大部分积极拥护政权的人。成千上万的人在共产党的统治下得到了真正的改善和发展，这些人中还有很多对中国快速成为世界强国而倍感自豪。

44. 把一些人定罪并送往劳改营的手段比起20世纪50年代早期而言，已显得不那么重要了，因为已经有了更为有效的监控手段，而且这些手段使政权更少遭到来自国际社会的非难。使用来自社会的压倒一切的压力，包括批判大会，这些措施成为了主要手段。另一种压制不同意见的有效手段是对管辖区的人民进行极端的管制：让他们没有时间、精力或独立空间来组织任何反对政权的活动。在过去三年间他们实施了两种新的管辖方式，公社制和普遍民兵制。

45. 当局对公社制作出的经济上的承诺仍然没有实现，但是该制度在整个农村地区依然没有什么活力，部分是社会原因，部分是政治原因。家庭主妇从家务中获得了“解放”，到田里和工厂参加劳动，孩子统一交由公社的保育中心照管，大家都在公社的食堂用餐，这些都弱化了家庭，进一步加强了监督和教化的机会。似乎在此评估时期内当局仍会向继续设立这样性质的公社这个方向前进。

46. 在城市公社中，社会-政治运动是最明显的例子。这一计划在1958年由于出现了一些困难而没有得到推行，如今在1960年3月终于得到了实施，到了7月，当局宣布有近5 600万名城市居民已经参加了公社运动。这一城市公社的组织模式比起农村的公社来说不那么标准化，但是主要的特征似乎表现在公共食堂和幼儿保育中心，以及将妇女从家务中解脱出来参加各种辅助的工厂劳动。这些不受欢迎的运动对经济究竟有什么价值值得怀疑，但是它却加强了政权管制和教化的能力。借服务的名义进行了肃清，从而提供了对工人

① 原注：中共高层成员的平均年龄都超过60岁。毛67岁；周恩来68岁；刘少奇约63岁。

住处以及他们本来就已不多的私人空间进行继续监察的便利。

47. 民兵组织同样也是一个非常有效的控制工具。尽管民兵作为军队以外的一个组织已经存在很多年了,但是目前全国范围的民兵结构开始于1958年。当时,它成为“大跃进”和公社计划的一个主要组成部分。在1950年大约有500万名成员,如今该组织已经发展到2.2亿名,①成员中还有女民兵。根据毛的说法,民兵不是单独的,甚至也不是主要的,而是对军队的一种补充,但却在许多方面起着作用:军事、劳动、教育和体育。就目前而言,这支分布广泛的民兵的主要任务显而易见是在经济和政治领域。它提供了一种在军队纪律管制下的对流动劳动力的一种组织方式,这种流动劳动力可以去很多需要它的地方。这样的单位已经在灌溉、防洪、耕作以及建筑工程等方面开展工作。这些农民、工人的组织和军队一样,受到部队纪律的管制,这为管制个人,阻止他们形成反抗组织又提供了一种方式。

48. 但是,对领导而言,这些存在的控制方式只是创造新的“中国共产主义分子”过程的初级阶段。中国共产党人出版了一些文章,赞扬家庭的进一步弱化,声称爱国家是比爱小家更伟大的、更值得称赞的爱。他们这样做实际上会如何改变中国人还有待观察,但是对中国人已经产生的深刻影响,超过了大多数研究中国的学者原先的预想。

49. 我们认为那些反对政权的活动不大可能会威胁到当局在接下来的五年中控制和指导国家的能力。苏联有关20世纪30年代早期的经验占了如此大的主导地位,以致大饥荒都无法产生足以让这个极权政府感到不安的抵制。大多数人民可能会对其在共产主义统治下的命运感到不满,但是他们缺乏足够有效的手段来将他们的不满表现为主动的抵制行动。由于对不同意见增长产生的幻想和感到的压力,北平控制的机制也会增加强制和强度。北平的主要问题与其说是对不同意见的镇压,还不如说更多的是使其冷漠、疲劳以及消极抵制。在任何情况下,我们目前都看不到对政权的延续存在着什么严重的威胁,无论在党内还是在党外。

(三) 军队②

50. 总体情况。在过去一年中,共产党中国的军队在规模、装备或发展方面并没有什么戏剧性的变化。在能力的改进和武装力量的装备现代化方面一直是比较稳定的,但也没有什么特别的地方。由于工业机械化,来自苏联的技术援助,以及苏联对中国的军事装备的供应从1958年开始在减少,共产党中国自己的军工制造一直在发展着。北平在很多军事装备和供应品种方面还是得依靠莫斯科,特别是油料和一些与现代的、配备均衡的常规部队有关的复杂项目。但是,在1960年由苏联向中国供应的军事装备和用于生产军工产品的机械设备开始出现了急剧下滑。

51. 维持大规模地面部队的观念仍然主导着中国共产党的军事教条。军事组织中的人

① 原注:这些中只有一小部分在军事上是有效的,见第53段。
② 原注:有关中国共产党军力和分布的详细情况,见27ff页上的表格和地图。(表格见译文附录,地图则略去。——编注)

数超过有 280 万人，他们具有抵御任何非苏联的亚洲军队或混合部队的作战能力。他们中大约有 95%在部队服役，从而使其军队成为了世界上最大的军队。除了其保卫共产党中国这一传统任务以外，这支军队还有重要的保卫内部安全、经济和政治功能。为了完成这些任务，该军队有着大量受训人员，背后还有一支庞大的民兵。

52. 一些精选的民兵单位起到了相当于军队的功能。但是，总体上而言，民兵缺乏武器、训练和支持，而这些在发展一支部队的作战能力时是必需的。在严格的军队意义上，民兵的主要价值在于其作为特别受过训练的潜在人力资源，可以用来代替正规军或者可以在一些常规的国内安全任务上帮助正规军执行任务。

53. 中国共产党的空军和海军拥有大约 52 500 人的兵力，在作战部队大约有 2 300 架喷气式飞机。目前在空军的战术部队拥有 30 架先进的战斗机(FARMER/米格-19)。其空军防御能力通过其飞机控制和警报系统的现代化和对空军战士的强化训练等已经得到了改进。空军防御能力在于大约 420 架的轻型喷气式轰炸机(BEAGLE/伊尔-28)，20 架中程轰炸机(BAT/图-2)。中国的海军(包括其空军力量)大概有 7.85 万人的兵力。它的主要作战力量是潜水艇(29 艘，包括 21 艘“W”级的)，一支高效摩托化鱼雷艇力量和大规模的布雷能力。

54. 党和军队之间的关系。很多年来共产党中国的高层军队和政治领导之间一直保持着密切的合作。至少三分之一的中国共产党中央委员具有广泛的军事经验，剩下的三分之二几乎所有人都有一些军事经验。国防军和武装力量中每一个关键职位都由党员占据着，这些党员都从 20 世纪 20 年代或 30 年代开始就一直参加党的活动。直到最近，在这些高层领导之间还没有出现过严重的意见分歧。

55. 但是，在 1959 年 9 月，由于高层领导之间就很多重要问题发生了意见分歧，国防部部长和总参谋长被撤换了。我们相信这些问题包括军事现代化与经济发展之间哪个应该优先，党对职业军队事务的干涉以及军队不断卷入非军事活动中，如公社计划等问题。另外，可能在高层中关于决策观念和核武器问题也存在异议。在军队内部小范围的清洗似乎随着国防部长和参谋长的撤换而开始，而且似乎当前的责任是消除在军队和政治思想之间的任何鸿沟。然而，由于年轻的军队技术人员和专家们的出现以及占据着越来越重要的职位，看起来军队和党之间的分歧会继续并有增长之势。

56. 中苏合作和先进的武器。①共产党中国仍然不具备拥有自己的导弹或核武器的能力。北平把核武器开发计划放在首位。在中国共产党拥有自己的核武器之前，将一直依赖于苏联在核武器保护下的军事支持。我们相信，苏联不可能已在中国设置了核武器，但是即使他们真的这样做了，这些武器也一定会几乎全部置于苏联的严格管制之下。苏联可以从自己的储备中拿出一些核武器给中国，但是几乎可以肯定它目前还没有这么做，而我们也并不认为苏联会在不远的将来做出这样的决定。同样，我们没有相关证据证明苏联已经帮助

① 原注：对该问题的详细讨论，见 NIE 100-3-60 的第 41～51 段，“Sino-Soviet Relations”，1960 年 8 月 9 日。

中国装备了地对地弹道导弹。但是有迹象表明中国可能从苏联那获得了一些空对空导弹。

57. 我们几乎可以确定中国共产党渴望获得核武器，而苏联却不愿意提供给中国这种技术，这已经成了中苏关系中的主要问题。中国共产党几乎毫无疑问地认为只有拥有了生产核武器的能力才可以称得上是一个世界强国，因此他们也将会尽快地推动其核武器计划。

58. 在有关共产党中国核计划方面的一些证据同我们有关苏联援助的实质和程度方面的信息一样，是残缺不全的。我们认为凭借中国目前的能力，从事裂变物质生产仍需苏联在技术人员、设计方案和设备仪器方面给予显著的支持。正如早先估计的那样，我们曾经认为，苏联人在核领域对中国援助的步子可谓谨小慎微，试图将中国在这方面的急躁和不满情绪控制在一定程度，从而符合苏联人眼中中苏关系的最佳利益。最近的证据有力地证明，苏联过去一直在有关核武器制造方面给予中国共产党的技术援助比我们原先想象得要多。这一证据还不足以说明究竟给予了多少援助，虽然我们相信这种援助相当多，而且在这几年中一直还在增加，至少到不久前为止一直在增加。

59. 苏联为共产党中国提供了一个核研究反应堆，而且在苏联杜布纳(Dubna)的核技术联合研究所正在培训核科学家。从1950年起，在苏联的帮助下，对天然铀资源的开发也正在进行着。至少已经有4个储存设备已经完成，我们相信一个具有几百吨铀金属装备的设备每年都在运作，而且一直留在中国。中国共产党可能已经开始了将铀放入实际操作的工作，因此我们认为他们目前正在建造钚生产的反应堆。虽然并没有确凿的证据，但有明显迹象表明他们可能同时也在建造一座U-235气体扩散设备。

60. 根据目前所掌握的不完全的证据，我们认为中国共产党最早引爆核试验应该在1963年，不过也可能会推迟到1964年或提早到1962年，这主要得看苏联实际上对中国的援助情况。[①][②] 考虑到苏联在材料、设计以及装备等方面的直接援助，中国可以在不久将来的任何时候生产出第一枚核武器。另一方面，如果中苏争执导致苏联在核领域对中国援助减少的话，那么中国共产党在这方面的研发进程将会大大减慢。

61. 由于核设备的研发会给中国共产党带来政治和宣传上的回报，他们会尽可能快地获得这方面的技术。但是，即使要生产出最基本的武器至少还需要两年时间。而且，考虑到经济上的限制以及地理的现实条件，他们一开始可能会依赖飞机作为运输工具。他们有一些BULL型的中程导弹，其射程可以到达日本、台湾、冲绳岛、韩国和南越以及东南亚的其他一些国家。我们还认为，如果苏联继续援助的话，他们可能到1965年会拥有相当数量的喷

---

① 原注：这一节摘自NIE 100-4-60，“Likelihood and Consequences of the Development of Nuclear Capabilities by Additional Countries”，1960年9月9日。有关那一估计的全面讨论，见第37～41段。同时也可见NIE 12-2-60，该文件将于1960年12月中旬发表。

② 原注：海军作战部助理部长(情报)。海军部认为苏联对共产党中国的援助的实质和程度对中国共产党建造核设施而言，就所估计的这几年中还是不够的。但是，它认为如果中国共产党在所估计的五年末期正在致力于在国内建设核设施，那么到那是我们可以获得一些基本的证据。根据目前苏联援助的水平，美国空军副参谋长认为中国将可能在1962年建造他们第一台核设备，甚至会更早，于1961年年底就开始。

气式中程导弹。

62. 我们认为，中国共产党的导弹计划还处于早期研发阶段。最初的努力可能在配备一个简单的无线电收发装置或红外线导航系统的空对空火箭方面。我们认为，他们会尽可能快地继续发展弹道导弹计划，可能会首先集中于射程为 200～500 海里的导弹上，这样的导弹能够运送分体式弹头，其范围可以到达上述任何目标。如果是在西藏发射，那么它可以覆盖印度北部的主要城市。我们相信他们到 20 世纪 60 年代晚期或者，如果有大量的苏联援助的话，会更早，他们就会开发出来。我们并不认为他们自己在 1970 年以前能够生产出 6 500 海里射程的导弹，从而有能力来对付美国。

63. 军队的趋势。除了加快核技术发展进程外，在接下来的五年内，共产党中国可能还会继续增加其常备军建设。共产党中国的军力在很大程度上决定于该政权在整个经济发展规划中对经济本身的需求及苏联援助的性质和程度。

64. 到 1965 年，中国共产党领导人会对核武器的内涵有更深的认识，这也会影响到他们的战略决策。但是，共产党中国也许还会继续保持一支人数众多的军队。那时，空军和海军的进攻、防御能力也会有很大程度的提高。其喷气式战斗机能力也会逐渐增强，还会引进高技术的飞机。随着喷气式中程导弹的引进，其防御能力还会得到进一步提高。虽然共产党中国的航空工业正在减少对进口重要部件的依赖，但是其组装和生产在计划蓝图、技术援助和训练，以及在更复杂的电子和专业设备方面仍得依靠苏联。就目前而言，中国的工厂每月在生产 2 架米格- 19s① 和 12 台轻型活塞运输机(COLT)，米格- 19 型飞机和引擎的生产可能到 1962 年能达到每月生产 18 架。我们认为中国共产党正在计划生产 BADGER(图- 16)和/或 CAMEL 型(图- 104，运输机型号)飞机。考虑到苏联会继续援助，我们估计 1961 年最后一个季度就可以上马生产了。中国共产党海军在接下来的五年时间内会扩大规模，其战斗力也会有所增强。造船工业也几乎毫无疑问会继续增长，中国因此还会造更多船，而且会造出更好的船，这些主要将是苏联设计的，可同时用于海军和快速发展的商务用船。海军建设除了造一些比驱逐舰小的战舰外，还包括建造潜水艇。

(四) 总结

65. 虽然当局面临着各种难题，在接下来的五年中，国内发展仍会为该政权所追求的雄伟目标提供更为强劲的基础。其经济对集团的依赖将会大大减少，其军队虽然在一些方面还相当程度地依赖外界，但是也会在一定程度上减少。尽管在整个阶段其军队的惊人规模会减小到与周边亚洲邻国相近的程度，但是北平影响国际的能力将会增加。北平日益增强的对国际事务的影响力中，在政治领域的影响力将会最大。而它在经济竞争中的能力也会增加，但增长幅度不会像政治领域那么大。国内基础的稳步增大可能会继续鼓舞该政权快

① 原注：我们认为奉天飞机厂正在用国产部件生产米格- 19 型飞机和引擎。共产党中国的冶金工业还没有掌握相关的生产喷气式引擎所需要的高级和耐高温的合金——包括铬合金和镍合金。这些合金仍需从阵营国家进口。

速提高共产党中国的国际地位的信心。

三、共产党中国的国际地位

(一)北平对世界局势的看法

66. 中国共产党倾向于对世界以及他们在世界上所处的地位抱敌视态度。这一被歪曲了的形象部分地是由于他们对外界了解有限造成的。更为重要的是,他们倾向于将世界想象成这种样子,一幅为他们革命的经历和成功注入合理性的图景,一幅证明他们那些为解决国内国际问题的各种政策正确性的图景,一幅与共产主义戒律清规保持一致的图景。务实灵活支配着他们的一些外交政策和行动。而且他们也许会强调某些观点以引起争论。但是,他们对整个世界发展的解释看上去似乎有一个强烈的教条主义观念和以中国为中心的偏见,这导致了北平对共产主义的前景在总体上,特别是在共产党中国方面过于乐观。

67. 在中国共产党人看到的世界画面里,反对共产主义的"帝国主义"国家联盟十分弱小且分崩离析,美国在国际事务中处于政治破产的边缘。自从 1957 年底苏联的人造卫星上天后,中国坚信苏联的武器发展已经使其集团可以与世界军事强国保持均等地位。他们似乎还坚信,该集团在世界很多地区的政治影响力已经超过了西方国家,而且几年内在经济领域也会超过西方国家。

68. 中国共产党似乎把那些不发达国家的存在看作是为加快资本主义世界灭亡提供的最好机会。他们将亚洲、非洲和拉丁美洲的各族人民描绘成他们的政府和西方帝国主义日益难以控制且正在日益觉醒的民族。他们似乎坚信,在那些地区鼓励和支持民族主义和共产主义革命的时刻已经到来。对这一点,他们是坚信不疑的,相信这样会孤立美国,使得其联盟体系瓦解,并且能够剥夺其主要市场和原材料。

69. 由于他们对西方世界持这样一种态度,而且相信对不发达国家的民族正在向他们的集团靠拢,所以中国人就因此得出结论,认为该集团国家必须对西方,尤其是主要敌人美国施加持续不懈的压力,整个国际局势正在成熟,共产主义政策需要继续努力,采取大胆的、军事的措施,甚至即使冒险挑起战争也在所不辞。因此,在过去一年中,中国斗志激昂地认为:(1)"帝国主义"没有改变而且也无法改变的本质随着帝国主义国家被逼到无路可退的时候,必将会引起新的战争;(2)与西方国家进行认真的谈判是很愚蠢的,任何威慑或紧张的舒缓只会给美国提供喘息的空间,而这将使美国有机会进一步备战,同时还会麻痹全世界人民群众反对帝国主义的斗志;(3)应该把重点放在支持革命左翼人士的运动上,而不是去讨好民族主义的资产阶级政府;(4)集团的政策不应该由于担心战争而受到严重束缚,因为即使是一场核战争也没有什么可怕的。实际上,共产党中国宣布,他们认为对核战争的恐惧被夸大了,宣布至少会有 3 亿中国人会存活下来,宣布核战争只会导致共产主义取得全世界的胜利。

(二) 中苏关系①

70. 当北平努力在阵营内部宣传中国共产党那些对世界局势的观点时，苏联人正谋求一种温和的、强调政治经济竞争而避免战争的政策，因此导致了莫斯科和北平之间出现了激烈的争论。大概在1960年6月，赫鲁晓夫采取了进攻的态势，而且此后一直对北平施加强大的压力。② 莫斯科加强了对北平的"教条主义"和"狭隘民族主义"的公开攻击。它还坚持要求世界上其他共产主义政党在这场争论中支持苏联，但是在某些方面并没有成功。但是，中国并没有因此而减少他们对苏联的批评或者抛弃他们的观点，反而暗示如果需要的话，为了今后的经济发展，他们在准备依靠自己的资源。

71. 一系列基本问题都在争论之列。首先，是来自北平对苏联在国际共产主义统治地位的挑战。另外还有对集团政策性质看法的尖锐对立，这是俄国民族骄傲与中国民族骄傲的冲突，是毛个人威望和赫鲁晓夫个人威望的冲突。总之，冲突到了如此激烈的程度，而且将一些基本问题都卷入了进来，以致造成了双方严重的不和。

72. 但是，联盟的核心力量仍然存在。莫斯科和北平继续拥有广泛的共同目标，而且承认有着共同的敌人，承认他们的联合带来了很多战略上的优势。几乎可以肯定的是，双方都敏锐地注意到双方之间的裂痕如果继续扩大，将会影响到各自的国家利益和国际共产主义的某些共同利益。而且，除非能够削弱中国在共产主义运动中的控制力，否则苏联领导人无法原谅中国的固执，也无法接受中国政策偏好，因此在他们对中国的控制力进一步减弱，整个国际共产主义运动在逐渐减弱的情况下，他们不会允许出现公开的、正式的裂痕。在另一方面，中国人虽然有他们革命的热情和骄傲，但是仍然需要来自苏联对他们在经济、政治和军事上的继续支持，从而取得他们在外交和国内方面的宏伟目标。而且，他们还受到了来自其他共产主义政党的压力，要求他们结束这场争论。

73. 然而，自从中苏之间就一些基本问题出现分歧后，在我们看来实际上是无法在回到早期那种关系的状态了，在那个时候苏联在联盟中占支配地位。从另一方面看，像1948年在苏联和南斯拉夫之间发生的公开、正式的裂痕也不大可能再次发生。因此，我们认为反对西方的联盟还会继续存在，但是，随着一些问题的起起落落，他们之间的不和仍会延续。即使中苏之间达成了一些表面上的融合，由于目前的争端而引起的不快和怀疑仍会继续给中苏关系蒙上一层阴影。双方都不会再像以前那样信任对方，政策的和谐也会变得更加困难。双方关系迟早会——虽然不一定会在将来的五年内发生——再次发生问题，而那是将会导致中苏关系之间更加严重的危机。

---

① 原注：在这一部分中的判断似乎和我们从最近的莫斯科会议中获得的信息有连贯性，NIE 100－3－00，"Sino-Soviet Relations"(1960年8月9日)和NIE 11－4－40，"Main Trends in Soviet Capabilities and Policies，1950－1956"(1960年12月)的第五章对这一问题有更详细的阐述。

② 这里指布加勒斯特会议期间苏共组织各国共产党的对中共的指责和批评。——编注

(三) 共产党中国的对外关系

74. 虽然说话口气表现出骄傲和强硬，但是北平在过去一年的实际行动上还是遵循着低风险的政策。这一明显的矛盾反映了中国共产党的政策既不是失去理智的，也不是没有弹性的。毛的一个基本概念一直是，除非对敌方处于压倒一切的优势，否则不应把所有的兵力押在一个地方。毛及其同事几乎非常清楚地明白共产党中国在目前并没有拥有这样的优势。

75. 在共产党中国的言行中存在的差距可能是它的野心和实际能力之间差距的反映。共产党中国的外交政策将会反映出这种差距，即它因此会采取既强硬又富于技巧型的方式，有时会几乎没有任何连贯性，会充分利用手中的一切机会和挑战。虽然北平在很多方面都会采取一些有道理的比较软的姿态，我们仍然担心北平那种骄傲的自信心和革命偏好会增加中国给亚洲地区带来的危险。

76. 对美政策。北平对外政策中最紧张的因素是对美国持续的敌对态度。中国共产党将美国看作是实现他们的目标，在世界范围内扩大共产主义势力影响的主要障碍。共产党中国的领导人将美国看成是邪恶的标志，而且在中国一直持续着“仇美”运动，这些运动有时达到了近乎狂热的境地。

77. 虽然北平清醒地认识到自己仍然处于国际政治舞台之外，而且也无力在军事或经济上去挑战美国，但它还是把自己的力量集中在一些沿海的岛屿，如台湾、东南亚和日本，企图以此削弱美国在远东地区的实力和影响力。不过，就目前为止，共产党中国还没有在这些地区取得明显的胜利，而且也没有像它自己所期待的那样增加自己的实力和影响力。在共产党中国对外政策中尤为明显的是，美国既不承认台湾是其一部分，也不承认一个统治着中国强大的政权在世界上的地位，这一点在很大程度上激怒了北平。

78. 台湾问题。[①] 北平很多“仇美”运动是围绕台湾问题展开的。北平从来没有改变过台湾问题纯属中国内政的观点，因此认为支持国民党政府就是针对共产党中国的“外来干涉”和“侵略”。在台湾问题上，北平几乎不可能改变它的目标或者观点，并且会一直反对“两个中国”的局势。几乎可以肯定，它不会放弃使用武力，而且会继续认为只有美国不再对国民党政府给予军事上的支持，只有美国从台湾海峡撤军，才有可能和平解决台湾问题。

79. 面对美国对台湾国民党的承诺而设置的强大防卫，中国共产党不大可能使用武力夺取台湾。也许北平相信通过持续增强其国际地位，同时始终保持要回台湾的决心，这最后将导致国民党的垮台从而收复台湾。但是，北平迫不及待地希望能加快收复台湾的进程。

80. 因此，我们相信在下一年中国共产党在台湾海峡地区仍然会保持高水平的军事

---

① 原注：有关台湾问题和复兴的中国共产党在台湾海峡军事活动的可能性在以下文件中有详细的估计和分析：SNIE 43-60，“The Offshore Islands”，1960 年 9 月 6 日；SNIE 100-4-59，“Chinese Communist Intentions and Probable Course of Action in the Taiwan Strait Area”，1959 年 3 月 13 日。

压力。我们无法确定其施加的压力的形式或内容。我们认为这主要是用来探测国民党的力量和心理，以及美国在平衡两岸之间的防卫和美国与其盟国之间的关系的。但是这一行动可能会保持在共产党所估计的可以导致对美国产生敌意的低水平上。苏联是向中国给予各种承诺还是试图对其施加限制，本质上取决于苏联对美国反应的估计这一关键因素。

81. 共产党中国与联合国。共产党中国还没有采取什么措施来争取其在联合国的成员身份，而是通过苏联和几个亚非集团中的民族国家来表达它的意愿。共产党中国希望把在联合国所获得的席位，既作为一个大国地位和中国国民党垮台的象征，同时又在很大程度上体现出美国政策的失败。如果只是在联合国内增加一个席位，而同时保持国民党中国的席位，那不管怎么安排北平都不会接受。苏联未来对联合国的政策还不明朗，莫斯科可能会利用这个代表权问题使这个机构和美国难堪。无论如何，中国的代表权问题在接下来一年可能会变得异常尖锐，因为目前看上去似乎美国在这个问题上想要继续拖下去已经变得十分困难。

82. 在亚洲的政策。北平在亚洲的政策并没有遵循一定的连贯性的路线。在 1955 年的万隆会议上，它们放弃了强硬的军事方式，采用“和平共处”路线。在 1958 年和 1959 年，北平在印尼、印度、日本和台湾海峡又回到了强硬路线上来。显然，目前中国共产党已经意识到它们强硬得有点过了头，所以又回到了 1958 年前的共处主题上来：他们在解决边界线问题上同缅甸进行了和解，并同缅甸、尼泊尔和阿富汗签订了友好条约，提出了亚洲和平公约以及无核地带的建议，原先对印度、印尼的强硬、傲慢的态度也有所缓和。就在北平鼓吹共产主义的世界政策、在它同莫斯科的关系到了快要崩溃的边缘的时刻，它对亚洲邻国的路线变得更清晰了。

83. 在亚洲，日本是北平的主要目标。中国最近的目标是削弱日本与美国的联系，继续激发日本的中立主义。对那些反对安全条约的日本民主派人士，北平一方面在舆论上给予强有力的支持，另一方面还通过隐蔽的方式给他们提供资金上的援助，也许他们认为他们这些努力会导致艾森豪威尔总统访日计划取消以及岸信介政府的下台。从北平的角度出发，他们认为最重要的共产主义资本是日本保持中立，是继续传播这样一种信念：日本人认为同中国大陆尽可能地保持正常的关系对日本来说是必需的。正如过去一样，对于日本对企图影响其政策的反应，北平可能估计错误了。但是，除非北平玩得过了火，中日贸易、中日文化关系的增长还是有可能的，在预测的这几年中，中日建立外交关系也是有可能的。

84. 共产党中国日益增强的国力将会不断增大对东南亚国家的稳定和发展方向构成威胁。尽管共产党中国对世界采取军事的眼光，我们并不认为北平在东南亚会调动自己的部队或是利用北越(DRV)的部队采取隐蔽的军事侵略，来实现其目标。但是，要看具体的情况，如果美国或者东南亚条约组织在印度支那地区有军事干预，那么中国也可能会支持北越部队的行动，或者派遣中国“志愿”部队。目前北平几乎非常肯定地认为不用中国或北越的卷入，大多数东南亚国家最后会被推翻，因此几乎可以肯定它对这一地区的共产主义活动会继续暗中提供设备、训练以及资金。北平也可能对这些运动掌握了比自己期望得高的指挥权，因此其军事表面上看来革命活跃性增强了。无论何时，对共产党中国日益增长的权力的警惕，可能会导致某些东南亚政府和领导人对(苏联)集团的压力比现在的反应更大。

85. 与印度之间的令人不满的关系成为北平在亚洲的主要政策难题之一——它使北平的处境复杂化。虽然双方最终可能会达成妥协，那时中国会承认印度对北部和东部边境地区的所有权，而保持现在控制的拉达克(Ladakh)地区，但是边界纠纷在短期内不大会得到解决。即使目前达成了一定的协议，共产党中国和印度的关系很可能仍然会比较冷淡，他们在亚洲的敌对态度可能会增强。①

86. 其他地区的政策。北平相当重视非洲地区。在过去的一年中，共产党中国一直支持阿尔及利亚的革命政权。双方签订了友好条约和贸易协定，并在塞古・杜尔(Sekou Toure)访问北平期间承诺再给几内亚2 500万美元。中国共产党贸易、文化代表团已经访问了很多新建立的非洲国家。到目前为止，北平的外交努力已经获得了很大成功，在外交上得到了这些国家的认可。② 但是在1960年联合国大会上，新兴非洲国家支持了美国所倡议的在考虑中国的联合国席位问题时应采取的延期方案，这可以说进一步增强了北平对未来得到非洲在外交上支持的期望。中国共产党也非常肯定地估计，非洲仍然存在迷惘、缺乏经验、反殖民主义情绪和种族主义等情况，这些情况不仅能够为共产主义所利用，而且对中国共产党也有好处。中国在那些地区的活动会变得更加活跃，而这潜在的也会造成中苏之间的摩擦。

87. 总的来说，共产党中国在阿拉伯世界的努力有所减少。它和该地区的一些国家的关系，尤其是与阿拉伯联合共和国(UAR)的关系开始冷却下来。北平似乎将兴趣转向了非洲，因此它在中东地区的影响也不如在非洲的影响增长得快。

88. 在过去几年中，中国共产党在拉美地区也有活动。其在古巴的活动最为频繁，并且致使古巴与中华民国政府断交，而与北平建立了外交关系。显然，(他们这样做)与其说中共想要立即与现政府而不是前哈瓦那政府建立友好关系，还不如说是他们对拉丁美洲革命和反美情绪的增长寄予了厚望。几乎可以肯定的是，北平将会进一步增加它在拉美地区的活动，而且还可能对该地区不断施压，这部分原因归功于中国从原来的不发达基础上快速发展的经济。目前，北平甚至试图扩大自己在指导拉美的共产主义运动中的作用。

(四) 外交政策的展望

89. 虽然他们表现出急躁、好斗的态度，除了在台湾海峡之外(这在第78～80段已经谈

---

① 原注：有关这些问题的详细讨论，见NIE 100-2-60，“Sino-India Relations”，1950年5月17日，和NIE 51-60，“The Outlook for India”，1950年10月25日。

② 原注：在1959～1960年期间，它获得了几内亚、加纳和摩尔的承认，1960年获得独立的17个非洲国家中，有1个承认北平，6个承认中华民国，剩余的10个没有表明立场。在非洲和中东地区，10个国家承认北平，15个国家承认中华民国，还有12个没有表态。

过)，我们并不认为在近期中国共产党会计划在亚洲非共产主义地区采取军事行动。可能北平认为在不发达地区目前的趋势大体上正在朝着有利于中国共产党的利益和目标变化。但是，他们有点急躁，希望加快这一进程。中国共产党仍然非常好斗，除非他们有苏联的支持，否则可能会继续执行他们认为不会引起与西方之间发生战争的高风险的政策。但是，共产党中国不时地会毫不犹豫地采取强硬措施，来强化其在亚洲人民中的实力和作用。同时，中国共产党可能会加大力度来鼓励和支持不发达世界各国的左翼革命运动。与美国结盟的那些政府将成为中国共产党活动和施加压力的阶段性目标。

90. 我们认为一旦共产党中国引爆核装置，特别是当他们拥有了制造核武器的能力后，其外交政策将变得更加好战和军事化。核试验的爆炸对其他国家也会产生很大的影响。一种占主导地位的反应就是担心爆发战争的可能性将会增加，被迫完全接受中国作为世界社会的成员国之一的压力也会进一步加大。虽然亚洲一些国家将会更加依靠美国的力量来平衡共产党中国的军事力量，但是还会有很多国家会转向同北平共存。

91. 即使在核爆炸之前，北平的军力和发展潜能也许会增加国家裁军问题的复杂性。如果西方国家与苏联的裁军谈判取得重要进展，对共产党中国参与的国际压力可能会增强。一旦中国变成一个核国家，北平在裁军问题上的杠杆作用将会增强。北平也会利用这一情况来进一步提高其国际地位，但与此同时，至少在其成为一个核国家之前，又会竭力阻止达成任何裁军协议。

92. 到 1965 年，无论共产党中国是否是联合国的成员国，它都可能会成为一个主要的世界性大国。它在亚洲的地位一直在增长，其军事、经济和破坏性的力量会不断威胁周边的亚洲非共产主义国家。北平的政策会处于相对平和的方式和彻底的强硬态度之间，但是对美国强烈的仇恨以及渴望推动共产主义世界革命的情绪仍然会在北平的外交政策中占主导地位。几乎可以肯定地说，共产党中国的傲慢和自负也会成为苏联的一个主要忧虑。同时共产党中国给美国的利益带来的危险，特别是在亚洲地区还会增长。

附录一

科 学 和 技 术

93. 中国的教育目前集中在国家对技术的需求上。到 1959 年中期为止，在大约 63 万的毕业生中大约有 30 万的专业是在科技领域。但是，中国的科技教育质量还是很低，而且最近几年的毕业生所受的培训主要局限在一些条条框框里，这大大扼杀了其创造性以及在所学领域中独立发展的能力。受过特别高教育的科学家为数不多，大约只有 1 000 人左右，[①]

① 原注：这大概为苏联的 2%。

他们中大多数是在西方受教育的。大约3万名研究人员和技术人员受聘于研究组织。大概还有更多的受过技术培训的人从事工程技术发展或者其他主要与生产有关的技术工作。目前,大部分新的、受过高等教育的技术人员是在苏联接受培训的,但是到1965年中国可能会培养出一些受过良好培训的人才。

94. 未来五年中国政府致力于建立科技基础,同时将目前主要的生产能力投放到国家发展必需的领域——如食品供应、公共医疗、重工业和军事技术。这一阶段,他们仍然需要并继续获取外部技术援助,利用西方和苏联阵营的工艺和经验。

95. 日益扩大的与食物供应有关的生物和农业研发项目可能会大大增加,但是可能只有一部分农业产量会得益于现代化实验机构。在减少传染性疾病方面的健康措施已经取得了一定的成就,但是健康水平和个人医疗保健水平仍然很低。在一些提高工业技术水平方面的关键行业中,比如化学和冶金行业,虽然也下了不少功夫,但是收效仍会很小。到1965年,中国的能力可能会接近那些更加发达的欧洲卫星国的能力。

96. 他们非常强调军事的现代化。在生产各种常规化武器方面已经达到了非常出色的水平。在军事领域的基础研究已经达到了很高水平,进一步提高的空间已经很小。在接下来的几年中,海军和空军方面的研究设备将用来支持生产主要由苏联设计的飞机和船只以及更先进的装备。虽然我们相信中国共产党目前的化学武器能力还不大,主要是防御性方面的,但目前越来越多的迹象表明,他们正在加大在这一领域的研究。他们设置了几个化学武器研究机构,并可能开展几个非常重要的研究项目。几乎没有迹象表明他们在生物武器上有什么活动。到1967年,只要中国愿意,他们有能力在生物武器项目和潜在的化学武器上取得进展。

97. 在原子能领域,正如在其他领域一样,只有一小部分完全胜任的科学家,他们大多数是在美国、英国、法国和德国接受教育的。尽管他们受到一些强加在他们身上的行政或培训任务的牵制,他们仍然有能力推动核武器设计的发展。而且在国内受到了各级培训后,北平还将受过高等教育的学生送到苏联及其卫星国家,特别是送到苏联杜布纳的核技术联合研究所,从而进一步扩大中国的核技术人才。

98. 有迹象表明,在中国的科学和军事领域,他们越来越强烈地意识到在现代化武器中导弹的重要性,因此在中国有越来越多的人从事基础性的科学研究,以发展本国的导弹研制能力。中国共产党有几位杰出的科学家,其中一些是在美国接受了导弹技术和相关领域培训的人。

99. 由于导弹项目对技术和工业的要求都非常高,而且很复杂,由于在发展导弹研制能力方面缺乏综合性的人才,我们不认为中国共产党目前已经具备了从事试验或生产各种类型导弹的能力。可能他们现在正处于理论或早期计划阶段。

100. 通过使用非核弹头,到1965年,中国可能会具备发展并生产非制导火箭的能力。这些装置可能为了用来发射在常规炮兵射程以外的大型高爆炸药。

101. 中国共产党的官员已经发表声明,政府最终将会发射地球卫星,并且暗示中国人员正在苏联的帮助下学习火箭技术。中国非常重视发射带来的政治和宣传上的价值。通过使用苏联的发射设备，并且整个项目在苏联的指导下，中国共产党可能会在启动该项目的一到两年内成功地发射地球卫星。卫星本身，包括科学仪器可能是中国设计并制造的。但是在共产党中国领土内，还没有迹象表明他们有开始任何发射地球卫星的项目。在我们所预估这段期间内共产党中国的任何发射项目都是在苏联的直接参与下进行的，而且任何决定都是基于政治因素的。

附录二

共产党中国经济数据的可靠性

102. 中国共产党与其苏联导师一样，给国外的观察家在使用官方数据时制造了麻烦，使他们无法从中获得对经济运转的清楚了解。他们只公布一部分数据，而且通过各种渠道，在报告经济产值和活动时提供一些具有误导性的比较。因此，在分析中国共产党提供的数据时就需要人们带着很大的怀疑态度，并且在一些情况还要打上很大的折扣。

103. 自从1958年以来，观察家在农作物报告的形式方面一直面临着很大的复杂性，因为其产量总是超过实际的产量。在对北平1954年和1957年间提供的农业数据的分析中，我们总结出该时期内这些数据还是比较连续并且真实的。但是，自从1958年以来产量报告的数据从分析上来看是不可能的，因此有必要详细描述一下农业的发展，从而建立起根据产量因素、市场供需等实际情况以及政府政策命令进行独立的估算。

104. 我们认为政治影响滋长了1958年和1959年的农业数据报告虚报这一行为，从而导致中央数据权威人士无法修正并使地方数据理性化，这种政治影响是为了证明公社的正当性，为了刺激各地生长积极性更加高涨。1959年8月，中国共产党从农业产值浮夸的现象中改变回来时，他们将谷物和棉花产值减少了三分之一。同时，1959年的产值目标也相应地减少，即使是高层领导，在他们于1959年8月执行减产措施时，似乎也真诚地想去面对现实，他们并没有采取有效的措施来减少对农村数据报告系统的政治影响，这种影响在1959年丰收后再一次证明无法提供更合理的、准确的农作物生产和产量数据。是否1959年的农作物报告系统仍然受到政治腐化，我们不得而知，而且，即使得到了可靠的数据，政权也不会承认他们在公布这些数据时存在着夸大。

105. 1958～1959年中国工业产量的数据也在一定程度上变得相当费解，虽然这些年的大跃进心理没有像影响农业数据那样影响到工业方面的官方数据。大规模的现代化工业有一套相对复杂的计算系统，这保证了所提供的数据是合理真实的，大规模的现代化工业是导致工业产值增产的主要原因。虽然当局似乎夸大了小规模“国有”工业的产量，但这并没有引起关于总的产量数据总体上的扭曲。

106. 中国共产党声称几个主要工业日用品的产量和现代化交通部门的运作已经随着相关工业能力的提高和劳动力以及原材料的投入而得到了提升。举一些例子,如新工厂的出现,旧工厂的扩建,这些都可以为西方观察家的报告所证实。另一些情况则难以评估:如1958年在后院炼钢炉中炼出来的300万吨合成钢的数量和质量,或1958～1959年间大幅度增产的煤矿产量。总的来说,这些评估反映了官方在工业和交通方面声称的巨大成就是值得商榷的。我们的估计是,中国工业产量总价值在1958～1959年间增长了33%,这是通过衡量并结合这些对每个工业产量的公开评估结果得出来的。这一有关工业产量的估计在1959～1960年间将会增长25%,这个估计是根据1960年的生产目标得出来的,对这个生产目标我们认为是可以实现的。

附录三

表格和地图

表一 国民总产量,根据1957～1959年的最终用途

最终使用	十亿元,按当前市场价格*			百分比分布		
	1957	1958	1959	1957	1958	1959
个人消费支出	79.4	36.4	91.2	69.3	63.2	59.6
国内总投资	23.4	39.3	47.9	20.4	28.7	31.3
国外净投资	1	0.7	0.7	0.9	0.5	0.5
政府购买的商品和服务	10.7	10.4	13.3	9.4	7.6	8.6
国民生产总值	114.5	136.3	152.1	100	100	100

* 该表中对国民总产值的估计对照以下的1957年价格(10亿元):1957,114.5;1958,135.6;1959,151.5。

表二 农业和非农业的雇佣数* 1957～1965年(百万人)

	1957	1958	1959	1960	1961	1962	1963	1964	1965	1957～1965增长%
总人数	287	292	315	321	327	333	339	345	351	22.30%
农　业	244	248	260	262	264	265	268	270	272	11.50%
非农业	43	44	55	59	63	67	71	75	79	83.70%

* 年中数字。数字只包括城市雇用人数。

表三　进出口商品结构(1957～1959)

主要贸易地区的百分比分布*

	1957			1958			1959		
	苏联集团	总数	自由世界	苏联集团	总数	自由世界	苏联集团	总数	自由世界
出口	100.0	100.0	100.0	100.0	100.0	100.0	100.0	100.0	100.0
农产品	53.3	62.1	47.8	63.1	63.0	45.7	48.5	60.1	42.9
矿产和金属	16.2	9.3	20.5	6.9	6.9	17.2	11.5	7.5	13.3
化学产品	6.6	4.3	7.8	4.8	4.8	6.3	3.9	3.5	4.1
工业产品	20.1	20.9	19.8	23.3	25.1	25.1	30.3	24.3	33.1
其他	8.8	3.4	4.2	2.1	4.7	4.7	5.8	4.3	6.6
进口	100.0	100.0	100.0	100.0	100.0	100.0	100.0	100.0	100.0
农产品	9.9	25.6	0.0	8.6	19.2	0.7	5.7	15.1	0.2
石油产品	6.9	0.0	11.3	5.6	0.0	9.1	6.4	neg.	9.7
化学产品	15.3	35.8	2.3	14.1	29.1	3.0	13.3	34.6	2.0
矿产和金属	7.4	8.4	6.7	20.0	34.1	9.5	13.9	29.6	5.7
机械设备	43.4	14.3	61.9	39.6	9.9	61.6	47.3	9.6	67.0
其他产品	6.7	14.2	1.9	3.9	6.9	1.7	3.7	8.5	1.1
其他(主要是军需品)	10.4	1.7	15.9	8.2	0.6	13.7	9.8	1.2	14.2

*　因四舍五入，有的分项数字相加与总数不符。

表四　现代化运输业绩表现①

部　门	1957	1958	1959	1960	1961	1962	1963	1964	1965
	业绩(十亿吨/公里)								
铁　路	134.50	185.52	263.4	350.0	422	495	545	635	700
汽　车	3.04	6.96	12.0	18.9	23	27	31	35	39
漕　运	20.12	25.07	40.2	55.4	68	80	92	105	125
海　运	14.27	18.84	28.6	39.5	49	58	67	75	85
总　计	172.92	234.30	344.2	463.8	562	660	735	851	949

① 因原文有些地方字迹模糊，译文个别数据可能错误。——编注

续 表

部　门	1957	1958	1959	1960	1961	1962	1963	1964	1965
	运载量(百万立方吨)								
铁　路	274.20	381.00	542.0	720.0	870	1 020	1 170	1 320	1 470
汽　车	83.73	174.30	344.0	540.0	685	770	815	1 000	1 115
漕　运	40.49	56.66	91.4	124.1	155	185	212	240	269
海　运	13.28	19.70	31.8	43.9	54	54	74	85	95
总　计	441.70	633.75	1 009.2	1 430.0	1 734	2 037	2 341	2 645	1 949

表五　中国共产党地面部队

	单　位	估计的力量
		总数* 2 661 000
军	36	7×49 000 16×43 000 6×47 000 6×40 000 1×21 000
师 步兵师 2个步兵团 1个炮兵团 24门轻型和中程大炮 12门中程迫击炮 1个反装甲营 12门轻型反装甲炮 12门中型反装甲炮 1个反坦克营 12门57/76毫米反坦克炮 1个坦克-狙击炮团** 32辆中程坦克 12门推进式狙击炮	115**	70×15 000 45×6 000～14 000

续　表

	单　位	估 计 的 力 量
装甲师	3***	每个 6 600
80 辆中程坦克		
10 辆重型坦克		
8 门推进式炮		
空降兵师	3***	每个 7 000
骑兵师	3***	每个 5 000
炮兵师		
野战炮团	14	每个 5 500
105 门,最高达 152 毫米炮		
火箭发射团	2	每个 3 500
72×132 毫米多头火箭发射筒		
反坦克团	3	每个 3 400
96 门反坦克炮		
高射炮团	5	1×4 000
1×54 门轻型和中程炮		5×2 700
5×52 门轻型和中程炮		
公安师	17	每师 7 000
作战师总计	165	

*　数据包括支持以及其他各种因素,这些在该表中没有显示。

**　截至现在,115 个步兵部队中有 70 个拥有坦克狙击炮。(地面部队包括大约 58 个独立的作战团,其中包括空降兵、骑兵、坦克兵和公安军。)

***　出于比较或计算,以及划分部队力量的考虑,我们认为在这个基础上中共大约有 124 个战备师。

表六　中国共产党空军和海军军力

(估计至 1960 年 10 月的作战力量)

人　员	海　军	空　军	总　数
		140	
	13 500	60 000	82 500
战斗机			
喷气式	270	1 410	1 580
强击机			
喷气式(战)	0	180	180
螺旋桨	0	40	40

续 表

人　员	海　军	空　军	总　数
轻型轰炸机			
喷气式	180	240	420
螺旋桨	20	125	145
中程轰炸机			
螺旋桨	0	20	20
运输机			
螺旋桨(轻型)	10	145	155
螺旋桨(小型)	0	2	2
直升机			
(轻型)	10	0	10
侦察机			
螺旋桨(ASW)	10	0	10
教练机			
喷气式(战)	20	105	125
总　数	520	2 297	2 817

表七　对中国共产党海军船只和兵员的估计(1961年1月1日)

兵员	78 500(包括13 500海军航空兵)	短程	4
主要作战力量		巡逻艇	247
驱逐舰(DD)	4	鱼雷艇	36
护卫舰(DE)	4	两栖作战舰	259
潜水艇(SS)	29	辅助舰	45
远程W-级	21	维修服务船	300
远程S-1-级	4		

National Intelligence Council, *Tracking the Dragon: National Intelligence Estimates on China During the Era of Mao, 1948 - 1976*, Washington, D. C.: Government Printing Office, 2004, pp. 249 - 286

褚国飞译，沈志华校

1-8

中情局关于中国十年后发展的预测

（1961 年 9 月 28 日）

SNIE 13-2-61

机　密

1971 年的共产党中国

（1961 年 9 月 28 日）

问　　题

报告的目的是从共产党中国可能具有的政治、经济、科技和军事力量和弱点，评估它 10 年后作为一个世界强国的地位。

按　　语

这份评估根据是现在这段时间看来最重要的因素，即：粮食生产与人口增长之间的关系和中苏争执。因为这些因素和其他许多因素可能有各种不同的发展。我们的判断只能是暂时的，特别是现阶段缺乏情报以及北平长远计划的最近中断。“意外情况”一章研究的是农业和中苏关系等主要因素在发生意外情况下的后果。无论是主要评估还是意外情况分析，都是以远东不发生全面战争和重大国际战争为前提的。

结　　论

1. 1971 年中国大陆可能仍在中国共产党控制之下，冷酷、坚定、统一并对美国有着根深蒂固的敌意。共产党中国作为世界主要权力中心之一的地位将会大大加强。共产党中国将拥有 8.5 亿的人口，继续拥有世界上最庞大的常备军和军事储备。煤、钢、电力的产量可能跻身世界前三位。

2. 到 1971 年为止中国共产党可能拥有中等程度的国产核武器储备。他们将生产短程甚至中程导弹，也可能具备潜艇发射导弹的能力。也不排除他们能够生产载有热核弹头的洲际弹道导弹的可能。

3. 同时中国人民将继续在收成好时勉强温饱，荒年时忍饥挨饿。虽然科学和技术取得令人瞩目的进步，但质量、多样性和生产的技术水平仍然明显低于日本、苏联和西方工业化国家。

4. 随着共产党中国力量的增长，它同苏联的关系将成为日益困难的问题。共产党中国将更加不受限制地采取独立于苏联的政治或军事行动。然而，由于它们对共产主义的共同责任，尤其是对反共世界的共同仇恨，使它们能够在反对西方的行动上协调一致，特别是在受到严重挑战的时候。

美国情报委员会网站：http：//www.foia.cia.gov/nic_china_collection.asp 或 FRUS，1961 - 1963，Vol. 22，pp. 138 - 140①

陶文钊译、校

① 译文摘自陶文钊主编：《美国对华政策文件集》(第三卷)，北京：世界知识出版社，2005 年，第 905～906 页。对译文有修改。——编注

1－9

中情局关于中国发展前景的评估报告

（1962 年 5 月 2 日）

NIE 13－4－62

共产党中国的前景

（1962 年 5 月 2 日）

问　　题

评估未来几年共产党中国的前景，重点放在该政权的生存能力及其对外政策的趋势上。

结　　论

1. 未来中国共产党的走向主要取决于三个不可预测的变数：领导人的智慧和现实性；农业生产的水平；对外经济关系的性质和范围。在过去的几年中，这三个变数全都不利于中国。1958 年，领导人发起了一系列错误的、极端的经济和社会改革；1959 年是三个歉收年景的头一年；1960 年苏联停止了绝大部分的经济与技术援助。这三个因素共同造成了国家经济的混乱。越来越多的人营养不良，对外贸易下降，工业生产和发展急剧下滑。现在还看不出该政权的经济状况有马上恢复的迹象。

2. 经济灾难使越来越多的人幻想破灭，并产生不满，但我们相信大规模的有组织的反抗不会产生。无论如何，该政权对军队、组织机构和交通通讯的垄断，足以粉碎任何处于萌芽阶段的反抗。共产党中国的军队在现代化进程和后勤方面遭遇了挫折。但是，尽管他们在士气上有些下降，但仍可能保持对统治者的忠诚。我们相信到 20 世纪 60 年代末，中共将拥有有限的核武器和导弹能力。

3. 我们认为中共在未来若干年中将遵循最近制定的相对保守和理性的政策，粮食收成有望转好，与西欧和日本贸易的提高将部分地弥补苏联在经济和技术援助方面锐减所带来的损失。我们因此认为，最可能的前景是缓慢的复苏和经济增长的逐渐恢复。然而，经济萧条也有可能持续下去，给统治者带来日益增多的问题。长此以往，假如不能有效地解决农业问题，就不可能解决中国长期存在的食品问题。

4. 我们认为美国仍将面临一个怀有敌意的共产党中国，它将不断地进行挑衅，试图把美国从西太平洋赶出去,无论在哪里,它都有可能引起麻烦。同时,政府有可能一方面继续改变自己的形象,使自己成为一个强大而又爱好和平的国家,另一方面又偷偷摸摸地向亚洲、非洲和拉丁美洲的左派革命运动尽力提供政策指导和物质援助。在远东之外,中共的影响力为自身贫困、在国际上的相对孤立以及受困于苏联所限制。我们认为共产党中国在这一时期几乎不可能试图采取公开的军事行动去征服任何一个远东国家,尽管它肯定愿意采取军事行动保卫共产党在北越、北朝鲜也许还有老挝的利益。

……①

美国情报委员会网站：http：//www. foia. cia. gov/nic_china_collection. asp 或 FRUS, 1961 - 1963,Vol. 22,pp. 221 - 223②

陶文钊译、校

① 以下的第 5～35 段,是评估讨论的部分,略去未译。——编注

② 译文摘自陶文钊主编:《美国对华政策文件集》(第三卷),北京:世界知识出版社,2005 年,第 516～517 页。对译文有修改。——编注

1－10

中情局关于中国当前政策的评估和未来发展的预测

（1963 年 5 月 1 日）

NIE 13－63(取代 NIE 13－4－63 和 NIE 13－4/1－62)

机　密

共产党中国的问题与前景

（1963 年 5 月 1 日）

问　　题

确定共产党中国目前在国内局势和对外政策方面的立场，确定其面临的主要问题，并预计未来两年或更长时期内可能的进展。

结　　论

1. 与近期以来的悲惨状况相比，共产党中国的国内形势似乎有些许改善。在相当大的程度上，这种进展反映了相对温和、务实的政策。这种政策已经取代了“大跃进”和人民公社的激进政策。好的运气加上好的管理，经济在未来的两年内可能会继续快速增长。虽然可能比不上第一个五年计划的增长速度，但会接近这个速度。在未来的五年内，一个关键的问题是中国共产党的领导人是否会在面临强大的意识形态冲动的情况下保持一种务实的路线。荒谬的教条主义政策、恶劣的天气以及其他不利因素综合起来将会导致彻底的经济停滞。（第 1～6、11～17 段）

2. 如果经济形势恶化，社会不满将会持续并增加，但我们并不认为，在未来的两年内不同政见会对现政权造成严重的威胁。（第 10 段）

3. 共产党中国的经济困难以及苏联合作的急剧减少，已经降低了共产党中国军事组织的相对有效性。然而，北平到目前为止依然拥有亚洲最强的军队，而这足以支持北平事实上已经在执行或在未来的两年内可能执行的那种相对谨慎的对外政策。几乎可以肯定的是，共产党中国在这段时期内还不能拥有具备军事意义的核武器系统。（第 18～23 段）

4. 北平同莫斯科的争端源于无法调和的国家和政党利益这一基本问题，而且中国共产党没有表现出任何妥协的迹象。公开辩论有时可能会熄火，但我们不认为会发生基本的和解。中国几乎肯定会继续努力扩大在落后国家中的影响,而削弱苏联在这些国家的影响,并联合全世界所有的共产主义国家反对赫鲁晓夫及其政策。虽然两党都非常希望避免承担造成世界共产主义运动分裂的责任,从而分裂的机会正在减少,但正式的分裂随时可能发生。(第 24～30 段)

5. 共产党中国的对外政策总体上可能沿现在的路线继续。北平依然会强烈反美,并将努力削弱美国的地位(尤其在东亚),但不可能有意冒大的风险。除了捍卫自己的边界或向印度要求领土主权外,中国可能不会公然使用军事力量。颠覆和秘密支持当地的革命,将继续成为北平在东南亚的行动模式,如果必要,在较为限的程度上还包括亚、非、拉的任何地方。(第 31～40 段)

讨　　论

一、通向 1963 年的道路

1. 共产党中国的局势在过去两年里比以前稍好。然而,鲁莽政策和几乎完全失去苏联援助所产生的影响,连同恶劣天气一起,致使现在的中国与五年前大相径庭——那时中国雄赳赳地情愿冒险进行经济跃进,并坚持独立于莫斯科。

2. 在 1958 年之前,中国共产党的领导人已得出结论:国家的经济发展速度不尽如人意。尽管工业部门的增长很显著,但中国的农业生产并没有增长到足以让日益增多的人口吃饱肚子,并偿还苏联的债务,为当前的进口提供资金,同时为快速发展的工业提供资本。中国的领导人显然认为,只有通过激进地抛弃苏联的经济发展方式才能解决他们的经济问题。他们决定主要依靠人力(这是他们唯一唾手可得的剩余资源),突然草率地在 1958 年年中将农民组织成庞大的超级集体——人民公社——这将对农村地区生产活动的每一个阶段做出规范。同时,他们在"大跃进"的旗帜下,对工农业发展采取了一种全面的、狂热的做法。

3. 这种与苏联模式的尖锐分歧,部分原因是由中苏在广泛的军事、经济、外交和意识形态等问题上的争执的不断发展而引起的。到了 1958 年中期,显然中国领导人已经认识到苏联不会在先进武器、工业发展和大国地位上满足中国的要求。他们之间产生了尖锐的新的分歧,不仅仅因为经济发展的原因,还存在着军事项目的因素。最使苏联烦恼的是北平日益增长的在意识形态方面的过分自信。共产党中国领导人越来越多地批评莫斯科的国际政策。到了 1960 年年底,苏联以撤回其大部分技术人员的方式对此做出回应,苏联的进口货物急剧减少,中国和苏联之间的裂缝变得越来越大、越来越深了。

4. 为了中国政治和经济独立的这种自信,为了领导人极力促进中国快速成为一个强大的新中国的这种决心,共产党中国付出了惊人的代价。新中国有关发展的理论引起了经济和心理上的混乱。与苏联合作的急剧减少给政权带来了严重的困难,还导致了工业技术的缺口和混乱，也给北平现代化武器项目设置了极大的困难。到了 1962 年年底，国民经济基本上与 1957 年年底的经济水平持平。在这五年期间，中国人民一直在原地踏步，经历了艰辛、痛苦的岁月。在 1958 年政府还受到极大的尊重和人民的支持，如今却不得不竭力号召那些已经醒悟的人民到农村去。

5. 过去的几个月中呈现出改善的迹象。在 1962 年夏，由于气候比较适宜，农业的非集中化和私有地、“自由市场”的增加，食物境况有所好转。辅助农业的产品（如工具、水泵和化肥等）的产量也出现了增长。这些发展，再加上在喜马拉雅山边境上对印度军队的单方面胜利似乎鼓舞了士气，减少了可能存在的不同意见的隐患。

6. 1963 年，北平领导人的自信心增强了。他们承认目标确实定得太高，并犯了一些其他的错误，但是他们对马列主义的至理名言深信无疑，也从不怀疑他们对马列主义的理解有误。他们把过去所发生的灾难的责任主要归咎为一些领导的个人疏忽、无法预计的恶劣气候和苏联的制裁。他们相信通过这些磨炼他们已经确立了政权的合法性。显然，他们相信共产党中国可以在不依靠来自一个不值得信任的伙伴外援的情况下获得新生。

二、前　　景

（一）政治

7. 过去五年的危机给中国共产党的领导精英还是造成了一定的伤害。1959 年国防部部长和军队总参谋长被迫辞职。其他一些政要也悄悄地隐退了。很多省委书记和其他一些中层干部也丢掉了官职。在更低一层干部中这种现象更为严重。

8. 政权仍然被掌控在长征老同志那一小圈人手里，这些人自 20 世纪 30 年代中期起一直领导着中国的共产主义事业。虽然一些基本性的决定可能由领导层来处理，但最后的权力仍然在毛泽东手里。在未来两年左右时间里，领导层的组成不大可能发生很大的变化，虽然这个团体存在着一个日益严峻的问题——他们中几乎所有人都已经 60 多岁或 70 多岁了。毛泽东今年就要 70 岁了，如果他死了，目前的国家主席、毛指定的接班人刘少奇可能会接替他的职位，但是刘的权威无法与毛相比，也不具备高于其他领导人的卓越才能。

9. 几乎可以肯定的是，中国共产党政权将会继续其共产主义旗帜，将会继续反美。但是，在未来两年内，其国内政策的性质和方向将不那么确定。1960 年初起，中国领导人对公社的核心特征和“大跃进”计划已经有所放松，控制得不像以前那么严了。在过去几个月中，他们开始以加强对经济的集中领导、限制私有活动为目标强化了政治压力和控制。这一行动引起了一系列问题，这些问题可能会在未来几年中更加显现出来，会破坏那些减轻北平早些政策不良后果的路线。

10. 在最近的将来不大可能出现较明显的公开的意见分歧。老百姓，尤其是占人口五分之四的农民，他们任劳任怨，像几个世纪以来一样，只求微薄的回报。他们中大部分人不会有所改变，对现有的政权既不反对也不支持，但是会尽量无视其存在。从手上有限的材料看,我们认为他们可能更关注于自身的生存,对革命的兴趣不大。政权会面临来自年轻人的更大得多的困难,因为他们会对目前极为有限的受教育的机会和非常专制的分配工作的机会感到十分不满。如果政府在政治和经济上的控制掌控得更紧或者更快,如果食品供应急剧减少,那么这种分歧的趋势将会扩大。但是我们并不认为这种局势会恶化到在不久的将来引发突如其来的、大规模的抵制。台北还不足以赢得决定性人数的支持来采取军事行动,因此也无法在短期内实行军事反攻。在国内的少数民族(如在新疆地区)仍会继续抵制,但是这只能限于地区范围内。

(二) 经济[①]

11. 共产党中国有经济持续增长的潜力。它拥有现代化工业所需的大部分天然资源,还拥有巨大的、勤劳的劳动大军。比日本和台湾大得多的产量表明,中国农业产量可以得到惊人的增长。如果管理适当,中国大陆的经济可以在最近几年中一直维持持续增长,虽然其人口会以每年2.5%的速度增长。

12. 但是在过去五年,共产党中国的经济一直管理不善。领导人非常缺乏经济方面的经验和知识,他们局限于狭隘的教条,受到了狂热的误导。第二个五年计划由于其狂热的"大跃进"思想而被放弃了。再加上接下来几年气候恶劣,苏联经济和技术合作项目的撤出,这些都进一步影响了经济。

13. 经历了五年大混乱以后,北平似乎开始决定在1963～1967年间继续实行第三个五年计划。由于计划还无法超越初级阶段,甚至连1963年的年计划还没有形成,所以此时宣布第三个计划的重中之重是作为一个标志,表明政府如今至少企图重新返回有系统、有规划的经济轨道上来。对标准的共产主义做法的一个重要背离是调整了计划和投资的优先秩序:首先是农业以及支持农业和国防的重工业的有关部门;其次是轻工业;最后是一般的工业。对农业的强调表明将对农业给以更大投资,这是保证人民吃饭问题的必要条件,这优先于更强大的快速增长的重工业。

14. 在任何情况下,农业产量增长与人口增长之间竞赛的结果一直都是说不清的。1962年,人口的增长达到了6 000万,这超过了1957年的水平,而粮食的增长却并不高于1957年的水平。为了保证农业供给,北平不仅必须将集体生产的不良效果和造成的消极性减少到最小,还得采用增加化肥数量、改良品种、更有效地控制病虫害、改善灌溉设施以及投入更多的现代化工具和技术等方法。要增加资源并充分利用它们是需要时间和资金的。就目前而言,最关键的因素可能是改进北平对农民的管理。总体来说这一前景并不被看好。在中国以及在其他地区,共产主义的农业管理已经被证明生产率是不高的。

15. 通过一些并不充足的资料表明,在工业方面,最近几个月有一定的改进。目前的重点在数量的控制上,工业部门间的合作以及为了满足实际需要可能会将工业放在一种更健

---

① 原注:详见附录一。

全、更合理的基础上。劳动者对产品的需求以及一些出口项目的需求，会使北平对某些与农业或国防无关的轻工业部门给予一定的优先于重工业的考虑。对轻工业产量所需的大幅度增长并不要求很大的新投资；而这反过来得依靠来自农业的原材料供给的增长。

16. 成功与否还很难说，而且变数是如此之多，任何对中国经济全面崩溃的估计都是大体上且是试探性的。如果政府继续谋求一种温和的、合理的政策，如果它比较幸运，不会遇到恶劣的气候，共产党中国仍会逐渐地在下一年中恢复过来。这会使产量不再在原地徘徊，也许还可能提高产品的质量，在各种资源的分配中实现更有效的合作，更好地保持和修复设备。从更长期来看，不可预计的增长和较大幅度的发展还是有限，我们认为，如果一切变量都有利于北平的话，它在接下来的五年内能取得的上限是恢复到第一个五年计划中潜在的经济成长结果。

17. 其他一些不像气候之类的变量在北平的控制之中，而对经济最重要的一点可能就是国家经济政策。目前把经济放在优先位置和以物质刺激来推动生产的做法与北平的教条本质背道而驰，中国那种对“现代化”的强烈渴望和教条式的共产主义对快速实现工业化的强迫性冲动与持续地将农业放在基础地位是相违背的。一旦共产党中国领导人认为农业基础已经足够了，他们几乎会立即将重点转移到扩大工业生产上来，而且他们可能在实际操作过程中一点也不成熟。并且，要更新一个总体规划的项目需要大量的资金投入，以对消费、分配和农产品产出重新进行分配。政府想要在早已深受压榨的农村再获得更多的东西很难，而且，即使政府设法做到了这一点，刺激经济的政治压力可能会导致农产品的进一步减产，从而增加人民对政府的不满。考虑到这一点，再加上由于其他方面的变量，如影响农作物的气候和对外经济关系等，而可能会出现与之相反的趋势，因此我们认为政府的经济成就无法达到上面所预测的上限。另外，有可能会出现一系列不利于发展的因素，从而导致经济发展的停滞，而这会严重影响到统一和政府的实力。

（三）军队①

18. 军队的现代化直到 1960 年以前始终在进行，但如今除了引进雷达和某些其他电子设备外，实际上已经停止。在过去的两年半中没有再从苏联那得到先进的飞机、潜水艇部件或其他先进的设备，由于局势恶化和设备的撤回，国产的战斗机或潜水艇也停止生产了，投资也在减少。在国内经济严重下滑的时期，军队的常规性物质补给都供应不足，但是这种情况在过去一年中显然得到了一定的缓解。总的来说，军队比其他部分受到的影响更小一些。

19. 北平几乎下定决心要通过自己为其军队生产出所有必要武器和材料。但是，要实现这个目标还需要很长一段时间。目前，中国甚至连米格-17 都可能无法全部由本国生产，想要自己设计并生产更先进的不同种类的军用机还需要很多年。事实上，他们选择了集中其有限资源，用于导弹研制方面。在未来几年内，他们所有的海军军舰生产很可能仅仅局限

---

① 原注：附录二列出了中国共产党空军、海军和地面部队的作战人数的排序表。

于生产更小类型的海面船只上。

20. 我们对中国共产党军队士气的了解是很少的。从中国的文件来看,我们了解到士气在食物严重不足的时候(1960 年末 1961 年初)是很低的,那个时候部队吃不饱,工作负担很重,而且他们的家庭所遭受的困苦境况也使他们很消沉。自 1961 年下半年,政府采取了一定措施来改善部队的情况,而且对他们的家属予以特别的照顾,这似乎对鼓舞士气有一定的帮助。中国部队在中印边界战斗中的表现并没有说明他们士气低下。但是,空军和海军还没得到类似的验证,而且他们设备日益陈旧,由于燃油紧缺,备件不足,因此训练也是不足的,这可能会降低士气。

21. 而且,在高层指挥中也存在问题,党的军队政策显然受到了挑战。但是,国防部长彭德怀的离职和在军队内部对安全措施的加强似乎确保了对党的忠诚。

22. 北平的军事政策往往被描述为面对更强大的国家采取谨慎的政策。因此由于其军事装备和武器的逐渐落后可能会进一步影响北平的政策,尤其是在它可能会面对美国军队或配有美国装备的亚洲国家的空军的情况下。然而,中国共产党军队仍会是亚洲最强的部队,并且为中国共产党的外交政策提供了强有力的支持。中苏之争可能会导致中国增加对部队的投资,以增强其实力,因为中国新设立的“独立”于苏联的部队将会在中苏漫长的边境线上时刻保持比以前更加高的警惕——中国仍将中苏边境线看作是一个“困难的”、“悬而未决的”问题。

23. 先进的武器。① 北平似乎决心要拥有核能力和弹道导弹的能力,而且他们会尽快研制,尽管这在所估计的几年中好像在军事重要体系中作用不大。中国共产党可能希望在更短的时间内生产并引爆核装置,以此作为发展这种能力的一步,并期待这将会鼓舞士气,强化该政权在世界强国中的地位,同时威慑其亚洲邻国。在接下来的一段时间内,在核武器和导弹领域采取的一定尝试会增加政府的经济税收,占用政府的技术资源。

(四) 中苏关系

24. 我们认为北平会继续挑战莫斯科的领导权,虽然这样做可能会在以下几个基本性的方面造成很大代价和风险:

(1) 深信莫斯科的政策对共产党中国的国家利益是有敌意的,尤其是莫斯科企图妨碍或阻止共产党中国发展成一个世界领导性大国。中国共产党领导人认为,莫斯科不愿意在如夺回台湾这样一些涉及拖延实现民族目标的问题上直接面对美国。这些分歧来源于中国传统上就存在的种族、民族主义和文化自豪感,以及实践中存在的对外国的敌意。

(2) 下定决心坚持在集团政策的形成过程中北平必须作为一名平等的成员被接受。

(3) 深信莫斯科正日益变成修正主义者和资本家,它正在抛弃传统的革命目标,正在破

① 原注:在接下来的报告 NIE 13-2-63,“Communist China's Advanced Weapons Program”(绝密)中会对这个题目进行全面的检验。

坏世界共产主义运动的力量。北平认为莫斯科企图与美国这个主要敌人实行妥协,这一理解尤其让中国感到愤怒。

(4) 深信在当前的历史阶段,共产主义胜利主要在世界的不发达国家得以实现,深信“毛泽东军事路线”为在这些地区的斗争提供了最好的蓝本。

(5) 深信莫斯科的“修正主义”政策在其他共产主义政党(特别是那些在未掌权的政党)中是不能被接受的,甚至在苏联政党内部也不会被接受。这一因素,再加上苏联对很多政党难以驾驭,可能进一步使中国共产党的领导人深信他们最终会胜利。

25. 目前的中苏关系的特征可以说是一种事实上的破裂。政府双方在很多问题上长期存在不一致。双方政党和国家的接触也很少。他们忙于在世界共产主义运动中的相互竞争。在过去一年中,这种话语上的争论已经变得日益激烈和明显。甚至在中苏边境上也有迹象表明,双方的关系十分紧张。

26. 然而,中苏两党一直耐心地努力避免正式破裂。[①] 双方都继续鼓吹共产主义运动的团结。很明显,这部分的是将对方指责为团结破坏者的一种手段;双方都希望避免可能会受到联盟正式指责的境域,尽量避免自己推动这种破裂的发生。他们相互间都担忧这种正式的分裂会给他们共同的敌人创造机会,同时也会破坏世界共产主义运动。而且,他们希望双方在漫长的边界线的敌意被控制在有限的程度上。可能双方都希望最终,或许是换了主要领导层后,新的领导人会有更多的理由来维持必要的合作以保持团结。

27. 中苏双方关于他们之间分歧的争论很快就会发生,但是任何一场争论都只会使中国人更好战、更过分自信。莫斯科会尽力地见机行事,尽量避免中苏之间的冲突出现戏剧化的、与意愿相反的结局,但是如果被逼急了,也会被迫做出强硬的反应。如果到了这一步,可能会出现正式的分裂。还有一种可能是,不管在什么时候举行谈判,都可能引起短时期内的公开争论,但是基本的问题仍会继续存在。中苏关系会继续紧张下去,从而会进一步导致疏远,并且会对集团和国际共产主义的团结有相应的反作用。

28. 争论对共产党中国带来的实际上严重的影响会持续下去。中国的工业和军工业会继续遭受孤立,苏联不会给予什么合作。中国石油产量大约有一半是从苏联进口的,尤其是在航空燃料和高质量的润滑油方面则更为糟糕,这将会在一段时间内导致北平军事能力的减弱。而失去了苏联对零部件和设备的供应,中国军事和工业的发展也会受到阻碍。但是,如果新的国外和国内供应资源如果能得到合理开发的话,问题就不会那么严重,甚至在某些部门会得到相当快的发展。

29. 双方关系进一步疏远一定会使赫鲁晓夫在苏联共产党面前更尴尬,而且也会导致

---

① 原注:有关对中苏“破裂”及其后果的估计存在着一些困惑。这份文件试着寻找以下几个特征:1. 莫斯科-北平关系实际上已经存在破裂——而且可能至少在1960年时已经存在:对此我们称之为事实上的破裂(第25段)。2. 我们认为有关中苏关系是否会破裂的讨论会要求我们对什么是正式破裂下一个定义。所谓的正式破裂可以以很多方式表现出来:不像1948年苏联-南斯拉夫的境况,从技术上说,没有一个国际性的共产主义实体会驱逐中国共产党或苏联共产党。但是,可能会存在着关系严峻的政党关系,一种正式的、特殊的指责(可能出自单独的国际共产主义大会),或者任何情况下至少有一个领导性国家官方宣布存在正式分裂。

继承人的争夺更加激烈，还会在整个世界共产主义运动中产生更大的影响，因为中国更加自信地认为自己才真正代表着真理、权威和榜样。北平似乎早已在北朝鲜取代了苏联的影响。而北越也仍会保持其“中立主义”，以期从中获利，但看样子它开始逐渐倒向北平一边。在古巴，中国的姿态鼓励卡斯特罗反对苏联的那些与自身计划不一致的意见。北平将会发起运动，来赢得亚洲、非洲和拉丁美洲非共产主义国家内部的左翼势力，对那些可能存在分歧的地区，如巴西，按照具体情况的好坏依次排序，给予各政党事实上的支持。中国在日本和印尼的共产党中取得更大的成就是有可能的，不仅是以与苏联产生正面冲突为代价，而且还以苏联在这些国家的利益和影响力为代价。我们当然不希望在接下来的两年——或者，可能是永远，世界共产主义运动的支点将转移到北平。

30. 北平可能会在世界不发达地区培养更多的拥护者，以引起苏联在这些地区采取某种程度上更为好战的姿态，从而进一步促进中国对有选择的革命运动的支持，并证明他们才是真正的马列主义。但是，苏联在远东(正如在其他地区一样)的行动仍会以考虑到苏联的安全和利益，而不是以与北平关系的状态为基本出发点。事实上，即使中苏关系出现正式的破裂，苏联几乎肯定还会对任何美中之间出现的敌对状态进行调解，因为这种敌对状态有可能导致在与苏联接壤的中国出现一个非共产主义的政权。

(五) 外交事务

31. 北平正忙于同莫斯科斗争，以争取在亚洲、非洲和拉丁美洲不发达地区的共产主义政党中的影响力。中国共产党相信他们最适合来领导世界人民去为共产主义而奋斗，他们自认为其经验、他们对马列主义的正确理解以及他们的身份，即非白人、非欧洲人的、帝国主义的受害者。根据北平的推理，当这些国家被纳入“社会主义阵营”，那么资本主义就丧失了他们的剥削市场，从而无法保持他们的实力，因此社会主义将取得胜利。

32. 北平认识到，这将是一个长期目标，目前它还没有达到实现这一目标的实力。它除了能给为数极少的几个邻国，如老挝的共产主义革命提供非常有限的物质援助之外，无能为力。因此其政策是非常有限而且带有很大的机会主义，目标仅仅是减少美国和西方国家在亚洲地区的势力，(次优目标)是减少他们在其他不发达地区的势力。

33. 北平外交政策的目标特点主要取决于该政府究竟愿意冒多大风险来执行它们。最首要的目标是政权的生存及维持现有边界状况。北平为此可以不顾一切地走入战争。如果美国或东南亚条约组织的部队通过老挝或北越而接近其边境，那么北平几乎会立即准备公开动用军队，除非是某种特殊情况能让它感到有比使用武力更好的方法。获取台湾是第二大目标——对此北平已经有了充分使用武力的准备，但只有在它认为胜券在握的情况下才会那么做，为了达到这一目标，北平准备冒更少的风险，尤其是希望能避免与美国发生直接冲突。北平几乎肯定不会使用军队来获得台湾或它认为美国会帮助台北防御的其他沿海岛屿。

34. 至于那些更大、更长远的，在不发达世界传播共产主义的目标，北平不会去为实现它们而冒任何风险，虽然必须指出，北平对支持“民族解放战争”所估计的风险比莫斯科估计得要小得多。北平显然并不打算以共产主义的名义来扩张其国外的势力范围，但是希望这些革命者去战斗，去“解放”那些地方。北平准备训练外国游击队和政治斗争中的民族主义分子，会尽它所能来支持革命运动，尽量为其提供设备、资金和宣传，并在国际上支持他们。

35. 中国的民族主义大大影响了北平处理国际事务的方式。中国的民族主义者对国内政府的感情塑造了其对外政策，这其中有很多与共产主义是无关的，甚至有时是相反的。在喜马拉雅山的中印冲突就是很有说服力的一例。在这里，中国的国家利益和动机高于印度共产党的利益。

36. 在接下来的两年中，北平在东南亚会继续保持活跃。北平会继续鼓励老挝，会继续援助北越共产党和老挝共产党巴特寮去夺取该国的政权。在那里早就有中国共产党人了，而且由中国建筑的道路系统更密切了它与中国大陆的联系。一旦在老挝爆发战争而致使美国或东南亚条约组织的军队进入该地区，那么这些道路将对中国部队的进入起很大的作用。北平将会鼓励和支持泰国颠覆政府的活动，而且可能会利用种族主义的或其他致使紧张关系的活动渗入马来西亚联邦政府。在东南亚某些地区，海外华侨成了北平的工具，但是他们在这些东道主国家并不受欢迎，而且在很多地方比起对原先的北平政府而言似乎更不积极。北平的长期目标几乎可以说是要让本国获得绝对性的影响力和发展其经济。

37. 共产党中国对它最大的两个亚洲邻国印度和日本的政策，在接下来两年左右的时间内好像会持续目前的路线。中国共产主义领导人在前一段时间将尼赫鲁描述成一个资本主义的民族主义者，他已经没有什么作用了，因此也已经没有再讨好他的必要了。如今他们的目标是减少印度作为可供选择的发展模式，努力将自己塑造成非结盟和亚非集团的领导者。可以肯定地说，除了在中国宣布为其领土范围以外的地方，在最近两年内中国不会入侵印度，虽然他们对任何挑衅所做出的反应都是非常好战的。在任何情况下，他们都会继续采取延续的政治运动来反对印度的领导人。就日本而言，北平同样会为争取在日本的共产党中占支配地位而奋斗；怂恿其社会主义者和其他左翼人士采取更武力化的手段并从事反美事业；诱惑日本的商人，向他们承诺贸易的美好前景；向日本公众开展宣传活动和民间外交；要求现存日本政府承认其政府。

38. 无论其国内发展如何，也无论其外交政策是什么，共产党中国在亚洲会继续保持相当大的影响力。中国那种令人沮丧的生活条件使中国原本在亚洲的形象大大受损。但是其效果持续的时间可能不长，尤其是如果中国大陆重新获得了其原先的经济动力的话。更重要的是，对共产党中国的恐惧会持续，而且还会增长。即使是现在，几个亚洲国家，尤其是缅甸和柬埔寨的政策的重要衡量前提是不要激怒北平。

39. 一旦共产党中国引爆了核装置，这种恐惧会增加，虽然换成是几年前，如果中国核装置试爆成功，引起的恐慌可能会更大。但至少大多数亚洲国家的政府会向美国做出新的、更迫切的要求，寻求美国保护东亚和西太平洋。

40. 北平反美主义的情绪深深扎根于共产主义教条和好战的中国民族主义。只要现在的领导集团仍然掌权，这种态度就会一直存在，而且我们没有什么理由可以期望他们的继承者在态度上会有所软化。即使是在1961～1962年冬,即政权正处于最不好的情况,连政权本身的生存都有可能受到质疑的情况下,他们对西方的好战态度也没有发生改变。可能出于权宜之计,政府会稍作改变,但是在可预见的将来,几乎可以肯定地说,它不会放弃它那种基本的反美态度。

附录一

经　济

一、1962年的经济运作

1. 1962年的经济政策继续采用1960～1962年制定的适度的经济政策。农业和农村地区的贸易中存在的私营活动仍然是许可的。工业上主要的目标包括扩大产量以支持农业和轻工业、手工业及矿业、林业产出扩大的需求。政府把重点放在改进质量、降低成本、增加每个工人的产量和维护好设备上。

2. 1961和1962年前在第八届党代会的高压下通过的有关合作社的提议中提出的有关节约和合作的思想大体上将会得到延续,但是认为经济事务方面必要的紧缩是必需的,这样做是为了更有组织性地发展,从而使资源在指导下机动地得到调配。为了达到这些目标,党似乎已决定:(1) 继续强调现有的更为保守的工业政策,该政策与那些1957年前的比较类似;(2) 继续实行"大跃进"和"公社",至少在概念上得延续;(3) 不允许集体农业再有更进一步的让步,因此,作为结果,决定限制农村的私人"资本主义"倾向。

3. 无论是官方公布的还是通过个人渠道获得的经济信息仍然非常零碎。官方宣称在一些地区1962年的产量获得了显著的进步;难民、外交和旅行者的报告显示出在某些食品和其他一些消费品的供应上确实有所改善;气候的相关数据也表明这一年总体上气候对农作物生长稍有好转。将这些零碎的信息综合起来判断,再加上北平从9月份以来更为乐观的看法,表明那种极度困难的时期已经有了一定的转变。但是,即使1962年局势有所好转,在经济的重要部门中问题依然非常严峻,可能产量还没有达到1957年的水平。

(一) 农业

4. 1962年谷物的产量也呈现出轻微的增产,[①]但只是以1960年和1961年为基础,而这两年的产量也实在太低了。据估计,1962年谷物的产量大概与1957年收获的18.5亿吨持平,但当年的人口比现在少10%。1962～1963年的平均年消费量可能已经比上年的消费量

---

① 原注:我们对产量的估计主要依据相关的气候数据,虽然实际秋收产量可能比这个略高,而且由于化肥的使用可能会使产量更略微有所增加。

有所增加，这主要是由于私有土地上的产量增加的结果。食物状况依然不容乐观，但是已经不像此前那样令人绝望了。

5. 从1962～1963年中国进口的谷物年消费量(7～6月①)来判断，国内产量和储存量还远远不够。中国早已签订了在1963年的前六个月购买330万吨谷物的合同——这个数量与1962年同一时期进口数量持平。我们估计1962～1963消费年中需要进口500万吨谷物。这比起上一年来少了100万吨，但是仍达到了总谷物消费量的4%。相比而言，中国在1957年出口了100万吨谷物。

6. 1962年种植棉花的面积仅约为1957年的一半，产量也只是1957年164万吨产量的一半左右。

(二) 工业

7. 1962年，中国共产党在工业的现代化方面似乎取得了一定的成绩。同1961年比起来，在优先产品，比如化肥、一些农用器具，很多种类的轻工业产品以及手工制品等的产量有所增加。工人人均产量也有所增产，但是这大大导致了劳动力过剩，从而更加增大了失业这一问题。技术和管理人员享有更大的威望，也负有更多的责任。质量问题、成本以及设备维护等问题得到了一定的缓解，但是仍然是工业有效发展的障碍。

8. 根据我们手头仅有的材料表明，1962年工业总产值约与1957年持平，也就是说是1957～1960年最高产值的一半左右。农用化肥、农用设备和器具的产量，以及很多轻工业的产量可能超过了1957年的水平，但是机器生产和纺织业的产量可能低于1957年的。钢铁和电力产量可能与1958年的水平差不多。

9. 工人的食品短缺、农业原材料的供应不足，以及政府把优先权转移到农业上来给工业部门带来了一定的困难。而且，工业部分由于“大跃进”已经蒙受了巨大的损失，因为生产被忽视了，设备遭到了滥用，很多以次充好的建筑，以及彼此协作的企业和工业部门之间在生产能力方面的失衡浪费。更重要的问题是苏联技术专家的撤回，中苏贸易的下降和去苏联及东欧国家学习机会的枯竭。这些问题都是非常严重的。

10. 很多工厂实际生产远远低于原本的生产能力。在轻工业中出现这一现象的原因非常明显：无法获得足够的农业原材料。但是在重工业中出现这一现象的原因就复杂得多了。一些重工业工厂——比如，航空制造业、船只制造业、拖拉机厂、化肥厂——产量低于生产能力的原因是缺少关键部件、原材料或是技术专家。这样的问题或是存在于这些工厂本身，或是存在于为这些工厂供货的工厂中。而且由于投资项目的急剧减少、工业产量的大幅度下滑，导致基础性工业产品，如钢铁、电力、建筑材料以及一些机器等的需求也有所减少。但那些支持农业生产的工业部门，特别是化工业，仍然亟需机器设备和技术管理人员。

11. 我们认为军工设备生产厂最多仅能维持生产一些和平时期所需的重要军事装备。

---

① 原文如此，疑为6～7月之笔误。——编注

生产能力可能比1960～1961年的最低水平有所回升,但是在电子领域,我们并不认为他们在武器装备的现代化上有任何进展。几乎可以肯定地说,在生产常规武器方面没有取得任何重要性的发展。

12. 据估计,共产党中国1962年的石油产量略微低于1959年的产量,1959年的数据是最后一次可靠的数据,但是1962年的产量还是足以用来供应民众和军队的需求的,虽然这是针对极为节俭的基础而言的。总供应量中约70%是国内产的,而1959年国内的产值仅占50%。据我们了解,共产党中国的航空燃料还在试验中,仍无法达到自给,因此仍依靠从苏联进口。但是中国已经能够生产喷气式飞机的燃料,虽然这种燃料的生产会减少其他石油的产量,而且在质量上也存在着一定的问题。但是中国可能还是无法生产高性能的航空燃料和一些高质量的润滑剂。

(三) 外贸

13. 出口农产品的减产,中苏关系的恶化,投资的减少和工业产量的下降,这些都导致了中国总贸易额的降低,也大大改变了贸易的方向和贸易成分的组成。1962年总贸易额仅为25亿美元左右,而1959年的贸易额是42亿美元。1959年同苏联的贸易额达到了最高值20亿美元,而1962年则下降至6亿美元左右。石油产品几乎都是从苏联进口的,进口量从1961年的320万吨降为1962年的190万吨,但是该年飞机燃料和高质量的润滑剂的进口量与上一年持平。目前政府集中力量进口食物和原材料,而机器和设备的进口从1959～1962年下降了约85个百分点。1962年11月,中国共产党同日本签订了长期贸易协定,同年,它与西方的工业品供应商也积极开展了一系列签约的努力,但是至今几乎还没有签订任何具有规模的或重要的合同。1962年中国对外交易局势依然十分严峻,但是政府确实是设法灵活地完成了其任务。

(四) 交通

14. 1962年共产党中国的各种交通运行似乎徘徊在1961年的水平,甚至更低,除了在煤运方面,据报道它在下半年有所起色。虽然由于蹩脚的管理、工人工作热情不高、燃料不足并且质量不好,以及缺乏材料等,这些使得其效率和能力都受到了影响,但是交通系统在支持经济方面比起近几年来有所提高,这主要是因为下滑的经济导致了对系统的需求大大降低。早期令人印象深刻的扩展中国交通网的项目,由于"大跃进"的垮台而被放弃了,在1962年已无人问津。除了云南、西藏地区在军事上有重要意义的道路外,1962年没有什么主要的铁路和公路的建设。机车生产、运货车厢和卡车依然徘徊在很低的水平。交通设备几乎没有得到任何发展。

(五) 教育和科学

15. 1962年秋,政府急剧地减少了各个阶段的学生入学人数,而且关闭了很多二流学校。结果,有大约500万具有高中水平和大学水平的学生被抛进了早已过剩的劳动力市场。这在学生及其家长中引起了强烈的失望情绪。这一激烈的决定对政府来说无疑也是十分困难的决定;可能是为了避免在教育质量上导致进一步恶化,但这可能最终会导致更大的醒悟和憎恨。

16. 关于科学,政府曾制定了一个全面的1956～1967年的12年计划,但是如今政府不得不对它进行重新审视,并可能会抛弃这一计划。1962年,政府开始去吸引那些受到西方教育的科学家,这些人在"大跃进"期间要么被忽视要么受到了压迫。如今强调科学训练和研究中的质量问题,在科学和学术团体中的政治干扰因素大大减少了,而更多的似乎是号召科学支持农业发展。

二、前　景

(一) 短期展望

17. 中国共产党领导人似乎从过去三年严重的危机中重新找回了信心,抱着一种谨慎的乐观心态进入了1963年。但是,他们对1963年并没有提出大幅度增产的目标,只希望能顺利地"升"入1964年,在谷物产量上有一定平稳的增产,而在工业原料作物上有一定储存。他们的对外贸易谈判似乎也主要为1964年考虑;他们在西欧的贸易任务很坦诚地表明他们在寻求可获得的设备,而在1963年秋之前无法给予任何肯定的答复。

18. 根据保守估计,1963年经济增长状态最佳,1964和1965年的前景是让人担忧的。虽然总体而言气候较好,农业方面还会有进一步的改进,但是糟糕的农业状况影响了整个经济状况。对工业原料作物的储存这一前景我们比较乐观,因此预估轻工业的发展可能会促使1964～1965年的工业增长约5个百分点。如果政府对其外贸进行重新定位,并支持资本投资的扩大,那么在工业上可能会有更多的进步。由于整个民族情绪低落,食物储备很低,外贸关系没有确定,还背负着巨额外债,因此中国似乎不大可能组织好国内和国外的资源,使得在投资上有快速增加。但是即使投资没有增加,只要能够对目前闲置的设备加以充分利用,1964～1965年一年期间的工业产量也可以增长5%～10%。

(二) 未来的经济政策

19. 共产党中国的经济前景严重依赖于气候情况,而且北平的领导层将会将目标重点转移至使中国成为一个现代的工业和军事强国,因此农业产量无法得到安全的保障。到目前为止,共产主义国家从没有一个国家是把农业发展放在第一位的。领导人在1958～1960年的"大跃进"期间尝足了苦头,因此在今后会十分小心,以使他们的名誉不再受损。高层领导人的组成没有什么大的变化,但是由于此前的经验教训,因此不大可能会发生类似激进的、政治上冒风险的运动了。然而,从长期来看,如果他们追求的目标迟迟不能实现,那么这样的运动还是有可能出现的。

20. 1962年11月,几位高官,包括四名政治局委员被召到国家计划委员会,据说是上级下达命令,要求制定出第三个五年计划。这个计划一旦出现,应该是一个政治性的而不是一份计划文件,因为政府如今面临的不确定性需要他们对长远规划作一个详细的计划。其目标可能是泛泛的、做了一些数量上的规定,而不是专门的,政府可能会把它看作是鼓舞人心、促进国家团结和赢取支持的一个重要工具。

(三) 农业

21. 政府倾向于继续保持对农业的优先权,北平也似乎正在考虑要实现农业现代化的项目可能还需要20～25年的时间。该项目中某些因素对扩大农业产量似乎是比较合理和切实可行的,如强调研究,增加设备,提高化肥产量,增加电力和扩大灌溉面积等。另外一些宣传则号召加快实现机械化,加强集体化,以及"政治领导经济",这可能会导致适得其反的后果,因为呆板的管理,农民缺乏生产积极性,以及强调把农村劳动力用于工业生产,这些不仅无助于农业产量的增加,反而会起相反的作用。

22. 甚至即使领导层的初衷是好的,也存在着一些合理的因素,但是仍然无法在农业中马上产生效果。即使是化肥和其他的投入都达到最大化,这也需要改进各种种子和农业耕作技术等,只有这些方面做出相应的调整才能跟得上。研究和扩大服务(而且,首先是让技术人员去培训他们)既不是一天两天的事,也无法期望他们在不到十年工夫就取得任何规模的成果。再说,还得看目前所采取的集约化措施将会对农民的干劲这一关键问题有多大的促进效用。

(四) 工业

23. 目前对工业的强调是生产出可供农业和消费者使用的产品,这至少在接下来一年左右的时间里可能不会改变。一些重工业的部门如今无法生产出足够的产品来满足经济优先部门的需求,政府可能会给这些部门分配更多的资源,从而扩大工厂的规模,并进一步完善它们的技术。这些部门应包括矿厂、化肥厂、农用机械厂、供应轻工业的一些化学原材料厂,以及有助于推广中国技术能力的一些工业部门。后者将提高自主生产各种(虽然不要求数量)精密机器以及某些金属和化工产品的能力,这样反过来可以进一步促进化肥工业的发展,促进核武器和导弹的生产。

24. 随着农业的恢复,有可能会促进工业的恢复发展。如果农业得到了复兴,甚至只要达到1957年的产量,工业的生产就可以在一两年内快速向前推进一步,因为在很多工业中存在着不少闲置的设备。但是,工厂开足马力后,如果目前的目标——该目标强调的是多样性和质量,而不是数量——不变,那么工业生产更进一步发展的步伐将会慢下来。然而,如果对把目前的目标进行调换,那么农业将遭受损失,民众中间亦会产生不良反应。无论什么情况,基本工业项目的总产量在10年或15年赶超英国的口号已经不复存在了。同样,政府也已经放弃了他们一度提出的到1967年粗钢产量达到4 000万吨的口号,如今能达到这个目标的一半就已经很满足了。

（五）外贸

25. 在外贸中要有较大发展的可能性不大，部分原因是由于北平对自给自足提出了更高的要求。目前的材料表明，中苏1963年的贸易将持续在1962年的最低水平。虽然中国计划转向非共产主义世界来取代一些集团国家，从而获得一些机器，但是这种可能性还有待考验。而且，由于外汇不足，中国主要通过进口原装设备，包括购买整套设备，然后在国内进行仿制来引进技术。但是中国的机械制造工业太落后了，因此不具备快速建立起先进工业的能力。

26. 中苏完全决裂也会对中国的经济产生进一步的副作用，但是假如中国愿意付出与非集团国家增加贸易的经济上和政治上的代价的话，它还是可以从这种决裂中恢复过来的。中国1961年出口苏联集团的总额(70亿美元)，对非集团国家可以出口35亿～45亿美元，还有17亿美元可以用来作为偿还债务出口至苏联。中国本可以从非集团国家进口所有的它1961年从苏联集团进口的化学和金属产品，而且几乎所有的机器、设备、油料和工业原材料都可以从其他国家进口。虽然还有来自西欧国家的激烈竞争，日本本来还是可以成为中国的补充性贸易伙伴。如果中国把贸易在集团和非集团国家中进行大规模的分化，这可以为中国的出口和需要进口的资源打开新的市场，这也要求花费大量成本和时间以符合西方的很多规定，从而引进大多数机器。更重要的是，做出这样的贸易分化将对中国的外交政策做出一定的限制，包括改变与日本贸易的一些政治目标、向国外商人提供技术数据、吸引非集团国家的技术人员前往中国，以及派中国的工作人员到非集团的国家接受培训等。

27. 虽然中日双方于1962年11月签订了长期贸易协定，但是与日本之间的贸易前景并不被看好。日本对低价产品以及大量的原材料，比如盐、煤、矿铁等而言是一个利润很高的市场，而这些产品中国很难销售到其他地方去。但是由于政治关系的多边和不确定性影响了潜在的日本工业厂商将共产党中国看作是一个大量供应以上产品的供应商。尽管如此中日之间的贸易还是在缓慢增长，而且这种趋势会继续下去。

28. 北平可能希望保存一定量的外汇，以备1963～1965年购买谷物之用，但是这一期间北平被迫偿清苏联的50亿美元的外债，而且还要支付将近50亿美元，以保证信誉来获得谷物和保证对现有的食品的购买。这些数字表明中国几乎没有进一步扩大进口的空间。

（六）教育和科学

29. 虽然政府已花了很大工夫来纠正在教育和科学领域中造成的破坏，但是它仍然面临这一系列困难和棘手的任务，即扩大有限的知识分子的来源以促进在生产中取得立竿见影的效果——这些生产领域包括农业的机械化和武器的现代化。同时，中国必须实施有足够深度和广度的培训发展计划，以扭转在各个学科上的落后局面。共产党中国已经将本国的科学发展孤立于整个世界之外，除了间接获得一些科学方面的期刊外。

30. 由于缺乏全面发展、有经验的高层科技人才，共产党中国在研发方面的效果仍然不大。高层以下有经验的、能够独立作业进行研究的科学家也严重短缺；这些人是成熟的科学共同体研究团队的主体。另一方面，受过培训的专业技工或高度专业化的工程师在中国已经较多。中国急需这方面的人才，希望通过使用他们来为经济提供技术服务，特别是那些旨在将国外设计和流程中国化的技术发展领域更是如此。

31. 大学毕业总人数是相当惊人的——超过100万，其中将近60万是理工科生，包括医药和公共健康。但是这些数字本身无法真实反映中国的研发能力，因为毕业生平均素质并不高。在研发方面，共产党中国可能有2 000～3 000名高素质的科学家。在科学领导者和有经验的科学家及技术人员这一主体中，存在这样一种实用尺度：在实践上胜任所有的工程技术领域。因此，政府有资源来组建一支研究队伍来攻克任何目标，但是由于人手不够，它无法同时有效地组建很多支队伍。

32. 政府对研究和培训持有的新姿态是，为研究好发展提供更好的环境，在未来几年中提供合理而有效的科技支持。

(七) 人口

33. 在接下来的五年中，无论中国共产党采取什么方法使其经济得到恢复，人口对食物资源要求的压力仍将是一个悬而未决的问题。据估计，自1953～1958年，人口平均增长率约为2.4%，近几年稍有和缓，为1.5%～2.0%，可能在将来又会有所上升。对马克思的教条会束缚政府全面地开展控制生育的运动。即使不是这样，北平在有效控制生育方面也会束手无策，特别是在农村地区，政府很难改变那里的社会观念，而且医疗服务也很差。尽管自1962年春以来，在城市地区已经开始开展了一项低调的鼓励晚婚晚育计划的运动，但在未来10年里，这对整个国家出生率的效用是十分微小的。

附录二

战斗序列表

表一　空　军

(截至1963年4月1日)

战斗机类型	作　用	数　量*	总　数
航空兵			
FAGOT(米格-15)	战斗(白天)	690	—
FARMER(米格-19)	战斗(白天)	60	—
FRESCO(米格-17)	战斗(白天)	815	—

续　表

战斗机类型	作　　用	数　　量*	总　　数
FRESCO D(米格-17D)**	战斗(白天)	145	1 710
BEAST(伊尔-10)	地面攻击***	40	40
BAT(图-2)	轻型轰炸,活塞式	100	—
BEAGLE(伊尔-23)	轻型轰炸	175	—
BULL(图-4)	中程轰炸,活塞式	15	290
C46/C47	运　　输	30	—
CAB	运　　输	35	—
COACH	运　　输	25	—
COLT	运　　输	25	—
COOT	运　　输	2	—
CRATE	运　　输	45	172
总　数			2 212
海军航空兵			
PAGOT	战斗(白天)	170	—
FRESCO	战斗(白天)	70	—
FRESCO D	战斗(白天)	30	270
BAT	轻型轰炸	5	—
BEAGLE	轻型轰炸	150	155
CAB	运输	15	—
COLT	运输	5	—
CRATE	运输	5	—
MADGE	侦察	10	10
总　数			460
空军总人数			82 000

*　数字四舍五入到个位五。

**　FRESCO D在全天候作战方面存在一定的限制。

***　此外,一支拥有30架米格-15(FAGOTs)飞机的部队受过地面攻击的特别训练。所有的FAGOT/FRESCOs都能够适应地面攻击,但是在运输方面性能欠佳。

表二 海 军

(截至1963年4月1日)

种类/类型	总数	来 源	评 论
船只			
旧驱逐舰/“GORGYY”	4	转自苏联	已过时;1941年造。
驱逐护卫舰/“RIOA”	4	中国制造	苏联的技术参与和材料援助。
潜水艇/“W”	21 或 22	中国制造	苏联的技术参与和材料援助。苏联人撤走后,有四艘相信是由中国自己完成的。
潜水艇/“8－1”	4	转自苏联	已过时;建于1941年。
潜水艇/“M－V”	2	转自苏联	近海潜水艇。已过时。
巡逻艇			
巡逻护卫舰/各种型号	15	1949年缴获	全部是二战(或之前)的设计。
潜水艇追逐舰/“KRONSHTADT”	25	6艘转自苏联 19艘中国制造	在苏联援助下由中国制造完成的。
发动机式鱼雷/“P－6”	80＋	中国制造	在苏联援助下由中国制造完成的。
发动机式鱼雷/“P－4”	70＋	转自苏联	
老式巡逻舰/“SHANGHAI”	12	中国制造	中国设计
发动机式炮舰	44	中国制造	其中有部分零件来自苏联。
扫雷艇			
扫雷艇舰队/“T－43”	14	12艘中国制造 2艘转自苏联	中国项目中有苏联的援助
扫雷艇,沿海(旧式)	4	1949年缴获	美国二战时的设计。
扫雷艇,辅助的	20	一些是中国制造的 一些是1949年缴获的	仅限于近海扫雷。

表三　陆　　军*

（截至 1953 年 4 月 1 日）

	单　　位	估计的战斗力
步兵师 3 个步兵团 1 个炮兵团 1 个坦克突击炮团(在 69 个师中) 1 个反装甲营 1 个反坦克营 主要武器： 24 门轻型和中型野战炮 39×57/76 毫米炮 120 门轻型和中型迫击炮 12 门轻型反装甲炮 32 辆中型坦克 12 门自推式突击炮	107	69×15 000 38×14 000
装甲师 2 个装甲团 1 个步兵团 1 个炮兵团 主要武器： 10 辆重型坦克 80 辆中型坦克 14 门自推式突击炮 20 门轻型和中型野战炮 12 门轻型反装甲炮 37 门轻型和中型迫击炮	4	×6 600
空降师	3	×7 000
骑兵师	3	×5 000
前线师总计	117	
野战炮师 3 个炮团或榴弹炮团 1 个反装甲营 主要武器： 103 门 122 毫米至 152 毫米炮 12 门轻型反装甲炮	12 1 2	×5 500 ×7 000 ×7 800

续 表

	单　　位	估计的战斗力
反坦克师 4个反坦克团 96门56毫米至100毫米反坦克炮	3	×3 400
高射炮团	9	各种各样
边防军和国内安全军师	15	×7 000
陆军总人数		2 632 000

* 陆军分为34个军和很多独立的师及其他单位。

National Intelligence Council, *Tracking the Dragon*: *National Intelligence Estimates on China During the Era of Mao*, *1948 - 1976*, Washington, D. C.: Government Printing Office, 2004, pp. 333 - 364

褚国飞译，沈志华校

第二编　中国内战

目　　录

导论　杨奎松 / 189

2－1　国务院关于中国政治军事局势的评估报告(1945 年 12 月 11 日) / 205

2－2　国务院关于中国政治协商会议的评估报告(1945 年 12 月 27 日) / 211

2－3　国务院情报研究所关于中国民盟当前立场的报告(1946 年 2 月 7 日) / 220

2－4　国务院关于支配中共军队规模主要因素的报告(1947 年 6 月 25 日) / 232

2－5　中情局关于苏联实现在华目的的报告(1947 年 9 月 15 日) / 239

2－6　中国事务处助理处长赖斯关于影响中苏关系的因素的报告(1947 年 12 月 18 日) / 248

2－7　国务院关于苏联在伪满洲的经济利益的报告(1948 年 1 月 27 日) / 252

2－8　国务院情报研究所关于对中共政权普遍反应的报告(1948 年 4 月 15 日) / 259

2－9　中情局关于中国的调查报告(1948 年 5 月) / 273

2－10　中情局关于中国和平谈判前景的报告(1948 年 7 月 12 日) / 384

2－11　中情局关于目前中国形势的报告(1948 年 7 月 22 日) / 388

2－12　国务院关于苏联拆运日本在伪满洲工业设备的质询报告(1948 年 10 月 8 日) / 390

2－13　国务院关于美国对华政策给国家安全委员会的报告(1948 年 10 月 13 日) / 412

2－14　中情局关于中国可能发展趋势的报告(1948 年 11 月 3 日) / 425

2－15　中情局关于中共领导全中国能力的报告(1948 年 12 月 10 日) / 428

2－16　国务院情报研究所关于中共夺取政权后对远东其他地区的影响的研究报告(1949 年 1 月 24 日) / 434

2－17　国务院情报研究所关于中国政权变更的研究报告(1949 年 2 月 14 日) / 444

2－18　中情局研究评估署对台湾可能的发展趋势的评估(1949 年 3 月 14 日) / 452

2－19　国务院情报研究所关于“一个失望的党员”透露的中共状况及中苏关系的报告(1949 年 3 月 22 日) /456

2－20　中情局关于中国发展形势的评估(1949 年 6 月 16 日) / 465

2－21　国务院情报研究所关于中共与桂系恢复和谈的前景的研究报告(1949 年 7 月 26 日) / 482

2－22　国务院情报研究所关于中国在远东的潜力的报告(1949 年 8 月 1 日) / 490

2-23 国务院情报研究所关于蒋介石与非中共领导人合作前景的报告(1949 年 9 月 19 日) / 517
2-24 国务院情报研究所关于中国政府权力的本质和范围的研究报告(1949 年 9 月 21 日) / 524
2-25 中情局关于影响香港地位的因素的评估报告(1949 年 10 月 4 日) / 536
2-26 中情局关于中国非共产党政权存在的可能性分析(1949 年 10 月 19 日) / 544
2-27 国务院情报研究所关于中国对美国白皮书的最初反应的报告(1949 年 11 月 3 日) / 552
2-28 中情局关于中国局势的备忘录(1949 年 11 月 4 日)/ 559
2-29 国务院情报研究所关于毛泽东作为理论家和领袖的研究报告(1949 年 12 月 22 日) / 560
2-30 中情局关于台湾可能的发展形势再评估的备忘录(1950 年 5 月 11 日) / 569

导　　论

杨奎松

本编共收录了30份文件，其中包括17份出自美国国务院的报告和11份出自中央情报局的报告。

一、本专题情报形成的相关背景

1945年4月12日，美国总统罗斯福去世，杜鲁门继任美国总统。18天之后，美国战略情报局局长威廉·J·多诺万亲自向新任总统提交了一份备忘录，提醒杜鲁门，在罗斯福去世一周前曾明确批准了他关于与相关部门会商，成立美国中央情报局的提议。①

成立这样一个对外情报部门，是因为战略情报局的设置和任务是为战争服务的，隶属于参谋长联席会议，难以适应即将到来的和平时期的情报要求。成立中央情报局，可以使总统直接掌握对外情报部门及其所提供的信息，并统合美国各个部门的情报工作。②

1945年8月25日，即日本宣布投降，美国对外战争刚刚宣告结束之后，多诺万又再度上书杜鲁门总统，催促立即成立美国中央对外情报机构，以取代难以继续存在的战略情报局继续对外情报工作。③ 9月19日和20日，美国参谋长联席会议和白宫助理克拉克·克利福德也先后向总统提交了内容同样的备忘录，要求在战略情报局的基础上，毫不延迟地建立国家情报领导委员会，下设中央情报局，以适应新的和平形势的到来。④

然而，几乎就在接到参谋长联席会议和克利福德提交的备忘录的同时，杜鲁门总统却根据一份秘密调查报告，⑤突然下令要求国务院从10月1日起接管战略情报局研究和分析处等部门的工作，并由陆军部接管战略情报局其他方面的工作部门，解散战略情报局。⑥

10月1日，原战略情报局研究分析处和介绍分处的1 362名工作人员被调到国务院临时研究与情报局，归国务卿特别助理阿尔费雷德·麦克马克指挥。其他9 028名特工则被划归陆军部，由马格鲁德将军指挥。战略情报局就此不复存在。

---

① 《美国战略情报局局长威廉·J·多诺万关于建立中央情报机构给总统的备忘录》，1945年4月30日，参见*Foreign Relations of the United States*，*Special Dolume*，*1945－1950*，Emergence of the Intelligence Establishment，p. 1。

② 见本套书第十五编15－1文件。

③ 见本套书第十五编15－2文件。

④ 见本套书第十五编15－3文件。

⑤ 该报告指责战略情报局组织混乱、用人不当、铺张浪费和自作主张，严重地损害了美国公民、商业利益和国家利益，多诺万成立全球性情报机构和统一美国所有情报机关的建议，不仅出于个人野心，而且带有盖世太保的一切印迹。帕克报告，中央情报局文件，美国国家档案馆藏档，转见余茂春著，李艳波译：《美国间谍在中国》，香港明镜出版社1997年版，第425～426页。

⑥ 见本套书第十五编15－4、15－5文件。

直至11月7日,杜鲁门才第一次就成立中央情报局这一计划作出反应。他要求在12月31日之前召开一次由他主持的有国务卿、陆军部长和海军部长参加的会议,共同讨论建立一个中央情报局,以协调对外情报工作的计划。① 但是,这一计划也未能按期实现。整整两个月后,国务院和陆军、海军部长才最终商定,共同向总统建议成立一个国家情报领导委员会,下设一个中央情报局。②

1946年1月22日,经过各部门反复协商,杜鲁门总统最终得以发布命令,宣布成立国家情报委员会,并由他任命一名中央情报局局长,领导国务院、陆军部和海军部相关人员,组成一个协助情报委员会的中央情报小组,协助情报委员会的工作。③ 次日,海军少将悉尼·索尔斯被任命为首任中央情报局局长。

但是,任命中央情报局局长和组成中央情报小组的决定,并不意味着中央情报局由此建立了起来。事实上,2月8日中央情报组正式受命组建之后,围绕着如何组建中央情报小组以及中央情报小组的具体职责等问题,各部门仍旧颇费周折地进行了相当时间的研讨。直至6月索尔斯将军辞职,范登堡将军接任,由于涉及到战后军队复员和众多机构变动等复杂情况,特别是因为该机构的合法性问题尚未解决,因此中央情报组仍处在筹备过程中,许多工作未能正常进行。包括情报分析和评估的正常报告制度,也未能有效地建立起来。④

中央情报组在谋求合法化,即正式建立中央情报局的过程中,也在努力尝试着为美国政府提供具有参考性的情报信息和综合分析报告。它在1946年下半年陆续开始给总统和国务卿、陆、海军部长提供日报和周报,并不定期地提供特别报告。从1947年初各部门反馈的情况看,其日报和周报的质量仍旧受到广泛批评,几乎所有人都认为中央情报组的情报信息不能满足上至总统,下至国务院、情报科,以及军方情报官员的情报需求,唯有特别报告"受到一致好评"。⑤

美国对外情报机构的这种过渡状态一直延续到1947年7月第80届国会批准了中央情报局的成立之后,才逐渐结束。这种情况决定了从第二次世界大战结束,到1947年美苏冷战开始后很长一段时间里,美国对外情报活动处在极不正常的状态。这在美国对华情报工作方面表现得尤其明显。

美国在中国的情报工作战时主要是由战略情报局下属的驻华战略情报小组进行的。战争期间,该小组完全处于美国军方的领导之下。战后,由于美国海军在中国华北地区登陆,战略情报小组对在中国华北和伪满洲搜集有关苏联问题的情报非常重视,情报小组组长赫伯纳下令在北平组建了新的情报据点,利用北平、天津、张家口周围地区的天主教徒,开始建立庞大的情报网络。并计划将与军统局在战时创办的中美合作所改建成中美联合情报机

---

① 见本套书第十五编15-6文件。
② 见本套书第十五编15-9文件。
③ 见本套书第十五编15-22文件。
④ 见本套书第十五编15-30文件。
⑤ 见本套书第十五编15-40文件。

构。不料，由于战略情报局的突然撤销，多诺万设计的战后对华情报工作的方案中途搁浅。

1945 年 11 月，罗伯特·J·迪兰尼成为新的驻华情报组组长。由于情报组划归美国陆军部指挥，而陆军部在华工作着眼于准备军事撤离和清理战时财务，再加上 12 月受命来华调处国共冲突的前陆军参谋长马歇尔担心情报组的活动会妨碍他在国共之间的中立立场，要求停止该组的情报活动，因此，在相当一段时间里该情报组几乎无法开展自己的工作。

经过几个月时间在美军高层中间的反复磋商，1946 年 3 月马歇尔才最终同意情报组继续留在中国和搜集情报。据此，迪兰尼提议将情报组活动中心北移至天津，并隶属于美国海军陆战队，以便在保留原有的上海、汉口、南京、广东、台湾、香港、河内等据点的基础上，加强在青岛、北平、沈阳，特别是张家口和伪满洲的情报点的建设。但这一提议和迪兰尼对陆军部的不满，再度引发了争议。迪兰尼因此被撤换，驻印度的前战略情报小组负责人小阿默斯·D·莫斯克利普在 1946 年 5 月初受命成为驻华情报组的新组长。这一人事变动甚至导致了驻华情报组一批骨干也集体"跳槽"。这一变动无疑使该情报组在中国的活动又一次遭受重大挫折。

驻华情报组时来运转是在 1946 年 7 月 7 日，马歇尔将军致信陆军参谋长艾森豪威尔和驻华美军司令魏德迈将军，建议驻华情报小组能够在美军 10 月 1 日撤离中国大陆之后，改由美国第七舰队指挥，继续搜集情报。据此，9 月 30 日，美国海军部第七舰队正式接手驻华情报小组的指挥和援助，驻华情报小组改名为对外调查第 44 分遣队。中央情报组随后亦开始介入到对华情报工作中来。到 1947 年 7 月中央情报局正式成立之后，莫斯克利普领导下的这个对外调查第 44 分遣队才成为中央情报局在中国的主要情报组织。

了解上述情况是了解本专题资料相当部分内容不是源自于美国中央情报局，而是源自于美国国务院及其下属的国务院情报研究所或中国事务处的基础。当然，这还不是最主要的。更重要的一点在于，战后美国情报机构的变动所带来的一系列混乱局面，以及对美国驻华情报组织所造成的冲击，给这一时期美国政府了解和判断中国国内局势造成了不小的麻烦。

麻烦之一，是美国战略情报局战后刚刚开始的向中国北方，尤其是向中国东北地区渗透及发展情报网的工作，一度陷于停顿。等到 1947 年它重振旗鼓再来展开工作的时候，中国东北的主要区域已经成为国共两党交战的战场，靠近苏蒙边界的地区，包括美国驻华情报机构极力想要建立据点的哈尔滨等城市，也已经为共产党人占领。

麻烦之二，是美国战略情报局与国民党军统多年经营的以中美合作所为基础的合作机制，被意外中止。双方战后一度积极筹备的建立在情报合作基础上的各项合作计划，包括支持军统在北平建立一所训练情报人员的学校的努力，也因为这种情势和军统头子戴笠的突然死亡而半途而废。

麻烦之三，是一方面美国战后急需最大限度地获取中共，特别是通过中共获取苏联方面的有关情报，包括中共与苏联关系的各种情报，一方面美国与中共的关系在战后急剧恶化和紧张，美国驻华情报组织不仅难以获取到中共的重要情报，相反，其自身的动荡和混乱，还极大地便利了中共对美展开自己的情报工作。

最具戏剧性的是,1946年,中共成功地打入美国心理战争委员会上海小组,中共秘密党员吴大琨担任了该组的顾问,英文译员和打字员等多人均系中共上海地下党选派的秘密工作人员。他们不仅通过该组织获取了有关美军及国民党军统、中统的大量情报,而且运用情报战手法,制造假情报误导美国政府的决策人员。① 对于这一情况,有研究者甚至估计说:战后,美国战略情报局、战争新闻局和其他机构在云南和上海地区雇用的许多中国打字员、翻译员,都是为延安工作的情报人员。这些情报人员获取了美国文件,组织了共产党秘密活动,经常给美国情报机构提供假情报。尤其是在乔治·马歇尔在华期间,共产党渗入美国机构的情报活动十分活跃,共产党甚至在延安的许可下,将伪造的情报和文件通过美国心理战争委员会上海小组,直接送往白宫,从而成功地操纵了美国的决策者。②

二、美国国务院相关报告的内容及其价值

收入本专题的来自美国国务院的报告总共有17篇,时间自1945年12月至1949年12月,除一篇谈论中共军队扩充因素和一篇就某中共干部提供的情报所做的分析报告以外,其他基本上都属于形势评估报告。

形势评估报告的特点,是综合情报分析人员根据各种公开信息和秘密情报,针对某一时期政治、军事、经济情势,或针对某些党派组织、某一政治性事件的发展情况,通过对事实的陈述和分析,进而做出性质上的或趋向性的评判。

从国务院这时的情报评估报告中,可以清楚地看出美国战后对华情报工作所处的尴尬地位。和中央情报局的同类报告相比,国务院早期报告最重要的一个特点,就是不得不在报告中大量地做征引和注释。之所以要这样做的一个重要原因,就是因为这时国务院的情报分析人员,即使是那些刚刚从战略情报局转来的情报分析人员,在分析中国情势时,都面临着缺少充足的可以利用的内部情报信息的困境。因此,他们不得不大量征引和利用中国这时的报刊资料,包括美国报刊上的相关报道,以作为形势分析的基本依据。这样一来,其情报评估自然也就只能主要依靠一些众所周知的信息,根据逻辑的推导来得出相应的结论。

比如,在1945年12月11日本编2-1文件中,美国国务院情报分析人员只是从各种已经十分明显的现象作出判断称:战后,虽然国民党因为有美国的援助和从日本人手里接收所得到的地盘、城市、工业设施以及军事装备等,在人口、军力和工业潜力等方面远比共产党的力量要大得多,但由于国民党政治和经济上都处于极不稳定的状态,相反,共产党拥有训练有素的人口、组织能力和政治上的长处,因此,它从日本投降中所获得的好处,其实超过了国民党。虽然,没有外援,共产党固然不大可能推翻国民党,但即使有外援,国民党也不大可能根除共产党的军事力量。熟悉抗战期间美国一些年轻外交官所写的这类报告的读者,应

---

① 张执一:《在敌人心脏里——我所知道的中共中央上海局》,《革命史资料》(5),北京:文史资料出版社1981年版,第13～14页。

② 余茂春前引书,第466页。

该很容易看出它们之间的相似之处。

按照一年多以后国会调查小组的说法,这个时候的美国国务院主管中国事务的人多半都还是有共产党嫌疑或是共产党的同情分子。[①] 尽管后来的事实证明这种指责基本上属于无中生有,但可以肯定的一点是,这时对国民党持有悲观看法的,远不止是国务院主管中国事务的那些人,包括驻华美军司令魏德迈这时也再三告诫华盛顿:国民党对付不了共产党,除非美军准备同中共和苏联作战,否则腐败的蒋政权很难维持下去。[②] 既不愿看到国民党政权垮台,也不愿把美国拖入到中国的内战中来,结果就是派马歇尔将军使华调处国共关系。国务院的12月11日的这份报告,实际上也就是为杜鲁门总统的这一决定提供了一个论据而已。

马歇尔将军1945年12月20日抵达上海,他很快迫使国共两党重新坐在了一起,并同意讨论具体的停战措施和召开政治协商会议,以根本解决消除内战的问题,即实现军队国家化和政治民主化的途径。因此,国务院几乎马上就中国召开政治协商会议的作用问题进行了新的评估。这份写于政治协商会议召开两周前的报告更加凸显了国务院综合情报分析人员情报信息的欠缺。整个报告的资料来源全部来自于美国本地的报纸,如《纽约日报》、《华盛顿邮报》、《纽约先驱论坛报》等。而报告的主旨,其实只是希望强调这样一种看法,即"政协就统一中国问题进行商讨的成功与否,主要取决于国共达成妥协的意愿;而国共之间的妥协,又部分地要取决于美国决策者的态度。"

1946年1月中下旬中国政治协商会议的成功举行,明显地使美国人看到了解决中国问题的希望所在。但是,通过政协会议,美国国务院的情报官员显然有了更重要的发现。因为他们意识到中国民主同盟是一支正在发展中的,区别于国共两党的第三种势力。尽管,1946年2月7日本编2-3的这份报告注意到民盟目前所采取的立场,在很多方面近似于中共,但是,它显然相信,民盟内部的分歧,以及它从第三者地位中所得到的种种利益,特别是民盟成员一致追求宪政的目标,都使它必然会选择区别于共产党的发展道路。一旦联合政府能够取得成功,民盟很可能会成为中国政治中的一个重要角色。

让美国国务院情报官员始料未及的,是马歇尔的调处使命在1946年很快遭遇失败,国共内战到底还是大规模爆发了。国共内战的爆发,与几乎同时开始的美苏冷战相联系,不可避免地造成了美国对中共军事力量壮大的强烈担心。这导致了国务院的情报官员开始重视对中共军事力量的研究与评估工作。在1947年6月25日本编2-4文件中,国务院情报官员终于借助于中央情报组的机构整合,运用到了驻华情报小组提供的相关数据。

根据这些依旧过于笼统、并不十分清晰甚至还有错误的情报信息,国务院情报官员对中共军事力量的增长问题看来还并不悲观。依照他们的分析,中共军队过去迅速扩张,很大程

---

① 美国国会在1947～1948年间对国务院进行了调查和清洗,131人被清洗,据说"其中大约有一半是共党分子或共党嫌疑分子"。转见 Anthong Kubek:《远东是怎样失去的》,台北:黎明文化事业股份有限公司,1973年,第274页。

② 见 Michael Schaller, *The U. S. CRUSADE IN CHINA*, *1938 - 1945*, Columbia University Press, 1979, pp. 282 - 285.

度上是因为在抗战初期从国民党败军手里轻而易举地获得了大量的枪支弹药，而抗战胜利又通过苏联的帮助，取得了日军在伪满洲的大量装备。但是，由于中共几乎没有能够生产枪支的兵工厂，其进一步获取武器的速度无论如何赶不上战争过程中枪支损坏的速度，因此，其兵力增长的速度已经大大放慢下来。情报官员们显然相信，苏联不会冒与美国发生战争的风险来向中共军队提供武器。因此，除非国民党军队在战场上迅速溃败，否则，中共无法找到新的武器装备的补充来源。再加上华北粮食生产的水平充其量只能维持100万人左右的军队存在，中共在军事上取得超过国民党军队的优势地位，还有很大困难。至少"到1948年中期，中共军队的扩充不大可能超过150万人"。基于这一分析，国务院的这份报告指出，只要国民党改变自身的一些重要弱点，比如把一流部队用来驻守城市，一些指挥官的军事指挥能力低下却占据着关键位置，以及在后勤补给方面存在着严重腐败等情况，那么，中共目前的军事进展没有理由不受到遏止。

但是，国务院情报官员这时得到的有关中共军队数量增长情况的情报本身就存在问题。比如，报告根据所得情报认为，中共军队1934年只有8万人，1944年底达到48万人，增长6倍；1944～1947年初，从48万人发展到将近100万人，增长了一倍。因此，报告分析认为，中共军队的这种增长，很大程度上是取决于步枪获得的难易程度。8万人发展到48万人，根本上是因为抗战爆发初期国民党军队在华北的溃败，给中共军队的迅速扩张提供了武器。1944～1947年的快速增长，则是因为日本投降，中共进入苏军占领的东北地区，获得了大量日本武器的结果。一个用来支撑其论点的重要论据则是，1945年初中共中央计划当年军队数量要比1944年增长80%，结果，因为中共缺乏完成这个目标的手段，即武器，该计划只是到日本投降之后才得以开始和实现。

然而，事实上，第一，报告中所提到的1934年的中共8万军队，其实只是中央红军撤出江西中央苏区时的兵力数字。这一数字随着其后一年之久的长征，已经变成了6 000余人。即使加上其他几支红军部队的兵力，长征完成，抗战开始时，整个中共军队的数量，也只有3、4万人，并无8万人之数。

第二，抗战初期国民党军队的溃败虽然给中共扩军创造了极好的机会，但是，在进入到1938年底1939年初战争相持阶段时，中共军队的数量，也只是达到了22万左右。到1940年，才发展到了将近50万之数。这一数字一直到1943年没有太大的变化。而到1945年春中共"七大"召开时，中共军队正规军的数量，就已经达到了91万人。[①] 到日本投降，即1945年8～9月间，其军队已经进一步发展到127万人。到1947年3月，则进一步发展到168万人。[②]

显然，国务院情报官员评估中共军事力量增长时着眼于枪支和粮食供给的分析方法，虽然相当科学，但他们因为情报信息掌握得不准确，导致其分析角度太过简单，对一些问题的

① 见毛泽东：《在中国共产党第七次全国代表大会上的开幕词》，1945年4月23日，《毛泽东在七大的报告和讲话集》，北京：中央文献出版社1995年版，第19页。

② 见军事科学院军事历史研究部编著：《中国人民解放军简明战史》，北京：军事科学出版社1992年版，第272、304页。

判断上也过于主观，因此，他们也就无法准确预见到一年以后中共在军力上，进而在对国民党的战争形势上，会取得“大跃进”。

国务院报告的一个突出特点是对苏联在国共内战中的作用估计不足。直到1947年底，它的情报评估报告还没有对中共与苏联的关系给予足够的重视。它虽然也谈到了中共掌权和与苏联结盟的可能性，但它更重视的显然是中苏之间历史上的以及现实外交方面的种种摩擦和敌意。它在1948年1月虽然有一份专门的报告评估了苏联对中国东北地区的利益需求，也注意到了1947年以来中共东北政权与苏联之间的贸易往来，但它却没有从中共背靠苏联控制东北大部分地区的角度，来观察这种情况会对整个国共内战产生怎样的作用与影响。

随着中共在军事上日渐取得明显的优势，国务院的情报官员也开始对中共政权及其统治方式的各个方面展开评估。他们明显地注意到中共由于实施了平均分配土地的政策，在农民中间受到欢迎的情况。在国务院的评估报告中第一次较多地注意到和介绍了中共中央的各种政策指示，以及毛泽东的相关言论。报告也像以往的美国记者和美国外交官一样，从正面肯定了中共军队官兵平等、士气高昂、纪律严明、热心学习和与所在地区民众关系融洽的情况。但与此同时，报告对中共对城市的占领，则持消极看法。根据他们提到的中共占领张家口、烟台、哈尔滨等城市后所采取的极端政策及其所造成的种种后果看，他们相信中共还没有掌握管理城市所需要的技巧。当然，他们这时也已经发现中共正在调整自己的城市政策，公开宣布要保护私人企业，但在他们看来，这一切只不过是中共的一种权宜之计而已。报告断言：“他们的意识形态最终还是会要求他们对生产方式进行社会主义化的。”结果，他们最后还是会干涉家庭、限制自由和取消私人企业的。

本编2－13收入的1948年10月13日提交给美国国家安全委员会的国务院关于美国对华政策的文件，严格说来已经不是情报评估，而是政策评估了。这个时候中央情报局业已成立，并且开始全面接管美国对外情报，包括情报评估工作了。因此，该报告事实上已经在利用中央情报局所提供的各种情报信息。但是，作为一项权威性的全面分析中国现状，评论美国对华政策得失的综合性报告，它还是可以使我们了解美国政府这个时候对中国的情况究竟掌握到什么程度。

该报告首先强调的是中国的庞大人口数量，及其高死亡率和高出生率。进而说明中国经济状况原始落后，除非求助于高压统治和严刑峻法，否则人口问题仍会严重地牵制其经济发展并构成进一步的灾难。报告对中国政治的评估概述了中国革命的由来，以及中共成长的过程。而对于中国的现状，报告承认：“共产党正在赢得内战。”至于原因，它也有很客观的说法，比如，它明确认为，国共双方在内战中实际上都得到了外部的援助。报告估计中共战后得到了60万日军的物资及其重装备，而国民党则至少获得了大约100万日军的物资和不少于20亿美元的来自美国的军事和经济援助，包括由500名军官和800名征募人员组成的美国军事顾问团和海军顾问团。这一切使国民党人在与共产党的内战中据有绝对的军事优势。这包括共产党所不具备的空军和海军，以及39个美式装备（部分美式训练）的陆军师，及其超强的火力和美国顾问的协助。然而,国民党却输掉了这场战争。

国民党为什么会输掉战争的原因?报告人除了继续重弹国民党自身的腐败及其对军队士气低落的老调以外,只能承认中共军队士气高昂、纪律严明,军事领导人指挥娴熟、水平高超,和其经济上自给自足的能力,以及强大的组织力量与行政的高效率等等。

那么,美国政府为什么要支持一个明显不可救药的蒋介石呢?报告人的解释是:"这是因为我们已经将蒋介石同我们追求的目标——一个强大统一的中国等同了起来。"而且在很长时间里,也没有其他人能够在实现这一目标的问题上取代蒋介石。问题是,"由于蒋和国民党借助的意识形态工具新儒教太过陈旧,由于按照传统的中国观点来看,蒋介石显然气数已尽,国民政府正在输掉这场内战"。美国必须考虑其他选择的可能性,为此"应主动抛锚停船,直到明确我们的航向"。

报告的结论很明确:中国由于难以缓解的人口压力,决定了中国经济必将长期处于落后状态,由此必然会导致政治上的骚乱和威权主义,包括通过暴力方式走向"社会主义"。国民党已经不可救药,除非美国准备无限地增加对国民党的援助,并且长期坚持下去,否则,绝不可能阻挡共产党的胜利。但由于导致骚乱和革命的根源并不能轻易解决,因此,即使共产党取得政权,其麻烦仍将继续。在这种情况下,报告人提议:美国今后的对华政策,理当暂时继续承认现存的国民政府,在其灭亡的过程中视形势发展决定承认新政权的问题。当前唯一需要努力的,是要尽可能阻止中国依附于莫斯科。

注意到这份报告把美国在中国政策上的失败,进一步归结为中国自身不可逆转的人口压力及其经济落后所造成的骚乱和威权主义,进而相信蒋介石根本是气数已尽,可以想象美国政府主管中国事务的分析家们这时的感觉是何等沮丧。

进入到1949年,国务院情报官员已经直截了当地认为:共产党中国的出现不可避免。因此,我们可以注意到,报告人这时更热衷于讨论的是一种最低限度的期望。即未来的中国政权是否不至于变得过分极端,及其它对周边国家是否不会造成太大的影响等等。

在1949年1月24日本编2-16文件中,报告人与其说是分析,不如说是希望,共产党中国的出现,只会对朝鲜和印度支那半岛造成重大影响,这是因为那里共产党的力量本来就很强大。但是,对于其他国家,情况或许不会变得那样糟糕。马来亚华人太多,情况难以乐观,但由于政府在马来人手里,共产党及其亲华势力仍受到控制。相对而言,反共势力强大的日本、菲律宾、印度尼西亚和泰国的情况应该不会有太大的改变。无法回避的一种危险是,中共革命的成功势必会加剧其周边国家和地区政治上的两极分化。

1949年1月21日蒋介石突然宣布下野,李宗仁副总统以代总统的身份转而开始推动国共和谈的新的形势,美国国务院的情报官员马上开始评估一种新的联合政府产生的可能性。按照它在2月14日本编2-17文件中的看法,共产党绝不可能接手既有政府的框架,但纯粹靠军事手段推翻国民政府,建立一个一党专制的政权,又会付出过多的代价,并且丧失掉许多合法的机会。因此,建立一种共产党类型的"联合政府",可能会是一种最好的选择。这不仅是毛泽东曾经再三强调过的一种政体形式,而且也最容易取得国内各个社会阶层的拥护。中共宣布召开新的政治协商会议的决定,很清楚地表明他们正在为此努力。

随着国共和谈宣告破裂,解放军大举渡过长江,占领南京,李宗仁和蒋介石之间发生裂痕,美国国务院情报官员转而相信桂系将领仍有可能与中共达成妥协。而一旦发生这种情况,还在抵抗中的其他地方实力派也难免会步其后尘。其7月26日本编2-21文件详细地研究了这种可能的前景,格外担心,李宗仁如果真以代总统的身份与中共达成妥协,会不会把当前国际社会对国民政府的承认转移给共产党政府,从而使共产党在国际上也获得合法的地位?

中共在中国大陆的军事推进越是接近于全面胜利,美国政府也就越是期待国民党能够在大陆保持相当的抵抗能力。为此,美国国务院情报官员接连就这种可能性提交了评估报告。其9月19日本编2-23分析认为,大陆现存的抵抗力量必须要能够取得有效的物资和金钱的援助,才有可能长期坚持,然而,蒋介石绝不会为了延续大陆的军事抵抗,动用其贮备在台湾的物资和金钱。蒋的基本设想,不过是期待着第三次世界大战的爆发。因为蒋相信,一旦战争爆发,美国就必将全面卷入中国事务中来,那时,他也就有了东山再起的机会。显然,这不是美国政府希望看到的情况。因此,报告明确提出了向蒋施压的三种建议,以便逼迫蒋动用其物资金钱贮备。在注意到美国其实并不能改变蒋介石的想法和策略之后,其10月19日本编2-26文件,则干脆极其悲观地得出结论说:共产党的军队将"能够在1950年底以前消除一切有效的军事抵抗","各抵抗集团的联合也无法阻止共产党的最后胜利。在目前情况下,国民党政权即使在台湾最多也只能残存三年"。"美国大量的政治、经济和后勤方面的援助,不可能实质性地改变目前这些抵抗集团毫无希望的处境"。"台湾是唯一一个既符合美国重要的战略利益需要,同时通过积极的军事干预可以有效阻止中国共产党控制的非共产党地区。"

1949年10月1日,中华人民共和国中央政府宣告成立。中国共产党取代国民党而成为中国的统治者,已成为一种现实。根据美国现实政治的需要,对中共政权政策及其权力核心的情报分析开始成为国务院情报官员对华情报工作的重中之重。本专题收录的最后两份报告反映了其这方面情报分析的重要特点。

1949年11月3日本编2-27文件,着重分析的是新华社8～9月间就美国政府对华政策白皮书所发表的6篇评论文章。报告破天荒第一次大段摘录中共评论的批判文字,而由此得出的结论是:美国政府的对华政策白皮书事实上已经成为中共"镇压"自由主义者的便利借口,但是,共产党人长篇大论地针对白皮书中的一些观点进行激烈反驳,则显示美国政府通过发表白皮书,已经在中国取得了重要的心理上的胜利。

1949年12月22日本编2-29文件,着重分析了毛泽东作为中国革命的理论家和党的领袖,在中国革命走向最后成功的过程中,未来可能的发展趋向。报告注意到延安整风后毛泽东在中共党内的至高无上的地位,因而对中共中央七届三中全会决议中的一个提法深感困惑。因为决议宣布说,毛泽东所创造的农村包围城市的方针现时已经完结,中国革命重新开始了由城市到乡村、由城市领导乡村的新时期。敏感的报告人怀疑:这种情况的出现,是否与毛的国际鼓吹者安娜·路易斯·斯特朗2月间突然在莫斯科被以帝国主义间谍的罪名逮捕一事，存在着某种内在的联系？习惯于从各种信息的字里行间寻找矛盾与裂隙的报告人虽然无从得出具体的结论，但还是强调称："不管怎样，毛作为世界共产党领袖和理论家的形象正在改变，因为这种变化伴随着一些极端挑衅的世界性事件，如铁托分子的出现和中国共产党的胜利。所以，考察影响毛的未来的因素看起来是合适的。"

三、中央情报局的情报分析报告及其价值

收入本专题的出自中央情报局的报告共有11件。和国务院主管中国事务的官员不同，中央情报局自成立之日起，就更多地习惯于从提供情报信息和情报分析意见的角度，来考虑问题。但是，面对中国正在发生的政权易手的严重局势，国务院及其情报机构均要求中情局的情报分析人员提出具体的政策建议。因此，在这时中央情报局的情报评估报告中，我们很容易看到类似于国务院情报评估报告那样的内容。

本专题收录的第一份中央情报局的情报分析报告，即1947年9月15日本编2-5文件，就是其情报人员针对苏联对华政策及其与中共关系，所做的情报评估。这一报告典型地反映了美国驻华情报人员这一阶段情报关注的重心所在。

其实，还在抗战结束前，美国战略情报局驻华情报小组就已经开始把苏联在中国扩张势力范围的可能性，纳入到自己的视野之中了。战后，随着美苏关系逐渐发生问题，驻华情报小组更是高度重视利用中国领土来搜集苏联的和苏联在华活动的各种情报。

在这方面最为引人注目的，就是1946年4月20日当时的情报小组组长迪兰尼根据魏德迈的要求，提交的《战略情报小组继续作战修改计划》。在这份计划书里，迪兰尼明确主张，驻华情报战争的主要目的，就是观察和反击苏联在中国和邻近地区的扩张。战略情报小组的任务就是：

1. 搜集有关苏联、中共和国民党在中国、伪满洲和俄国的实力和部署的情况；

2. 搜集有关苏联部队在伪满洲北部和从伪满洲至西伯利亚边界的防御工事、军备和物资以及中共部队的防御工事、军备和物资的情况；

3. 搜集有关苏联的沿海防卫能力的情况；

4. 搜集有关苏联海军的实力和部署以及苏联在亚洲东海岸的航运量和航运物资的情况；

5. 搜集有关苏联在中国特别是伪满洲边界的空军基地与空军的实力和部署的情况；

6. 搜集有关在伪满洲和西伯利亚的公路、铁路、河流、电报和电话联络系统的情况；

7. 搜集有关中国内战的各个方面的情况；

8. 搜集有关在苏联和被苏联侵占地区以及中国和印度支那北部的政治经济局势的情况。

新计划对在中国进行的反谍报的任务规定是："在中国的首要目标是搜集有关苏联的情报；其次是搜集有关中国共产党、日本、中国、英国和法国的情报等等，驻香港的代表们的任

务则例外，他们的主要目标是搜集有关英国的情报。所有情报搜集活动应瞄准以下有关各方面的情报：

1. 在远东企图损害美国军事、政治和经济利益的地下组织或秘密组织。

2. 在中国战场代表外国列强，或由外国列强资助或控制的秘密情报组织。

3. 包括辨认领导人、特工、技术和战争手段等的组织和敌方间谍组织的活动。

4. 已经参与或涉嫌参与有害于美国利益的破坏活动人员。

5. 在远东施加压力的外国组织和外国战略活动、其机构、联络手段和成功的程度。

6. 外国政治团体、小组和地下组织以如何对待美国和其他国家为重点而进行的活动。"①

很显然，中央情报局成立之后，其驻华分遣队基本上延续了迪兰尼当初设计的这一套情报工作计划。

1947 年 9 月 15 日的这份报告显示，美国在华情报人员正在开始起作用。不过，根据报告说明的情况，可知这些情报人员更多的还是利用国民党人所获得的消息。而国民党人这时的情报，往往含有太多的水分。比如报告中引述的来自国民政府的一份情报声称，中共东北民主联军司令员林彪 1946 年 1 月 30 日曾经在奉天（沈阳）与当地苏军司令一起参加会议。而事实上，这个时候林彪正在法库以西的秀水河子准备迎击正在向他们推进中的国民党军。而报告也透露了国民党人这时经常会"伪造"文件的情况。如报告提到，1946 年 5 月一位中国高级官员提供给美国记者一份文件，说是中共与苏军在奉天签订的秘密协议。美国驻沈阳总领事最初深信不疑，但他很快就发现文件是事后伪造出来的，旨在用于指挥苏联，博得美国同情。文件送到美国驻南京大使馆之后，大使馆的官员也肯定了这一判断。

但是，无论如何，报告以附件的形式提供的大量情报信息，仍旧可以为美国政府了解中共与苏联在中国东北的合作，包括通过北朝鲜提供物资援助，和透过苏军控制的大连港，经由海路，与中共在山东的根据地之间保持着一条物资运输渠道等情况。根据这些来路五花八门的情报，报告断定：中共是苏联对华政策最有效的工具。不仅两者意识形态相同，且只要中共有夺取政权的需要，它就必定会与苏联合作。当然，由于报告人习惯性地看重经济利益的需求，因此报告怀疑苏联是否真的希望中国会很快出现一个共产党的政权。在报告人看来，在如此巨大又如此落后的中国扶助起一个共产党政权，不仅在经济上对苏联的吸引力不大，而且还会使苏联背上一个沉重的包袱。考虑到苏联这时已经在东欧承担了太多的责任，报告判断："在西方局势没有变得更加稳定之前，苏联在其世界共产主义计划中不大可能希望背负起这个额外的负担。"

在 1948 年 1 月 27 日本编 2－7 文件中，报告人继续坚持类似的看法。一方面，报告注意到伪满洲的资源对苏联是重要的；另一方面，报告则相信伪满洲目前的经济水平还很低，苏联因为自身物资的匮乏，也不可能为伪满洲的发展提供必要的投资。因此，共产党对伪满洲

① 佘茂春前引书，第 437～438 页。

地区的控制,更多的只是加强了苏联的安全感而已。

1948年5月本编2-9文件,可以视为中情局这时对中国情况最全面的一份基础性调查报告。报告详细分析了国民党和共产党的政治体制、意识形态、组织机构、运作方式及其派系分野,包括政治上活跃的其他各种派别和势力的情况。在具体介绍了两党的历史及其整个中国近代以来的种种复杂情势之后,报告明确认为,国共两党的政策体制都是建立在寡头政治的基础上,政权靠军力支撑,党没有军队,或领袖个人不能掌控军队,就难以巩固其权力。报告对中国的经济状况及其发展中的问题,都做了十分详尽的介绍与说明。对中国的外交及其军事形势,也依据大量数据资料,进行了深入的分析。报告同样担心共产党统治中国,很可能会与苏联结盟,从而对美国的国家安全构成威胁。但是,它不同意过分夸大共产党中国出现的危险性。在它看来,这种危险是受到限制的。一方面由于东南亚民族普遍对中国不信任,且敌视那里的华人,因此足以遏制共产党中国的影响向南扩展;另一方面中国的经济资源不仅不可能对苏联提供重要的帮助,而且会在很多年里给苏联造成巨大的麻烦。考虑到美国挽救国民党政权也一样会面临类似的麻烦,且中国并不能对美国与苏联的对抗起到有效的帮助作用,因此,报告也明显地不赞成耗费巨资去支撑一个即将垮台的国民政府。何况,报告相信,没有人能够保证国民党能够进行必要的改革,以使美援发生效力;也没有人能够保证美苏之间不会发生更大的对抗,从而极大地牵制住美国,使其无法全力帮助国民政府。

这种情况显然使中央情报局的情报分析人员对任何新出现的,可能避免中国全部落入中共之手的消息,都格外关注。其7月12日本编2-10文件就特别分析了有关苏联大使出面鼓动两党和谈的信息。它明确认为,这一谈判如果发生,势必要建立在蒋介石下野的基础上。但它对蒋介石的控制力显然估计过低。它不仅相信有可能出现一个具备政治和军事支持度的领导人或集团,来推动这一谈判,而且推测这一谈判有可能取得某种成功,尽管最后的结果并不能让人满意,也就是共产党依旧会在实际上取得控制权。

然而,这样一种推测显然不能让美国政府满意。因此,10天之后的本编2-11文件撇开了和谈的可能性,更直接地点出了问题的所在。即国民政府随时可能覆灭,即使美国予以援助,情况也不会有根本的改变。11月3日本编2-14文件,更具体地分析了国共战局发展的趋势。称:国民政府很可能在几个月后崩溃,它无法实现与中共划江而治的企图,而李宗仁取代蒋介石的必然趋势必定会加剧国民政府的垮台。但这并不意味着共产党将能够解决那些国民党所不能解决的政治和经济问题。尤其是过分依附于苏联,难免不会使中共"自食其果"地陷入到中国民族主义的围困之中。据此,其本编2-15文件更进一步分析认为:即将产生的新政府,注定会是一个实际控制在中共权力之下的名义上的"联合政府"。而从历史上来看:"中国共产党从来没有公开偏离苏联的路线,从来没有公开指责过苏联的行为和苏联的代理人,也从来没有做出过任何暗示表明它将偏离苏联靠拢美国。可以肯定的是中国共产党一直都是苏联的政策工具。虽然不能确定共产党现在,或者将来都是苏联完全可靠的工具,但现在看来,至少在共产党主导的中国政府接管权力之前,中国共产党内部,或者苏联与中国共产党之间不存在分裂的可能性。”

面对大陆即将失守，蒋介石选择以台湾作为退身之地的部署，中央情报局亦于 1949 年 3 月 14 日本编 2－18 文件中做出评估报告。报告在介绍了台湾的各方面情况及其历史之后，明确认为：“台湾在法律上不是中国的一部分，它的地位仍决定于对日和约。”只不过，日本投降后，根据 1943 年 11 月开罗宣言和 1945 年 7 月 26 日波茨坦公告，中国人已经在实际上控制了该岛。但由于美国和其他国家都还没有正式承认台湾归属中国，因此，台湾的法律地位还有待确定，美国与其他对日战争的参加者在军事占领地区，依然享有专属利益。而也正因为如此，台湾本地人自国民党当局进入台湾，无限制地掠夺台湾的资源以来，一直在进行反抗。在这种情况下，共产党很可能渗入台湾，通过各种方式策动内乱，进而达成夺取台湾的目的。“假如美国无所作为，台湾必将为中国共产党所控制。这样的发展态势对美国的国家安全是极为不利的。从军事战略的角度来看，美国实施阻止共产党控制台湾的计划所获取的利益是大于其产生的不利的政治后果的。”

上述报告，均得到了国务院、陆军、海军等相关情报部门的一致认同。

但是，中央情报局的综合情报评估报告，也有遭到相关机构批评的情况。比如其 1949 年 6 月 16 日本编 2－20 有关中国目前局势发展趋向的报告，虽然详细地讨论了中共政权可能面临的各方面情况，并且对美国要不要承认中共新政权提出了具体的应对策略，分析了不承认、立即承认和拖延承认三种政策选择的利弊优劣，明确强调拖延承认最为有利。但是，该报告依旧被这时苦于承认问题的美国国务院相关部门严加批评。国务院情报机构明确提出：他们“不相信这份主题报告，因为对共产党中国的国际承认问题，它没有给出足够的对策。文件中的对策有过于简单化的倾向，从涉及当前中国形势的重要政策角度看，这种倾向是非常不能令人满意的”。

作为一种情报评估，中央情报局情报分析人员也时常会依据新的情报和形势，对以前的报告和形势估计做出修正。但通常情况下，这种修正的幅度是有限的。如 1950 年初中情局对台湾情势的估计。1950 年 2 月 20 日，其情报评估曾得出结论：(1) 国民党政权不能作出有效的政治、经济调整以成功地防御来自台湾岛的内外威胁；(2) 中国共产党有能力在 1950 年底以前拿下台湾，并且可能将采取这样的行动。几个月后，当他们在 5 月 11 日再度提交评估报告时，不能不注意到：1950 年的前四个月里，台湾的政治形势出现了好转的迹象，经济形势相当稳定，对大陆的突袭和海岸封锁取得了成效，并几度击退了中共军队的渡海作战。尤其是蒋介石 3 月恢复总统权力后，台湾国民党内部较前团结，这些都显示 2 月份评估报告中强调的台湾国民党的形势更趋恶化的估计不尽准确。但是，报告指出：“共产党 4 月下旬迅速攻克海南岛和国民党陆、海、空防御台湾效果的不佳，表明了国民党军队战斗力提高的报告是不真实的，并且更强化了这样的观点：国民党军队的顽疾根深蒂固，是长期的。”“因为政治稳定依赖于军事上的安全感，故共产党轻易攻克海南岛不能不对台湾的政治稳定产生消极的影响。”加上中共已经建立起一支空军，如果它投入战斗的话，肯定将严重影响国民党军队的士气。综合这些因素，“虽然上述简单讨论有相当多的未知因素，但中国共产党至1950年底攻陷台湾还是未来最可能的发展结果”。

四、关于本专题情报分析评估报告的价值评估

从本专题所录中国内战时期美国情报机构的各种情报分析和评估报告的情况可知,当时背景下美国对华情报工作并不成功。在这段时期里,美国情报人员几乎完全无从获取中共方面的相关情报。除了其情报组织方面出现的混乱造成了某些影响以外,美国这时与中共关系恶化,情报工作技术程度不高,情报来源过于外围,都使得当时的美国人不得不过多地借助于各种公开信息,包括与国民党人合作,或者是干脆从国民党那里获取情报。

根据已有的研究可知,美国在中国的情报工作,很长时间里主要依靠的其实并非是中国人,而是那些中国国外的传教士,或其他外籍人士。如战略情报局就主要是利用了梅根大主教的中国天主教网络。① 以后美国陆军及海军的情报组织,虽然也开始发展中国人从事情报工作,但主要也还是依靠非中国人。最典型的一个例子,就是美国陆军情报机构1947年在沈阳建立起来的一个情报网。其主要成员即多为外籍。如主要情报人员北迁卓二、玉置清次、佐佐木、迁六郎、入江永吉等,均系日本人。尼克米逊得维奇,系白俄。另外,如伯彦苍,系蒙古人,伪满时曾充任热河省裕生会总务科长。1947年经美籍日人介绍担任美军驻长春联络团Richard上尉的蒙语教师,被Richard发展成情报员。因美军联络团自长春撤退,伯受命在内蒙古地区建立情报据点,以便深入外蒙古,搜集外蒙古与苏联方面的情报。1948年伯到沈阳接受沈阳美军联络团副团长西田指挥,后沈阳美军联络团也被迫撤退,交伯两部美式轻便电台及密码,并从上海另派一经过训练的蒙古人来沈阳使用此电台做情报通讯工作。我们只是在佐佐木手下注意到有中国人被发展成情报人员。佐佐木是1948年1月开始被吸收从事情报搜集工作的,他发展了四个情报关系:一为中国人,名为萧耀庭;一为日本人,名为佐藤雄;两人为朝鲜人,即曹承德和崔健。萧耀庭的任务是调查中共解放区内是否有苏军及朝鲜人的军队。曹承德的任务是情报翻译,并搜集有关蒙古的相关情报。崔健的任务是担任沈阳和之间的情报交通,和保护秘密电台。②

过多地依赖非中国人搜集有关中共的情报,显示了作为西方人的美国人,由于语言文化以及深入中国社会不够等原因,缺少在中国从事情报工作的有利条件。而他们所利用的日本人、蒙古人和朝鲜(族)人来做情报工作,其活动范围也同样十分有限。这显然是其不得不大量借助于各种公开信息和从国民党人那里获得中共情报,以至于许多情报不准确,或不具体的重要原因之一。

与此相对照,美国在涉及到苏联问题上的情报工作明显地具有一些特色。即使在本专题中这种情报少之又少,我们却还是可以通过一些间接的分析有所了解。而最能够提供给读者以强烈印象的,无疑是1948年10月8日本编2-12文件。该文件的情报详尽到苏联从

① 余茂春前引书,第414页。
② 《中共东北局致中共中央转发美特口供材料》,1948年12月。

中国东北的哪些地方、哪家工厂，拆运了哪些机器和物资，在拆运过程中出现了哪些问题，主要设备经过哪些线路，运送到了苏联的哪些地方，准备用于何种用途，多数设备的安装和使用状况如何，等等。尽管报告人特别强调，这些情报许多来自于被苏联遣返的日本士兵和日本技术人员，因此在使用上应小心谨慎，但是报告人也特别指出，报告中引用的相当部分情报，其实还有不便注明的特殊来源。从报告内容中可以看出，这些特殊来源的情报，多半就是美国在苏联安插的眼线所传递出来的，因而其准确度比较高。

本专题中收录的涉及到中共的情报，来源最直接、信息也是最具体的一份分析报告，即本编2-19文件，是依靠于大连地区中共一名因父母在土改运动中双双被害，因而意欲叛逃的级别不高的干部的主动提供。然而，这位自称是中共大连安全局国际情报科的上校副科长，因为不是美国情报系统的发展对象，而是主动跑到美国驻大连领事馆去抱怨共产党的策略，因而就连与之交谈的美国外交官也不能确定其动机及所说内容的真实程度如何。更为重要的是，作为一名在大连地方工作的中共基层工作人员，他对中共高层，包括对中共东北地方领导层的情况，均不甚了了。他所提供的，对美国人来说最具价值的情报，就是大连安全分局的组织机构、工作内容及其人员情况，包括大连的中国安全机构与苏联安全警察“在一起工作，几乎如同一个单位”，苏联国家安全部的官员不仅指导着大连社会部的工作，而且帮助中共培训安全干部。从美国情报分析人员对这位情报提供者的说法的详细分析和长篇评论可以看出，类似这种层级的情报，对于这时的美国情报机构是相当珍贵的。这也正是情报分析人员尽管对这位上校副科长的行动动机、言谈内容的矛盾，包括几度“轻率和鲁莽”地进入领事馆等等情况，也充满了疑惑，但他们还是相信他的许多说法，包括这位级别不高的地方官员对中共上层情况道听途说的说法，是有价值的和可靠的。这更有助于说明这时美国情报机构掌握中共情报之不易。

相对于美国情报机构这时对中共的情报工作而言，美国人这个时候理当对国民党了如指掌，然而事实上也并非完全如此。美国情报机构最了解的，是国民政府的军事装备及其暴露无遗的经济状况。但对于国民党内部的人事纠葛、派系矛盾，以及高层决策的内幕，亦常常只能依靠主观的分析和推测。像前述1949年1月蒋介石下野后的形势估计，美国的情报分析人员就明显地不了解李宗仁及其桂系根本不可能左右国民党中央及其中央军的情况。而且越是到后来，即国民党的抵抗变得七零八落，大部分资源和兵力撤去台湾之后，美国在中国大陆的情报机构的消息来源就显得更加闭塞，以至连台湾国民党军队及其在沿海岛屿防守作战的情况，都不甚了了。它有时甚至还会发出与自己一贯说法自相矛盾的根本错误的信息。比如，1949年6月16日本编2-20文件就断言：西北马步芳和马鸿逵的军队，将能够抵抗共产党对西北宁夏、青海的进攻。而中共这时也暂时不愿意进攻西北，“因为它或许想把西北作为缓冲，以抵御苏联通过新疆向中国进行的扩张”。而实际上，还在一个月之前，中共第一野战军就已经开始大举发动解放西北的作战，并且在一个月之后，即已直击“二马”主力。进而于8月26日攻占了甘肃省会兰州，9月5日进占青海省会西宁，9月23日更夺取了宁夏省会银川。如此，所谓“二马”战力较强，中共不愿轻易与之交手的判断，显见其推断之毫无根据。至于说中共有意把留下西北作为抵御苏联通过新疆向中国内陆进行扩张的一种缓冲,就更是子虚乌有的猜度了。

总之,依据本专题所录美国情报机构在中国内战时期的各种报告可知,美国对中国的情报工作在这段时期存在许多问题,因而直接影响到了其情报的质量,特别是其情报的涵盖面和准确度,因此也就自然而然地影响到其情报评估的价值与适用性。当然,即使是凭借各种公开信息,根据常识和逻辑来进行推断,我们依旧得肯定,美国情报分析人员对国共内战总体趋势和中共建国后的政治走向,及其中苏关系性质和可能存在的矛盾等大的问题的判断,一般还是客观和可信的。也许正是这些内容,构成了这一时期美国对华情报分析评估工作,而不是其基本的情报活动的某种意义所在。

2－1

国务院关于中国政治军事局势的评估报告

（1945年12月11日）

R&A 3451

机 密

中国的政治军事局势

（1945年12月11日）

概 要

一、政治和军事统治模式

1. 国民党力量的扩张

作为日本及其傀儡投降以及美苏援助的结果，国民党的权力自日本投降以来已经从华南和华西的战时中心扩展到扬子江以南的大部分地区以及华北的少数城市。

2. 共产党力量的扩张

日本投降后，共产党的力量在扬子江以南略作收缩，在华北和内蒙急剧扩展，满洲的扩展程度次之。地盘尤其是城市地区的增加，对共产党要比对国民党更具重要意义。

二、国民党的能力

在军事上，国民党的装备比中国共产党更加精良，并且拥有有限的进攻优势。但是，农村的骚乱、投机、通货膨胀、损坏的交通以及对外国经济援助的依赖，促成了国民党统治区域的经济混乱。国民党内部的争斗、缺乏农民拥护以及中国社会其他阶层支持的狭隘的基础，促成了国民党政治的不稳定状态。

三、中国共产党的能力

共产党要比国民党从日本投降当中相对获益要多。军事、政治和经济因素的结合，增加了共产党的防御能力，使之达到了军事力量可能难以根除的地步。

四、国共就政治解决进行的和谈

就政治解决、要求和国民党一起拥有平等权利以及立即要求承认他们的地方军队以免被歼灭这些问题，共产党提出了长期要求。这些紧迫要求给国民党造成极大的麻烦。

中国的政治军事局势

一、政治和军事控制模式

1. 国民党在全中国范围内的力量变化

(1) 战时力量集中在南方和西部

战争期间，国民党力量集中在四川东部，并程度不一地延伸到华南和华西。它在华北力量薄弱，在满洲的力量实际上已不复存在。国民党在整个自由中国的权威，随不同的军事领导人向中央政府的效忠程度而有所不同。事实上这些领导人很多处于一种半独立状态。

(2) 日本投降后国民党力量的增加

日本及其傀儡的投降增加了国民党的力量，尤其是在华南，其次是华北。美国军事援助在华北尤其对国民党有利。苏联的帮助看来也增强了国民党在满洲的影响力。

2. 共产党力量集中在北方

(1) 以前主要控制华北的农村地区

日本投降之前，共产党的力量主要限于农村地区。共产党占领的大多数地区位于敌人控制的北方诸省，热河、察哈尔、绥远、山东、河北、山西、甘肃、安徽、河南以及陕西的敌占区。共产党控制的地区包围着并且分割着敌人控制的城市和交通线。

(2) 统治扩展到华北的城市

日本投降后，共产党试图迫使当地日军和傀儡军队投降，并接管华北敌占区。他们有能力占领华北的大批城市，并且能够在多数其余城市周围进行严密封锁。除了占领华北多数的农村地区，从8月15日到11月15日这段时间内共产党将他们的统治大致扩展到山西104个城镇中的61个，河北139个城镇中的119个，山东112个城镇中的92个。此后，虽然其部分地区有所收缩，但其他地区仍有扩张，故他们的统治很大程度上保持在这个范围之内。

(3) 对内蒙的占据改善了战略地位

日本投降刚宣布，共产党立即开始向北朝鲜和内蒙古推进。他们现在实际上控制了全部的热河和察哈尔省，以及60%的绥远。通过控制内蒙，共产党的战略态势得到了极大的改善。自共产党诞生以来，他们第一次没有遭受包围，相反在他们的后方有了友好的外蒙古。共产党的一些重要政治和军事机构已经从延安迁到张家口，显然目的是在察哈尔、绥远、河北以及山西地区建立一个新的、强大的共产党权力中心。

(4) 共产党力量向满洲扩张

国民党已经承认，日本投降之前满洲地下共产党力量超过国民党在满洲的势力。日本投降后的这段间歇期里，满洲共产党领导的抵抗力量得到了共产党派遣的武装力量的补充，但是满洲共产党的武装力量看来还是要比华北的部队弱小些。

3. 两大集团对立的控制区

(1) 国民党控制着华北的主要城市

目前国民党仅仅控制了北方六省热河、察哈尔、绥远、山西、河北、山东的400个城镇中的67个，不过这些城市涵盖了这一地区的绝大多数重要城市。在它们中间主要有青岛、天津、北平、太原、石家庄以及济南。前两个是重要港口，第一个位于山东，第二个位于河北。其他城市都是重要的铁路枢纽。此外，国民党控制了华北的主要铁路线，虽然不足以确保在所有地区线路贯通。因为它不能阻止共产党任意切断交通线，以及严密封锁国民党占领的城市。

(2) 共产党在华南占据了部分农村地区

日本投降后，共产党力量在扬子江以南的扩张停止了。由于共产党将部队从南方向长江以北调动，共产党在华南的地盘看来正在收缩。但是，一些共产党军队驻扎在湖南、湖北省以及扬子江东向入海的沿江的湖泊地带。共产党力量在华南的另一个中心位于广州和香港之间。在华南其他地区存在共产党分散的小块地盘。

(3) 共产党影响力保留在撤离后的华南地区

共产党正规军从扬子江以南部分地盘的撤退，并没有带来共产党在这些地区影响力的崩溃。即使不提到那些非理性的人们，地方武装和政工人员通常也仍然留在后方。这些地区名义上回到了国民党的控制之下，却仍旧保留着亲共的情绪。虽然程度次之，这同样适用于那些1927年以来曾一度被中国共产党占领过的地区。

二、国民党的能力

1. 国民党军事装备上的优势

国民党军队在军事装备上的优势，战前就已经存在，在美国帮助下它得到了加强。日本投降后，通过获得日军及其傀儡的战利品，它的优势进一步增强。国民党拥有比共产党数量多得多的部队，尤其是拥有更多的受过训练能够使用现代化装备的人员。

2. 国民党在决战中的优势

国民党在人员和物资上的优势为：国民党一般能够赢得与共产党单个战斗的胜利。国民党军队或许能够攻占共产党占领的任何单个据点。但是，它的进攻优势可能不足以占领并控制全部共产党的地盘。

3. 国民党经济情况复杂且不稳定

国民党控制的地区包括大片农业地区以及中国南方的主要工业中心。但是，由于农民的骚乱以及中国工业化程度有限以及所遭受的严重的张力，农业经济并不稳定。目前投机和通货膨胀尚未受到抑制。交通和通讯遭到战争的破坏，并且不足以应付政府官员和军队力量从西向东转移的洪流。华北国民党占领城市的军事孤立状态将其置于不稳定的经济状况之下，因为他们在粮食上依赖于共产党控制的农村。虚弱的国内经济以及对外国供应的依赖是影响国民党军事潜力的主要经济因素。

4. 国民党有着不稳定的政治基础

国民党的主要力量存在于部分地主、现代商业、金融和工业集团中那些坚定地支持现政权的人们中间，另一部分人立于反对的立场，他们现在还是政府的支持者，却不支持它反对共产党，还有一部分人则为了政府的改革和与共产党的合作而奔走。很多知识分子和小商人正在日渐批判政府，但是，他们中的很多人对国共冲突采取了中立或者消极的立场。军队中的军官阶层拥护政府，个别军阀的支持程度有所不一。军队上层值得信赖，但是很多农民出身的普通士兵易于接受共产党“中国人不打中国人”的宣传。农民很少支持国民党。一般而言，国民党中国的大多数群众政治上迟钝。国民党自身分裂成不同的派系，但都在蒋介石权威领导下而且都害怕共产党。傀儡的形象，有加强和削弱的趋势。政府对外国援助的依赖多半削弱了中央政府的权威。尽管得到了在中国经济占主导地位的集团的支持，但国民党依存的政治基础却日渐狭隘和不稳定。

三、中国共产党的能力

1. 共产党军事力量的增长

战争末期的共产党军事实力要比战争开始时强大得多。从孤立的陕北根据地开始，共产党将他们的控制范围扩大到华北和内蒙古大部。日本投降后，他们占领了华北多数的城镇及农村。他们还实现了军事装备的重要增加。

共产党现在获得了包括港口和工业地区在内的地盘，并且在北部与友好的外蒙古接壤。共产党牢牢控制的权力中心位于容易防守的山区，而这些地区大多位于日本人防线的后方。这些以前孤立的根据地现在已经与日本投降后共产党新得到的地区、城镇和交通线连接起来了。

2. 共产党能够进行无限期的抵抗

中国共产党的军事潜力源于它们作为抵抗运动的发展。虽然他们拥有局部地区的进攻能力，但是共产党缺乏将华北部队有效地投放到国民党在华南和华西地盘的力量。另一方面，共产党有着强大的自卫能力。在与敌军部队的冲突中，机动性和高明的策略一定程度上弥补了共产党装备上的缺陷，地缘和经济对其军事活动的支撑使得共产党有可能进行灵活防御：在面对绝对优势压力时退却，当压力减弱后掉头返回。由于战略态势的改善以及获得重要的军事补给，共产党的防御能力得到增强。

尽管，随着日本投降，国共双方肯定都改善了他们各自的地位，但是相比较而言，共产党方面显然获利更大。做出这种评估是基于这样一种看法，即虽然国民党在人口、军事装备和工业潜力方面的绝对数要大得多，但由于共产党拥有训练有素的人口、组织能力和政治上的长处，因此，它在这场较量中将能够取得更多的超过中央政府的优势。没有外援，共产党固然不大可能推翻国民党，但是即使有外援，国民党也不大可能完全压服它的反对派。共产党可能会被压缩到更小的区域内，但是它可能会进行持续的抵抗。

3. 共产党改善他们的经济地位

日本占领期间，共产党控制地区靠原始但相对稳定的经济进行支撑。这些地区主要是乡村，因而与农业有关。种植小米的谷物经济成为价值标准，减轻了通货膨胀带来的影响。在努力实现自给自足的活动中，共产党强调增加产量，推动新型合作劳动，更为重要的是发起现代农村改革。

日本投降后，由于在新占领的城镇获得了一定的工业企业，共产党中国的经济呈现多样化。煤矿、部分铁路、电厂、军工厂、港口设施以及很多小型企业置于共产党控制之下。现在共产党的经济力量中心看来已经转移到张家口地区。共产党的经济地位的弱点在于缺乏熟练劳动力和技工，虽然这在一定程度上被这一事实所弥补，即共产党控制的 1/3 到 1/4 的中国人口中现在涵盖没有多少的城市工人。

通过攫取一部分工业企业，共产党中国的经济现在变得更加自给自足，并作为一种防守型经济因而更加强大。虽然存在明显的缺点，但这种经济能在物资上有助于共产党控制地区的军事防守能力。

4. 政治上得到严密保护的共产党

在他们的统治地区，共产党在政治上得到严密保护。他们赢得了农民阶层乃至部分地主的支持。日本投降以前，他们的政治控制由于这一现实而单一化：他们的力量中心很大程度上缺乏大地主、商人、工业家以及其他一般敌视共产党方案群体的支持。至少就下一代人而言，中国的权力依赖于赢得农民阶层支持的能力，而这要比其他任何政治因素都要重要。共产党已经证明了自己比国民党更能赢得农民的支持。在新近占领的城市地区，对共产党获得的支持度进行评判还为时过早，但是共产党已经采取的一些取巧的措施（提高工资、惩罚汉奸、提高工人地位等），即使得不到经济上居于主导地位集团的支持，估计也可以获得大多数人口的拥护。

通过政治上分权这种政策，共产党的影响力得到了加强。不是引入外来的高官，而是使用地方上的本土分子，从而利用了中国人浓厚的乡土之情。共产党派出蒙古族人与部队一起进入这一地区，并且小心翼翼地用蒙古族人去治理内蒙。鉴于共产党最近渗入这一极具战略重要性、且国民党的少数民族政策从未成功安抚这一地区，内蒙古具有特殊的重要意义。

共产党主要的力量源泉在于党自身的团结。不同于国民党，共产党没有分裂成敌对派系。这一点加上对约占中国人口 80% 的农民阶层的依赖，构成了共产党政治力量的主要因素。看来，在共产党统治地区，共产党在他们的地区要比国民党在其地区得到更加牢固的保护。

5. 共产党正在获得的政治盟友

坚定的效忠于国民党或者共产党的中国人仅仅只占中国人口中的一小部分。不过中国大众政治上处于犹豫不决的状态。在争取群众舆论的斗争中,国共都取得了一些成功,优势显然在共产党一边。国民党在共产党占据地区实际上没有成功获取政治盟友。但是共产党在国统区却能够获得直接或者间接支持。代表许多知识分子及大小商人、奉行中间道路的民盟,日渐推行在很大程度上类似于中国共产党方案的计划。共产党比国民党更能成功吁求农民支持;一旦全面内战爆发,共产党做好了煽动国统区农民骚乱的准备。以国民党的损失为代价,共产党能够在所有团体之间获取政治盟友的一个紧迫因素是:以宣传路线为形式,向厌战的中国人呼吁,即在目前的冲突中,共产党处于守势而国民党则是侵略者。这得到了中国人整体上的、天真的、仇外和反对干涉的情绪的支持,虽然不是很成功。如果冲突继续,共产党会利用他们政治战上的优势以克服他们在军事装备上的缺陷。

四、国共就政治解决进行的和谈

1. 共产党要求政治上的平等权利

(1) 共产党为全中国要求政治民主

共产党与国民党谈判的基本的长期要求是争取所有党派和个人在中国的平等政治权利。显然,估计个人、宗教、演讲、出版、集会自由,“所有民主国家在正常时期人民所享有的权利”,会成为通过与国民党和平政治谈判来扩大共产党影响的基础。在这个要求中,时间因素和要求本身一样具有重要意义。共产党坚持说,确保政治自由是解决与国民党其他分歧点的必不可少的前提条件。

(2) 共产党要求加入联合政府

在落实国共之间任何全面协定的过程中,显然前者要求这样参与到国民政府当中,至少在关系到他们所控制的地区时能够拥有否决权。无论是参加现在组建的政府,或者是参与有效的政协或者国民大会,共产党都坚决要求分享权力,以便确保实际分享国民政府的联合管理权。

(3) 共产党要求继续维持华北政权

共产党坚持认为,他们在华北领导建立的地方政权从本质上是民主的,他们坚持将之作为他们当前要求的一部分,即:这些政权应当被国民党承认为合法建立的地方政府。

(4) 共产党坚持保留军队

共产党力争国共政治分歧的最终解决,坚决要求保留他们的军队以免遭到武力消灭。在这一点上,共产党与国民党的立场直接相互矛盾:国民党坚持认为共产党军队要么解散,要么就是由中央政府对其“国家化”,而这是政治协定的必要前提。共产党在这一点上做出妥协的可能几乎是不存在的。①

OSS China and India, Reel-2-29, pp. 1-13

王昊译,杨奎松校

① 原文至此,似未结束。——译注

2－2

国务院关于中国政治协商会议的评估报告

（1945 年 12 月 27 日）

R&A 3472

秘　密

中国政治协商会议

（1945 年 12 月 27 日）

概　　要

显然，预期于 1 月某时召开的政治协商会议将会为谈判解决国共分歧提供一次讨论的机会。对共产党而言，即将召开的政协及其较为广泛的议题象征着一定的胜利。民盟和无党派代表在行动中的正式联合意味着国共谈判的新进展，且有可能增强他们斡旋的影响力。

共产党认为，或许国民党和其他团体也认为，政协会成为建立过渡性的联合政府的途径。一方面政协现有力量和表决程序表明它只会在相当有限意义上代表联合政府的落实，一方面是政协有可能会成为实现联合政府的一个步骤，不管是通过政协自身的演变发展还是通过政协内部达成协议去重组政府现有的决策部门。

正如马歇尔将军所述，政协就统一中国问题进行的商讨成功与否，主要取决于国共达成妥协的意愿；而国共之间的妥协，又部分地要取决于美国决策者的态度。两党代表团的构成表明，两党领导层认为他们必须就共产党有效参与政府达成协定。

政府的宣传力图造成这样的印象：政府比共产党更乐意做出妥协；但是政府就让步保持缄默，显然是在等待明确马歇尔将军表述美国的政策。通过做出特别让步，共产党非常聪明地使自己言行保持一致，主要让步之一是同意军队国家化以自觉推动政府扩充。

中国政治协商会议

一、关于召集会议的谈判

应于不久在重庆召开的政治协商会议，将会在一定程度上解决共产党与中央政府之间存在争议的一个问题，即政协意味着共产党实现了他们一年多来所争取的目标[①]。共产党对“所有党派会议”的坚持，源于政治解决先于军队国家化这一要求。显而易见，这次会议代表着他们对临时联合政府的想法。[②] 虽然共产党渴望得到国家军事委员会和行政院部委的职位，但共产党拒绝了国民党提供的那些无足轻重的部长职位。他们相信，为了有效分享实际权力，他们必须在有权制定约束政府政策决议的部门拥有相当的代表，作为达到这一目标的一种手段，他们表示赞同“党派会议”。[③]

召集政治协商会议是1945年9月和10月毛蒋会谈时共产党的基本要求之一。[④] 1945年10月10日所颁布的用词含混不清的纪要指出，谈判者“同意……实施宪政，并应先采必要的步骤，由国民政府召开政治协商会议，邀集各党派代表及社会贤达协商国是，讨论和平建国方案及召开国民大会各项问题。”[⑤]拟议中政协的代表资格和职责留待以后谈判解决。[⑥]显然此时政协并没有被设定为解决迫在眉睫问题的途径。存在争议的两个基本点(军队国家化以及管理共产党控制的华北地区)将成为直接谈判的主题。[⑦] 但是，研究军队问题的委员会从来没有碰过头，其他的谈判也因为华北战斗的继续而停滞不前。或许由于与讨价还价能力相关的含糊性被澄清之前——通过把军队重新部署在占领地区，中央政府希望看到它的地位怎样得到增强，共产党希望赫尔利回国后美国政策发生变化[⑧]，双方不愿意做出进一步的让步。虽然在10月25日政府发言人言及召开政协的可能性，[⑨]但更加积极的发展没有出现。

但是，大约在11月中旬，显然民盟代表说服谈判双方同意在某一不确定时间召开政协，同意代表权的分配，[⑩]以及同意就更广泛领域进行讨论。[⑪] 但是对于国共之间的攻讦，取得的进展并不大。[⑫] 国民党声称共产党不同意指定代表，[⑬]而共产党说他们同意指定代表是有条件的，即政府必须同意把内战问题列为政治协商会议讨论的主题。[⑭]

作为11月27日赫尔利大使的辞职和委派马歇尔将军的结果，国民党出现了相当急于就政治协商会议达成安排的情绪。[⑮] 显然这是因为中央政府认为，美国外交代表的变化意味着美国的支持是有条件的，取决于政府做出更多努力去影响与共产党达成暂时妥协。

---

① 原注：A 60235，1945年7月26日。
② 原注：R&A 1346，1945年10月23日。
③ 原注：YV-244，1945年9月20日。
④ 原注：《纽约时报》，1945年9月2日。
⑤ 原注：CNS12，1945年10月。
⑥ 原注：同上，R&A 1346，1945年10月26日。
⑦ 原注：《华盛顿邮报》，1945年10月21日。
⑧ 原注：R&A 1346，1945年10月26日。
⑨ 原注：CNS，1945年10月25日。
⑩ 原注：《华盛顿邮报》，1945年11月13日。
⑪ 原注：《纽约时报》，1945年11月16日。
⑫ 原注：《华盛顿邮报》，1945年11月15日。
⑬ 原注：《纽约时报》，1945年11月16日。
⑭ 原注：Source S，1945年11月18日。
⑮ 原注：R&A 1346，1945年12月12日。

1945年12月15日，杜鲁门总统的美国政策声明，专门恳请将政协用于扩大政府“以涵盖该国其他政治派别”，并且政治协商会议应当“就给予那些派别在政府中公平和有效代表权达成一致。”①虽然召开政协会议的准备工作正在进行，②但是总统的声明可能倾向于消除任何怀疑美国决策者关于召开政协的愿望的疑虑。③ 同时，新闻界的消息表明政协代表已经就日程和召开日期举行了非正式磋商。④ 为了给马歇尔将军时间去充分熟悉局势细节，⑤显然政协会一直到1月的某个时候才会正式召开。⑥

共产党曾经指出，他们相信只要大范围的战斗还在继续，召开政协会议将会具有“讽刺意味”。⑦ 如果交火不停止，或者政协没有得到授权去考虑停止敌对行动，他们将拒绝参加政治协商会议。⑧ 报道表明华北部分地区的战斗仍在继续。⑨ 因此，在政协商议期间，战斗有可能继续自发进行。尽管敌对行动还在继续，但是共产党目前正在协商参与当中，可能是因为他们不希望使自己看上去不愿意让步，以及他们对政协研究结束交火问题怀有一定的期望。

二、政协的构成和代表权

政协的构成由共产党、国民党和民盟直接谈判决定。⑩ 有迹象表明，分配给国共的席位比例很大程度上与共产党最初的建议一致，虽然这个提议只是规定了一个12人的代表团。⑪代表分配最终达成的协议如下：国民党8席(显然包括委员长，其担任不参加投票的主席)；共产党7席；青年党5席；民盟9席；无党派9席。⑫ 就这些数字达成一致的谈判信息并不完备。有关这次谈判的较早报道指出，民盟(包括青年党)只分得了总数中的大约四分之一席位。⑬ 后来的报道说民盟(包括青年党)的席位将增加到13席，⑭大约占总数的三分之一。附属于民盟党派席位的增加显然是由于民盟中最保守的中国青年党的要求单独代表权所致。⑮ 民盟和无党派团体代表权扩大这一事实并不是很重要，因为在重大问题上，投票并不依据多数原则。

---

① 原注：《华盛顿邮报》，1945年12月16日。
② 原注：《纽约时报》，1945年12月17日。
③ 原注：《纽约先驱论坛报》，1945年12月17日。
④ 原注：同上，1945年12月18、27日。
⑤ 原注：《纽约时报》，1945年12月25、27日。以下凡引自该情报者，均不另注。
⑥ 原注：同上，1945年12月26、27日。
⑦ 原注：同上，1945年11月1日。
⑧ 原注：Source S，1945年11月16日。
⑨ 原注：《纽约时报》，1945年12月19日；《华盛顿邮报》，1945年12月20日。
⑩ 原注：《华盛顿邮报》，1945年10月12日。
⑪ 原注：A 60235，1945年7月30日。
⑫ 原注：《纽约时报》，1945年12月18日。以下凡引自该情报者，均不另注。
⑬ 原注：同上，Source S，1945年10月5日。
⑭ 原注：同上，1945年12月4日。
⑮ 原注：YV 243，1945年10月24日。

三、代表团的构成

除委员长之外,国民党代表的临时名单如下:陈立夫,国民党组织部部长;吴铁城①,国民党秘书长;张群,四川省省主席,据说是委员长的密友;王世杰,外交部部长;邵力子②,人民政协秘书长;张厉生③,政府内政部部长;以及孙科,立法院院长。④ CC 系的陈立夫和张厉生两人并没有正式参与此前的国共谈判;他们参与进来表明:由于 CC 系被认为仍然代表着国民党的主流派系,国民党代表将在重要议题上做出决定而非依赖指令。CC 系的两个代表参与进来也可能表明,国民党核心集团要比那些相信不得不同意共产党有效参与政府的人更加严肃地去对待即将到来的谈判。政府内务部部长张厉生,认为问题涉及地方政府事务;他的参与表明选举地方政府以及承认共产党控制区的现有政府这些问题,将由政协予以研究。代表团 3 名成员被认为属于相对具有西方思想但又保守的政学系:张群、王世杰和吴铁城。邵力子是中共早期创始人之一,并在 1927 年国共合作破裂后退出共产党。据说他是孙科集团中的成员,但是他最近的名望和追求统一的声望表明,占主导地位的国民党右翼派系认为他是“安全”的。孙科被认为是国民党左派的领导。政学系和孙科集团从人数上超过了 CC 系的这一事实并不太重要;即便是政学系支持自由派对抗 CC 系(没有证据表明他们会这样做),在党的任何内部讨论中,CC 系对党的机构的控制以及对委员长的影响力很容易就充当了决定性因素。

共产党代表团包括下列人等:周恩来,党的副主席和共产党在重庆代表团团长;周恩来夫人,中央执行委员会委员;吴玉章,党内元老和宣传家⑤;陆定一,编辑⑥;王若飞,周的主要秘书⑦;林祖涵⑧,前几次谈判的代表;董必武,党内元老和出席旧金山联合国有关国际组织会议的代表⑨;以及叶剑英将军,朱德将军的参谋长⑩。

---

① 吴铁城,早年加入同盟会,跟随孙中山多年,曾任广州政府公安局长、上海市市长、广东省主席等职,抗日战争胜利后曾任最高国防委员及国民政府立法院副院长等职。——译注

② 邵力子,曾任陕西省主席、国民党宣传部部长。——译注

③ 张厉生,国民党 CC 系骨干人物,抗战后期与 CC 系分裂,转投陈诚集团。——译注

④ 原注:《纽约时报》,1945 年 12 月 18 日。

⑤ 吴玉章,早年参加过同盟会和辛亥革命,后留法勤工俭学,1925 年加入中共,1927 年参加八一南昌起义,任革命委员会委员兼秘书长。抗战期间及战后曾历任延安鲁迅艺术学院院长、延安大学校长、陕甘宁边区政府文化委员会主任、华北大学校长等职。——译注

⑥ 陆定一,1945 年任中共中央宣传部部长。——译注

⑦ 王若飞,早年留法勤工俭学,1922 年加入中共,1923 年留苏,1925 年回国,历任中共中央秘书长、江苏省委常委、陕甘宁边区宣传部长、统战部长、中共中央秘书长等职,1945 年当选中共七大中央委员,抗战后作中共代表之一赴重庆参加与国民党的谈判。——译注

⑧ 林祖涵,即林伯渠,早年参加同盟会,1921 年加入中共,1937 年任陕甘宁边区政府主席,1944 年受命代表中共中央与国民党进行谈判。——译注

⑨ 董必武,中共的创始人之一,历任中共武汉地方委员会书记、中共中央党校校长、中华苏维埃共和国最高法院院长、陕甘宁边区政府代主席、中共中央驻武汉和重庆代表团成员之一。——译注

⑩ 叶剑英,1945 年当选为中共七大中央委员,后赴国民党统治区任美、国、共合组的军事三人小组的中共代表。——译注

叶剑英将军的出席表明政协将研究军队国家化问题。[①] 共产党代表团做出决定的权力可能很有限;他们做出的主要承诺可能需要延安的特别指示。[②] 除了这些代表,共产党派出了大约30名像法律问题、军事组织、选举程序以及赈济管理有关这类各种问题的顾问和专家。这个事实可以理解为:共产党到重庆准备达成协定并能很快地投入到中央政府的活动中去。[③]

由于民盟和无党派代表可能发挥的调停作用,使得他们的代表组成具备相当重大的意义,但是迄今还没有收到关于这一点的信息。有迹象表明无党派代表将由文化界领袖担任。[④] 据报道,委员长曾一度坚持由他任命无党派代表。[⑤] 但是共产党和民盟阻止了这一建议。[⑥] 已经有报道说无党派代表将由三个党派[⑦]国民党、共产党以及民盟联合选举产生。

四、规则和程序

对于投票程序,各个党派尚未进行官方表述,但是非官方的报道指出,只要牵涉到投票规则,五个派别中的任何一个都拥有对所有重要事务的"否决权"。据报道,共产党曾经一度坚持程序性问题应当遵循多数原则,其他问题的决定采取一致原则。[⑧] 后来的报道表明,虽然一致原则并不是必须的,但是国共两党坚持决议必须通过一种特殊的多数制定,以至于每个党实际上都拥有"否决"权。[⑨] 现在已经明了,五票被建议作为"否决"的最低数额。[⑩] 民盟反对这样的"否决",但是也不打算把它搞成严重问题。

是否会有足够的选票从国民党或者共产党代表团分离出来,制定一个违背这两党主导力量愿望的决议,看来是值得怀疑的。即便是要考虑微弱少数派别的意见,谈判各方也应当高度重视谈判,制定出一个国共代表团都乐于接受的妥协解决方案。愿意接受妥协解决可能将部分取决于美国对此方案合理性的态度。鉴于这些考虑,表决规则的重要性就少了一些。

没有否决权的委员长负责主持会议。然而,政协会议召开之前国民党就问题进行内部讨论的时候,预计他将发挥主导作用。据报道,国共的发言人支持新闻界参与会议进程。[⑪] 然而允许新闻界参与可能将具备有限重要性,因为政协能否发挥作为真正商讨机构的作用值得质疑;最重要的研讨可能会发生在正式的程序之外。但是,新闻界的出现将会使政协成

---

① 原注:《纽约时报》,1945年12月18日。
② 原注:YV 243,1945年10月24日。
③ 原注:《纽约时报》,1945年12月21日。
④ 原注:同上,1945年10月12日。
⑤ 原注:Source S,1945年10月5日。
⑥ 原注:YV 36,1945年10月23日。
⑦ 原注:同上,1945年10月1日。
⑧ 原注:《纽约时报》,1945年10月3日。以下凡引自该情报者,均不另注。
⑨ 原注:YV 243,1945年10月24日。
⑩ 原注:YV 36,1945年10月23日。
⑪ 原注:《纽约时报》,1945年12月18日。

为吸引公众注意力的论坛。

五、议 事 日 程

关于政协的议事日程,看来共产党扩大两党之间所有重要议题的意见胜出。1945 年 10 月 10 日毛蒋会谈纪要规定政协应该讨论"关于与和平建国有关以及召开国民大会的问题"。① 关于国民大会,需要讨论的问题包括重新选举代表、召开时间、修改组织法,以及修改提交国民大会的宪法草案。只是什么是"与和平建国有关的问题"并不清楚。显然政府并不认为这意味着讨论敌对行动、军队国家化或共产党控制地区的政府,这些留给国共双方进行直接谈判。② 国民党方面有人认为这些问题要留给国民大会去解决。③ 共产党的立场是这些问题属于政协日程。④ 或许部分是由于民盟和国民党相对温和派采取了相似立场的结果,⑤共产党认为议程应该拓宽以涵盖国共分歧的所有方面。⑥ 如果这个决定得到落实,显然议程会包括美国将国民党军队运送至华北的问题。⑦

六、权　　力

尽管早些的新闻报道⑧说政协决议将会仅仅限于蒋毛 1945 年 10 月 10 日"纪要"提出的相对有限的议事日程,尽管共产党建议政协应当取代最高国防委员会(国民党政府机构里最高政策制定机关),但是"纪要"表明政协无权做出约束政府或政党的决议,只是一个政党能够互相交换意见,并讨论与"和平建国相关以及召开国民大会的问题"的一个地方。⑨ 蒋和毛"纪要"中的一些词句,很容易被进行牵强解释,即政协被认为可以做出决议,这些决议至少在道德意义上就"国内事务"——国民大会代表的选举、大会召开的日期以及宪法草案的修正上约束政府。但是,即便这种解释是正确的,由于国民党的"否决权",它只具备有限的重要性。

杜鲁门总统在 1945 年 12 月 15 日的声明中支持"主要政治派别代表参加的国家性会议……就给予那些派别在中国国民政府公平和有效的代表权达成协议"。⑩ 显而易见,这些语句给国民党和共产党重庆总部提出了问题：提议召开的政协是否能够满足总统讲话提出的

---

① 原注：CNS,1945 年 10 月 12 日。以下凡引自该情报者,均不另注。
② 原注：同上。Source S,1945 年 11 月 18 日。
③ 原注：《FCC 日报》,1945 年 10 月 30 日。
④ 原注：《纽约时报》,1945 年 12 月 19 日。
⑤ 原注：《FCC 日报》,1945 年 10 月 15 日。
⑥ 原注：同上,1945 年 10 月 12、15 日。
⑦ 原注：《纽约时报》,1945 年 12 月 23 日。
⑧ 原注：同上,1945 年 10 月 1 日。
⑨ 原注：CNS 12,1945 年 10 月 12 日(第 2 点)。以下凡引自该情报者,均不另注。
⑩ 原注：《华盛顿邮报》,1945 年 12 月 16 日。

要求以及另一次会议是否有必要。① 回馈表明，两党认为如果政协准备给非国民党派别提供在政府中"公平和有效的"代表权，那么政协的权力将不得不得到增加。据报道国民党拒绝考虑这一点，但是共产党说他们认为这样的政协是合情合理的。这就有可能表明：共产党相信，由于美国压力的结果，政协将被赋予足够权力从而成为实现过渡联合政府的有效工具。

七、政　　府

大量兴趣集中在政协身上，不仅仅是由于它是国共争议谈判的焦点，也是由于它有可能充当实现过渡联合政府的政治机构，因为有迹象表明，新闻记者、共产党可能还有国民党，倾向于将政协视为扩大政府以及通过宪法草案的途径。②

据报道，在 1945 年 9～10 月毛蒋会谈当中，共产党建议政协应当取代国民党政府机构中的主要决策机关——最高国防委员会。③ 这个主张遭到了政府的拒绝，不过这显然表明政府认为政协并不具备官方地位，④其不过是一个跨党商讨的论坛而已。蒋毛会谈纪要的确证明：政协是实现宪政的"必要和初步措施"之一。⑤

正如上面所说，共产党表达了这样的信念：政协可以满足美国总统杜鲁门讲话中提出的要求⑥——号召政协就赋予"所有主要政治派别在中国国民政府中公平有效的代表权"问题达成协议。⑦ 因而，共产党的反应表明他们认为政协应该具有实际权力，或者政协应当就允许共产党和其他政治派别能够在国民政府中分享相当实际权力达成协定。议事日程扩展至所有重要问题表明政协可能会演变为具有相当重要意义的机构，这超出了国民党以前的设想。

如果共产党和其他政治派别凭借政协这个途径分享了相当的实际权力，那么政协做出的授权将会很明确地指向政府：允许共产党和其他人等获得行政职位改组政府。改组的程度将有可能决定性地影响到政协将其意愿强加给政府的能力，而且也可能影响到政协成员修正现在表决程序的意愿。即使只是有限的政府改组，否决力量可能会保留下来并从而阻碍政协发展成为能够制定重要政策的执行机构。

政协成为分享国民党权力的工具所产生的后果是：政协将取代最高国防委员会成为制定重要政策的机关。这将使政府面临废除最高国防委员会的必要性或者使之成为一个次要的机关。第一种可能性会使政府大丢脸面。第二种可能性将会给宪法带来麻烦，因为有必要将政协整合进已经杂乱无章的政府机构中；在此过程中，最高国防委员会就会变得有点不合时宜。

---

① 原注：《纽约时报》，1945 年 12 月 18 日。以下凡引自该情报者，均不另注。
② 原注：《华盛顿邮报》，1945 年 10 月 1、10 日。
③ 原注：YV36，1945 年 10 月 24 日。
④ 原注：YV243，1945 年 10 月 12 日。
⑤ 原注：CNS，12，1945 年 10 月 12 日。
⑥ 原注：《纽约时报》，1945 年 12 月 18、21 日。
⑦ 原注：《华盛顿邮报》，1945 年 12 月 16 日。

除了赋予政协权力使之实际上成为制定重要政策的机构，政协可能会被用于就分割国民党手中权力这一问题来达成协议。① 通过扩大最高国防委员会使之容纳出席政协的政治派别，现有的最高国防委员会看来可以作为分享最高权力的工具。据报道，孙科已经提出了一个扩大最高国防委员会、可能包含非国民党派别的建议。② 他出席政协，以及来自美国要求扩大政府的压力，确保他的建议可能会得到一定的考虑。

八、主要党派的政治立场

正如马歇尔将军所说，③国民党和共产党的立场显然仍一定程度上取决于美国决策者观点的澄清。国共在他们的会前安排上，一定程度上显示出其立场根据最近事态发展做出了调整。共产党在初步宣传上表现很积极，并且明确地表现出其翔实的和平提议的实质。④ 对于将要研讨停止敌对行动这一问题，共产党表示赞同。⑤ 这与他们此前的陈述即在政协召开之前达成停战协定，或者停战应该成为首要议事日程，是一致的。⑥ 现在共产党的立场是只要政协讨论还在进行，停战必须是无条件的，双方各自军队应驻扎在其现有军事位置上。

共产党做出了貌似公正的让步。他们说，假如双方维持目前军事现状的话，他们不再坚持让国民党军队撤退到日本投降前所占地盘上。⑦ 然而这个让步可能没有太大价值，因为在过去几个月，他们几乎本不指望得到美国支持的国民党军队被迫撤离日本投降后所占据的所有地盘。共产党可能会将控制华北铁路地区这一问题留给政协解决，这是目前就政治军事控制范围所引发激烈论战的主要问题之一；就这一问题国民党的对策是一再陈述其要求：共产党撤出铁路地区，并暗示共产党建议停战协定必须建立在军事现状之上只是一种宣传罢了，因为这不是在文件中能实现的。共产党的立场表明：就军事和政治控制的地区而言，他们满足于目前所占领的地区，并且他们相信，比起检验得到美国支持的中央政府的军事力量，和平谈判情况下他们会获益更多。

共产党做出的让步是：他们不再坚持军队国家化必须等待确保他们分享中央政府大量实际权力的政治解决方案。现在他们的立场是他们愿意看到军队国家化与政府改组和扩大同时进行。在将这两者联系起来时，他们坚持说，中央政府和共产党的军队仍然是党的军队；这种立场看来表明，如果他们的军队置于中央政府的命令指挥之下，共产党会要求在训练和部署中央政府军队上得到发言权。对于军队国家化和扩大政府同时进行，共产党乐意

---

① 原注：《纽约时报》，1945 年 12 月 22、25 日。
② 原注：A 56731，1945 年 5 月 17 日。
③ 原注：《华盛顿邮报》，1945 年 12 月 22 日。
④ 原注：《纽约时报》，1945 年 12 月 21 日。以下凡引自该情报者，均不另注。
⑤ 原注：同上，1945 年 12 月 19 日。
⑥ 原注：FR 1102，1945 年 11 月 21 日。
⑦ 原注：《华盛顿邮报》，1945 年 12 月 21 日。

接受这一方案，即军队国家化和政府扩大同步进行，可能是出于这种信念：美国坚持军队国家化，并且这一方案不管怎么说会维护他们的利益，因为政府扩大可能几个星期就能完成，而将他们的军队整合到政府军队序列中可能要花费几个月的功夫。

对于军队国家化以及军事和政治控制区域，共产党虽然表示他们愿意做出让步，但是他们表示不打算从包括建立宪政这些问题上的立场撤退。显然他们的立场仍然是就国民大会举行新的选举，召集日期不是由国民党决定而是由所有政治派别协商解决，[①]并且国民大会将要讨论的宪法草案必须予以修改以给予选举出来的国民大会更多权力。

国民党领导层对于自身立场任何可能的修正，相对较为缄默。正像马歇尔将军所说，他们显然在等待明确美国的政策。到目前为止，还没有政府愿意做出让步的消息出现。[②] 不过，政府的新闻发布显然试图造成这样的印象：政府比共产党更愿意做出妥协让步。[③] 但是在随后的宣传竞赛中，对于他们准备做出的让步，共产党的调门更高，而政府没了声音。

九、美国立场的关键性

新闻界的消息表明，正如马歇尔将军所说，就那些更易妥协的具体问题达成决议，很大程度上取决于美国决策者的意见。据报道，在马歇尔将军表示美国政策将如何予以实施之前，所有的派别正在推迟做出重大决定，并且在马歇尔将军的意见明了之前，政协的会议可能不会召开。[④] 据报道，国共正在争相使马歇尔将军相信他们愿意做出妥协。国共两党的宣传都已隐约地提到美国干涉政协会议进程的可能性，这表明如果它们相信自己遭到了来自美国的不当压力的话，他们都会利用(民众的)排外情绪。[⑤] 基于这一点，我们很难不形成这样一种印象，即国民党，多半也包括共产党，是否会在某一问题做出妥协，很大程度上取决于美国通过马歇尔将军表明何种让步是合理和可行的。[⑥]

OSS China and India，Reel - 2 - 30，pp. 1 - 21

王昊译，杨奎松校

① 原注：《纽约时报》，1945 年 11 月 20 日。
② 原注：关于铁路地带的立场，见上。
③ 原注：《纽约时报》，1945 年 12 月 20 日；《华盛顿邮报》，1945 年 12 月 20 日。
④ 原注：同上，1945 年 12 月 18 日。
⑤ 原注：同上，1945 年 12 月 24 日。
⑥ 原注：同上，1945 年 12 月 22、25、27 日。

2－3

国务院情报研究所关于中国民盟当前立场的报告

（1946 年 2 月 7 日）

R&A 3487

秘　密

中国民主同盟的当前立场

（1946 年 2 月 7 日）

概　　要

尽管中国普遍弥漫着令人不快的气氛，中国民主同盟最近还是作为重要的第三种势力出现在中国政治舞台上。作为少数党派和团体的联盟，民盟成立于 1941 年，其还包括无党派身份的个人。组成这一团体的有最为保守的中国青年党，其在政治协商会议获得了单独代表权；有属于民盟左翼的第三党、民主社会党、中华民族解放行动委员会、乡村建设协会以及中华职业教育社。主要由知识分子和专业人士组成的民盟，拥护国家统一、民主政治和社会改革。它反对国民党统治之下中央政府的政策，并且在国共之间寻求实现妥协解决的方案。

民盟力图避免内战，认为国民党应当负内战爆发的主要责任。11 月它组建了反内战协会。它的影响力还体现在学生反内战的抗议活动中，其中最为重要的是昆明学生进行的抗议活动，尽管其遭到了军政官员的暴力镇压。

民盟在很多问题上的立场近似于中共。政治战略和某些共同目标可能导致这两个团体之间的继续合作。然而，为了在联合政府中发挥影响力以完成民主和社会改革措施，民盟希望保持第三者的地位。

中国民主同盟的当前立场

一、中国民主同盟的特点

1. 简介

中国民主同盟是一支相对弱小的政治组织。尽管缺乏法律保护、资源微薄，并有其他缺陷，但是最近它作为一支有影响力的力量已经出现在中国政治舞台上。它的当前立场可能部分上由这些因素得以解释：控制中央政府的国民党与中共之间关系微妙的发展，这一危机的国内和国际反响，以及作为唯一重要的第三势力的民盟做好了填补存在于国民党和共产党完全不同方案之间的政治真空的准备。

民盟的目前重要性源于它的方案而非其作为政党的力量。民盟缺乏强大、统一的政党组织，以及任何重要军事力量的支撑，它的立场略不稳定，其未来可能的角色依赖于中国宪政的条件能否建立起来。它的积极的领导层主要限于教师、记者和专业人士之中，很多人受过西方教育和西方政治观念的影响。他们对许多特定议题的不同想法主要统一于捍卫中国内部统一以及实现某种宪政的兴趣。

1941 年 3 月以中国民主政团同盟的名义组成的民盟是中国一支相对较新的政治力量。1942 年，在公布了原先不为中央政府接受的秘密宣言之后，除了旧有的党派之一外，所有派别在参政会的代表席位都遭到了削减。① 但是，民盟继续发布宣言和声明，尤其是在 1944 年到 1945 年期间。在 1944 年 9 月党的大会上，现在的这个名称得到了采纳。随着战争结束，民盟制订计划加强并扩充组织，增加党员数量（特别是不依附于组成党派的个人），并在 10 月召开了党的大会。②

2. 组织：党派和成员

民盟③的六个政治组织是中国青年党、民主社会党、第三党、中华民族解放行动委员会、中华职业教育社以及乡村建设协会。这些组织形成于 1913～1937 年。

中国青年党和民主社会党属于民盟的右翼。前者拥有的党员人数要多于其他党派，而且得到了成都知识分子以及重庆军官和地主的支持。该党知名的领导人为曾琦④、李璜⑤、左舜生⑥。虽然青年党主张宪政和公民自由，但有时它也会得到国民党的支持。它在作为国共双十协定结果而召开的党派会议，即政治协商会议中坚持要求获得较多的单独的代表席位，适足削弱它与民盟的关系。

---

① 原注：L·K·罗辛格，《中国的危机》，第 67～69 页。

② 原注：A-60554，1945 年 8 月 15 日。

③ 原注：这份文件中的很多信息来自于 YV-44，1945 年 11 月 4 日。也见 A-63163，1945 年 10 月 24；YV-184，1945 年 11 月 6 日；QWI，旧金山，1945 年 8 月 12 日。

④ 曾琦，在中国青年党第十次全国代表大会上当选为主席。1946 年 1 月，作为青年党代表参加政治协商会议，积极支持蒋介石的反共反人民政策。同年 11 月参加南京"国大"；1947 年 4 月参加南京国民政府，先后任国民政府委员、国民大会筹委会副主任、总统府资政。——译注

⑤ 李璜，中国青年党主席。1923 年在巴黎与曾琦等创办青年党，提倡国家主义，反对共产主义，担任党魁。抗战时期，投靠国民党，任国防最高委员会参议会参议，国民参政会参政员，并连任主席团主席。1946 年为赴美旧金山联合国制宪大会中国代表团代表。1947 年，国民党为点缀"宪政"，特任其为经济部长，未就任。——译注

⑥ 左舜生，字舜山，别号仲平，湖南长沙人。为青年党骨干人物。1924 年任中国青年党党政《醒狮周报》总经理，并加入青年党。九一八事变后，再创《民声周刊》，鼓吹抗战。后在中央政治学校任教，发行《国论月刊》，并当选青年党中央执行委员会，委员长。1947 年任行政院农林部长。——译注

民主社会党由著名政府官员张嘉璈[①]的兄弟张君劢[②]博士创建。它得到了地主、资本家以及知识分子的一定拥护。和青年党一样,它强烈反对共产主义。它拥护建立在宪政之上略微模糊的国家社会主义方案,并且在很多具体议题上批判国民党。

民盟的左翼包括第三党和中华民族解放行动委员会。前者于20世纪20年代中期从国民党的一个派别发展而来,并且声称要遵循孙逸仙的教导。作为民主和社会主义的政党,它还赞同与共产党在中国政治上进行合作。党的主要领导人是章伯钧。[③]

中华民族解放行动委员会成立于1936年,旨在推动抗日活动。其早期的一些活动遭到了政府的镇压。像第三党一样,它也是社会主义和民主主义的政党。它的成员包括教师、学生、白领雇员以及妇女。前上海法政大学校长沈钧儒[④]是这个党派的领导人。

教育团体是民盟当中政治影响力略低的政治力量。中华职业教育社由黄炎培[⑤]组织创建。它基本从那些与职业学校有关的人员中获取支持。战前这些学校主要位于上海地区。此外,它得到了银行家、资本家以及政界的赞助。

乡村建设协会最初组建是为了在农村推进教育和社会改革。它得到了地主和教育人士的支持,并且在广西最为强大。梁漱溟[⑥]是主要领导人之一。

1944年9月民盟会议决定扩大无党派人士的党员数量。最近报告指出,到1945年10月,民盟在云南、四川、贵州省的个人党员人数已经增加到5 000人左右。成都、昆明以及重庆是民盟活动的重要中心。民盟主席张澜[⑦]以及云南支部的负责人罗隆基博士属于个人党员范畴。

除了云南支部,民盟其他支部有:两广的东南地区支部,领导人梁漱溟;四川地区支部,领导人张澜和李璜,其中后者是青年党人;重庆市支部,领导人是第三党的章伯钧;山西、甘肃和华北的新区支部;上海市支部。直到最近,大部分地区的政治情况不利于公开活动和发展党员。在一些场合下,尤其是在大学的圈子里,民盟的观念显然是通过文化、职业团体以及学生组织进行传播的。尽管民盟对扩充党员数量感兴趣,但是据说民盟拒绝接收那些担心个人安全受到威胁的申请人。

---

① 张嘉璈,银行家,1935年,任国民党政府铁道部部长。1947年3月至1948年5月,任中央银行总裁兼中央信托局理事长。——译注

② 张君劢,中国政论家。名嘉森,字士林,号立斋。1932年与张东荪等在北平组织中国国家社会党,出版《再生》月刊,宣扬国家社会主义。——译注

③ 章伯钧,民主人士,1941年参与筹组民主政团同盟,任中央常委兼组织委员会主任。1947年民盟被迫解散后,同沈钧儒等在香港召开民盟一届三中全会,决定在香港恢复民盟总部和与中共的合作。1947年中华民族解放行动委员会改组为中国农工民主党,任主席。——译注

④ 沈钧儒,民主人士,1939年9月初与邹韬奋、章乃器等在重庆发起成立统一建国同志会。1941年为调解国共冲突,统一建国同志会改组为第三党性质的中国民主政团同盟。1946年1月任民盟参加政治协商会议代表。——译注

⑤ 黄炎培,民主人士,1941年与张澜等人发起组织中国民主政治同盟。1945年又与胡厥文等人发起成立中国民主建国会。——译注

⑥ 梁漱溟,民主人士,新儒家的早期代表人物之一。1941年参与改组为中国民主政团同盟,任中央常务委员,同年赴香港创办民盟机关报《光明报 》并任社长。1946年任民盟秘书长,同年参加重庆召开的政治协商会议。1948年脱离民盟。——译注

⑦ 张澜,1941年参加发起中国民主政团同盟(1944年改为中国民主同盟),1941年10月继黄炎培之后担任中国民主政团同盟中央执行委员会主席。1946年代表民盟出任旧政协首席代表。——译注

类似的情况在新闻舆论上很是盛行。到1945年10月最近的一次大会之际,民盟并没有自己的日报。在其他有影响的报纸中除了最具独立性的《大公报》偶尔会冒险报道一下外,重庆一般只有共产党的报纸《新华日报》会报道民盟的情况。不过在成都,《华西日报》和《新中国日报》会报道民盟的活动。后者是青年党的一个机关报。此外,民盟还靠其领导人出版的各种杂志进行宣传,其中最为重要的可能是罗隆基的《民主周刊》。1945年10月云南省主席龙云①突然下台以及随后中央政府控制的加强,使民盟丧失了来自云南省政府的财政和其他方面的支持。

3. 10月大会

虽然民盟早先计划10月份在成都相对有利的环境下召开党的大会,但政府批准民盟领导人与共产党人及其他方面的代表一起参与党派会议的态度,使得战后在重庆召开党的大会成为可能。② 大约有50名党员参加了10月1日的开幕式。缺席的领导人有民主社会党的张东荪③和青年党的李璜,他们目前在美国,旧金山会议之后随即参加11月份于多伦多举行的中国立宪主义者大会。据说民盟大会还收到了来自美国的一个类似团体的贺电。

会议进行了12天,然后将未尽事项移交给新近选举出来的中央执行委员会。具体的成果是建立了11人委员会和中央书记处、修改党章并发布声明。大会讨论了尤其是与公开声明相关的很多议题,显然没有实现预想当中的加强不同团体之间团结和理解的效果。此外大会讨论了这些计划:扩充支部,创办至少一份日报,不仅在知识分子中间,还要从农民、工人、商人以及其他大的社会群体中增加党员数量。预计扩充计划的结果还不清楚。

4. 民盟的总体计划

1941年公布的初步计划设定了民盟的总体目标。简单总结后即为:积极开展抗日战争;终结一党统治并建立所有党派和团体讨论国家政策的代议体制;消除严重的内部分歧并促进统一;执行国民党1938年公布的武装抵抗和国家重建方案;确立中央和地方政府的权力分割;建立一支不用于党派摩擦和超脱政党组织影响的国家军队;确立公民自由以及政府服从法律;消除党派对学校的影响;以资格为基础选拔官员;改善士兵的生活条件;修正政府意在干涉增加生产的行为或政策。

在没有立即公布的1944年9月的计划中,民盟拥护:所有政党的合法化,释放政治犯,平等对待所有武装力量,向代议机构呈递税收和财政法案,确保人民的最低生活标准,针对战争难民的赈济措施,学术自由,改善与苏联关系,与联合国在作战努力上实现更加有效合作。④

---

① 龙云:云南地方实力派,时任云南省主席。——译注

② 原注:L·K·罗辛格,《中国战时政治,1937～1944》,第122～123页。以下凡引自该情报者,均不另注。

③ 张东荪,1941年参加中国民主政团同盟1944年9月被选为中国民主同盟中央执行委员,1946年1月,作为民盟代表之一,出席重庆政治协商会议。1946年8月,国家社会党与民宪政党合并,组成中国民主社会党,为主要领导人之一。——译注

④ 原注:Source S,1944年10月31日。

制定的这些措施主要是针对战时情况而言。在1941年的第一次会议上民盟还陈述了它的战后计划。① 这个计划包括：负责制的、代议制的、推行宪政的国家和省政府；有计划的经济，包括政府所有的垄断性企业以及为农民组建的合作组织；免费的基础教育以及扩建其他公立学校；社会保险，包括失业保险以及社会福利项目；少数民族自治和平等权利；反对帝国主义；与联合国在维持和平上进行合作。

民盟的总体性计划看来以宪政原则为核心，目标在于政治民主，没有社会主义、共产主义的社会改革。从一般意义上来讲，这些原则类似于同西欧和西方范围内国家相连的宪政概念。虽然它们与国民党最近的实践不相协调，从广义上来讲却与孙逸仙的理念相一致。在很多方面，它们与国民党自由派如孙科的理念类似。

二、反 对 内 战

1. 总体态度

一开始中国民主同盟就强烈反对国共纷争造成的分裂局面。只要国民党谋求维持并扩大其作为排他性政治力量在中国的存在，这场斗争看来就是不可避免的。民盟把反对内战与所有党派参与政府和政府民主转变的建议联系起来。

1945年下半年，民盟就内战问题发表了几次声明。在7月28日的长篇宣言中，它警告说：国共在山西冲突的报告意味着抗日胜利前夕内战的可能性，这样的胜利可能会让人沮丧。② 它断言冲突的主要责任在于掌握政权的国民党。为了避免冲突，国民党应当显示其建立民主政府的决心。需要采取的紧迫措施包括召集全党大会、确立公民自由、释放政治犯以及政党合法化。宣言说实现"民主"是统一不可缺少的基础。显然，"民主"对民盟而言指的是代议制政府。

9月，就当时国共正在进行的谈判，张澜写了一封致国共领导人的公开信，就解决现存争议提供了几条具体意见。③ 其中一些建议得到采纳，如民盟参与谈判。尽管国共达成了双十协定，然而武装冲突仍于当月爆发。

因而，11月3日民盟公开呼吁避免进一步的冲突。它要求中央政府和共产党立即命令部队停止任何推进行动并结束战斗。它建议在10天之内召开双十协定考虑的代议机构即政治协商会议；政协应该建立一个代表委员会以当场调查军事情况并向国家提交报告；政协应当解决类似军队重组和地方管理这样的议题。

民盟的这些呼吁以及随后的各种避免内战的努力并没有立即取得成功。例如11月11日，民盟领导人成功地推动国共代表举行了一次非正式会议，但讨论无果而终。④ 在马歇尔

---

① 原注：YV-44，1945年11月4日。
② 原注：美国新闻处，1945年10月18日，摘自《华西晚报》，1945年8月7日。
③ 原注：CPR，1945年9月15日，摘自《大公报》，1945年9月15日。以下凡引自该情报者，均不另注。
④ 原注：YV-54，1945年12月3日。

将军被任命为出访中国的特使加上国际上其他发展，局势发生变化之后，民盟的提议在一种更加有利的气氛下可能会被采纳。

2. 反内战联盟

为了动员民众舆论反对内战，民盟倡议组建反内战联盟。① 虽然联盟的执行委员会由黄炎培领导，且其他党的领导人也明显赞同这一联盟，它还是得到了诗人郭沫若②以及非民盟成员的赞助。11 月 19 日在重庆召开的、有 500 人出席的第一次大会，据说是一次盛况空前的事件。这次大会显然得到了工业界的支持。它计划在尽可能广阔的范围内组建支部；成都团体的第一次会议据说已经在 12 月 7 日召开。③

反内战联盟很快遭到了军方报纸《和平日报》的抨击。④ 除了试图拒绝联盟的声明，该报宣称它的成员属于这三个阶层之一：被误导而加入的无知群众；浑水摸鱼的怀有野心的政客；以及率先挑起冲突然后伪装反对内战的共产党。

3. 反内战的学生

显而易见，民盟与反对内战的各种学生团体的行动有联系。据可靠报道说，1944 年昆明国立西南联大的学生组织得到了民盟的赞助。⑤

昆明各个学校和大学的学生制造了对反对内战最具重要意义的事件：⑥11 月 25 日，学生组织了一次大型的抗议集会，包含民盟成员在内的几名发言者在集会上发表演说。⑦ 士兵和警察试图对这次集会进行暴力恫吓，但是学生在接下来的几天内坚持用和平示威表明他们的态度。接着发生了一系列暴力事件，尤其是在 12 月 1 日，当时一队武装人员攻击了学生，杀死四人并击伤了许多人。12 月 10 日国立西南联大全体教师发表声明：袭击事件是由对此要负责任的军方和政府官员唆使的。但是，政府机构声称学生反对内战一直是共产党的工作，并且是共产党阴谋策划了对学生的致命袭击。不过，接下来经过中央政府的调查后，据报道两个是士兵的人遭到审判并被处以死刑。

昆明的大学生和中学生发起的罢课，持续了一个月之后也没有完全得以解决。学生代表就民主政府和结束内战起草了呼吁书，并抗议政府对当前局面的处理。危机期间，民盟在重庆的发言人发布了一份温和、庄重的声明。在重庆为死难者举行的纪念活动上，罗隆基和其他人等情不自禁地表达了对昆明事件的看法。

部分因为昆明事件的影响，其他地区的学生团体也发出了类似的反对内战和要求民主团结的呼吁。12 月 9 日，数千学生在成都发起了有秩序的游行活动。⑧ 南京大学的学生社

① 原注：CPR，1945 年 11 月 21 日，摘自《新华日报》。
② 郭沫若，中国著名的文学家、考古学家、思想家、诗人。1945 年夏赴南京参加国共和谈。——译注
③ 原注：CPR，1945 年 12 月 8 日，摘自《新华日报》，1945 年 12 月 7 日。
④ 原注：同上，1945 年 12 月 21 日，摘自《和平日报》，1945 年 12 月 21 日。
⑤ 原注：OSS CID 93246，1944 年 8 月 31 日。
⑥ 原注：*Source S*，1945 年 12 月 20 日。以下凡引自该情报者，均不另注。
⑦ 原注：YV－54，1945 年 12 月 3 日。
⑧ 原注：1945 年 12 月 10 日，摘自《新华日报》，1945 年 12 月 10 日。

团也发布了反对内战的声明。① 在重庆,据报道600多名学生起草了一份致关心内战局势的美国学生的公开信。② 据报道,次年的2月18日,上海的学生社团通过集会起草了致马歇尔将军的电报,但却因为遭到警察的干预而被迫改变了电报的基本内容。③

各式各样的学生反对内战的抗议活动可能代表着广泛的舆论动员,不能被单一地归结为受到民盟的影响,虽然民盟的作用是重要因素。学生运动可能也反映了部分国民党人、无党派人士的意见,一定程度上还反映了共产党和其他团体的立场。

三、对美国政策的态度

1. 美国对中央政府的援助

民盟认为国民党政府应当负内战冲突的主要责任。反对内战与民盟领导人对美国援助该政府的政策感到疑虑是联系在一起的。在许多场合下,民盟反对美国援助为人所知,即很大程度上无条件的美国援助加剧了中国的内部冲突,使得国民党领导人不愿意在有利于团结和民主的情况下进行妥协,不仅可能给中国,还给其他国家带来不利的国际反响。这种观点还在民盟机关、反内战联盟的立场以及学生反内战的抗议活动上得到了表达。

9月,《民主周刊》就魏德迈将军的声明发表评论,断言在没有充分考虑中国普遍渴求民主和国家团结的情况下向国民政府提供军事援助可能造成严重后果。④ 10月大会期间,民盟领导人几次就美国海军在华北登陆表示忧虑,尤其是国民党军队是否会追随它们而来,以及它们的任务是否是为了方便国民党控制共产党统治区域。⑤ 他们希望美国不要加剧中国国内的冲突,而应努力推进中国的民主统一。

内战爆发后,民盟领导人倾向于认为,美国对中央政府的援助就意味着美国站在国民党一边进行干预。他们说,如果各种形式的援助继续进行下去,解决冲突是不可能的。⑥ 在12月1日的新闻发布会上,政协会议的民盟成员说,任何一个国家都不应当援助内战的任何一方。与第三党11月12日坦率地表示担心美苏可能卷入并破坏中国的"和平桥梁"⑦的地位的声明一样,民盟代表团也公开呼吁英国、苏联和美国出面调停,以结束中国的内部冲突。⑧

2. 马歇尔的使命

民盟欢迎赫尔利大使辞职以及马歇尔将军被任命为特使。罗隆基博士将赫尔利将军的政策定性为试图通过反对共产党军队的成功战争来实现中国统一。⑨ 他认为马歇尔将军将

---

① 原注:美国新闻处,成都,摘自《华西晚报》,1945年12月7日。
② 原注:CPR,1945年11月27日,摘自《新华日报》,1945年11月27日。
③ 原注:同上,1945年12月22日,摘自《新华日报》,1945年12月22日。
④ 原注:美国新闻处,1945年9月18日,摘自《民主周刊》,1945年9月16日。
⑤ 原注:《纽约时报》,1945年10月3日。
⑥ 原注:PM,1945年11月2日。
⑦ 原注:CPR,1945年10月29日,摘自《新华日报》,1945年10月28日。
⑧ 原注:《纽约时报》,1945年12月2日;CPR,1945年12月3日,摘自《新华日报》,1945年12月2日。
⑨ 原注:同上,1945年12月18日。

会通过旨在改变中央政府态度的政治策略来尝试结束内战。

杜鲁门总统12月15日的声明得到了民盟的强烈赞同。[①] 民盟声称，这恰恰就是民盟一直为之奋斗的内容，并且它可以被称之为美国对中国自由派呼吁的回应。它认为这个声明意味着中国有责任解决它的内部争端并使她的政府民主化，否则就将在国家中间面临孤立的可能性。他说考虑到美国可能施压的国民党将被迫赞同民主改革。

马歇尔将军一抵达重庆，民盟代表就公开警告：时下中国每个人看来并不都是支持民主原则的，一些人就是为了制造混乱和误解，尤其是针对外国人。[②] 民盟领导人就不同问题向马歇尔将军阐述他们的观点，并随后公开表达了对他的真诚和良好愿望的感激。[③] 虽然政协的中国青年党代表并没有与其他民盟领导人一起与美国特使进行讨论，[④]不过，著名的青年党领导人、没有当选政协会议代表的左舜生与其他民盟领导人一起拜会了马歇尔将军。

四、对国内问题的立场

1. 政治协商会议

在10月声明里，民盟大会指出民盟一向拥护举行跨党派的讨论会议，以为宪政开辟道路。[⑤] 因而，国共双十协定中关于召开政治协商会议[⑥]的提议原则上得到了民盟的赞同。然而，民盟打算让政协发挥比双十协定预设要大的作用，同样政协要有相当的民盟代表和无党派人士参加。最终于1月10日召开的政治协商会议在这两个方面体现了民盟所宣称的政协必须找到解决紧迫问题的方案以及它的决议必须得到迅速与令人满意的落实的愿望。

中国青年党要求得到截然不同和相当多的代表席位，令民盟感到较为尴尬。据报道，中国青年党被国民党领导人给予特别的好处。[⑦] 最终它得到了政协38个席位中的5席，如果可以选择的话，它能够采取不同于民盟的立场。它的资深领导人左舜生和李璜没有得到参加政协的任命，据报道，国民党希望通过阻止对他们的任命，来加大民盟和青年党之间的分歧。[⑧]

除了青年党，民盟得到了政协的9个席位，并且还拥有非党派人士的1席。由于政协决议取决于所有团体事实上的一致同意，因而将代表权给予民盟内部各个派别如此多的席位就显得尤为重要。代表包括：民盟的个人党员代表张澜和罗隆基；国家社会党的代表张君

---

① 原注：Source S，1945年12月9日；CPR，1945年12月19日，摘自《新华日报》，1945年12月18日。
② 原注：《纽约时报》，1945年12月25日。
③ 原注：同上，1945年12月27日，1946年1月7日。
④ 原注：*New York New Tribute*，1945年12月27日。
⑤ 原注：CPR，1945年10月19日，摘自《新华日报》，1945年10月19日。
⑥ 原注：IRIS R&A 3472，1945年12月27日。
⑦ 原注：Source S，1946年1月5日。
⑧ 原注：《中国新闻日报(纽约)》，1946年1月28日。

劢和张东荪；中华民族解放行动委员会的代表沈钧儒和张申府①；第三党的代表章伯均；中华职业教育社的代表黄炎培；乡村建设协会的代表梁漱溟。②

由于民盟相信政协必须解决主要问题并建立民主联合政府，为将来建立宪政做好准备，③它期望政协从整体上代表国家。在很大程度上，民盟自称代表人民。12 月，民盟的书记处发布声明，就解决从内战到立宪的各种问题的方式向感兴趣的市民征求建议。④ 这种策略可以被认为是寻求对其计划支持的一种手段。据罗隆基说，政治协商会议的特点主要是民主和伪民主的斗争，民盟代表要为实现民主而奋斗。⑤

2. 联合政府

根据民盟 10 月的声明，创建民主联合政府对实现“和平、统一和团结”是不可缺少的。⑥ 代表不同党派和团体的民主联合政府应当在没有实现宪法政府之前的过渡期内全力发挥作用。民盟领导人建议它的组建应当是政治协商会议讨论后达成协议的产物，⑦并且不考虑在此程序中可能涉及到的任何合法性问题，由它取代国民党政府。民盟领导人警告说，联合政府应当是建立在广泛的基础之上，它的有效性不应当受到中央政府现有机构或国民党的阻碍。⑧ 在 1 月 2 日的声明中，民盟反对蒋介石新年讲话的承诺：在特定情况下，联合政府应当靠中央政府主动来建立，民盟再次主张联合政府必须经由政治协商会议产生。⑨

3. 军事问题

由于国共摩擦没有结束，民盟在 1 月 2 日的声明中主张立即停止敌对行动，组建包括国共以外成员在内的军事调查组，恢复通讯对话，停止军队调动。⑩ 随后它建议内战事务应当被政协会议视为议程的第一要务。⑪ 1 月 10 日的最后停战协定，以及同日政协第一次会议的召开，使得这一步骤显得多余。

在 10 日的声明中，民盟宣称军队国家化和裁减军队规模应当按照精心设计的规划、针对所有类型的军队公平地予以执行完成。在 8 月的声明中，民盟宣布为了使中国将她有限的资源用于必要的赈济和重建，武装部队应予大规模缩减。⑫ 它一再宣称军队应当完全摆脱党的依附和控制。类似地，军政职能分离的原则应当树立起来；任何军官不应当再担任政府职务或积极参与政党事务。

民盟宣布，这些原则应当在联合政府中加以落实。另外在 1 月 2 日的声明中，民盟断言

---

① 张申府，民主人士，1942 年加入民主政团同盟，并任中央常委。1946 年 1 月出席在重庆召开的政治协商会议。——译注
② 原注：CNS，1946 年 1 月 7 日。
③ 原注：CPR，1946 年 1 月 8 日，摘自《新华日报》，1946 年 1 月 8 日。
④ 原注：同上，1945 年 12 月 19 日，摘自《新华日报》，1946 年 12 月 18 日。
⑤ 原注：CPR，1945 年 12 月 26 日，摘自《新华日报》，1945 年 12 月 24 日。
⑥ 原注：同上，1945 年 10 月 19 日，摘自《新华日报》，1945 年 10 月 19 日。
⑦ 原注：同上，1945 年 12 月 3 日，摘自《新华日报》，1945 年 12 月 2 日。
⑧ 原注：《纽约时报》，1945 年 12 月 25 日。
⑨ 原注：CNS，1946 年 1 月 1 日。
⑩ 原注：CPR，1946 年 1 月 2 日，摘自《新华日报》，1946 年 1 月 2 日。
⑪ 原注：同上，1946 年 1 月 8 日，摘自《新华日报》，1946 年 1 月 8 日。
⑫ 原注：《FCC 日报》，1945 年 9 月 17 日。

军队国家化只有与政治民主化联系在一起时才能够实现。

4. 国民大会

民盟几次就国民党主持召集的国民大会表达了反对意见，国民党在1935年就计划通过宪法草案并多次推迟之。在1月2日的声明中，它还反对蒋的建议：通过选拔代表某些领域和集团的额外的代表来扩大会议。在10月的声明里，民盟宣称，原则上新的大会代表应当在普选的基础上选出。它还要求对大会组织法、选举法以及起草的宪法进行修改。8月的声明中民盟建议新选举出来的大会应当在1946年的某个合适时间在南京召开；建议日期为7月7日，即抗日纪念日那天，或者是10月10日，即“双十节”。在政治协商会议产生之后，民盟希望该机构考虑国民大会和新的宪法草案这些整体问题，因为以前的草案在重要方面不同于民盟的宪政原则。

5. 公民自由

作为知识分子领导的反对党，民盟强调公民自由是代议制政府的必要部分，这是自然而然的。1月7日民盟发言人指出，国共双十协定中列出的公民自由仍没有得到保护，并且对它们的确认是政治协商会议成功的必要因素。① 在10月的宣言里民盟普遍地谈到“人民的自由和人民的权利”，并主张用道德和法律限制去保护它们。它说甚至是由中央政府确立的有限保证，都没有得到合理的执行。

类似地，这份声明断言，即便是得到合理保护的公民自由，在没有实现“经济上自由和权利”的情况下，公民自由可能是没有什么意义的。显然，模糊的措辞旨在涵盖在声明中没有得到明确表述的社会改革措施，而这些措施不同程度上得到了民盟内部不同团体的支持。

与要求公民自由密切联系在一起的是废除秘密警察、释放政治和“思想”犯以及政党合法化的措施，这些是民盟一贯自然而然予以拥护的措施。

6. 省和地方政府

在将联邦原则应用于中国上，民盟主张省以及同样的地方，包括地区采用自治这一重大举措。在过渡政权阶段，它主张在省，尤其是在那些政治敌对明显并且发生激烈权力争夺的地方，创建联合政府。总体来说，民盟拥护由普选或者其他能代表中国所有阶层程序选举出来的政府。②

关于满洲，民盟发言人声称中央政府艰难处境很大程度上是由于它不顾满洲人民和全国非国民党派别的愿望，试图用武力统治之。③ 在12月1日的声明里，民盟官员赞同满洲自治，创建一个地方联合政府并撤出国共武装力量。④ 这项计划表现的特点没有得到军方报纸的响应，军队报纸声称民盟领导人响应共产党的声明，因而正在自掘政治坟墓。⑤

① 原注：CPR，1946年1月8日，摘自《新华日报》，1946年1月8日。
② 原注：同上，1945年3日，摘自《新华日报》，1945年12月2日。
③ 原注：Ibid，1945年11月21日，摘自《新华日报》，1945年11月20日。
④ 原注：CPR，1945年12月3日，摘自《新华日报》，1945年12月2日；《纽约时报》，1945年12月2日。
⑤ 原注：同上，1945年12月4日，摘自《和平今报》，1945年12月4日。

7. 行政事务

民主同盟批判公共服务领域的腐败、低效和偏袒现象，尤其提到占领区政府职位的指派。评论任命陈仪出任台湾省主席的《民主周刊》断言，迄今所选拔的绝大多数管理占领地区的官员有着让人质疑的品行，或者是不受贫困人口拥护的官僚。[①] 在10月的声明里，民盟建议对于某些职位，尤其是在地方政府当中，应通过广泛的选举，提高公务员工资，采用文官选拔制度，以消除腐败制度和落实责任制。

8. 经济政策

民盟在10月的声明里声称要向难民、残疾或失去活动能力的士兵以及战争期间遭受痛苦的其他人等，提供赈济以及工作岗位。8月的声明中它建议把从日本获得的赔偿要用于赈济。10月的声明还建议帮助工商企业。这些企业受到战争以及向和平经济困难过渡所引发的不利条件的威胁。弥补这些企业损失的一个方法就是移交在私人管理之下能够得到良好的运作的日本财产。关于政府经营的企业，尤其是那些从日本人手中接管的企业，民盟要求进行保护，以阻止腐败及政府中只顾个人私利的资本家的实际控制。它警告官员和商人造成的任何联合垄断经营——可能会促成特权、经济不平等以及财富向少数人手中集中。

相应地在公共利益方面，民盟主张对公有经济和公共财政进行改革，包括采用新的预算机制和由代议部门控制评估和开销。它还要采取紧迫措施改革金融体制并稳定物价。在民盟四川支部9月的会议上，发言者指出省上的工业家、商人、农民以及农场所有者面临严重经济困境，并猛烈抨击政府政策。赈济措施的要求包括：贷款给私人工商业，免除一年的土地税，用国库大米储备援助农民，以及修正黄金和货币政策。[②]

民盟与像中国经济企业促进联盟这样的团体有联系，它们强烈抨击中央政府对除了重工业以外，还对包括纺织业以及别的轻工业在内的各种企业进行直接控制。[③] 这些团体反对国民党对重工业的重视以及对外国资本和外国企业的依赖，正如最近对美国依赖所证明的那样。联盟中的一个发言人说最后的结果将是类似于日本经历的发展。虽然民盟没有公开表述对于这些问题的官方意见，但是它的社会改革的一般方案旨在使包括农民、工人、公务员以及中产阶层的大众获益。这个方案不可能与代价高昂的、旨在通过牺牲公众生活标准来增强国家权力并增加少数获益人财富的工业化计划相协调。

9. 教育

在10月声明中，民盟宣称废除教育上现存的、很大程度上处于党的控制和影响之下的"封建"制度对于实现民主是不可或缺的。它建议应当建立"民主的"制度，承认教和学的自由，纠正陋习并改善"教育工作者"的状况。它含蓄地表明，免费的初等教育、扩建中等教育和其他学校的独特原则，是其建立新教育制度方案的基础。

---

① 原注：CPR，1945年10月21日，摘自《民主周刊》，1945年9月16日。
② 原注：同上，1945年9月20日，摘自《新华日报》，1945年9月20日。
③ 原注：同上，1945年12月26日，摘自《新华日报》。

五、结　论

虽然中国民主同盟的一些领导人是在人民政治协商会议中任职的德高望重的知识分子，但是民盟的政治民主和社会改革计划迥然不同于国民党最近几年的政策。在艰难的形势之下民盟尝试促进内部团结、缔造联合政府以及在中国通过新宪法。最近民盟已经倾向于进一步拉开同国民党主要立场的距离，更紧密地向中国共产党的立场靠拢。在与内战相关的议题上，如满洲局势、美国对中央政府的援助、政协的作用、联合政府、军队重组、国民大会、新宪法、联邦主义原则和地方自治、政治犯以及农村改革等，民盟的立场基本上都类似于共产党的立场。

在一定程度上，这一情况可以从为了实现共同目标所采取的政治策略来加以解释。共产党和民盟都需要政治盟友。另外，共产党偏向于重视政治民主和农村改革，并将之作为最紧迫的目标。共产党和民盟立场的相似性成为国民党批判的靶子，并导致了国民党对民盟的不信任。随着政治局势的演进，民盟和共产党为实现共同目标进行的合作很有可能会继续下去。

然而，民盟不是共产党，而且它不打算失去其自身作为第三党的地位。在政协开幕之前，民盟领导人通行的作法，是向商讨各方呼吁克制并表现出妥协的精神；如果不这样，他们认为问题不可能得到解决。民盟很有可能会有助于加强国民党内部自由派的力量。

在目前知识分子领导下，民盟能否发展成为一个强有力的国家政党值得怀疑。但是，在联合政府之下，民盟可能会发挥比它作为一个组织所暗含的实际力量要大得多的影响力。如果这个指向团结、民主和社会改革的运动取得有限的胜利，民盟的地位就有可能得到改变，而且它在中国政治中第三势力的角色也会变得相当重要。

OSS China and India, Reel-3-4, pp. 1-28

王昊译，杨奎松校

2 - 4

国务院关于支配中共军队规模主要因素的报告

（1947 年 6 月 25 日）

OIR 4387

秘　密

支配中共军队规模的主要因素

（1947 年 6 月 25 日）

概　　要

自 1946 年底以来，尽管中共军队规模已经明显稳定下来，但是目前看来中共在内战中正在采取全面攻势。过去两年的快速扩张显然已经使中共军队达到这种程度：它能够更加广泛地利用国民党军队策略上的缺点与总体实力的下降。

自 1934 年蒋介石剿灭中共军队的作战之后，影响中共军队扩张的因素在其重建军队的过程中已经反映了出来。这些因素是：枪支的取得、粮食剩余的可使用数量以及弹药补给。从 1934～1944 年期间，中共军队扩充了 6 倍，即从 8 万人增长到 48 万人。显然，这得益于对日战争初期中共获得了大批枪支之后。在 1944～1946 年中期，中共的军队规模又近乎翻了一番。这主要或许应当归结于通过苏联的帮助在满洲获得了日本军火。

共产党军队不大可能会再次达到从日本投降到 1946 年中期的增长速度。1947 年 7 月到 1948 年 7 月期间，可预见的扩张可能不会超过并且或许不会达到目前将近 100 万军队的三分之一。

在这种限制之下，红军规模的扩张几乎完全依赖于国民党军队失败和蜕化的速度。为了抑制数量上仍然处于劣势的共产党军队在目前的成功，需要对战时的整个国民政府进行一次彻底的改革。只有通过改革，国民党才有希望避免共产党军队数量的绝对或相对的增长，以及随之而来的国民党在内战中的可能的失利。

支配中共军队规模的主要因素

一、中共军队规模增长的主要因素

看起来所有的现有证据支持中共的论点，即：不是可以募集到的人力资源，而是可以得到的军火和供应是共产党军队扩充的支配性因素。在他们军队20年(1927～1947)的历史当中,共产党为常规部队招募人力的速度和获取军火粮食一样迅速。对于人口稠密的中国而言,这些判断看来是真实的:保证充足的供应,招募士兵在中国肯定是不受限制的。①

关于共产党军队人和物的补充,现在和过去的判断是粗略的。为了找到共产党军队扩充的关键因素,这项研究始于共产党自身在1944年第三季度公布的、最近的,也是最为合理的评估。

1944年底所列正规军总计有48万人。作为正规军队训练和战斗的辅助力量的民兵有210万人。这些数字是在共产党军队被蒋介石10年前,即1934年几近成功的围剿战役之后,包括后来在1944～1946年军队扩充后的数字。到1944年,共产党的军队已经将1934年时的8万人扩充了6倍,从1944～1946年,他们又将其1944年的军队数量差不多翻了一番。以此种速度进行的扩充是募兵和再度武装的成果。不过,后者意味着更加重要的业绩。

1944年底共产党有效步枪大约有28万支,这些枪支差不多全部掌握在正规军队手中。步枪和正规军队相应比率是1.00∶1.71。这个大致的比率比(美军)A级师的1.00∶2.15的比率要略微高一点。A级师的装备如下:

类　别	数　量	类　别	数　量
人	1 763	重机枪	6
步枪	817	迫击炮或者加农炮	4
轻机枪	27～54	掷弹筒	15～27

比率上的不同或许可以归结为A级师使用了数量相对较多的重武器,从而减少了对步枪的需求。然而,它还不足以强大到严重影响使用步枪作为共产党武器基本手段的有效性。

以步枪获取来源的突破划分1944年之前共产党军队的发展阶段:

来　源②	数　量
原有装备	40 000
日本人(间接或者直接)	90 000
国民党(被日本人或共产党击败)	90 000
其他各种来源(随身携带枪支志愿者等)	60 000

① 原注:J·洛辛·布克,《中国的土地利用》(上海,1937)对作为中国兵员主要来源的农民人口的利用程度提供了最好的评估。对经济上不产出的军队规模的最终限制性因素可以从布克的结论中推导出来:尽管一般的冬天每个成人有超过一个月的空闲,但是超过90%的中国乡村人口全部时间得到了相当的利用。意识到这一事实后,共产党尝试让一般士兵在其空闲时间进行劳作。他们的努力可能维持了现有的粮食剩余,尽管没有增加它们。

② 原注:根据共产党的声明,1944年他们的军工厂只能修复武器;任何生产都是无关紧要的。

获得的国民党武器大都是在日本进攻初期国民党在华北战场上大溃败时得到的。① 在1938～1943年这五年间，共产党通过针对日本军队的游击战获得了日本的武器。

由上可知，每年步枪连续获得的平均速度只有2万支。如果共产党军队只是单纯依靠日本人获得武器，他们将以每年不过4万人的速度扩编，而且依靠这些方式的扩编将会在1943年的大部分时间内结束。当时日本人开始对华北推行"扫荡"策略。②

二、1944年底到1947年中期的增长速度

从1944年底到1947年中期，共产党军事进展的突出表现是从1945年中期到1946年中期共产党军队近乎1倍的增长，并且增长在1946年下半期和1947年初达到了稳定程度。1947年3月以后，摆脱稳定增长水平的潜力还在，不过速度比日本投降以后大致10个月内取得的增长速度略慢。

1945年初，共产党计划要求军队数量要比1944年增长80%，即从将近50万人增加到90万人。相当多的现有证据说明，通过招募和训练落实这个方案，到1945年中期才得以推行。不过，有理由怀疑这个设想中的计划是对日作战早期目标的一种预期，并且在1945年初仍然缺乏完成这个目标的手段。日本投降之前的扩编因而被放到日本投降之后实行，那个时候获得的武器把理想变成了现实。

战后共产党军力的大部分增长取决于在苏联同意之下获得了日本在满洲的大量军火。虽不是决定性的，但是具有持续重要意义的是：自1946年底以来，共产党逐步不断地缴获大批国民党的武器。这两个因素无限加大了共产党取得军事胜利的最终前景。尤其是后者，看来已经给共产党领导人造成了拥有巨大军火储备的想象。

下表是通过这两种发展，对自1927年中期以来共产党步枪补充增长的评估：

来　源	数量(所有数字都是最小数字)*
1945年8月已有枪支	300 000
从满洲获得	250 000**
从国民党手中缴获	150 000***

* 原注：所有数字均是最小数字。

** 原注：评估源于日本在满洲投降的数据，包括已知的关东军补充兵员，向苏联投降的军队数量，共产党进入满洲的特点和时机，以及原有抵抗军的规模。见DRF Information Note No. 52，1947年2月15日，机密。

*** 原注：截止到1947年6月的估计。

仅在满洲一地获得好处，共产党就得到了几乎和它在战争结束时所拥有一样多的步枪。日本投降后将近两年的时间里，估计缴获国民党枪支数量相当于共产党五年多对日战争中从

① 原注：D-3052，重庆，1944年10月11日，机密。

② 原注：1944年共产党军方领导人承认，日军的策略严重阻碍武器获得的情况，持续了一年多。

日本人手中缴获全部枪支的1.5倍。

如果日本投降以后缴获的全部枪支仍然能够击发的话，今天共产党拥有了70万支有效步枪。枪支老化可能会减少高达10万支的武器数量，剩下大约60万支有效步枪。

这些步枪数量被认为足以武装100万到120万的军队。由于缺乏尤其是机枪的其他武器，共产党在对日战争期间确立了比国民党和日军要高的人枪比例。必须考虑到随着共产党获得机枪和迫击炮所造成的战后装备列表调整，这个比例可能会从100∶170降低为100∶200。在上面提到的人力范围内，这种可能性应当被列入考察范围。①

看来到目前为止共产党正规军的数量不会超过100万人。虽然装备不能完全决定人力，不过这支军队看来从日本渠道的军火中获益匪浅。从1945年中期到1946年中期，共产党50万的正规军增加了40万人，差不多翻了一番。从1946年底到1947年3月，共产党的重点似乎在于巩固加强军队，没有多少扩充出现。1947年3月以后的发展只能推断，因为所知道的是共产党当时在山东省拥有大量新的武器储备，但是新的、大规模的军队扩充尚未能得到确认。军队扩充的发生可能要滞后三至六个月。

三、未来的扩充

不远的将来，共产党军队不会再以接近日本投降后的速度进行扩编。将一支100万的军队在一年之内翻一番需要每个月缴获4万支步枪，这或许超过了全中国军工厂的产量。即便有可能，以此种速度进行扩充也没有军事上的必要性，因为这要假定国民党力量衰竭，以至于国民党军队已不是一支有效的作战部队。因此进行扩充必须要在军事必要性与军事可能性之间进行权衡。

预测一下最有可能发生的事情——共产党军事胜利的趋势继续，国民党军队数量缩减一定程度上降低了它的速度——1947年到1948年间共产党军队的扩充速度可能在20万到30万人这个范围之间。假定在该段时间内共产党最多缴获了20万支步枪并对预期当中的共产党装备进行部分更新②。扩充过程当中，可以设想共产党能够使其军队规模超过蒋介石剩余的正规军。由于缺乏弹药和粮食，超过这个水平的增长可以被排除。

如此庞大的一支军队面临的弹药紧张问题可能成为军队扩充的障碍。③ 正如下面对中共武器装备的评估所示，到1948年中期，共产党40%的步枪看来很有可能仍然是日本产品：

---

① 原注：关于这一主题的进一步证据，见共产党满洲装备表的记录，-3684，1947年3月19日，机密，或者REF-355.9518/N3424，1946年11月26日，秘密。

② 原注：在这一时期，估计共产党可能获得了生产能力。由于奉天的军工厂每年只是可以生产10 000～15 000支步枪，然而潜在的能力不被认为严重影响共产党军队扩充。只有满足他们的弹药供应可能才会影响扩充。

③ 原注：1944年年底，共产党军方领导人强调他们的弹药短缺问题，指出每支步枪平均弹药供应只有30发。1946年每支步枪的平均供应估计在140发左右，超过了1944年供应的4倍。尽管他们的军工厂无力满足1944年的有限需要，尽管弹药短缺扩展至他们所有的武器，但是共产党不会让弹药阻碍他们对军队的扩充。苏联正在向中国共产党提供日式武器的步枪弹药的可能性不容忽视。但是由于完全缺乏这方面的信息，这种可能性只能陈述，不能评估。

种　　类	数　　量
日　　式	300 000
其他各式枪支(主要是7.92毫米口径)	300 000
美　　式	1 000 000

然而,在满洲缴获的日本弹药存货可能将会消耗殆尽。① 由于现在很少有国民党军队使用以前口径的日本步枪,来自国民党士兵的缴获很少有机会去补充日本弹药的存货。因而,估计日本弹药的补给可能会面临短缺。

迅速不受限制的扩军的进一步障碍可能是共产党区域,尤其是华北的粮食供应短缺。20世纪40年代初期之后,共产党已经认识到不考虑部队驻扎地区的粮食供应、不加限制的军队扩充所造成的危险。② 按照共产党自己的标准,估计现在占有的华北地区不能承受超过100万的军队,只能在那儿现有军队上增加30万人。共产党的满洲作为粮食富余地区,可以供应至少62.5万人的部队,③并且可能会更多;这意味着至少要比现在驻扎在满洲的部队多出30万人。因此,这里谈到的限制性因素可能要比他们可预见的增长更直接适用于共产党军队在特定地区的募兵。

共产党在华北不同地区的粮食剩余,通过作为人口的比率,要比单纯的数字能够得到更好的表述。1944～1945年共产党军队和民兵的形式估计构成了对这一事实的认可。比如,共产党统计民兵这一混合的农民辅助力量相当于总人口的5%。④ 反过来正规军与民兵的比率为1∶4或者1∶5。现在共产党区域大约有1亿人口,推测起来共产党的正规军不会超过100万或者125万。虽然一般而言军队的密度应当与人口的密度成正比,但是能够得到的粮食剩余仍然可以给予军队主体以一定灵活性。因此共产党战斗力最强的部队应该位于河北、山东、河南北部和江苏省,并往西逐步递减。

日本人过去对现在共产党所控制的华北农业区域的粮食征收情况,给我们的结论提供了一个大致的证据。在40年代初期形势最好的年份,尽管使用了强制征收手段,华北各种粮食每年的征收总量都没有超过40万吨。

为了弥补华北的粮食赤字,华北每年需要进口50万吨到超过100万吨的粮食。因而日军与中国城市就粮食剩余展开了直接竞争。

假定共产党军队不是十分担心城市居民的福利情况,他们可能会像日军一样得到40万吨的可资利用的剩余粮食。共产党的粮食定量是每年每人720磅,可以想象这些粮食剩余可以在华北即陇海铁路线以北维持一支120万人的军队。这预示着在这同一地区不存在与

① 原注:估计只有2.5亿发。
② 原注:陕甘宁边区从来没有维持一支超过5万人的积极正规军。
③ 原注:东北军队的规模,见下页对粮食剩余的估计。
④ 原注:见毛泽东1944年12月16日的演讲:《1945年的任务》。

之竞争的国民党的需求，也不需要从满洲运输粮食。

山东省可作为证明这种观点的例子。山东有人口 3 800 万，每年合理的粮食剩余有 7.5 万到 10 万吨，可以为一支不到 30 万的军队提供口粮。目前山东全部共产党军队不过 20 万，因此还远没有达到饱和度。

不过如果我们看一下满洲的粮食剩余情况，就会发现共产党维持军队面临的困难要比扩充军队的困难要多得多。满洲共产党有着大批可供外送的粮食剩余，现在据估算每年已经超过 200 万吨。如果满洲共产党统治下的人民能够承受大量的征收，共产党有可能找到养活一支 500 万军队的方法。因而，扩编他们军队的主要问题是把中国某地富余的人口转移到粮食富余的满洲，或者是通过使用军队将满洲的剩余粮食转移到中国人口富余的地区。他们是否能够完成这个任务，很大程度上依赖于他们控制满洲以及华北的南北干线的能力，或者是增加海运设施运送人力和商品。

在可以预见的情况下，到 1948 年中期，中共军队的扩充不大可能会超过 150 万人。但这种制约军队扩充数量的平衡很容易被打破，不论是国民党军队在满洲和华北北部的大面积溃败，或是苏联参与到中国内战当中去。

四、政 治 影 响

共产党扩军相对缓慢的速度对中国内战进程不会有实在的影响。当前共产党的军事攻势只是始于年初，并且是发生在共产党军队数量趋于平稳和巩固的时期。共产党目前的胜利必须置于特定的军事形势之下，并考虑到两个特定的因素：国民党军队质和量的下降，共产党军队部署上的优势。

在接下来的一年当中，共产党军队数量任何有意义的增长依赖于共产党获得步枪的速度。供应足够的武器以有效扩充目前共产党的装备，眼下唯一潜在源头只能是苏联和国民党军队。

苏联会使共产党获得足够步枪的希望变得很渺茫。由于这种援助会对苏联的军事供应产生迫切要求，从目前来看没有太多的现实合理性。因为中共显然在没有苏联帮助情况下已经做得很成功，可以设想，苏联不会通过帮助中共扩充军队来抵消美国对国民政府的援助。这种可能性取决于两个不可证明的命题：首先，美国提供足够的武器支持国民政府以改变内战形势；其次，苏联会冒战争风险以维持目前共产党的优势。

看来共产党军队的扩充与国民党军力的下降有着直接关联。也就是说，共产党扩军与它从国民党手中缴获武器的速度直接相关。事实上，共产党军队维持在目前这种规模，很大程度上取决于通过缴获国民党的武器去更新过时或者受损的武器。

遏制共产党军队扩充的主要条件是国民党军队战场表现的改观。反过来，战场表现的改观又取决于南京政府表现的改观。国民党军队的大战略（这个战略目前将一流部队用来防守半孤立的前哨城市）、战场指挥官的选拔（一些指挥官在军事领导方面笨拙不堪）以及增加人和物的供应(在这个过程中伴随着严重的腐败)代表着南京政府最终要为之负责的决心和行动。一旦这些基本的弱点得到克服,我们没有理由不去期待共产党军事胜利的模式会发生重大改观。

OSS China and India, Reel-4-6

王昊译,杨奎松校

2-5

中情局关于苏联实现在华目的的报告

（1947 年 9 月 15 日）

ORE 45

机　密

苏联在华目标的实现

（1947 年 9 月 15 日）

1. 苏联在华目标

苏联在华长远目标被认为同苏联对与苏接壤所有地区的目标是一致的：无论何时何地，尽可能利用除战争以外的所有手段，以扩大苏联的控制和影响力，并减少其他主要强国的控制和影响力。苏联的一个相对有限和更加直接的目标是——这个目标被从对外侵略获得安全这种信念所加强——目标在于继续控制满洲的资源和发展，并维持那里同情苏联的政权。满洲处在将朝鲜和苏联海上疆界连接起来的重要战略地带上，并且拥有与东西伯利亚正在扩张的工业潜力构成相当互补的农业和原材料财富。同时，中国国民政府没有得到满洲丰富资源和工业潜力，趋于削弱中国有效抵抗苏联进一步扩张的能力。虽然满洲代表了目前苏联利益的主要方向，但是苏联会继续利用机会扩大其在中国其他边境地带，即内蒙和新疆省的影响力。

2. 苏联推进其目标的最近行动

过去两年苏联推进其目标所采取的某些措施昭然若揭。它们包括：(1) 1945 年 8 月 14 日达成的中苏条约。其条款确保苏联在满洲的支配地位。(2) 利用 1945 年 8 月到 1946 年 4 月底苏联对满洲占据，以阻止国民党军队推进，方便共产党统治的建立，并通过给予后者“俘获”大批日军装备的时机，大大有助于增强中共的军事潜力。(3) 拆迁满洲工业设备。(4) 通过对中苏条约法律解释，拒不归还大连地区给中国国民政府。这些在附件一中予以充分阐释的措施，收到了增强中共的潜力并削弱中国国民政府潜力之效。苏联因而倾向于促进中国敌对势力之间的力量均衡，并加剧中国国内冲突和随之而来的不稳定、混乱的局面。

虽然中国内战和不稳定继续有效地服务于苏联的利益和目标，但是只要中国国民党军事管理维持着无能为力和瓦解的现存状态，苏联不需要采取多少进一步举措以推进这种局面（目前中共军事上的胜利看来主要源于国民党军事潜能质和量的下降，加上共产党缴获的大批国民党军事装备，以及共产党在军队运用上的优势）。不过，苏联可能发现，如果只是确保满洲的安全，并消除国民党通过内部改革和美国军事援助增强潜能这种可能性，给予中共一定额外和隐蔽的援助是合情合理的。

正如在附件二当中所阐明，虽然不能最后证明，但是有一些证据证明了苏联在最近几个月向中共提供了隐秘的援助：额外的弹药(可能是日本型号)供应、高水平的技术帮助、北韩的部队(主要用于非战斗任务)以及利用大连港的设施和苏联舰船给共产党控制的山东和满洲地区之间运送补给提供方便。这些证据包括中国国民政府以外的渠道报告，而国民政府已经毫无顾忌地指责苏联目前正在援助中共。

在最近几个月，苏联的帮助看来对中共迄今的行动没有什么重大意义，但是，这有可能显示出对共产党将来行动的巨大利益。

3. 中共在苏联政策执行中的角色

考察中国多年的演变以及上述苏联措施的特征，不难得出结论：苏联对华政策最有效的工具就是中共。中共意识形态上赞同并倾向莫斯科，只要中共从事在中国争夺权力的斗争，它就将继续与苏联合作。

中国遭到共产党的完全控制，设想后者保持着与苏联的密切结盟，中国将顺理成章地服务于苏联长远在华利益。不过，苏联是否期待或者希望接下来几年出现一个完全共产主义化的中国值得怀疑。克里姆林宫对国外的政治控制方式目前严重苦于苏联在欧洲承诺的重负。如果承担起扶植和指挥一个全中国范围的共产主义政权，困难将会大大增加。另外，作为一个整体的中国可能对苏联在不远将来的经济需要贡献不大。通过欧洲更高的成熟技术以及工业设施，苏联可以预见的需要能得到较好的满足。因此，在西方局势没有变得更加稳定之前，苏联在其世界共产主义计划中不大可能希望背负起这个额外的负担。

这一点被认为也是有可能的：苏联实际上倾向于混乱的继续以及中国地区主义的发展——这种局面将会伴随着中共争夺权力的斗争——直到中共最终获得中央权力。这种偏好是苏联对中国任何一个强大中央政府的不确定性的必然结果。三个多世纪以来，沙皇以及随后的苏联在东亚的立场——就领土以及政治和经济影响力而言——面对该地区虚弱的中央政治权威倾向于扩张，面对强大的中央政治权威寻求达成协定。苏联可能理所当然地以为，一旦取得中国中央权力的中共，将会表露出与现在的中国国民党政权所具备的、同等强烈的民族主义和排外情绪。莫斯科可能还怀有一定疑虑的是：中共对国内外的非共产主义因素不做根本的调整和妥协而取得并保持对全中国的强有力控制——调整和妥协可能最终导致一个与欧洲共产主义卫星国所建立的傀儡政府没有多少相似性的“共产主义中国”。

不管是时局使然还是偏好使然(或是两者)，苏联可能期望中国处于长期的稳定状态。为了加剧不稳定，不管何时只要支持看来有必要，苏联可能会采取至少不大引人注目的步骤来支持共产党。

4. 未来发展

关于苏联推进在华目标的行动，目前我们只能做些尝试性的评估。这种行动的特点和时机毫无疑问将与美苏、美中关系的发展密切相关，估计也是对欧洲和亚洲政治和经济趋势的回应。尝试性评估苏联将来行动最自然而然的出发点看来是对中国局势的描述：(1) 如果美国停止对中国国民政府的援助，以及(2) 如果美国援助扩大。

如果中国国民政府没有收到美国的早期援助，在苏联面临援助中共军队的必要性超过迄今所提供的间接或隐秘援助的限度之前，好多月份，或许几年的时光已经流逝过去了。

可以推想，但不是现在认为有可能，即为了转移美国在欧洲的注意力并诱使美国在两个主要战场上耗费其努力和资源，莫斯科会在这种可能性出现之前在中国采取公开和直接的行动计划。1947 年 6 月和 7 月，主要从上海的苏联人传出一些说法，据说这代表在那里的苏联官方的意见，即(1) 1947 年中期苏联公民的撤离和从中国召回彼得罗夫大使标志着"对华强硬政策"的开端；(2) 苏联已经就采取同南京政府和美国相抵触的政策做出决定；(3) 苏联将在 1947 年底或 1948 年初断绝与华外交关系，并将集中其全部注意力于满洲和新疆。然而，据说最近苏联在华官员声明，彼特罗夫将返回中国，并且如美国政策没有变化，苏联对华政策不会出现什么改变。

在这种必要性出现之前，苏联为什么倾向于避免直接行动？最为关键的原因之一，在于这种计划的代价。此外，不加隐匿地干涉中国可能会加大与美国冲突的风险，并且毫无疑问会削弱苏联在国际谈判中的地位。比如，中苏条约规定苏联尊重中国主权，不干涉中国国内事务，只向中国国民政府提供道义支持和军事援助。并且只要对日和约谈判保持进展，苏联就可能会意识到针对中国国民政府不采取直接行动方案的特定的广泛利益。通过避免采取公开行动，会加剧中国国民政府对苏联的畏惧，并破坏政府任何获得苏联在满洲问题上合作的希望，莫斯科将处在更加有利的地位：(1) 促进中国政府反对任何加强日本在亚洲地位的和约建议，(2) 扮演亚洲大陆保护者的角色，反对"美国支持的日本帝国主义"。

另一方面，如果中国国民政府接受美国帮助以增强国民党进行内战的潜力，估计此时苏联将权衡可供选择的行动路线，更着重于苏联在满洲地位安全，而非中国共产党军队在中国本土的地位或命运。只要国民政府看来无力重建对满洲的控制，可以料想苏联会继续避免针对该政府的公开行动。但是如果通过大量的美国对华军事援助计划和国民政府的主要改革增强了国民党的潜能，到了威胁满洲现状的地步，可以认为苏联此时有可能采取直接行动对付这种威胁。

将来的任何时候，苏联可能发现增加对华其他边境地带，新疆和内蒙古的关注是符合时宜的。在这些地区，苏联拥有特殊的地理位置的优势和实际的地方影响力，并且其少数民族政策强烈吸引着中亚以东地区的蒙古人和突厥人。因此，苏联在利用这些大的、分布广泛的非中国人群体的主要不稳定因素上，处于一种极其有利的地位：对中国统治渊源甚深的不满，并且羡慕苏联接壤或者苏联控制或者地区的蒙古-突厥人的相对优越的生存环境。从中共和外蒙古势力给予内蒙古人尝试建立自治政府的鼓励，可见苏联的影响力。显而易见地是，在发动新疆省土著群体类似的自治运动，以及外蒙古-新疆的边界争端问题上，苏联发挥着间接但是相对有效的作用。

附录一

苏联推进在华目标的已知行动

1. 1945年8月14日的中苏条约①

中苏条约的基础奠定于美英苏雅尔塔会议上。协议达成之时正值苏联处于极为强势的谈判地位：苏联占领军确立了对整个中国东北的有效控制，中国国民政府面对如果强硬拒绝苏联要求将会导致苏联扶植中共这种可能性。苏联因而获得在满洲30年的重要的特殊权利，包括：(1)与中国共同使用旅顺港海军基地；(2)租借大连一半港口设施(中国政府同意宣布大连港成为自由港)；(3)对中长铁路共同的所有权和管理权。这条铁路由满洲两条主要铁路干线组成——中东路和南满路——这两条铁路线在哈尔滨交汇，并且将中西伯利亚、海参崴以及大连连接起来。辅助的铁路线、从属企业以及直接服务于主干线的土地，如果是在沙俄或中苏管理期间建立或取得，也由两国共同拥有和管理。

显而易见，即使满洲处于中国国民政府的实际控制之下，苏联依然确保了在这一地区经济和战略上的强势地位。但是，苏联所采取的其他行动，有助于阻止国民政府再度涉足满洲，以及相应于中共而言总体上削弱了国民党的潜力，从而表明苏联在满洲的目标超乎上面指出的条约权利。

2. 苏联对满洲的占领(1945年8月至1946年4月底)

苏联占据满洲时期，中国国民政府试图调动军队进驻满洲从而重建中国的统治，但是遭到这一地区的地方志愿军以及苏联占领当局的阻挡和延误。国民党行动的自由遭到严重限制，且满洲的港口设施拒绝提供给政府使用。另一方面，中国共产党军队进驻满洲得到了自由行动的许可。比如，众所周知的是1945年9月6日，数千名中国共产党士兵经由华北的铁路抵达奉天。

在几个月的延误之后，苏联决定在1946年4月底之前完全将其军队撤出满洲。某些地区的部分撤军在较早的时候就已经开始，很少或者没有事前通知中国国民政府。后者在1946年3月22日收到关于完全撤军预定日期的苏联照会，但是这份照会不包括具体的撤军的路线。中共军队从而代替苏联占领军取得了极为有利的地位，并由此获得了对大部分满洲地区的实质性控制。

情报合理强调了中国共产党军队在顶替满洲苏军以后“俘获”大批日军武器装备的重要性。有一点不为人知的一个事实是，在苏军占领期间至少有一部分日军装备落入中国共产党之手。当奉天完全处于苏联控制之下并由苏军来保卫之时，一名受过训练的美国观察员亲眼看见没有武装的共产党军队开进奉天的日军军火库，随后又看到这支军队全副武装地

① 原注：此处所用的“中苏条约”包括：(1)主要的友好同盟条约；(2)关于旅顺港、大连、中长铁路以及苏军在东三省(满洲)驻军的单独协定；(3)关于苏联援助中国中央政府以及中国对满洲、新疆和外蒙主权的单独照会。

露面(包括一名日本人、一名满洲前傀儡政权军官以及一名大连的捷克难民的其他渠道,声称在苏联控制区域发生过类似获取日军装备的事件)。

3. 苏联拆迁满洲工业

苏军有选择性地拆迁了满洲工厂的工业设备作为"战争红利",以及随后地方土匪和后来的中共对这些设施的盗窃,严重破坏了满洲高度发达的工业体系。显然苏军没有打算维持秩序。拆迁给苏联带来了大批经过精心挑选的机器设备,并且拆迁和盗窃确保满洲的工业在没有大量基建投资的情况下不可能很快得到恢复。

苏联拆迁满洲工业关键设备的行动、有效地将占领的大连作为封闭港湾(下面进行描述)以及关于将满洲共产党控制区域大量的大豆、谷物和煤炭输入西伯利亚的可靠情报,证明了这样的推论:苏联政策旨在将满洲变成为苏联远东提供粮食和原材料的非工业化渠道。当然,一个非工业化的满洲,也只能给苏联造成最低限度的军事威胁。

4. 拒绝提供大连给中国国民政府使用

苏联一贯拒绝允许中国国民政府将军队输送到大连。中国政府的反对遭到合法的苏联声明的驳斥:在对日和约没有签署之前,苏联拥有将旅顺港海军基地区域扩展至大连的军事权限。[①] 在采取这种立场的同时,苏联就已经充分意识到中国国民政府在没有得到军事支撑的情况下不愿意给这一地区委派文官政府。而国民政府的不情愿则源于旅顺-大连地区遭到中国共产党军队实际的陆上封锁以及苏联和傀儡军队在此地的存在。

在苏联占领和撤军期间,通过有效地拒绝将大连提供给中国国民政府使用,苏联极大阻碍了政府向满洲其他地区输送"接管"军队和补给。1946 年春天之后,中国政府重建对满洲控制的努力也受到类似活动的阻碍。

附录二

最近苏联援助中共的证据

对中苏共产党合乎常理联系渠道进行直接观察的众多途径的减少,导致越来越难获得证据证明目前苏联援助中国共产党到什么程度。目前我们已经做出尝试,除了中国国民政府官员以外,尽可能提供别的渠道证据。苏联的援助对中国共产党具有一定重要意义,增强了苏联尤其是其在满洲和朝鲜的地位。最近苏联援助的迹象在下面段落中进行论述。

---

① 原注:中苏条约中的相关部分为:(1)"中国政府委托苏联政府接管旅顺海军基地的防务";(2)"和平期间,大连港不在旅顺基地管制范围之内……在对日战争期间接受军事管制和监督。"苏联政府认为对日战争没有结束,除非对日和约已经签订。苏联从而用此去驳斥国民政府。

1. 额外军火补给

中共军队获得苏联额外的军火补给可能始于1946年4月苏联撤军后。虽然没有美军观察员确定苏联生产的军火被中共用于当前的进攻,但是有证据表明苏联利用其从满洲获得的日本关东军物资来交换粮食。1947年1月后主要来自国民党渠道的报告表明,在与中共进行以物易物的贸易协定之下,苏联恢复了哈尔滨和苏联之间的铁路运输。据报道,这项贸易活动每月出口额达18万吨,每年超过200万吨。满洲的出口物资由大豆、小麦、牛肉、猪肉、高梁、稷以及皮毛构成,用来交换进口的煤炭、柴油、香水、火柴、香烟和其他商品。其他商品意味着包括军事补给品。一名中国观察员报告说,1946年6月或者是7月间他目击了这样的事例:一列从苏联返回的全副武装的火车,其中一节车厢上满载着手榴弹和炮弹。

1947年中期争夺四平街的战役中共产党火力有所增强,这一点得到了美国观察员的确认,它可能意味着共产党军队获得了新的弹药补给。然而,独立的《大公报》的主编做出的逻辑判断说,不存在苏联援助的必要证据。不过可能只是意味着中共军队更加积极地利用早先被日本人遗弃的大量补给以及从当前战役里缴获国民党的物资。1947年中期共产党进攻期间,满洲国民党军队的副司令孙立人①将军没有表示共产党拥有除了正在使用的所俘获的日本人军火以外的军火来源。

满洲之外地区的后继报道中,一些来自中立国的观察员报告说,苏联的小型武器以及日本的机枪、卡宾枪、迫击炮以及火炮通过苏联的舰船,从大连通过中共占据的烟台港运送给山东的中国共产党军队。不过山东没有证据证明共产党使用了这些军火。

没有得到别的证据表明或者证实这种事实,即中共在任何地区的胜利或者优势归结于任何大量接受来自苏联的苏制武器或日本军火。不过应当引起注意的是,苏联到满洲以及大连到山东的适当交通线仍然存在,而苏联在这些交通线上的活动得到了证实。

2. 高层联络和技术援助

毫无疑问,苏联和中共之间存在着高层联络。但是对于它实际运作的证实没有得到美国观察员的验证。苏联从满洲撤退之前,美国观察员转发过关于中共高层和苏联军方司令官之间几次会议的报告,不过这些报告最初源于中国国民政府。比如,后者声称:(1)有人注意到中共满洲总司令官林彪②和其他两名中共司令官1946年1月30日在奉天与当地苏军司令一起参加会议;(2)其他一些中共会议在吉林、安东和通化举行,后面的会议有苏联在奉天地区的司令官参加。

此外,一份文件包含有中共与苏联官员在奉天红军司令部于1946年1月9日达成的协议。这份文件在1946年5月由"一位中国高级官员"转交给美国新闻记者。就这一文件进行评论的美国奉天的总领事同意,"苏联卷入满洲事务决非无辜",然而注意到这份文件似乎有可能是"在事后伪造"出来的,旨在指控苏联的罪行,博得美国同情中国国民政府一方以反

① 孙立人,国民党将领,抗战胜利后指挥新一军与共产党争夺东北。1947年4月,蒋介石将他升为保安司令部副司令长官虚职。同年8月,蒋介石又将其调离东北。——译注

② 林彪,共产党将领,抗战胜利后,先后任东北人民自治军总司令、东北野战军司令员等职。——译注

对苏联和中共。南京大使馆同意这些观察，认为这些文件是“国民党的阴谋”。

虽仍有大量推论，但不能证实李立三①从满洲接管高层通讯的可能性。李立三在1931年与毛泽东决裂后飞往莫斯科，1946年7月返回满洲的奉天。如果李确定无疑是对中共军队有影响力的政治顾问，并且是中共内部强大亲苏派的一员或者领导，李很有可能亲自提供中共——苏联重要的联络渠道。

虽然中国国民党声称苏联参与战斗没有得到证实，不过有迹象表明苏联的训练和技术援助可能直接有助于中共军队。1946年6月，美国大连总领事报告说，大连中国警察的士气和效率有了实质性的提高，“显然他们接受了精心和系统的培训”。1946年9月他又报告说大连苏军正在训练中国警察使用步枪和刺刀。尽管大连这些受训中国人的活动还不能确定，不过中国国民党的渠道指出这批几百人的受训人员在中共领导下已经被派往烟台和安东服役。1947年7月离开大连的美国石油公司官员说向中共部队移交受训人员“广为人知”。在满洲北部以及西伯利亚，是否存在国民党以及遣返日本人报告的、苏联为中共军队组织的训练中心，迄今还没有最终证据。这些报告包括：(1) 12个位于满洲北部的、为中共军队服务的苏联训练中心，包括接受苏联培训的中国人、日本人和朝鲜人领导和管理的苏式航空学校；(2) 为中共军队服务的苏联军事训练中心位于赤塔、西伯利亚和靠近兴凯湖地区(位于海参崴以北125公里)。

3. 朝鲜军队的使用

在过去几个月里，美国在华和满洲的观察员不能确定中国国民政府的指控：大批北朝鲜人在满洲中国共产党一方从事实际的战斗。这些指控包括：(1) 在北朝鲜接受训练的、超过10万的朝鲜人最近与中共在满洲共同行动；(2) 国民党参谋长陈诚将军声称，这是“一个普遍认可的事实，俄国人训练的朝鲜共产主义者正站在满洲共产党一方进行战斗”。

但是，美国在南朝鲜尤其是XXIV部队G-2部的观察员，提交了足够的证据证实这一结论：北朝鲜人正在满洲提供某些形式的援助。难以明确这种援助的范围和特征，这是因为：(1) 满洲自身拥有大批朝鲜人口——据报道1944年满洲有140万朝鲜人；(2) 一些朝鲜志愿军(在日本占领朝鲜期间，由中共领导的朝鲜反日游击队组成)有可能仍与中共部队在一起。各种渠道收集的证据表明，参加中共满洲军队的北朝鲜人迄今处于地下并且远离战场。可以设想，他们从事训练并履行卫戍和服务职能。

中共和苏联在北朝鲜进行可能合作的迹象要回溯至1946～1947的秋天和冬天。安东1946年10月落入中国共产党之手后，中共军队在北朝鲜的存在就经常得到报道。1947年3月XXIV部队估计苏联区域大约有5万～7.5万的中共军队。一向可靠的渠道表明，1946年12月到1947年1月北朝鲜的铁路被用来运输这些部队，并且住宿和补给由苏军指挥部和北朝鲜人民委员会分担。虽然在此期间中共在北朝鲜的活动特点不能明确认定，但报告说他们接受训练并将这一地区作为进攻满洲东部中国国民党的基地。

---

① 李立三见前注。——译注

最近XXIV部队主要通过审讯北朝鲜人民军逃兵获得情报，倾向于接受北朝鲜部队已经进入中国共产党控制的满洲东北地区。(苏联不承认那里存在北朝鲜人民军活动，但是得到了关于其存在与发展的相当可靠的证据。)XXIV的报告包括：(1) 前北朝鲜人民军的军官供述说，整营的军队正与中共在满洲前线并肩作战；(2) 声明说派遣驻扎在北朝鲜的人民军打击满洲东部铁路沿线的国民党军队；(3) 声明说1946年秋北朝鲜人民委员会和满洲的中共军队建立了通信联系，控制派往中共的北朝鲜军队。没有受过训练的、至今一直驻扎在北朝鲜的人民军战术分队看来符合这几份报告，即北朝鲜部队一完成在北朝鲜的规定训练，就被送到满洲并融入中共军队。

这些军队转运在逻辑上从几个方面有助于推进苏联目标：(1) 他们给中共军队提供一定援助；(2) 他们处在或者靠近实际战斗区域，向北朝鲜军队提供战斗经验；(3) 缓解食品匮乏的北朝鲜向其军队供应粮食的问题。与北朝鲜食品短缺相连，1947年中期国民党军队在军事行动中俘获的一小部分朝鲜人告诉美国助理军事随员：他们志愿参加中共军队只是出于"经济原因，比如失业、食品匮乏等"，但是，应当注意的是，北朝鲜的粮食形势部分是由于苏联将粮食从该地区输送到符拉迪沃斯托克和大连的结果。

如果将北朝鲜人转运到满洲是自然、志愿而非强迫的运输，显然这有利于苏联。然而鉴于朝鲜人强烈的民族主义，以及他们传统上不愿意与邻国进行合作，为了鼓励中朝共产党的合作必然需要大量的动员。有证据表明北朝鲜的苏联当局正致力于这样一种动员活动。XXIV部队传来的电文说鸭绿江(将朝鲜和满洲分割开来)沿岸的朝鲜人被告知：霍奇将军、李承晚和蒋介石——苏联所宣传的极端反动派，实际上已经同意在不远的将来袭击北朝鲜。

4. 利用大连港口设施和苏联舰船

显然中共已经从中国和朝鲜港口同苏联控制的大连之间的积极贸易中获取一定利益。一种更重要的援助形式，至少对山东省的中共而言，看来是由往返于大连和山东烟台港的苏联舰船提供的。

美国大连总领事报告说，6月23日一艘载有卡车、轮胎和汽车配件的苏联轮船离开大连驶往烟台(一般是一天的航程)。一天后中国善后救济总署和联合国善后救济总署在烟台的人员注意到这艘满载着包括卡车、中国乘客在内的轮船抵达烟台。根据烟台的渠道，同一艘轮船在6月7日进港，那趟航程装载的是生铁和"木箱子"。据报告，这两趟航程的装卸由中共士兵在夜间"非常神秘地"地加以执行。报告进一步宣称，苏联舰船安排它抵达烟台的时间，明显利用了中国善后救济总署的船只停泊，以免遭中国国民党空袭。

毫无疑问，中国国民政府非常担心大连-山东的贸易。与这项运输相连，国民党在山东省的司令官声称如果大连归还南京政府，山东的战事可以减少六个月。中国国民政府赋予大连-山东贸易重要意义的进一步迹象，在1947年8月20日政府命令中得以体现。这项命令宣布大连港对外国船只关闭。尽管存在这些事实：(1) 中苏条约中中国同意"宣布大连作为自由港，向一切国家的船只和商业开放"；(2) 美国政府在8月14日再次向苏联政府提交照会，要求苏联注意其在开放大连作为世界商业自由港口上面的延误，这项命令还是得以颁布。

据报道，大连和符拉迪沃斯托克航线苏联航运日渐增加，而这条航线有可能成为直接援助中共的渠道。不过航运的增加可能仅代表苏联在大连地区正常海运需求的增加，并且这种正常增加估计只能在符拉迪沃斯托克成为不冻港的那几个月期间。

DDRS CK 3100533997 - CK 3100534011

王昊译，杨奎松校

2－6

中国事务处助理处长赖斯关于影响中苏关系的因素的报告

（1947 年 12 月 18 日）

目标和未来有利和不利于中苏接近的因素

（1947 年 12 月 18 日）

主题： 目前和未来有利和不利于中苏接近的因素

参考： 巴特沃思先生 1947 年 12 月 8 日的备忘录①要求就上面主题进行研究

政治和军事形势

概要和结论： 综合来看，在蒋介石和与之具有相似思想的领导人保持着对中国政府相当的控制的时候，中国和苏联的接近看来不大可能会发生。真正的接近将必须建立在大量共同的政治、经济或者军事利益的基础上。通过下面对所涉主要因素的讨论可以看出，两国当前的政权没有多少共同的政治利益，并且经济也非相互依赖。虽然当两国遭受日本威胁时，苏联给予中国政府以援助，但是日本的彻底失败很大程度上有助于破坏中国政府对苏联的军事有用性。可以设想，且不管上面提到的这些考虑，如果在遭受非常强烈的内部或者外部压力的时候，现在的中国政府可能会寻求向苏联靠拢。但是，当中国政府面对令人绝望的形势——中国共产党可能很轻易地夺取政权的时候，以至于它必须抓住苏联援助这根稻草。中共的胜利可能要比援助国民政府交换让步更让苏联感到高兴。中国遭受外部压力后签订的 1945 年中苏条约实际上并没有导致中苏的持久接近。这一事实可能马上使得中国的外国朋友不大愿意去建议再做另一次尝试，并使得中国政府不会接受这样做出的建议。

虽然蒋介石政府看来不大可能向苏联靠拢，但是政府掌握的权力正在衰退。以此为代价，随着政府左翼力量明显壮大，最有可能的假设是它被一个共产主义政权，或者是共产党行使许多权力的联合政府所取代。共产党政权几乎毫无疑问地会去寻求中苏结盟；包括共产党的联合政府可能也会寻求接近苏联。

---

① 原注：尚未出版。

一、趋于促进中苏接近的因素

1. 相似的对日观点

从很多中国官员就这一主题的发言和新闻评论可以清楚地看出，中国人存在着几乎普遍的恐惧，即日本可能会再次成为富有侵略性的、能对中国构成经济、政治和军事挑战的强国。从过去半个世纪俄日关系的考虑以及战后苏联的策略同样清楚地看出，苏联力图阻止日本作为非共产主义军事强国对苏复仇。这样中苏在迫使日本尽可能付出巨额赔偿方面具有共同利益，目的在于使日本更加中立化以及每一国都可能获得日本赔偿中的较多份额。

因此，在对待日本问题上中国和苏联发现他们并肩反对美国以事实为逻辑所采取的立场。

2. 对相应于苏联中国虚弱的认识以及中国的厌战情绪

苏联的边界以一个180度的弧线将中国包围起来；中国没有能力击败越过漫长边界线的任何大规模入侵。除了美国，不存在别的国家强大到足以为中国人充当抵制苏联的平衡者。相应地对中国的领导者来说，如果一定情形之下美国不足以充当平衡苏联的因素，估计中国可能会考虑：向联合国呼吁寻求另外的平衡；或者寻求向苏联靠拢。与此相连的是，中国人将会回想起1932年他们在有点相似的情形之下对国联无效的呼吁。[①] 因而，一旦中国处在同苏联对峙的地位上，并且中国共产党变得明显不顾一切，中国政府的领导人可能会得出结论：他们别无选择，只能寻求向苏联靠拢。较为聪明的政府领导人会充分意识到这是中国最后的一线生机。然而，这样的举动可能吸引那些以为中国内战主要是美苏世界争夺延伸，[②]以及许多厌战的、希望能够借此摆脱政府与共产党国内冲突的中国人的注意力。

3. 以更加亲苏的政府接替目前中国政府的可能性

显然，中国政府的地位正在不断恶化：或者垮台，或者降格为一个地方性政权；显而易见蒋总统也不会长期执政。接替蒋介石的领导人可会像他一样反苏，但是也可能不是这样。如果下届政府是共产党，我们估计中苏会结成同盟。如果接替蒋的政府主要是民盟的领导人，或者是前军事领导人如冯玉祥[③]、李济深[④]、蔡廷锴[⑤]，我们估计它可能会寻求与中共和苏联达成谅解。正如已经谈到的，这些尝试可能会在大批厌战的中国人当中获得广泛支持，

---

① 原注：中国诉诸国联章程第11条，见国联代表日内瓦1931年9月21日第118号电，《外交关系》，1931，第3卷，第24页。中国诉诸国联章程第10、15条，见国联代表日内瓦1932年1月29日第50号电，同上，第90页。关于1931～1932年国联在中日冲突当中所起作用，可以参见《外交关系》之远东危机，1931，第3卷，1932，第3、5卷。

② 原注：正如经济事务部部长陈启天于1947年12月13日所说，中国内战属于"第三次世界大战之前的一次国际争斗。"——中国济南，12月13日急件A. P.。

③ 冯玉祥，西北军将领。抗战爆发后，相继任第三、第六战区司令长官，不久被蒋介石排挤，被迫离职。1946年，被迫以水利考察专使名义出访美国。——译注

④ 李济深，历任国民革命军第四军军长、国民革命军总司令部总参谋长、广州政治分会主席、广东省主席、国民政府委员、军事委员会委员等职。1933年通电反蒋，参加福建事变，后流亡香港，组织中国国民党革命委员会。抗战开始后重回国民党，曾任桂林行营主任、军事参议院院长。1948年再度反蒋，担任中国国民党革命委员会主席。——译注

⑤ 蔡廷锴，国民党十九路军军长，1933年参加福建事变。1934年参与组织中华民族革命同盟会。抗战开始后重回国民党，曾任第二十六集团军总司令、粤桂边区总司令等职。1946年，在香港参与组织中国国民党民主促进会，后并入中国国民党革命委员会。——译注

他们认为中苏接近可以结束内战，并防止中国成为第三次世界大战的战场。

二、阻止中苏接近的因素

1. 中共和苏联的关系

或许造成中苏目前敌意最主要的因素是由于中国政府领导人认为中共认同苏联。当然，中国政府领导人熟知苏联在鼓励中共成长上所充当的角色：他们回忆起20年代苏俄代理人直接积极参与中共活动；30年代共产国际与中共领袖保持着联系；[①]1945年苏军占领满洲期间，共产党军队进入这一地区并获得武器得到苏联提供的方便；很多中国政府领导人确信苏联目前正在积极援助中共及其军队。随着他们认为苏联应为中共的存在及其活动直接负责，中国政府领导人处理其敌手中共所体验到的切肤之痛很自然地指向苏联。

2. 苏联对蒋介石的态度

只要蒋介石还在掌权，苏联领导人考虑对华政策可能的转变时，不得不高度重视蒋介石基本的反苏立场。他们会回想起1927年蒋介石担任右翼政变的领导人，随后苏俄代理人要么遭到屠杀，要么被驱逐出境。在接下来的十年当中，他大力推行反共国内政策。苏联人还清楚地知道，在那十年的大部分时间里，蒋介石雇佣发挥相当的反共影响的德国军事代表团。他们可能也知道蒋寻求建立针对苏联的中德同盟。这个同盟没有变成现实，是因为希特勒更倾向于与日本结盟。[②] 不管怎么说，他们知道蒋不是苏联的热心朋友。

中日战争时期苏联援助中国政府目的在于希望看到日本在军事上陷于中国，以便使日本不大可能发起对苏联的攻击。事实上日本的最终失败破坏了中国政府对苏联的有用性；现在他们高兴地看到其遭到抛弃，这被最近几个月莫斯科发起的无数针对它的宣传攻势所证明。苏联的宣传以及中国的反宣传，基本上都是中苏关系中其他分裂性因素的结果，它们导致了中苏之间敌意的增加。

3. 苏联帝国主义

造成中苏敌意最基本的因素之一是以中国损失为代价的俄国扩张史，以及对这种特质扩张的恐惧。中国会回忆起：以前属于中国领土的唐努乌梁海，在摆脱中国控制并经历了一段"独立"时期之后，两年前成为苏联的一个州；1946年1月5日，经苏联提议，中国承认了以前曾是中国领土的外蒙古的"独立"；1934～1942年间，苏联控制了新疆省，并且对该省目前的时局负有一定责任；[③]1945年之后，苏联单方面实现了对大连和旅顺海军基地的控制。苏联还拖延就建立当地中国政府的中苏谈判，谈判至今无果；[④]通过1945年8月14日的中

---

① 原注：斯诺，《西行漫记》，第414～415、421～422页。

② 原注：这是中国人最为熟稔的"远交近攻"策略的一个例子。这个策略使得秦朝的第一个皇帝能够巩固他的封建王国并建立起中华帝国的统治。(柏林密件第2007号，1946年2月18日，主题为"蒋介石元帅发给阿道夫·希特勒的中国文件"。)

③ 原注：《外交关系》，1946年，第10卷，第1223页。

④ 原注：关于这一主题的通信，见第481页。

苏条约，苏联获得了中国在满洲的经济让步，估计这有可能阻止中国在该地区完全行使经济控制和政治主权（实际上阅读该条约后给人的印象是：它给中国造成的麻烦要远比它解决的问题要多，并且估计落实会带来许多的中苏摩擦和敌意。）

鉴于朝鲜过去从属于中国，并且朝鲜在很多情况下发挥着抵抗征服、充当缓冲地带或缓冲桥梁的战略作用，中国注定对苏联目前主导该国的努力感到担忧。

4. 1945～1946 苏联在满洲行为以及中国对苏联人进行报复造成的双方敌意残余

据波利代表团估计，1945、1946 年苏联占领满洲期间，满洲的工业设施遭受的直接破坏大约有 8.581 亿美元——很多损失是苏联拆迁设施所造成的。大量报告显示，中国官员进入满洲苏军占领区以建立 1945 年 8 月 14 日中苏条约和协定所规定的行政管理，但在面对苏军破坏他们无能为力。还让人想起的是，同一时期苏军对平民进行劫掠，激起了当地多数阶层的痛恨。痛恨反过来促使中国军队和平民对苏联在满洲的公民进行野蛮报复。① 这些发展给双方的官方和民间留下了浓重的敌意残余。估计敌意会维持一段时间并对两国产生重要的分裂性影响。

5. 缺乏相当的经济相互依赖

苏联与满洲、新疆同苏接壤地区存在着密切和重要的经济关系基础，然而这些地区多数已经被中共或新疆反叛分子所占据。总的来说，作为它们产品的市场或必要商品的来源，中国政府控制下的这些地区一般并不依赖苏联（虽然苏联最近几年从中国进口了大批茶叶、羊毛、钨以及其他原材料，这些物资很大一部分是用来支付战争初期提供给中国的战争物资）。

两个政治上不和的政权可能会发现经济相互依赖使得彼此互相宽容更为合理，但是这样的动机看来很大程度上缺乏中苏政府关系上的支持。

FRUS，1947，Vol. 7，pp. 404 - 410

王昊译，杨奎松校

① 原注：大使馆 1946 年 9 月 17 日的 126 号报告以及 1946 年 12 月 6 日的 319 号急件，分别与 1946 年 10 月 30 日、1946 年 11 月 20 日从奉天发往南京、从长春发往南京。

2－7

国务院关于苏联在伪满洲的经济利益的报告

（1948年1月27日）

OIR 4579

秘　密

苏联在满洲的经济利益

（1948年1月27日）

概　　要

苏联在满洲的利益存在于经济和战略上。由于满洲的地理位置，它总是对东西伯利亚构成潜在威胁。如果苏联控制了满洲，它就能够被用来作为向中国本土和东南亚扩张的跳板。当前，由于满洲经济水平低，满洲对苏联的主要益处在于成为西伯利亚农产品的供应地。如果苏联能够提供10亿美元的资本投资去建设满洲的工业，这两个地区将会在经济上变得更加互补。

根据与中国南京政府的条约，苏联对中长铁路行使共同所有权并获得了暖水港口大连和旅顺港。另外，中共现已控制了超过90％的满洲。因此，苏联政府很有可能将这一地区视为一个虽是临时、抵制美国在华影响的令人满意的堡垒。

此时苏联将尝试军事入侵满洲值得怀疑。现在的东西伯利亚不适合为一支准备进行大规模军事行动的现代军队充当令人满意的基地。只要苏联国内资本设备短缺，而且远东的政治形势如此不确定，苏联政府愿冒在满洲进行大规模投资的风险，也是值得质疑的。但是从长远来看，把满洲发展成为真正与苏联经济进行互补，可能是苏联利益之所在。

苏联在满洲的经济利益

一、介　　绍

据报道，当前中共控制了满洲超过90％的地盘，而且他们可能很快就会控制满洲全境。这个地区伸入东西伯利亚最为工业化、人口最稠密的地带，对苏联具有经济和战略上的意义。

苏联在满洲的经济利益主要源于：（1）苏联与中国南京政府共同拥有的中长铁路的存

在；(2) 满洲经济一定程度上与包括苏联远东在内的苏联贝加尔湖沿岸地区经济互补。（出于简化的考虑，整个这一地区在该文件上被称为东西伯利亚。）它们的经济互补性受到目前满洲经济发展低水平的制约；不过，发展潜能是巨大的。

苏联在满洲战略利益源于：(1) 由于其地缘位置，满洲可以用来充当威胁东西伯利亚的基地。以及(2) 苏联控制满洲的可能性，它可以成为向中国本土和东南亚扩张的跳板。虽然哈巴罗夫斯克和符拉迪沃斯托克之间苏联领土的海滨地带通过西伯利亚铁路与东西伯利亚的其他部分连接起来。但是满洲的位置倾向于将它隔离开来，并加大其军事和经济上的脆弱性。此外，满洲拥有苏联人一直梦寐以求的暖水港口。大连和旅顺港这些港口对贸易有用，而且后者至少也是一处优良的海军碇泊处。曾有一段时间它们从中国人手中租借过来成为俄国人的财产，但是在 1905 年的战争中它们被输给了日本人。现在苏联通过与中国政府签订的条约再次占有了它们，但是如果用军事眼光来看，在没有完全控制满洲内陆以及对朝鲜的可能控制，它们几乎谈不上安全。

苏联在满洲的战略利益是一个长期存在的问题。今天，美苏关系严重紧张，并且美国对中国、朝鲜和日本推行积极政策，这个利益得到了相当可观地放大。

经济上，当满洲落入苏联影响之下，苏联面临两种选项：(1) 它保持满洲目前较低的经济发展水平，利用其可供出口的粮食、植物油以及人力，而所有这些在东西伯利亚都是匮乏的；或者(2) 它花费相对较多的投资以建设满洲经济，直到它的工业和自然资源象征着苏联的主要经济财富。

二、交　　通

即使按照目前的发展水平，满洲对苏联也是有用的。中长铁路，包括 1905 年以前俄国人在这一地区建设或参与建设的所有铁路，其重要性已经谈到过。这条铁路线的最长部分为中东铁路，其直接将符拉迪沃斯托克与横穿西伯利亚的铁路主干线连接起来，并且节省了从苏联其他地方到符拉迪沃斯托克 600 公里的路程。另外，满洲的铁路系统以及作为枢纽的哈尔滨，是由日本人建设的。现在满洲有大约 7 000 公里的铁路，一个足以与苏联自己的铁路相媲美的铁路网。占领这一地区期间，苏联军队攫取了相当数量的机车和设备；据报道，很多就堆砌在苏联远东铁路的旁轨边上，显然它们没有得到利用。从整体上来说满洲铁路处于较好的状态。苏联入侵期间，它们受到的损害要远比其他经济轻得多。目前的养护设备和煤矿足以维持并运转它们。①

按照 1945 年中长铁路协定，南京政府和苏联拥有共同所有权并共同管理中东路和连接大连和旅顺港的南满铁路的主干线。因为这包含着控制在哈尔滨的主要枢纽，出于实际的

① 原注：DRE/EER，“中东路动乱史”，未公开发表的草案，1945 年 7 月，附件 A，未设密级；埃德温・L・波利，“给美国总统的关于满洲日本资产的报告”，1946 年 7 月，保密。

考虑,这个安排让苏联人有效控制了整个满洲铁路网。这对苏联来说是重要的,因为它可以确保通过铁路将满洲的粮食运到东西伯利亚。实际上,目前管理这条铁路很大程度上掌握在中共手里而不是苏联官员。

此外,这个协定当中另外一些用词含糊的、没有得到官方解释的条款有可能给苏联提供了有权控制满洲电站、工厂、矿山以及机器作坊的基础。协定声称苏联人将控制与铁路运营相关的这样一些财产;广义地解释,这就囊括了满洲的一大部分企业。① 中长铁路协定自身确保了苏联对满洲一定程度的经济控制,同时共产党满洲政权明白无误的建立也极大地增强了苏联人的优势。

三、工　　业

目前满洲不能供应工业设备,并且几乎不能给苏联供应任何制成品。日本人在满洲用估计约为 25 亿美元的投资,在该地区建立起了煤、钢、丝织品、化学品以及页岩油工业。在苏联入侵及之后,相当一部分工厂被拆迁、破坏甚至摧毁。根据"波利报告",红军入侵给整个满洲经济造成的全部损失有 20 亿美元,其中对工业造成的直接破坏有 9 亿美元;实际工业拆迁相信总计约有 8.9 亿美元。② 暴露于野外、维护不善、设备闲置造成的间接损失更多。满洲生产下降在下表得到体现:

(单位:1 000 吨)

1943～1947 年满洲特定工业产品的产量

产　　品	1943 年	1947 年	产　　品	1943 年	1947 年
铁矿石	5 400	200	化肥	92	3
粗钢	1 700	100	铝	9	0
煤	25 300	3 500	盐	1 580	不详
水泥	1 500	100	石油产品	185	0

消费品工业,比如纺织业和食品业,遭受同样严重的损失。

四、农　　业

在农业方面,满洲拥有较多粮食立即向苏联提供。除了鱼肉是可供出口的盈余物资外,

① 原注:OIR－4b19,"作为苏联在满洲经济扩张基础的中长铁路协定",1947 年 10 月 1 日,保密。

② 原注:埃德温·L·波利,"给美国总统的关于满洲日本资产的报告",1946 年 7 月,保密。

东西伯利亚缺乏各方面的商品。1944年东西伯利亚的粮食生产大约为160万吨，仅仅能够满足最低需要的大约80%～90%。此外，肉、糖、植物油不足。由于具有高度当地特征的气候条件和落后的耕作方法，一半以上的平民人口从事农业生产。例如，这一地区不能生产足够粮食去喂养大量的牲畜。尽管积极努力去实现粮食的自给自足，但是东西伯利亚靠自身去养活它的人口，那将需要最大程度地开发它的资源，这值得怀疑。①

另一方面，满洲目前生产的粮食剩余大约有110万吨，主要是粟、谷、高粱，加上大约70万吨的大豆。另外它还生产如油和油渣饼这样的副产品，后者是用来做饲料。正常情况之下，它可供出口的剩余大豆总计有100万～150万吨。1939年，满洲出口到日本的商品总值有1.9亿美元，其中大豆和大豆产品占了43%。② 正如下表所示，战前满洲的植物油和含油种子的出口量也相当大：

（单位：公吨）

满洲出口的植物油和含油种子情况			
种　　类	1937	1938	1939
豆油	70 000	57 000	73 000
紫苏油	19 000	13 000	19 000
调味油	27 000	16 000	8 000
棉花籽	13 000	16 000	6 000
大麻籽	24 000	30 000	51 000
紫苏籽	64 000	49 000	60 000
（原文不清）	8 000	9 000	2 000
花生油	93 000	81 000	28 000
总计	291 000	271 000	265 000

五、贸　　易

据报道，1947年1月满洲的中共军队有可能与苏联达成了贸易协定，目前大部分满洲粮食剩余在苏联找到了出路。③ 关于这项贸易的实际数额的零碎情报存在不同。最近的一份

① 原注：JAINS No. 73，“东南西伯利亚”，1945年2月，Ch. 1，秘密。

② 原注：亚洲统计公司，《东方年鉴》，东京，1942；满洲国年鉴公司，《满洲国年鉴》，新京，1942。以下凡引自该情报者，均不另注。

③ 原注：OIR－4348，“1946年的中苏贸易”，1947年4月11日，秘密。

情报说一个月的总量有18万吨,这是一个一年超过了200万吨的比率。① 这个估计看来过高。为了更好的解释,假如1吨价值100美元的话(按照目前价格大豆1吨不足25美元),每年这些出口量价值将会达到令人震惊的2亿美元。另外,铁路能否给苏联运送这笔数额如此庞大的物资值得怀疑。所报道的这个数字的一半看起来更真实;但是总吨数还是过高——大约是1946年美国对苏联商业出口的两倍。不管怎么说,这两个地区存在着相当可观的贸易活动。据说,为了换来满洲的粮食,苏联人出售缴获的日本军火,并向满洲出口纸张、棉花、烟草、火柴和石油产品。

由于满洲煤矿和工厂的停工,当前这一地区存在着剩余的工业劳动力乃至熟练技术工人。虽然工业复苏时满洲将会面临劳动力短缺,但是目前这些工人可以为人力匮乏的东西伯利亚所用。甚至在战前,就有很多中国人在苏联的海滨省一直到尼古拉耶夫斯克这一带工作。

六、发展的可能性

尽管东西伯利亚可能从满洲目前这种较低的经济发展水平中获得经济好处,但是在满洲的工业和采矿业复兴之前,满洲的经济将永远不会与苏联的经济完全互补。东西伯利亚和满洲之间的经济关系见下表:

东西伯利亚短缺消费品和目前满洲的剩余物资	苏联可以从满洲进口的满洲剩余商品
谷　物	皮　毛
肉和油	原　木
盐	煤　炭

苏联可以提供给满洲的商品	如果满洲的潜能得到开发,满洲可以从苏联进口的工业材料
弹　药	煤　炭
纸　张	原　木
棉　花	铅
香　烟	铜
火　柴	镁
石油产品	铁矿石
工业设备(潜在可能)	

① 原注:R-18,长春,1947年10月24日,秘密。以下凡引自该情报者,均不另注。

至少可能需要10亿美元的投资，才能使满洲回到1943年达到的水平。满洲需要的很多装备在苏联处于严重短缺之中；生产设备、采矿机械、农业机械、铁路车辆、管道以及熟练技术人员。不到十年完成这样一项工程，对苏联来说是困难的。具有讽刺意味的是，重建的需要很多是由苏联人自己在占领满洲期间造成的。

满洲经济中的某些关键部门需要被挑选出来以独立发展作为整体的满洲经济，这一点是正确的。比如，铁矿石生产可能需要予以扩充以便供应东西伯利亚的钢铁企业。虽然满洲的铁矿石有着较低的铁含量，但是即便如此它也要比从西西伯利亚运来高品位的矿石要便宜。满洲为人所知的、储量丰富的钒和镁的生产也需要进一步提高；同样的还有钼，其目前的产量也比较低，可能还有已被报道的铀。满洲还储有钨。但是，这些发展将与苏联的国内需求，以及苏联对东欧国家的援助争夺需要的机器装备。在东欧，机器设备需要用来建设落后的经济并与ERD对西欧的援助相匹敌。

从战略的视角来看，满洲的资源对苏联也是重要的。这些资源有可能在将来建立一个反苏的、强大的中国过程当中发挥潜在的重要作用。相反，苏联对这些资源的控制就提供了出于政治目的向中国施压的手段。目前中国对满洲能够提供的许多东西存在需求，主要是粮食，次要的是如农具一类的制成品。

苏联利用满洲的资源和工业作为对付日本的杠杆，也是一种不容忽视的可能性。他们的控制将来有可能带来大规模的苏联与日本的贸易，并且可能通过贸易提供了一种拉拢日本加入苏联集团的方式。1939年满洲对日出口总额达1.9亿美元，占当年日本全部进口总额的21％。① 日本几年之后肯定会重新出现在外贸商品市场之上，而且苏联已经流露出对日贸易的兴趣。美军撤退之时，廉价满洲商品的诱惑力或许对日本人产生相当的影响。相反，苏联拒绝提供这些商品可以作为向日本施压的手段。

苏联控制满洲的资源和工业也存在着积极的军事利益。目前东西伯利亚可能太缺乏工业设备，从而不能维持一支大规模的、适合重要军事行动的战时军队。② 由于满洲有日渐增长的工业产量可以依靠，苏联可以很容易地在那一地区维持一支大规模军队，以备几乎任何事态的发生。

七、苏联有可能采取的一连串行动

鉴于满洲的这些利益，苏联打算做些什么呢？看来苏联最紧迫的利益是安全。它摧毁满洲工业的一个原因可能是害怕满洲被一个“不友善”势力，也就是中国或者美国所控制。目前，差不多控制整个满洲的中共，可能被视为苏联和美国在中国其他部分影响力之间的合适的缓冲器。不过目前苏联不大可能为发展满洲经济进行大量必要的资

① 原注：《满洲国年鉴》，1942。
② 原注：JANIS No. 73，东南西伯利亚，Ch. 1，秘密。

本投资。正如已经谈到的,一个原因是所需物品在苏联的匮乏。即使这些能够提供,鉴于远东的不稳定局势,如果它得不到完全军事控制的保护,总是存在着苏联投资可能失去的风险。

此时苏联不大可能想尝试从军事上控制满洲。这样做将会造成严重的战争风险。即便是苏联从整体上能够抑制另一场战争,正如我们已经指出,东西伯利亚自身不是一个适合充当大规模军事行动的理想基地。另外,此时的军事干涉可能会对中共的威望构成沉重的打击,因而违背了苏联在东亚的长远目标。

由于满洲经济目前较低的水平,共产党的统治,实际上向苏联提供了它可能从满洲获得的全部利益。但是,从长远来看,将满洲发展到能够真正与苏联经济互补,可能才是苏联利益之所在。

OSS China and India, Reel-4-12

王昊译,杨奎松校

2－8

国务院情报研究所关于对中共政权普遍反应的报告

（1948年4月15日）

OIR 4608

秘　密

对中国共产党统治的普遍反应

（1948年4月15日）

概　　要

共产党在中国一般没有得到广泛意识形态上的拥护，但是他们从绝大多数人口中获得了相当的经济和军事支持。失望的地主和少数宗教团体自然而然地被排除在外。虽然大部分的支持具有消极特征——比中立好不到哪去，事实上中共能够利用它来发挥自己的优势。共产党能够从后方得到游击战必须的保护，因而他们的力量和部队士气得到增强。

不过，一些重要的限制性因素必须纳入考察当中。首先，共产党从人民获得的支持很多属于消极类型的支持，建立在使得共产主义优越于国民党统治下的饥饿或混乱经济状况的共产党经济计划的基础上。第二个有关因素是中国人普遍缺乏政治觉悟。政治或乃至经济和社会意识形态没有多少。如果有的话，重在获取广泛支持。获得讲求实际的中国大众的支持，依赖于共产党政权能够提供实实在在的经济利益以及源于越来越多地广泛参与地方层次的、直接影响人民日常生活事务的心理动机。

共产党获得了大多数民众的普遍支持，不管这种支持是消极还是其他，尤其是通过充足的粮食供应、土地分配计划、相对稳定的物价和工资（经常以货代款）、自给自足的计划、减租减税、降低租佃、解除地主压迫和高利贷对人民生活的压迫控制。通过“斗争”方式的运用，共产党允许遭受迫害的穷人控诉高利贷者和地主，通过裁判并进行惩罚。从控制新解放区伊始，共产党就有效地释放了社会压力，并因而获得了社会上最贫困人口的直接普遍支持。同时，那些参与“斗争”的人认同新政权，并害怕颠覆会导致落难的地主和大商人回头并报复他们。

中国的广泛支持，已经并将继续在很大程度上依赖于在位的政权给予个人生命、家庭、生活方式以及工作方面的自由程度。在张家口和其他地区，通过干涉居民的工作、强迫参加宣传会、使孩子监视父母、介入佛教、道教以及其他宗教的日常活动，共产党激起了相当的不满是显而易见的。

一般而言,对共产党统治的乡村地区的看法要比对其城市地区更积极,这无疑是因为共产党的经济计划使农村农民的获益程度比城市人口要大。1947 年间,山东和河北的观察家评论说,共产党区域的农民的经济标准要高于国民党区域。其他人则提及农民和士兵之间的合作。另一方面,截止到 1948 年,有报告指出,共产党在处理城市问题上缺乏技巧。最近的证据表明共产党正在为占领和管理另外的城市做准备。显然,如果他们想挽留城市里多数的商人和政府人员并使之拥护他们的政权,他们管理将来占领的城市不得不要比管理张家口、烟台和哈尔滨要好一些。

共产党占领地区的时间长度,以及共产党推行其计划的速度是决定他们获得广泛支持度的因素。在 14 个月的管理期间,共产党在张家口并不受欢迎,很大程度上是因为他们太急于引入其经济和政治计划。当共产党从张家口撤退的时候,最后阶段的幻灭出现了;他们破坏包括能源工厂在内的大的产业,毁坏通讯和交通线。此后,共产党似乎改变了他们的城市地区政策。虽然报告显示通讯和交通线路仍然在战争地带遭到破坏,但是焦土政策很大程度上被摈弃了。看来在张家口地区共产党要么是在遵循一种便宜行事的方针,要么是在检验执行政策能够走多远以及以什么样的速度执行政策。张家口可能是将来计划的一块实验田或者是个训练营地。它显示出在管理城市地区上共产党缺乏接受过训练的人员。

对中国共产党统治的普遍反应[①]

一、中共的计划和管理政策

1. 政府政策

中国共产党通过军队、共产党和地方公务人员进行统治。共产党进入一个地区所遵循的一般程序是:将管理程序移交给从属于军队的政委。由一小部分的共产党干部组成的官方机构建立地方政府,并获得地方市民的服务。

选举制度通过不同层次的管理进行运作:村代表大会、县代表大会、边区代表大会。但是,共产党通过任命机制管理着党的机构、地方干部、边区政府以及党的中央委员会。[②] 共产党机关事实上控制着政府,操纵着所谓的“人民大会”,并支配着农村的斗争[③](算账)会,通过它鼓励人们起来采取行动反对地主、叛徒和其他所谓的压迫人民的人。共产党隐藏在

① 原注:这份报告的来源包括不同政治倾向的报社记者、传教士(天主教和新教)、赈济团体(UNRRA 和非宗教团体)、共产党区域的难民;商人和别的旅行者。这份文件没有讨论学生中间的支持度,因为缺乏关于学生活动的信息。

② 原注:约翰·赫西:《中国的共产主义化》,《纽约人》,1946 年 7 月 27 日。REF 055.1/AE 3901,“共产党边区的选举制度”,1946 年 2 月,第 91～99 页,保密。

③ 原注:斗争有时又被译为阶级斗争,清算这个词实际上意味着“清账”。实际上这些词语可以互换使用。

幕后,但实际上保持着控制。

共产党的选举体制被称为三三制,要求三分之一的候选人是共产党员,三分之一是国民党党员,三分之一是人民当中的无党派代表。① 因而人民看来被赋予了相当的参与机会。但是正如在山东1947年7月表现的那样,如果他们在每个村庄投放10个名额,共产党确信能够控制一个省。②

共产党的选举体系表面上允许其他党派,包括国民党中的自由派参与进来。③ 共产党急于寻求估计为80万人的、作为官员和教师的国民党党员的支持。从共产党控制区已经采用的体制来看,三三制不足以为一个行之有效的联合政府做好准备。

1946年共产党在河北和热河地区有关选举程序的报道清楚表明,这些选举确实是一党事务。通过熟练地宣传他们的候选人,在政治上同情共产党的农村地区共产党实际上确保了胜利。选举程序的革新,从共产党土地分配方案中获得土地的兴趣,以及对报复的恐惧,所有这些因素都有助于共产党实现政治控制。④

最近更多的报告表明,国民党党员没有参与到共产党区域的政府实体当中。1947年9月美国左翼作家、共产党的同情者安娜·路易斯·斯特朗⑤访问大连,向辽东半岛政府主席、过去曾是地方商人齐祖勋(译音,Ch'ih Tzu-hsiung)提出代表这一问题。在问及他是否认为他们已经实现了民主,他回答道:"当然没有……当我们完成选民登记,我们就会有真正的选举。"⑥至于其他党派参与被满洲的苏联人称之为"人民代表"政府,齐评价说,鉴于国际局势,其他团体可能不会参与。然后他解释说,他们可能会通过"行业和行业协会"选出他们的代表。1947年夏天,大连的前美国领事曾谈到过苏联人通过幕后操控,保持着对许多团体和人民组织的最后控制。⑦ 一个大连的商人说这个城市由苏联的政委管理,并且间接由市长管理。⑧

2. 农村政策

1946年5月4日,中国共产党中央委员会发布了实施农村土地分配方案的命令。1947年10月10日新的中国共产党农村法令确立了在家庭或者家族的基础上重新平等分配土地的政策。1947年12月25日毛泽东将这种变化称为"从减租减息到没收地主土地并重新分配土地给农民"。但是,他指出,虽然给予地主的土地比农民要少,但是这项政策并不意味着回到1931和1934年的"地主不分田,富农分坏田"的政策。毛强调在进行土地改革中需要

① 原注:DX-1375,1945年10月17日,机密。
② 原注:REF-355. 951/AE 3896,1947年6月26日,秘密。
③ 原注:1946年4月12日延安广播就县议员选举进行评论,绥远-山西地区的汾阳县选出了48名非共产党代表,26名共产党代表,5名牺牲救国同盟会的代表。这些人当中有"7名地主、7名商人、9名富农、25名中农、16名贫农、5名店员、10名知识分子以及6名妇女"。(T-675,重庆,1946年4月13日)
④ 原注:A-66307,1946年2月4日,秘密。
⑤ 安娜·路易斯·斯特朗,美国著名女作家、新闻记者,曾多次访问中国。——译注
⑥ 原注:D-321,上海,1946年10月20日,华盛顿。
⑦ 原注:采访,1947年夏,华盛顿。
⑧ 原注:D-54,沈阳,1947年12月23日,保密。

遵循的基本原则如下：

"……必须注意两条基本原则：第一，必须满足贫农和雇农的要求，这是土地改革的最基本的任务；第二，必须坚决地团结中农，不要损害中农的利益。……"

"……全党必须明白，土地制度的彻底改革，是现阶段中国革命的一项基本任务。如果我们能够普遍地彻底地解决土地问题。我们就获得了足以战胜一切敌人的最基本的条件……"①

从毛关于适用于中共区域的土地分配政策的演讲和报告来看，显然共产党已经改变了过去的农村政策。在统一阵线时期(1937～1945)，共产党放弃了以前的没收政策(除了"汉奸"占有的土地)，并执行减租减息政策。日本投降后，共产党接管了很多以前日本人占据的城镇和地区。作为获取广泛支持的手段，他们在那儿开始用"清算"的手段以解决战争期间由日本人、傀儡、汉奸和雇主犯下的罪行。

虽然关于"清算"细节的报道很零碎，但是得到的消息表明：共产党的政治工作人员发起会议，然后通常将权力交给民众。在指控的罪行公布之后，判决得到实施；如果罚款不够的话，被指控者的土地往往遭到瓜分，或者被迫出卖部分财产来补偿他的罪过。这种手段不是没收，只是一种有限度的土地分配。然而，据报道某些场合之下民众会有过激举动，比如用石头砸死被指控的人或者拖着他游街。

3. 工业和商业政策

1947年12月25日毛泽东在"目前形势和我们任务"这一报告中陈述了中共的主要经济政策。他也强调了党在民主革命时期的针对中小资产阶级的政策。在总结经济政纲的陈述时，他强调了以下要点：

"……总起来说，新中国的经济构成是：(1) 国营经济，这是领导成分；(2) 由个体逐步向集体方向发展的农业经济；(3) 独立小工商业者的经济和小的、中等的私人资本经济。这些，就是新民主主义的全部国民经济。而新民主主义国民经济的指导方针，必须紧紧地追随着发展生产、繁荣经济、公私兼顾、劳资两利这个总目标。一切离开这个总目标的方针、政策、办法，都是错误的……"

这项政策声明看来是一个事后声明，出于宣传目的，它宣称政策已经在共产党统治的满洲和中国地区公布。1945年8月到1946年10月期间被占领的张家口的消息说，共产党在那儿建立了与私人企业进行竞争的国有公司。他们容忍了私人企业的存在，尤其是那些愿意与他们做生意的企业，而且为了恢复当地商业受到鼓励的商人甚至与国统区进行贸易。

4. 军事政策

外国的传教士、记者和中国的旅游者就共产党军队高昂的士气、纪律、学习的热望以及对妇女的优待做过评论。在华北和满洲，共产党采取了国民党军队不存在的、官兵平等的一

---

① 原注：《中国新闻评论》，引自新华社1948年1月1日。以下凡引自该情报者，均不另注；也见FBIB,《每日报道》，1948年1月5日。

般政策。部队中的“小先生”教育制度(一种不正规的制度,藉此军队中的某些成员教授其他成员)则是大部分共产党军队遵循的另一项政策。[①] 在满洲,共产党招募地方部队:满洲共产党全部部队中的五分之四是当地东北人,这些当地人被剩下的五分之一的共产党力量有效控制。[②] 在华北和满洲的不同地区,共产党使用士兵参加劳动计划,让他们协助农民灌溉土地或者从事其他工作。[③]

虽然共产党理论上没有采用暴力征兵的计划,但是几个地区的证据显示共产党通过道德压力获取兵员。[④] 他们依靠民兵和正规军进行游击战。通过活跃在村庄和部队的政治干部,[⑤]他们向农民和士兵进行教化。虽然报酬可忽略不计,但是共产党给予部队优良待遇,并且一般能够满足他们物质需要。他们在情报部门和军队使用少数民族如蒙古人和朝鲜人。共产党一般采取优待国民党战俘的政策。

5. 教育

教育和训练计划是中共政策中必不可少的部分。从延安时期开始,共产党就在那儿建立了大学、中学、日本战俘培训中心和模范监狱。共产党保持着对教化的兴趣。关于当前中共教化手段的情报零碎不堪,但是这一点是显而易见的,即共产党将群体编成适合培训者特殊兴趣或者特定职业的班级。共产党的政治理念广泛地渗透到培训当中;“民主”和“马克思主义”课程成了反对蒋介石和美帝国主义的宣传工具。在一些地区,共产党的这种教育方式显然没有得到多少支持。

一般而言,共产党的教育看来属于政治和军事方面。甚至小孩子都被给予包括武装保护他们自己家乡这样灌输在内的教育。据报告满洲安东的一个前共产党学校划分为两个部分:第一部分是教育学生进行阶级斗争,第二部分为共产党地区的管理和行政职位培训学生。[⑥] 据报道,1946 年 12 月在龙江(Lung-chiang)的共产党东北军政学校招收了 18～25 岁之间的 1 100 名学生。教育历时三个月,前八路军成员对他们进行教育,包括历史、社会科学、经济、政治理论和帝国主义历史。毕业后这些学生被送往规模更大的学校;其中一个位于满洲的北安,在那儿他们有三年的学习时间。这些学生然后由共产党分配工作。[⑦]

6. 宗教

共产党关于宗教信仰的阐释和共产党的习惯有很大不同。中国共产党领导人的声明体现了对不同宗教团体的宽容,但是宗教检查通常显示出宗教宽容依赖于遵守中共“法律”。这些法律不断地直接反对宗教团体的信仰和活动。

---

① 原注:《中国周评》,1946 年 5 月 16 日,第 251 页。
② 原注:D-17,奉天,1947 年 6 月 4 日,机密。以下凡引自该情报者,均不另注。
③ 原注:DEF-951,S/S 4529,1947 年 7 月 3 日,保密。
④ 原注:DX-1094,1947 年 11 月 3 日,保密。
⑤ 原注:对于政委的研究,见 OIR 1346.115 和 1346.116,1945 年 7 月 16 日和 7 月 23 日,秘密,只限美国官方。
⑥ 原注:DX-1540,1946 年 11 月 22 日,保密。
⑦ 原注:REF-355. 9518/M 2987,1946 年 12 月 17 日,未设密级。

二、农村地区的普遍反应

毋庸置疑,在华北和满洲,大众对共产党统治的反应农村地区要比城市地区更积极。共产党的农村政策、军队的优良行为、对妇女的尊重对待以及让农民参加政府和其他群体组织带来了对共产党有利的评价。[①] 但是这些地区存在一些不满,尤其是对开展斗争、强迫参加宣传会和教育政治培训课程。宗教团体,不管是天主教还是新教,一般从负面评价他们所受待遇以及共产党所宣传的"自由"和"民主"的缺乏。

1. 土地分配方案

对共产党土地分配的普遍接受在华北和东北有所不同。《芝加哥太阳报》记者在1947年春天在河北南部、山东西部和河南北部旅行后注意到,根据共产党的计划,每个家庭成员能得到7亩可耕地。[②] 该记者说这个计划实际上不具备可操作性,但是土地分配得到了执行,而贫农似乎是满意的。以前富裕的土地所有者自然对共产党的再分配感到尤为不满,但是这个记者报道说这个群体看来得到了向他们提供足够粮食的充足土地。来自张家口乡村地区的消息说农村土地被分成小块,通常给予那些耕种它们的农民。土地分配依据土地肥沃程度有所不同。一个人可以获得肥沃土地5亩或者10亩贫瘠土地。[③] 张家口的不满是因为任何超过规定数量的任何粮食需要上缴国家,以及共产党官员,尤其是政治工作人员或者干部流露出的个人偏好。

没有得到关于满洲土地分配计划的详情,不过报告指出土地分配执行中出现了与华北一样的反应。以前富裕的地主自然怀有敌意。满洲的一些不满情绪是因为贫农没有做好耕种多出来的土地的准备。[④] 另一方面,国民党东北的官员说他收到曾经到过共产党地区的学生的报告。报告说生产维持在相对高的水平。一名联合国善后救济总署的官员说共产党土改较为普遍。一名受过教育的中国人采访了哈尔滨和西安的难民,报告说,共产党的土改在1947年5月的第五次进攻时已经成功完成。[⑤] 国民党官员报告说,共产党开始降低地租并减少土地再分配。很多情况下,他说贫农作为承租人依靠土地收益,不过要缴纳低一点的租金。另一份报告指出在一些地区共产党已经完全停止没收土地或者重新分配富裕土地所有者的土地。[⑥] 一个原因可能是满洲广泛存在的日本人财产首先被共产党均分给了贫农,而他们没有能力耕种比他们以前所持有的更多的土地。

2. 税收

对于共产党的税收政策有各种不同的观点。华北的通讯员在1947年春天报告说,看起

---

① 原注:REF-951. 8/S 4529,1947年6月25日,秘密。
② 原注:D-25,北平,1947年4月9日,秘密。
③ 原注:D-29,北平,1947年8月20日,第29～30页,秘密。
④ 原注:同上。
⑤ 原注:T-247,奉天,1947年9月8日,秘密。
⑥ 原注:D-29,奉天,1947年7月14日,秘密。

来农民对每个阶层征收一种税额感到满意。即对商品销售征收一种税额,对农民的收成征收一种税额。① 1947年春天和夏天一名在共产党区域居住的澳大利亚记者说,共产党的经济改革得到了大约60%的农民的拥护。② 一名联合国善后救济总署的官员也说,共产党的土地改革较受欢迎,部分原因是税收是按实物而非现金征收的。在共产党撤退后,来自张家口地区的消息表明,人们对共产党的政策普遍不满意:指定每人1.5亩非水浇地和0.66亩的水浇地免税,征收超过这一标准的全部收获物作为税收。一名外国服务官员发现了这样一个案例:一个有17亩土地的5口之家,7.5亩是免税的,但是上缴剩下的9.5亩土地的全部收获物作为税费。

3. 农村组织

中国共产党的其他农村计划看来受到了一定的普遍欢迎。1947年间一名去过山东共产党地区的美国通讯员就工会或农会的组建进行评论。他说共产党在山东的商丘(译音,Chang-ch'iu)周边发起了集体耕作,农民互相借给对方农具并且在庄稼收割时进行互助。③ 他说中国农民对于共产党学习集体劳动以解决地方问题的计划感兴趣。满洲和华北不同地区的农校也引起了一些好评。一名曾在辽宁营口呆过的美国军官说,共产党的改革难以概括,同时共产党政委让农民忙于修路或者完成其他实际工作的方式给他留下了深刻印象,而且这些农民看来吃得不错并且感到满意。他注意到主要的反对意见来自以前富裕的地主,共产党的土地分配方案使他们遭受了损失。

4. 军事力量

根据大多数观察者的意见,农村地区共产党军队士气非常高昂,并且同农民的关系也不错。④ 尽管那儿一般不存在强制征兵,但是不同的观察员注意到参加共产党军队的志愿者遭受的强大的压力。那些旨在让士兵帮助农民的工作方案,在一些地区自然地带来了有利于共产党的评论。一些到过共产党地区的通讯员将中国共产党军队和农民的密切关系,与一般农民对国民党军队的恐惧进行比较。一个在共产党山东地区生活了七个月的澳大利亚通讯员说共产党士兵尊重地对待人民,而且付款购买东西。⑤

其他一些报道看来体现了共产党军队相对不受欢迎的一面。一名美国记者在1947年10月从河北南部的旅途返回,他注意到群众中对共产党日渐增加的恐惧感。⑥ 上面提到的那名澳大利亚通讯员注意到他被告知不要与士兵进行政治讨论,当他听到把显而易见的宣传内容作为事实灌输给士兵的时候。⑦

共产党对满洲的占领看起来得到平稳推进。一些地方部队源自招募过来的匪帮,这一

---

① 原注:D-23,北平,1947年4月9日,秘密。
② 原注:DX-1094,1947年12月3日,保密。
③ 原注:*Christian Science Monitor*, April 5, 1947.
④ 原注:D-270,上海,1947年8月5日,第2页,机密。
⑤ 原注:DX-1004,1947年12月3日,保密。
⑥ 原注:A-227,南京,1947年11月3日,秘密。
⑦ 原注:LX-1094,1947年12月3日,保密。

事实或许看来预示着麻烦,但是报告显示到目前为止没有任何重大的问题。

5. 教育和宗教

一般来说,农民对共产党宗教和教育实践的反应不是那么赞同。对家庭生活、基督教和佛教宗教仪式的干涉,是激起农民中间敌意的主要因素。

在共产党教育实践当中,值得注意的是对部队的"小先生"制度的利用以及建立许多群众组织。这些实践活动促使年轻人、妇女和农民广泛参与到教育中来,这要比传统的农村社区的一般参与要广泛得多。毫无疑问,中国共产党的这方面教育计划获得了1944年访问延安的外国记者的好评。不过,有些因素需要引起注意。首先,延安是试验中心、党组织的核心,也是共产党在华北占据时间最长的一个地区(11年)。其次,这些记者是从中国战时首都——厌战气氛下的重庆抵达延安的。

上面已经谈到,共产党官方宣布的宗教政策不同于他们实际的实践活动。理论上,共产党宣布对那些服从共产党法律的宗教实行宗教宽容。但是,天主教、新教和佛教报告了共产党不宽容的案例,从强迫参与宣传教化到毒打、监禁、拷问和枪毙。① 这些组织遭到"斗争"的折磨。佛教徒报告说共产党抢劫寺庙并强征一些年轻和尚入伍。没有出现对基督教教徒、传教士或其他宗教团体直接迫害的一些地区,共产党通过间接手段最终收到同样的效果。报告中只有少数几种情况得到优良待遇,尤其是在河北唐山从事医疗活动的传教士以及在共产党地区活动的宗教赈济队。②

三、城市地区的广泛反应

张家口、哈尔滨以及烟台的部分情况,看来证实了这样的结论:一般来说中国共产党在包括村庄在内的农村地区的计划,要比它们在城市更受到欢迎。

然而,在这一年的头几个月(1948),据报道共产党开始修正他们的城市计划。证据表明,共产党已经给潜在的共产党城市管理者安排了一些培训计划。③ 城市地区也出现了旨在稳定局势的共产主义运动,从而使得在中国共产党占领目前国民党控制城市的时候,熟练的工人和商人不会离开城市。从像洛阳④、石家庄⑤和哈尔滨这些地区过来的消息几乎完全局限于共产党渠道。据说在这些地区那些计划已经发动起来。因而此时很难确定共产党获得了多大程度上的支持。不过,根据这些报告以及毛泽东在1947年12月25日的演讲,看

---

① 原注:目前还没有共产党处理新教的详细统计资料。天主教的权威部门汇报了下列天主教财产的处理情况:123所教堂变成了电影院,166所教堂被抢劫,183所教堂被共产党组织部门占据,88布道所受到破坏,216个布道所遭到抢劫,245个遭到盗窃。12所学校被焚毁。1071所学校被关闭。(John Goette, "Christian China Our Alley", China Monthly, 1948年3月,第88～89页。

② 原注:关于共产党对待宗教团体的进一步信息,参见OIR-4667,"共产主义中国的宗教不宽容",1948年4月9日,机密。

③ 原注:A-22,1947年12月4日,秘密。

④ 原注:华北新闻社,1948年3月21日,发自河南、山西、湖北前线,1948年3月15日。

⑤ 原注:FBIB,《每日报道》,1948年1月28日,第CCC 1、2页。以下凡引自该情报者,均不另注。

来共产党已经意识到为了使他们的计划获得更多普遍支持，调整是有必要的。①

1. 烟台

1945年8月到1947年9月30日关于共产党占领烟台的情报并不完整。尽管在占领期间收到的情报表明经济形势不太好，但是共产党管理城市井井有条的方式，以及没有破坏工业设施，给居民留下了良好的印象。② 共产党撤退时，他们允诺几个月后返回，并警告人们不要做任何危害共产主义事业的事情。这种方式不同于用于张家口的手段。③ 显然在烟台，共产党要么是决心维持与市民的良好关系，要么是自觉意识到破坏工业这一短视政策的回报。

根据得到的几个报告，看来在烟台共产党没有从总体上赢得人民的多数赞同，虽然和其他地区一样，女性的地位得到了提高，并且军队的行为也不错。④ 一份报告总结说，90%的人们在期盼国民政府的回归，因为他们确信在共产党统治之下贫困仍将继续。

(1) 经济情况。中国共产党管理的烟台维持着有限的工业和贸易。经济情况的表现是：共产党市政府尽量鼓励商人到青岛从事贸易，然后带着财物返回烟台。⑤ 1946年4月，共产党概括了一下他们的政策，声称他们对将烟台建设成与美国人和其他外国人开展贸易活动的国际港口感兴趣，只要人民没有受到压迫。⑥ 但是，至少直到1947年夏天之前，一直都是苏联船只抵达烟台，烟台没有什么外贸。⑦

共产党在其他经济领域没有履行他们的诺言。显然烟台没有固定的税收政策。一份报告指出，他们何时需要资金，共产党就向人民征税。⑧ 除了缺乏国际贸易，烟台还为国内贸易不足以及消费品匮乏所困扰。结果大多数有钱人离开了这个城市，特别是由于呆在那的人通常被课以重税以养活其他的人。⑨ 烟台也进行了“斗争”，尽管力度不如其他地区。⑩

但是，共产党的一部分经济措施，收到了良好反响。在烟台价格得到了控制，并且一般保持稳定。⑪ 包括码头工人在内的一部分工人，从经济上获得好处。虽然大部分居民遭受着经济困难，但没有关于饿殍的证据。⑫

(2) 教育和宣传。共产党的教化课程，包括关于“民主”和“马克思主义”⑬的长篇大论的讲座，被提供给中国人和外国人。在共产党占据烟台的早期，它们就开始了。⑭ 占领期间

---

① 原注：同上，1948年1月5日，第PPP 4～7页。
② 原注：D-66，青岛，1947年10月27日，RESTRICTED。
③ 原注：见第三部分第三小节，下同。
④ 原注：D-69，青岛，1947年12月29日，机密。
⑤ 原注：REF-095/Z 1801/，1947年5月26日，机密。
⑥ 原注：DX-YV 1573，1946年4月。1946年5月9日消息，秘密。
⑦ 原注：DRF，China Branch，Files，机密。
⑧ 原注：DX YV 1573，1946年5月9日，秘密。
⑨ 原注：DEF-330.931/AE 4133，1947年2月9日，机密。
⑩ 原注：D-69，青岛，1947年12月29日，机密。
⑪ 原注：REF-330.931/AE 4133，1947年2月19日，机密。
⑫ 原注：DRF，China Branch，Files，1947年4月22日，机密。
⑬ 原注：RFF-330.931/AE 4133，1947年2月19日，机密。
⑭ 原注：DX-A_64046，1945年11月25日，1945年12月10日，秘密。

收到的这一地区的消息指出，人们对于这种针对人民的宣传普遍不满，因为据说它的特点在于没有受过教育的人才可能生吞活剥地接受。实际上共产党在尝试以不同的授课教化不同的人群。自国民党在1947年10月1日占领烟台后，我们就没有收到关于共产党对烟台居民宣传效果的报告了。

2. 张家口

日本投降后中国共产党对张家口占领总体上没有得到普遍的拥护。① 这个结论是基于14个月的占领和随后共产党1946年10月被驱逐出去期间收到的情报。

最初中国共产党看来想努力获取广泛拥护。他们公布了无数听起来能使人民获益的经济政策。他们承诺进行自由贸易；他们说他们欢迎公有和私有企业，准备发展工业和手工业品商店，控制物价、提供低利率贷款以及减税。此外，他们宣布要实行8小时或者10小时工作制，并且将增加管理和劳工层的收益。②

显然他们推行这些计划走得太远且太过于迅速。共产党对包括能源工厂在内的一些大型工业设施的破坏，以及从张家口撤退时对通讯和交通线路的拆除，给那些经济上曾获益的工人以最后一击。

其他领域共产党也做出过类似允诺。政府管理运作是根据中国共产党的"三三制"——共产党只能控制三分之一的席位；③教育将更加普及；共产党将提供较好一点的医疗设施；在这儿没有失业问题；城市的外在特征，比如道路，将会得到改善。

起先看来共产党试图履行这些诺言并且改进张家口的管理。在张家口生活要比在农村地区生活容易一点。共产党占领的头六个月，张家口是第一个被占领的、展示给外国人的橱窗城市。期间"清算"没有进行。虽然有迹象表明存在鼓动"自发"募捐的压力，但是充公在这个城市没有执行。

然而，早期的相对仁慈是短命的。"清算"在城市和农村发挥了作用。人们开始意识到密探和政治干部的作用。

对从属于国民党组织或者被视为危险的人的监禁越来越常见。危险的犯人经常被单独监禁。在一些案例中，一些犯人被处死或者完全失踪。

(1) 对传统中国生活的影响。共产党对待家庭——中国人生活的基本单位的态度扰乱了张家口居民的生活。他们既不能理解共产党对家庭纠纷的干涉，也不能理解他们对离婚的许可。同样地，利用孩子来监视他们的父母，在这个许多世纪以来高度强调孝道的国家造成了惊恐不安。共产党还让孩子们忙于阶级、游行和以往他们不能参与的家庭琐事或者田间劳动的工作。毋庸置疑，和尚和道士一并为共产党所厌恶，因为他们介入并影响着中国人的家庭生活，也因为他们的观念和宣传与(中共所讲的)"道理"格格不入。

(2) 培训计划。共产党的宣传培训计划一般不受人欢迎。共产党需要各种各样的人等

① 原注：这部分的信息很多是来自D-29，北平，1947年8月30日，秘密。

② 原注：DX-a-69345，1946年4月6日，保密。

③ 原注：见上面第一部分第一小节。

参加他们的日常会议。据说这些会议的构成是：20%是共产党的教条，30%是可能包括“斗争”在内的日常事务，50%是涵盖谴责美国资本主义在内的直接宣传。

(3) 共产党军队的表现。关于共产党军队对待城市居民的一般行为，大众舆论反应是正面的。居民对共产党军队的纪律留下了深刻印象，并且一致赞扬中共党员的忠贞不渝。但是在一些特定方面，人民并不赞同部队的举动。比如，他们批评士兵的言行不像中国人。

(4) 总体经济形势。尽管他们进入张家口之时，中国共产党就提高了工人工资，但是一般观点是共产党的政策没有使人民获益。在提高小工工资上有一些批评意见，这使得他们不大可能得到雇佣。黄包车车夫强烈谴责共产党通过恐吓乘客以及让他们在会议上浪费时间来干涉他们的工作。

别的工人由于其他原因反对共产党。接受北平领事馆官员采访的一些工人抱怨道：共产党说他们会帮助老百姓，但相反却只给他们自己的党员以优待。一名铁路雇员说党员得到食品是他的两倍。一名烟厂工人说他所在厂的工人被告知如何花钱。不过，面粉厂的工人说他们的工资较高。①

大多数商人不喜欢共产党介入商业。商人说他们被告知应当雇用多少工人或者是提高工资。另一项痛苦来自共产党公司的竞争。商人抱怨说，虽然共产党鼓吹自由贸易，但他们显然不允许自由贸易发挥作用。

估计一个富有的面粉厂厂主一般应是强烈反共的。这个人谈到了一些他认为不错的经济措施。他说共产党提高一些工厂工人的工资有一般协议，尽管他指出小商店的工人没有获益。他进一步强调，虽然共产党有效率，但他们缺乏技术知识。

(5) 1946年春天联合国善后救济总署在山西、察哈尔和绥远的观察员注意到：共产党区域的物价一般都得到了控制，并且通常都要比国统区的物价要低。他们说共产党区域的币值随商品价格波动。一些观察家认为共产党强调有节制生产，这是保持相对较低物价的一个因素。② 根据张家口那个面粉厂老板的说法，另一个因素则是共产党用政府公司进行销售的习惯。

(6) 税收政策。关于共产党税收政策的一般观点是：虽然共产党只征收一种税，除了人口中最穷的人以外，税收对所有人而言都相当高。共产党派出税收检察官计算每个家庭的收入；他们评估总的生活开支花费，然后计算出税率，不管是什么都予以保留。没有人敢谎报，因为一旦被抓，将会面临严重后果；共产党还要求邻居和朋友举报任何所知道的不合常规的地方。

3. 哈尔滨

共产党1946年4月6日③进驻哈尔滨，有关哈尔滨情况的报道变化很大。众所周知的

---

① 原注：D-4，北平，1946年12月9日，秘密。以下凡引自该情报者，均不另注。
② 原注：UNRRA field report，绥远-察哈尔，1946年3月，秘密。
③ 原注：《纽约时报》，1946年4月6日。

共产党的同情者安娜·路易斯·斯特朗,热情地描述了1946年秋天她对哈尔滨的访问。①但是,源于哈尔滨的前使馆官员、难民、停战组织成员的报告表明,虽然共产党控制严格,到1948年哈尔滨的管理不管是经济还是政治上都很糟糕,共产党总体没有得到对他们政权的普遍支持。1948年4月6日满洲共产党的广播透露共产党已经意识到这种情况,并且开始采取措施加以弥补。广播说:

"在1月27日哈尔滨市政府宣布了保护工商业的政策,以及2月份工商业登记后,城市的贸易繁荣起来。"②

(1) 总体经济情况。1947年6月③离开哈尔滨的前使馆职员汇报说,那儿几乎没有大型公司。英美烟草公司和利德尔公司是唯一还在运作的大型外国公司。除了走私,中国人没有进行多少贸易活动。1947年11月晚些的情报说,有钱的商人几乎完全消失,商业由小商店或小公司来开展。④

看起来工业产量相当有限。前使馆职员说,生产限于军事装备和必需品,如盐、布匹和燃料。根据1947年11月份的报告,哈尔滨的居民在制成品上依赖苏联。前白俄的公司佐赫林(Tsohurin)几乎垄断了苏联产品的交易。该公司积极经营啤酒厂、纸厂和奶厂。看来这条信息证实了共产党为了促进生产和刺激对党的普遍信心所作的政策调整。

据报道,哈尔滨的财政情况不容乐观。一份报告指出,钞票在没有官方支持的情况下印制,因为这是必须的。虽然两份报告声称共产党公司的目的在于降低物价,但是两份报告都报道了通货膨胀。1947年6月到1947年11月通货膨胀率在100%～200%之间。工资总体水平不高,但是据报道政府官员除了工资之外,能收到免费发放的煤炭和谷物。

前使馆官员说,共产党的征税方法伤害了小商业。开始共产党没有征收直接税;商品没有销售之前,共产党要求商人用手中资金纳税。税率经常总计为5%;自然这种方式不能促进商业。上面提到的满洲共产党广播说,由于哈尔滨新政策的结果,商业已经扩张,还公布了下列政策以推动商业和贸易:

哈尔滨市的副主席姚说:"为了强烈地推动工业和商业发展,市政府计划给工商业公司拨款30亿元作为贷款。数额相当于1 500亿元(国民政府货币)。"

列出的这些行业获益最大:钢铁工厂、皮革工厂、毛皮工厂、印刷和电力供应。⑤

---

① 原注:安娜·路易斯·斯特朗:《共产党政权在满洲》,美国,1947年5月。
② 原注:FBIB,《每日报道》,1948年4月7日,第CCC 1～2页,未设密级。以下凡引自该情报者,均不另注。
③ 原注:D-73,长春,1947年7月1日,保密。
④ 原注:D-2,长春,1948年1月14日,秘密。以下凡引自该情报者,均不另注。
⑤ 原注:同上。

(2) 交通和公用设施。交通、通讯和公用设施的管理提供了另一些管理不善的例子。1947 年 6 月的一份情报指出哈尔滨路面电车服务还算合理，而且还有一些俄国人和中国人经营的、私人拥有的出租车。地方能源工厂生产的电力远远不够。尽管后来的情报表明和苏联还有邮政和电报服务，据报道实际上 6 月份的时候邮政服务已经不复存在。

(3) 管理。据报道 1947 年 11 月哈尔滨由可能是选举出来的、或者八路军(现在叫东北解放军)任命的六人委员会管理。① 据说委员会的法令前后矛盾，以至于人们不知道是否应当遵从法令。据前丹麦代理总领事说，政府受到李立三的铁腕领导，但是“靠动力继续维持”。② 据报道 1947 年 9 月一股强有力的秘密政治势力出现了——中苏友协间接地对该市的管理施加了相当的苏联影响力。③

截止到 1947 年 11 月，哈尔滨的言论、出版或者结社的自由不能得到保证。据报道，共产党宣传向教育系统渗透遭到学生的反对。据说受过教育的人反对共产党政权，但是由于害怕报复一般他们保持沉默。对报社、学校、俱乐部、报纸和电影的马克思主义宣传的加强被予以关注。④ 出版仅仅限于三份拥护中共和苏联的中国报纸。

哈尔滨存在着严重的住房短缺问题；共产党军队占据了哈尔滨最好的住宅区。另外，虽然据说警察部队的待遇要比政府其他部门要好多，但是他们不能给私人财产提供足够的保护，并且哈尔滨经常发生抢劫和盗窃事件。

(4) 共产党军队。关于军管的报道形形色色。前丹麦代理总领事说总体上这支军队纪律严明，行为令人钦佩，粮食供给充足。他也注意到这支军队没有足够的步枪供应。但是一位美国军事观察员报告说，这支部队纪律不好，只愿意服从他们那部分指挥官的命令。⑤ 他将这很大地归结为他们是从当地招募的这一事实。其他渠道将共产党政权的成功部分归结于满洲当地人占满洲共产党军队的大约五分之四。别的渠道声称：官兵平等、考虑周到的待遇、杰出的战略、共产党军队的机动性以及对国民党军队无能的有效宣传，为造就共产党军队的高昂士气做出了贡献。

四、结　　论

显而易见的是，虽然共产党在中国没有得到广泛的意识形态支持，但是他们已经从大多数人口中得到了可观的经济和军事上的支持；不满的地主和少数宗教组织自然而然被排除在外。虽然很多拥护者具有中立的特点，但是共产党能够利用它来发挥自己优势。共产党军队得到后方的支持，这对进行游击战是必要的；他们力量增长，而且部队士气得到增强。

① 原注：1947 年 11 月，哈尔滨共产党委员会的主要官员是林彪、李立三和彭真。(此说有误。此时彭真已离开东北，且林彪、李立三均未在哈尔滨市任职。)

② 原注：D-5，北平，1946 年 12 月 21 日，秘密。以下凡引自该情报者，均不另注。

③ 原注：DX-10218，1946 年 12 月 21 日，秘密。

④ 原注：D-2，长春，1948 年 1 月 14 日，秘密。

⑤ 原注：同上。

通过利用“斗争”方式，受到迫害的穷人得到允许去控诉高利贷者和地主，通过判决并进行惩罚。刚刚确立起对新“解放”区的控制，共产党就有效地释放了社会压力，从而很快获得了直接的普遍拥护。同时，那些参与“斗争”的人们认同了新政权，并且害怕新政权倒台将使得落难的地主和大商人回头报复他们。

但是，几个重要的限制性因素必须纳入考虑范围。首先，共产党在民众中获得的大多数支持是属于消极类型的支持。它是建立共产党的经济计划之上的，其计划使得共产主义明显地优越于国民党统治下的饥饿或混乱的经济状况。第二个有关因素是普遍缺乏政治觉悟。政治的乃至经济的和社会的意识形态几乎不存在。如果有的话，也只在于赢取民众支持。讲求实际的中国大众的支持是建立在共产党政权能够提供实实在在的经济利益上和受到控制的越来越多的群众(通过青年、妇女、工人和其他共产党外围组织)参与到对直接影响人民日常生活的地方事务的心理刺激上的。

但是，在中国，民众的支持，已经并将继续在很大程度上依赖于在位的政权给予个人生命、家庭、生活方式以及工作方面的自由程度。在张家口和其他地区，通过干涉居民的工作、强迫参加宣传会、使孩子监视父母、介入佛教、道教以及其他宗教的日常活动，共产党激起了相当的不满是显而易见的。

总的说来，共产党统治的乡村地区看来比城市地区对共产党的反应更有利，这无疑是因为共产党的经济计划使农村农民的获益程度比城市人口要大。1947 年间，山东和河北的观察家评论说，共产党区域的农民的经济标准要高于国民党区域。其他人则提到农民和士兵之间的合作。另一方面，截止到 1948 年，有报告指出，共产党在处理城市问题上缺乏技巧。

最近的证据表明共产党正在为占领和管理别的城市做准备。看起来明显的是，如果共产党想让多数的城市商业和政府人员留下并拥护他们的政权，他们管理将来要占领的城市不得不要比管理张家口、烟台和哈尔滨要好一些，并且将不得不赋予私人商业企业以保护和支持。最近几个月他们的广播确认他们正在迅速地恢复秩序、改善现在占据城市的经济并保护私人企业。目前得到的证据不足以支持或者推翻这种断言。即使共产党真的正在保护私人企业，这样一种出于暂时的策略目的而采取的政策也是没有保证的，因为他们的意识形态最终还是会要求他们对生产方式进行社会主义化的。

OSS China and India，Reel－4－14

王昊译，杨奎松校

2－9

中情局关于中国的调查报告

（1948 年 5 月）

R&A 3472

机　密

中国调查报告

（1948 年 5 月）

概　　要

中国是远东的重心，它同时也是东亚的中心区域和最大的国家。远东绝大多数人口都是中国人，居住在超过 300 万平方公里的土地上。几个世纪以来，中国文化——观念、社会结构和语言一直都是远东的主导性文化。经济上，中国是其邻国生活中的重要因素；在政治和军事上，中国也是远东最为强大的潜在力量。

中国目前正在经历一段重要的社会、经济以及政治骚乱时期，这主要是由自 19 世纪初期以来一直到今天在中国人每一个阶段的生活中都能感受到的与西方文明的碰撞所引发的。100 多年来，由于中国内部虚弱而招致的外国对中国主权的侵犯，使远东一直都是国际冲突的地区。第二次世界大战后，由于国共内战造成内部的四分五裂，以及北部俄国帝国主义复苏的威胁，中国没有从日本战败中获得较多的利益。

目前中国的趋势是：不稳定的日趋增长和共产党军事和政治影响力的不断增强。由于军力削弱、政府军政系统全面腐败、应对经济恶化的乏力和缺乏民众支持，在没有外国援助的情况下，国民政府将不大可能扭转或真正阻止这种趋势的发展。没有任何积极因素会有助于国民政府的稳定，除非（1）有美国军事和经济援助的前景，及（2）实质性的内部改革的承诺。不过，当前的政府能否或者愿意实行后者与否，值得怀疑。若没有这样的改革，一定数量的美国援助是否能够实现其长期的政治和经济的稳定，也是非常值得怀疑的。

在国统区，南京政府缺乏民众支持，蒋介石的威望也已严重受损。除非他不久即能再现革命领袖的能力，他不大可能重新得到大多数政治上觉悟的中国人的拥护。另一方面，还没有出现可供选择的其他领导人或领袖团体。而且除了中国共产党以外，反对国民政府的力量很大程度上还是无组织的和缺乏武装力量的，因而力量还相对很弱小。

如果不加抑制，目前的趋势将会造成国民政府统治的崩溃、共产党决定性的军事胜利、军阀四起，以及日渐显露的在北部边境地区、在华南和在福摩萨的分离与反叛趋势的加速发展。这样一种四分五裂的局面将有助于共产党的影响扩展到目前其尚无影响或还只有地下党活动的地区,并很可能导致一个共产党统治下的中国。作为避免垮台的最后一种选择,国民政府可能会寻求妥协,以解决它与中共的冲突。不过,除非让中共在政府中处于统治地位,否则,难以想象共产党会愿意接受这样一种安排。但是,不论是垮台还是妥协,剧烈的政治和经济的解体都将会在中国持续上几年时间。这种解体会妨碍一个共产党的中国发展成为苏联政策的有效工具。

恶化的经济形势正在对国民政府的政治结构造成持续的冲击。中国的经济,尤其是占据优势地位的农业,不易突然或完全瘫痪,这是事实。然而,危险的是,没有外国援助,通货膨胀可能严重失控和迅速导致国家货币信用的全面崩溃。

在外交关系方面,有关邻国日本和苏联的问题对中国是最为重要的。基于安全的考虑,中国赞成与日本缔结一个“严格的”和平协议,以便阻止这个岛国重新成为一个军事和经济强国。对中国来说,与苏联建立一种妥协关系使中国不会成为这个苏维埃国家的对手,也是十分重要的。中国与美国的关系历来是友好的,而现在美国的支持对中国解决其内部和外部的问题看起来对中国更为重要。但是,国民政府信誉的持续恶化,很可能引起中国与美国在国际问题上由来已久的合作关系发生动摇,因为为了避免与苏联直接冲突,南京将不得不采取机会主义的态度。

几个月来共产党已经显示出他们掌握了战略主动性,内战的军事优势已经转移到共产党一方。由于受过训练的人员、物资、弹药的消耗,以及目前四面招架对国民党后备力量的消耗,国民党军队的军事潜力已严重削弱。国民党满洲的军队处于危急状态。由于共产党最近向南推进,并且已在长江以北的华中地区建立了新的根据地,位于华北的国民党重兵集团的交通线面临着日趋增长的威胁。鉴于国民党已没有多少后备力量用于阻止共产党这样持续地向华中乃至华南推进,军事行动看来已在共产党的掌控之中。

对于中国的内战,苏联迄今没有公开向中共提供物资援助,并且根据1945年的中苏条约继续承认国民政府为中国的合法政府。不过,由于中共与苏联在意识形态上的亲缘性,苏联的同情实际上显然是在作为扩大苏联影响工具的中共方面。只要中国的情况按照目前有利于中共的方式继续恶化下去,苏联多半将继续避免公开干涉。另一方面,如果美国提供援助给国民政府,苏联就可能会在中国事务中采取引人注目的行动。美国的援助有助于增强国民政府的稳定,但这种援助也肯定会带来相反的后果,即推动中国北部边境地区的分享主义和加强并鼓励中共的行动。在苏联和美国螺旋上升的支持和反支持的活动中,比较双方援助的消耗和成效,优势在苏联一方面,这主要是由于中国共产主义运动的活力和苏联有利的地缘位置。在这一过程中,美苏在华利益直接冲突的可能性也将大大增强。

一、国民党中国的政治局势

中国现政府属于一种寡头政权,似乎正在走向政治民主。它的实际权力掌握在少数个人和集团手中，主要是军人和国民党领导人。与之类似的是，在内战中反对国民政府并控制了中国五分之一地盘的共产党，也是由党的少数成员及红军将领控制的。在这种寡头政治的模式之下，政治权力依赖于军事支撑。一个党如没有自己的军队，或者个人不能把握军队的支持，就只能是虚弱无力的。

(一) 目前政治体系的缘起

中国现在的政治体系是不稳定的。除当前的内战得以结束，中国不可能实现真正的稳定。虽然它与西方的民主有某些相似之处，但它具有强烈的独裁主义的基因，这与传统中国的观念和机制是一脉相承的。

1. 满族统治下的政府

满族王朝统治下的旧的帝国体制苟延残喘维持到 20 世纪，直到 1911 年才被推翻，中国目前的领导人一生都在其中渡过。旧体制的特点是有一个独裁的政治结构，其中满族皇帝是至高无上的唯一权力中心。他通过依附于他的官员的个人忠诚进行统治，并通过强化儒家理论学习的办法来加强这种效忠。

帝国体制里面不存在人民的政府，只有皇帝根据儒教教条，基于人民的利益和在他们的默许之下，对人民进行统治。对于自然灾害和其他降临到人们头上的天灾，君主负有全部责任。如果天灾变得尤为严重，那么他将失去带给他权力的天命。基于此，中国的政治理论承认人民有权通过革命推翻他。

19 世纪，随着革命阶段的到来，满洲人的帝国开始没落了。同以前中国的历史相比，这标志着从一个王朝向另一个王朝统治的过渡。这个阶段没落的标志，是在对外关系上一系列失败的战争，以及随之而来的外国列强对中国领土完整和独立的一步步蚕食。1839～1842 年英国在鸦片战争中对中国的胜利，导致了第一个强加于中国的不平等条约，打开了中国对外贸易的大门。在随后的 1858～1860 年与英法的冲突中，满洲王朝一度被赶出了首都北京。但到 1894～1895 年日本人轻易击败中国之前，满洲王朝的软弱无能还没有彻底暴露出来。在随后的几年里，外国列强继续扩大在华势力范围，几乎瓜分了中国。这一趋势被阻止，多半并不是因为皇帝进行了怎样的抵抗，而是因为列强之间的竞争。

在此期间，由于一系列损失惨重的内部叛乱，其中主要是 1849～1864 年席卷华中、华南的太平天国起义以及 1900 年的义和拳运动，满洲王朝遭到了严重削弱。太平天国基本上是一场针对满洲人的农民起义——中国人一向认为满洲人是异族。此外，它还攻击地主和有钱人，其特点是没收财产并焚烧土地契约。义和拳最初是反清的秘密组织，但是在王朝的引诱下发展为排外运动。它被外国列强的联合干涉所镇压，结果满洲王朝遭受列强的进一步奴役，并付出沉重的赔偿。

2. 新共和国——1911～1927 年

在 1911 年推翻了帝制，建立了中华民国的反满运动，这些均是在年轻的对西方充满期待，并部分地以之为榜样的年轻的中国人的主导之下。他们的活动最早始于 1894 年，由一个接受过外国教育的广东人孙逸仙领导，但是他的民族主义革命政党，即后来著名的国民党，却不能马上在全国实现宪政，而且一个内乱时期接踵而至。新共和国的权力最初落入前满清总督袁世凯手中，他对在中国发展民主不感兴趣，并试图在1915～1916年复辟帝制，自己做皇帝。1916年他死后，再也没有强势领导人足以号令全国。北京政府的控制权落入权力有限的人手中，直到1927年，地方军事领导人控制华北的实际权力。

与此同时，孙逸仙和他的追随者在1917年于广东另立了一个政府。虽然它作为中国的国民政府没有得到国际承认，但是这个南方集团的实力却不断增强。为了得到改组和加强党的建议，孙逸仙在1923年邀请苏联顾问来到广州，从而开始了一段中苏密切合作的时期。合作基础在这一年的早些时候通过孙逸仙和苏联在远东首席国家代表越飞在上海进行的一系列会谈，就已经建立起来了。在随后达成的联合声明中，越飞同意孙逸仙的意见：共产主义和苏维埃制度不适合于中国，中国的主要问题是实现统一和完全的独立。① 这个问题的解决使孙得到了苏联支持的承诺。

1924年召开的国民党一大，同意中国共产党员加入国民党。② 同年，在蒋介石领导下，由德国和苏联军人充当教官的黄埔军校建立起来，为国民党人的军队培养大批军官。孙逸仙在1925年的逝世并没有影响国民革命的发展。在国民党和共产党的领导下，这支新的军队开始北伐，并于1927年占领了华中地区。但是，国民党不赞同共产党发动阶级斗争，就像共产党所劝告的那样。结果两党分裂，在1927年对共产党的血腥清洗中，蒋介石将共产党人和俄国顾问从国民党中驱逐了出去。

3. 国民党统治下的国民政府——1928～1945年

到1928年，国民党军队已经确立了对华北的控制并完成了中国的统一。定都南京的新政权不久就被除苏联以外的主要国家承认为中国的国民政府。

在最初几年，新政府成功战胜了军阀挑战其权威的活动和华南的分离主义趋势。但是，1931年在江西建立了苏维埃共和国的中共，给统一造成了更可怕的障碍。在一系列的军事行动中没能歼灭共产党的国民政府，到1934年成功地将共产党赶出了其在中国南方的根据地。在著名的“长征”之后，共产党在华北③的陕西省又建立了新的抵抗中心。

开始于1931年对满洲的入侵，并且越来越威胁到华北的日本扩张行动，最终导致了1937年初国共之间临时统一战线协定的达成。这种谅解是在这一年7月中日战争时实现的，有限的抗日合作一直持续到1940年底。当时，双方的争执引发了国民党军队与共产党新四军之间的一场公开冲突。其后，国民政府对共产党地区进行了严密封锁。

4. 日本投降后的发展趋势

抗战一结束，中共和国民政府就围绕控制日占区展开了竞争。在美国空中运输的帮助

① 即1923年1月26日孙中山和越飞共同签署并公开发表的《孙文越飞联合宣言》。——译注

② 还在1922年9月孙中山就已经同意并接纳共产党员加入国民党了，1924年1月召开的国民党第一次代表大会正式接受了孙中山的这一容共政策。——译注

③ 应为西北。——译注

下，国民政府成功控制了主要城市，但是共产党控制了华北大片的农村地区。为了避免内战，1945 年夏末国共开始谈判，并在马歇尔将军的协助下，于 1946 年 1 月 10 日达成了停战协定。2 月下旬国共还签署一项旨在缩减并整编他们武装力量的协议。

1946 年 1 月，有国民党、共产党、青年党、民盟、国家社会党[①]及其他派别代表参加的政治协商会议召开。1 月 31 日，随着国共做出让步，会议就宪法原则达成了一系列的决议。大会同意召开国民大会，以便通过永久宪法，宪草修正案将由政协任命的宪法委员会提出。在这一短暂的和睦气氛之下，共产党和少数党派的领导人开始就联合政府中的代表问题进行谈判。

但是，国民党右派不久就显示出对政协决议缺乏诚意，因为他们在 1946 年 3 月中央执行委员会全体会议上试图修改决议。此前的和谐气氛变成了猜忌的空气，随后国共两党中极端分子的反对推翻了这些协定。1947 年 1 月，美国政府召回了马歇尔将军，并终止了美国的调停角色。

1946 年春，随着苏联撤军，满洲成为一个新战场的同时，内战再度加剧。这一年国民党在与共产党的战争中取得一些进展。但是，它不能成建制地消灭共产党军队，在主要目标上只取得了一些小的成功，控制了华北的铁路线。

1946 年 11 月蒋介石如期召开了制宪国大，但是共产党与民盟拒绝参加。主要由国民党、社会民主党、青年党成员和一些独立人士组成的国大，通过了一部将在 1947 年 12 月 25 日生效的新宪法。在 1946 年 12 月国民大会休会以后，国民政府开始与青年党和社会民主党就建立联合政府问题进行了谈判。这些谈判在 1947 年 4 月最后结束，一位国民党稳健派的领导人张群，[②]成为新的行政院长。在新的国府委员会，即国民党的最高机关中，两个少数党派分到了 4 个席位，与此相映照的是，国民党有 17 席，无党派有 4 席。三位青年党和两位社会民主党成员列名于行政院中，次要的立法院和监察院也有非国民党成员被容纳在内。这个新的临时联合政府宣布了一项旨在寻求“政治解决”“共产党问题”的政策，首先是空出几个国府委员的席位，允许共产党和民盟随后参加到政府中来。

1947 年 7 月 23 日临时联合政府成立后不久，就面对着许多主要问题。一波要求增加政府补助和停止内战的学生示威浪潮席卷了各个大学和学院。共产党在东北发动的新的攻势，威胁到国民党在满洲的立足点，而山东的战局也在发生逆转。有助于稳定经济的美国的财政援助还没有到来。虽然进出口银行基于一个一个项目提供给中国的 5 亿美元贷款到 1947 年 6 月 30 日前还可以利用，但是美国政府设置的时间限制，届时没有行动就作废。国民政府放弃了所有寻求“政治解决”“共产党问题”的藉口，于 1947 年 7 月初宣布发动对被定性为“叛乱”的共产党的全面战争。国府委员会随后发布了旨在征募国家全部资源以平定共产党“叛乱”的戡乱动员令。

---

① 应为民主社会党(下同，不另注)。——译注

② 张群，蒋介石早年在保定军校和日本振武学校的同学，结拜兄弟，国民党新政学系首领，先后担任过上海特别市市长、湖北省政府主席、外交部长、国共谈判国民党方面的代表等职。——译注

一个由魏德迈将军①率领的美国政府"了解事实"使团于7月下旬抵达中国，最初国民党将其乐观地解释为美国政府积极援助的前奏曲。然而，当这一期待逐渐显露出缺乏事实根据的时候，这种乐观主义就随之变成了一波误解的情绪。1947年8月22日魏德迈将军在国府委员会上直言不讳的演说及其简要的公开声明，令国民政府以及一般民众感到震惊。虽然中国人一般也承认将军强调的管理不善和官员腐败是事实，但是他们认为一位外国使者公开作出如此尖锐的批评，伤害了他们的自尊。作为回应，政府领导人强调中国面临的这些严重问题目前没有立竿见影的解决方案，而他们已经注意在最近采取了补救措施。与此同时，政府继续筹备着11月和12月的国家选举，以便为依据1947年12月25日新宪法组成的政府做好准备。

(二) 目前国民政府结构

1. 政府的理论结构

新宪法对将于1947年12月25日在中国生效的政府理论框架进行了略述。宪法阐释了孙中山所主张的学说，该学说声称其独特性在于将中国的基本体制与西方的民主概念糅合起来。中国的共和之父将他的发现予以组织和阐明：(1) 人民的三大主义，或者是三民主义；(2) 人民的四种权利；以及(3) 政府的五种权力。一方面国民党特意将孙中山尊为其缔造者，而且全国所有其他政党和派别总体上也接受了他的主张，甚至共产党也声称三民主义是其意识形态的内在部分。如此普遍的接受之所以可能，是因为它们可以被诠释并能马上让热情的民族主义者和坚定的共产党人感到满意。

(1) 孙中山关于政府的观念

人民的三大主义指的是民族主义、民权主义、民生主义。对于民族主义，孙中山指的是人民的政府，或者是建设、发展中国作为民族国家的自由和平等权利。国民党对这项原则予以最多的关注，赞成这项原则对国家统一的基本重视。民权主义，指的是人民的政府，或者是由全体中国公民行使主权。第三个原则民生主义，或者是说政府为了人民，可以被泛化理解为社会主义。这个原则没有否定资本主义，但是孙中山以为通过平均地权以及管制资本的措施，资本集中到少数人手中就变得不大可能。不过，根据孙中山的观点，这些措施的落实不需要诉诸武力。

孙中山坚信，人民拥有四种权利，即选举、罢免、提案、投票权。在人民管理下，政府行使五种权力：西方政治理念当中的行政、立法、司法权；另两种中国特有以及从帝国体系所借用的权力对之进行补充；后者当中的第一种权力考试权主要是与通过公开考试制度选拔文官有关，而另外一种权力控制或者弹劾权，本质上则是用来监督政府官员的行为。

(2) 革命的三个阶段

显然在孙中山(1866～1925)的一生中中国人对于民主政府形式没有做好准备，为了使

① 魏德迈，第二次世界大战期间曾任东南亚盟军司令部副参谋长，中国战区美军司令兼中国战区最高司令蒋介石的参谋长。1946年5月离任回国。——译注

人民做好行使自治权利的准备，孙中山提出了从满洲帝国垮台后的政治骚乱时期到代议制过渡的三个阶段。第一个阶段，军管时期主要是消灭地方军阀，武力实现中国统一。第二个阶段是政治监护期，在这段时期，人民在革命党的领导下，从政治上接受教育，并最终获得行使四种权利的能力。第三个即孙中山计划中的最后一个阶段，宪政时期，特点是在以基于孙中山理念的永久宪法之下，成立民主政府。

1926～1928 年，通过国民党的军队，中国的武力统一得以完成。在国民党统治下，政治监护期开始并仍在继续，即使最初没有预计到它会如此持续下去。为实现五权政府并确立五元体制，1928 年的《组织法》和 1931 年通过的临时宪法，建立了五院制度以行使政府的五种权力，并且委托国民党代表人民在政治监护期行使统治权力。最初这个宪法只有五年的有效期，然后它将被永久宪法所取代，从而标志着政治监护期的结束和代议政府的开始。然而伴随着抗战的爆发，国家制宪会议难以召开，从而推迟了第三个阶段。

对日战争结束后，国民党采取措施结束政治监护期。在该党的领导之下，1946 年 12 月 25 日新的永久宪法得以通过。为了帮助从国民党的政治监护到代议制政府的转变，国民政府于 1947 年 4 月被改组为临时联合政府，其中两个少数党派被赋予了一定的代表权。临时联合政府将横跨根据永久宪法成立新政府之前的这段时间。

(3) 新宪法

在宪法中，中国共和国的主权属于全体中国公民，公民除了获得中国共和国的国籍以外，没有得到公民的权力。组建后行使权力的政府包括六个主要部门——国民大会和五院。其中，国民大会、立法院以及考试院是选举部门，而行政院、司法院和监察院由任命产生。政府部门之间一系列的牵制与平衡是新宪法的典型特点。

① 国家层次的运作

宪法规定了强有力的行政部门。国民大会选举的总统任期六年并且可以再次参选，总统在立法院的同意下可以任命行政院院长，并且在监察院的同意下还有权任命司法院和考察院院长。一般情况下权力属于主要的行政部门，危急时期如发生全国性的灾祸、传染疾病或者是严重的财政或者经济危机的时候，他可用强行立法权去颁布法令。不过，这些法令需要立法院在 30 天内予以批准。

行政院——实际上就是中国的政府内阁，主要由院长或者总理以及超过 20 名的政府部长组成。根据宪法中的两个条款，行政院院长要对普选产生的立法院负责。行政院必须向立法院就政府政策进行汇报，立法院有权质询院长和部长。如果决议得到三分之二同意，立法院可以要求行政院改变重要政策，院长必须服从决议或者辞职。虽然行政院可以否决立法，但是立法院三分之二的多数可以推翻否决，而院长必须遵守决议，要么辞职。但是，需要注意的是，鉴于三分之二这一规则，只要行政院在立法院仅仅只是控制了超过三分之一的少数，院长对立法院负责这一条款也就失去效力了。

② 中央和地方政府

为了避免管理的过分集中，宪法一方面详细规定了中央政府之间的权力划分，另一方面也规定了省县政府之间的权力划分。完全属于国家方面的事务,如外交、国际贸易、通货以及法律法令都划归中央政府。完全属于地方的事务划归省和县政府,而那些中间性事务可能由中央政府授权给省和县政府进行处理。如果所有的中间性事务都划归省政府,由此导致的权力分割一定程度上可以同美国联邦政府和各州政府权力划分相比拟,但是中央政府保留对这些事务的控制将意味着政治体系的高度集中化。

省政府的建立留给了省议会,而省议会召集后需要制定《省自治法》。宪法没有做出别的限制,除了规定每个省政府必须有省参议会和省主席,而这些都由人民直接选举产生,并且《省自治法》必须与宪法保持一致。类似地,每个县或者乡必须有选举产生的议会和地方官员。由县议会颁布的《县自治法》必须与宪法和该县所在省的自治法相吻合。

③ 公民权利

宪法确保中国公民广泛的民权,比如法律面前的平等权、个人自由和居住权、演说的自由、学术指导的自由、出版和通讯的自由以及宗教信仰、集会、结社的自由。公民的权利包括选举、弹劾、提案以及投票权,因而从理论上使公民得以继续控制那些代表他们行使政府权力的人。但是,宪法第 23 款规定,在特定情况下,比如避免迫在眉睫的危机、维持社会秩序或者保护公众利益,宪法列举的公民的权利和自由可以受到限制。

公民拥有义务和权利,义务主要是根据法律规定纳税和服兵役。对于每个人而言,接受“公民教育”既是权利也是责任。

2. 实践当中政府的形式和运作

成立于 1947 年 4 月的临时联合政府有权统治到新宪法生效之前,它不是民主制政府,而是表面联合、其实是国民党单独领导的监护期的延长。事实上,不管是在数量还是影响上,非国民党力量参与政府相当有限。尽管在改革的方向上做出很多姿态,但是现政府没有表现出执行进步政策的任何能力。腐朽和堕落在整个政府中蔓延,而且没有太多的迹象表明这些缺点会在不远的将来得到纠正。

(1) 行政部门权力的集中

临时政府在框架上与新宪法描述的政府结构存在着一些相似之处。它的主要部门包括行使五种政府权力的五院,五院之上是作为国家首脑的总统。但是现在的国民政府中没有选举机构和普选产生的国民大会。相反,国大 40 名成员中有 20 人向总统建议,由他担任主席并制定重大政策决议。由国民党的中央执行委员会选举产生任期为三年的总统,遴选并任命国大的成员。总统还与国大一起任命五院的正副院长。由于总统实际上控制了国大,所以对总统行使权力几乎没有任何限制。

五院的职能与权力在理论上对应于新宪法当中的内容。不过,在五院当中,实际上行政院处于主要位置之上。虽然它不能决定政策——这些决议由国大决定,行政院只是执行政策决议,必要时候发布命令和法令,以及起草法律草案提交立法院。立法院的权力相当有限。它既不是决策机关,也不能提请立法。它的很大一部分立法职能被行政院以行政法令和命令的形式所分享。同立法院相比,司法、监察、考试院甚至更加无足轻重,更加被动。他们的权力很大程度上只限于理论上。

(2) 国民党统治的延续

由于国民党占据了所有的重要职位,并且占据了比划分给非国民党党派多得多的政府职位,所以目前的政府不是真正的联合政府。政府不包括拒绝参与政府改组的民盟和共产党的代表。国大的一些席位,以及行政、立法和监察院的几个职位分给了少数党派和独立人士。国民党凭借 29 席的 17 席控制了国大,同时五院的院长以及所有的部门和委员会的负责人都是国民党党员,而且 1 个或者所有的非国民党代表的退出不会影响到政府的稳定性,也不会引发主要部长的辞职。国民党中央执行委员会仍然拥有选举国民政府总统的合法权利,并且国民政府中的国民党党员受到党的纪律约束,以服从党的主要机关发布的命令。

尽管国民党占据优势,但是最初新政府将会推行进步政策还是有一定希望的。新院长张群是国民党稳健派的领导,而以国民党自由派的领袖人物而闻名的孙科担任了副总统。所遴选出任国大以及行政院重要职位的党员,除了个别人物外基本上都是持温和的立场。不过在国民党党内,稳健派的地位并不强大。保守势力在中央执行委员会和中央政治委员会占据主导地位,其优势起到了平稳稳健派在国民政府力量壮大的效果。

国民政府的政策决议通常采取国大通过决议的形式。在实践当中,蒋介石领导的政府机关,都是从国民党中央政治委员会或者中央执行委员会的常务委员会制定的决议和命令中获取灵感。结果,尽管过渡联合政府的领导层有着进步的声望,但是并没有完成多少的政治、经济或者军事改革。

(3) 违反公民自由权

公民自由,正如新宪法所列,在国民政府统治之下很大程度上并不存在。事实上,对新闻进行密切的监督起到了严格的审查制度的效果。在国民党的命令之下,报纸在社论当中评论当前问题以及对各种新鲜事物的强调上,显示出了异乎寻常的一致性。

免受任意逮捕的自由、住所的神圣性以及结社的自由,遭到遍布国民党中国秘密警察的普遍藐视。这些警察以前由国民党和政府的调查和统计局领导,但是随着政府改组,按照设想这个机构与别的机构一样遭到废止,但是秘密警察并没有消失。秘密警察活动的方向以及相关的情报工作可能处在国防部以及内务部的领导之下,不过其组织模式并不是很清楚。不管怎么说,秘密警察的权力还是可以普遍感受到的,尤其是在华南,随着目前建立宪政的国家大选筹备活动的进行,秘密警察的活动也在扩展当中。在夏季的这几个月当中,作为平息群众对政府及其政策不满的手段,镇压措施得到了增强。尤其是民盟成员、被指控与共产党有从属关系或者亲共的大学、学院的学生成为了牺牲品。

行政院院长张群表示,这些针对学生的恣意行动缺乏一定的同情心。他拒绝承担责任,因为这些活动并不在行政院控制之下,而是直接受委员长节制。但是,在 7 月 28 日声明当中,蒋介石遗憾地说,他不能给予人民宪法当中所规定的全部公民自由。他说责任应当落在共产党头上,因为他们诉诸武力及并从事针对国民政府的颠覆性活动。

(4) 混乱与腐败

整个国民政府不仅中央机关，而且省和地方部门也是管理混乱，效率低下。一种解释是：众多的机构和部门的复杂结构使得职能重叠，并且遭受权力缺乏明确界定的困扰。恢复政府效能需要进行大规模的重组、合并、撤销一部分部门，然而不辞退大批人员这将难以完成。效率低下的另一个原因是不称职人员的普遍存在。中国相对缺乏接受过训练的管理人员，但是国民政府还是不能充分利用其所有。不称职的官员以及三流的军人，不是被永久性地解雇或是退休，而是充斥于中央和省政府的官位之上。这种缺点的一个表现是：1947年5月人民政协会议以及新闻发布会上，外交部遭到公开批评，因为外交部不是基于品性和能力选拔外交人员，而是充斥着遭到驱逐、来自其他部门有权势的政治人物。

① 上海

正如最近两个难以控制的事件表明，上海市的中国行政部门证明他们不足以提供一个有序的政府。一群愤怒的雇员抢夺位于前法租界法国使馆的财产。使馆的主人请求警察进行干涉的要求遭到了当局的拒绝，理由是并没有发生财产破坏或者随之而来的人员伤亡。仲夏，发生在其中一个城市剧院的小规模的争吵演变为市政警察和军队宪兵的流血冲突。这导致了遍及城市的警察罢工，造成了交通堵塞并危及中外居民的人身和财产安全。在这个案例中，冲突的根源在于文职的市政府和仍然叠加在城市之上的军事管理的权力重合。

② 满洲

国民政府恢复对满洲的有效控制并不成功，不仅仅是因为共产党的武装反抗，也是由暴政和渎职所造成。杜聿明[①]和熊式辉[②]负责下的双重领导体制分别代表最高的军事和政治权威，由此引发了猜忌的敌对和不断的争吵。1947年8月，在经历一年多的管理混乱之后，国民政府最终通过废除东北军事司令部，由参谋总长陈诚[③]负责统一军政管理以纠正这种情况。然而，这样的纠正措施对于修补国民政府在满洲的威望可能已经来得太晚了。国民政府引入外人而不是任用当地的满洲人来填补政府职位。这些人视当地人为下等人，并利用他们的地位攫取私利。这实际上是一种政治投机者的统治，其不仅造成了当地人不欢迎国民政府，而且加剧了满洲的经济恶化。

③ 台湾

国民政府在台湾的记录甚至更加肮脏。这块岛屿在日本人统治之下经历了工业的高速发展，并且遭受战争的破坏也少。但是，在中国人管理之下，台湾的经济已经崩溃，并且国民党政权极为不受欢迎。有着以前统治福建、浙江糟糕记录的台湾省主席陈仪[④]，让大陆人担任所有的主要职位，保留一部分日本技工担任顾问，只是将一些次要职位授予台湾人。结

① 杜聿明，日本投降后被任命为东北保安司令长官，负责“接收”东北。——译注

② 熊式辉，1945年9月任东北行营(后改称东北行辕)主任及东北行营政治委员会主任委员。——译注

③ 陈诚，1947年升任一级上将，兼任东北行营主任，1948年5月被免职。——译注

④ 陈仪，1945年10月日本投降后，赴台就任台湾行政长官兼警备总司令。因1947年二二八事变被蒋介石解除了台湾省行政长官职务。——译注

果，当地人发现台湾只是由遭受日本统治换成了大陆中国人的镇压。

日本对台湾的开发有序并且高效，而中国人治理的特点则是不遵法度、经济退化以及工业停滞。占据职位的往往是不称职的中国官员，尤为关心在其任期内榨取个人私利。1947年2月底政府的不受欢迎达到这样一种地步：在所有的大城市自然而然地爆发了一系列的反叛。政府在得到大陆武装增援之下，迫使反叛活动转入地下，然而仅仅几天的恐怖主义使数千的台湾人丧命。① 台湾这一震撼性新闻最终使陈仪失去了省主席的位子。不过，他对台湾中国官员的影响还很强大。从表面上来看，台湾现在很平静，但是在新任省主席魏道明②的统治之下，与台湾人有关的重大改进还是没有出现。

国民党中国存在大量腐败的事例。在军队内部，军官截留了本应当支付给军队的薪金，为了个人私利将资金进行投资。富人回避募兵措施，他们可以花钱"买回"他们的儿子来免除军役。中国官员误导联合国善后救济总署，其在中国的赈济努力由于敲诈勒索以及在上海、汉口和别的城市的黑市上销售补给品，只能归于无效。

政府中下级官员的欺诈行为很大程度上是由他们经济上的不安全所致。公务员薪水的增长滞后于货币的贬值和生活费的增加。为了避免沦为贫民，许多官员只好被迫去从事腐败活动。

对高级官员来说经济安全并不是利害所在，缺乏正义感才是更加可悲的。虽然这些在中国政治和经济生活中占据显赫地位的人当中，毫无疑问有些人还是具有真正的正义感的，但是其他一些人在个人利益同法律和公共利益发生冲突时，他们毫不犹豫地不顾法律和公共利益。在中国领导人当中，虽然国民政府副总统孙科深孚众望，但是他自己亦表明他不能摆脱上面那些行为。

（三）政党

1. 国民党

国民党（或者是中国国民党）是中国最大和历史最为悠久的政党，目前拥有党员400万人。该党由孙中山在50多年前创建，并致力于实现三民主义。首先，该党在1911年领导推翻了满洲政权，然后在1926～1928年完成了中国统一。20年来，国民党享有代表中国人行使政府权力的显赫声望，并且在这段时间里国民政府一直对国民党负责。随着1947年4月国民政府的改组，国民党宣布政治监管期结束。伴随着宪政的实施，国民党将会停止其所享有特殊待遇，并和中国其他党派一起享有法律上的平等地位。

虽然国民党依然完全控制着整个国民政府及其军队，但是它正在逐渐失去孙逸仙革命组织曾经拥有的、来自中国大众的同情性支持。党失去了早期的开拓性领导精神。自1928年以来，党的高层委员会很少有什么变化。年轻的20世纪20年代的革命领导人由于长期掌权，变得趋于保守，而且他们现在敌视变革的观念以及引入自由改革，而这可能会削弱他

---

① 此即"二二八"惨案。——译注

② 魏道明，二二八事变后接替陈仪就任台湾省主席，1949年1月被免职。——译注

们的统治,并危及他们的个人利益。

(1) 意识形态

国民党的意识形态混杂有三种成分：孙逸仙主义；目前党领导人蒋介石的教诲,这些在他最近的著作《中国的命运》(1943)中进行了阐发；或多或少弥漫于全党的反共情绪,而且在一些派系当中,这已经成为一种梦魇。

国民党的整个计划是要实现孙中山的教导。按照孙中山规划的模式,国民革命现在已经迈进了第三个也就是最后一个阶段的门槛当中——宪法政府。新宪法体现了孙中山主张的政府的五种权力和人民的四种权利思想,其中在新宪法的起草和通过中,国民党发挥了领导作用。但是在尝试实现三民主义过程中,国民党主要将重点放在第一条民族主义上。理论上,第二条民主主义将随着新的宪政的开始得以实现,而相比之下对第三条民生主义的关注则更少。

蒋介石在《中国的命运》一书中表达了他对最近问题的看法,而这本书按照要求在国民党、国民党的附属组织三青团以及教育机构中得到广泛流通和阅读。该书著于战时,对象主要是中国读者,以保守主义和民族主义为论调。简而言之,蒋介石将中国19世纪和20世纪的灾难主要归结于外国强加在中国头上的不平等条约。它认为救国不在于盲目模仿西方——除了会使现代科技大大获益之外对救国基本无助,而是坚持中国文化并回归儒家道德。尽管蒋介石最后讨论了像铁路、公路、港口发展、采矿、电力、农业发展和公共健康这类重建工程,但是对于他本质上的保守论调以及忽视由人口增长和农业改革缺失所引发的问题,批评者感到遗憾。

1927年清党把共产党驱逐出去以后,反共一直是国民党的主要动力。反共情绪盛行有两个原因：除了纯粹军事因素以外,党的领导层很大一部分都是由地主、工业家和银行家组成,对他们来说共产主义的发展让人很不舒服；共产党建立的"国中之国",已经变成政治躯体上的肿瘤,一个不断挫败国民党在监护期实现中国完全统一努力的障碍。虽然党内所有派系并不是一致接受强烈反共,但是这种思想植根于国民党内心深处,而且还是构成国民党组织支柱的CC系意识形态的主要原则。

(2) 组织

20世纪20年代初期,在由孙逸仙邀请到广东的苏联顾问帮助之下,国民党按照俄国共产党的方针进行了改组。从形式上来看,目前的组织是等级森严,民主集中制贯穿其中,即党的领导人的指示要从高层传达到下面的基本党员。不过,从理论上来说,这些指示是遵从"民主原则",源于基层并经由党的等级次序向上传达。实际上这些下达的指令才是最为重要的,而民主原则并不能经常得到落实,而且也不重要。

国民党的机关分为五个层次：国家、省、县(乡)、村以及区分部。在每一级都有党的代表大会,在代表大会闭幕期间由执行委员会行使权力。在等级上每个机关都必须接受上一级别机构的指令并执行其决议。

(3) 派系和私党

国民党的团结受到内部派系和敌对派别的制约,它们经常为了争夺党内权力而彼此进行冲突。中央执行委员会上最常见的场景是某一派系用激烈言辞抨击另一派系。“下野”派别以类似于西方两党制政府中国会抨击和讨论的方式批判“在野”派。在别的场合下，某一派系又会使用秘密手段羞辱另一个派系。例如，为了让临时联合政府中稳健派领导人大丢面子，极端保守的CC系在煽动1947年5月学生的示威和游行上发挥了一定作用。

蒋介石虽然居于总裁之职，且是这一主要政党的党主席，但他并不能完全控制国民党，他仅仅只是高于这些互相竞争的派系。他的权力主要来自于与这些派系领导人的亲密关系，而这些领导人则是由于个人效忠或者投机而依附于他。在所有这些派系中，为人所熟知的最为重要的两个派系是CC系和政学系。

CC系或称中央系，是国民党中势力最大的派别。由与委员长有着密切私人关系的陈立夫和陈果夫①兄弟领导，该派系在政策上极端保守。这个派系具有强烈的民族主义情绪，代表地主的利益，并且狂热地反共并支持儒教的复兴。这个派系组织严密且纪律严明，而且很大程度上控制了国民党的组织机构。陈立夫是国民党组织部的领导人，因而在裁决党员资格以及分配恩惠上拥有职权。

CC系是政学系的积极竞争对手，在1947年3～4月国民政府改组中，CC系与政学系为了获取政府中的重要职位进行了争夺。结果CC系失败，失去了在国民政府中的权力，而蒋介石在委派官员上支持了国民党的稳健力量。但是同时，当蒋介石与CC系就中央政治委员会的领导职位与之进行商讨，而陈立夫被任命为秘书长，CC系的势力在党内得到了提升。在中央执行委员会中，CC系占据的职权要比其他任何派系都要强大，该委员会有大约三分之一的成员都属于CC系。

在金融和经济圈，CC系的影响力也正在增长。他们已经控制了有时充当着委员长个人支付机构的中国农民银行，通过农民银行这个派系又管理着中国农业和乡村的信贷项目，因而与地主保持了密切联系。另外，陈立夫已经是国家经济委员会的副主席，而在这个机构里还有该派系的其他几位成员。

政学系②主要是由对其成员有着较高遴选标准的商人、职业军人和官职人员组成，属于稳健的右翼派别。领导人是现政府行政院院长张群。它的目的在于确保成员获取政府中的主要政治职位。不同于CC系，这个派别没有严格的政治信条，在党的基层没有太多的成员。在4月政府改组中，该派别取得胜利，取得行政院长和其他重要政治职位，而CC系不得不接受屈居其次的角色。但是，这种优势由于党内CC系的反对，很大程度上归于无效。

以稳健政策为特点，政学系支持通过自由宪法，最近又支持这种观念，即国民党通过谈判找到解决与共产党冲突的政治途径。但是，由于国民政府中个别成员显而易见的无能和

---

① 陈立夫和陈果夫，其二叔陈英士(陈其美)于辛亥革命初期与黄兴同为孙中山的左右股肱。因蒋介石早年为陈其美之亲信，故陈死后，蒋介石即视陈果夫和陈立夫兄弟如同嫡出，青睐有加。二陈曾长时间主持国民党人事及组织工作。——译注

② 原注：政学系是由仅次于孙中山的第二号领导人黄兴在1916年组建。之所以如此命名，是因为黄兴告诫：要想坚持中国的革命，需要就政治科学进行更多的政治训练和学习。

腐败,它的威信受损,比如台湾的陈仪以及满洲的熊式辉。

在国民党党内,还有一些就政府事务持不同见解的其他小的派系和集团。同CC系和政学系一样,这些派系也忠于蒋介石并响应蒋介石的领导。其中一些派系由军人组成,比如保定系主要是由蒋介石在旧式的、保定帝国军校的同学组成,黄埔系主要是由蒋介石在20世纪20年代初期任广东黄埔军校校长时的同僚和学生组成。后者是势力最为强大的军人集团。其他的一些军人集团则具有各省的基础,比如贵州派和广西派。军人集团之所以重要,乃是因为他们是国民党的主要支柱力量。一般而言,他们在观念上也是保守和趋于反共的,但是他们一定程度上不像极端保守的CC系那么狂热。

国民党内部还有各种各样更小和更次要的集团,其中一些是银行家和金融家集团,比如上海银行家、北方银行家、山西银行家和广东银行家。另外一些派别则是围绕在如孙科①、宋子文②、朱家骅以及其他这样个别的国民党领导人发展而来的小集团。需要注意的是还有一些游离于这些派系之外的党员是孙中山的直接追随者,并且不向某些中间人物效忠。

(4) 方案和政策

国民党的方案和政策趋于等同国民政府的方案和政策,并且它继续控制着国民政府的政策。简要地说,当前主要政策是通过全面战争的努力歼灭"共匪",因为目前已经不存在政治解决共产党问题的希望;按照规划开始新的宪政,从而完成孙中山设定的三个阶段的革命,继续保持对中国事务的领导地位,即便是党现在已被剥夺了它在监护阶段所享有的特殊合法地位。

党内现在已经充分意识到中国政治的危急局势。在国民党中央执行委员会会议上,自我批评的声音从没沉默,而且由于派系和集团的对立而盛行。当前,委员长以下存在着改革和使党重新焕发活力的呼声。但是,通过内部改革使国民党重新获得它一度拥有的广泛支持的这种可能性至少受到以下两个因素的限制:党内新生力量的主要源泉三民主义青年团多年来一直被极右的国民党领导人所控制,从这个源头上使国民党焕发活力并不会从本质上纠正它保守的面貌;由于党员的经济和社会阶层来源所限,党实际上已不再被认为会推行普遍的进步主义改革,而这种改革却能够吸引少数党派、独立的自由主义者以及中国乡村的大众。

2. 中国共产党

共产党或者中国共产党(见第二部分:共产党中国的政治形势)最近已经被国民政府定性为非法。但是,它却是中国组织最为有效的反对党,控制了中国全部面积的大约五分之一以及1.3亿的人口,维持着一支超过100万、训练良好、高度机动灵活的正规军以及200万的非正规军。最近几年共产党的党员人数有很大增长,目前估计有200万名党员。

中国共产党所取得的显著成功以及支持度很大程度上要归结于农村改革的基本政策以

① 孙科,孙中山长子,主张以渐进的方式促进国民党革新,以推动中国现代化的发展。——译注

② 宋子文,蒋介石妻舅,曾任国民政府财政部部长及行政院院长。——译注

及一定的言论自由权利，而这些措施旨在吸引那些贫穷及受压迫的农民。正如其宣传所说，共产党的最近目标是在全国范围内建立民主联合政府，而未来计划则是领导中国最终进入共产主义。但是，如果共产党没有至少足够的代表去行使否决权去发挥支配作用，共产党是否会参与联合政府值得怀疑。

3. *次要党派*

在国民党监护时期，中国次要党派的发展一直受到限制，只是在最近几年才有了参与政治活动的一些机会。1938年组建的作为国民政府代表顾问机构的人民政治协商会议，部分上是由非国民党党员组成。日本投降后不久，召开了多党的政治协商讨论会议以就宪法问题进行讨论。参加这次会议的有中国青年党、民盟、民主社会党以及其他次要团体，共产党和国民党的代表也参加了会议。在就共产党和建立联合政府问题进行的跨党协商上，这三个少数党派发挥了积极的、尽管相对微弱的作用。不同于国民党和共产党，这些党派没有军队，而且由于缺乏军事力量，他们可能将会继续在中国政治中扮演次要角色。

国共冲突日渐增加的痛苦削弱了少数党派的中间立场，使之被迫引向这一方或者那一方。两个右翼少数党派青年党和民主社会党联合起来与国民党通过了新宪法，而且在1947年4月参与改组国民政府。这样，他们就在国民党仍然控制着的临时联合政府中占据了少数和不太有用的地位。另一方面，左翼的民盟除了采取与共产党一致的政治举措，已经不再奉行建设性的立场。结果它失去了一定的政治独立性和影响力，并成为国民党所说的“共产党的尾巴”——它的成员已经遭到国民政府的镇压。

(1) 中国青年党

中国青年党(青年中国党)于1923年组建于法国，最初主张通过民族革命推翻军阀并建立民主国家。起初该党是一个秘密组织，1929年的第四次全国代表大会公开宣布了该党的存在。1940年，中国青年党与其他别的团体联合组建了一个松散的少数党派联盟，也就是后来为人所知的民盟。但是该党属于右翼，并在对日战争结束后，由于它的保守观点通常在跨党谈判中支持国民党。1946年和1947年，它与国民党联合通过新宪法并参与了临时联合政府的组建，该党脱离民盟并成为一个完整政党。在国大中，该党得到了4个席位；在行政院当中得到了经济事务部和农林部部长的职务，以及一个副部长职位；此外，它还得到了立法院13席和监察院6个席位。这些好处并不是很大。经济事务部权力有限，而且容易因经济情况恶化而遭受抨击。首次任命的是人民政协代表李璜①，但他拒绝接受，因而这个职位给了该党的秘书长陈启天②。农林部权力有限而且运作经费不足，这个职位由该党公认的领导人左舜生③担任。

---

① 李璜，青年党主席。1923年在巴黎与曾琦等创办中国青年党，提倡国家主义，反对共产主义，担任党魁。抗战时期，投靠国民党，任国防最高委员会参议会参议，国民参政会参政员，并连任主席团主席。1946年为赴美旧金山联合国制宪大会中国代表团代表。1947年，国民党为点缀“宪政”，特任其为经济部长，未就任。——译注

② 陈启天，教育社会学家、政治活动家，中国青年党的创办人之一，曾任国民政府经济部部长。——译注

③ 左舜生，中国青年党骨干人物，主编过《醒狮周报》、《民声周刊》、《国论月刊》等，曾任中国青年党中央执行委员会委员长，并出任过国民政府农林部长。——译注

(2) 民主社会党

作为合并国家社会主义党和海外民主宪法党的结果,民主社会党于1946年9月成立。同其他少数党派相比,民主社会党属于右翼党派,但不像中国青年党向右走得那么远。合并之后,国家社会主义党的领导人张君劢[①]成为该党主席。最初这个新政党声称全力支持民盟,但是由于在参加国大这一议题上的分歧,1946年12月民盟要求民主社会党退出民盟。民社党与青年党一起参与了1947年4月国民政府的重组。经过长期谈判,该党获得了国大中的4个席位、2个副部长职务、立法院12个席位以及监察院中的7个席位。不过,值得注意的是张君劢个人没有参加联合政府。

政府重组期间及之后,派别摩擦就已经在这个新政党中出现,现在已经发展到了分裂的地步。一派在张君劢领导下于7月底在上海召开了该党的全国代表大会,不过这次大会遭到了反对派的抵制,而反对派则在8月中旬在上海召开了敌对的全国代表大会。强烈不满张君劢"独裁立场"的反对派由海外支部及其同志组成,并且声称代表了党内四分之三的力量。它勇敢发出通电,要求恢复国共和平并且保护公民权利。它指责国民政府最近的倒行逆施,力劝政府奉行旨在充当美苏之间的桥梁的独立外交政策。由于被宣布没有出席会议,它的两名领导人伍宪子和李大明[②]最近在国大和行政院的席位已经被剥夺。

(3) 民盟

民盟最初是由一部分少数党派和联盟在1940年开始发展起来的,1944年民盟宣布正式成立。它是一个由个人、团体和政党组成的松散联盟,其中最为有名的是青年党、民主社会党、民族解放行动委员会、乡村建设协会、第三党以及职业教育社。民盟的章程要求国家统一和实现民主。它支持所有党派通过采取联合行动,以迫使两个主要党派国民党和共产党达成更加和谐的关系来实现国家统一。它坚持不懈地要求结束一党统治,以真正的联合政府取而代之。由于失去了右翼团体青年党和民主社会党,该党极度自由的特点变得更加突出。

1946年的政治协商会议之后,在其与国民党的关系上,民盟已经成为共产党的政治盟友。虽然民盟没有坚持共产主义的信条,但它最近的言行与共产党非常相像。因而,在国民党的圈子里民盟被指控参加中国共产主义的联合阵线。它的一些领导人已经被国民党机构谋杀,而其他一些则遭到调查和逮捕。最近国民政府加强了针对民盟成员的镇压活动(民盟主要发言人罗隆基[③],指责政府用动员计划来掩盖其镇压措施)。

(四) 当前国内问题

内战主导了中国国内局势,并且起到了使突出问题恶化和阻碍问题解决的作用。在过

① 张君劢,晚清秀才,留学日本,主编过《时事新报》、《新路》、《再生》等报刊,是中国国家社会党(后改名为民主社会党)创始人和主要领导人之一。——译注

② 伍宪子,李大明,均为美洲华侨,早年参加康有为在美洲所建保皇党,以后逐渐改名为民主宪政党。1946年8月与国家社会党合并,改名为中国民主社会党,伍为副主席,李为常委。1947年9月分裂,伍宪子等另组民主社会党革新派,伍任党主席,李大明任海外委员会主委。——译注

③ 罗隆基,留美博士,历任上海公学及光华大学系主任、天津《益世报》主笔,中国民主同盟创始人之一。——译注

去18个月当中,曾经看上去能够通过谈判解决的冲突,已经演变成为一场你死我活的战争。直到最近一段时间,国民政府领导人才又公开宣布寻求"政治解决共产主义问题",尽管他们私下承认这种举动无效。但是,1947年7月初,通过公开宣布用武力镇压共产党"叛乱",国民政府放弃了推行这种政策的任何借口。

1. 国民党中国的政治骚乱

虽然军事行动目前几乎主要限于华北和满洲,但是战争对华中和华南有着严重的影响。在有政治觉悟的中国人当中,拥护和平的意愿在国民党党外相当普遍,这在政协决议、少数党派的声明、独立自由主义者的宣言以及学生罢课、示威中得到了体现。这些心怀不满的温和、自由团体指责国民政府和共产党应当为战争的继续和形势的恶化负责。他们将政府压制民权以及通过秘密警察无情地镇压异议的措施,视为其战争政策的内在组成部分。结果,现政府实际上丧失了这些人的效忠。

这些不满的自由团体并不支持共产党,而是反对国民党,因为他们主要都是强烈的个人主义者,所以既不会被马克思主义,也不会被共产党的极权主义方案所吸引。目前,由于缺乏组织和军事力量,他们很少能够有效地反对国民政府。另外也没有一个他们都认同的单个政治方案。不过,他们当中的一种普遍信念是,现政府是一个匪帮政权,它由反动、腐败、毫无希望的领导人主导,而这些领导人主要对万世不朽感兴趣。他们当中的很多人已经不能接受委员长担任国家元首,虽然对以后没有明确的计划,但是他们希望国民政府垮台。他们辛辣地批评任何旨在维持并延长国民政府腐朽统治的国内或者国外援助。

2. 联合政府

1946年1月召开中国人民政治协商会议的时候,所有的党派和团体一致同意有必要把组建联合政府作为结束国民党监护期并实施宪政的第一步。1947年3、4月份,国民党在改组现行的临时联合政府上发挥了主动性,但是非国民党的参与仅仅限于两个少数党派以及一些独立人士,而且国民党依然垄断着所有握有实权的职位。虽然国大最初留出了11个席位,以便让共产党、民盟以及其他政治团体参与进来,但是所有这些党派拒绝参加临时政府。

共产党和民盟以支持不是由国民党单边行动,而是由所有派别的联合行动组建的真正联合阵线政府为由,采取不参与改组政府的共同政策。他们希望在重要的部长职务上分一杯羹并在国大获得充足权力,至少获得三分之一的席位以便使他们可能拥有否决权。但是,他们与国民党合作的主要障碍在于彼此之间对对方的不信任和怀疑。随着最近战争的加剧,7月国民政府中国民党领导人决定在政府中不再保留那些给共产党"叛乱者"的职位,而共产党则在他们的宣传中,拥护组建将国民党排除在外的联合政府。

3. 新宪法

作为一个用中间观点来看相对自由的文件,新宪法在主要方面与政协决议非常相像。1946年12月25日,国民政府召开多党的制宪会议并通过了这一宪法,但是共产党拒绝参加这次会议。选举新国民政府的计划正在落实当中,按照规划显然新宪法将要在国民党控制的中国地区生效。

共产党要求废除新宪法并怂恿中国人抵制即将到来的选举。民盟已经宣布它不会参与这次选举。新宪法的特点让共产党、民盟成员以及其他独立和自由人士难以接受。比如,将要得到赞同的民权不能得到牢靠保证,因为第 23 款允许在特定时期中止这些权利。自由主义的批判家希望看到同行政部门相关的立法部门权力的扩展,并且对总统和行政院可能会控制新政府而感到担忧。根据这些批判家的意见,中央政府和省政府权力划分过度向前者倾斜,可能导致中央对省级事务不恰当地控制。

然而,共产党甚至更加强烈地反对这样一种事实：制宪会议是由国民政府单方面,而不是由出席人民政治协商会议的所有政治团体联合行动予以召集。共产党和其他国民政府的反对者怀疑其宣称旨在建立自由宪法政府的目的,害怕国民党出于自身利益考虑操控即将到来的选举,并在宪政的幌子下利用强大的行政部门继续其统治。他们担心一些反动国民党领导人为人所知的思想：中国还没有为结束监护期做好准备。

4. 军事改革

自从对日战争结束后,过度滋生的军国主义幽灵,这一贯穿整个共和国历史,一直是中国政治生活持续存在的特点,发展得尤为严重。具有大约 400 万武装军人的中国拥有超过其经济所能承受的庞大军事机器。市政管理受到军人在文官政府中显赫地位的困扰,同时军队与其说是服务于国家利益,倒不如说是为政党、派系和个人捞取政治实力。中国人自己承认这些弊病,而这在新宪法的三条条款当中也得到了体现：

138 款：整个国土之上的陆海空军队独立于任何个人、地区或者政党,军队应忠于国家并保护人民。

139 款：任何政党、派系和个人不能利用武装军队作为在政治斗争中获取权力的工具。

140 款：任何服现役的军人不能同时担任文官职务。

5. 经济恶化

沉重的军费负担造成通货膨胀的加剧,仅仅只是中国经济情况恶化的一个方面。内战搁置了重建项目,同时华北和满洲的交通经常遭到这些地区发生的工业停滞的破坏。中国很多地区原材料和粮食供应短缺,很大程度上是由于交通和分配体制上的问题。国内贸易和海外贸易急剧下降。

这些缺憾导致了总体经济上的不安全,而这又侵蚀着国民政府的实力,并削弱高级官员和各级公务人员的士气。这种不安全感以及事实上已经失控的通货膨胀,成为腐败现象蔓延至整个政府的主要诱因。以国家货币快速贬值为表现的经济恶化,还影响着国民党军队的活力和士气。

看来,实质性的经济改善需要在政治、军事以及经济领域进行一场强有力的内部改革,还要加上海外相当的援助以支撑货币并推动重建工作。国民政府积极向美国寻求援助,但是并没有有效落实提议的改革。另一方面,共产党反对一切给予现行国民政府的外国援助,并且威胁说只要新的非国民党政府成立,将拒绝偿还任何新的贷款以及 1946 年 1 月后生成的债务。持一种相对温和的立场,民盟通过发言人罗隆基,坚决要求在内战结束之前,推迟一切外国援助措施。

(五) 分离主义和军阀

随着国民政府实力和威望的下降，中国的边缘地带获取一定程度的地方自治或者独立的趋势逐渐增长。在中国北方的边疆地区，非汉人当中的分离主义已经存在相当一段时间了。南京政府专注与共产党的战争，排除了任何旨在阻止这些趋势的发展的强有力行动。不过，如果中国最后失去了这些地区，不会诱发中国解体，因为没有什么汉人涉足其中。另一方面，有汉族人口在内的台湾、华南的潜在的脱离运动，对国民政府而言才是更加严重的威胁。

1. 北部边疆的分离主义运动

中国北部边疆的突厥人和蒙古人当中，普遍存在着对中国人统治的不满情绪，而不管是在历史上还是在当前，中国人的抚慰政策表明其不能对付这些少数民族。1911 年革命之后，外蒙古实际上从新共和国控制中分离出来。1946 年，南京政府正式承认了独立的蒙古人民共和国的存在。反过来，外蒙蒙古人的独立对于在满洲西北、内蒙(察哈尔、绥远以及宁夏)和热河的蒙古人产生了强烈的吸引力。在这个地区的东部，在共产党的友好支持之下蒙古人的自治运动正在发展当中，而且他们反对国民政府对这一地区的干涉。

更远的西边，汉人不到人口 10%的新疆存在着紧迫的少数民族问题。长期以来遭受汉族统治者的压迫，这些汉族以外的民族受到苏联境内相关民族的吸引。该省玛纳斯河以西地区处在反叛的突厥部落有效控制之下，而且在这一地区存在着苏联广泛的政治与经济渗透，实际上这一地区已经成为一个亲苏的自治国家。

2. 台湾的不满

虽然 1947 年 2 月和 3 月台湾岛的起义遭到严酷镇压，但是新的革命运动正在地下酝酿。在过去两年低效和腐败的统治之下，台湾中国人对大陆统治者已经是深恶痛绝。虽然台湾人目前缺乏发动一场成功革命所必须的武器和组织，但是国民政府力量的进一步削弱，再加上军队的撤离，将会给独立运动创造有利条件。台湾现在处于中国人实际控制之下，而且台湾的地位最终将由对日和约决定。台湾舆论的重要部分是希望该岛地位在最终由对日和约决定之前，维持中国人的统治，希望以后这一地区不是直接置于中国主权之下，而是由联合国、美国或者国际联合力量进行管理。

3. 华南的分离趋势

华南的广东和广西省一再表现出革命和分离趋势。1931 年南京国民政府的权威受到广东新成立的、但短命的独立政府的挑战。1936 年，广西将军李宗仁和白崇禧①发动了一场不成功的武装叛乱。在这两名将军宣布重新效忠国民政府之后，蒋介石把他们从华南驱逐出去，而目前李宗仁是北平统帅司令部的负责人，白崇禧则是国防部长。不过，他们的名字

---

① 李宗仁和白崇禧，人称“李白”，均为广西将领，是国民党内最具实力的地方军事势力桂系的主要代表人物。——译注

继续与广东广西可能的分离运动联系在一起。

最近几个月当中,南方普遍的骚乱正在发展之中。作为难民和不满分子宣传基地香港周边,已经成为政治活动集中的中心。在香港最为公开反对国民政府的是由李济深将军领导的异议派别,而李济深是一名老资格的军事领导人并且曾经主政广东。由于他公开反对国民政府,1947 年 8 月李济深被驱逐出国民党。虽然李济深掌握的这个派别没有自己的军队,但是他一再与存在于广东和海南岛的共产党保持着联系。

华南权势最大的领导人是广州行营主任张发奎①。虽然张发奎没有对外流露出不忠实南京的迹象,但是他与过去的分离主义运动有瓜葛,而且在煽动将他派往北方的军队撤回广东。他是华南独立运动的潜在领导人。

随着在华北服役军队的撤回,华南分离主义反叛的脆弱性进一步增强。但是,那些潜在的、主要的麻烦制造者或者没有去职,或者没有剥离军队对他们的个人效忠。如果南京政府的衰弱没有继续下去,国民政府遏制反叛的措施依然有效,这种反叛就不大可能发生。1947 年 9 月,宋子文就任广东省省主席,看来就是国民政府阻遏南方分离趋势的进一步举动。

4. 军阀的复兴

除了这些分离趋势,中国其他地方军阀的复活也成为一种离心力量。军阀是军人和政客的结合,其掌控的私人军队是他的主要的力量源泉。通常这样的领导人通过控制一省的统治权,为其权威寻找地区基础。他篡夺了本来属于国民政府的职能和权威,以一种自治的方式进行统治,完全掌握了他所在地区的政治和经济生活。一些表面进步的军阀,在自己的辖区内进行改革。但是更多的军阀则经常都是剥削人民以牟取私利的反动军人。

自 1912 年起,山西省处于"模范省主席"阎锡山②实际上的自治统治下,阎锡山是中国最有权势和影响力的军阀之一。目前,他的政权一方面受到共产党进攻的威胁,另一方面国民政府打算削弱他的权力,但是在如此不利的情况下,他仍然显示出至少足够维持下去的力量。西康自 1938 年成为一个省份以来,一直处于刘文辉③将军统治之下,而刘是老式军阀统治者中的一个典型例子。号称"鸦片省长"的刘鼓励在其辖区种植鸦片,但是他又打着"禁烟"的显赫旗号,除了他自己的人以外,禁止任何人等经营鸦片贸易。1947 年 1 月人民发动了大规模反对其腐败统治的起义,但是刘文辉凭借军队平息了起义。国民政府没有采取任何剥夺其职位的努力。

在四川,政府的统治还远不够强大。以前的老军阀虽然没有军事力量,但是控制着该省的经济,并利用大米、鸦片和私人银行这些武器去削弱政府的地位。邓锡侯④就是一个这样

① 张发奎,历任国民革命军第四、十一军军长、第二方面军总指挥、第八集团军总司令、第四战区司令长官、广州行辕主任、陆军总司令等职。——译注

② 阎锡山,早年率部参加辛亥革命,被推举为山西都督。后长期割据山西,人称"山西王"。——译注

③ 刘文辉,历任川军独立旅旅长等职,抗战期间就任西康省主席。——译注

④ 邓锡侯,历任护国军营长,川军团、旅、师长,国民党部队第二十八军军长、第二十二集团军总司令,川康绥靖公署主储及四川省政府主席,西南长官公署副长官等职。——译注

的老军阀。人民由于得不到粮食，结果就是在当地人中发生骚乱。

宁夏和青海省 10 余年来分别处于马鸿奎①和马步芳②将军控制之下，他们控制的政权实际上独立于南京之外。中国西南的贵州、云南的实际权力也掌握在当地军阀手中。

（六）国民政府的稳定

1947 年 12 月，随着 11 月和 12 月的普选，中国的国家统治权应当转入新的宪法政府手中。这些选举如果按照计划举行，不会极大的影响国民党对国民政府的控制，因为中国选民缺乏经验，而国民党地方政治上的机器仍然是足够强大，以致他们或多或少可以随意操控选举。虽然国民党能够控制即将举行的选举，但是国民政府的实际力量在稳步下降，并且正在逼近一个关键阶段。

许多针对国民政府的军事、经济和政治因素正在发挥作用。北方的共产党军队正在取得相对力量上的优势并掌控内战的战略主动权，而与此同时国民政府的军事潜力则通过摩擦正在削弱。恶化的经济形势正在对国民政府的政治结构施加积聚效应。国统区的政权缺乏普遍支持，虽然不满分子至今仍没有组织起来并缺乏武装力量。在对外关系上，国民政府不能令人满意地解决它与苏联之间的突出问题，而且最近获取美国大量经济和军事援助的努力并不成功。

现在有利于促进国民政府稳定的主要因素有：意义深远的内部政治改革，而多数政治上有发言权的中国人对此疑虑很深，以及美国大规模援助的前景。

1. 如果美援中止可能的发展情况

不远的将来，如果美国援助中止，最有可能发生的前景是：国民政府的逐步瓦解；与中国共产党的妥协解决方案。另外一种可能性稍小，即是国民政府进行革命性改革，以便获取普遍支持、提升战争潜力、获取私人掌握的国外资产以及实现更大的预算平衡。

（1）政治分裂以及共产党影响力的增加

如果国民政府衰落不能遭到外国援助和内部改革的阻遏，它的权威将有可能下降到这种地步：在目前全国范围内，它不能提供对中国的有效统治。随着国民党力量的式微，共产党将会巩固他们对满洲和华北部分地区的统治，并且有可能将他们的军事活动范围扩展到华中和华南的乡村地区。分离趋势以及军阀主义的发展将会加速，因而国民政府的实际权力将会最终局限于扬子江流域的大城市。如此的政治崩溃将会推动共产党的影响力渗入那些目前不存在共产党或者仅仅只有地下党的地区。但是，在共产党获得对全国的统治地位之前，一些共产党不得不克服的问题仍将存在：作为对国民政府暴政和腐败的反应，现在普遍的情绪是倾向于拥护共产党，而这种情绪有可能会发生转向。随着权力平衡的天平倾向

① 马鸿奎，历任第五混成旅旅长、第七师师长、第十五路军总指挥兼第十一军军长、宁夏省政府主席、第十七集团军总司令兼第八战区副司令长官等职。——译注

② 马步芳，历任独立第七十七旅旅长、新编第九师师长、第二军军长、第一百师师长、青海省政府代主席、西北军政长官等职。——译注

于共产党,共产党极权主义方案、冷酷无情的手段以及它与苏联的联系,将会吸引更多的注意力。因而,中国共产党或许会失去许多同情性支持;由于军阀的反动本质,军阀政权给共产主义信念的传播提供了肥沃的土壤,但是这些地方军事统治者会强烈反对共产主义对其地区的渗透;共产党对农村地区有经验,缺乏针对城市工业区的政治和经济管理者,当面对比如向南满工业区,或者是向北平、天津以及沈阳这样的大城市提供管理的这些问题,共产党必须向非共产主义力量寻求帮助。这种性质的联盟将会削弱党的力量并折衷它的计划。但是几年之后,共产党极有可能会成功克服这些障碍,并获得政治上的霸权地位。

(2) 与中共的妥协解决方案

国民党不会被动接受政治上的崩溃,他们可能寻求妥协解决与中国共产党之间的冲突。政府的一些著名领导人已经预测到了政策扭转的这种可能性,尽管这种说法主要被视为旨在向美国施加压力以获取援助。如果结果没有实现,国民党可能会竭尽全力转向苏联以寻求对内战的调停。在这样的一种方案中,中国的外交政策可能会转向苏联,并且在新的联合政府当中共产党的代表力量将会变得强大。政府建立后随之而来的是共产党影响力蔓延到对整个国家的管理上。

但是,不管是政治崩溃、共产党影响力增强,还是与中国共产党达成妥协解决,可以相信剧烈的政治和经济动乱将会在中国延续很多年,从而阻碍了苏联控制的有效巩固。

(3) 内部改革

最近国民政府重新强调改革计划并就这一方向采取了一些措施。政府尝试削减军官和文官对满洲和上海市政当局低效、矛盾的双重控制。作为军队改革的初步措施,政府已经就台湾的培训计划起草了新的方案。考虑到改善本国的内部管理,政府要求注意其持续的计划,这一点已被通过新宪法、最近举国的反腐败运动以及县(乡)政府的改革方案所证实。

不过,不管是在中国人还是在外国人中间,对于现政府能否或者愿意完成任何根本的改革,存在着相当程度的怀疑。由于有着一向执行进步政策不力的记录,政府的领导受到怀疑。它没有成功地抓住 1947 年 3、4 月份政府改组提供的有利的改革时机,结果舆论普遍认为现在掌权的集团将不会发动新的改革。看来改革的前景取决于现政权面目的剧烈改变,震动将打破国民党对权力的垄断,建立一个改良政府,而这个政府有来自少数党派的领导人以及握有一定实际权位的自由独立人士。

建立在这种基础之上的政府重组很难得到国民党的右翼分子的接受,但是可能会在国民党稳健派中间找到支持和领导。在这样一种发展过程中,蒋介石自身会扮演什么角色还不清楚。在相当程度上,他的权力依赖于国民党右翼的支持,如果他没有得到另外一种权力基础的选择,他很难把自己同右翼分离开来。另外,他是否适应一个推行进步计划、有着广泛代表权的政府,这还存在着一定疑问。蒋在中国自由派当中已经失去了威信,他们当中很多人拒绝将自己与蒋所领导的政府联系起来。如果在不远的将来,他不能再次表现出一个革命领导人的能力以及对于进步方案的真正支持,他就不可能赢回大多数政治觉悟的中国人的拥护。

如果蒋证明他不能做出这些努力,其退出政治舞台将会成为在国民党中国建立广泛的代议联合政府的必要前提。另一方面,没有蒋介石强有力的领导,这样的运动有可能会失败,因为蒋是中国领导人当中的领袖。他的离职,在一小段时间内将不可避免地带来崩溃加剧,而崩溃可能继续难以阻遏。随着其独裁特性的消融,道路将会为新的、享有自由并拥有完成改革意愿的非共产党领导人敞开,这一点是真实的。但是,能否得到这样的领导人以及其能力值得怀疑。

2. 美援条件下可能出现的发展

美国大量的经济和军事援助可以阻止国民政府的衰落,但是在内部改革没有完成的情况之下,援助在使用上会遭到浪费并且无法获取什么建设性的成果。如果对援助进行严格的外国监督管理,这将招致中国人的广泛反对,因为国民党和共产党统治区域都属于中国国家主权组成部分,并且援助延长了一个不受欢迎的、腐败政府的寿命。援助不会增强国民政府的地位,它将加深了政府和反对力量的分歧。

如果有效的内部改革能够克服暴政和腐败,改组缺乏战斗力的军事组织以及减少内战对国家经济影响的措施,大量的援助将会有助于推动国民政府实现真正的稳定。

如果得到美国援助,国民政府转向苏联以寻求妥协解决与共产党的冲突将会遭到阻遏。

3. 苏联对美国援助的反应

一定程度上美国援助有助于国民政府的稳定,而这种援助很有可能招致苏方活动加剧的反击——推动中国北部边境的分离运动以及加强并鼓励中共。苏联可能会试图在满洲和新疆建立独立政权,加上外蒙古就在从中亚到黄海形成了一个由缓冲国的防御阵线。虽然苏联可能会推迟援助中共的公开举动,而这样的举动明显违反了 1945 年 8 月 14 日的中苏条约,不过苏联可能继续通过不被注意的手段向中共提供有效帮助。甚至可以迂回通过蒙古人和北朝鲜军队向中共提供苏制装备。前者无疑已经得到了这种物资供应,而后者得到苏联如此装备也有令人信服的证据。在由此引发的美国和苏联螺旋上升的支持与反支持的活动中,后者利用其有利的地缘位置和中国共产主义运动的活力,将在援助的花费和有效性上占有优势。

二、共产党中国的政治局势

20 多年来,中国共产党或者共产党,一直都是国民党的主要反对力量。它获得了远远超过其他任何少数党派的普遍拥护,至少其支持度可以与国民党相比,这主要是由于其领导人的政治和军事技巧、优良的组织以及对农村问题相对进步的立场。中共宣称拥有大约 200 万名党员,有 100 万的正规军的支持,并辅之以 200 万非正规军。

除了苏联,中共是世界上最大的共产党,是唯一没有苏联帮助并展现出足够生存、扩张力量的共产党。中共与苏联在意识形态上有着很强的相近性,但是在政治上明显独立于莫斯科的情况下,10 多年来中共制定自己的政策和计划。由于中国的农业特性,通过将农民而非产业工人作为革命的主要力量,他们将马克思主义的欧洲风格转变为亚洲风格。不过,在基本的哲学思想上,他们同世界上的共产党差别不大。差别在于方法,但是在目标上没有真正的差异。目前,他们处在革命的民族联合阵线阶段,其特征是进行农村改革计划,并且允许个人拥有一定的政治表达。但是,用党领导人毛泽东的话说,“我们将来的计划是将中国推向社会主义和共产主义。这是毋庸置疑的。”

中国总面积的大约五分之一和全部人口的至少四分之一处在共产党控制之下。总的来说,除了主要城市和铁路沿线的走廊地带处在国民政府控制之下,共产党统治下的地区包括大部分的满洲以及华北的很大一部分,从西北的山西省一直延伸到山东半岛。此外,在南方的雷州半岛和海南岛还有数千强大的共产党军队尚未屈服,同时国民党中国的绝大多数大城市还存在可观的地下力量。

(一) 中共历史

在俄国人指导下,中国共产党于 1921 年成立。1920 年,俄共做出了在亚洲开展共产主义运动的决议,结果列宁的秘书马林①被派往中国秘密组建共产国际的中国支部。党的成立大会在上海举行,包括毛泽东在内的 12 名代表参加了会议。党对北平的学生和上海、香港的工人开展集中的运动,从而开始了它的活动。

1924 年,国民党向中共敞开大门,很多共产党员加入了国民党。虽然共产党同意支持国民党的革命方案,但是到了 1926 年,对国民党领导人来说共产党显然正在取得对革命的领导权。次年 4 月,两党的分歧扩大为公开分裂。在苏俄顾问鲍罗廷②的帮助下,国民党左派和共产党在汉口重整旗鼓,同时蒋介石与国民党右派、温和派一同在南京建立了对立政府。在上海金融集团财政帮助以及被左派排外主义所吓坏的外国势力的道义支持下,蒋介石发动了血腥的清除共产党的运动。1927 年底,汉口政府垮台,它的俄国顾问遭到驱逐,中共力量遭到驱散并被迫转入地下。

国民党否定了与共产党结盟之后,中国的共产主义运动徘徊了几年。其中一派在李立三③领导下,鼓吹占领一部分大城市,将之作为基地以开展武装反抗国民党的活动。这种“直接行动”政策很快就遭到了彻底的失败。成了替罪羊的李立三飞抵苏俄,在那儿他实际上过着一种流放生活,并一直持续到 1945 年才得以随苏军回到满洲。

同时,另一派将注意力转移到一直被忽视的农民身上,从此以后中国共产主义运动的基本注意力就落在了农民身上。中共不再强调发展农会和工会组织,而是将重点放在加强中国共产党的军队,利用军队保护共产党的农村地区而非攻击国民党在大城市的据点。在 20 世纪 30 年代初期,作为党的领导人的毛泽东从这一派当中脱颖而出,主张对大地主和富农

① 马林,荷兰人,原名斯内夫利特,1920 年 8 月出任共产国际驻中国代表,曾出席中共一大,并三次会见孙中山,促成了国共两党的第一次合作。——译注

② 鲍罗廷,俄罗斯人,1923～1927 年曾充任共产国际驻中国南方代表和苏联驻广州国民政府政治总顾问。——译注

③ 李立三,历任上海总工会会长、中共中央政治局常委兼秘书长、宣传部部长等职。——译注

推行温和政策。按照毛泽东的观点，在共产党没有强大到足以掌握国家的政治和经济管理权之前，他们仍将依赖地主和商人。由于他主张“缓进”政策，毛没有得到莫斯科的厚爱。因而，中国的苏维埃运动和中国共产党的军队开始纯粹由中国领导人来领导。1931 年 11 月，在江西南部的崇山峻岭中，中国苏维埃中央政府成立，并且通过了新的宪法。三年后，国民党占领了这个首都，但是共产党军队向西撤退，并在进行著名的、大约 2 000 英里的“长征”(1934 年 10 月至 1935 年 10 月)后抵达中国西北。最后，他们在陕西省的延安建立了新的中心，并从那里开始将他们的影响力向临近的省份甘肃、宁夏、山西、绥远以及河北扩展。

1937 年初，国民党接受了联合阵线的思想，与共产党一起抵抗日本。作为捍卫苏联抵抗法西斯侵略威胁、扩展共产党在资本主义民主国家影响力的手段，适用于所有国家共产党的联合阵线思想在莫斯科发展而来。根据中国的联合阵线协定，中国共产党宣称他们将停止颠覆政府的活动，废止中国苏维埃共和国，支持国民政府，并将共产党军队与政府军队合并。结果在 1937 年 7 月对日战争爆发后，中国完成了统一。

但是，共产党军队拒绝驻守在给他们分配的防御地区。在进行了三年有限的合作之后，1941 年 1 月，分歧引发了共产党新四军与国民政府军队之间的剧烈冲突。[①] 此后，国民政府限制共产党的活动并严密封锁共产党地区。随着美国参加对日作战，同对日军作战相比国共更为感兴趣的是自己相对于对方的地位。他们和日本“傀儡军队”处于一种实际上停战的状态，同时重庆国民政府与共产党军队则在继续“战争之中的战争”。共产党扩大他们控制的地盘，部分上是日本人的损失，但是也有重庆控制的地域。

战争结束后，随着共产党从日本人手中接管了中国扬子江以北大片农村土地，国共冲突加剧。但是，通过美国空中运输，国民政府军队抢先一步抵达并占领了像北平和天津这样的大城市。

显然，共产党领导人欢迎马歇尔将军抵达中国以及随后的政协决议和 1946 年初的其他协定。但是这些字面上的安排只是部分上暂时生效，落实产生的争议，加上共产党占领了大部分的满洲，导致在 1946 年 4 月内战加剧。1946 年和 1947 年初，达成和平解决的进一步尝试失败，鸿沟继续扩大。1947 年 6 月 28 日，国民政府发布了逮捕毛泽东的命令，几天之后国大颁布决议将共产党定性为“反叛者”。随后中国共产党展开了一系列的政治宣传，指出共产党一旦掌权，国民党领导人将会被作为“战犯”接受审判。

(二) 政党意识形态和计划

从广义上来讲，中共当前或者最近的目标，是建立以无产阶级为领导、几个革命阶级联盟为基础的新民主主义社会，其中农民是主要力量。将来或者最远大目标是在中国建立一个社会主义社会。简言之，“民主”是手段，社会主义是目标，即便是这个目标的最终实现可能是在非常遥远的未来。

---

① 即“皖南事变”，新四军军部连同军长叶挺共约 7 000 人被俘，政委项英突围过程中被害。——译注

中共政策的基础是毛泽东的著作,通过这些著作,马列的观点被简化并用于中国。按照毛泽东的主要著作《新民主主义论》(1940)和《论联合政府》(1945)中的观点,毛解释了孙中山的三民主义。虽然现有证据表明毛从未出过国,但是通过那些访问莫斯科并回国的中国共产党人,再加上其他接触,毛的思想不能不受到苏联人的影响。

1. 共产党控制区域的政策

作为一条准则,共产党占领区共产党的政策与农民的想法相一致。在政治领域中,这些政策强调给个人一定政治表达机会的民主改革,而在在经济领域强调农业改革。

共产党占领区共产党的政策是:共产党员只能拥有政府中不超过三分之一的职位。这样共产党在他们所控制的中国地区就有了宣称支持民主联合阵线政府的根据。在遴选政府官员时候,重点被放在从下参与,而不是从上任命。在那些被认为足够安全的地方,共产党则将政府职责委托给当地人,这是共产党获得普遍选票的政策。不过,绝大多数情况下决策位置充斥着上面指派的官员。

党的农业改革政策具有重要的意义。早期,自称是马克思主义的共产党曾经尝试过立即实行集体主义,但是很快就予以放弃,改行更加温和的土地分配政策,即允许私人的土地所有权旨在赢得大多数人的支持。在共产党控制的北方地区,贫困和受压迫的农民对这项政策予以一定的热情回应,因为这以更多地牺牲小康的土地所有者利益为代价,一定程度上收到了增加农民持有的小块土地的效果。但是,对于这些一般没有受过教育的农民而言,这些措施和对其无异于空话的共产党意识形态没有任何关系。

2. 对国民政府的政策

共产党对国民政府的政策目标是:继续敌对行动,国民党经济恶化、军事损耗并失去满洲剩余和另外华北的土地,从而使国民党丧失权力,或者迫使它按照共产党的条款进行谈判。

除了尝试凭借军事手段打破国民党对政府的垄断控制,共产党还正试图通过积极的地下组织去削弱目前国民政府的统治。虽然1947年3月谈判破裂后,所有共产党员被命令离开国民政府地区,但是那儿仍然存在很多的共产党地下组织。因国民党实施密切监控所必需的组织极其隐秘,甚至难以获得对其具体力量的粗略估计。一名称职的观察员报告说,共产党控制了海南岛的中部,以及从雷州半岛到广州的广东沿海大部。广州的工业中心、香港、北平、上海也存在着相当可观的共产党地下组织。

至今没有迹象表明,共产党打算在他们目前控制地区建立单独的独立政府。中国共产党即使已经被国民政府宣布为非法,依然支持将1946年1月政协会议决议作为实现民主联合政府目标的基础。但是,共产党现在已经放弃了同被划为"战犯"的蒋介石及其追随者进行合作的任何可能性。他们谴责新宪法充当了压制人民自由、剥夺外省权利以及组建独裁总统体制的工具。党还拒绝承认国民政府与外国势力自1946年1月签订的任何协定或者条约。

在共产党控制地区,共产党的统治通过大量单独的"边区"和"解放区"政府予以实施。

与之相匹配的是党强大的政治和军事组织。

(三) 共产党的党组织

中共通过民主集中制原则组织起来，而这个原则强调个人服从并遵从绝大多数人的意愿。理论上来讲，民主选举的党的机构至高无上，但是由于这些代议机关不经常开会，实际权力由上面任命的党的机关予以实施。中共最初是1943年正式解散的第三共产国际的一个支部组织，但是1936年在莫斯科召开国际的第七次全体代表大会后，中国共产党与国际已经不存在显而易见的工作关系。中国共产党在组织上类似于国民党，在结构上类似于苏联共产党，苏共是他们两者的模板。

1. 全国层面的组织情况

理论上来说，由省代表大会选举的全国代表大会是党的最高机关，而它选举党的中央委员会。按照设想大会每年都会召开，但是1945年4月召开的共产党第七次全国大会，是自1928年以来第一次召开的党的代表大会。共产党解释说这个过失是由于内战的紧迫性造成的。

党的中央委员会，有时又被称为中央执行委员会，是全国大会闭幕期间党的最高统治机关，负责管理全国层面上党的所有事务。这个委员会组建并任命作为党的头脑的政治局和秘书处。七大选出的现中央委员会由44名委员和23名候补委员组成，主席是毛泽东。党章(1928)规定中央委员会全体会议“至少每三个月”就要召开一次，但是实际上会议并没有频繁召开。

政治局可能要比中央委员会更具战略上的重要意义，因为在后者闭幕期间它实际上管理所有政治事务。在所有共产党控制的地区政治局的无数支部向下延伸直至乡村一级。看来，这些支部将党组织、军队以及政府联系起来。在刚刚解放或者缺乏稳定的地区，政治局的支部就是政府、党以及军事部门的实际决策机关。目前毛泽东是有13名成员的政治局的主席。

中央委员会组建党的部门并任命部门的领导人。这些部门对应于国民党的部门及委员会，包括负责军事、外交、财政和税收、党务、组织、宣传、调研、工业、农业和少数民族事务在内的部门得到了确认。

2. 省级和地方党组织

在所有层次上，共产党的机关平行于政府部门。每个层次上要建立两种机构：被称为党委的管理机构以及像党员大会和党代表大会这样的普选或者代议机构。根据党章，这两种机构由民主选举产生，但是实际上只有代议机构是这样的。

建立在工厂、作坊、学校、村庄以及军队的基层党组织是党的细胞。城镇或者乡(村)所有党员定期召开党员大会，选出代表参加地区党的代表大会。开会期间，地区党的代表大会管理城镇或者地区党的事务，并选举代表参加县、市、省党的代表大会。这些代表大会在它们相应层次上都是至高无上的。闭幕期间，权力由党委行使，而党委，除了最高一级党委，都是由上级党委任命的。

3. 党员资格

共产党声称其党员人数高达200万。目前至少有90%的党员是1937年后在抗战中加入的。估计这90%的成员不是以极端主义,这是1937年之前那段时间的特点,而是从相对温和的"新民主"的意义上接受共产主义的。因而,为了保持与这些党员的合作,看来继续坚持"新民主"的一般原则是很有必要的。

党向各个阶层成员敞开大门,但是党员标准严格,且根据阶层存在差别。申请人不需要具备马克思主义的知识,但是必须同情党的总体目标,而且必须服从党的领导。党刚刚成立的时候,党员资格局限于工人和农民,但是自从联合阵线时期(1937)以后,共产党破例允许包括所谓资产阶级在内的成员加入中共。

党的章程规定党员致力于大众最广泛的利益并使自己成为优良行为的模范。尽管共产党鼓励党员之间可以就政策制定进行讨论,但是党的路线一旦确定,成员只能服从,要么就要退党。

4. 共产党控制区域的政府

共产党现在还没有国家层面上的政府,并且他们已经排除了在现有区域建立全国政府的目标。边区政府是共产党建立的最大的政府个体。不过,党已经就省的自治和承认共产党统治省份的合法性表达了他们的愿望。

通过改革外形结构和政治过程,共产党修正了中国政府的传统体制。除了已经建立的权力中心——名为"边区政府",外形结构上的主要修正是采用新的区域个体,也就是建立三省或者四省的联合体。政治过程上的主要修正是一定程度上强调普选。

(1) 地方政府的结构

共产党地方政府复杂性的差异直接与地区稳定性成正比。陕甘宁边区政府运作时间最长,政治组织比其他地方发达的多,成为其他地方政府模仿的范式。陕甘宁边区参议会的决议决定边区的政府结构,而边区参议会由大众投票产生的288名成员组成。理论上选举产生的参议会任期三年,但是目前的参议会已经任职了更长的时间。参议会的主要功能是立法,它的决议具有法律效力。参议会还拥有主要是任命的行政职能。它提名政府委员会、常务委员会、高等法院法官以及政府主席和副主席,另外议会对它们还有罢免权。参议会闭幕期间,18名成员组成的政府委员会是最高管理机构。

显而易见,其他地区的政府并不从属于陕甘宁边区政府,他们拥有相当的地方自治权力。共产党军队作为党的武器发挥着综合影响的作用。综合影响的重要方面是通过使用军队无线通讯设施对政府事物发挥作用。在刚解放的地区,政治结构与军事组织有着密切的联系,而且政府处在军队政治军官的监护之下。随着形势变得稳定以及政治过程被加以更加明了的界定,政府显然更直接地处于党的领导之下。

(2) 运作中的政府

虽然强调选举,但是政府很大程度上还要从上接受党的指示,从下接受被党教化的大众的影响。像毛泽东、周恩来,朱德这样的党的主要领导人虽然没有在政府任职,但是他们却从在党内等级结构中的地位获得了权威。边区和地方政府的大多数政策都是党的政策。为了确保通过,甚至那些不是党制定的措施也必须经过党的同意。一般来说,党通过政府中的个人实施对政府的控制。事实上仅仅只有三分之一代表的党毫不费劲地控制了政府,这是因为党是唯一得到强有力组织、领导有力的政治组织。党能够将它的"候选人"选进参议会,至少部分上是由于:名单的遴选对于获取所有选区实际的支持产生了足够的吸引力。对党的计划的普遍拥护,看来很大程度上是出于很多人的信念:这些计划旨在促进他们的福祉。

在立法议会当中,党只能指望三分之一牢固的核心力量去支持它的措施,因而为了确保多数,它还需要获得其余成员的一小部分支持。这种支持看来不是通过粗鲁的恫吓手段得来,而是通过起草足以获得非共产党成员支持的措施,以及将党提出的草案限于相对重要的事务上。因为三分之二的非共产党成员很大程度上是由政治上质朴的无组织的农村人组成,所以现在共产党轻易就控制了立法议会。

(3) 民权

通过共产党提出的议案,陕甘宁边区政府赋予一定的个人"自由",比如言论自由、出版自由以及人身保护权。这些自由是否真正存在是一个容易引发争议的焦点。共产党统治区域内广泛批判政府的运作得到鼓励,但是这种批判可能只是限于特定政策及其执行,并不适用于党的基本政策或者政府的存在权。党的路线一旦决定必须予以遵守。由于党的严格纪律及灌输,对言论自由的限制很大程度上通过个人进行自我约束。

因为出版和通讯由党和军队所有、操作,所以在共产党区域没有真正的出版自由。职员按照其对现政权表现出的忠诚度予以选拔,而这表明他们愿意与官方政策保持一致。鉴于战时的公共安全,显然人身保护权是要受到限制的,尤其是出现很容易进行各种解释的"叛变活动"。

5. 中国共产党对外国势力的态度

由于在国际关系上中国共产党并不是一个合法的政治实体,并且不同边区也没有建立中央政府,因而它没有法理意义上的外交关系。不过,中国共产党有着一定的对外联系,并且不时表明他们对不同外国力量的政策。

中共外交政策当前的基调之一是自足。1947 年 2 月党在外交关系上的主要发言人周恩来表示:中国共产党希望在没有任何外国力量调解的情况下解决自己的问题。另一个发言人随后进行的陈述指出:共产党从未打算向外国势力要求财政贷款,因为"共产党区域正在试图达到自足"。另一方面,有理由相信,在不利情况下中国共产党可能向国外寻求援助。官方特征稍弱的共产党渠道在不同时间做出的陈述暗示:党有可能呼吁联合国解决它与国民政府的冲突,或者预言说内战焦点得以解决不在于中国,而在于美苏协商。

(1) 对苏联的友好政策

中共政策一向类似于苏联的路线,这点贯穿整个中共历史。他们支持苏联的每一个举动,即便有时看上去苏联的举动很难和中国的利益相协调。如果中国共产党控制了国民政府,他们很有可能会推行对苏友好和合作的政策。不过毋庸置疑的是,苏联向中国共产党提供了一定程度的物资援助,而中共也与苏联共产党存在着一定的直接联系。

(2) 对美国的批评态度

中国共产党承认与美国人民的友谊,但是又坚持说美国政府的政策是帝国主义政策,并且敌视中国最广大人民的利益。共产党尖刻抨击美国的每一步举措,而且还将之解释为扶植国民政府的政策,如魏德迈出使中国。一旦共产党主导的政权掌握权力,估计其对美态度要受到美苏实际外交关系的制约。

(四) 可能发生的冲突

主要是国民党渠道来源、一再有报道说中国共产党内部存在着派系冲突。报道的这些派系看来分为四个派别:国际派(也被称为洋派,或者是海外归来的共产党)主要是接受苏联教育的人员,他们反对毛泽东的统治,而毛泽东则批评他们过于教条化。这一派在满洲尤为突出;亲毛派或者毛派(也被称为土抗或者本土共产党)包括毛最忠实的支持者,它们是党真正的政治力量。他们认为,不是国际派的纯粹马克思主义,而是毛改造后的马克思主义适合中国国情;军方派别由掌握实际军事力量的军队领导人组成。只要共产党继续进行战争,估计这一派的力量就会得到增长。看来毛担心这些军人可能会变得过于强大,以致最终从政治上控制党。他在军队中设置政委作为控制他们的举措,但是他又不得不在一定程度上屈从于他们以进行战争;"元老派"由老一辈的共产党领导人组成。这一派没有人掌握实际权力。他们的观点类似于国民党的左派,而且并非强烈反美。

所有派别当中,前两个派别是最具重要意义的。"亲毛派"或者"毛派",有时又被称为"延安共产党",他们希望建立一个控制中国的政权并主要对共产主义在农村的发展感兴趣。这一派得到了很多人的支持,他们确信共产主义要比国民政府的方案更能给中国的民主和改革带来希望。另外一派,"国际派"或者"满洲共产人"主要是由接受苏联教化的中国共产党控制,而他们是主要的亲苏派。在苏联逗留 15 年后并于 1945 年回国的李立三,看来是满洲这一派的领导人物。

(五) 中国共产党的力量与目标

党控制的地盘和武装军队数量要比以前多得多。党在中国的力量基础在于长期需要的农村改革方案,该方案对于为贫穷所困扰的农民具有强大的疑惑力;显而易见的统一目标;政治上进行狡猾灌输的军队;以及苏联的支持与同情。但是,最主要的力量还是来源于中国人对国民党腐败和暴政的普遍醒悟。

共产党的弱点在于缺乏管理和技术人员去组织和经营复杂的城市地区;绝大多数政治上有觉悟的中国人怀疑中共与苏联的关系;共产党早年的过激行为以及中国媒体多年的反共宣传造成了中国人当中存在普遍的反共情绪;战争造成沉重的征用负担;以及残暴无情的土地没收及税收政策让大批潜在而宝贵的支持者产生了敌对情绪。

现在共产党坚定地拒绝与国民党领导人不值得信任的国民政府进行谈判。看来，它倾向于继续敌对行动，希望国民党中国经济恶化、国民党军队军事损耗，获得满洲和华北的土地，从而严重削弱国民政府或者迫使政府按照共产党的和平条款进行谈判。

共产党仍然坚持说他们支持联合政府，但是拒绝接受包括蒋介石和国民党"战犯"在内的联合政府的意见。共产党目前主张的联合政府由共产党、少数党派成员和独立人士组成，可能包括国民党的温和派。在所宣称党的目标基础上，共产党打算最终主导它所参与的任何联合政府。

目前，在共产党占领的全部或者部分地区建立单独的政府看来没有得到党的赞同。另一方面，如果形势朝着不利于共产党的方向发展，中国共产党可能会决定采取这种行动。但是，他们仍可能坚持实现政治控制全部中国的长远目标，并且试图通过军事和渗透策略促进这一目标。

三、经济形势[①]

概　　要

在当前中国的危急状况下，经济问题和内战冲突几乎是具有同样重要意义的因素，而它既是经济不稳定的结果，也是经济不稳定的主要原因。

尽管过去40多年来进行了零星改善的努力，中国依然是一个辽阔、人口过度稠密的地区，其农业资源得到了过度的开发，而自然和工业潜力处于相对欠发达的状态。而且这个国家的经济发展经常被外部或者内部的冲突所打断，并遭受着传统主义顽固惯性的阻碍。

如果没有内部冲突，并且政府免遭现在为之所困(见第一部分，第10页)的各种障碍，中国并作为实际上的主要力量可能已经摆脱了最近发生的战争，开发了它的丰富资源，充分发挥其巨大劳动力优势，利用其可观的水电资源潜能，并且从总体上取代日本成为远东工业上的领导者。但实际上，中国战后的虚弱、目前的军事活动的需要以及政府的无能，一并导致了：阻碍根本经济改革或者改善的形势；业已很低的生活标准的下降；生产的实际停滞；比正常条件下可能预期要低的农业产量；如果不是这个国家基本的农业特性一定程度上隔离了后果，前所未有的通货膨胀可能很久以前最终就已造成了经济混乱。

虽然国民党中国受到了没有实现现代化的后果的伤害，但是共产党中国几乎没有受到什么纯粹经济问题的困扰。国民党部分上依赖于工业、外贸以及稳定的货币交换，而共产党地区则单独建立在农业和完全原始的经济基础之上。由于满洲工厂拆迁或者停工，共产党集中精力利用几个必要的军工厂生产武器，以补充苏联人留下来的主要的日式装备。虽然共产党占有不多，但是需要也不多，他们已经并将继续能够进行战争且取得大大小小的胜利，没有得到帮助但是也不会受到现代战争一般所必须条件的制约。

---

① 原注：文中信息截止到1948年3月。国务院、海军、空军以及陆军的情报组织赞同这份报告的观点。

在目前情况之下，除了恶化进一步加剧以外，国民党中国没有任何经济前景可言。虽然抵制现代化的惯性已经并可能在一段时间内继续抵制中国通货膨胀加剧的压力，但是这一天终究会到来，那时作为交换媒介的国家货币，即便是最为固执的农民也要把其视为罪魁祸首。一旦人们丧失对政府货币的信心，军事崩溃的可能性将会得到极大的提升，而这只会使共产党单独受益。虽然在共产党或者外界力量充分巩固基础以开发中国的经济潜力之前，可能需要很多年，但如果国民党中国的政府垮台，共产党至少也要采取适当政策，以便从经济上最终控制这个世界主要战略地区之一。

以资本为形式的外部援助是国民党免除现在所面对的经济崩溃的基本必要条件，但是需要的不仅仅只是资金援助。在共产党军队被击败，或者共产党不能干扰经济恢复措施之前，现在国民党经济不会取得什么实际的价值。甚至随着威胁的消除，中国仍然迫切需要采取像土地改革(以往和今后仍将总是遭到强势利益集团的抵制)这样的措施、开发目前尚未开采的矿藏和水利资源以及建设现代交通体系。现在成立的这个政府(1948 年春)，遵照其自己的策略，可能仍将不会推行这类改革，从而不足以确保经济的最终稳定。

经 济 形 势

任何有关中国经济形势的讨论，必然受到目前内战政治意义的支配。由于中共直接控制了大片领土，因而像经济政策以及目前经济状况这类问题，必须分别从国民党中国(大致包括陇海铁路线以南，加上北平—天津—张家口走廊一带)和共产党中国(实际包括全部满洲在内的、陇海线以北地区)加以评价。[①] 当然，经济史和基本经济资源必须要从整个中国范围内(包括满洲和台湾)的视角进行研讨。因而本章结构分为四个主要部分。其中，前三部分是——中国经济：背景及其发展；中国经济的组成；以及中国经济的稳定性——讲述中国作为一个整体所拥有的基本资源以及从国民党中国的视角来看待现在形势。最后一部分——共产党控制区域的经济状况——讨论中国共产党的经济政策及能力。

(一) 中国经济：背景及发展

中国是一个经济落后、人口稠密、联系松散、以农业为主的国家。外国入侵、政治骚乱、资源上的基本缺陷共同抑制了中国人获得 19 和 20 世纪西方文明所带来的物质利益。

1. 当前经济的背景

(1) 中西联系

当 16 世纪葡萄牙人的舰船驶入广州港时，近代中国与西方世界的联系首次得以建立。后来中国统治者对中欧贸易进行多年的严格控制，以致严重阻碍了中国奢侈品和欧洲商品之间的贸易活动。工业革命之后，英国和别的一些欧洲国家面对必须获得额外的市场和原

---

① 原注：当然需要承认的是，中国共产党控制地区的扩大是以国民党中国的损失为代价，基于经济分析的考虑，对中国的这种划分一定程度上是暂时的、人为的。

材料来源,而中国对贸易的限制就让人尤为头疼了。

与中国难以建立令人满意的经济关系直接引发了中、英、法、俄、日之间一系列的战争、事件以及暴动。在所有这些活动中,中国沦为失败者,被迫割让并租借部分领土,并向居住于中国的外国人授予特权并做出让步。

受外国势力要求中国政府做出特定经济让步的触动,1899 年美国要求中国港口内的中国贸易向所有国家同等开放。

(2) 内部改革和现代化

中国在世纪之初的义和团运动失败后,发动了一场现代化运动:西方思想被引入学校;军队进行重组,向政府管理现代化做出努力;开始实施公共工程计划;扩大外贸,并尝试引入代议制议会。1911 年,满洲王朝政权的垮台以及中国共和国的建立暂时打断了所有这些潮流。

中日战争中断了新共和国建立现代经济所取得的巨大进展。在日军到来之前,通过将工厂迁至中国西部,中国设法拯救了一些新式工厂。另一方面,日本人出于自身目的,扩大并发展了华东的资源,日本投降后这些很大程度上保存完好的资源为国民政府所接收。尽管遭受了战争创伤,但是自冲突出现以来,中国可能已经达到了 1937 年的工业化水准。

2. 中国经济的资产负债表

(1) 中国的财富

庞大的劳动力储备。为了最大限度的利用劳力供应,人口的重新分布将是很有必要的。实际上,中国人口如此之多、如此之密集的地方是那些土地肥沃的地区,就中国目前的经济状况而言,4.5 亿人口代表债务还是资产,事实上是一个没有多大实际意义的问题。

相当多的土地得到开垦。中国目前有大约 27%的土地已经得到开垦(美国大约是 23%)。但是就与之联系的农民数量而言,中国可耕地的数量非常有限;人均土地大约是 4 英亩。

气候的多样性。中国具备所有美国特征的各种气候类型——从炎热、潮湿的南方气候一直到寒冷、干燥的北方气候。

少数优良港口和适于航行的内陆河道。目前上海、青岛、天津、广州的港口允许进行大宗贸易。扬子江、黄河、西江、大运河以及其他许多易航河道、运河可以深入到中国内地。

一定的矿产资源。中国有着储量丰富的煤、锑、钨、矾土页岩、锡、锰、钼。还有一定的铁矿石和石油。但是,在相当程度上,所有这些资源的开发程度不高或者目前没有得到开发。

(2) 中国的债务

缺乏现代、集中的工业基地。当别的国家本世纪都在发展壮大经济的时候,中国的精力消耗在外国势力对中国的领土要求和蚕食,以及对付中国内部政治骚乱上。当然,即便是没有外部和内部的政治压力,就其基本资源而言中国过于分散,过多的涉足于以往哲学,不能按照例如日本的所为进行发展。不管怎么说,中国工业革命的迟滞清晰地体现出工厂的匮乏、现代交通体系的缺乏,以及防洪、水力和灌溉设施的不足。

人口与可耕地令人不满的关系。尽管中国基本上是一个农业国家,长期以来其土地就已经达到了饱和点。战争、疾病以及饥荒的马尔萨斯障碍周期性地发挥作用,从而减少了人口使之达到目前农业生产足以支持的水平。

(3) 小结

中国农业经济分散、粗放，辅之以简单、相对不太重要的地区贸易联系，以及不多的现代工业。

1931 年到 1936 年商品和服务年度产值平均刚刚超过 80 亿美元，大致相当于美国同一时期的 12%。中国 80%的人口所直接依靠的农业，生产了这一时期全部产品和服务的 70%；制造业产值不到 8%。

1937 年，就消耗的电力以及产品的价值而言，中国的工业相当于美国工业的 2%。工业发展的低水平与中国缺乏大规模的地区或者职业分工是一致的，这也是国际贸易规模小的结果。

正常年份，中国的进口量大约相当于全部产品和服务产出的 5%。这个比例略高于美国经济。中国对外部资源的依赖通常只有少数几种维持目前经济水平运转所必需的产品。虽然粮食和棉花是重要进口商品，但是得到改善的国内交通和稳定的人口出生率使得中国经济在这些商品上达到了自给自足(以较低的生活水平)。石油是中国必须大量进口的主要商品。

显然，如果想解决中国经济问题，以及使中国在亚洲取得主导地位，在今后的几十年里，它必须实现其他国家在一个多世纪才实现的工业长足进步。中国未来经济发展主要依赖于引进设备和技术服务，而这反过来又取决于中国得到外国贷款，以及出口大大增加。

3. 中国战后经济的决定性因素

(1) 内战

所有隐含于中国贫富中的问题，内战是战后中国经济最为重要的单个影响因素。除了营造出一种恐怖和不确定的氛围主宰今日中国全部经济决议，内战还在该国一个广阔的范围内直接严重阻碍了生产和贸易发展。

(2) 通货膨胀

主要由几乎专门用于军事预算的赤字财政以及生产、贸易的中断所造成的通货膨胀，通过把资本转向投机性渠道、增大合理性生产投资活动的风险，使得生产性经济活动丧失了信心。

(3) 政府的混乱

除了像原材料短缺以及交通中断这类物质上的困难以外，中国经济还面临着管理的不确定，以及伴随政府控制前占领区、攫取大量敌伪资财的混乱。

(4) 战后中国私人企业的地位

私人工业资本主义在中国的根基从来不是很深。从最好的方面来看，它要么是依附于条约港口遮蔽之下的外国舶来品，要么披着伪装的主导政治集团的经济活动。

在中国，工业的国家控制有着历史和意识形态上的藉口：孙中山支持对所有基础工业、公共设施、通讯设施进行国有化，还要对所有其他产业的投资进行政府监管。在孙博士的计划之下，私人投资和运作只允许以一种未加界定的程度存在于政府眼前利益之外的经济领域。国民党用最大限度的国家所有和控制的方式诠释这个方案。此外，有些工业资产和商业联合体①

① 原注：大众贸易公司、中国采购委员会、中央信托公司是这类政府操纵组织的例子。

表面上由私人控制，但实际上却与政府内部的统治集团和个人利益有着不可分割的联系。

1937年与日本的战争爆发之时，政府已经控制了铁路、海运、空运以及电讯业。电力和钢铁工业得到了大规模的政府投资。政府垄断得以确立以控制许多重要出口商品。战争期间政府对主要工业的控制趋势得到加强。日本投降后，前占领区几乎所有的工业活动都被政府所攫取。虽然政府将一些财产出售给了私人，但毫无疑问政府手中控制了大量的剩余资产。

在当前经济形势下，许多因素有助于政府扩大对国家经济活动的控制。已经提到的是控制大批前敌方资产。此外，政府正对重要的资本来源进行严格控制，并且切断国内私人资本与外国的接触。最后，通货膨胀所造就的混乱经济环境，政府垄断的积聚效应作用于私人企业竞争地位，以及省政府所拥有产业的发展，加速了私人资本主义在中国地位的恶化。

很多因素从本质上来说都是体制问题，而且可以被不同经济观点的政府解决。但是，不管政府的理念是什么，中国经济中的一些基本因素倾向于实行相当的政府控制措施。鉴于中国目前的贫困，一个发展工业以及与之密切相关的提高农业效率的雄心勃勃的计划，可能很容易采取由政府对投资进行控制，对外贸进行管理的措施。尽管政府对国家发展进行监督是必要的，但是仍然存在大片需要裁决的领域：政府所有权可以代替管制；国家不进行新的直接介入以及国家不完全控制私人企业和外贸，经济发展可以继续。在这个裁决领域当中，未来事态发展主要依赖于政治因素。

（二）中国经济的组成

1. 农业

（1）农业对经济的重要性及总体特点

农业是中国的经济和社会基础，80%的人口从事农业并且提供了中国国民收入的70%。中国战前主要出口贸易所占的类似比例也是农业产品。中国依赖于提供中国所需粮食的98%以及大部分的基本民用必需品的国内农业。

虽然相当大比例的中国土地得到了开垦，但是大片地区并不适合任何种类的农业活动。粮田集中分布在华东的大河地区、华北平原、四川省以及满洲的中部平原。除了那些军事活动影响农耕地区以外，事实上唯一没有得到集中开垦的土地主要位于满洲。全国广泛开展了开垦贫瘠土地的活动。

中国的人口密度与可耕地的面积趋于吻合；将近74%的人口居住于东部11个不过中国总面积22%的省份。补充地图三①反映了农业生产过于集中于中国东部，以及中国粮食作物的多样性。

农业技术是富余劳动力和可耕地匮乏情况的副产品。灌溉体系、庄稼轮作、移植、施肥方法在中国都得到了发展，并且要比其他地方的原始手段要先进。农作物产量虽然相对较高，但是在杀虫剂的使用、抗病虫害的开发、高产作物以及农业的其他现代进步上，受到落后

① 原文地图无。——编注

的困扰。就这些方面进行改进,可能最有希望扩大农业生产。

中国农产品的主体由粮食作物构成,主要是东南的水稻和东北的小麦。其他重要的粮食作物包括栽培较广的谷、土豆、黄豆,其中后者是一种重要的粮食和经济作物。除了用途广泛的黄豆,对国内工业和外贸具有重要意义的主要经济作物有棉花、桐油、烟草以及茶叶。

中国畜牧饲养很大程度上附属于农业,并且中国总面积只有5%是草地。饲养的羊、猪和家禽提供了中国4种重要的出口商品:羊毛、猪鬃、毛皮以及鸡蛋。然而,整个中国农业处于欠发达的状态当中。同中国农业可耕地有限的增长范围相比,该国的牧场可以大范围扩展,尤其是在中国西南和西北地区。就发展更加均衡、多产的农场规划而言,逐渐重视传统中国农业中的牲畜饲养是一个重要因素。

虽然渔业在沿海经济中扮演重要角色,但它对作为整体的中国经济重要性有限。发展加工设施可能会创造出一个盈利的出口产业。

由于几个世纪以来的滥砍滥伐,除了满洲以外,林业活动相对也无足轻重。中国总面积中不到9%由森林构成。

(2) 生产发展趋势

总体来看,据估计1947年农业生产比1946年水平显示出稍稍恢复,但是大多数农业产品仍然低于战前平均水平。满洲大部分地区处在中国共产党统治之下,那里的产出没有远远低于战前水平,而且继续提供相当的、超过当地需求的谷物和大豆剩余。据报道,共产党向苏联出口大量粮食。传统上台湾出口粮食,尤其是大米、蔗糖和水果。但是,很大程度上由于国民党错误统治的结果,台湾的农业生产从战前水平严重下降。

中国农业总产量(如果不加特别说明,以100万吨为单位)

	战前平均水平(1931～1937)	1946	1947
谷物-大米(大约)	50.6	47.4	48.1
小　麦	21.6	23.4	24.6
其　他	29.4	29.4	28.0
甘　薯	18.0	25.0	25.5
豆类(豌豆、黄豆等)	12.2	10.6	11.1
棉花(以100万包为单位)	2.9	1.8	2.0
桐油(以1 000吨为单位)	120.0	60.0	80.0
丝(100万磅为单位)	38.5	6.8	11.3

(3) 基本的缺陷

1947年农业生产的提高被描述为“糟糕经济形势中的唯一亮点”。事实上农业的前景远非光明。首先,全国范围的粮食储备偏低,以至于1947年农作物产量得以提高,仍然有很多地区粮食匮乏。其次,即使粮食生产全面恢复到战前水平,如果没有满洲的粮食剩余,中国粮食也远不能达到自给。战前中国一年平均进口粮食总量约是100万吨,同国内粮食生产相比应该说这个数字是很小的,且不超过全部粮食需求的1%或者2%。但是,即使是按照远东普遍较低的水准,战前中国的粮食消费水平处于边缘以下位置,而且每年都会有成百万人死于饥馑或者是主要由粮食匮乏引发的传染病。涝、旱、疾病、战争造成严重的、周期性的生命损失,被理解为减轻人口压力的一种必要的罪恶,并在很大程度上解释了该国平均生命周期只有30岁。

其一,土地分配的罪恶。虽然很多中国农民属于自耕农或者半自耕农,而且只有大约五分之一的农民是佃农,但是据估计中国大约50%的耕地控制在5%的人口手中。租佃和在外地主所有权的比例在中国南方地区往往较高。土地分配不均本身并不构成罪恶,而且更平均的土地再分配是否能够实际改善农业状况也值得质疑。可以肯定的是再分配不会大大增加一个农民家庭耕种的平均土地面积。比如1934年对11个省的调查数据显示,虽然0.2%从事农业的家庭拥有足足22%的土地面积,但是对所有土地进行平均分配将使一个一般家庭拥有的土地面积从2.6英亩提高到仅仅3.3英亩。

不过,过于强调地主土地所有制和在外地主所有权,造成了对农民和佃农沉重和普遍的剥削。传统上这种剥削采用高昂的、以现金或者其他种类的土地租金形式,而且地主或者放贷者以可能是世界上最高的利率向农民提供贷款。因而小农被置于一种周期性的贫困状态,接近破产的边缘,并且普遍丧失对生活的希望。

中国的农庄不仅小,而且很大程度上通过继承土地的继续分割,一般被分为单独的小块土地。一般农庄含有估计为5.6块的单独土地。这样的碎片化导致了中国农业活动传统上的低效。

其二,土地贫瘠和洪水。中国对化肥的强烈需求过去从来没有得到满足,部分上是由于价格过高,部分上是因为一般农民不知道化肥使用的价值。由于国内工业设施缺乏,多数商业肥料来自进口。流经农产区的主要河流还造成了严重的问题;年年爆发的肆虐洪水不仅摧毁作物和农业设施,而且导致了严重的土壤流失。

其三,税收。中央和省主要收入来源的土地税,以高度失衡和不均的方式进行征收。除了通常的暴政和腐败,大量土地由于土地登记不完善而逃税。引发的税务负担分配不公迫使一些土地撂荒,因为土地收益不足以支付生产费用和过多的税收。

其四,交通。发达交通体系的匮乏打乱了农产品的有序流通。临近粮食盛产区的地方发生破坏性的饥荒,已经是司空见惯的了。

其五,交易。农产品交易渠道存在的大批中间人以及交易手段的普遍落后,导致农民得到令人同情的低回报,给消费者带来过高的花费。据报道中间人的收益高达1 000%。

(4) 战争和内部冲突的影响

中国多年的战争和内部冲突,伴随着通货膨胀、沉重的税收、交通的破坏、政府对粮食的大量征收以及不断发展的投机、腐败、囤积，加大了中国农业体系的基本缺陷。甚至1947年提高后的生产也足以实际改善整体状况。

(5) 政府改革和改进

一段时间以来，中国国民政府提出了很多值得称道的、针对中国农业生产和分配全部主要缺陷的改革措施。建议的改革包括更加平均的土地分配、减少土地税、更加现代的农业方法的传授和推广、额外的灌溉、土壤保护和防洪、更加公平的税收、国家的农业信贷制度以及交通的改善。

但是落实这些建议中的改革在很大程度上远没有生效。被专注于内战的政府弄得困难重重的改革趋于挑战政府的政治基础和国民党的权威。许多地方政府和党的官员，以及一些有影响力的民间市民属于地主阶层，习惯于以租金和偿还利息的形式将税收负担转嫁到农民身上，显然，政府对于这些同时是土地所有者的地方政治势力的利益和要求很敏感。

(6) 人口——基本问题

1946年11月，中美农业使团给中国政府的建议之一就是采取“措施以防止人口出生率的快速增长”。这种挑战该国传统社会框架、非常难以执行的措施，在可预见的未来不大可能得到推行。但是，失败的人口控制措施，加上死亡率和婴儿死亡率的下降造成中国人口的大量增长，有可能在很大程度上将全部农业活动改善的收益一笔勾销(就得到提高的人均生活标准而言)。因为人口的增长“倾向于扩大救济院”，中国仍将继续面对难以克服的粮食问题，这个问题反过来继续危及稳定，加剧农业上的混乱，而这是目前中国争夺权力斗争的基调。

2. 燃料和能源

对于中国相对较小的工业和铁路系统来说，煤炭是基本的能量来源。石油资源不丰富，而且该国丰富的水力资源没有得到开发。即使失去了满洲，中国仍然拥有充足的能量来源——在没有原材料、技术、资本的情况下——以进行大规模的工业化。不过，储量最为丰富的煤田和水力资源远离沿海最为发达的工业中心，是一个重要的不利因素。

(1) 煤炭

一般认为，中国是世界上煤炭储量最多的国家之一，虽然到目前为止它们大多没有得到开采。中国煤炭储量最为可靠的估计是2 500亿～3 000亿吨。几乎将近80%的储量位于华北的山西和陕西省。大部分的开采活动集中在其他地区(满洲、河北、山东以及四川)，而这些地区的储量不是很大。此外，在整个的中国南方、西部以及台湾北部，也散布着一些煤田。

中国大约80%的煤炭含有沥青，但是该国全部适合炼焦的好的煤炭资源可能不超过150亿吨。正好过半的炼焦煤储量位于欠发达的、交通不便的山西和陕西省。虽然焦煤相对于总储量比例不高，但是对于中国国民经济以及日本和远东其他地区而言，华北的焦煤输出具有相当大的潜在重要意义。

相比于战前的3 400万吨和1944年的将近5 000万吨，战争和内部冲突的扰乱效应把中国的煤炭生产降低到目前的(1947)年均1 800万吨。开采中的煤矿普遍状态不佳,而且机器需要更新。此外,目前很多的煤炭生产处在或者靠近剧烈的内战战场之上,著名的有天津东北的中英开滦煤矿,以及中国政府经营的抚顺、阜新煤矿——分别位于奉天以东30公里、以西100公里。1948年初后者的煤矿生产可能大幅下降或者完全停止。由于铁路交通经常中断以及车辆使用上的军事优先权,国民党中国的中国人将煤炭运往重要城市的工业中心遇到巨大困难。结果,1947年向消费地区的输出远远低于总产量。

据估计目前国统区的煤炭需求是年均2 000万吨。如果不大量进口煤炭,城市工业区将面临严重的缺乏。据信,如果开滦煤矿的供应线能够保持畅通,上海的煤炭需求就能得到必要的保证,但是如果没有开滦的煤炭,上海差不多要完全依赖进口。受煤炭普遍短缺影响最大的可能是家庭消费者、小工厂以及钢铁工业。尽管有些铁路和电厂已经改用燃油,但是也要受到影响。

满洲过去煤炭产量占中国煤炭总产量的三分之一到一半,显然失去满洲的保证之后,国民政府正计划加大南方地区的煤炭生产。1947年8月,据报道政府下令把在天津原本运往满洲的采矿设备转运黄河以南采煤地区。差不多同时,行政院长张群主张从美国进口价值2 000万美元的采矿设备,并加强对华北煤矿强有力的保护。这些措施,加上国民党华北军事形势的改善,中国将来的煤炭需求有可能得到充分满足,即便是满洲的煤炭输出被完全切断。

(2) 石油

根据不完全调查,中国全部石油资源估计只有5亿吨,其中2亿吨是石油资源,大约3亿吨(相当于原油)从油页岩中提取。虽然进一步的勘探可能一定程度上会增加现在的估计数额,但是中国严重缺乏石油资源,而且毫无疑问地将继续依赖石油进口以满足国内需求的主要部分。

位于西部的西康、甘肃、陕西的主要油田,交通不便、开采落后,限制了商业开发的可能性。甘肃是唯一具有重要意义的生产中心,1944年的最高产量是50万桶,即7万吨。1940～1945年,台湾的石油和天然气生产年均只有5万桶,1943年在储有大量泥板岩的满洲,日本人从泥板岩中提取了大约130万桶石油,但是苏联对抚顺主要工厂的设备拆迁以及内战的破坏性影响,排除了在不远的将来生产泥板岩石油的前景。

国民政府进入石油经营的各个阶段。虽然它制定了开发甘肃油田的计划,但是目前重点放在恢复前日本海军在台湾南部的精炼厂,该厂以每年500万桶的能力用于提炼进口原油。政府还对石油储备和交易感兴趣,业已掌握了中国三分之一的石油储存能力。

中国内河和海运船只用油的大幅增长,加上一些热能工厂用燃油代替煤炭,扩大了中国每年对石油产品的需求,从战前的大约80万桶扩大到估计1948年要超过1 700万桶的水平,实际上所有这些必须进口。

(3) 电力

全中国可以使用的电力容量估计有120万千瓦,远远低于战时的最高值(当时很大一部分电能掌握在日本人手中)。几乎完全由热能厂构成中国本部的电容量,由于战争的破坏减少了25%,即43万千瓦。日本人在满洲建立的新的水电设施取代了现有的热电厂成为战时主要能源来源,1945年底到1946年初,苏联的大量拆迁把全部可用电能减少到热电28.5千瓦和水电14万千瓦。在盟军空军轰炸之下,台湾的电能容量被缩减到不到战争期间的1/3,不过许多破坏已经得到修复;在以水电为主的电容量估计大约有20万千瓦。

中国的电能生产能力一般足以满足该国工业和城市相对较小的需求。但是,煤炭的短缺,尤其是在满洲维护不善的集聚效应、输送网的中断,一并导致了在主要城市工业中心出现的能源短缺。

主要位于华中和华南、中国未经开发的水能供应量十分庞大,如果其他条件允许,这些水能可以提供给相对缺乏煤炭的地区以进行大规模的工业化。国民政府最为雄心勃勃的水电开发项目,总量大约有1 000万千瓦,位于湖北省扬子江宜昌的峡谷之上,这一长期计划在一段时间之内可能不会被激活。

(三)矿产资源和采矿业

除了煤炭和其他几种金属,如锑、锡、钨,就向世界供应而言,中国为人所知的矿产财富资源并不多。不过中国没有进行集中勘测,矿产可能被低估。(关于中国矿产储藏的位置,见补充地图四①)

关于中国采矿业现状的信息不多。不过这一点却很清楚:一方面国民党控制地区的采矿企业面对着出口贸易的非赢利性,另一方面面对着交通中断和国内工业活动非正常的低水平。只要这些情况继续盛行,矿山生产接近生产能力,就让人感到吃惊了。

1. *铁矿石、钢和铁*

中国有着分布很广、估计约超过20亿吨的铁矿石储量。铁矿石储藏最集中地区是满洲的辽宁省,日本人利用当地低品位的矿石(铁占30%～40%,富含硅)和该省丰富的焦煤资源,在这里建立了大规模的钢铁厂。华中和华南的钢铁工业从来没有得到任何大规模的发展,这主要是由于缺乏交通以收集原材料并往市场输送制成品。中国的生铁和铸钢的年产量可能从来没有超过15万吨,1944年中国的铁矿石产量估计大约有1 200万吨,大多数都是在满洲和日本人占领的华北生产的。

日本人在华北和满洲建立的钢铁工业战后几乎完全瘫痪。战争末期鞍山工厂年产能力大约是200万吨。波利赔偿委员会估计1946年整个满洲生铁产量每年不到39.6万吨。日本投降时生铁年产量约200万吨的鞍山工厂,遭到苏军的大量拆除,据悉生产实际上处于停滞状态。铁矿石开采的继续和钢铁工业的复工依赖于华北和满洲政治稳定的实现。

2. *钨*

在铁合金和金属铁合金方面,中国主要以钨的生产而闻名。中国有着最为人所知的铁

① 原文地图无。——编注

锰重石储藏，计有超过 200 万公吨，浓度方面 WQ_3 的含量为 65%。生产来自于江西、湖南、广东、广西和云南（按重要性排序）南方五省 18 个地区。钨的储量最丰富、分布最广的地区位于江西省南部。一战后中国就已经成为世界市场钨浓缩矿石的主要供应国。就含量 60%～65%的 WQ_3 浓缩矿石而言，中国出口数量如下：1925 年，5 936 吨；1930 年，8 737 吨；1935 年，7 383 吨；1937 年，16 513 吨；1943 年，10 320 吨；1944 年，7 703 吨。战争最后一年对中国浓缩矿石的需求如此，以至于大约 6 000 吨的浓缩矿石从中国流入阿萨姆邦然后进入世界市场。

中国政局骚乱继续阻碍钨的生产和出口。苏联已在购买中国的浓缩矿石，据估计 1948 年中国能生产不超过 1 万吨浓缩矿石，其中多达 4 000 吨可能出口到苏联。

3. 铜、铅和锌

中国只能生产少量的主要几种不含铁金属：铜、铅和锌，并且这些金属进口量占本国需求的很大一部分。但是，报告指出，由于低效的采矿手段、缺乏技术指导以及糟糕的交通设施，开采这些金属储藏与开采的完全可能性并不一致。

4. 锡

几个世纪以来，中国一直都是重要的锡生产国，但是却没有早年输出记录，而且最近几年的记录主要局限于出口方面，知之不多或者不知道地方上有关这种金属的消费数量。

根据 CC 派 1945 年 12 月的《中国地质调查——第 7 特别报告》，锡的生产情况如下：

1935 年	11 009 公吨	1938 年	15 440 公吨
1936 年	12 954 公吨	1939 年	14 244 公吨
1937 年	13 424 公吨	1940 年	10 688 公吨

对日战争之前，中国将一部分锡运到美国，战争期间，不时的运输又进行过。正常情况下该国具备每年生产约 1.5 万吨锡的能力，但是中国的高通胀极大降低了生产。在没有以合理花费得到充足的粮食和其他补给之前，一段时间之内中国不可能把锡的生产恢复正常，尤其是这些矿山要进行广泛的恢复。交通困难也制约了锡的出口。

虽然别的估计认为锡的总储量在 65.2 万吨～187.3 万吨之间，但一般认为中国锡的储量为 150 万吨（锡矿石）。

5. 锑

1937 年日本发动侵略之前，中国当时是最大的锑生产国，开采量几乎占世界的三分之二。中国储量丰富、品位比他国高，再加上工资水平低，使得中国主导了世界市场。从 1925 年到 1937 年，生产量在 1.4 万～2.1 万吨之间波动。港口和缅甸公路被日本占领之后，锑的输出量剧减。战争结束前，生产已经完全停止，尽管政府努力帮助恢复锑的生产设施，但生产在很大程度上没有得到恢复。

大约输出量的 95%来自湖南省，新化东北 20 公里的锡矿山目前是最大的生产地。广西、云南、广东、贵州、安徽、西康、江西和满洲也有锑的储藏。最近中国地质调查估计，全部锑的储量有380.3万公吨，超过了世界其他地方估计储量总和。

1948年初，美国和欧洲遭受锑缺乏的困扰。如果中国没有恢复大规模的生产，预计锑的匮乏会持续至少两年或者更长时间。

6. 水银

水银储藏分布在贵州、湖南、广西、云南、四川、热河、河北、西康以及台湾，但是只有湖南和贵州的产量重要。产量从1939年的4 931瓶(等于76磅)到1948年1 711瓶不等。二战期间德国控制了苏联主要的水银矿藏时，具有重要意义的大量水银被运往苏联。报告指出，中国可以满足自身将来的需要并有少量剩余可供出口。

7. 盐

多个世纪以来，盐在中国由政府专营，并是政府收入的重要源泉。中国大约80%的盐取自海水，剩下产自西南的石盐以及西北的盐湖。盐是1947年估计唯一能够超越战前水平的矿物质。预计盐产量大约可以达到300万吨，并且至少有50万吨的剩余可用于出口。

(四) 制造业

1. 总体工业模式

直到20世纪20年代末，中国的制造业局限于：大的港口城市的少量相对现代的企业，家庭进行的手工劳动以及遍布全国的小的本地店铺。在中央国民政府1927年建立和中日战争1937年爆发之间的10年期间，建立的几个产业在或多或少的现代工厂方面，取得了相当进展。其中有棉纺、烟草、制糖、面粉加工、菜油加工、钢铁制造以及生产像肥皂、蜡烛和玻璃这样的轻消费商品。相对重要的企业很多掌握在外资手中。

战前，重要的制造业集中在满洲南部以及天津、青岛、烟台、上海、长沙、汉口、广州这些城市中。战争期间日本扩大了满洲工业上的厂子。另一方面，中国人将一些工厂迁至华西，破坏了不能搬迁的许多工厂，并发展了新的战时工业中心，其中最重要的是昆明和重庆。总之，中国人摆脱战争后所拥有的工业设备和1937年拥有的一样多。由于内战以及带来的经济混乱，战后生产要比1937年低很多。

要么通过实际所有权，要么通过间接手段，比如国家控制资本来源，以及政府个别决策者与重要“私人”企业的密切关系，中国的制造业很大程度上控制在国民政府手中。到1948年初政府已经直接控制了钢铁工业和铁路。此外，在纺织、食品加工、化学、水泥、工程、海运、电力、煤炭、钨和石油产业中，政府持有大量股份。

2. 重要的制造业

从生产价值和生产数量来看，到目前为止纺织业是中国最为现代、最为重要的行业。1937年中国棉纺织厂有总量超过500万支的纺锭。虽然天津、汉口、奉天也有大的纺织厂，但是这个产业集中在上海周边。虽然战时大量纺织机器遭到破坏或者被运往日本，但是这个行业在战后得到了惊人的恢复，到1947年已经有超过300万支的纺锭恢复了生产。

战前中国本部每年消费大约43亿平方英尺的棉织品，其中只有5 000万英尺需要进口。满洲地区的需求量要远远大于该地区的生产量，其战前缺口有1.1亿英尺。据估计，1947年中国本部生产了40亿平方英尺，而满洲生产了1.7亿平方英尺。然而，由于生产和交易问题的增加，估计1948年的纺织生产将会出现下降。

中国钢铁工业在第三部分第11页①的矿产资源和采矿业进行了研讨。

虽然中国的化学工业相对不重要，但是中国拥有多数化学工业所必需的矿物质储藏。1937年之前，这个行业的发展取得了进展，比较重要的工厂集中在河北省天津的东部。1937年战争爆发后估计有75%的化学生产和消费工业遭到破坏。随着外国供应被切断，必需化学品的生产得到了有限恢复。

战争期间日本在满洲建立了大型的化学工业，生产大量的苏打粉、苛性钠、酸以及化肥。满洲的化学工厂遭到了苏联人的拆迁，但是实际的破坏程度并不清楚。日本占领台湾期间，建立了很多生产化肥和樟脑的工厂。

全中国生产的主要化学品是碱(苏打粉和苛性钠)、硫磺酸与硝酸、氮肥与磷肥、焦油及其副产品(安息油、甲苯、萘与碳酸)各种无机化合物和酒精。碱、酸和化肥工业很多集中在满洲、广东半岛、上海和天津。化肥和酸在广州府、广州和南京也进行生产。战前氮肥年产量大约是3.8万吨。估计1947/1948年有1.07万吨。

中国已经建立的其他化学工业是化学药物(包括从金鸡纳树皮提取的奎宁、樟脑以及青霉素)和杀虫剂。发展程度不一的相关工业包括纸浆和造纸、淀粉、肥皂和甘油、牛痘、天然药物、工业煤气、导火索和炸药、玻璃、橡胶和电极。今年完工的新的纤维胶工厂估计会使中国在这种产品上实现自给。

食品加工是中国重要的制造业。蛋制品和菜油是战前中国出口贸易的主要产品。磨面、造糖、榨油多数是在小厂土法作业。台湾是一专门进行食品加工的地区，出口大量的糖和灌装水果。

中国具有重要意义的其他产业包括烟草、纸张、火柴、肥皂、蜡烛、玻璃以及陶瓷生产。

3. 中国工业合作社

成立于战争期间的中国工业合作社建立在传统的手工技术和家庭工业的基础上。战争期间拥有数千的合作社。

工业合作社的未来相当不明了。当前的通货膨胀，缺乏政府扶植，生产和销售问题以及内战带来的普遍困难影响了它们的成长和效率。

(五) 劳动力

由于城市中心地带总体的恶化，中国劳工经济和政治上的困难正在稳步上升。主要因素是因为工资与生活费用之间缺口的增大。劳工的骚乱已经影响到中外商业、政府经营的

① 即本书第311页。——译注

工厂以及政府服务自身。政府的薪水政策规定月工资以及调整基于上月的生活消费指数，在面对快速攀升的商品价格被证明是不够的。

1. 政府对劳工的控制

政府对劳工的管制要比上面谈到的工资制定准则有过之而无不及。解雇和一定程度的雇用政策由政府规章制定。如果党或政府做出要求，劳动争议的仲裁需要强制执行。政府有合法权力将所有罢工和停业定性为非法活动。

在现有法律之下，同业工会属于政府机构。工会建立和其成员必须强制参与“战争”工业和民事服务。所有工会都处在政府管辖下，政府有权管理和指导它们的内部事务。

在当前经济局势下，政府对劳工的战时管制措施仍然继续发挥着重要作用。政府的战后劳工政策在面对内战和鉴于不稳定的政治局势被制定出来。目前的劳工管制反映出政府打算对那些与政治和经济目标不合拍的劳工运动进行限制。由于阻碍经济恢复并对法律和秩序造成了威胁，罢工和歇业被定性为非法。尽管有官方禁令，相对于1936年的300次罢工，1946年有1 700次罢工。增多的劳动争议是生活费用逐步提高而工资没有相应增长的结果。

2. 劳工标准

战后在童工、健康保险以及劳动时间的问题上没有取得什么可喜的成就。目前工厂工人最低合法年龄(13岁)没有得到严格执行，而且对最高年龄没有做出限定。8小时工作日是正常的，但工人经常被劝说进行超时劳动以获得额外报酬。1947年拟议的劳工立法包括如下内容：最低工资水平、住房、全薪休假、合作社、产业当中女工保护、培养工人政治意识、标准的集体谈判程序以及严格落实对现有工厂和矿山的检查制度。事实上这些立法形式没有得到落实，而且一定的政治和经济稳定措施得到执行之前，几乎不要期望有什么改善。

3. 中国劳工联盟

政府决心对中国劳工所有方面进行控制，同时无力或者不能实现劳工境况的物质改善，导致了一个主要的劳工联盟——中国劳工联盟的建立，以及广泛的秘密劳工运动。得到政府支持的、成立于1936年的中国劳工联盟作为中国劳工代表得到了国际承认，在国民党控制之下作为福利组织进行运作。但是，这个组织已经失控。它与中国共产党进行合作，并得到了世界工会联盟的支持。结果给有组织的劳工反国民党情绪增添了动力。

地下工运开始于1926～1927年，当时国民党内部发生政治分裂，担心共产党教义渗透的保守分子发起清党。那些逃脱清洗的人转入地下，直到1937年才露面以协助抗战。战后政府试图将所有产业工人整合进受到严格控制的组织，遭到了这些人的抱怨。现在上海有50万工人参加了秘密组织——上海工会，很多人都是早期工运的成员。他们渗透到每一个政府机构当中，数百人属于政府控制的工会，同时还是上海工会的成员。虽然目前不能完全确定中国共产党、中国劳工联盟和国统区秘密工会之间的关系的程度，但是却为人所知的是：在几个场合上，共产党抓住机会怂恿反政府的劳工示威。

4. 上海大众工会

相对于中国劳工联盟，被认为是国民党组织的上海大众工会试图控制上海的整个劳工运动。这个组织听从社会事务局、社会事务部以及国民党劳工委员会的领导。它对像罢工和工资这类事务的态度同政府一致。共产党对上海工人的渗透构成了对这个组织的威胁。

(五) 财政

为中国国民政府制定广泛经济政策属于成立于1945年底、处理重建事务的国家经济委员会的职责。这个委员会负责协调行政院各部门，如内务部、交通部、财政部、农业部的活动。财政部对下列政府活动负有总体职责：中国海关、盐业专卖、国内收入、税收、公共贷款、通货、国库以及结算。

1. 中国的货币单位

古老中国的货币制度以“两”——一种麻烦的白银计量单位为基础。1933年这种计量单位被废除，代之以仍是以白银计量的元，不过这是一种相对实用的流通货币。元的一般标志是“CN＄”。

1930年，中央银行发行了以金币为计量基础的纸币，海关金单位(CGU)。这种货币只是用于海关方面的考虑，目的在于保护海关收入免受银价波动的影响。进口的税收用海关CGU报价，但却用CN＄支付。战争期间和战后，CGU全面进入流通，并且以1∶20的比率保持与CN＄的兑换。另外，在中国不同地区，还有其他一些如当地和省级的纸币流通。

1935年中国废除银本位制并回收所有正在流通的白银。以元为单位的纸币和海关金单位是中国本土现在唯一合法的货币。

2. 银行体系

1928年集权的国民政府成立之后，中央银行的职能被分配给四家公共银行。这些银行是中国中央银行、中国农民银行、交通银行以及中国银行，他们的资金主要来自政府。虽然每家银行都有特定专门职责，但是中央银行的业务分割相当莽撞：1928年成立的中国中央银行被授予发行货币、铸造银币，充当国库、发行公债和纸币的权力。中国银行革命前就已经成立，1928年进行重组，被授予处理中国国际财政事务的职责，也有权发行货币。成立于1928年的交通银行职责在于发展工业和贸易，也获得了发行货币的权力。农民银行成立于1933年，旨在处理农业贷款，几年后也获得了发行货币的特权。

中国现代私人商业银行资助了中国很多的贸易和工业。这些银行由一小部分有权势的机构领导，比如上海商业储蓄银行，其总部设在上海，吸收了很多私人货币资源。

中国还有很多小规模的、以传统标准为基础进行经营的“本土”银行。随着现代商业银行影响的增加，以及它们在战争期间对内地的渗透，导致这些本土银行重要性下降。

3. 中国国家债务

中日战争之前，中国的内债和外债总计约有30亿元(按照1947年的兑换比率相当于美元9 000万)，大致相当于政府年度总支出的25%。1947年预算当中，还本付息的数额相对较小。虽然目前政府债务负担的实际情况并不清楚，但是可以认为政府的内债很多已经被通货膨胀所勾销。据估计到1947年底，政府的外国政府债务已经增长到20亿～30亿美元之间,所欠债务主要是美国、英国和苏联的。

中国有着拖欠、调整外债的历史。1939 年春天日本封锁阻碍中国征收外债主要保证的海关和盐税收入,中国政府暂缓偿付外债。1947 年 8 月政府虽然宣布将继续偿还战前债务,但是没有公布具体日期。

4. 中国的国家预算

战前中国财政预算相对较小。1937 年 6 月 30 日结束的财政年度中,全部开支总计不到 14 亿元,按照当时普遍的汇率大约相当于 4.5 亿美元。其中军事预算占了 40%。战争期间预算的水平与构成都有很大变化。这样按照 1937 年的价格,总开销下降的同时军事开支在总开支中所占比例上升。①

虽然 1947 年政府总支出的最初预算为 9.3 万亿元(按照 1937 年价格,大约比 1937 年总开支增加 10%),但实际上这一年政府支出大约有 42 万亿元。总开支当中大约 75%直接或者间接地用于军事目的。

现在收入的主要来源有:土地税、盐税、商业和所得税(其中土地税是到目前为止最为重要的收入来源);国有企业的收入;海关税收;出售前敌方资产所得;公共借贷所得。所有这些收入来源都不如发行新币重要。比如 1947 年 6 月,该月国库收入约有 18%来自税收,10%来自公共借贷,63%来自货币发行,9%是其他来源。

显然,目前税收加上政府经营企业获利不过约是国家总预算的 1/3。政府希望通过发行两项内部美元贷款、出售美国剩余物资和前敌方资产以及税收制度的改革,来填补 1947 年的预算亏空。事实表明,对于估计该年 29 万亿元的赤字来说,没有一项措施明显是成功的,这些赤字要通过超额印刷纸币来解决。

政府宣布 1948 年上半年花销总计 96 万亿元。收入预计共有 58 万亿元。

5. 中国官方的黄金和美元资产

1948 年 1 月 1 日,中国国民政府全部静外汇资产估计在 2.3 亿～2.4 亿美元之间。这包括黄金 9 650 万美元、大约相当于 2 750 万美元的英国货币以及剩余的美元余额。此外,中国持有的白银资产总计有 2 800 万美元。

1947 年期间,中国官方外汇资产快速缩水。如果外汇流失不予以抑制,将会引发使目前财务结构崩溃的财政危机。

6. 当前财政形势

主要因为内战,中国处于恶性通货膨胀的状态当中。中国通货膨胀正在加剧可以从这一事实看出:1947 年 9～12 月间,流通的货币从 13.7 万亿增加到超过 34 万亿元。同一时期上海黑市中国元相应于 1 美元的价值从 45 000 贬值到 152 000 元。1947 年 9 月的批发价格水平是 1937 年前六个月普遍水平的 43 000 倍,而这一价格水平到 1947 年 12 月又增加了

① 原注:根据花销的最终目的,很难将中国的国家预算分解成严格划分的类别。为人所知的是,提议用于"交通"、相当比例的花费,实际上更为确切的说是直接军事开支。

一倍还多。

中国经济松散的特征以及广泛的农业基础使该国免遭经济崩溃，而经济崩溃可能是组织度更高的经济的宿命。大的商业中心如上海、天津、汉口以及广州，最近价格上涨趋势加速表明：当纸币停止被用作交换媒介时，形势正在接近通货膨胀的最后阶段。

下表给出了从 1946 年 1 月到 1947 年 12 月流通货币的数额以及上海总体批发价格水平，清楚地显示出 1947 年下半年发行的通货和价格水平加速上涨的趋势。

截止到当月最后一天	发行的纸币 CN＄10 亿	相比上月增长的百分比	上海批发价格指数（1937 年 1～6 月＝1）	相比上月增长的百分比
1946 年				
1 月	1 100	12.8%	920	3.9
2 月	1 230	11.8	1 750	90.2
3 月	1 359	10.5	2 560	46.3
4 月	1 528	12.4	2 580	0.8
5 月	1 674	9.6	3 800	47.3
6 月	2 113	26.2	3 720	2.1（负增长）
7 月	2 167	2.5	4 070	9.4
8 月	2 376	9.6	4 280	5.2
9 月	2 667	12.6	5 092	19.0
10 月	2 900	8.3	5 360	5.3
11 月	3 296	13.6	5 317	0.8（负增长）
12 月	3 726	13.0	5 713	7.4
1947 年				
1 月	4 526	21.5	6 836	20.1
2 月	4 875	7.7	10 664	55.2
3 月	5 698	16.9	11 208	5.1
4 月	6 900	21.1	14 252	27.1
5 月	8 381	21.4	24 313	70.6
6 月	9 900	18.1	29 931	23.1

续 表

截止到当月最后一天	发行的纸币10亿元	相比上月增长的百分比	上海批发价格指数(1937年1～6月=1)	相比上月增长的百分比
7月	11 684	18.0	31 160	4.1
8月	13 700	17.2	32 980	5.8
9月	16 948	23.7	43 253	31.1
10月	21 032	24.1	58 987	33.4
11月	26 879	27.8	66 587	11.2
12月	34 400	28.0	95 900	44.0

7. 外贸与支付平衡

中国的外贸从来没有得到高度发展。比如1936年,占世界人口五分之一的中国外贸总额尚不足世界外贸的五十分之一。

(1) 进口和出口

战前1930～1937年这段时间内,中国本土年度进口平均大约是4.18亿美元。大约一半的进口商品都是制成品的形式(工业和铁路设备、金属产品、交通工具、石油制品以及化学品),大约1/4的商品是半制成品(钢铁制品),其他则是食品(谷物、面粉、糖和水产品)和原材料(原棉、羊毛、煤炭和木材)。预计1947年商品进口总计4.7亿美元。① 此外,联合国善后救济总署或政府1947年进口估计为2亿美元。

1930～1937年这段时间,中国本土出口平均为2.57亿美元。大约三分之一的出口商品是原材料(桐油、钨、羊毛、锡、锑),食品(蛋制品、花生、菜油、水果、坚果、豆子和茶叶)和半成品(皮毛、棉纱、猪鬃)各约占四分之一,其余的是制成品(刺绣品、纺织品和地毯)。1947年主要是粮食和原材料的贸易出口,估计约为2.25亿美元。

1936年,中国大约20%的进口来自美国,主要形式是石油产品、钢铁产品、工业和铁路设备以及金属制品。日、德、英是中国战前其他重要的供应渠道。1946年(有完整数据的最近一年)中国(不包括苏联的物资)差不多60%的进口来自美国。

1936年中国出口总量的大约25%——主要是桐油、蛋制品、毛皮、猪鬃、刺绣和菜油,流向美国。日本、香港、英国也是重要的战前市场。到1946年则几乎40%的商品出口到美国。下表展现了1936年和1948年中国进出口的渠道和目的地。

① 原注：由于官方和黑市汇率存在很大差别以及不同月份的汇率有显著变化这一事实,中国外贸数据转换成美元较为复杂。这些数据使用的兑换因数为1947年一般官方公开市场普遍采用的汇率。由于这一时期美元贬值,美元表示1947年的进出口与战前进行比较也较为复杂。

中国商品进出口情况*

（单位：百万美元）

	1936 年				1946 年			
	进 口		出 口		进 口		出 口	
	数 量	%	数 量	%	数 量	%	数 量	%
美 国	55.8	19.6	55.8	28.4	395.0	57.2	73.4	38.7
日 本	47.1	16.6	32.1	15.2	2.8	.4	5.9	3.1
德 国	45.0	15.9	11.7	5.5	2.6	.4	nil	nil
英 国	33.0	11.7	19.5	9.2	31.7	4.6	8.3	4.4
荷属东印度	22.2	7.8	1.5	.7	2.3	.4	.1	.1
比利时	7.8	2.8	1.8	.9	7.3	1.0	2.3	1.2
英属印度缅 甸	7.5	2.6	5.7	2.7	60.4	8.8	10.0	5.3
加拿大	6.0	2.1	1.5	.8	12.5	1.8	1.2	.6
法 国	5.7	2.0	12.0	4.3	1.4	.2	3.3	1.8
香 港	5.4	1.9	32.1	15.1	30.9	4.5	53.6	28.3
英属海峡殖民地	3.3	1.2	4.8	2.2	14.0	2.0	4.5	2.4
苏 联	.3	.1	1.2	.6	4.5	.7	9.5	5.0
其他国家	46.8	15.7	35.4	16.4	125.6	18.0	17.6	9.1
总 计	285.9	100.0	215.1	100.0	691.0	100	189.7	100.0

* 按照当年官方公开市场的平均汇率从元转换而来。

中国的进出口统计数据不能代表有关中国外贸的实际情况。首先，中国存在着大规模商品走私（比如，估计 1936 年大约有 5 000 万美元商品走私到中国，2 500 万美元商品走私出中国）。其次，关于贸易方向的数据趋于偏离事实，这是因为与港澳的商品交换作为来源或目的地被统计在内，甚至相当比例的交换只是转口或来自中国。最后，官方虚假的“公开市场”汇率使得有关进出口贸易的价值并不准确。

(2) 收支平衡

中国本土存在长期的贸易赤字。战前 1930～1937 年这段时间内,赤字不是很严重,平均每年大约是 1.61 亿美元。很大程度上中国进出口商品价值之间的差额被海外华人的汇款所抵消。外国在华消费所得通常就超过了中国由于外国贷款所产生的支付额。中国经常账户的负债净额通过资本账户所得就得到了解决。

日本投降以后,中国的贸易赤字所占比例变得严重起来。赤字是中国现在经济困境的表现,而且很大程度上导致了目前困境。引发赤字的主要原因可以归结为国内原棉(需要大量进口以满足中国工厂对原材料的需要)和其他原材料的短缺阻碍了出口商品的生产。

基于 1946 年美元价格,当年全部外汇收入(包括记录在案的出口、联合国善后救济总署收入、海外汇款以及外国在华开销)总计约有 7.15 亿美元。全部支出(包括记录在案的商业、联合国善后救济总署和政府进口;偿债;以及其他服务)总计 11.05 亿美元。这样 1946 年中国国际收支平衡上的赤字是 3.9 亿美元。鉴于中国衰竭的可交换资源虽然赤字仍然很高,由于 1947 年商品进口收支差额的减少,中国整体国际收支情况有所改善。估计 1947 年贸易赤字在 2.35 亿～2.55 亿美元之间,差不多是 1946 年赤字的一半。

中国净黄金和外汇资产(到 1948 年 1 月估计在 2.3 亿～2.4 亿美元之间)已经到了危急地步。在 1948 年间,政府必须增加煤炭、棉花以及其他关键物品的进口使得中国官方外部资产岌岌可危。

(3) 政府对外贸的控制

中国收支平衡失衡的危急特点,促使政府对进口进行严格控制。配额被制定出来,限于进口政府认为进行内战所最为必须的、旨在缓解经济危机的商品的数量和种类。政府还对对外交换进行控制,给进口商颁发许可证。1947 年初,政府采纳了出口补贴政策,但是政策生效后不久遭到了撤销。

1947 年 8 月中国放弃了维持法币官方汇率的政策。1947 年 2 月确立的 12 000 元法币兑换 1 美元的官方汇率,维持到了 1948 年初,适用于小麦、原棉、大米和煤炭这样的少数商品。批准后的进口,其所需外汇由指定的银行,按照官方承认汇率——1948 年 4 月中旬是 328 000 元法币兑换 1 美元提供,而同时上海黑市的汇率约是这个数字的 2 倍。

(4) 中国贸易的战略重要性

虽然为了维持经济运转中国在很多商品上依赖于外部世界(此时几乎全是美国商品),不过中国生产的几种商品目前对他国具有相当的重要价值。中国输出的钨和锑对世界经济尤为重要。猪鬃、桐油、蛋制品、皮毛是和平时期的中国可以向世界市场大量供应的其他商品。

日本投降之时,中国热衷于政府的这一经济目标:希望中国能够取代日本成为远东主导的贸易国家。的确,如果内战能够得以避免,中国纺织工业可能已经发展到满足亚洲很多国家需求的程度。随着日本经济的瓦解,对和平、统一的中国而言,发展像食品加工、玻璃和陶器制造这类轻工业是有可能的，而这些商品至少可以达到占领一部分日本战前市场的程度。现在所有这些希望已经破灭，虽然不是永久性的，但是至少现在中国正在遭受挫败。这种挫败感在相当程度上解释了中国政府反对占领势力任何鼓励日本工业发展的强硬态度。

3. 中国经济的稳定

(1) 长期稳定

从长期的角度来看，中国经济稳定的主要源泉是其巨大的惰性。这种惰性主要是该国庞大的农业基础、经济分散性的特征以及地理因素的产物。鉴于农业活动的绝对主导性，该国经济相对免受剧烈的周期性经济波动的影响，而这通常影响西方工业化国家。

除了政治剧变或者是自然灾害，中国农村通常提供自身粮食需求中最大一部分。此外，在其他消费品、建筑材料、燃料以及工具上，农业地区实现了相当程度的自给，虽然程度不高。结果就是这样的体系：经济活动速度变化缓慢，并且倾向于使自身永恒，不考虑外部世界的发展。满清王朝以来，中国基本的农业经济变化不大阐明了这一事实。

中国基本的惰性还是严重虚弱的根源：它难以实现向着更好和更差的转变。因而，几个世纪以来，在其经济的庞大农业部分上，人均产量一直保持着危险的低水平。这导致中国绝大多数人口面临让人头疼的贫困，并严重限制了该国积累的(以及扩张)的潜力。

(2) 短期稳定

短期内中国经济环境表现为力量不大以及严重的虚弱：国内交通，最好也不足以满足中国正常和平经济的需要，现在更没有希望；使中国工业和生产性商业活动窒息的通货膨胀，实际上每天都在变得越来越糟；国家预算差不多全用在内战支出上，而且政府收入与花销之间的缺口通过大量额外发行货币加以弥补；贸易赤字如此之大，以致除了从已经严重消耗殆尽的外汇储备中大力抽取资金，中国没有别的手段去填补外贸赤字。

简言之，内战和通货膨胀已经将国民党中国推到财政崩溃的边缘。从狭义经济角度来看，虽然中国财政框架解体所造成的严重影响要比高度工业化国家出现类似灾难要轻，但它将会严重危及中国在内战中的政治和经济位置。关于国民党中国的经济能够承受目前严重通货膨胀压力多长时间，意见存在分歧。但是，普遍的共识是：没有(尽管可能有)大量外部援助，目前中国财政体系的寿命预期不长。

(3) 美国援助

美国已经向中国政府提供大量的援助。日本投降以后，中国国民政府收到或者已经签约的全部援助当中，超过80%的数额都是由美国提供的。美国援助采用贷款或者直接赠与的形式，目的在于专门满足最为紧迫的赈济和经济重建的需要。另外美国还提供了相当数量的间接军事援助。主要通过提供服务和补给以方便国民政府重新占领解放区；分发粮食和其他消费品以及用船运送设备和物资以帮助中国进一步恢复工业和农业，美国完成了它的承诺兑现。援助总结如下：

(单位：百万美元)

租借：	
以军事特征为主的补给和服务，目的是接管日本人占领地区（截止到1947年6月30日）	728.0
民用商品以及信贷	49.6
剩余物资贷款：	
美国外国清算委员会——华西销售	20.0
OFLC造船所销售(移交)	4.0
美国海事委员会，战时建造船只销售	16.5
	——40.5
进出口银行：	
为货轮提供的重建贷款；为铁路、煤矿、电力以及化学工厂重建所提供的设备和服务	49.8
原棉贷款	33.0
	——82.8
联合国善后救济总署：	
应用于得到许可的中国项目(包括约25％运输费和保险)的全部美国资金(72％)	470.5
美国1947年对外援助法(公法＃84)	45.7
海军援助，主要是军火和通讯设备	17.7
联合国国际儿童紧急基金	2.1
1948年4月3日的批准中国援助法案，有效期为一年，用于经济恢复计划	338.0
临时赠与，包括军事装备	125.0
	——463.0
总　　计	1 899.9

除了这些赠与和贷款，1946年8月31日中美达成的剩余物质协定，把美国在华和太平洋岛屿上原先价值8.24亿美元的、包含民用在内的动产和不动产以1.75亿美元出售给中国。此外中国获得3000万美元补贴运输费用。到1947年底移交取得的进展如下：

(单位：百万美元，原始价值)

协议达成之前已经移交给中国的物资	240.0
1947年6月30日已接受的物资(处理价1.28亿)	489.0
即将接受	95.0
	—824.0

应当承认，最近一笔4.63亿美元援助赠与的完成与国民政府的"购买时间"并无二致。实际上，任何不包含积极军事参与的援助计划，在此时的中国能否收到不仅仅只是临时有益的效果，这是一个真正的问题。

(六) 共产党中国的经济形势

共产党的经济差不多全是农业。那儿有一些生产日用品、服装、火柴、香烟以及灯油的当地工业。给仍在运作的发电厂供煤的小煤窑正在开采当中,铁的蕴藏能够维持小的金属制品的生产。如果有,也不会有多少为人所知的、已经进行的、具有重要意义的战后重建。共产党可能拥有足够的粮食、服装以及小型武器,使得他们能够发起规模扩大的、针对国民政府的战争。

中国共产党的经济战略有两层:促进像土改和税收改革这样的政策,以及加速国民党中国的经济崩溃。虽然他们改革的有效性遭到质疑,但是他们经济战的成功是有目共睹的。

1. 农业

土地是中国共产党的基本财富。至少一半的华北平原,包括棉花种植面积的最主要的部分,以及超过四分之三的、肥沃的满洲平原处于共产党控制之下。由于共产党掌握了少量城市地区,并且与世界市场的联系被切断,所以这些地区的任何粮食剩余可能提供给苏联以交换石油和制成品。

共产党关于农村改革政策演变具有非常重要的政治意义,这一点在第二部分"共产党控制中国的政治局势"中已经予以论述。除了土地改革,中国共产党还鼓励农村合作社的发展,通过垦荒和农村教育推行增加农业生产的计划,组织农村工作队以及进行税收改革计划。这些改革实际效果如何很难确定。关于庄稼产量的报告相互矛盾,但是到过共产党地区的参观者说,传统上生产粮食剩余的地区仍然可以做到这一点,同时贫困地区根本没有改善。总的来说,粮食生产可能类似靠近国统区的样式,而且经历共产党农村改革之后,关于农业产量提高还是降低仍然是一个公开讨论的问题。

2. 工业和采矿业

现有信息表明,共产党区域内不存在大规模的矿物质和制成品生产。除了几个大型工厂以及由共产党经营的、供给军队的军工厂以外,大多数工业组织是由一群工人或者私有个体经营的小型工场,它们被要求向共产党上交一定利润。在共产党占领的像哈尔滨这样的城市曾经存在现代工业,据报道生产处于实际的停滞状态。部分是因为苏联人拆迁工业设备的结果,部分是因为缺乏资本、技术和管理知识、熟练工人、原材料、行销渠道。

虽然华北和满洲很多大型煤矿位于共产党地区,由于采矿设备遭到苏联人的拆迁或者在对日战争和内战中遭到破坏,煤矿产量不高。仍然保留的设备还在损耗恶化当中。几乎所有开采出来的煤炭都用于满洲的铁路、少数的军工厂和锻铁炉以及仍在运作的能源工厂。

虽然共产党现有控制区蕴藏有丰富的矿藏资源,但如果没有获得更多投资资金、必不可少的技术知识和大量熟练工人,以及组织平衡经济的能力,共产党无力去开采它们。没有大量外国援助这一点不大可能完成。

3. 财政

虽然中国共产党在其控制区发行自己的货币,但是主要因为这些地区彼此并不濒临,这里不存在普遍通行的交换媒介。每个地方政府都有自己的中央银行。

由于双方不承认对方货币，共产党和中国国民党货币之间的兑换比率难以确定。不过，兑换交易和贸易在广阔的区域内正在持续进行。私有个体的黄金买卖在共产党区域内遭到禁止，但是据信共产党政府在国民党的城市中进行交易以获得需要的黄金去购买急需商品。虽然不存在官方的汇率，但是需要美元和苏联金卢布的哈尔滨存在着活跃的黑市交易活动。

虽然通货膨胀绝没有国民党中国那么极端，但是共产党控制区域的价格正在稳步上涨当中。经济上必不可少的农业特性，以及工资经常通过以货代款支付这一现实，降低了通货膨胀对大部分人口的影响。

税收政策的特点是：理论上税率随纳税人收入和财产的数量变化。但是根据这些地区的报道，至少一定程度上农民由土地和税收改革获得的恩惠，经常被沉重的谷物征收或其他用于军事目的的生产造成的后果所勾销。

4. 贸易

国民党和共产党中国之间，尤其是在广阔的接壤地带，存在着大量的走私活动。据报道，山东国民党城市的商人把金条输送到共产党区域内以交换青岛和天津工厂所急需的棉花。也有报道说，共产党控制农村地区和华北国民党城市之间存在着兴旺的粮食贸易。共产党使用从国民党渠道获得的黄金，在天津和上海购买像纸张和化学品这类急需物品。

最近报道指出，中国共产党和苏联之间存在着重要的贸易。据信以货易货的协定可能已经达成：用粮食换取制成品。中国共产党和苏联贸易的主要渠道是满洲里-绥芬河铁路以及符拉迪沃斯托克、大连以及北韩的港口。也有报道说满洲和西伯利亚之间通过公路进行一定贸易。

据信，苏联在满洲的目标包括引导这一地区与苏联远东进行贸易。因为苏联的远东工业区必须进口粮食，这样同农业满洲的贸易联系就比较有利可图了。

5. 共产党中国的经济潜力

尽管现在中国共产党控制区域内拥有相当的矿产和工业资源，并且共产党有可能最终实现对满洲全境的控制，但是在漫长的岁月或许是几十年的时间，共产党能够开发这些地区固有经济优势的可能性微乎其微。日本人在这些地区建立的矿山、工厂很大程度上已经被拆迁、破坏或者已经退化到不能使用的地步。另外，共产党缺乏技术和管理能力、熟练工人以及建立工业体系所必需的投资资金。显然，共产党可以利用的优势和资源依赖于获得大量的国外援助。一定程度上这种援助是不可得的，中国共产党可能不得不指望那些通常不被共产党哲学所吸引的人的技术和管理能力。

四、外 交 事 务

作为五大常任理事国之一，中国在国际关系上享有大国的地位，但是例行公事要多于实际情况。中国所要求的这个地位在辽阔的疆域、众多的人口、历史上的重要性以及它参与取得第二次世界大战的胜利上具有一定基础。另一方面，它的军事和工业力量仅仅只是潜在的，在不远的将来没有多少实现的前景。由于国内不稳定和内战，中国国民政府忙于它的存亡问题，因而在外交事务上只能扮演相对弱小的角色。

然而，同二战之前的年月相比，中国目前的国际地位代表着一个显著的进步。在与日本的战争期间，中国得到美国政策的帮助与扶持，跳出了三流国家的行列，成为联合国五大常任理事国的成员。而且在过去五年中，中国达成了一系列新的"平等"协定，将过去100年期间几乎所有的特权和治外法权的残留一扫而光。在对日战争期间，中国的民族主义发展受到了极大的刺激，此后导致其在与外国关系上日渐强调民族利益。中国在裁判权上也有巨大优势；它是联合国安理会五个拥有否决权的永久成员之一。在远东，中国拥有驻日盟军委员会的代表权，并且被认为是远东-太平洋事务的四大国之一。一个略微不切合实际的、支撑中国在国际事务突出地位的因素是一种普遍持有的信念：不管中国不远的将来是多么暗淡，中国将最终成为世界上实际的强国之一。

（一）目前外交政策的缘起

西方文明对中国政治、经济、社会和宗教生活的影响形成了现代中国的外交政策。从19世纪早期开始，西方列强就采用公开形式蚕食中国的领土，而20世纪的开放岁月则暴露了中国的软弱、军事上丧失信用和国际上的名誉扫地。英、法、德、葡、俄、日都侵犯过中国的领土主权。

在长期的受压迫的岁月中，中国的排外主义几乎成为一种普遍情绪。尤其是最近以来，中国对日进行的、始于1931年、持续到第二次世界大战结束的有组织的抵抗，增强了爱国中国人的民族主义情绪。结果现在中国总体外交政策的目标主要是恢复并维护中国全部领土主权。中国急于确立边疆地区的不可侵犯以及消除任何外国对其领土的控制，不仅仅是国家安全需要，也是出于敏感的民族骄傲的坚决要求。例如，香港和澳门归还中国管理的鼓动，不仅仅是因为获得这些地区将会从物质上提升中国经济这种信念，也是由于中国领土理应置于中国管理和控制之下这样的信念。

目前中国外交事务最重要的问题取决于它与两个主要国家的关系，美国和苏联。由于中国和苏联控制领土之间有着漫长的共同边界线，历史上俄国在满洲的战略、经济利益，以及苏联同情中国共产党，苏联构成了对中国安全利益的主要威胁。南京政府正力图维持它与苏联正常的友好关系，而且作为弱国它竭力与其强大邻国达成暂时妥协，通过条约试图解决重要争端。在此过程中它对苏联做出了一些让步，但作为回报它获得了苏联的保证：它将继续承认国民政府对全部中国的主权。

同时，由于美国支持中国行政和领土完整的历史政策，中国希望维持与美国，中国传统的天然盟友的长期友谊。美国是中国最有可能获取外国援助的渠道，而这些援助对于中国的经济恢复以及成功进行抵抗中国共产党的战争是必须的。因此现在国民政府与美国关系的主体就是获取美国援助。

在中国对外关系中，具有相似重要意义的是中国害怕日本再度崛起并主宰远东。作为日本帝国主义的主要受害者，中国急于采取安全措施防止日本军事和工业的复兴，并且希望这些安全措施在未来对日和约中得到美苏的保证。中国对美国对日政策感到焦虑，因为它担心美国会集中精力建设一个强大的日本作为远东稳定的堡垒，同时使得中国相对不受支持。

因为它的内部虚弱不允许采取坚定、一致的路线，所以在对外关系的行为上中国将遵循便宜之计和机会主义。和以前的岁月一样，在竭力维护领土完整和推进外交事务主要目标的实现上，它将继续玩弄利用一国反对另一国的套路。

（二）中国与苏联关系

随着苏联成为目前远东最为强大的国家，成为在该地区唯一具有领土发言权的强国，日本战败颠覆了远东的权力关系。因而，苏联的政策和活动要比其他外部因素更能迅速地影响到中国的安全利益。

中国和苏联控制领土漫长的共同边界以及沿边界而来的压力成为这些年来决定中苏关系进程的基本因素。某些有待解决和一再发生的问题，尤其是外蒙独立、新疆问题、苏联在满洲利益以及最近武装的中国共产党在中国的存在，使得两国政府难以保持友好关系。1945 年 8 月 14 日达成的中苏条约和协定旨在对这些问题提供令人满意的解决方案。鉴于两国不对等的权力关系，中国被迫在很多与苏联不一致的问题上做出让步。但是在正式条约当中，中国设法解决了国民政府的承认问题，苏联立场的明确界定，以及苏联保证不去追求的限制声明。最近中国的行政院长说，中国政府的一贯政策是遵守条约，不给苏联任何背离条约的理由，因为这将会严重危及中国和远东的安全。

条约规定了中苏 30 年的"友好亲善同盟"，共同拥有并管理满洲主要铁路线，中国管理下的大连成为自由港，但有一名苏联的港口总监、苏联拥有超过一半港务设施、苏联在辽东半岛南端的旅顺港建立联合海军基地并由苏军驻守。根据条约，所有这些让步 30 年以后归还中国。条约还包括苏联保证以 "道义支持、军事装备和其他物资来源"援助中国限于国民政府。苏联承认中国对"满洲省的完全主权和它们领土行政完整"，苏联保证不干涉尤其是包括新疆省在内的中国内部事务。作为回报，如果公投证实了人民对这种地位的愿望，中国同意承认外蒙的独立。

条约具有重要意义是因为它清楚指出苏联的忧虑所在，尤其是在像满洲的交通和防御这样的问题上，而这同沙俄时代的利益非常相似。不过，这并不被认为此时不利于国民党中国，因为在其他承诺中，苏联保证不对中国共产党提供物资援助。

中苏条约的所有重要条款，除了不干涉中国内政的承诺，已经在 1945 年 2 月 11 日罗斯福总统、丘吉尔首相、斯大林元帅在雅尔塔达成的秘密协定中有了先兆，而这个协定达成六个月之后予以公布。从中国人的立场来看，雅尔塔协定的公开改变了中苏条约的重要意义，这个条约本应当作为自由谈判达成的条约提交给中国人。苏联承认中国"对满洲省完全主权和它们领土行政完整"与联合控制该地区的设施和防御的让步明显的不相容，承担了其邪恶的重要意义，而这被苏联在满洲、朝鲜以及其他边疆地区不屈不挠行为所证实。这样雅尔塔被视为是中国的耻辱，它的公布是在战争结束后，那时中国希望实现自己的主要目标——恢复在国际事务中的国家主权和独立。

几乎从条约达成之日起，中苏关系的发展就不让人满意，中国对苏联目的的担心相应加大。中国共产党影响力的增强则要比其他任何单个因素更能刺激这些担心。在国内或者国际几乎每个问题上都响应苏联的立场的共产党，对现国民党政权的生存构成军事威胁。另外国民政府受到苏联可能在某时向中国共产主义事业提供大量支持的困扰，实际上它已经谴责苏联的这种行为。这些抱怨的基础是因为苏联从满洲撤军之时，只有中国共产党能够填补真空，使得共产党军队不仅占领了满洲大部分地区，而且获得了大量投降日本人的物资。由于苏联坚决反对国民党军队使用大连作为进军港口，国民政府恢复满洲的努力遭到了阻碍。

苏联在满洲的其他行为也引发国民政府的忧虑。苏军推迟撤出满洲，超出了条约备忘录规定的“最长三个月”，并且当他们最后撤离之时，满洲许多重工业设备被作为“战利品”加以没收。劫掠满洲工业的目的在于一段不确定的时间内，摧毁可能会被用来对付苏联的工业基地。看来苏联还有使满洲再度变成供应苏联工厂的原材料生产者以及苏联产品的消费者的目标。这样它将加强满洲和西伯利亚的相互依赖关系，使得前一地区逐渐越来越难以脱离出来，除非通过一场大规模的暴力反抗。中国遭到拆迁的双重打击，不仅仅是因为它阻碍了中国工业快速的复兴，也由于剥夺了中国合理分享日本赔偿的念头。苏联坚持认为法理上的对日战争还未结束，向外国船只关闭了重要的大连港。只要大连保持关闭，现有贸易必须是从符拉迪沃斯托克向东涌去，向北进入西伯利亚。如果在国民政府的军队不能占领全部满洲和强制调整该地区经济之前，似乎没有什么可以改变始于 1945 年 8 月以来的趋势。

除了满洲，在其他地区中苏关系的发展也不是一帆风顺。1946 年初中国承认了外蒙的独立，而新的蒙古人民共和国与苏联实际上结成了盟友。现有证据的共同之处表明，外蒙古成为苏联用于推动满洲西北和内蒙之间蒙古人分离主义运动的政策工具。在血缘纽带、宗教和所有蒙古人利益群体的号召下，加上中国人完全不恰当地对待少数民族，分离主义趋势得到了推动。

在中国西部，新疆省的部分地区与苏联有着经济上的联系。中国人在整个新疆笨拙地开展工作，无力抚慰当地的突厥部落，加上中国人专注于其他地区更为紧迫的问题，可能使得该省的西北地区最终落入苏联控制。中国人可能会抗议新疆的发展，但是在当前的时局之下，他们除了将他们的见解记录在案基本无能为力。不过，到目前为止，国民政府不能提供任何有力证据：苏联违背了 1945 年不干涉新疆事务的保证。

中苏关系中另一件麻烦事情是目前数以千计在华的白俄难民。虽然这个群体当中年长者极为痛恨苏联，但是在中国出生长大的、年轻一代中的很多人，愿意忘记过去。变化得到了有效的利用，数以千计的个人现在拥有了苏联国籍。关于他们当中的 15 000 人将要被遣返的声明可能是受到苏联打算解救这些公民想法的推动,而这些人可能在晚些时候会有用处(根据可靠报道,看来已有数千的白俄被遣返回国)。

由于缺乏反抗苏联向中国边缘地带扩张的任何武器,以及担心中国共产党地盘的扩大,国民政府经常向美国表述它对苏联的恐惧。但是,国民政府不太愿意采取公开举动使它与苏联的关系紧张。

就苏联方面来看,看来至少它暂时满足于它从中苏条约当中所获得的让步,并在当下维持与国民政府表面上的正常关系。

(三)国民政府与美国的关系

国民政府与美关系当中唯一主导目标看来在于获取美国财政与军事援助。政府官员就中国问题发表的声明几乎毫无二致地指向获取美国援助,在一些例子中有的声明走得更远:如果美国不用行动予以落实,中国将被迫对苏做出新的调整。国民党做出了隐蔽的威胁,尽管传统上中国怀疑且不信任苏联,尽管国民政府发动对中国共产党的战争使得此时这种靠拢几乎不可想象,除非是作为绝望的妥协。

中国急于得到美国援助的证据已经找到了几个表述。中国政府做出表面上的调整(至少部分上)以刺激有利的美国舆论。1947 年 4 月中国政府的"重组"毫无疑问是针对这个目标,但是改组并没有改变国民党对国民政府的控制,暴政、腐败、泛滥的秘密警察继续作为该政府的重要特色。虽然第一次在中国历史上举行了国家层次的大选,但是有些值得怀疑的选举结果仅仅只是加强国民党的统治。1947 年 12 月 25 日中国新宪法的颁布并没有带来任何实践上的变化,因为同时颁布了延长目前政府状态的法令,直到 1948 年 3 月 29 日召开的国民大会选出新的总统为止。

中国急于获取美国帮助的进一步证据在于中国官员对美国南京大使馆做出的一系列表示。美国大使司徒雷登已经一再就局势的危急进行了表述,而中国官员已经表示愿意接受美国对所提供援助管理的控制。尽管官员继续一再声称紧急援助对中国的存亡是必不可少的,但他们也承认改革的必要并允诺完成改革。悲观主义和失望是他们态度的特点。的确,中国政府任何旨在抗击和减缓中国日趋严重问题的行动,看来已经淹没在向美国求援的固执的呼吁中了。

中国国民政府目前确保得到美国援助的努力与中国过去的事件密切相关。最近几年当中,美国曾向中国做出几次友好姿态:比如 1943 年 1 月美国放弃所有在华治外法权。同时美国解决了另一个让中国头痛的问题,当时美国结束了对中国移民的完全限制,取而代之以同其他国家一样的移民限额。1943 年 12 月中美英参加会议以后颁布的开罗宣言规定"所有日本从中国窃取的领土如满洲、台湾和澎湖列岛,一并归还中国"。最后美国带头给予中国联合国安理会五个永久席位中的一个,标志着 1919 年巴黎和会以来中国在其地位上获得的重大进步。

然而,考虑到美国支持中国成为遏制共产主义的缓冲国,中国政府想从美国得到比周期性支付更多的报酬。中国人认为这种政策可能会使中国成为第三次世界大战的战场，一个他们极为担心的后果。国民政府的期望不仅仅在于它获得充足援助改善目前国内危局——虽然它的确希望这样——而且希望美苏解决他们的基本争端，使中国能够同他们以及世界其他部分确立正常关系。中国不想使其问题被视为美苏之间全面冲突的一部分，害怕美国认为可以把中国留在反共的火线上，同时美国立足于日本，扶植那个国家而留下中国尽其所能抵抗威胁。

中日战争末期，美国与中国事件的密切联系导致中国政府此时渴望得到美国援助。日本投降后，国共军队竞相抢占日军正在撤离的地盘，美国轮船和飞机运送国民党军队——很多都是由美国训练和装备的——到中国不同的关键地区接受当地日军的投降。一些国民党军队被运送至华北的战略地区，从这里他们推进至满洲中部。屯扎在中国的大批美军遣返了150万的日本士兵，再加上大约同等数字的、散居在数百个重要城镇的日本平民。

1945年12月，当围绕争夺日军撤离地区所进行的冲突预示着将扩展为全面内战之时，美国派出马歇尔将军作为出访中国的特使，试图找到解决中国问题的方法。马歇尔将军所承担的使命用杜鲁门总统的话说就是帮助建立一个“强大、统一和民主的中国”。调停努力遭到失败，调停当中他得到了1946年7月12日被任命为大使的司徒雷登的帮助。1947年1月离开中国的时候，马歇尔将军宣称：

和平最大障碍来自中国共产党和国民党互相看待对方的、彻头彻尾的、几乎压倒一切的疑虑……就国民政府一方来看，我认为主要反动派反对几乎每项旨在影响建立真正联合政府的努力……为了实现他们的目标，道地的共产党毫不犹豫采取最为极端的手段。

政府和共产党的敌意反映了美苏在华政策的差异。在苏军约定的退兵日期1946年2月1日后，苏军仍然屯扎在满洲。1946年2月26日国务卿伯恩斯不承认授权苏联拆迁满洲机器设备的三大国协定，估计拆迁的直接损失约为8.58亿美元。拆迁实际上等于苏联完全拆除满洲的重工业。苏军撤出满洲的行动如此适时，以至中共获益最大，大批缴获的日军装备在得到许可后落入共产党之手。

在马歇尔将军离开中国后不久，除了南京的顾问团和青岛的海军训练营，所有的美军撤离了中国。1947年1月美国还放弃了对中国内部事务调停的努力。1946年12月美国与中国签订了《中美友好通商航海条约》，这个条约被描述为“两国政府战后签署的第一个全面的商约……包括涉及公司、土地占有、工业资产，原则上类似于最近贸易协定一般规定的商业条款，并对交换管理、政府专营活动和其他事务做出更加详尽的规定”。这个建立在互惠和最惠国待遇原则基础上的国家条约还没有得到批准。

马歇尔将军调停努力的几个月后，A・C・魏德迈将军率领一个使团访华并报道了那儿的局势。1947年8月24日魏德迈发布了严词批判国民政府的声明，号召中国人自己“解决当前面临问题”而非向外国寻求帮助。作为权宜之计，美国国会1947年12月19日就1 800

万的临时对华援助进行了投票。不过援助数额的落实以及长期援华方案的制定,直到1947年年底也没有确定下来。

总体来讲,1947年中美关系的发展趋势出现了新的情况。美国在欧洲和中东采取坚定立场抵抗苏联扩张,而这种立场对中国局势产生了反响。中国共产党度过了成功的一年,改善了军事态势,并在损害国民党的情况下扩大了在满洲、华北和华中的地盘。这样的两种发展显然给中美关系带来关键的当前问题:美国将要在中国采取强烈的反共措施?如果这样,中国局势就被赋予了特殊性,这些措施应当采取什么样的形式呢?具有强烈民族主义的中国人抱怨外国的监管(1945年底和1946年中国普遍的反美情绪提供了这方面的一些证据),并且已经怀疑美国扶植一个强大的日本作为对抗苏联的堡垒,而让中国置于无助境地。这些问题以及解决它们所做的努力,预计可能将成为未来中美关系的特点。

(四)国民政府与日本关系

这种根本的、根深蒂固的恐惧,即日本会再度崛起,用其所有相伴的邪恶发动对中国的侵略战争,推动了中国对日政策。这种恐惧感存在于中国对日本人严明的纪律、团结和发展诉求的隐隐的担忧之中,而这些很大程度上又源于日本在现代所取得的引人注目的成就。与此同时中国人敏锐意识到自己在这些必要条件上的缺失。中国人的担心在两个主要方面表现出来。首先,中国日渐担心美国在亚洲寻求一个友好、强大、稳定的势力的过程中,从中国转向日本,把日本作为一种选项。中国相信美国官方圈子有一股正在增强的趋势倾向于这种选择,如果可能的话它试图劝阻美国避免这一路线,使之相信中国可以继承日本过去在远东的主导地位。

中国对日政策的第二股推动力量与第一个密切相关:中国担心其一度强大的邻国可能再次实现在亚洲的工业优势。如果这样的话,中国感到在亚洲就经济重要性而言它将被归入二流的位置。对这种后果的担心可能促使中国尽其所能地利用其影响力,阻止日本成为一个强大的工业国家。不过中国意识到,与日本的一些贸易,尤其是日本制造的廉价消费品和工业品的输入,随着它们变得逐渐可以利用,将会有助于缓解中国目前紧迫的经济局势。

中国也意识到日本的地缘位置:控制着黄海和日本海的出入口,构成了对中国安全的威胁。或者由于日本军事力量的复兴,或者由于共产党最后控制了日本,日本建立一个抱有敌意政府的可能性继续成为中国担忧的一个原因。中国新闻舆论尤为担心日本的再度入侵,而且最近警告说日本财阀的力量没有被打碎,战犯没有得到惩治,并且日本依然野心勃勃地想恢复以前的地位。

关于对日和约问题,目前中国处在美苏互相冲突的利益当中。苏联建议召开外长会议进行研讨,出席的四国任何一个都有否决权。另一方面,美国建议召开十一国会议,以三分之二的多数通过决议并且各国没有否决权。中国力图在两种立场当中找到共同立场,建议召开十一国会议,中、苏、美、英拥有否决权,这种模式类似于远东委员会的框架。但是英国拒绝了中国的建议,目前局势发展陷入了僵局,而中国坚决要求否决权。围绕和约议题的目前僵持局面可能会持续一段时间。

只要存在获取援助的可能性，将来中国将毫无疑问继续寻求美国援助，并且在任何像对日和约这类主要问题上，中国将不愿反对美国立场。另一方面，中国非常清楚苏联在朝鲜和满洲问题上的强硬立场，为了使条约得到所有强国的认可，中国力图使苏联参加和会。中国官员说苏联就和约谈判向中国政府施加"不懈的压力"。

中国是否对苏联不参加和会保持超然，看来一定程度上取决于美国对中国长期前景的保证。但是，毫无疑问中国意识到实现对日和平的特质将会严重影响其他的安宁，因为这关乎中国长期国家安全。因而，中国将小心从事。

关于对日本将来地理的限制，中国相信正如开罗宣言所宣示的那样，日本应当被压缩为只剩下四个主要岛屿。由于在库页岛没有特殊的利益，考虑到政策的连贯性，中国可能会反对将南库页岛归还给日本。中国已经宣称要求获得琉球群岛，并且毫无疑问在和会上将表达这个要求。中国举出的支持这个要求的辩证有：对战略目标而言，琉球对中国不可或缺；中国有历史和人种的理由索要这些岛屿。但是，中国现在并不具备在海外承担管理和保护职责的能力，并且历史和人种的证据更有利于日本要求对这些岛屿的控制。因而中国的要求可以归结为：出于威望的动机，并因而希望维护其"大国"地位；希望将中国普遍的注意力从国内暴政和腐败上转移出来；将之作为在对日和会上讨价还价的一个要点。

中国可能将力图通过条约使对台湾的占领合法化；获得日本对华治外法权、特权、在华租界的放弃；确保目前要求获得40%的、主要来自目前日本生产的赔偿。

从上个世纪最后十年以来，中国对日俄在朝鲜的野心感到忧虑，当时所有这三个国家均为帝国，中国清楚对半岛潜在的、怀有敌意的控制，将构成对满洲和华北的威胁。现在随着日本在朝鲜统治的终结，中国对苏联在那块土地的预谋抱有更大的疑惧，因为相应于它的帝国前任，苏联的野心和能量都更大，而且它还利用当地共产党来推动它的计划。

开罗会议、波茨坦公报以及1945年12月的莫斯科外长协定都宣称一个独立的朝鲜将会缓解中国的恐惧。但是随着苏联主导的北朝鲜政权的成立以及苏联对其的最终承认，通过坚持在这个地区进行大选，要求美军留驻以保护正式民选政府，中国自然而然地做出疯狂努力至少要避免南朝鲜被吸纳进苏联的势力范围。中国认为联合国的任何举动没有实际价值，并且导致不明确的延误，使得苏联获得时间改善它在朝鲜的处境。同时中国希望迫使美国采取积极立场以阻止苏联在满洲和朝鲜的目标。

（五）国民政府与英国的关系

中英关系中唯一有待解决的争议是将香港归还中国统治的问题，而这是恢复全部中国领土主权权利全面运动中的一部分。虽然中国还没有就归还香港向英国提出正式要求，但是官员在新闻发布会以及演说时的不时的鼓动，从而使得这个议题保持活跃，而且经常用作分散公众对国内问题的注意力。

目前香港对英国具有相当的商业重要性，尤其是考虑到战后英国对外汇的渴求，在交易中香港提供的开放市场机制,也由于英国远东帝国变动的格局。而且香港作为海军基地有一定的价值;它拥有一流的船坞、仓库、配发中心;在英国管理之下,它成为中国暴政和混乱荒漠当中一块稳定、安全、真正的绿洲。由于它的经济繁荣,对中国来说,香港在英国人治下可能要比移交给不能继续目前诚实和有效的管理的中国人更有价值。这一事实得到了中国利益集团的承认,对他们来说,香港代表着在中国其他地方很少能碰到的、在盈利的基础上从事正当生意的机遇。这些利益集团对中国政府的影响可以部分说明中国为什么没有正式要求英国归还香港。

然而,大量的走私从香港(它是一个自由港,除了征收一定的货物税)进入中国领土。而且,香港的交易存在大规模的黑市和不合法贸易,超出了中国政府的势力所及。因此政府竭力与香港当局就弥补性和预防性措施进行谈判。顺便提及的是,如果在香港的中国居民(构成了居民的绝大多数)中间举行自由和秘密的投票,或许可以肯定地预测结果将是几乎一致支持维持英国的管理。

自从战争的岁月之后,英国在华的角色已经变得逐渐今不如昔,到了现在英国已经没有足够的权力和资源在世界的那块土地上推行强硬和独立的政策。总的来说,英国打算与美国的对华政策保持一致。1943 年英国与美国同时放弃在华治外法权。1945 年英、美、苏签署莫斯科宣言,承认由扩充后吸纳了民主力量的国民政府领导一个统一的中国的必要性,并承诺不干预中国内部事务。

然而,目前英国担心苏联的卷入,而这种担心以及它在其他地方的承诺和忧虑,加上国内紧张的经济形势,将可能排除英国对中国事务的积极参与。英国希望恢复与中国的正常贸易关系,并且明显对中国的经济困境表示焦虑。不过,此时英国不可能给予中国大量贷款。

虽然英国在华权势下降,但是英国在该国的商业将继续是一个难以对付的竞争对手。在一个世纪的英国与中国贸易中,它的主题就是充当开拓者,在商业的主要领域保持长期的优势;在银行、海运、造船、机器和其他商品进口、纺织、保险、中国商品出口。因而英国公司对具有特殊性和微妙性、普遍复杂的中国市场有着独特的把握。英国人的诚实、调适和灵活赢得了中国顾客的尊敬和信赖。正如前面谈到的,香港是推动英国在华经济发展的宝贵财富。

英国喜好的另一特点是这一事实,即它的工厂适合生产质量和种类差别悬殊、数量有限的商品,而非是美国盛行的大规模生产。因而英国能以具有竞争力的价格、品种繁多、数量有限的商品满足中国市场对时髦商品大量的需求。

将来香港问题和商业问题可能将继续主导中英关系。在让人感到振奋的时刻,中国鼓动归还香港可能继续定期地爆发。但是中国是否会向英国正式提出建议要求归还这块殖民地,很大程度上取决于中国内部稳定这一广义问题,以及国民政府对整个这块土地行使有效统治的能力。在可以预见的未来,英国无论如何不大可能会放弃香港。

重建英国战前广泛的对华商业联系的第一步已经迈出。按照最近中美达成的相同的路线，商业条约正在中英两国之间进行讨论。一段时间以内像内河航行权、沿海航运、归还英国财产以及上面提到的香港的非法活动这类问题将成为中英两国之间的主要焦点。英国在华拥有广泛经济利益，而中国人拒绝任何外国舰船从事沿海、内河贸易，以及对这些利益活动的限制性措施，英国企业和投资损失非常惨重。估计英国可能会继续努力恢复正常的沿海和内河运输。

（六）国民政府与印巴的关系

中国作为所谓的“大国”和新近独立的主权国家印度、巴基斯坦自治领，相近地意识到提高国际威望的重要性。前两个国家都是泛亚细亚主义的代表，在阻止西方继续或者维持在东方的统治或者西方推行的种族歧视政策的运动中，承担了领导的角色。毫无疑问巴基斯坦赞同这一原则，不过是以一种消极的方式，其认为它的核心利益要求它与西方国家政策保持密切的结合。

不过中国普遍的日趋衰弱以及印巴之间两败俱伤的冲突，加上大量政治、经济、社会、军事因素，将继续迫使所有这三个国家政府面向西方国家，尤其是倾向美国的政策。即便这有时意味着要把它们自己的判断置于从属地位，或者就具有共同利益的问题采取不同的立场。

因而在可预见的未来，估计中国和印、巴自治领的政治和经济关系不会有什么明显的发展。南京和新德里已经设立了大使馆，并且中印商约现在正在谈判当中。

据报告说，中国新疆省的一部分穆斯林鼓吹与接壤的穆斯林国家阿富汗和巴基斯坦建立密切关系，但是据信这一部分人力量弱小，而且没有强大的政治力量。

（七）国民政府与东南亚国家的关系

东南亚长期存在的华人少数民族问题是远东国际摩擦的一个根源，它在日本投降以后获得了新的关注。该问题涉及大约450万中国人以及数百万之多拥有部分中国血统的人，多年来这些人已经在东南亚国家占据了不同寻常的、强大的经济地位，很大程度上是因为他们主导了零售贸易。即使是在日本人长期占领期间，中国人维持着这方面的强势地位。

海外华人成功的经济活动，以及他们偏爱生活在孤立的政治文化集团当中并保持着与中国的强有力联系，是让东南亚土著感到头痛、反复发生的一个根源，而且在很多情况下导致当地政府强行推出限制性措施。日本投降以后，伴随着这一地区民族主义浪潮的是痛恨继续坚持他们自己的国籍、风俗、语言、固执地拒绝同化、异类中国人情绪的复活。荷属东印度、马来亚和泰国已经发生了排华的暴动和游行。在菲律宾，独立日之后出现了日渐激烈的反华宣传活动。在所有的东南亚国家，公众舆论要求官方限制中国移民、双重国籍以及政治和经济活动。

不管是在战前还是日本投降以后，中国政府通过外交照会、宣传活动以及别的特殊措施试图去保护它的海外国民免遭歧视和虐待。但是,随着它专注于中国自身不利的政治和军事局势,它的努力遭到严重削弱,而且由于这个原因它没有代表海外华人少数民族制定和执行明确的保护政策。而且,实际上对国内事务感兴趣的华人自己也像国内一样分裂成同样的政治派系。东南亚强大且敌对的国民党和共产党组织的存在,不仅加剧了当地人的反感,而且也阻止了海外华人结成联合阵线抵抗当地压力。最近,中国政府基于双重国籍的概念,打算允许海外国民参加 1947 年 11 月举行的中国第一次国家选举,加剧了当地政府对中国人的不满。东南亚的当地政府抗议任何旨在使华人参与大选投票的计划,视为侵犯了居民所在国的国家主权。

虽然现在国内局势不利,估计代表海外少数民族的国民政府会在将来做出更多的努力,而他们代表着宝贵的经济财富以及扩大中国在东南亚影响力的潜在工具。毫无疑问,这些努力将会遭到东南亚民族主义集团的强烈反对,并受到中国内部冲突及其海外所对应团体的阻碍。另一个复杂情况是中国国民政府面对着一个基本矛盾:一方面希望领导东南亚国家摆脱殖民统治实现自由与独立,另一方面则是这些地区的华人国民需要得到祖国的保护以开展他们的商业活动。今后这个问题仍会摆在中国政府面前,并造成一种不能轻易解决的困境。

前面谈到的前提基本适用于整个东南亚的中国社区,但是还是有其他特殊因素添加到这一少数民族问题上,而且各个国家是不一样的。

1. 印度支那-中国

日本投降以后,中国的政策是旨在建立一个中国影响占支配地位的政权,或者甚至是以中国直接控制形式的政权。主要目标之一是阻止共产党影响扩大以及胡志明领导的、共产党所主导的政权的可能出现,而胡志明的越盟(越南独立联盟)已经在日本投降以后攫取了权力,据说越盟存在共产党从属关系。

但是,1946 年中期随着占领该国北部的中国军队的撤离,以及中国内部困难的增加,中国政府已不能为推行这种政策而施加必要的压力,而且现在它已经不能发挥很多影响力以支持该国要求权力的任一敌对方。如果胡志明宣布自己将公开反对共产党并支持给中国专门的经济特权,中国政府将会选择胡志明。

2. 泰国

中国对泰国的政策主要是基于目前泰国存在大批相对不愿同化的中国人,而这些人主要集中在曼谷及其周围。他们对泰国经济强有力的控制,使得中国能够对泰国政府施加沉重的非官方压力,以提高泰国华人的社会和经济福利,并使中国在中泰协定谈判当中处于有利的谈判位置。

1946 年 1 月之前,即《中泰友好条约》签署之前,出于担心正式任命的中国官方代表可能会成功地将不同华人派系整合成一个能够给泰国政府带来巨大麻烦的整体,泰国一直避免同中国建立正式的外交关系。除了互派大使并建立每年 1 万个移民配额,两国政府没有认真尝试贯彻友好条约。

目前泰国政权在 1947 年 11 月颂堪①将军发动政变后上台，由于颂堪过去的记录，这个政权已使中国外交部碰到了极为严重的麻烦。他以前的政权（1938～1944）以排华立法和公开歧视中国商业而闻名。

3. 印度尼西亚

由于荷兰共和国关于印尼的分歧还未解决，中国政府的官方的态度主要是担心印尼至少 50 万华人的命运及其在爪哇和苏门答腊的既得利益。在荷兰执行"警察行为"过程中以及 1947 年夏对共和国推行焦土政策，中国遭受了这一破坏的冲击，生命和财产都遭到损失和破坏。虽然中国外交部通知受到影响地区的国民要严守中立，同时向荷兰和共和国官员提出了正式抗议。

4. 菲律宾

由于菲律宾国会一系列的民族主义行为、提案和菲律宾高等法院主要针对华人的法令，战后中菲关系一直很紧张。其中最为剧烈的行动之一是导致吊销马尼拉市场 1 000 名华人业主的执照。中国政府对这项法律的执行正式提出抗议，这项法律被认为是一系列旨在将零售贸易国有化以及排挤控制这片岛屿 80%商业的中国人的第一步。另一项后来被总统否决的提案，要迫使华人拥有的企业将他们薪酬的 60%支付给菲律宾人员。

菲律宾国会还威胁进一步压缩中国移民，现在每年限定为 500 人，而且政府还是拒绝同意数千在战争期间滞留中国的前中国永久居民入境，尽管联合国善后救济总署和联合国难民署进行了呼吁。

最近菲律宾高等法院裁定，即依据菲律宾宪法，外国人严禁获得居住土地，进一步加深了这股立法潮流的影响。虽然有这股潮流，但是中国政府承认了新共和国、互派外交使团和领事官员、批准友好亲善条约、并继续就双边贸易和经济协定进行谈判。

5. 马来亚

华人是马来亚最大的单个种族集团，相应于经济上的巨大利益，华人也是当地最有政治觉悟的人口群体。目前所有的华人政治团体反对基于排他性的公民权法律而新成立的马来亚联邦，这些法律没有根据中国人的数量和既得利益赋予他们在政府中的相应代表权，而且因为大量华人居民的新加坡没有被纳入联邦。

6. 缅甸

中国和缅甸存在着长期的边界争议，而且最近几个月中国正在围绕争议边界积极地准备调查、安设界标并在当地设立新的税卡。虽然双方就争议做出了有点沙文主义的声明，但是最后结果可能将是略微有利于中国人的妥协。

中国在争议上的妥协将决定缅甸政府在这些其他问题上的态度：与缅甸人合作阻止华人通过北部边界在缅甸的非法走私活动；缅甸重新考虑管理和限制华人在缅甸经济活动的

---

① 銮披汶·颂堪（Luang Pibul [Pibun] Songgram，1897～1964），泰国军人政治活动家，两任内阁总理（1938～1944，1948～1957）职。——译注

措施。最近在南京和仰光设立的外交使团将有助于所有这些以及其他问题得到友善解决。

(八) 中国参与国际组织

最近中国正在积极参与国际组织,希望通过国际合作寻求比内部力量所能承载的更具影响力的世界角色。1944 年它参加了敦巴顿橡树园会议,并在 1945 年成为联合国最早的成员。在联合国宪章条款之下,中国在安理会拥有永久资格,并且因而在托管委员会和军事参谋团也是如此。另外它在原子能委员会、经济和社会理事会、秘书处、专门机构以及国际法院也有着重要地位。

作为联合国成员,中国支持修正否决权,建立一支有效的国际警察部队,扩大托管计划的应用范围。1947 年秋第二次大会的年度会议上,中国通过建议扩大不能否决的程序性事务的范围,以及阻止利用否决权妨碍安理会对特别大会的要求,来尝试打破安理会否决权的瓶颈。“小型联大”也得到了中国的积极支持。随着中国代表被指定参加耶路撒冷六国工作组、巴尔干专门委员会以及朝鲜独立委员会,中国的国际责任扩大。在本届联大上,中国竭尽所能地投票支持美国,不过在一些容易引起争议的问题上采取了独立立场,包括在巴勒斯坦分割问题上,中国避免投赞同票,而对谴责南非虐待印度人的决议中国予以赞同。

中国还参加联合国不同专门机构的国际会议。中国主席主持了 1947 年联合国亚洲和远东经济委员会的两次会议,并为会议内部的协调和团结进行努力。但是中国在这些会议中倾向于充当更多的消极角色,而非发挥主动性。

作为五大国和安理会永久成员之一,中国的地位同它的内部实力及在国际事务上的有效量不成比例,并且很大程度上中国的国际地位是通过美国的善意帮助获得的。与其盟友和世界相比,中国的地位和抱负总的来说属于威望而非真正实力。在它没能解决紧迫的内部问题之前,中国不能指望从刚刚获得的国际地位中获取充分的好处,而这些问题不仅仅是由日本侵略所造成,也由于它不能解决自己的内部政治争议并建立一个诚实能干的政府。

中国在联合国与美国的结盟,基于希望美国再度更加强劲地保证并支持中国主权和领土完整。中国是唯一毫无保留的接受美国这一计划的大国,即联合国原子能委员会应当完全负责控制所有大规模杀伤性武器。它还默许美国对在太平洋中部前日本岛屿属地托管权的要求。

五、军 事 形 势

日本投降后在中国差不多两年半的内战中,国民政府军队在与中国共产党的斗争中经历了从进攻到防守的转变。国民党领导人过去所持信念即中国共产党可以通过武力予以根除,已经被放弃,而且他们意识到国民政府现在正在进行生存的斗争。

开始国民党尚能占据某些重要据点,但是现已不能控制并利用他们的全部所得,不能打通并管理主要铁路线,不能对付并击败共产党主要部队。相反,共产党在战斗力没有严重削弱的情况下，灵活地从某些地区撤离。他们令人震惊地精通于游击战，能够孤立并且歼灭或者俘获大批国民党军队。之所以如此是因为共产党利用了国民党的几个突出的弱点：普遍高估自己实力的倾向、腐败和专业军事水准低下的司令官、及缺乏工业和交通支持。共产党能诱使国民党进入漫长且难以防御的阵地上，在不利于自己的情况下避免决战，并对国民党阵线进行渗透以在其后方建立活动区域。

1947 年共产党抓住了战略主动性并将内战从满洲和华北扩展至国民党以前认为安定无虞的华中地区。看来共产党已经具备了向中国迄今尚为安定的区域进一步渗透的能力，而国民党除了迟滞这种发展之外束手无策。随着国民党控制的主要区域和军队遭到彼此之间的孤立，以及和供应基地的联系被切断，国民政府军事力量的衰微预计将继续持续下去。

（一）内战，1945～1947 年①

1945 年 8 月 14 日日本投降以后，国民政府和中国共产党展开了占领日本人所控制中国区域的竞赛。与散布在华中和华北整个日本占领区的共产党相比，与日军的接触主要靠近华中和华南的国民党处于地理上的劣势。由于初期阵地上的优势，共产党能够接收大批日军的受降并控制了山东、甘肃、河南、安徽、河北、山西、陕西、察哈尔、热河省大片地盘。国民党通过美国协助运送部队，控制了扬子江以南的辽阔区域以及北方大的城市中心。在这期间，苏军占领了满洲。

对于国民党来说，很有必要以扬子江流域为基地，向北发动对共产党区域的进攻，主要目标是打通南北主要铁路干线，运送并将军队部署在有利阵线上，以便努力争取重新获得满洲的工农业财富。但是随着 1946 年春天苏联从满洲撤出占领军，国民党并没有打通任何南北铁路线，而且面对着大批上一年秋天和冬天组建于满洲、至少得到了苏联的许可的共产党军队。当国民党军队向满洲推进时，尤其是在四平街，爆发了惨烈的战斗，但是到了 1946 年 5 月国民政府军队已经成功地将共产党驱赶到松花江以北，并在沿河一线建立了比较稳固的阵地。这些胜利所造成的结果是，国民党打通了北平-奉天的铁路以及向北远至松花江的老南满铁路。

这一阶段国民党在南方也取得了一些进展。他们迫使共产党跳出汉口北面的口袋，并控制了除北部的甘肃省以外、扬子江和陇海铁路线（中国主要的东西铁路纽带，大致沿北纬 34 度分布）之间的地区。虽然国民党控制了陇海线，打通了青岛-天津的铁路线，但是他们仍没有成功实现他们的主要目标：打通南北主干线津浦线和平汉线。共产党虽然实际上主要进行防御作战，但是他们仍能扩大从山西省到山东沿海整个华北的辽阔带状区域。

国民党进攻优势持续到 1946 年下半年。国民政府军队获得了交替易手的、经由承德的北平-奉天铁路沿线的道路优先权，攻占了共产党张家口根据地，推进至满洲的朝鲜边界，并且攻至辽东半岛靠近苏联控制的旅顺军港一带。共产党仍然进行防御作战，面对正面进攻

① 原注：这份文件得到了国务院、陆、海、空三军情报部门的认可。

节节后退,通过避免决战保留了战斗力,而且坚信国民党过度扩张将严重削弱他们自身实力。

从 1947 年初之后,国民党就没有取得什么主要和持久的胜利,同时共产党则取得了战略主动权。内战进程的这种易位被共产党在满洲发起一系列日益强大的攻势以及削弱并扭转国民党对山东的进攻所证实。1946 年冬天和 1947 年初春,共产党在满洲发动了四次攻势作战。这些攻势规模相对较小,进攻主要位于长春-吉林地区,旨在消耗防守国民党突出部北面的重要部队新一军。但是 5 月初开始的第五次进攻,覆盖了更广阔的地域,延续的时间也更长。这次进攻吞噬了国民党占领的大部分满洲地区,迫使国民党军队撤退至大城市,降低了部队士气和战斗力,使共产党则获得了大批粮食和战争物资。共产党 6 月底停止进攻时,他们没有退回到松花江以北所建立的根据地,而在奉天-长春铁路沿线国民党受到压迫的突出部的每一个侧翼建立了新的根据地。

在丢掉前些年赢得的很多地盘之后,1947 年夏季期间国民党向满洲派出增援部队,更换了指挥机构并迎来了共产党的另一次进攻。但是,共产党在 1947 年 9 月底发动的第六次攻势证明这次的调整并不比以前好。虽然共产党没有占领多少多余的土地,但是他们获得了大量粮食储备,严重破坏了刚刚修复的奉天-长春和北平-奉天的铁路线,而这正是他们这次进攻的最初目标。他们使国民党蒙受了重装部队和物资上附加的损失,仅部队损失数量可能就相当于 5 月攻势后派往该地区的全部援军。11 月中旬第六次进攻结束之时,国民党在满洲的地位变得更加不稳固,但是共产党也没有能够攻占国民党任何主要据点。

1947 年最后几周的共产党第七次进攻取得了进展。尽管有严寒,但是共产党军队第一次进攻了奉天近郊。仅限于几个大的城市地区、几乎完全依赖空运补给的国民党的经济和军事困境要比以前任何时期都要突出。

1947 年在中国其他地方,2 月国民党攻占了共产党华东总部临沂(山东省南部),3 月占领了共产党中心延安,并在 10 月占领了共产党主要港口烟台。烟台收复是国民党山东攻势作战的顶峰。但是国民党不能利用这些胜利,因为即使是在烟台陷落之前,共产党已经开始穿过陇海铁路向华中运动,最南远至扬子江一带。新的威胁迫使国民党重新部署山东军队,从而放弃了很多新赢取的阵地。共产党南向突围很快就演变为全面的南下运动,1947 年底共产党在华中已经站稳脚跟,以致国民党需要组织一次重要的攻势以驱逐共产党。这样的一次进攻可能超出了国民党目前的能力。

(二)中国国民政府的军队

1. 起源

中国国民党的军队起源于 1924 年国民党在广州附近的黄埔建立的一个小型军事院校。蒋介石领导下的这个学校,为 1926～1928 年的北伐培养干部,使得在蒋领导下的国民党控制了中国政府。苏联和德国军事顾问为训练蒋的新军做出了相当的贡献,但是 1927 年春,在国民党牢牢控制了扬子江流域以后,国民党开始“清党”。作为将共产党从国民党中间驱逐出去的血腥清党的一部分，苏联顾问遭到了驱逐。

紧随苏联顾问团之后的是不同时期德、英、意、美的军事顾问团。这些给国民党军队打上了相应国家军事制度印记的外国顾问有说服力的、持续的存在，很大程度上要为今日国民党军队复杂的、马赛克式的外观形象负责。

就目前利害关系而言，这些外国顾问团中最为重要的是美国顾问团，其在对日战争和战后的活动，给国民党军队的构成带来了重要的变化。根据 1942 年 6 月 2 日租借法案的条款，美国凭借中国的人力资源和美国的工业力量，承担起缔造出一支紧凑、高效的部队的任务以充当针对日本、进行庞大、全面钳型调动的大陆军队。尽管有史迪威、陈纳德、魏德迈将军在印度、缅甸和中国的努力，这项计划从来没有得到大规模的发展，因为优先权放在击败欧洲的德国，以及后来重点放在对日本的两栖作战上。

1945 年美国程度不一地训练并装备了 13 个军(每个军 3 个师)，八又三分之一的空军大队，以及一支小型现代海军。虽然这个计划没有完成，但是这 13 个军开始代表着国民党军队最为优秀的攻击力量。不过在两年多的内战当中，军事战斗已经把这些部队的战斗效力降低到和最好的中国师一样的地步了。

名义上是通过国防部的国军指挥体系，经常由蒋介石委员长直接影响战地司令长官，而且有时直接影响战区司令官。战地指挥极为繁冗，不过目前国民党正在进行努力以克服这一点。命令在下级会遭受传统的军令不畅，战区长官有时会由于他们上面指挥链的压力否决当地的动议，甚至委员长也会经常干涉战术事项。

2. 力量和部署

到 1948 年 1 月 15 日，国民党的地面部队数量估计有 272.3 万人，编为 162 个师；战术部队大约有 220 万人，其中 190 万人直接与共产党作战。扬子江和黄河(包括山东)之间的华中战场大约有 100 万战术部队，同时华北有 62.5 万人，满洲有 28.5 万人，而在扬子江以南地区仅有 7 万战术部队。

由于国民党军队没有合适的征兵体制，也由于各级长官长期普遍习惯于虚报名单、捏造报告，因而很难获得确切的统计资料。

3. 兵员素质

中国所有军队的基本兵员来自农民。一般来讲，中国农民缺乏教育、营养不良、缺乏技术和机械技能，并且对这样技能不感兴趣。另一方面，他们天资聪明，适合艰苦劳作，并且出生后就已经习惯了命运的艰辛。对那些向他们提供衣、食和战利品、个性鲜明的领导者来讲，他们会至死不渝地效忠。虽然他们是制造优秀士兵的原材料，但是他们的潜能没有得到充分的发挥，这是因为对他们的训练并不充分、装备不足以及长官才干平庸。

多数军官出身于比较富裕的阶层，比如带着自身优越偏见参加军队的地主或者城市居民。实际上国军领导阶层由政治私利而非军事能力所决定，而且善于贪赃枉法，职业水平低下。

缺乏经过周密考虑、为何原则而战的灌输教育(国军士兵)，不足和过时的训练方法，匮乏、简陋的衣食供应，以及腐朽残忍的征兵方式，进一步阻碍了国民党士兵潜能的发展。

4. 交通

铁路、公路、内陆和沿海航道以及空运线是国民党军队的基本交通路径。正常时期华东和满洲的公路和铁路网足以满足军队需要。然而,日本投降以后,只有广州到汉口、上海到南京的铁路线可以经常保持畅通。扬子江以北的铁路要么是经常被共产党切断,要么是很容易遭到间歇的、破坏性袭击。日本投降以后,国民党已经不能控制这些主要南北铁路干线的交通,即:风陵渡(黄河大拐弯处)到大同;汉口到北平;浦口到天津;以及大连到哈尔滨。其他南北和相连的横向线路遭到时间长短不一的中断——几小时、几天、或者几个月——由共产党炸毁桥梁、破坏机车、拆除铁轨、烧毁枕木以及在路床上开挖沟渠所造成的。交通部发现已经日渐难以修复这些破坏。每成功修复一个共产党的毁坏点,铁轨、枕木、沙石料和机车的短缺都变得愈发严重,从而降低了这种运输手段的效用,短途运输除外。

最初为中国公路普遍缺乏全天候路面所困扰的公路运输,因为汽油、润滑油、轮胎和零配件的短缺,被共产党的破坏活动、公路车辆价值减少所进一步削弱。这些因素加大了水运和空运的重要性。把盛产粮食的湖南、四川以及重庆、汉口的兵工厂同沿海连接起来的扬子江具有极高的重要价值,而几乎是唯一能够往华北和满洲输送部队和大宗物资的沿海航运也是如此。小火轮、货船为这种运输提供了有限的基础。然而,1947 年 9 月后,沿共产党长江北岸的袭击使迄今安全的扬子江航运遭到干扰。

中国的大城市有飞机场,很多适合运输机的起降。这种方式被用来运送国民党军队长官,并且可以在急需时刻向受威胁地区输送部队。除了速度,空运最大的价值在于共产党目前没有办法进行干扰,除非它控制飞机场。

5. 武器弹药

国民党军队的基本单位是步兵团;基本武器是步枪和机枪。这些武器以其种类繁杂而闻名——日、德、丹麦、英、捷克、苏、美制造的武器都有。每个国家武器的枪膛和子弹都有各自独特口径。1945 年接受美国装备的部队中,其武器包括 30 口径(M 1917)步枪,30 和 50 口径的机枪,汤姆逊轻机枪,60 和 81 毫米迫击炮,75 毫米口径的榴弹炮,火箭和榴弹发射器,37 毫米反坦克枪和 55 口径反坦克枪。国军其他部队的装备要比这繁杂的多,包括 6.5 毫米(日式)和 7.92 毫米(德式和中式)步枪,6.5 毫米和 7.7 毫米机枪(日式),7.92 毫米机枪(中式马克沁),70 毫米迫击炮(日式),82 毫米迫击炮(中式),还混杂有 75 毫米的其他来源的迫击炮。所有部队依赖平射武器和迫击炮,其中 75 毫米口径榴弹炮是应用广泛、口径最大的炮兵武器。

美械装备的部队拥有国军中最为强大的火力。但是最初配发的弹药很多已经消耗殆尽,而中国只有一家军工厂的设备可以生产美式弹药,因而这些由美国发展、依赖美国武器的部队的战斗力正在下降。

对那些拥有日、中、欧造武器的部队来说,弹药问题虽不像美械部队那么紧迫,但也受到大规模外国供应渠道缺失、必须依赖国内不足生产的制约。

鉴于中国军工厂现有生产和储备的不足,个别部队司令官甚至当战术有益之时,拒绝完全动用自己的火力，或者是消耗前来支援友邻军队的物资，使部队长官手中的军火得到必要的保留。因而，每日国民党军队弹药消耗量要大大低于美军(估计是1：2)。当然这会对部队的战斗效能带来负面影响。

6. 空军

组建于20世纪30年代初期的中国国民党空军，在军品和人员训练上一直完全依赖外国。第二次世界大战期间，当一部分国民党空军力量被分配到中美联合空军之时，早期苏联和意大利的影响力消退了。与美国军人联合行动抵抗日本人，以及在美国空军基地接受训练，给中国军人提供了现代空军技术方面丰富的经验背景。

根据中美战时条款，美国计划帮助重建由八又三分之一支战术和运输机大队组成的国民党空军。美国提供飞机并培训必要的战斗和维护人员。1946夏之前，当从美国往中国运送战斗机和零配件终止结束之时，美国按要求移交了75%的飞机，建立了一支包括550架飞机的战术力量。此后国民党空军在少量外国援助的情况下运作，因而规模缩小。

截止到1948年1月1日，估计国民党空军有总计472架战斗机，其中201架能够使用。这些飞机型号有：P－40's，P－47's，B－24's，C－46's，C－47's。1947年7月，全部空军力量有102 470人，飞行员大约有1 473人，1 700名接受过培训的维护人员。

接受过美国培训的空军人员在培训结束的时候，和美国空军人员一样具有相似的高超的专业背景。但是，由于经常必须保养可用飞机，一般战斗机飞行员每月只能飞行三个小时。他在白天天气晴朗的条件下飞行，低海拔飞行不在训练范围之内。他的技能相应地退化。维护人员缺乏必要的维修器具以及替换配件以完成被视为符合美国标准的、有效的维修工作。1947年中期之前，由于扩大了在偏远、设施落后的机场起降飞机的操作，有时没有服务人员，并且经常是在不熟悉、不关心空军问题的陆军司令官指挥之下，国民党空军的力量遭到进一步的削弱。不过蒋介石将一些空军部队置于空军军官直接指挥之下，这一困难部分上得以克服。

目前空军的价值一方面很大程度上在于运输功能，也在于能给予针对共产党地面行动的有限战术支持。虽然空军严重夸大了上报的伤亡数量，但是在一些战例当中，它的活动使共产党限于夜间行动，并且降低了共产党的士气。另外它被用来阻止共产党军队和炮兵攻击防守严密城市所必需的大规模集结。

现在中国缺乏必要的资源和技术能力去维护像预期的八又三分之一个大队计划的空军力量。估计，在没有进一步外界援助的情况下，到1948年中期，自然和战斗损耗将会使国民党空军战机部队有效丧失战斗力。免除了战斗损耗的运输部队，将会支撑的时间长一点。

7. 海军

通过培训计划和移交舰船，美国和英国目前正在扶植相对弱小的中国国民政府海军。1946年7月美国国会批准向中国移交不超过271艘的剩余海军舰船和小型船只，并成立一个小型顾问团帮助中国培训人员。1947年12月8日签署的中美海军协定对此安排予以正式认定，截止到那时，移交量中的大部分，总计75 000吨已经落实。

截止到1947年12月8日,包括水兵在内的国民党海军总人数为33 750人。1947年10月国民党海军声称它拥有实际服役的449艘军舰,共计13万吨。其最好的军舰来自于从美国接受的舰船。这些构成了现役军舰的主体,包括:1艘油轮,2艘护航驱逐舰,2艘巡逻艇(PCE's每艘860吨),4艘扫雷舰(每艘915吨),2艘内河炮舰,35艘登陆舰和登陆艇(从4 080吨的LST's到144吨LCT's不等)。剩余舰只主要是小型的前日本军舰和遭到日本人掳掠并在战后归还国民政府的战前国民党海军从前的舰船。1947年9月之前,国民政府已经接收了6艘驱逐舰,17艘护航驱逐舰和1艘小型的、解除武装的日本的军队运输舰。一部分前日本军舰已经从在中国的日本海军船只中重新武装并加入现役。

国民政府在青岛、上海、广州、汉口、厦门以及台湾的高雄部署有海军基地。上海的江南造船厂有7个造船渠并可以建造5 000吨的舰船,干船坞的设施可以建造1万吨的轮船。

小规模国民党海军的作战效能首先受到缺乏足够熟练、接受过培训、有经验人员的限制。虽然美国在青岛用美式方法培训了有限的人员,但是国民党还是不能为所有已经拥有的舰船配备人手,并且或许不能为将来的移交有效使用现有的人员。他们遭到舰只多样化、极为复杂的保养、维护和补给问题的进一步阻碍。

除了正常的沿海和内陆航道巡逻的职责以外,1947年最后的一个季度中国海军在内战中发挥了有限但是积极的作用。9月期间它支持在烟台的登陆活动,10月和11月提供了海军火力防御共产党对营口的进攻。最近几个月,它还积极在扬子江进行巡逻,那儿国民党的航运遭到共产党沿北岸进行袭击的威胁。

8. 潜力

(1) 人力资源

估计国民党军队仍有可资利用的人力储备320万人。它是完全没有接受过任何训练的人力储备,在现有条件下其最终战斗力将是有限的。从这些额外的人力储备当中,国民党中国是否能够训练出大批部队,或者是在培训当中以及之后向这些额外部队提供粮食、衣物和装备值得怀疑。实际上,在给已有的正规部队提供给养上面,国民党中国后勤上已经遇到了严重麻烦。

(2) 资源

即使是在最好的情况下,中国交通系统的不足导致了这样一种情况:粮食富裕地区濒临粮食不足的地区。因而当国民党军队在粮食不足地区行动时,它总是必须依赖自身的供给体制。共产党对某些粮食富余地区的占领使得国民党的粮食供应进一步复杂化。此外,现有交通线路的中断导致对现有交通设施的过度使用,进一步限制了能够被运来支持国民党军队行动的农产品数量。因而,国民党军队不得不依赖当地农产品,即便是在那些粮食产量仅够维持当地人口生存的地区。另外,主要由食用大米的南方中国人组成的国民党军队,当下正在生产小麦和高粱的华北和满洲地区作战。

(3) 工业

国民党中国不足以维持一支西方类型的军队,而且实际上它也不能维持一支现今部分西化的军队。它最大的工业集群暴露在战场之下，从而不具备完整的价值。抗战结束以来，纺织工厂恢复的最好，在得到足够原棉的情况下，可以向国民党军队提供衣物。但是共产党控制了华北大约75%的棉花产地。发展有限的钢铁工业，不仅经历了对日战争的破坏，而且满洲的钢铁工业遭到苏联占领拆迁以及随之而来的劫掠的广泛破坏。目前内战的军事活动大致靠近主要的钢铁生产集群，而且除了广泛的暴力破坏以外，缺乏资本和熟练劳力降低了钢铁工业的产量，且到了甚至不能满足国民党军队最低需求的地步。共产党的活动阻止国民党使用中国大多数煤矿以及继续利用来自煤矿的铁路线。

在国民政府列出的所有作为军工厂的工厂当中，只有日本在奉天建造的工厂就西方标准而言是合格的，但是它在苏军占领满洲期间遭到了严重的拆迁。国民党所有的兵工厂缺乏经过培训的技工、必要物资以及现代设备。它们生产大量的小型武器、手榴弹、迫击炮以及这些武器的弹药，但是大炮零件和美式装备，除了少量30口径弹药现在正在汉口生产以外，必须依赖国外供应。通过接收军工设备作为日本赔偿的一部分，国民党军工厂维持其军队的能力将会得到些许提高。

(4) 科技

我们对中国在科技战方面的研究活动知之不多，但是相信可以忽略不计。不管是现在还是可以预见的未来，设备和经过培训人员的缺乏使得中国不可能发展任何火箭、原子、电子或者细菌武器。相反，它将集中精力生产较为传统的步兵武器。

(5) 财政

支付给国民党军队士兵的、传统上不足的薪水的购买力，由于通货膨胀和螺旋上升的商品价格，遭到进一步的缩减。如果通货接近完全崩溃的程度，国民政府将被迫完全依赖相对低效、耗时的直接征用程序以使军队继续留在战场上，伴随而来的是国民党行动能力的进一步下降。

(三) 中国共产党的武装力量

1. 起源

最初是国民党军队一部分的中国共产党军队，在1927年大清洗当中与苏联军事顾问一起遭到驱逐。分裂后，共产党军队撤退到浙江和江西省的山区。国民党军队持续压力迫使共产党于1934～1935年进行长征并到达陕西省，最终在延安建立了总部。除了于1937年短暂建立的抵抗日本人的联合阵线，实际上共产党军队长期游离于国民政府军事组织以外，并且面临着国民党军队的军事压力。

由于经常不能使军队在训练、装备以及数量上保持必要的优势，而且缺乏防守严密的基地和工业支持，共产党武装力量发展成为执行游击战类型的组织。共产党作为游击力量的持续存在需要在游击区获得广泛的政治、军事和经济基础。共产党非常成功地做到了这一点，部分上是通过进行长期以来所需要的农村和税收改革，部分上是通过熟练的宣传鼓动。

共产党军队的全部力量由正规军和非正规军组成。正规军分为野战部队和地方部队。通常由高明的共产党高级将领指挥的野战部队拥有高度的机动性，在形势需要的辽阔地域内活动。地方部队限于在特定和更加受限的地区活动，并且从当地招募以在其家乡活动。野战部队装备和服装相对较好，并且指挥系统同传统军队更相近。地方部队同样如此，但是程度要低。非正规军或者民兵，装备和接受的训练更少，并且活动区域比正规军更小。他们提供有价值的当地情报，并且在不从事生产性劳动的时候，可以凭借其手中的武器被用于战斗以一定程度上增加火力。组织的易散开性使得部队随着形势需要易于集结或者解散。

共产党军队指挥的特点是游击战所必需的高度的分散性和灵活性。共产党中央军事指挥负责战略的整体调整，但是只向高级战区司令官发布一般命令，而战区司令官拥有相当的自由制定策略以适应当地情况。

2. 力量和部署

截止到1948年1月15日，估计共产党正规军数量有115万人。其中满洲和热河有40万人，华北有40万人，华中有27万，华南大约有3万人。这些一般性估计的准确性受到难以区分正规军与共产党非正规军以及军队在华北和华中之间的频繁运动的制约。

3. 质量和人员

共产党军队的基本要素是和国民党对手具有共同的背景、同样的一般潜质的农民。但是，在共产党领导下，他较大限度地发挥了这种潜质。他渴望为这种类型的战争进行战斗，共产党士兵得到了更充足的衣物、装备以及训练，并且他的食品较好。共产党对它进行了集中、灵活和持续不断的灌输，强调他为之战斗的事业是光荣的，最后的胜利是不可避免的。他的长官，品格高尚，相比诚实、勤奋而且称职。军官和士兵当中的同志般感情，与国民党军队军官和士兵之间普遍存在的偏见、残忍的惯例和同情心的缺失形成了对比。因此，共产党军队士气高昂，共产党士兵经常满怀热情为其事业而进行战斗。纪律严格，并且要求士兵保持良好行为以及与老百姓的恰当关系。

事实上共产党军队游击战术的使用降低了对训练的要求。共产党军队不需要复杂的补给体系，只是有限利用了技术装备，而且行动很多是小单位、使用的仅是小型武器。因而，共产党士兵的训练强调隐蔽和夜战，合理使用步枪、机枪、地雷、迫击炮和手榴弹。营、团级别的单位训练是足够的，并且强调传统的小单位战术。不过，过去对军官的参谋职能的培训一定程度上遭到忽视。

4. 武器弹药

和任何游击力量一样，在中国共产党军队当中，武器基本上完全由那些能够放在人们背上步枪、机枪、手榴弹、迫击炮构成。实际上共产党军队使用的全部武器弹药获取至二手渠道：第二次世界大战时期俘获的日本人贮备物资，尤其是苏联占领期间在满洲以及日本投降后在华北。最近的来源已是通过俘虏国民党军队，或者是整支携带装备变节的军队。因而这些武器表现出和国民党军队武器一样的种类繁杂的特点。共产党军队使用的武器有：30口径(美式)、6.5毫米(日式)、7.92毫米(毛瑟和中国式)步枪；6.5和7.7毫米(日式)、7.92毫米(中国马克沁)、30和50口径(美式)机枪；50毫米(日式)榴弹发射器；各式各样的卡宾枪和手枪，日式和共产党土造的刺刀，共产党制造的马铃薯粉碎机形状的手榴弹；70毫米(日式)、60和81毫米

(美式)、82毫米(中式)迫击炮、75毫米(主要是日式)榴弹炮以及一部分反坦克枪。

共产党军队根据他们策略充分高效地利用现有武器。不过,虽然炮兵有时尤其是在满洲得到了有效利用,但是缺乏经过训练的炮兵减少了他们对支援炮兵的运用。

除了共产党小型军工厂具备给使用过的弹壳重新装填弹药的有限能力以及大量日式武器储备以外,弹药的再供给主要通过从国民党军队的俘获加以完成。

由国民党渠道经常所做的指控苏联正在目前基础上援助共产党没有令人信服的证据。

5. 交通

支撑共产党军队的主要交通线路是铁路、公路、内陆以及沿海航运。但是,除了北满地区老旧的从满洲里经哈尔滨到绥芬河的中东铁路,以及不同的向南通往战区的横向线路现在保持运营以外,共产党并没有掌握相当长度的运营铁路。在实际冲突地区往南,共产党行动的主要目标是通过破坏线路而非缴获以备随后利用,阻止国民党使用铁路线。据信共产党的机车可以满足他们自身相对简单的需要。

在华北和满洲南部整个共产党控制地区,主要的运输方式是公路。有限的公路车辆已经落入共产党手中,但是马车和人力仍然是基本的运输工具。

共产党从事数量有限的河道运输,主要是在满洲的松花江,并在辽宁南部和山东半岛的北部海滨之间从事一定的沿海贸易。自从国民党控制了烟台及其附近沿海地区后,后者的贸易已经部分上遭到缩减。

由于游击策略是建立在有限补给的条件之上,因而共产党的运输问题相对简单一些。在军事行动期间,从外部地区获得补给并没有被认为是先决条件。因为共产党的高度机动性需要依赖于当地补给,所以共产党活动集中在盛产粮食区域。另外由于他们掌握了主动性,他们能够进入有利可图的地区。这些多方面的因素制约了广泛运输支持的必要性。但是随着共产党活动时空范围的拓展,共产党已经变得更加依赖传统补给概念,尤其是在满洲,需要确保后方地区的交通。

6. 海空军

游弋在黄海、渤海湾、韩国湾的没有武装或者半武装货船,代表了所有被称之为共产党海军的船只。这些船只提供数量有限的粮食和部队运输,以及为共产党被分隔的部队提供联络渠道。

共产党军队可能有少量过时的苏联、日本飞机(最多不超过50架)。这些飞机在日本投降后落入中共手中,目前可能停放在满洲北部的机场上。现在不大清楚这些飞机是否还能飞行,以及共产党是否有接受过训练、驾驶它们的人员。但是,在没有外界援助的情况下,共产党不大可能已经克服,或者在将来拥有克服与维持一支战术空军相关的所有困难的能力。

7. 潜力

(1) 人力资源

虽然共产党军队已经多多少少打了20年的仗,但是它并没有耗尽其募集额外兵员的能力。假定至少20%的中国人口生活在共产党控制地区,那么500万的武装成年男子贮备是可以被共产党所获得的。实际上共产党正规军的大多数新兵要么来自非正规军和新占领地区,要么来自变节的国民党部队。为了向新兵提供食物和武器,过去共产党军队征兵和他们获得武器的速度一样快。

(2) 资源

农业上,共产党控制了广袤的农村粮食产区,包括主要粮食剩余产地满洲90%的土地。这些地区不仅为共产党军队生产出足够的粮食,而且某些地方足以生产出用于交易的剩余。另外,由于共产党军队主体的地方特征,米面文化的冲突给国民党军队造成了麻烦,却没有给他们带来问题。

共产党军队不需要靠采煤和挖矿来支撑他们的军事行动。共产党控制地区拥有相当的矿产储备,但是他们机器、设备和受过训练的管理者和技工的缺乏,限制了共产党利用这些财富的能力。此外共产党的策略一向是对矿山和采矿设备进行破坏,从而表明对这些的利用还没有成为共产党计划的一部分。

(3) 工业

共产党实际上没有控制任何重工业(还是由于缺乏经过培训的技术人员),但是却拥有大量分布广泛的小型军工厂。按照西方标准,这些军工厂落伍并且只能生产数量有限的小型武器弹药,并对废弃弹壳重新装填弹药。这样的生产量只是占了共产党军队所消耗军火的很小的百分比。

分布广泛的共产党纺织业的布匹生产可能足够满足需要。

(4) 科技

不管是现在还是不远的将来,共产党缺乏接受过训练的人员和设备去试验、开发并生产火箭、原子、电子、生化或者其他科学武器。

(5) 财政

就目前来看,共产党控制的地区绝大部分是农村,含有少数几个大的城市中心,因而不太需要对城乡关系进行广泛财政控制。即使按照中国标准来看,共产党部队的薪水也是很低的,但是士兵被提供给充足的粮食和服装。贸易主要在共产党统治区域内部,以及靠近共产党统治区和满洲的地区之间,通过以货易货进行。

(四) 国民党军队的任务和策略

国民党武装部队的基本任务是维持国民政府目前控制的地域,并通过打垮共产党军队在全国扩展统治范围。

为了完成这个任务,最初国民党尝试使用现代西方军队的传统进攻战术,通过密集的正面攻击和迂回包围来占领重要城市、工业地区并打通主要交通线。但是,国民党既缺乏工业支持,又没有交通设施、有才干的领导者以及有效的指挥渠道,并缺乏必须的地方指挥主动性以成功地发起并维持这样的行动。在没有得到合理支持的情况下,国民党试图发动一场传统战争攻击一个对这种战术并不构成必要的靶子的对手,国民政府特别失败。

在面临共产党对其侧翼和后方压力的时候，国民党被迫放弃进攻，和在满洲一样，国民党的司令部采取防守策略，以保持交通线的畅通和对城市中心的控制。在执行防守政策中，国民党军队筑起碉堡，在主要的铁路据点（车站、道岔以及桥梁）周围建立起圆周防御工事，并在城市周边建立起包括老式护城河在内的堡垒防御体系。国民党军队表现出缺乏进攻精神，退缩到防御工事里面，让共产党随心所欲地控制整个农村地区。因而那些偏远的要塞就得不到必要的战术支援，遭到孤立并被共产党击破。防御的精神状态很大程度上导致了满洲国民党军队的被动状态，并逐渐影响到华北不同地区。随着国民党在内战所有战场进入防御，国民党在山东的攻势有理由予以终止。

1947年初期国民党圈子里面乐观的预测认为共产党将被迫接受投降，让位给对国民党事业面临困难的更加现实的评估，而且失败主义的情绪已经在国民党的一些圈子中发展起来。

（五）共产党武装部队的任务和策略

共产党武装部队的基本任务是为中国共产党提供军事安全，并且通过消灭国民党的有生力量把其统治拓展到全国范围。

为了完成这个任务，共产党的策略不仅仅是消耗国民党军队的实力，而且要阻止国民党军队轻易接近工业和运输线，从而扰乱它的经济。战术行动旨在敌方军队和交通线，而非攻击或者防御某地或者城市地区。共产党战略的形成考虑到了装备、数量以及工业支撑方面的局限性，制定了共产党继续熟练使用的各式的游击战术。通过在农村生活，以小规模机动部队展开行动，避免与敌主力接触，并且只在他们占有战术优势的时候投入战斗，共产党凭其有限资源实现了远离农村的作战效果。他们毫不犹豫地撤出那些防守起来损失很大的地区，但是他们却控制着将国民党军队分割在分散的战区的辽阔地带。另外共产党封锁了农村地区与国民党控制城市的联系，农产品往城市的输入被切断。通过不停地袭击，他们扰乱了国民党的交通线；他们包围偏远的据点，攻击并消灭遭到孤立的国民党军队。在国民党发动主要攻势之前共产党部队已经撤退，从表面上看共产党让出地盘，结果他们出现在国民党军队的侧翼或者后方。共产党相信时机正在有利于他们，不断的袭击会削弱他们的敌人，直到其崩溃，而这种设想看来得到一系列事件的证实。

实际上，军事力量平衡已经向共产党一方倾斜，并且他们已经能够越来越多地抓住战术主动性。战争最近一阶段的特点是：依然沿用游击战的方式，共产党通过短期攻势，进攻某些据点使得国民党军队重新部署以增援受威胁地区。他们的部队调动对共产党的战略很有价值，因为他们另外加重了国民党紧张的运输线的负担，阻止国民党集结部队或者巩固阵地，并迫使国民党军队着手调动部队。共产党的优势情报使其对转运中的部队进行伏击。随着共产党军事力量在某地，比如满洲的增强，他们在日渐广阔的区域、逐渐拉长的时段发起攻势。仍然基本上遵循游击战路线的进攻，使得国民党增援特定地区而不能，并要求他们着手将主要部队从外围运动转向摧毁国民党整体实力。正如在满洲所展现的那样，在进攻上共产党较少地倾向于攻击防守严密的据点，更多地倾向于包围并孤立它们。最近共产党的行动，包括在华中的战略转移，体现出在满洲、华北和华中共产党部队之间增多的协同。

引述来自共产党高级军事渠道 1947 年 11 月的话，“我们今后要为占领大城市而斗争。”如果这证明可靠的话，它意味着共产党在战略发展上正在进入下一个发展阶段。

(六) 能力和未来趋势

国民党军队现在没有能力完成任务。它不仅不大可能将它的统治扩展到中国的边疆，也不大可能成功地防守目前的领地。

过去国民党的指挥体现出这样的趋势：高估自己的战斗力，低估了共产党并犯下相关策略错误，包括过度向防守薄弱的突出部扩张。国民党过去还是现在都很难对如此部署的部队进行增援。随着差不多所有的战术力量都投入战场，国民党军队现在已经没有足够的后备军进行替换。它不能在削弱到疏怠职责的地步下，从一个战场去支援另一个战场。影响国民党军队战斗效能的其他因素包括：恶化的支援性经济、充足的交通和工业的缺乏、腐败和专业造诣经常不高的领导人、消极的战术、规模庞大和效率不高的武装部队、受过培训的军人和技工的短缺、军官和士兵低落的斗志以及缺乏大众支持。另一方面，国民党具有火力上的局部优势，从而在防守严密的要塞阻止了共产党对其发起全面进攻。他们还享有有限但宝贵的海空支援。

共产党至少具备部分完成任务的能力。除了继续向中国共产党提供有防卫的安全，它能拓展它现在控制的地区。

现在共产党掌握了战略和战术的主动权。这个优势产生的不受限制的机动性，加上共产党对农村的控制，总体上带来了战术突然性的先发优势。对自己和国民党战斗力的评价，共产党通常很现实。他们的领导人意识到有限供给的形势，能够利用一切所能得到的资源和人员。在那些共产党长期控制的地区，或者通过发动土地计划从农民中间获取积极拥护，或者是其他暴力手段，他们消灭了所有的一般反抗力量。他们有着相对诚实和优秀的领导者。作为精心策划并灵巧予以落实的心理战的结果，共产党军队士气非常高昂。另一方面，共产党缺乏协调进攻防守严密的城市地区的能力，并且过去共产党进攻的范围和持续的时间受到交通、弹药和粮食供应的限制。另外，自然地理学上最适合游击活动的地区本质上并不最适合进行大规模的、传统的军事行动。

在过去的一年中，国民党的军事力量遭到了严重的削弱。在外国大规模军事援助缺失，以及要求国民党进行内部改革的呼吁之下，在接下来的几个月将会经历国民党的军事潜力继续衰减以及大众支持的进一步缩减。国民党军队已经从进攻转入防御，现在看来还是无力阻止共产党将他们包围在不同地区、切断他们的供应来源并孤立他们。孤立地区没有人员和军火支持的国民党军队，将遭受时间和战斗的损耗，战斗力会进一步缩减，从而减少了共产党最终占领这些地区不得不付出的代价。一些遭到包围、被切断联系的城市地区可能不经发起总攻就将落入共产党手中。随着国民党继续消耗其在满洲无足轻重的力量，共产党在中国其余其他敌方的能力得到了增强。因而，虽然共产党在满洲占据上风，但是可能会易于遭受国民党控制某些城市地区所受到的困扰。此外,共产党占领城市地区可能目前还不成熟,不仅仅是因为军火和人员的损失过大,也是因为占领很多大城市将使共产党面临管理问题,而这可能是共产党事先没有设想到的。

如果目前军事形势发展不出现什么突然变故的话,全部满洲落入共产党之手看来是不可避免的。因为国民党可能会坚守满洲阵地直到最后(出于声望和政策原因),这样他们就会失去粮食资源、重要的工业资源以及所有的驻军。国军在不同区域遭围困,虽然目前主要在满洲和华北,估计会延伸至更靠南的地区。随着南下趋势的发展,共产党会继续进攻,旨在最大限度占领国民党在北方据守的堡垒。

去年国民政府军事局势的恶化速度尤为值得注意。他们从乐观、进攻的战略退回到悲观、防御的思想状态。在1948年接下来的几个月,共产党的行动可能旨在:继续在满洲的进攻行动,骚扰国民党在华北的调动并沿陇海路和长江移动,推进至扬子江以南地区,可能进入四川,并使广东的活动重新活跃起来。这将使国民党军队保持危险的分散状态,并固守单独的要塞——很多要塞都缺乏足够的合理支援。在所有散布广泛的阵线上,国民党完全不能应付共产党的行动。

国民党前景好转的唯一因素是美国在不远的将来给予进一步的经济和军事援助。首先,援助有助于从军事上提升国民党低落的士气。在一个相当长的时期内,援助的效果一方面依赖于它的数量,一方面主要是使国民党留在抵抗共产党的阵线内。如果援助规模大,国民党可能会发动范围有限的进攻。不过,援助不可能帮助国民党军队创造出在中国根除共产主义运动的能力。不仅是目前为止的共产主义运动根基是如此之深,不能用军事手段剪除,而且由于严重的麻烦限制着有效使用任何数量的美国援助。除了巨大的后勤困难(生产、遥远的距离、运到中国昂贵的运费以及国民党中国糟糕的运输)需要克服以外,国民党军队的组建和领导层完全有需要进行广泛的改革。这意味着委员长将不得不与大批军事领导人决裂,而正是这些人的支持才使他留在目前他所控制的权位上。更进一步的困难是中国人反对任何外国干涉这种与生俱来的强烈情感。如果干涉采取了美国援助一个不受欢迎的政府的形式,那将会给共产党提供一个极为有效的宣传武器。即使是在不大可能的前景当中,即这些困难被克服,而且国民党军队有希望履行它的使命,还存在着苏联有可能向中国共产党提供一定程度和形式的反支持。

共产党不是在进行传统的争夺固定地点的战争,而是用时间打一场经济消耗战。共产党可能将发现国民党经济恶化的短暂进程遭到美国支援的遏止,但是共产党不大可能在战场上被击败。

六、影响美国安全的战略考虑

(一)作为国际问题的中国

一个被有效政府统治的独立的中国将有助于促进远东的稳定。100多年来,东亚一直都是国际冲突的舞台,主要原因在于不同的中国政府无力成功抵抗他国对中国主权的侵犯。同远东相比,尽管美国一直对西方世界和西欧的骚乱更为敏感,但是自从19世纪后半叶以来,与中国有关的冲突通常将美国卷入其主要的外交或者军事活动当中。

从经济的视角来看,中国是其邻国——日本和苏联生活中的重要因素。对日本来说中国具有双重意义:充当市场和原材料的来源,尤其是不能在别的地方轻易获得的华北的焦煤。对苏联来讲,从西伯利亚到海边、到暖水港口大连和旅顺港最为便捷的交通线横穿满洲,而且中国东北省份的经济与苏联远东的经济形成互补。从政治和军事的观点来看,中国是东亚潜在的强国;因而邻国将中国任何发展都忧虑地视为潜在力量的实现,并利用中国的虚弱,确立起对中国领土的控制。

在过去50年的国际争端当中,中国内部最具战略意义的地区是满洲以及临近的华北地区(朝鲜是这一地带重要的延伸地区)。从地缘上来说,满洲是连接西伯利亚、中国、日韩陆路交通的天然十字路口,而且拥有密集的铁路网。满洲是重要的粮食供应渠道,而且只要华北的资源可以用来与满洲资源形成互补,后者就是重工业发展的理想地区。历史上满洲是日俄冲突的战场,优势从一方转向另一方依赖于谁能施加更强的军事实力。在争夺当中,两国都有名无实的主权国家中国发生矛盾,但中国政府由于军事上的弱小不能发挥决定性的作用。不过,中国确立对满洲有效控制的兴趣是一贯和真实的。3 000多万中国人构成了满洲人口的绝对主体,并且中国满怀希望地将这块地区视为工业发展的基地。

目前中国的动荡给外国蚕食提供了可乘之机,同时日本的战败使得苏联在远东诸国中处于无可匹敌的地位。因而,恢复远东权力关系的平衡直接落在了美国的肩上。

(二) 作为威胁美国安全的中国

中国可能构成美国安全的威胁,这一可能性随这三种情况而变:一个不稳定、虚弱和分裂的中国;一个在满洲和黄河以北或者是整个中国的共产党政权,在这种情况下,可以设想会有中苏实际上的同盟;有效的中央政府领导下的、统一的、非共产党的中国。

1. 不稳定的中国

孤立的中国目前不会对世界上其他地区造成威胁,但是其被视为国际利益激烈碰撞的地区,不稳定的中国对远东的和平局面带来威胁。中国的共产主义成为生机勃勃、能够扩展的运动,并且中国共产党在意识形态上与苏联结成了同盟。在这种情况下,鉴于美苏利益在世界范围内的分歧,中国必须被视为国际摩擦潜在的根源。

2. 共产党中国

如果一个覆盖了全部或者大部分中国的共产党国家建立起来,出于实际考虑苏联将获得另一个苏维埃共和国。满洲的粮食剩余和原材料以及华北的资源将为苏联远东所用;中国红军将会成为苏联军事机器的一个组成部分,并使苏联得到在中国的基地。远东其他地方的共产党将会得到威望和力量。此外,在共产党统治下,中国在国际会议上的表态以及在联合国的否决权都将遵循苏联的路线。毫无疑问这些发展会威胁到美国广泛的安全利益。

但是，这种威胁是受到限制的。东南亚民族对中国人抱有普遍的不信任以及当地民族主义运动对海外华人社区的敌视，一定程度上抵消了共产党中国的政治影响力。

共产党中国给苏联经济实力做出的主要经济贡献由重要原材料——代表性的是钨、锑、钼和水银、满洲的粮食剩余以及可能的有限数量的制成品构成。中国的港口设施也会给苏联带来经济利益。另一方面，假定共产党中国与苏联结成亲密同盟或者遵从苏联的指示，苏联可能也会承担大量在华责任：维持该国经济生活的物资、技术以及管理上的责任。为了最大限度地从政治和经济上利用中国，苏联将面对重建和发展中国的交通、采矿和工业设施而做出长期的承诺的要求；另外，多年甚至是无穷尽的，粮食可能不得不提供给中国城市缺粮的地区，这些粮食部分来自于满洲粮食剩余。而且，华南大量的钨、锑资源可能仍将继续通过合法和非法渠道，流向那些出价最高的购买者，而不管这些国家是否在政治上与中国结盟。总而言之，在可预见的将来，共产党中国给苏联提供的经济净收益并不比苏联通过落实中苏条约得到的好处多许多。通过维持与中国国民政府友好关系，中苏条约的条款给苏联提供了满洲经济财富中的巨大利益。

从军事上来看，如果苏联不给予广泛训练和大量的现代装备，中国红军不会成为国际斗争中具有重要意义的因素。

3. 统一的非共产主义的中国

如果中国有可能摆脱目前的困境并成为一个统一的、非共产主义的国家，远东稳定的前景将会得到总体提升，并且美国的安全也会从而得到增强。事态尤其应是如此：统一的中国包含满洲，因为没有该地区将会不可避免地出现中国的统一运动。一个涵盖全中国的、统一国家的出现并不会消除中苏在东北亚的利益分歧，不过两国权力相对均衡的发展或许可以减少由于分歧引发实际冲突的危险。另外，如果中苏被引入主要国家组成的多边贸易共同体，中国和苏联远东的和平贸易将有助于降低中苏围绕满洲和华北资源产生摩擦的可能性。

虽然统一的中国不大可能从军事意义上直接威胁美国，但是中国在东南亚的野心可能会引发中美分歧。一旦中国内部问题得到解决，围绕海外华人社区面临的问题所滋生的中国帝国主义可能会出现。虽然这有可能是国际关系中的头疼事，但是它的发展可能不会构成美国或者联合国不能应对的、对亚洲和平的威胁。

（三）作为美国盟友的中国

作为美国未来的军事盟友，中国向美国提供的既有好处，也有负担。

1. 政治因素

如果中国保持着像美国或者英国的政治稳定，那么作为潜在的盟友，虽然中国并不强大，但是会有价值。中国有着效忠地区和省区的传统，并面临着几个难以解决的少数民族问题。它的绝大多数人口是文盲，而且这个国家并不熟悉政体和平、有序演变的政治机制。

另一方面，中国绝大多数人口属于同一民族，并且分享着独特的文化和历史。可以广泛的设想一下,这一事实是指向政治统一的强大力量。正像全国抵抗日本入侵这一特点一样,这股要求统一的大潮具有军事上的重要意义,尤其是当中国遭受外国入侵者威胁的时候。

还有其他政治因素需要提及。中国的地理位置、大小、人口,以及成功摆脱殖民地位,使得它在整个亚洲获得了巨大潜在影响力。虽然中国的发展并不一定对亚洲他国的命运构成必然地决定性影响,但是一个非共产主义的、与美国结盟的中国,将会成为有助于遏制共产主义在亚洲其他地方的滋生,并且它的出现将会打击共产主义在全世界的声望。

2. 经济因素

多年后中国非常不可能获得重要工业化国家的地位。中国可能会满足一定的、必要的工业扩张需要,但是仍会受到少量的铁矿石储量、有限的石油资源以及其他许多原材料,尤其是木材严重匮乏的制约。另外一个具有相当重要意义的限制因素是:中国极为缺乏技术人员,明显不能将现代科技实践应用于更发达的工业和科技领域。由于工业潜力中国不是一个有前途的盟友。即便中国完全控制了满洲,这些普遍性问题很大程度上仍将真实存在。在可预见未来所发生的战争中,作为美国的盟友中国极其不可能提供任何工业净收益。

中国的主要经济贡献在战略原材料领域,尤其是锑和钨。在漫长的、扩大美苏工业生产以应对可能的世界冲突的岁月当中,相对于苏联对中国输出的需要美国对中国钨的需要可能要少一点,对于锑的需求要大一些。不过就关键物资评估中国的战略重要性需要再次引起注意的是,在中国几乎任何可以设想到的政治环境下,华南金属有价值的供应可能将继续直接或者间接地流向最能获益的市场。

在农业生产领域,中国没有相对多少的东西可以提供。粮食总产量虽然很高,但是所生产的超过国内需求以外的剩余粮食仅有少数几种作物,如大豆。中国输出扩大以提供大量用于出口的粮食剩余的可能性还很遥远。中国的粮食生产也不大可能满足驻扎在中国的大批军队的需要。

关于战时具有重大潜在价值的专业设施,比如大的商业航空运输业,中国保证会让美国获得些许好处。陆路交通工具的缺乏,以及中国的广阔区域,可能使得国内航空运输以及对航空服务设施的需要获得较为稳定的发展。另一方面,中国缺乏大型远洋商船,并且多年以后远洋商船被发展起来的可能性也不大。

被认为存在于某些区域、低品位的中国放射性矿石的出现,不管是对美国还是苏联而言只具有少量重要性。这个结论考虑到了后两个国家可以得到并利用其他地区的放射性矿石。

3. 军事因素

作为盟友,中国主要的军事价值在于它的庞大人力资源和地理位置。

中国士兵装备糟糕,但是能够适应现代战争的技术需要。在绝大多数案例当中,他不识字且完全不了解机械装置。另外中国工业不能向他提供现代战争工具。目前没有一个问题看来易于解决。如果中国主要的战争潜力需要得到发展,装备以及可能训练中国军队的任务就将成为美国的责任。由于美国资源耗费巨大,可能的趋势是集中精力建设一支小型、训练充分的部队。如果这样去做的话,最具重要意义的因素——中国人力资源的作用将会降低到最低限度。

从地理上来看，中国在亚洲的位置使得它适合成为美国飞机打击苏联其他偏远地区的潜在基地。设想一下，如果这些基地为战争保持就绪状态，并且巨大后勤困难得以克服，它们至少在冲突的早期阶段具有重要价值，而且这些基地的存在使得苏联需要把人力和军事资源转到入侵中国的任务上来。但是需要注意的是，美国使用中国空军基地的计划使得美国必须承担道义和实践的责任——或者向中国军队提供装备或者补给，或者在中国部署美国防御部队。在没有得到援助保证以应对苏联即将入侵的情况下，很难想象任何中国政府会向美国飞机提供中国基地。不管怎么说中国空军基地的价值会随着远程轰炸的发展而逐步减少。

正如在抗日过程中得以体现的那样，由于辽阔的疆域、复杂的地形以及关键目标的缺失，中国有能力在一段漫长的时间内持久抵抗外国入侵者。从这个意义上来看，在可能的对苏战争中，中国能够成为美国具有相当价值的盟友。但是中国作为抗苏战争前沿的价值对美国来说是有限的，因为这个前沿离苏联的权力中心过于遥远。

七、影响美国安全的可能发展趋势

目前中国国内的趋势是骚乱进一步发展，以及共产党政治和军事影响力的扩大。这样的发展将会从反面影响美国的安全，因为它们将导致中国政治解体，或者是国民政府和中共达成有利于后者的妥协解决的方案。然而，不管是哪种情况，严重的政治、经济混乱可能会在中国盛行几年。混乱会阻止共产党中国发展成为苏联有效的政策工具。

由于军事力量和资源的衰竭，在不接受外界援助的情况下，中国国民政府没有多少希望去扭转或者遏制目前的骚乱以及共产党影响力扩大的趋势。另外随着中国政府形势的日趋恶化，中国与美国在国际事务上传统的合作可能会发生动摇，因为国民政府会倾向于坚持机会主义路线以避免与苏联的直接冲突。作为阻止或者扭转这些趋势的手段，美国对国民政府的援助牵涉到很多潜在的不利因素。如果援助一定程度上并没有促进国民政府的稳定，中国人对政府和美国的抱怨将会得到增长。另一方面，如果美国援助一定程度上促进了稳定，苏联人采取对抗的前景也会增长，并且这一系列的事件可能会引发美苏利益在中国的直接碰撞。另一个与之相关的考虑是援助中国对美国资源的消耗。

为了恢复中国国民政府的稳定，估计美国援助的可能花费处于一个非常大的范围之内。估计从1948～1950年三年期间，10亿～20亿美元的美国非军事赠与或贷款才可能实现最低限度的国内经济稳定，从而支撑国民政府的军事和政治地位。另外为了合理确保在三年内国民政府重新确立对整个中国的统治(满洲除外)，暂且估计美国需要为30个中国师以训练和装备的形式提供军事援助，外加后继的武器和弹药补给。但是，认为国民政府同意最终目标不包含满洲的援助计划是不现实的。如果将满洲包含在内，援助花费之巨可能甚至相当于上面预计的2倍。

最后，需要再次予以强调的是，前述评估依赖于两个存在严重问题的基本假设：国民政府能够进行必要的改革以使援助产生效果；苏联没有进行重要对抗。因而，在考虑援助中国国民政府的措施的时候，美国必须面对这种真实的可能性：10亿或者20亿元的援助计划仅仅只是恢复中国稳定所必需的几个计划中的第一个。

附录一

地 貌 及 气 候

在东亚，中国占有370万平方英里的面积，大约比美国大陆多出四分之一。它的北面是西伯利亚和蒙古人民共和国(前外蒙古)；西面是苏联的土耳其斯坦；西南和南面是几乎不可逾越的喜马拉雅山，它构成了西藏和印度的分界线。缅甸和法属印度支那与其南方接壤，南海和黄海则在其东面。中国从北到南绵延1 860英里，从东到西横亘超过2 500英里。它的海岸线，包括凹入处在内超过了5 000英里。

中国有着宽阔的纬度范围。如果将该国置于北美之上，其将从波多黎各延伸到中魁北克。海南岛像波多黎各一样靠南，满洲北部则在北极圈以南13度。回归线以内的澳门和香港相当于哈瓦那的纬度。上海和萨凡纳平行，偏西的重庆和圣安东尼奥平行。天津和北平处在华盛顿的纬度上；奉天位于奥尔巴尼的纬度上；哈尔滨位于蒙特利尔的纬度上。中国最为重要的地区要比美国人口最多的地区略靠南方一些。

中国由34省(包括满洲三省构成的九个省份)以及西藏的特别领土组成。另外，台湾(福摩萨)实际上也是中国的一个省份，但是对该岛的法理主权需要由对日和约加以确立。南京是国民政府所在地。

估计1936年中国人口有456 985 475人，或者相当于美国的3倍多。上海所在的江苏省的人口密度，要比世界上任何一个可与之相比的行政区划都要大，其每平方公里有872人。中国本质上是个农业国家；但是它有潜力成为世界上最为重要的产煤国之一，其储量估计有2 500亿～3 000亿吨。

一、地　　貌

中国可以划分成三个基本的地理区域：扬子江以北；扬子江以南；华西。这些区域包含七个重要的地貌区域，而这些地貌区域则会在其所在的基本区域内予以探讨。

1. 扬子江以北中国区域

区域一。满洲平原以及相邻丘陵

满洲平原位于满洲中部，占地13.8万平方英里。从北到南最长计有600英里，从东到西有400英里。它是一个地形起伏的侵蚀平原,迥然不同于由冲积形成的平坦的黄河平原。除了三个狭窄的缺口,满洲平原完全被山脉所包围。东面是长白山脉,北面是小兴安岭,西面是大兴安岭,西南是热河省的山脉。约有200英里宽的满洲东部丘陵,从辽东半岛向东北延伸有850英里,几乎直到阿穆尔河和乌苏里江流域。高原位于朝鲜边境一带,其白头山火山最高峰达到8 990英尺。临近满洲平原北部和西部的丘陵涵盖了16.8万平方英里。这些丘陵一般有1英里高,但是当地地貌低于1 000英尺。大兴安岭山脉绵延于南北轴线。向南主要是蒙古高原的外延边缘部分;往北该地区地形变得开阔,情况不太为人所知。

区域二。华北平原包括河北和山东省、安徽和江苏大部以及河南和湖北的部分地区。其西北和西部濒临长城和山西省,向南延伸至黄河,进而向南直至伏牛山和大巴山的东麓。扬子江及其湖滨地带构成了其南边界限。除了山东半岛和山东中部,整个地区地势低平,植被缺乏,进行了高度开垦,且人口稠密。安徽北部以及河南东部属于丘陵地带。南部和东部地区拥有众多水道和湖泊。华北平原唯一的山脉位于山东的中部和东部。这些或多或少构成了封闭的环境,缺乏与秦岭和西部其他地区的联系。

区域三。黄土高原包括宁夏、绥远、察哈尔、陕西以及山西省部分地区。它是一个隆起的干旱地区,以沙漠和黄土为特征。它的北面是蒙古共和国,西面是甘肃,南面是渭河流域以及黄河的小部分地区,东面是长城和河北省。由于频繁的沙暴,大风从沙漠中带来的黄土沉积在凹地当中,稀薄的黄土覆盖层一直从太原蔓延至汾河、陕西的渭河流域,并向东直到河北。肥沃且由黄土所覆盖的高原构成了东起察哈尔,西至甘肃的辽阔的半圆形地带,占据了内蒙古全部面积的将近三分之一。

区域四。华中盆地包括四川省的大部以及山西和华南的部分地区。它是中国最为肥沃地区的一部分,整个地区人口稠密、自给自足。它包括四面均被中国西部高山所环绕的四川红盆地。其主要河流是扬子江的四条左岸支流,四川的名称由此而来,意指四条河流。它是一个辽阔的红土盆地(其名称红盆地源于此),河流将其分割成丘陵和辽阔肥沃的河谷。该地区交通不便;它通过扬子江这一唯一天然通道与该国东部地区连接起来。

2. 扬子江以南中国区域

区域五。华南沿海地区包括浙江、福建、广东、江西省以及湖南、安徽、江苏以及广西东部。除广州三角洲以外,该地区地势和山脉要高于和多于扬子江以北区域,海拔在1 600～3 300英尺之间。一系列的山脉横穿浙江和江西之后,沿江西和广东边界,一直延伸到湖南西南的高地,范围起于浙江沿海的宁波,向西南横穿沿海地区,并伸展至江西南部和湖南。其地势增高的趋势一直向西,直到其接近印度北部高耸的喜马拉雅山。扬子江和西江为这一南部地区两条最大河流。由于充沛的雨水及肥沃的土壤,该地区得到了高度的开垦。

区域六。中国西南断断续续的丘陵包括贵州和云南省、广西西部以及四川西南角。“断断续续的丘陵”这一术语描述了该地突兀之特点,并突出了其平均海拔高度。云南南部整体地平面向北隆起,从6 500英尺增高到8 200英尺。南部地区的许多山谷为红河和西江的源头。这儿主要山脉的整体走向是从东南到西北。贵州也是一个多山地区，其山区覆盖了一个辽阔的半圆形范围：从该省西部，绕注入扬子江的乌江的漫长曲线直到该省东北角。云南东北沿扬子江的地区地势较低，气候潮湿，人烟稀少。沿湖两岸的高原，其气候有益健康，人口较为稠密。森林和灌木覆盖了大多数的山坡地带。

3. 中国西部

区域七。包括西康、青海、甘肃、新疆省以及较为偏远的西藏在内的中国西部高山地带，占据了迄今为止中国西部最大一块土地。它包含辽阔的高原、云南边境北部以及从华中盆地西部向北直至宁夏的山脉。部分世界上最高的山脉——崎岖、缺乏植被，并且许多山峰终年为积雪所覆盖——构成了这一人烟稀少的山系。青海中央高原的南半部是柴达木的大沼泽，黄河发源于此。青海湖位于沼泽东部。偏远的西藏靠近青海和西康西部，拥有一系列崎岖的山脉和盆地。位于该地区北部、辽阔的新疆省，由塔克拉玛干宽广的沙漠高原组成。塔克拉玛干四面环山——南面是西昆仑山，北面是阿尔泰山，西面是帕米尔和天山(9 800～16 400英尺)。后者从西部边境向内陆渗透直到中间点，并横跨该省。

二、气　　候

由于中国位于亚洲大陆东部，冬季主要气流来自于西部，所以这个季节气候较少受到海洋的影响。夏季内陆的热流形成了低压区，从而一定程度上造成了循环的逆转。这就是为人所知的季风。

每年台风袭击中国沿海的平均数量6月有一次；7月、8月、9月有两次；10月每年有一次。5月、11月、12月台风数量不多。有理由相信台风的破坏性不会深入内陆超过200英里。

雷暴主要发生在4～9月，平均南方有20天，北方有5天。雷暴最高频率发生在较为温暖的月份。

1. 气温

总体上，气温从南到北、从沿海到内陆递减。冬季平均气温从南方的65华氏度降到最北部的20华氏度。有记录的最低气温南方大约是32华氏度，北方为45华氏度。夏季，平均气温从南方的85华氏度下降到北方的65华氏度。最高记录的气温在95～115华氏度之间。

2. 降水

一般年均降水量从东南向西北、从约80英寸递减到7或8英寸。冬季降水幅度在东南的10英寸到西北无足轻重的雨水数量之间；夏季降水则在东南的50英寸到西北不足5英寸之间。多数地区的最大降水都在6月或7月，最小降水在12月或1月。

3. 风

冬季的表面风主要来自北面,此时来自亚洲高原的气流吹过中国,流向太平洋(冬季季风)。夏季南风盛行,气流从太平洋吹向大陆低气压区(夏季季风)。

冬季风从西而来,高度在1 000英尺,平均风速为17节。夏季风从西北吹过中国北部和中部,从东南吹过中国南部,速度约为9节。

附录二

交 通

1. 公路

(1) 不包括满洲在内的中国地区

尽管中国各个方向有无数公路横贯其间,但是一般来说它们的建设质量并不高。国有干线和其他主要公路经过了路面铺设且适于全天候运输,但是多数这样的公路由于军事运输而中断。土面公路约占全部公路里程的四分之三,1943年公路里程约为78 580公里。许多陆路运输仍然局限于牛车路和石板路。

近年公路建设获得了相当的发展。日本入侵所造成的中国政治和经济中心的西迁,使得发展陆路公路网以运输军事物资成为必要。因而,四川成为连接黄河和扬子江流域、延伸至苏联、缅甸、印度支那边境的新公路体系的核心。这些主要公路之一是700公里长、从云南昆明到缅甸腊戌的缅甸公路。一条通往西北的机动车公路正在兴建当中。它将四川同新疆连接起来,并通过新疆延伸至土耳其斯坦-西伯利亚铁路。

中国的公路网在东北肥沃的低地、扬子江三角洲以及广东南部最为密集。全国的公路正在逐渐得以改善,且新的公路正在建设当中;但是内战正在进行当中地区的公路建设没有取得什么进展。

(2) 满洲

中国这部分地区的公路总体建设质量不高,并且主要依附于铁路。多数的大路和公路由于冬天积雪和春夏雨水而无法通行。公路体系呈网状,以重要铁路枢纽和主要城市进行辐射,并且多数情况下与公路平行。偏远地区通过二流公路通达。1937年底该地区公路有3.13万英里,但是只有6 560英里公路属于全天候公路。

2. 铁路

中国匮乏的交通体系很大程度上是由于多数自然资源的欠开发状态以及内陆省份总体落后状况所造成。战前中国铁路总里程约为1万英里,满洲为6 700英里。经历两年战争之后全部运营铁路网下降到1.26万英里，将近有一半的铁路位于满洲。中国铁路的匮乏可以由这一事实加以解释：相应于美国的1780英里和日本的218英里，战前中国每百万人口约有35英里铁路。

截止到1948年1月，铁路通车里程如下：

中　　国	4640英里
满　　洲	4174英里
总　　计	8814英里

	国民党控制里程数	共产党控制里程数
中　　国	4295(92%)	345(8%)
满　　洲	125(4%)	4050(96%)

除了北平-奉天和大连-长春的铁路线是双线以外，中国铁路多数都是准轨、单线。

中国铁路几乎完全由外国公司和外国资本兴建，但是它们通常由中国政府管理，只有满洲的南满铁路1931年之后由日本政府经营。中国铁路的效率总是不高。除了日本经营的南满铁路效率不错以外，在多数情况下中国铁路设备陈旧、时刻表不规范、服务糟糕、食宿肮脏并且过度拥挤。中国共产党用以对付国民党的经济消耗战的主要目标之一就是破坏铁路。因而，战场周围的多数铁路要么遭到破坏，要么无法运作。

正如所附图表二所示，中国最为发达的铁路系统位于该国北部地区，那里由三条南北铁路线组成的基本铁路网通过东西向的线路连接起来。密度最高的铁路位于扬子江以北，一般主要服务于山西以东的省份。扬子江以南并且大致与之平行的铁路服务于浙江和贵州之间的省份，但是至战争爆发以来已无法进行交通运作。另有一条线路从扬子江边的汉口向南通至广东南部沿海的广州。西部省份和西藏没有铁路。

华北的铁路线中，最具重要意义的有：天津-浦口的铁路线，其通过轮渡与上海-南京的铁路相连；北平-汉口的铁路线；从山西北部的大同到山西西南风陵渡的铁路；北方三条主要东西向的铁路有：从北平向西经张家口、大同到绥远包头的北平-绥远铁路；山东铁路，它连接了天津-浦口线上的济南以及青岛港；中国最长的东西向的铁路线陇海铁路，在正常情况下为江苏沿海的连云港到陕西宝鸡之间提供铁路运输服务。这些铁路遭到共产党的广泛破坏，日本投降以后，中国本土唯一能够一直保持畅通仅有上海-南京以及广州-汉口的铁路线。

满洲的铁路系统建立在两条主要的干线之上：南满铁路，其从辽东半岛南端的大连经奉天延伸至长春；前中东铁路，始于哈尔滨，西至满洲里，南至长春，东到绥芬河，它与苏联通到符拉迪沃斯托克的铁路线相连。有着不同横向线路的古老的中东铁路，在满洲里到绥芬河之间保持着畅通。

铁路交通的缺乏很大程度上导致了对国民党中国经济的缓慢绞杀。煤炭难以运抵能源工厂和城市工业部门；向港口输送出口商品遭到极其严重的阻碍；进口商品，包括赈济物资，堆积在港口城市的码头上。内战对中国铁路系统的长期影响总体上无法计算。

3. 港口

从法属印度支那的边缘到宁波中国，众多的避风港、岩质海角以及离岸岛屿星罗棋布于中国的海岸之上。宁波往北直到满洲的海岸一般是扬子江和黄河三角洲地势较低的边缘，那里有着泥泞的平地、可予忽略的港务设施，南部海岸所拥有的海事活动不多。

主要的港口从北往南依次为：大连、秦皇岛、天津、大沽和塘沽、烟台、青岛、上海、宁波、福州、厦门、汕头、广州以及香港。渔船、近海小艇服务、贸易小火轮所使用的许多二流港口主要位于南方。

迄今，大连是满洲最大的港口。得到良好的遮蔽并且在现实中免除冰冻之扰，它为北方大陆提供了最佳的一般性货物船运设施，也是印度支那鸿基以北最大的煤炭装载和最为快捷的加煤站。它是南满进出货物转载中心的主要目的地。青岛拥有华北最佳的港口，并且可满足军舰和补给基地的全部需求。华中主要港口上海，是扬子江流域的天然出口，并因而成为世界上最大港口。英国直辖殖民地香港是华南最好的港口。

4. 水路

(1) 不包括满洲的中国地区

总里程超过公路系统的水路，构成中国最为主要的交通手段。它们最大的优势在于可以深入中国内陆，而此处其他交通手段经常难以胜任。中国主要的河流系统从北往南分别是海河、黄河、淮河、扬子江、西江。另有许多次要的水路和沿海河流。这五条河流沿总体东西方向、从内陆的高原到沿海横贯该国，并且一般彼此互相平行，形成了彼此相邻的排灌基础。长达 3 100 英里的扬子江最为重要。2 000 吨的汽轮全年可直达该河上游 600 英里的汉口；距离上海西边 965 英里的宜昌，全年多数时间可通航吃水不超过 10 英尺的舰船。大运河是唯一重要的南北向的水路。它贯通了这五条主要河流系统中北方的四条。

(2) 满洲

内河水道在这里仅仅充当铁路网的辅助工具。冬季的月份当中，大型的通航河流会封冻；但是在宜于通航的时间内(4～10 月)多数河道可以作为小船运输的要道。冬季会有一些冰上运输。三条主要的河流系统是黑龙江(阿穆尔河)，这条河流水深适于汽船航行；水浅且基本只能通行小船的辽河；仅在下游河段宜于通航的鸭绿江。

5. 民航

(1) 民航

中国是国际民航组织成员。

(2) 双边民航协定

与美国的协定签订于1946年12月20日。授予了第五航权——对航程的远近及速度没有做出限制。

美国航空公司可以停靠三个停机点：上海、天津及广州。航线具体如下：

美国：

① 美国至天津，上海至菲律宾及经由航线三至上海以外。

② 经太平洋航线至上海和广州及以外。

③ 经大西洋航线，通过欧洲、非洲、近东、印度、缅甸、印度支那的转机点至广州和上海及以外。中国航空公司获得美国的三个停机点：旧金山、纽约、火奴鲁鲁及下面三条航线：

中国：

① 经太平洋航线通过东京、千岛群岛、阿留申群岛、阿拉斯加抵达旧金山及以外。

② 经太平洋航线通过关岛、威克岛抵达火奴鲁鲁、旧金山及以外。

③ 经大西洋航线通过印度支那、缅甸、印度、近东、非洲及欧洲抵达纽约及以外。

中国力图在香港-上海航运属于国内航空运输的基础上修订中美双边协定。美国不愿放弃被视为对美国世界航线必不可少的第五航权。中国人说他们将香港-上海的航运提供给美国航空公司这一事实意味着他们不得不将同样的特权给予暹罗人、荷兰人，中国航空公司面临的竞争将会是破坏性的。此外，中国与法国、荷兰、英国及泰国也签订有双边协定。

(3) 航空公司(国内)

① 中国航空公司(CNAC)

该公司始建于1929年，1930年予以重组，其中中国交通部占有45%的股份，美国所拥有的中国联合航空公司占有55%的股份。1931年，中国联合航空公司将其股份出售给泛美航空公司。从1943年2月到1945年10月，中国航空公司根据与美国陆军训练中心的协定为中国政府运送租借物资。战争结束后，美国在中国航空公司的资本降至20%。不过，美国的飞行员和技术人员仍是中国航空公司人员的重要组成部分。

② 中央航空运输公司(CATC)

中央航空运输公司的前身欧亚航空公司是一家中德公司，其三分之二的股份由中国政府所有，其余三分之一为汉莎航空公司所有。这家公司组建于1931年，1943年3月1日，中国政府官方接管德国股份并将该公司改名为中央航空运输公司。

③ 行总空运队(CAT)

行总空运队在中国不按预定基础运营，由联合国善后救济总署、中国善后救济总署、国民政府或省政府的要求决定航空公司提供的服务。

其航空服务始于1947年2月3日。该公司由陈纳德将军组建。

④ 中苏航空公司

依照中国交通部与苏联中央民航部达成的协定，该公司成立于1939年。协定将新疆哈密以西地区10年的民航垄断经营权给予该公司，如果任意一方在协定到期之前90天内不打算终止协定，协定可延期至1954年。1941年之后董事会就没有召开过。抗日战争结束后，中国政府告知苏联政府它打算分享“联合公司”的管理权，但是由于董事会没有召开过，所以没有取得什么进展。中国然后建议苏联放松在新疆的垄断权，但是苏联予以驳斥并提出建议：允许联合公司经营向南远至兰州的业务。1947年4月21日，中央航空运输公司开辟了上海-新疆的航运服务。

(4) 航空政策

意识到其在民航上的脆弱地位，中国被迫保护其商业航空公司并试图在尽可能的地方施加区域限制。中国存在着要求实施速度控制及限制运输数量和次数的趋势。这种立场在与法国、泰国、荷兰、英国的谈判中得以证实。

中国政府关于非定期航班的政策是同意批准契约航班，当没有常规的非定期航班，且航班得到了中国政府的批准。中国希望限制美国在双边航空协定中所获得的商业航空权。

中国政府不同意1946年2月11日百慕大会议所确立的原则，可能也不会同意包含百慕大原则的多边协定。政府还反对多边草案中允许外国航班输入维持飞行活动所必需的免关税设备的条款。中国不生产这些设备，并且不能从这样的协定中互相获利。

附录三

传记资料

张治中

西北行营主任；国民党中央执行委员会常务委员会成员，政学系成员。

1891年生于安徽省。1916年毕业于保定军校。1916～1918年在孙中山领导的南方军政府军队中服役。1926年以国民党军队第二师参谋长身份参加北伐。1927年在海外学习：访问了欧洲和美国。1929年任中央陆军军官学校教育长；1937年后为国民党中央执行委员会成员；1939～1940年为湖南省主席；1943～1946年担任三民主义青年团书记长；1944～1946年参与同中共的谈判，并作为调停人为他们所接受。1946～1947年5月任新疆省主席。在新疆省主席任内，他力图清除该省的政府腐败现象。正如他在处理1946年伊宁起义中所扮演角色所示，其处理少数民族问题的开明方式为他赢得了当地人的尊重。1946年被任命为西北行营主任。

张长期以来保持着与蒋介石的密切关系，从而使之拥有在中国政治中的目前地位。他政治上开明，容忍左翼观点，认同与苏联相邻的中国领土上的苏联人进行友好合作。

张群

行政院院长;国民政府委员;国家经济委员会成员;中央执行委员会常务委员会成员;政学系成员。

1888年生于四川省;于保定军校和日本陆军士官学校进行学习;在军校训练期间首次结识了委员长。1910年回国;积极参与上海的革命运动。1926年参加北伐。作为国民党参谋人员之一,与蒋介石一起均为1927年从国民党左翼分离出来的集团成员。1929年之后成为国民党中央执行委员会成员;1929～1931年,担任上海市长;1933～1935年,担任湖北省主席;1935～1937年,担任外交部长期间参与中日谈判,并为中国赢得了微弱让步。1937～1939年,担任行政院副院长;1939～1941年,担任国防最高委员会秘书长;1940～1947年,担任四川省主席;1946年1月中国政治协商会议上担任国民党代表。1946年9～11月访问美国;1947年4月16日以后担任行政院院长。

张群是蒋介石忠实的朋友及支持者,作为行政院院长他在国民政府中占有重要的地位。

张君劢

国民参政会成员;民主社会党主席

1886年生于江苏省;为中国中央银行行长张嘉璈的兄弟;在上海的一所现代语言学校接受中学教育;1904～1909年在东京早稻田大学学习,1913～1915年在柏林大学学习;1915～1916年在英国学习政治学。1928年之前,担任政府中各种次要职务,并与北平和上海的报社进行交往。他是1929年于北平召开首次会议的中国国家社会党的组建者之一,是国家社会党最为著名的领袖,并于1938年代表该党参加国民参政会,直到其1946年并入社会民主党。战争期间遭到软禁;1945年1月在弗吉尼亚的热泉参加太平洋关系研讨会;1945年4月,当选为旧金山世界和平大会代表;1946年1月作为民盟代表参加政治协商会议;1946年11月,支持民主社会党参与国大,由此中断了其与民盟的联系。去年,他支持该党参与国民政府,但是他本人拒绝在政府中任职。1947年8月,他的政党发生分裂,张目前控制着实力并不强大的派系,该派系没有什么知名自由主义者,也没有多少有名望的人物。

张发奎

华南军事领导人。

1896年出生于广东省;从武昌军官学校毕业以后,在新组建的国民党军队一个独立排中担任指挥官。这个排后来发展成一个旅并于1925年加入李济深的第四军;1926年参加北伐,并由于军功而被擢升为第四军副军长。1927年成为汉口政府的领导人之一,而他的铁军则在北伐中声名远镇;共产党1927年8月的南昌起义使得他的许多部队投向中国共产党。1927年12月11～13日共产党在广州发动政变,张控制了广州;随后他的军队挥师北上。1931年于南京和蒋介石的军队决裂,其军队从扬子江南下,与广西军阀对广州发动不成功的攻击。1932～1935年，赴欧美旅行；1935年回国；1936年担任浙闽皖赣边区剿匪部队司令官。中日战争期间，担任第四战区(广西和广东东部)司令长官，当地部队在他的率领下占领了印度支那；1945年9月在广州接受日本投降，并被任命为广州行营主任，不过1947年11月这一职务由新的广东省主席孙科所顶替。当时张被任命为南京战略顾问委员会委员，这是一个闲职。1947年5月，张还被任命为海南省筹备委员会主任，不过海南现在仍未成为一个独立省份。

由于他的实力以及他与委员长过去的分歧，张的名字与华南可能的分离运动联系了起来。最近他表明他是一个反共主义者。

张学良

广受欢迎的满洲领袖；1936年12月成为中国国民政府的政治犯。

1898年生于辽宁省。他是张作霖的长子，国民党东北司令部张学铭以及目前在中国共产党军队服务的张学思的兄弟。毕业于奉天的讲武学堂，1919年被任命为张作霖卫队的指挥官；1920年担任第三混成旅旅长，并在安福系与直系的战争中击败安福系的军队；1921年赴日参加日本秋操；1922和1924年积极参与直奉战争。1928年其父死后担任东北保安总司令；1929年中苏北满冲突中指挥防御部队；1930年与国民政府和兵一处参与委员长同冯玉祥、阎锡山北方联盟之间的争斗，并担任国民政府陆海空军副总司令。1931年为北平绥靖公署主任；1931年由于日本侵略退出满洲；1932年担任军事委员会北平军分会代理委员长；1933年为中央军校执行委员会成员；1933～1934年出国；1934年治愈赌瘾并担任鄂豫皖剿匪总部副司令长官；1935年任军事委员会委员长武昌行营主任；1935～1936年就任陕西剿匪部队副司令长官；1936年12月，与共产党联合挟持蒋介石；被解除所有职务。现拘禁于福摩萨。

许多满洲人鼓动他返回满洲，在那儿他象征着当地人的领导。

张嘉璈

中国中央银行行长。四大政府银行联合委员会董事长；国民党中央执行委员会成员；政学系成员。

1888年生于江苏省；其兄弟张君劢是民主社会党领袖。1902～1905年在上海的外语学校接受教育；1906～1907年在北京的高等工业学堂学习；1907～1910年在东京的庆应义塾大学学习(经济系)；1911年参加革命，1912年担任浙江省主席秘书；1914年成为中国银行职员，1917年成为中国银行上海分行助理经理；1928～1935年，担任中国银行总经理和总裁；1935～1947年担任中国中央银行副行长；1937～1942年，担任交通部部长；1943～1945年赴欧美旅行；1944年担任布雷顿森林会议中国代表团顾问，以及芝加哥国际民航会议代表。中日战争结束后，被任命为东北行营经济委员会主席，同时兼任中长铁路董事会主席以及中国中央银行长春办公室特别专员。在这些职位任上他遭到CC系的强烈批判。1947年

3 月，辞去以前所有职位，并担任中国中央银行经理。

作为上海著名的银行和商业人士，张嘉璈是一位有能力的管理者，理解西方的理念，认同西方的商业手段。他在政治和商业上小心谨慎，最近主张消减华中和华南的军事控制以支持确立更为强大的文官权威。

陈光甫

银行家；国民政府委员。1880 年生于江苏省。入上海圣约翰大学学习，1909 年毕业于宾夕法尼亚大学沃顿商学院并获商学学士。回国在短暂担任江苏财政专员后去职进入银行业。1915 年创办上海商业储蓄银行并担任总经理。他创办了作为商业储蓄银行分支的中国旅行社，并成为中国这个领域中的先行者。多年来他担任交通银行、中国银行以及中国中央银行董事会董事。他为许多商业企业提供服务，并成为许多与经济问题相关的政府部门的成员。1936 年他率领代表团成功通过谈判达成中美白银购买协定。同时他的才华和诚实给他的美国对手留下了印象。1938 年率领经济代表团访问美国，通过谈判达成向中国提供信贷。1944 年作为中国代表团领导参加在纽约的国际商业会议，并一直在美国停留到1946 年。1947 年 4 月被任命为国民政府委员。

陈在政治和经济理念上是一名自由主义者，并且是诚挚的民族主义分子。虽然不是国民党党员，但是他在政府中最好的朋友属于政学系成员。作为中国最为著名的私人银行家，他被描述为中国最富有建设性的商人。他热爱美国，反过来他也受到了西方人的喜欢和尊敬。

陈立夫

国家经济委员会副主席；国民党组织部长；国民党政治委员会成员；中央日报社社长(国民党官方新闻机构)；CC 系领袖。

1899 年生于浙江省；是四大银行联合委员会董事长陈果夫的兄弟。他在北洋大学接受教育并于 1923 年获得学士学位，1924 年于匹兹堡大学获得硕士学位。1927～1928 年担任国民革命军总司令秘书；1928 年担任中央组织部主要情报组织的负责人；1929 年以后成为国民党中央执行委员会成员；1929～1931 年，担任国民党中央组织部长，同时担任执行委员会和国民党政治委员会秘书长；1932～1938 年，担任国民党组织部长；1933 年成为国民政府委员；1938～1944 年，担任教育部长；1947 年成为国民党中央执行委员会主席团成员，同时担任国家经济委员会副主席。

陈是国民党重要的右翼党员，也是 CC 系领袖，长期以来都是委员长的忠实朋友。通过他控制的国民党部门以及秘密警察，委员长依靠他获取了重要支持。他是一名极端的民族主义者。陈维持着国民党幕后很多的政治势力，并拥有加强其所控制的政党的经济利益。

陈诚

国防部参谋总长；总统东北行辕主任；三民主义青年团秘书长；国民党中央执行委员会

主席团成员。

1900年生于浙江省;1922年毕业于保定军校;1924年成为黄埔军校教官,当时蒋介石是校长。1925年,作为一名专业士兵,陈诚从士兵被提拔为连长。1936年12月与蒋介石一起被扣留。随后陈诚担任军政部政务次长,并一直到1938年。1938～1940年,陈诚担任国家军事委员会政训部主任,同时担任三民主义青年团秘书长;1943年担任在云南、缅甸、印度的中国远征军司令长官。1944～1946年接替何应钦担任军政部长。他与现在担任联合国军事参谋委员会中国代表团团长的何应钦的关系从来就没有好过,而他目前重组军政部的努力也遭到何应钦的强烈反对。1946年之后担任国防部总参谋长;1946年3月再次被任命为三民主义青年团秘书长;1947年8月在满洲担任军政长官。

作为委员长信任的助手,从在黄埔接受军事训练以来,陈诚一直保持着与蒋介石的联系。他得到了战时与他共事的美国军事官员的好评。

陈果夫

"四联总处"理事会成员;中国农民银行理事会主席、中央合作银行理事会主席;《大公报》(CC系报纸)理事会主席;国民党中央执行委员会常务委员会委员;CC系的首脑。

1892年生于浙江省;系孙中山的助手陈其美之侄、国民党组织部部长陈立夫的哥哥。1908～1911年入浙江陆军小学堂学习;后升入南京陆军中学。1911年辛亥革命时与其叔父陈其美活跃于上海。1926年加入国民党;先后担任蒋介石的秘书、国民党中央组织部部长和监察委员会委员。1929～1931年任监察院副院长;1933～1936年担任江苏省政府主席;自1938年起任国民党中央执行委员会常务委员会委员。1938～1942年任国民党中央侍从室主任。1944年1月至11月19日任国民党组织部部长;1945年10月被任命为中国农民银行理事会主席;1946年11月被选为《大公报》理事会主席。

作为国民党内有名的右翼成员和CC系首脑,陈果夫长期以来与蒋介石的关系非常密切,并在国民党内有着重要的地位。因身体状况较差,他一直没有像其弟陈立夫那样成为一名显赫的公众人物。

蒋介石

中华民国总统;国民党总裁;三民主义青年团团长;陆海空三军总司令。

1886年生于浙江省,从小受到良好的环境熏陶;1906年入保定陆军速成学堂,1907年东渡日本学习军事,其间结识孙中山,加入了革命组织同盟会。1911～1920年的革命时期表现活跃,是国民党的创造人之一;1923年出任黄埔陆军军官学校校长,这里的很多学生日后成为中国军队的将领。1924年对苏联进行过短期访问。1926年开始与国民党左翼分裂,11月国民政府迁至武汉时他并没有随行。1927年3月其势力扩展至上海,经过对共产党的"清洗"后于4月在南京建立了国民政府。这一次彻底与受到武汉政府重视的苏联顾问破裂。由于党内的权力斗争,1927年8月至1928年1月隐退至日本。1927年在上海与宋氏家族的宋美龄结婚;三年后随其妻皈依基督。1928年率众攻占北平,从此成为中国真正的领袖。1931年因广州集团的反对,再一次退出政府。1932年日本进攻上海后,很快复出,并出任全国军事委员会主席。除1938年的一段时间外,1935～1945年一直担任行政院院长;自1938年起,成为国民党的总裁。1936年12月在西安被囚禁;获释后,国共力量又一次实现联合,共同反抗日本。1942年,访问印度新德里,与甘地(Gandhi)、尼赫鲁(Nehru)、英美军事领导人会晤。1943年至今,担任中华民国总统;1943年11月出席了开罗会议,并与罗斯福总统、丘吉尔首相会晤。撰写了《中国之命运》(1943年)和《经济理论》等书。

自1927年以后,蒋已经成为中国毫无争议的领袖。蒋的力量基本上在于他对军队、秘密警察的控制和在国民党内的领导地位。在国民党内,他没有专门依靠任何人,而是凭借自身的能力实现各反对势力间的平衡,从而维系了自己的权力。然而,他在战时所赢得的声誉自日本宣布投降后,已开始降低。

周至柔

陆军中将;中国空军总司令;国民党中央执行委员会委员。

1898年生于浙江省。1922年保定军官学校毕业后,为浙江陆军第二师中尉;1924～1925年担任黄埔陆军军官学校教官。1930年出任21师的参谋,后晋升为第11师的参谋长。参加过河南、山东、湖南的战役和1931～1933年围剿江西红军的战斗。1933～1934年到国外学习空军。1934～1938年任中央航空学校校长;1936～1946年担任全国军事委员会航空委员会主席;1943年作为中国代表团成员参加了开罗会议。作为中国空军总司令,自1946年与交通部争夺对国内航空的控制。

周恩来

中国共产党中央委员会委员;政治局委员、书记处书记。

1898年生于江苏省;1917年毕业于天津市南开中学,入日本早稻田大学学习。从日本回国后,他登记注册于南开大学,在此首次参加了革命活动。1919年领导了学生游行,遭拘捕;被监禁约一年。1920年留学法国,是中国共产党旅法支部的组织者之一。后前往德国,与朱德创建了中国共产党的柏林支部。1924年从欧洲回国后加入了中国共产党,并出任广东省书记。1925年任黄埔陆军军官学校政治部主任,兼任苏联政治顾问布柳赫尔(Bluecher)将军在黄埔的秘书。1926年,被中国共产党指派负责国民党军队中的党的工作。后被分派到上海组织工人,领导了1927年3月21日的起义,此次起义因蒋介石前往上海而宣告失败。周被逮捕宣判死刑,但后来逃往莫斯科。从1927年底至1930年在中山大学学习,期间担任共产国际六大的中国代表。1931年返回中国,加入江西苏维埃政府,出任苏区中央局书记。1932年成为朱德的政委。参加了"长征",在1935年被任命为中国共产党政治局委员,并被共产国际选为第七次代表大会的执行委员会委员。1936年蒋介石被囚西安期间,为中共和谈的首席代表。1937～1946年11月,为中共驻重庆的主要代表,因此参与了共产党和国民政府的所有谈判。1938～1940 年担任中央政府军事委员会政治部副部长。虽然在 1945 年被任命为第四届国民参政会的代表,但并没有参加会议。1946 年 11 月与国民政府谈判后返回共产党地区。

周是中国共产党内与国民政府和外国人联络的头号人物,是一位出色的谈判家。

朱德

中国共产党军队的总司令;军事委员会副主席;中国共产党中央委员会委员;党的政治局委员、书记处书记。

1886 年生于四川省。在四川读完中小学后,入云南陆军讲武堂学习。1911～1921 年在云南、四川与军阀势力斗争。1922～1926 年赴欧洲学习。1924 年创建了国民党的柏林支部。他与周恩来合作建立了中国共产党的柏林支部。因参加破坏活动,1926 年被逐出德国。同年返回中国,并在四川组织国民党的军队。1927 年他与其他军事将领在南昌领导了公开反抗蒋介石的起义。南昌起义失败后,他们进攻广州和汕头,受挫后退至江西南部和福建西部。1928 年 5 月率部与毛泽东汇合。1930 年任红一方面军司令,1931 年在第一次苏维埃大会上被选为中共军队的总司令,之后一直担任此职。1934 年 1 月,进入中国共产党政治局。"长征"期间负责军事策略,1935 年 10 月抵达西北的陕西。1936 年国共统一战线建立后,被蒋介石任命为八路军总指挥、第二战区副司令和最高国防委员会委员。中日战争期间,他留居延安。

傅作义

察哈尔省主席,张垣绥靖公署主任;国民党中央执行委员会委员。

1895 年生于山西省南部一个中产阶级的家庭;1918 年毕业于保定军官学校。之后先后担任过营长、旅长、师长等职,并在阎锡山的晋军中崭露头角。1931～1946 年任绥远省主席;1931 年任驻绥远的三十五军军长。中日战争期间,在绥远、山西抗击日军;1944～1945 年为第八战区副司令;1945～1946 年为第十二战区司令。1946 年其部从中共手中攻下张家口。1946 年 10 月被任命为察哈尔省主席,1947 年初出任张垣绥靖公署主任。他率领的国民党军队主要活动于绥远、察哈尔、山西北部、陕西和河北。

虽然傅非常仇恨蒙古人,但他现在是内蒙古地区最重要的军、政领袖。

何应钦

中国赴美军事代表团团长;联合国军事参谋委员会的中国代表;国民政府军事委员会参谋总长;国民党中央委员会委员。

1889 年生于贵州兴义;毕业于东京士官学校。参加了 1911 年辛亥革命;1924 年任黄埔陆军军官学校总教官;1926 年任福建省主席和国民革命东路军总司令。1927 年任国民革命军总司令;1928 年任浙江省主席;1930～1944 年任国防部长,1944 年底因美国的压力辞职。1931 年任行政院政务委员会委员;1933 年出任全国军事委员会北平分会代理委员长;1937～1946 年任国民政府军事委员会总参谋长;1941 年任最高国防委员会委员;1943 年任三民主义青年团团长;自 1946 年任中国赴美军事代表团团长、联合国军事参谋委员会的中国代表;自 1926 年起,一直任国民党中央执行委员会委员,于 1947 年 4 月进入中央政治委员会。

作为蒋介石私交甚笃的朋友,他坚决反对共产党,并在黄埔系中有着重要的影响。

胡宗南

西安绥靖公署主任;国民党中央执行委员会委员。

1902 年生于浙江省;最近与留美回国担任金陵女子学院老师的一名学生结婚。毕业于黄埔陆军军官学校;毕业后成为蒋介石的门徒。1925 年和 1926 年,国民革命军东征占据广州的陈炯明时,他参加惠阳的东河战役。1927～1929 年参加了围剿共产党的战斗。1935 年被选国民党中央监察委员会委员。1936 年随国民党军队征讨西南的两广势力,同年被调至甘肃西南部。1936 年 12 月蒋被囚西安时,率部驻扎在甘肃。中日战争期间,任设于西安的第八战区副司令长官,负责封锁共产党地区。1945 年 7 月,被任命为设于西安的第一战区司令长官。1945 年 9 月在贵州接受日本的投降;1945 年 11 月以后,其部经常被用于保卫平汉铁路的南、北部分。中日战争结束后,率部与中共作战;他的部队现在控制着陕西南部,并与 1947 年 3 月占领延安。

胡长期效忠于蒋介石,并坚决反对共产党。

顾祝同

陆军司令部总司令;国民党中央执行委员会委员;CC 系成员。

1891 年生于江苏省一个中产阶级家庭;毕业于保定陆军学校。1924 年执教于黄埔陆军军官学校,并结识了蒋介石。参加了国民革命军的北伐,期间任第 3 师参谋长。参加了国民革命军征讨北洋军阀阎锡山和冯玉祥的战斗,1930 年任洛阳行营主任。1931 年成为国民党中央执行委员会委员。1933 年任围剿红军的总司令,率部在江苏、广东、福建、湖南和湖北等地与共产党作战。1934～1936 年任国防部副部长,1936 年任四川行营主任。中日战争期间,他担任第三战区(江苏南部、浙江、安徽南部、江西东南部、福建北部,司令部设于江西)副总司令。作为第三战区的指挥官,他策划指挥了 1941 年 1 月对中国共产党新四军的进攻。1945 年,他出任徐州绥靖公署主任。1946 年 5 月,被任命为陆军总司令。

顾是蒋介石的忠实拥护者,据说在何应钦的影响下获得了最近的职位。他军事才能方面的声誉不佳。中日战争期间,他消极抗日,并被指控与敌人进行贸易。他坚决反共,但非常腐化而无能。

顾维钧

国民政府驻美国大使;联合国大会第二次会议代表。

1888年生于上海的一个富裕家庭;1904～1905年先后在中国的几所大学和纽约伊萨卡的大学学习;1908年、1909年和1912年分别获得哥伦比亚大学学士、硕士和博士学位。1915年任驻墨西哥外交使节;1916～1920年任驻美国和古巴的公使。1920年任同盟国委员会的中国首席代表。1920～1921年先后任驻英国外交使节、大使。1921～1922年任中国政府参加华盛顿会议的全权代表。1923～1924年担任外交部部长,之后两年任财政部部长,1926～1927年淡出政治。1927年出任内阁总理。1931～1932年任外交部部长。1932～1941年先后担任部长、驻法国大使,期间作为中国代表参加了许多国际会议而享誉法国。1941～1946年担任驻英国大使。1946年6月被任命为驻美国大使。出席了敦巴顿橡树园会议和旧金山会议,到目前为止参加了联合国大会的所有会议,率代表团参加了第一届联合国大会第二阶段的会议。

顾被公认为是一位杰出的外交家。尽管中国政府多次更替,他作为中国的驻外代表还是在近30年中发挥了值得称道的作用。据说,他在谈判中缺乏果断性。

桂永清

中国海军代总司令。

1901年生于江西省;毕业于黄埔陆军军官学校;曾在德国德累斯顿的步兵学校学习。之后从一名士兵晋升为中央军事学院"模范旅"的旅长,于1937年底领导了上海保卫战。1938年1月作为中国代表团的首席代表参加了乔治六世的加冕典礼。1941～1942年出任驻柏林的武官;1944年12月出任中国赴英军事代表团团长;1945～1946年赴德国任盟国管制委员会的中国军事代表团团长;1946年1月作为中国代表团成员赴伦敦参加联合国参谋长会议。

军界认为,桂永清上将是一位才华横溢的将领,他在中国海军建设和海军人才培养方面作了大量的工作。他一直与美国保持着良好的关系,被认为是亲英、美派。

孔祥熙

中国银行董事会董事长;燕京大学董事会董事长;国民党党员。

1881年生于山西省的一个商人家庭;娶宋氏姐妹中的宋蔼龄为妻。曾就读于山西教会学校;1906年毕业于欧伯林学院;1907年在耶鲁大学获硕士学位。参加了1911年的辛亥革命,后成为山西省省长阎锡山的幕僚;1924年任中俄恢复外交关系谈判的坐办;1927年出任广东省财政厅厅长、南京政府工商部部长。1930年任合并后的实业部部长,同时担任行政院政务委员、国民党中央政治委员会委员;1932年辞去实业部部长一职,被任命为考察欧洲实业特使。1933年回国后被任命为中国中央银行总裁,一直接任此职到1945年;1933年至1937年任行政院副院长,1933～1944年担任财政部部长;1937年作为中国政府的代表和特使参加了英国乔治六世的加冕典礼;1938 年升为行政院院长;1939～1945 年,蒋介石担任行政院院长期间任副院长;1943～1947 年出任行政院政务委员;1944 年作为中国代表团团长参加了布雷顿森林会议;1946 年被任命为中国银行理事会董事长;1946 年 11 月被选为国大代表。1947 年 8 月起一直在美国进行访问。

作为杰出的银行家、实业家,孔有很多的美国商业伙伴。孔数次进退政府。虽然孔、宋两人都在经济部门官居高位,但长期以来他们之间还是有着权力上的争夺。

李立三

中共东北野战军司令员林彪的政委;中国共产党中央执行委员会常务委员会委员。

1900 年生于湖南省;据说 1931 年后在苏联与一名俄罗斯女子结婚。1919 年中学毕业后作为毛泽东组织的勤工俭学会的学员赴法国留学。1921 年成立的中国共产党旅法支部的创造人之一。因参与学生运动遭法国政府驱逐;回国后于 1922 年投入中国的工人运动。1927 年国共关系破裂后一度在中国共产党内扮演着重要角色。1927～1930 年间,与共产国际携手致力于攻占中国的主要工业城市,这一革命策略遭到毛泽东和其他中共领导人的反对;1931 年共产国际决定支持毛泽东后,被逐出中国共产党。可能因其革命策略比毛泽东的党内追随者的政策更激进而被派往苏联,直至 1945 年仍未回国。在苏联期间,1932～1934 年为红色国际工会(国际赤色工会)工作;1934 年担任受苏联资助的中文报纸的编辑;1938～1945 年担任莫斯科的外语出版社翻译部主任。1945 年 4 月,在缺席的情况下被选为中国共产党常务委员会委员;1945 年 9 月随苏联军队返回满洲;1946 年任北平军调部的共产党代表;目前在设于哈尔滨的司令部工作。

据说李立三在满洲负责所有重要的政治决策。他回到满洲可以看作是中国共产党与苏联的联系在加强,以及李领导下的满洲中共和毛泽东领导下的中共之间出现分歧。

李宗仁

国民政府北平行营主任;国民党政治委员会委员。

1890 年生于广西省;毕业于桂林军事学校。在省内军队服役期间,不断得到升迁,因此 1926 年前就加入了国民党军队。1926 年任国民革命军第七军军长,负责攻打江西的九江。1927 年参加北阀,任第三路军总指挥,兼任国民政府军事委员会委员。1928 年出任中央政治委员会武汉分会主席,兼任第四集团军总司令,占据湖南和湖北;1929 年对抗国民政府,与武汉的广西将领汇合;1929 年因广西叛乱被免除国民政府内的各种职务,1931 年复职。后退居广西,担任广西军队总指挥,兼任设于广州的西南政务委员会委员。1933 年参与了两广叛乱;1937～1938 年率部开赴山东、安徽和江苏等地。1938 年出任安徽省主席;1939～1945 年为第五战区(湖北的东部和中部、安徽北部和湖南南部)司令长官。1945 年 2 月至 11 月升任汉中行营主任(南郑);1945 年 11 月被任命为北平行营主任。

作为与蒋关系并不密切的广西军事领袖,李并不满足于目前在北平的地位,因此他有被

“流放”到北方的感觉。他对蒋的忠诚是非常值得怀疑的,但他的军队已不完全受自己控制,其军权已被安插在军队中的一些人所削弱。

林彪

中国共产党东北民主联军总司令;中国共产党中央执行委员会委员;中国共产党东北局的军事负责人。

1908年生于湖北省;1925年毕业于黄埔军校。1924年先后加入社会主义青年团、国民党,1925年加入中国共产党。1927年任张发奎国民革命军第四军陆军上校。1927年的南昌起义中发挥了重要作用,起义失败后加入了共产党的第二十军。1932年担任红一方面军总指挥。1934～1935年参加了“长征”。在延安,创建了抗日军政大学(抗大),并出任校长。1937～1945年任八路军第115师师长,主要活动于山西、山东一代。1940年被选为中国共产党中央执行委员会委员,后一直任此职。1942～1943年和周恩来一起担任中国共产党驻重庆的代表。自1945年秋起一直活动于满洲。

林被认为是一位才华横溢的将领,据说是共产党在满洲的最高军事长官,尽管政治上的决策权属于其政委李立三。

罗隆基

自由主义领袖、民盟委员。

1896年生于江西省,1921年入清华学习;1924～1925年先后获得威斯康辛大学学士、硕士学位;1926～1927年在伦敦随哈罗德·拉斯基作研究;1927年获哥伦比亚大学博士学位。作为一名知识分子和学生运动的领袖,1938年进入政府,任国民参政会委员,担任此职一直到1942年。1941年与民主党派联盟取得联系。1944年加入民盟。1946年1月代表民盟参加了政治协商会议,但拒绝出席1946年11月的国民代表大会。他是民盟的主要发言人。

毛泽东

中国共产党领袖;中国共产党中央委员会主席、政治局最高领袖、书记处总书记、军事委员会主席。

1893年生于湖南省的一个农民家庭。1911年参军;1912～1918年离开军队入湖南第一师范学校。后在北平国立大学做图书管理员,期间认识了中共的一些早期领袖。1921年加入共产党,出席了中国共产党在上海召开的成立大会。国共合作期间,在上海为两党工作;组织农民协会,后遭湖南军阀驱逐而到广州,担任国民党《政治周刊》的编辑,成为国民党的一位宣传家。1927年国共关系破裂后,被派往湖南长沙,组织工农红军第一军第一师,并发动秋收起义;因起义未经中央委员会批准,而被逐出政治局和党的前敌委员会。1928年与朱德汇合,创建红四方面军。1930年建立江西苏维埃,1931年出任苏维埃政府主席。参加了从江西到陕西的"长征"。1935 年被共产国际第七次代表大会选为执行委员会委员。1945 年 8 月在重庆与蒋介石会谈前一直留居共产党地区。1947 年 6 月,国民政府对其发出通缉令。1940 年、1945 年先后撰写了《新民主主义论》和《论联合政府》。

在中国共产主义的发展过程中,毛赞同国内平均土地的改革计划,他并非一位国际革命者。正因为如此,战后一段时间国民党内谣传这可能引起了毛与从苏回国的共产党人的冲突。然而,到目前为止,毛在中国共产党内一号人物的地位还是无人争夺的。

白崇禧

国防部长;国民党中央执行委员主席团委员。

1893 年生于广西省;参加 1911 年推翻满族统治的辛亥革命前曾入保定军事学校学习。1926 年参加了蒋介石领导的北伐,时任第十三军军长、国民革命军副总参谋长。1929 年,联合了退出国民党的西山会议派中的其他广西籍领袖。1929～1932 年,在军事上和政治上对抗广东,1932 年在党内复职。1936 年随同李宗仁一起支持西南政务委员会的抗日要求,并指挥抗日救国军对抗南京;后被召回南京,任军事委员会的常务委员。1937 年 7 月中日战争爆发后,支持蒋介石,出任国民党军队的副总参谋长,被派往山东与日军作战。中日战争期间,任桂林行营主任、第四战区司令长官。1946 年 5 月辞去副总参谋长一职,出任国民政府国防部部长。

自 1937 年中日战争爆发后,白一直是国民党的忠实支持者。他坚决反共,支持目前的军事行动。作为中国回教协会的会长,他在中国回教信徒中有着广泛的影响,特别是对那些军事集团。他是一位有才能的战略家,有着坚强的个性。他反对虚伪、奢侈,可以说是一位禁欲主义者。

孙科

中华民国副总统;立法院院长;行政院政务委员会委员;国民党中央执行委员会主席团成员。

1891 年生于广东省;幼时接受了中国的传统教育;在夏威夷读高级中学;1916 年获加利佛尼亚大学学士学位;1917 年获哥伦比亚大学的政治学和经济学硕士学位。他是孙中山的儿子,以担任其父亲的私人秘书开始了其职业生涯;1921～1922 年担任广州市市长,因陈炯明叛乱而被迫离职;1923～1924 年被再次任命为广州市市长;1926 年任广东省主席、广州市市长、交通部部长等职;1927 年任军事委员会委员;至 1927 年 8 月担任国民党左翼支持的武汉政府财政部部长;1928 年在南京被任命为国民政府重建委员会主任,但并没有履职,而是作为政治、经济特使在欧美度过了一年;1931～1932 年任设于广州的独立政府的领袖;后又入国民党,1932 年被任命为立法院院长;1938～1939 年负责与苏联谈判援华事宜;1945 年参加了国共谈判;1946 年被选为国民党的政治协商会议代表;后被选为国民党中央执行委员会主席团成员;1947 年任中华民国副总统、政务委员。

作为孙中山的儿子，他有着特殊的地位。正因为如此，虽然几次与国民政府的关系破裂，但他却能不断地再次进入政府。他经常批评国民党的集权，但在目前与中国共产党的斗争中，他支持南京政府。由于在外交关系方面对重大问题的态度摇摆不定，他的声誉比较糟糕。

孙立人

国民政府陆军副总司令。

1900 年生于安徽；1923 年毕业于清华大学；1924 年毕业于普渡大学，获土木工程专业理学学士学位；1924～1927 年在弗吉尼亚西点军校学习，1927～1929 年游历欧洲考察军事。他从中国军队的下士作起，1931 年成为蒋介石的侍从武官。1932 年和 1937 年在上海参加了与日本的战争，1938～1942 年从事军事的训练工作。1943～1945 年先后在史迪威将军和索尔登将军的麾下参加了利多路战役。德国投降后，在艾森豪威尔将军的邀请下，出访欧洲，后前往美国考察军事训练。1946 年作为中国代表团成员参加了在伦敦召开的联合国参谋长会议。之后，他指挥新一军在满洲与中共作战，任东北保安司令部副司令长官。因东北保安司令长官杜聿明的戒备，1947 年 4 月被免去新一军军长一职。1947 年 7 月被任命为国民政府陆军副总司令；近来正在视察国民党军队在台湾和华南的训练基地。

美国军事专家对孙有着很高的评价。最近，孙有了新的任命，负责中国军队在台湾的训练计划。对此任命，美国军事专家表示欢迎。

宋子文

广东省政府主席；政务委员；知名的商人；国民党中央执行委员会常务委员会委员。

1891 年生于江苏省上海市；其父为上海知名的商人，与美国的商业集团和教会有着多方面的联系；曾入上海的圣约翰大学学习；1915 年获哈佛大学学士学位；获圣约翰大学、哥伦比亚大学和耶鲁大学的名誉学位。1923～1926 年与孙中山的广州革命政府联系密切；1925～1927 年，任广州革命政府财政部部长，从 1928 年起担任国民党中央执行委员会委员，1930～1933 年出任中国中央银行行长；1933 年作为中国代表团首席代表赴伦敦参加世界经济会议；1935～1943 年担任中国银行理事会总裁；1941～1945 年任外交部部长，这一时期大部分时间呆在美国，并在美国组织了中国战时物资购买委员会；1944 年 11 月至 1945 年 5 月任行政院代院长；1944 年至今为政务委员；1945 年 4 月作为中国代表团的团长参加了联合国旧金山会议；1945～1947 年担任最高经济委员会委员长，兼任四联总处理事会代董事长；1947 年春辞去了政府内的所有职务，其经济政策遭到政府内外的批评。1947 年 9 月被任命为广东省政府主席。

作为宋氏姐妹的兄弟和蒋介石的姻亲，宋子文长期占据着中国重要金融家的显赫地位，对政府的管理发挥着重要作用。他有着非常流利的英语，经常被中国人看作是更像一位西方人。他不属于任何政治派系，是中国政治上的独行客，其在政治上的力量依赖于他与蒋介石的私人关系。目前,他已经退出政府。据说他在美国有着大量的财产,在中国也是如此。

王世杰

外交部部长;政务委员;国民参政委员会委员、主席团成员;国民党中央执行委员会委员;政治学学会会员。

1891 年生于湖北省,毕业于北洋大学;1917 年获伦敦大学理学学士,1920 年获巴黎大学法学博士学位。1921～1928 年担任国立北平大学比较法学教授、法学系系主任。1928 年任海牙公断院公断员。1929～1934 年出任国立武汉大学校长。1933～1937 年被任命为教育部部长,1934～1942 年任宣传部部长;1938～1943 年任国民参政会秘书长。1944 年再次出任宣传部部长一职,直至 1945 年 7 月出任外交部部长。1946 年 1 月被选为参加政治协商会议的国民党代表,与张群一起制定了会议计划。1943 年率中国友好使团出访英国;1946 年以中国外交部部长的身份出席了巴黎和平会议,1947 年 9 月参加了在纽约召开的各国外长会议。

作为一位能干的政府官员和受人尊敬的国民党领导人,王是政治学学会非常重要的一个人物。他属于温和派,对外国人很友善。

阎锡山

山西省主席;国民党中央政治委员会委员。

1882 年生于山西省,毕业于东京军事学校。后加入孙中山的革命党同盟会。辛亥革命爆发后,阎宣布山西省脱离满清政府独立。1917 年出任山西省督军、省长,从此统治山西达 30 年之久。1927 年为北伐的成功作出了贡献,被任命为平津卫戍总司令、国民革命军副总司令。后率众叛乱,在北平成立了一个短命的政府,被国民党击溃后撤回山西。1932 年被国民政府重新起用,担任晋绥绥靖公署主任,掌管第二战区;1937 年中日战争爆发后任国民政府军事委员会副委员长。战争期间,其军队一边面对日本人,一边面对中国共产党,但他并没有对日本人发起过大规模的战斗。1945 年 9 月与蒋介石会晤,被任命为山西省政府主席。

阎是中国的旧式军阀之一,在过去完全独立地统治着山西省。目前,尽管国共两党激战正酣,他还是设法控制山西,支持其军队。据说他在利用一些日本和德国的技术人员。战时他的抗日战绩是令人怀疑的,他对蒋介石的忠诚也是可疑的。

俞大维

交通部部长;行政院政务委员会委员。

1899 年生于浙江省;毕业于上海的圣约翰大学;获哈佛大学哲学硕士学位;后入柏林大学学习,获数学专业博士学位。1927 年,蒋介石召其充任德国军事顾问在华的联络人,从此开始了其军事生涯。1933年担任国防部兵工署署长。1944年11月被任命为战时生产委员会的顾问委员会委员。一个月后升任国防部副部长，兼任兵工署署长。1946年5月15日被任命为交通部部长，之后他全力抢修受损的铁路，此举得到了广泛的赞誉。1947年4月以无党派人士的身份被选为行政院政务委员会委员。

人们认为俞是一位能干、高效而诚实的官员。虽为无党派人士，他却与宋子文、蒋介石的关系密切，拥护政府的方针，通常被认为是值得信赖的。

附录四

台湾（福摩萨）

1. 引言

1945年10月，日本统治50年之久的台湾（福摩萨）事实上已回归中国。在随后的两年，中国当局因低效、腐败而挥霍着岛内的经济资源，滥用日本人建造起来的工厂，以至于台湾原本可以对中国经济发挥的巨大贡献已化为泡影。因此，台湾人已普遍地出现不满和动荡，他们反抗国民政府的情结已演变成当地寻求独立的民众运动。这一运动可能会继续发展，也许会演化为进一步的起义、暴动。

2. 背景

(1) 地理

台湾是一个呈长椭圆形的岛屿，距中国沿海的福建省70～100英里。它的面积约为1.4万平方英里，其中从北向南延伸的山脉占三分之二左右，遍及岛的东半部。台湾的气候为热带气候，全年降雨充沛。在台湾与中国沿海之间是澎湖列岛，它由64个岛屿组成，是台湾的一部分。澎湖列岛没有任何经济价值，但在战争期间，却对日本具有某些战略意义。

(2) 人口

台湾的人口约有650万，其中绝大部分是台湾华人，约有600万。80%的台湾华人来自于福建省，其余大部分来自于广东省。台湾的土著居民和日本人只占人口的较小一部分。土著居民总数约有22.5万人，生活于岛内的山脉地区，有着自己的部落组织和社会体系。目前，中国当局还没有宣布对这些土著居民的政策，但没有理由相信，当局将从容地应对形势，能够成功地消除土著居民对中国人的憎恨。日本投降时，台湾的日本公民约有40万，现在除少量的技术人员外，他们已全部被遣返回国。

(3) 农业

台湾有着大规模的农业经济。90%的可耕土地主要位于沿西海岸地区，这些土地基本上以一至三英亩的小规模形式耕种。三分之一的农民是佃农,还有三分之一的农民去租赁一些土地以增加他们的保有地。大米和糖占据了台湾所有产出的一半,是重要的出口产品。马铃薯、茶叶、菠萝和其他果类的产量正在大幅度提高。

(4) 工业和贸易

日本人指导下大规模生产的精炼糖是台湾经济的重要工业。其他重要的工业还有樟脑生产、菠萝罐头制造以及化学品、铝和其他金属的加工。1939 年,台湾有着有利的贸易平衡,其绝大部分产品是出口日本的。同年,台湾的出口总值达 1.54 亿美元,出口的主要产品为糖、大米、香蕉和菠萝罐头。它的市场包括日本、中国、美国和东印度群岛。1939 年台湾的进口总值达 1.06 亿美元。台湾几乎所有的贸易都是通过岛北端的基隆港。

(5) 政府

日本人在台湾的政府是一个高度集权的组织,这一组织并不真正代表台湾人。因日本人在各个领域都要维护其征服者的地位,故日本人与台湾人的关系是糟糕的。尽管日本人使台湾人的生活水平有所提高,但台湾人还是渴望推翻日本人的统治。

目前,中国政府统治着台湾,将其作为中国的一个省。台湾最初被接管时,中国人是将其置于行政院的管理之下;台湾省的地位一直延续到 1947 年 5 月政府重组。南京任命的省主席是省政府和当地国民党的领袖。台湾的政府组织与大陆其他各省的情况类似,唯一的区别是台湾的政府主席理论上还掌控着军事。省委和国民参政会内目前都有台湾的代表,虽然这些代表是台湾土著,但他们经常在大陆被教育说,他们的利益与台湾人的利益是不同的。国民政府已向台湾民众作出承诺,岛内市、县两级的政府官员将由民众选举产生,但这要等到相同的选举在大陆进行之后。

3. 目前的形势

1945 年 10 月台湾回归中国时,台湾民众曾热烈地欢迎新的国民政府政权。台湾人民殷切期望,盟国的胜利将意味着台湾新的繁荣,意味着与祖国的联系更为密切,然而,幻想很快就破灭了。陈仪被任命为台湾省政府主席,陈与蒋介石同属于浙江省,是国民党的核心人物。陈仪的腐败、弊政以及秘密警察的恐怖很快给了台湾民众一个答案:他不是解放者,而是征服者。尽管岛内的工厂在盟国的空袭中有所影响,但在中国人接管台湾时,这些工厂还是有足够的生产能力的,可以生产出大量重要的产品,而这些产品正是不断恶化的大陆经济所急需的。中国当局非但不去尽可能地利用台湾的工业,反而因贪婪、任人为亲、无能和不正直,使台湾的工业产量出现下降。所有日本人的企业被重组为垄断性的公司,这些公司往往由统治集团的亲戚和朋友领导下的财团控制。重要的资产开始消失。那些有能力、有技术的台湾人被解雇,代之以大陆的中国人。残暴的军事统治不断地失去民心,致使怨声载道。

1947 年 2 月下旬,动乱的危险已经显现。1947 年 2 月下旬,一名妇女被警察杀害,这一事件引起了岛内民众的自发起义,起义迅速遍及全岛。起义旨在要求政府实施改革,并无意推翻中国人的政权。陈仪最后作出保证,政府的改革措施将会实施,起义暂时得以平息,但是,在得到大陆的武装支持后,陈仪发起了凶残的军事进攻。起义惨遭镇压,多人为此丧生。最后,抗议呼声日高,陈仪为此辞职。1947 年 5 月曾担任驻美大使的魏道明出任台湾省主席。虽然魏自己并没有被指控为腐败,但他医治前任政权顽疾的努力并没有获得成功。秘密警察的权力没有缩小;台湾人的自治水平没有提高;经济状况也无改善。明确的计划虽已使陈仪组织的商业企业转为私人所有,但沿此方向的改革几乎没有任何成效。

其他两个原因使形势更加恶化。首先,因军队训练计划的启动,国民党在台湾的军队数量已经增加,这引起了民众的怨恨。因政府处理 1947 年 3 月事件的方式,民众对军队到来的敏感性与日俱增,魏道明遏制军队权势的失败使这种敏感性进一步增加。其次,台湾人民经受着国民党军队征兵制度的煎熬。台湾人强烈反对在中国军队中服役,因为他们会被派往大陆与中共作战。他们并不认为政府与共产党的斗争是他们自己的事情。

总的来说,这些因素加速了台湾人对国民政府的不满。这种不满目前正以要求地方独立的情结在台湾民众间表达出来。这种实现独立的鼓动变得越来越强烈,谣传台湾人将通过对日和约来实现自己的独立,因为对日和约必将正式决定对台湾的处置。

但没有迹象表明,台湾人的不满已经导致相当一部分民众倒向共产党阵营。日本投降时,台湾还没有共产党,1947 年末台湾岛内共产党的数量仍不是很多,军事力量则一点没有。然而,这儿如同中国的其他地区一样,国民党的无能和贪婪已经为共产主义影响的传播创造着机遇,目前的台湾岛正是共产党宣传的一片沃土。

美国在台湾仍有部分军事顾问。中国共产党已发起宣传攻势,攻击美国军队出现在岛内,称美国已经"控制了台湾的经济生活……美国人的资本正在渗入所有重要的工业领域"。右翼势力也有一些类似的指控,这很显然是受国民政府内的某个集团所指使。国民党的宣传显然只是套用一种固定的模式,这反映在政府控制下的新闻媒体的各个机构之中。

这种宣传反应了国民政府在台湾现在面临着进退两难的困境的一面:希望所有的中国领土都被置于中国人的直接控制之下,没有外国人的掺杂。中国政府以 1943 年开罗宣言的形式(1945 年在波茨坦和日本投降的条款中不断重申)获得了保证,台湾将回归中国。然而,国民政府毫无理由地担心,美国将鼓励台湾人中的反对集团,或者对台湾有"帝国主义"意图,这毫无疑问激起舆论反对美国。

国民政府所面临困境的另一面是,中国政权的无能以及需要美国的经济援助以阻止台湾向共产主义滑落或出现一系列的叛乱,特别是因为大陆不稳的军事形势,政府不可能供养起各地的军队,上述情况就更为危险。这使得蒋介石"在原则上"由衷地赞成中美共同对台湾进行管理,特别是致力于台湾经济的重建工作。美国大使司徒雷登表示,因蒋介石认识到不断发展的台湾独立运动,他将很高兴地支持这一计划。然而,蒋虽然欢迎美国在经济上援助台湾重建的具体建议,但他也可能抵制美国对这种援助的任何控制,或者美国坚持要求的政治改革。

4. 未来趋势

随着国民政府的迅速衰落，台湾行政管理的状况将不可能有所改善。因此，台湾很可能会持续动荡，并且偶尔还会发生起义事件。据说目前民众的不满已导致台湾出现相当规模的地下运动，虽然这种地下组织的发展程度和军事实力尚不能确定。台湾民众的不满很可能导致未来要求独立的鼓动。台湾的地位最终是要到对日和约的签订才能确定下来。目前还没有实现独立的可能性，因为开罗宣言、波茨坦宣言和日本投降的条款都反对这一点。为了其他的选择，台湾人可能会转向中国共产党，但从目前台湾缺少共产党力量和远离大陆的角度来看，共产党在岛内的渗透还不是直接的威胁。最可能的结局是台湾目前不稳定的情形在不远的将来还会持续，台湾最终的命运取决于大陆斗争的结果。

附录五

西　　藏

1. 引言

西藏位于中国西部，名义上是中华民国的一部分，但事实是一个经济上自养、完全独立的地区。中国人将西藏看作一片“特殊的领土”；它是中国唯一一个并非省建制的地区。西藏或者外藏，位于西康省和青海省的西部，有时也被称为内藏。为了便于讨论，“西藏”通常指外藏。

由于西藏多山，且难以到达，它在战争中没有战略价值，尽管外国势力控制西藏会便利于他们在中国西部和印度北部的渗透活动。根据美国的安全利益，西藏相对并不重要。

2. 背景

(1) 地理

西藏总面积为35万平方英里，与不丹、印度、尼泊尔以及存有争议的克什米尔地区相邻，与中国的新疆省、青海省和西康省相接。西藏全境为山，平均海拔1.3万英尺。昆仑山和喜马拉雅山分别盘踞在北部和南部。省会是位于雅鲁藏布江河谷上游的拉萨。

(2) 历史

喇嘛教是西藏和中国之间最初的联系，它起源于13世纪，当时蒙古人忽必烈将喇嘛教定为国家宗教，并以达赖喇嘛为西藏的世俗统治者。从13～17世纪，中国的蒙古统治者和中亚的蒙古可汗们非常支持西藏的达赖喇嘛，就如同欧洲的国王们支持罗马教皇一样。因此西藏的达赖喇嘛作为喇嘛教的最高权威，获得了蒙古、中国西部和北部佛教信徒们不可思议的支持。随后中国的满洲皇帝也无法忽视达赖喇嘛对其辖区内居民的个人影响。所以整个18世纪和19世纪，中国的满洲皇帝和西藏的达赖喇嘛之间仍维持着一种政教模式：虽然西藏人并不认为他们是中国皇帝的臣民，但满洲人仍帮助达赖喇嘛巩固其政治上和宗教上的影响，行使监护西藏的特权。

20世纪初，摇摇欲坠的满清王朝不再拥有监护西藏的特权，英国在西藏的影响已非常之大。自1904年起，基于印度的安全，英国对西藏的政策演变为支持西藏独立，以将其变为一个能够起到缓冲作用的国家。

1904年拉萨会议开创了英国和西藏直接进行谈判的先例，还提出了英国在西藏有着“特殊利益”的主张。满清王朝被推翻后，中华民国在西藏的准确地位仍不清楚，它尽力去确保满洲人以前的特权，因此就与英国的政策、西藏人的分离主义发生冲突。1914年，在英国的支持下，一个试图解决中国与西藏之间分歧的会议在西姆拉召开。这次会议达成了一份临时性的协定：① 分西藏为外藏(靠近印度部分)和内藏；② 中国在法律上承认外藏的独立。尽管中国拒绝签署这份协定，但外藏事实上自1914年已经独立，而内藏则被组织为中国的青海省和西康省。

(3) 人口

据估计，西藏有约100万人口，几乎全部为藏族，现代人类学家一般将其划为蒙古人种。这个地区的中国人仅仅占当地居民的一小部分。西藏的人口密度约为每平方英里3人，密度最大的是沿雅鲁藏布江上游的南部地区。

(4) 经济与贸易

总的来说，西藏在其原始的生活模式上可以称为自给自足。长期静态的社会组织已窒息了其经济增长。这个地区是欠发达的，完全缺少现代的生产手段。西藏人的经济是以农业(大麦和小麦)和畜牧业(羊和牛)为基础的。其主要的工业产品是由家庭作坊制造的羊毛制品和陶制品。

西藏矿物资源的储藏量尚无法确定，因为之前没有进行过这样的调查。西藏生产着相当数量的黄金，还有少量的银、云母、硼砂和盐。石油的储藏是一直被报道的。

西藏地理位置上的隔离是其经济落后的主要原因。从大吉岭处的铁路尽头到西藏雅鲁藏布江流域上游的人口中心地区需要大约20天的行程，如果从几乎是中国中心的西康东部出发，则需要约60天的行程。这些路线在一年的大部分时间里几乎是不能通行的。铁路和汽车交通是不存在的。全部交通都要靠畜力或人力。西藏有着与印度的电报通讯设施。

西藏的贸易可以被分为两种，一种是与印度，一种是与中国；与印度的贸易规模更大一些。

与印度：西藏进口糖、大米、棉花制品、金属器件、茶、珊瑚、贵重的石头、烟草、干果、针叶和肥皂。西藏出口羊毛、兽皮、活动物、牛尾巴、盐、麝香、硼砂和药草。

与中国：西藏进口大量的茶和部分的丝。西藏出口麝香、羊毛及羊毛手工艺品、毛皮、药草、金、银、硼砂、琥珀和佛教仪式用品。

(5) 政府

虽然中国宣称对西藏拥有全部主权，但西藏对中国事实上的关系是为了独立的目的。

尽管国民政府坚持在拉萨设有名为“行政院蒙藏事务委员会驻藏办公室”的办公场所，但西藏人却认为该机构的功能是培育两国间的友好关系。中国政府驻拉萨全权公使的地位几乎与印度政府(前英国政府)的外交使节没有什么区别。

西藏有着自己的通货、海关，有自己的电报、邮政服务。西藏也有其不同于中国其他各省的文官体系，这些官员由自己来任免，无需国民政府的任何监督。西藏甚至还有自己的军队，规模不到 2 万人；中国在西藏没有武装力量。

西藏的达赖喇嘛是世俗和宗教事务的最高统治者。他不仅是西藏世俗的统治者，也是中国、蒙古、尼泊尔、不丹和印度北部所有喇嘛教信徒的精神领袖。当一位达赖喇嘛去世，其转世灵童将会继任。这样的小达赖喇嘛将由西藏僧院选出的一位摄政者代行职权。

在达赖喇嘛之下是教会的僧侣集团和喇嘛委员会、僧侣内阁领导下的官员。权力大部分掌握在教会官员和贵族手中，西藏可以被称为封建神权政治。大约 4 000 位僧侣拥有大部分最好的土地。

3. 目前的形势

在过去 35 年，中国与西藏的关系等同于两个主权国家间的关系，尽管中国官方声称拥有对西藏的主权。英国的影响已增加，中国的影响相应地在下降。

西藏人的政治结盟反应了目前对英国和中国的态度。因其封建的社会结构，西藏仅有非常小的一部分贵族和教会掌权者在政治上是积极的。然而，在他们中间，区分两个主要集团是可能的，一般将其称为“新派”和“老派”。

现在在拉萨掌权的新派强烈地反华，代表了西藏的独立势力。在西藏与英国的“特殊关系”等方面，新派与英国之间已有一种默契，西藏与英印政府之间的贸易谈判也绕过了国民政府。

老派与中国有着更为密切的关系，代表了中华民国成立前的那种旧有政教模式的复兴。1947 年春，据说老派领袖因密谋反对摄政者而被新派成员处死。因此亲华情结受到打击，自治甚至独立运动在西藏被进一步强化。

4. 未来趋势

英国在西藏的影响依然占有支配地位，英国撤出印度没有影响到英国在西藏的战略利益，即西藏人的自治，这种自治关系着印度和巴基斯坦面对苏联时的安全。印度和巴基斯坦也没有理由不去维持与西藏的“特殊关系”(与西藏直接的贸易谈判)。

但是，当英国撤出印度以及因之而出现印巴混乱后，西藏已不再完全依赖于英国的支持。为了抵消中国方面的要求和苏联的威胁，拉萨非常可能寻求来自美国方面的半政治承认以及可能的联合国会员国地位。1948 年西藏人的贸易使团访美就说明了这种趋势。在中国人的坚决要求下，美国拒绝了使团 200 万美元贷款购买黄金稳定通货的要求。

因为苏联反对宗教，西藏统治集团并不信任它；这种不信任的心理已经被苏联在外蒙古镇压宗教的手法所培育起来。据说，在过去，很多苏联密探冒充蒙古人民共和国的喇嘛访问西藏僧院。如果苏联能够成功地对西藏统治集团施加影响，这很可能会便利苏联在中国西部和印度北部扩张势力，因为这些地区都把达赖喇嘛看作是他们的精神领袖。除了以西藏作为向邻近地区渗透的点之外，苏联显然对西藏本身没有企图，苏联在西藏的行动将取决于克里姆林宫的对华政策，以及很少一部分的对印政策。

CIA Research Reports China，Reel－1－0001，SWZCIA0001

王昊译，杨奎松校

2 - 10

中情局关于中国和平谈判前景的报告

（1948 年 7 月 12 日）

OPE 12 - 48

中国和平谈判的前景[①]

（1948 年 8 月 3 日出版）

概　要

执掌政权的中国国民政府同中国共产党在不远的将来进行和平谈判的可能性看来还很遥远。但是，作为敌对的指挥官之间达成地区性协议的结果，不排除在一些当前活跃的战场上尽早结束敌对行动。

厌战和失败情绪弥漫于整个国民党中国，虽然这种情绪还没有转变成强大的政治力量，而且国民党领导人也负担不起忽视它们的后果。只要蒋介石掌权，国共双方之间的妥协看来几乎没有可能。因为蒋反对与共产党谈判而共产党反对与他谈判。

蒋介石的地位正在逐步恶化，且他的政府处于如此不稳定的状态以至于它的崩溃或覆亡在任何时候都有可能发生。显然他的最终失败是不可避免的，但是任何一个领导人接替与蒋介石现在持有相比的权位，这种前景还是比较遥远的。为了确保和平，任何蒋的接任者将不得不乐于在共产党提出的条款下进行谈判，在推动这项政策的同时他将不得不获得领导权和军方支持以控制中央政府。当前，凭借示意与共产党寻求谅解，李宗仁试图掌握权力并寻求与共产党的调适。没有出现别的这样的领导人。假设蒋没有被别的有能力的继任者所取代，并且国民政府的局势进一步恶化，在任何和平谈判进行之前这种可能性是存在着的：政府分裂成被迫分别向共产党投降的地方派系。

虽然国民党中国大多数人民认为继续抵抗共产党是没有希望的，因而也是没有意义的，但对蒋和他的紧密追随者而言，在不同的情况下政府的命运转机有可能会出现。共产党取得完全的军事胜利可能是一个多年的问题，并且在这一刻来临之前蒋可能认为他可以指望：目前所承诺的美国援助的动机，源于新任美国政府的、可能增加的援助，以及使美国成为他的积极盟友的、“不可避免的”的美苏战争。

苏联大使就和平协议已向某些国民政府官员提出一些建议。在此合宜时机之下，毫无

① 原注：这份情报信息截至的时间是 1948 年 7 月 12 日，国务院、陆军、海军、空军的情报组织对这份情报予以认可。

疑问苏联表示了它的善意并试图利用双重好处：和平共产主义化的中国，以及明显拥护世界和平的宣传价值。

和谈对共产党有实际的好处，但是由于他们握有军事上的主动权并对最后胜利有把握，他们可能要求确保他们最终控制中国的条款。

中国和谈前景

1. 国民党中国的厌战

整个国民党中国的大多数人谴责内战造成了他们现在的不幸。国内冲突摧毁了对日战争结束后所持有的对和平与稳定的期望。国民党最终胜利明显无望严重造成普通士兵、官员和农民士气低落；继续对抗共产党的军事活动看起来是毫无意义的。（见 ORE 45－48）

国统区大多数普通民众已经变得无动于衷了；他们对国民党或共产党政权下美好未来的憧憬和渴望遭到破坏。农民被告知政府支持农村改革，但是除了特定的共产党区域，几乎没有什么实质性改革得到落实。通货膨胀使学生和知识分子趋于贫困，并且进一步加剧了他们的痛苦、挫折感和绝望情绪。面对着严酷和专断的政策，国民党大学的一些学生投身于共产主义事业。如果是恢复和平的必要条件的话，甚至国民党中国的许多商人也向共产党统治下生存的前景让步。通货膨胀、复杂和歧视性的政府监控以及对不确定性的感知，使中国多数私人企业陷入停滞。意味深长的是，很多外国商人包括美国人，据报告支持现在共产党统治下的和平而不是持续和无休止的战争。这些团体有可能支持那些提供继续生存和经济改良希望的任何计划，而他们并不在乎这种计划是否有利于作为政治实体的国民政府。

泛滥的厌战情绪已经渗入到政府的文官和军官阶层当中，他们当中很多人被认为支持与共产党立即进行谈判。但是这种愿望，在它通过一个拥有有效军事支持的强大政治团体表达出来之前，很大程度上将继续不起什么作用。

2. 国民政府对和平的态度

（1）蒋介石反对和谈

蒋介石以及他的权贵军政人物内部圈子的亲密个人追随者，是国民党态度的关键。他们强硬地反对达成妥协的和平。尤其是保守的 CC 系和黄埔军人系，只要他们看到一丝继续进行军事斗争的希望，他们都会坚定不移地支持委员长拒绝考虑与共产党进行政治和谈。

蒋领导下的国民政府有理由尽可能长时间地维持下去。单单美国的援助计划就是一个强烈的刺激因素，并且新政府可能会扩大计划还存在进一步的希望。由于在共产党完全取得胜利之前需要多年的时间，通过继续维持当前状态而不是与他们进行和平谈判，国民政府作为重要政治实体可以较为长久地维持下去。此外，很多政府官员的远大期望，维系于他们对美苏之间不可避免战争的期望：在这场战争中美国会成为国民政府抵抗国际共产主义的积极盟友。

为了使国民政府能像现在这样继续存在下去,它可能会撤退到华南,但是在那它继续抵抗的前景并不明了(见 ORE 30－48)。

(2) 驱蒋力量

失败主义已经一定程度上渗入到接近委员长的集团当中。尽管这可能不会导致向共产党提出和平提议,但是高层圈子里面可能会从策略上同意这种举动。甚至某些高级军官也感到国民党的军事态势几乎没有什么希望。

还没有出现任何一个领导人有能力去直接挑战作为国家首脑的蒋,但有些人在努力迫使他离职。新上任的副总统李宗仁对蒋是个潜在威胁,据说他希望劝说蒋接受意义深远的改革方案,并有可能迫使蒋下野并接管总统权力。由于他在 4 月当选,所以他没有太多的机会影响政治局势。在评估与李有关的影响和平前景的因素中,值得注意的是他和蒋一样不大可能被共产党所接受,因为他们的宣传最近把他和委员长列为中国人民的敌人和美帝国主义的工具。此外李公开承认他反对与共产党进行和谈。

李济深和在香港的国民党革命委员会正在公开尝试取代蒋,并准备很快建立一个新的、可能在华南某地的"临时政府"。除了认为和平对于稳定的国民政府是必不可少的,李济深认为,给中国带来和平的派别将会得到巨大普遍支持。他已经与共产党在香港进行合作,希望合作使他在将来的和平谈判和联合政府的组建上处于重要的位置。同时,他坚持说他是一个反共主义者,打算在这样的政府中保持超过共产党的优势。本质上是个机会主义者的李济深,可能接受任何帮助他获得权势的渠道的要求。虽然李拥有相当的广泛拥护,但他所拥有的有组织的政治和军事支持度可能很小。

3. 中国共产党的态度

共产党自从和谈在 1947 年初破裂后,一再重申拒绝与委员长和他的追随者打交道。就中共而言,任何和谈的前提是蒋的离职。在宣传中他们继续强调支持建立任何所有民主派别参加的、在共产党有力领导下的联合政府。

尽管有着有利的军事形势,中国共产党控制全中国的目标有可能通过和平渠道而非继续战争,从而较快和较为容易地得以实现。共产党会要求给予在中国政府中的合法地位,而这种地位可能会有利于将他们的控制扩展到全国。通过在被战争进一步打乱或者破坏之前接管该国剩余地区,他们在缔造一个稳定中国时麻烦不会太多。

4. 苏联关于和平建议的姿态

苏联是最有可能促使国共双方坐下来进行谈判的外在媒介,这是因为它与国民政府保持着条约关系,同时又给予中国共产党意识形态支持(若非物资支持),从而处于一种独特的地位之上。

几个月前苏联武官罗申①向某些国民政府官员所做的非官方表示,进一步促进了国共

① 尼古拉·瓦西里维奇·罗申,抗战期间出任苏联驻华武官,1948 年接任驻华大使。1949 年 10 月中华人民共和国成立后一度再任苏联驻华大使。——译注

双方达成有条件和平的运动的发展。他随后被召回莫斯科(1948 年 1 月)并在 1948 年 2 月被任命为苏联驻华大使。7 月中旬他接近另一国民政府官员,进行会晤并再重新开始这个讨论。这就给这种见解增添了分量:在时机有利于莫斯科的情况下,苏联可能会提供特殊的调停建议。

苏联调停的和平协议将有利于他们,因为这提供了一个抵消美国在国民党中国影响力的机会。此外,通过将共产党革命由军事领域导入政治领域,苏联可以降低其现在可能不信任的中共领导层的影响力。共产主义的中国会大大有利于苏联并且对苏联将其势力扩展到整个远东具有重要意义。即使苏联结束战争的努力没有成功,苏联也会获取威望并得到尝试将和平送给中国的宣传价值。通过提出调停问题,苏联利用并加剧了目前国民政府的内部分裂。

5. 和谈

1945～1946 年国共和谈破裂是由于就这些问题没有达成一致:(1) 军队的改组和部署;(2) 地方政府和地盘控制;(3) 联合政府的代表权;(4) 关于召开国民大会通过宪法的问题。这些问题必然构成将来任何和谈的基本框架。

由于共产党现在处于随时都能继续发起军事进攻的态势上,他们可以坚持比较苛刻的条款。这些要求毫无疑问会包括蒋的下台,而这远远超过国民党此时准备做出的最大让步。

蒋一旦垮台,除了李宗仁有可能以外,国民党中国没有任何一个单个领导人会获得足够支持以组成一个有效的后续政府。如果没有合格的蒋的继任者出现,可能会出现几个或多或少的独立地方政权。如果这些地方政权的领导人为了保留,即使只是暂时的,他们残余的个人权力,他们将被迫与共产党打交道。共产党可能与这些地方政权的领导人分别进行谈判。

蒋一旦下台,具备足够政治和军事支持度的领导人或集团将会登台以把国民党不同派别整合为一个有效的后续政府,和谈可能会随之开始。由于新国民政府政府可能要比现在蒋的政府处于一种更加虚弱的谈判位置,和谈将会受到这一事实的影响。在谈判当中,共产党可能首先会对领土协议或联合政府的支配地位表示赞同。虽然前者的解决会赋予共产党现有占领地区的合法承认并允许他们巩固政府以及重建这些地区,但这绝对满足不了中国共产党的最终目标。因而领土协议只能是在有利于他们的情况下才会得到共产党的尊重。

通过引入包含党在内的“自由阵线”联合政府,共产党的最终目标会得到较好的实现。在这个政府中共产党如果不是主导力量,显然会在其中拥有强有力的声音。他们迫使新的国民大会通过新的或者修改过的宪法以及新的选举,而所有这些将会有助于他们获得对中国实际控制。

MF 2510412－0218,The University of Hong Kong Main Library

王昊译,杨奎松校

2－11

中情局关于目前中国形势的报告

（1948年7月22日）

ORE 45－48

中国当前的形势①

（1948年7月22日出版）

秘　密

概　　要

目前国民政府的形势如此危急，以至于它的覆亡随时都可能发生。不过，伴随着权力的式微，它可能会支撑一段时间，但它不久就会成为国民党中国几个独立行使政府权力的政权之一。即使在目前美国的援助计划之下，现在的国民政府也没有多少可能性去扭转或者甚至去阻止瓦解的趋势。国民党中国越来越多的混乱将给中国共产党扩大军事和政治影响力提供方便。

由于蒋介石领导的失败的战争，以及明显不愿且没有能力完成积极的改革，在国民党中国内部蒋的权力和威望正在逐步遭到削弱。主要集中在香港、既存在于国民党内部又存在于不同政见团体之间的反对势力，正在集聚力量。此外，恶化的经济形势正在对国民政府的政治结构施加集聚影响，而且中国共产党的军队已经在越来越大的程度上获得了战术主动权。尽管有着美国目前的援助，国民党军队不大可能成功地把守现在的地盘。

在外交关系上，出于安全的原因与邻国日本和苏联有关的问题对中国具有极为关键的重要意义。中国舆论支持针对日本的"残酷"和平协议，以阻止该国再次崛起为强国。对中国而言，保持与苏联恰当和尽可能的友好关系同样具有重要意义，因为得不到外援的中国同苏联实力不能匹敌。美国对中国的援助带来了美国控制的和监督程度的问题，以及美国对伴随进行的政治、经济和军事改革的坚持。迄今苏联避免对中国共产党提供公开的物资援助，而且继续承认国民政府，不过显然苏联的同情是在中国共产党这边。即使美国的援助证明是有效的，但这可能证明只是暂时有利于国民政府，因为这有可能被苏联对中国共产党的反援助所抵消。

随着国民政府的权威局限于华中和华南日趋缩小的区域以及孤立的华北、东北的主要

① 原注：这份文件的信息截至到1948年7月11日，国务院、陆军、海军。空军的情报部门对这份报告予以认可。

城市，中国可预见的未来最好不过是内战不确定的、没有结果的延长，以及政治、经济混乱向全国的蔓延，共产党控制区域可能除外。最糟糕的前景是国民政府的彻底崩溃，以及被中国共产党控制的政权所取代，且这个政权如果不在苏联控制之下，也会在苏联影响之下，并且对美国如果不是公开敌视，也是不合作的态度。后者的发展将导致美国威望的普遍丧失，增强共产党在整个远东的影响力，以及加大对美国在西太平洋地区利益的威胁。

DDRS，CK 3100429623 - CK 3100429627

王昊译，杨奎松校

2－12

国务院关于苏联拆运日本在伪满洲工业设备的质询报告

（1948年10月8日）

ORE 4727

机　密

苏联从满洲拆运日本工业设备的质询报告

（1948年10月8日）

一、简　　介

有关苏联拆运日本在满洲工业设备的数据已被搜集和整理在这份报告中；这份报告也是对1946年7月埃德温·W·波利大使所做的"日本在满洲资产报告"的补遗和佐证。这份报告看起来似乎没有对波利报告所提到的拆运设备的种类和数量添加多少有质量的内容，但它和波利报告不同的是，前者包括了在苏联领土内舶运日本设备的资料。这部分数据在该报告的第三部分，它们和波利报告一起，基本涵盖了可资华盛顿使用的有关苏联拆运日本在满洲工业设施情况的几乎全部有价值的信息数据。

许多从满洲和西伯利亚被遣返的日本国民和士兵都可以证实苏联拆运报告中的内容，他们参与了对这些设备的拆卸、包装和运输，其中少部分人还参与了在西伯利亚重新组装的机器的运行操作。这些遣返人员的报告同本报告以及波利报告具有相当大的一致性。

但这些可资利用的信息并不能够充分证明遣返人员叙述情况的价值、分析和判断，也不能够证实这些遣返人员的可靠性，所以本报告需要谨慎使用。

以下材料被应用在这份报告中，它们在第三部分会以适当字母标出：

1. REF－341.33/z8749，Nos.1 through 51，机密
2. REF－335－6－AG3396，1948年6月24日，机密
3. DX－5964，1947年6月26日，秘密
4. DX－5991，1947年7月8日，秘密
5. DX－17519，1948年9月28日，秘密
6. 波利，E.W.，"给美国总统的关于日本在满洲资产的报告"，1946年7月。

二、质询报告要点

(一) 目的地

从一些和满洲遣返人员的谈话中,可以发现苏联拆运设备的目的地。根据这些对话的内容,目的地一般都标识于空运机器装箱的外壳上。空运占绝大部分,少数是船运,主要是从旅顺港、大连、哈尔滨或者符拉迪沃斯托克运出。从旅顺、大连港运出的机器可能会在从符拉迪沃斯托克出发的船上重装,或者被列车运到西伯利亚的其他地点进行安装、保存或散发。从哈尔滨运出的设备可能会被从北、东、西三条铁路干线运到西伯利亚。在一些案例中,更远的一些目的地也很明确,那就是靠近满洲东北的共青城和哈巴罗夫斯克,以及靠近满洲西北的赤塔和伊尔库茨克。

另外和一些从西伯利亚被遣返人员的谈话中也可以得知这些拆运设备的接收和分布地点。这些谈话可以证实,大部分设备都被苏联靠近满洲北部的西伯利亚城市所接收,这些城市主要是沿阿穆尔河分布。这些接收地点通常会提到的优势是靠近满洲,然而通常会被忽略的一点是关在苏联集中营里的战犯也都在这一区域。很少会被提及的另一片接收地(伊尔库茨克除外)是贝加尔湖上端以及偏西部分、在乌兰乌德(市)和克拉斯诺伏斯克之间的一些城市。只有少数设备会被运往更西的城市如鄂木斯克、车里雅宾斯克、斯摩棱斯克和列宁格勒。下列西伯利亚的接收城市会被常常提到:共青城、哈巴罗夫斯克、克拉斯诺伏斯克、泰舍特(市)和乌斯季堪察茨克(镇)。

(二) 拆卸方法

一般来讲,主要就是对设备进行拆卸、装箱和标号。然而有时候特别是当拆运完成的最后期限到来时,匆忙和粗心也会导致机器拆运不完全或者个别单独装箱的机器零件无法识别,这会影响其后设备的再安装和运行。在大连港码头,一些准备通过船舶运往西伯利亚的机器设备,因为不恰当的操作而遭到损坏,这是由于缺乏一些合适的起重机或者其他起重、装运设备之故。

质询报告证实,就像波利报告所述的那样,①拆卸方法在所有地区都比较相似。通常一个苏联官员会调查一个车间并在需要拆卸的项目上标明;有时候他也会派一个日方的车间主管负责拆卸。该工厂的工人、日本士兵或者苏联军队会进行具体的拆卸工作。这些机器设备通常会被抹上机油、涂上油脂,用防水布包好,然后装箱。装配图纸会被翻译成希腊文和英文,还有工厂规划图一并都会塞入机器的装箱中。也有报告称日方有意隐瞒、扣下了一些图纸。

(三) 被拆卸设备的类型

这些设备的类型主要是电力设备和铁路设备(包括机车、车厢、铁轨,还有关于铁路制造

① 原注:E・W・波利,"给美国总统的关于日本在满洲资产的报告",1946 年 7 月,第 10 页。

和修理的机器)。当然这并不意味着被拆卸的都是这种类型,但它却证实了波利报告里的相关叙述:“他们(苏联人)主要集中于特定的补给品、机器和设备……苏联到目前为止运走的大部分设备是发电机、变压器和电动机。”①奉天的兵工厂也被拆卸。其他类型的设备也在质询报告中反复被提及,主要是通讯设备、采矿机械,以及一些用于伐木、纺织、造纸、化工、炼油、重型运载和机器制造修理的设备。最常提及的机械设备就是车床和磨粉机。质询报告也证实了波利报告中的如下两点:(1) 拆运对满洲经济的损害超过了拆运设备的实际价值,因为许多有价值的辅助设备的移除以及动力和运输系统的毁坏,导致残留的设备也都不能使用。(2) 苏联人明显拆走了最新和最好的设备。

(四) 被拆卸设备对苏联经济的作用

根据质询报告所提供的事实,从满洲拆运到西伯利亚的设备,或是储存于仓库,或是堆放在未完工工厂车间的旁的空地上,这一情况甚至一直持续到 1947 年 10 月。这些堆放在建设中工厂的工地上,不一定会被恶劣天气损坏,因为对它们进行的涂抹机油油脂、捆包和防水等措施会使它们受到较好的临时保护。在并入苏联经济运行的机器设备中,最常被提到的就是电力设备,尽管它也会被提及,直到 1947 年仍闲置在未完工工厂附近。

遣返人员也报告说苏联人不会使用这些设备;有几份报告说,许多日本的机械师和工程师也随同满洲设备被一并运往西伯利亚,以便安装和操纵它们。在一些新的工厂建成后会安装和使用满洲的机器设备,还有安置那些技师们。根据披露出来的苏联计划,这些技术人员都是最后一批遣返回国的人员。

三、质询报告中的相关数据

以下章节总结了有关苏联拆运的质询报告,材料主要来自于不同的满洲和西伯利亚遣返人员。当然在一些项目中也会插入一下特别的材料(Source),会以字母标出。

(一) 整个满洲的概况

1. 所有从满洲工厂拆运的机器设备都从三条主要路线运输。分别是哈尔滨经绥芬河、满洲里,或者海伦。卡车或者火车并用。(Source a, No. 23)

2. 大约 6 000 工人工作三个月将抚顺和哈尔滨之间的铁轨加宽,以便将设备用铁路运往西伯利亚。(Source a, No. 6, p. 35)

3. 苏军拆卸了满洲大约 70%的蒸汽机车和车厢。(Source a, No. 4, p. 47)小汽车、货车、火车以及大约 100 辆天皇型蒸汽机车都被苏军运走。(Source a, No. 4, p. 50)

4. 苏联从满洲拆运了蒸汽机车的 50%;货车车厢的 35%;几乎所有的头等客车车厢。

---

① 原注:E·W·波利,“给美国总统的关于日本在满洲资产的报告”,1946 年 7 月,第 9 页。

(Source a, No. 5, p. 65)

(二) 满洲的城市

鞍山

5. 根据消息,1945 年 8 月从鞍山的满洲钢铁厂拆卸的机器设备于当年 10 月运至旅顺港。(Source a, No. 6, p. 61)

6. 昭和制铁所设备于 1945 年被运至托木斯克。从 1945 年 9～12 月,昭和钢铁厂四分之三的机器设备被运至大连港。(Source a, No. 42, p. 90)

7. 从鞍山和本溪湖的日本钢铁厂里拆卸的重工业设备被运到赤塔、哈巴罗夫斯克和符拉迪沃斯托克。这些目的地名称都被印在箱子上。(Source a, No. 6)

安东(丹东)

8. 1946 年 10 月,苏联人拆卸了从安东到奉天的铁路,安东到奉天的铁路是双线轨道。苏联人利用一条线运输而拆卸了另一条。从 1945 年 10 月到 1946 年 4 月,许多机器设备经奉天到朝鲜的铁路(经过安东)运到朝鲜。(Source a, No. 20, p. 30)

9. 苏联人拆卸了当地一个纺织厂和一个造纸厂的所有设备。共动用 5 000～7 000 辆次载货卡车,每次运输量 40～50 吨。(Source a, No. 30, p. 5)

10. 从 1945 年 10 月起,苏联军队开始在安东拆卸工业设备。轻金属厂也被拆运。(Source a, No. 16, p. 63)

11. 1945 年 9 月 17 日,苏联人开始拆卸安东工厂的设备,运往符拉迪沃斯托克。(Source a, No. 8, p. 29)

长春

12. 1945 年 9～11 月,长春大约 70%的工厂机器设备被苏联人拆运。(Source a, No. 2, p. 16)

13. 苏联人运走了位于长春穆家屯(Mokaton)最大军用仓库里的大部分机器设备。(Source a, No. 2, p. 17)

14. 根据消息,1946 年 12 月,苏联人从满洲特种钢厂拆运了价值大约 2 000 万日元的机器设备。被拆运的项目有: 2 台 2 000 千伏的变压器;6 台 1 000 千伏的变压器;传输铁矿石和煤炭的传送设备;电炉上的辅助设备;各种发电机、电动机以及起重机。(Source a, No. 8, p. 70)

15. 大部分小型电动机和水力发电机都被拆运。(Source a, No. 5, p. 21)

16. 1946 年 11 月,满洲机械公司的所有机器设备都被拆运至伊尔库茨克。(Source a, No. 42, p. 90)

17. 南满苏打公司 90%的机器设备都经由旅顺港拆运至符拉迪沃斯托克。(Source b)

18. 位于火车站以南 900 英尺的一家纺织厂,50 台机器设备被苏联人拆卸,并运往旅顺港。(Source b)

鸡西江家屯

19. 满洲燃料厂是满洲地区最大的、供应全地区的工厂。苏联巡视官员到达该工厂后，对一些机器设备做上标记，并拆运回苏联。总计有30辆卡车的机器设备，包括发动机、电力设备和抽水泵等。(Source a, No. 8, p. 3)

金县

20. 金县重型机械厂的建设从1941年就开始了；它一直没有建成。在苏联人到达时，一些机器设备仍被搁置在仓库里。主要包括三套工厂设备：一套钢铁生产设备；一套锻造设备、冲压设备以及加工完成设备；在工厂短暂生产时期，生产出一些用于船舶的发动设备。苏联人基本拆运了可用的所有机器。一个消息提供人当时也帮助装箱，他曾请求一个苏联士兵阅读箱上的标签，目的地是伊尔库茨克。(Source a, No. 20, p. 12)

21. 1945年12月，苏联人拆运金县重型机器Cun Plant的机器设备，运往符拉迪沃斯托克。(Source a, No. 20, p. 13)

22. 1945年10～11月，苏联人从满洲钢厂拆卸了重型机械运往大连港，然后从海路运往符拉迪沃斯托克，铁路运往车里雅宾斯克。拆运项目主要包括2 000吨水压机，100吨炼钢炉，100台车床，20台金属刨床，20台铣床，1台2 000吨钻压机，5台淬火炉，6台加热炉，两台75吨特种平炉，3台蒸汽锤，两台空气锤，1台150吨起重机，5台50吨起重机和1台煤气生产设备。(Source a, No. 42, p. 90)

周水子(CHOU-SHUT-TZU)

23. 满洲煤炭液化公司位于周水子火车站以南5英里，这里有日本从煤焦油中提炼汽油的实验室。每个单位的煤炭可生产出8%的煤焦油，而其中80%又可以转化为汽油。苏联人继续使用这个实验室，但焦化厂已经于1946年6月经拆运走。(Source a, No. 26, p. 23)

24. 营口砖瓦厂位于周水子火车站东南200码。1945年8月20日，一批苏联军队进入周水子，拆运走了这座工厂的机器设备。(Source a, No. 24, p. 6)

大连

25. 自1945年10月24日起，大连大华特种钢厂的机器设备被拆运，10日后完成。拆运设备项目如下：

蒸汽锤

3吨　1

1.5吨　1

1吨　1

0.5吨　4

电炉

6吨　1

3吨　2

1.5吨　1

高频电炉

1吨　1

2吨　1

发动机　3台

1 000马力　1台

200马力　1台

150马力　1台

车床　40台

铣床　1台

刨床　6台

低频电炉　3台

100～200马力发动机　数量未知

锭铁　1 000吨

原材料　钨、钼、钴，货仓货物以及各种消耗品

以上所有货物都由大连港运往符拉迪沃斯托克。(Source a, No. 19, p. 75)

26. 从所有奉天以南地区的工厂设备和其他机器拆运到大连的机器一般是装到7 000～8 000吨货轮上。大部分设备都没有正确包装，目的地可能是符拉迪沃斯托克。(Source a, No. 19)

27. 位于火车站以北2.5英里处的满洲化肥厂，60%的设备被厂里1 000名工人拆卸。剩下的机器在苏联官员的监督下继续使用，用来生产"ryutan bando"，一种用于照明的煤炭化合物。(Source b)

28. 1945年12月，该城大部分的重工业设备，包括满洲重工业公司，满洲石油公司和鞍山炼钢厂，都被拆运至符拉迪沃斯托克。两个热电涡轮被从电器工厂拆卸。技术人员也随同一起转移，以便再次安装和使用。(Source a, No. 42, p. 89)

29. 1945年12月，200名民众和500名战犯拆卸了大华钢铁厂的设备，运往车里雅宾斯克。所有满洲化工厂的铝具、发电机和其他设备都被运往靠近共青城的地区；所有满洲煤油厂的设备都被运往哈巴罗夫斯克。(Source a, No. 42, p. 89)

30. 1946年12月，大连广播公司的设备被运往旅顺港的广播站。(Source a, No. 42, p. 89)

31. 1945年9月，苏联人从大连船务公司拆卸了钻机、铜块、皮革和帆布并运往旅顺港。(Source a, No. 42, p. 89)

32. 南满铁路公司的设备是被完全拆卸了。据消息称有4套(500种)无线电短波控制系统。据传这些设备经大连运往符拉迪沃斯托克。(Source b)

33. 苏联人将大连机械公司95%的机器设备拆运到苏联。(Source b)

34. 位于火车站西北2.5英里处的Shinwa重钢厂机器设备的60%被拆运到符拉迪沃

斯托克(Vladivostok)。剩余设备在苏联监督下生产电线。(Source b)

35. 满洲铁路公司和大连机械公司的大部分设备都被拆运到符拉迪沃斯托克。(Source b)

阜新

36. 阜新煤矿日产煤量是12 000吨,在1945年8月苏联拆运走所有机器设备后,产量锐减到3 000吨。(Source a, No. 2, p. 30)

37. 从1945年9月20日到11月3日,苏联使用1 000名战俘和500名士兵,拆卸了阜新的发电站。4个涡轮发电机(两个50 000千瓦,另两个25 000千瓦),8个大型锅炉和另外一些机器设备。所有这些设备都首先被铁路运到大连,再运到其他苏联地区。(Source a, No. 16, p. 66)

抚顺

38. 苏联人几乎将该城市所有的发电机、变压器和其他机器设备拆运后经大连运往西伯利亚。(Source a, No. 42, p. 90)

39. 满洲轻金属厂95%的设备被拆运,据闻它们可能被运往北韩。总量超过10 000吨的机器被没收。(Source b)从1945年9月25号到11月5号,苏联人运走了680辆卡车的机器设备和1 000吨的铝块。两台电炉留下用来生产制造乙炔的碳化钙。抚顺这家工厂制铝车间的生产能力是每年8 000吨,生产的铝质量比较低(50%纯度)。为该工厂服务的一些实验室设备才干刚开始建设,就被直接运到列宁格勒的科学实验室里。(Source a, No. 5, p. 45)

海拉尔

40. 1946年冬末,内蒙古人民自卫军在海拉尔建立了一个兵工厂,并于1947年末投入生产。这座兵工厂主要是在一个日本人松田(Toshi)的帮助下建立的。这座兵工厂的机器设备也是关东军奉天兵工厂的一部分,在投降后被苏联军队送往哈尔滨。

1948年6月,有超过100名日本技术人员在海拉尔兵工厂工作,蒙古和中国人员超过600名。中共军队当时正与IMPSPA谈判,准备将中共人员派往该兵工厂,因为它的技术水平超过了任何的中共兵工厂。

海拉尔兵工厂主要制造步枪和一些重机枪,生产稳步增长。(Source e)

哈尔滨

41. 1945年9月,这里的汽车和挖掘机就经牡丹江运至符拉迪沃斯托克。它的两个飞机制造厂,其中一个是松江飞机制造厂,机器设备被拆卸;一份报告表明,这些设备沿松花江而下运往哈巴罗夫斯克,或者通过铁路运往布拉戈维申斯克。汽车制造厂中的车床、电动机、发电机、钻压设备、钢轨、管道、铁屑和钢杆等被运往哈巴罗夫斯克。(Source a, No. 42, p. 41)

42. 位于哈尔滨西南3英里的电厂有8台大型的发电设备,其中4台被苏联人运走,1台被中共移走,两台被破坏,还有1台被留给城市使用。(Source a, No. 3, p. 40)

43. 哈尔滨铁路公司的设备被苏联人拆卸。罐车、运货车厢和蒸汽机车等都被运往苏

联。(Source a，No. 4，p. 26)

44. 苏联人拆卸了哈尔滨到苏芬河的双轨铁路,并把铁轨运往苏联。(Source b)

45. 满洲货车车厢里的钢轨、机器、车床、木材和电线等物资都被转到苏联货车里。(Source b)

西安 辽源

46. 据有消息称,西安飞机厂的机器设备被拆运往西伯利亚。(Source b)

庙屯(KAI)(位于大连以北 10 英里,方位还不是很确定)

47. 从一个炼油厂拆卸的设备被运往哈巴罗夫斯克。(Source a，No. 42，p. 89)

开原

48. 日本人在开原从事毒气实验,这些设备和气体都被苏联人运走。(Source a，No. 11，p. 55)

49. 一家铁路公司被苏联人使用,它的大部分设备都被运往苏联。(Source a，No. 14，p. 39)

富拉尔基

50. 苏联人仔细研究了即将拆卸的机器结构,在设备从底座移除之后,每一台都被分成不同的零件;每一部分都有这样很多的零件,用黑笔写上字母标识。据消息称,核对表包括零件在设备上的位置,设备的构成以及设备在工厂中的位置。在装箱的时候,要装上大量填料、木板,还要钉上以使设备隔离;钢条箍箱也是一种安全措施。在运输的时候,机器类型也要被刻在箱上。满洲化工厂一些价值昂贵的设备运输了三个月,最后于 1946 年 2 月完成。有以下设备被拆运:

实验室测试设备　4×6 英尺箱　30 箱
小型机器设备　6×6 英尺箱　50 箱
大型电气设备　35×35 英尺箱　30 箱
3 台变压器　总计 15 000 千伏
变压器辅助设备　150 件
1 控制型发电机　20 000 千瓦
9 台发电机　1 000 马力
7 台发电机　500 马力
3 台动力仪器板　11 000 马力
15 台配电变压器
2 台调制变压器
9 台电动机　1 100 马力
23 台电动机　80 或 50 马力
16 台变压器　2 000 千瓦
高伏动力控制面板　15～3 300 瓦
高伏动力控制面板　6～11 000 瓦 (Source b)

51. 1945年12月,3台2 500千瓦的涡轮机组被从该工厂拆卸。同时收到了一些相矛盾的消息。两份报告表明它们被安装在大连庄河河畔的工厂;另一则报告则认为它们被运去旅顺;有四份报告认为它们被运往符拉迪沃斯托克。1947年5月,苏联人开始安装一个15 000千瓦的涡轮机组来取代这些被移除的设备。(Source a, No. 42, p. 89)

52. 一座热电厂的大部分设备被拆卸。3台25 000千瓦发电机、1台生产120吨蒸汽的锅炉和3台生产100吨蒸汽的锅炉被运往旅顺港。(Source b)

53. 根据消息可以肯定,一座在共青城开工建设的化工厂,其设备大部分源自于满洲化工厂。(Source b)

54. 1937年4月,满洲化工厂在富拉尔基建成。1945年11月,苏联人拆运了其设备的大约60%。这家工厂以前生产工业用气体、硫酸铵、焦炭、硫酸、萘、轻油精和盐酸。(Source a, No. 23, p. 3)

55. 富拉尔基工厂大约60%的设备都被拆运往苏联;用来制造合成氨和硝酸的机器也都被征收了。每月生产能力是1 500吨。苏联人也拆卸了用来制造(di-nitrochlorbenzol)的机器(每月1 000吨)和大部分电动机。还有各种修复材料和制成品如硫酸铵、盐酸、硝酸、铵和硝酸盐等都被运走了。根据许多苏联士兵对中国人所述,他们偷走了很多染料。(Source a, No. 26, p. 43)

吉林延吉

56. 1945年日本战败之后,苏联人用铁路运走延吉大量重工机械和私人物品。(Source a, No. 9, p. 55)

57. 工厂里用于生产水泥、燃料和碳化物(每年10 000吨)所以可移动的机械都被苏联人运走了。(Source a, No. 2, p. 21)

58. 据消息称,延吉水泥生产设备的一半、水电设备的2/3,炼油设备的一半都被拆走了。它们都经过哈尔滨运往北满。苏联人也使用日本人装箱和运输设备。(Source a, No. 2, p. 21)

59. 延吉水泥厂位于火车站以南8 000米。该厂有大约300员工,每天生产水泥2 000袋。该工厂机械被苏联人移走。(Source a, No. 1, p. 16)

60. 在延吉地区松花水库北口的大丰满水电站有8台发电机组,其中6台均为60 000千瓦,被移走了。另两台在1945年11月5日时仍在运行。(Source a, No. 2, p. 21)

61. 苏联人在占领期间,运走了水电厂大约一半的机械设备。(Source a, No. 1, p. 4)

62. 临近松花江的丰满水电站的4台发电机组以及生产煤气的设备都被移除运往苏联。(Source a, No. 1, p. 11)

63. 1945年7月,苏联人从日本空气制动器公司—— 一个原先位于长春的机车修理厂——运走了大部分设备。

宽城子(见长春)

奉天

64. 1946年3月,大批工业设备被运往符拉迪沃斯托克、伏罗希洛夫格勒、哈巴罗夫斯克、赤塔、伊尔库茨克、切廖穆霍沃(镇)、克拉斯诺伏斯克、诺沃西比尔斯克、鄂木斯克、车里雅宾斯克、莫斯科和塔什干。(Source a, No. 42, p. 90)

65. 1945 年 11 月,从庄河热电厂拆除的设备被运往旅顺港。(Source a, No. 42, p. 90)

66. 苏联人从东洋轮胎公司运走了 132 台机器设备,包括车床、铣床、起重设备和钻孔机,总价值达 2 亿日元,这些设备很显然是经过大连运往鄂木斯克。(Source a, No. 42, p. 90)

67. 位于火车站以东 1.2 英里处的一座兵工厂,被苏联人运走了超过 1 500 台机器。被拆走的机器主要包括 3 台大型气压机和水压机;3 台水力卧式压力机;4 台水力立式压力机;30 台共计压力达 15 吨的气锤;30 台 100~300 吨的摩擦压力机;还有 1 000 台各种型号的立式、卧式车床。所有设备都被运往大连。(Source b)

68. 1945 年 11 月 30 日,苏联军队驱使 3 000 名日本人和 2 000 名满洲人拆除了位于文官屯的南满兵工厂,并以火车运走。据消息称,这家工厂设备总计达 5 000 吨。一半机器设备被运往大连,其余运往赤塔。据可靠消息,运往大连的设备其后被运往苏联。(Source a, No. 5, p. 54)

69. 苏联人从城市以东 4 英里的满洲工业机械厂移走了以下设备:400~450 台机器;一个容量为 2 000 加仑的锅炉;6 台容量 500 加仑(每台)的锅炉。大约从工厂移走 80 辆卡车的设备。(Source b)

70. 铁西工业中心生产机器、汽车和燃气。1946 年 9 月机器没有开工就被移走。(Source a, No. 3, p. 34)

71. 德和纺织厂的纺织机器,是由东洋轮胎公司制造的,它连同奉天空军维修厂的车床一并被拆运到苏联。(Source a, No. 14, p. 76)

72. 1945 年 9 月,文官屯的沈阳兵工厂大约 2 000 吨设备被移走。一个苏联军官检查了所有机器,并对最好的机器标上记号,它们最先被移走。质量较差的机器稍晚被移走。(Source a, No. 5, p. 56)

73. 沈阳兵工厂包括有生产火箭筒、坦克和炮弹(150 毫米口径 70 100 发)的 5 000~6 000 台机器。60%的机器被运往车里雅宾斯克;一些质量较差的机器被留在了沈阳,但大部分都被运往伊尔库茨克和赤塔。消息来源很可靠,因为消息提供者看见了箱子上贴的赤塔、伊尔库茨克和车里雅宾斯克的标签。一些变压器和电话设备也被一同运走。(Source a, No. 5, p. 57)

74. 从 1945 年 8 月~9 月 20 日,消息提供者曾做过火车运输劳工,据称每天有 2~3 辆列车(载重 30~40 吨)运往苏联。(Source a, No. 9, p. 31)

75. 从 1945 年 10 月到 1946 年 2 月,消息提供者曾在被苏联人拆除设备的工厂工作。他曾帮助拆除了一家纺织厂和一家轮胎制造厂。苏联人对这一系统性拆除监督得很紧,他每天工作的报酬是 30 日元。(Source a, No. 9, p. 31)

牡丹江

76. 1945 年 12 月,在牡丹江关押的战犯曾在一家蒸汽机车厂工作,每天每队装运 60 吨煤。大约分成了100队,工作了72天。煤炭装上火车往北运输。煤炭是从梨树城和密山煤矿挖掘的。苏联人从以上工厂拆运走了100台大型变压器,300台车床,10台锅炉(直径6英尺,宽45英尺),以及6台起重设备。(Source a, No. 26, p. 32)

77. 所有锅炉和电动机都被苏联人运走。(Source a, No. 4, p. 42)

78. 牡丹江的火车和造纸厂设备都被苏联人移走,该地区工厂数量很少。(Source a, No. 14, p. 23)

79. 在牡丹江和东宁(三岔口)的满洲电话电报告公司的所有设备都被苏联人移走。(Source a, No. 9, p. 65)

辽阳

80. 一个从前的日本工厂被苏联人拆除,设备向北运输。消息提供者解释说这家工厂能够生产各种类型的军火来支持在满洲的部队。(Source a, No. 8, p. 65)

81. 1945年9～11月,战俘将苏联人缴获的日本物资装运上火车。这些物资主要是300吨苦味酸、700吨TNT炸药以及制造这些化学品的设备,还有火药装运设备(每月运量400吨)等都被装运。(Source a, No. 7, p. 45)

82. 辽阳一家大型的橡胶厂被拆掉了,设备在1945年10月经大连运往苏联。苏联人还运走了从安东工厂得来的水力设备。该地区还有一些工厂被苏联人完全拆除。(Source a, No. 3, p. 7)

本溪湖

83. 工业城市本溪湖的一家大型钢厂被苏联人拆除。(Source a, No. 9, p. 32)

84. 本溪湖煤矿的所有机器设备都被苏联人经铁路运走。(Source a, No. 5, p. 42)

冰城(见哈尔滨)

(RYOSUITON)也可能是梁家屯。①

85. 1946年7月,两个1 000千瓦的涡轮机被从变电站拆除并运送到旅顺港。(Source a,No. 42,p. 90)

沈阳(见奉天)

四平

86. 苏联占领满洲期间,下列工厂被拆迁到苏联:煤液化厂;小型面粉厂(Source a, No. 3,p. 54)

松花江

87. 许多大坝上的电力设备被苏联人所拆除。(Source a,No. 19,p. 24)

大丰满

88. 永吉附近的大丰满有世界上著名的水电厂;长春所有的电力消耗均来自这个电厂。1945年9月左右,电厂的多数设备在苏联占领期间,连同许多日本的电气人员,被运送至苏

---

① 原注:地点不确定。

联。(Source a,No. 4,p. 47)

89. 大丰满的电厂建设始于1937年10月;1945年8月已有90%的工程完工。电厂的8台发电机当中,6台由日本制造的(Hidachi Seisakusho 日立制作所),1台由美国制造,另1台由德国制造。1台发电机能发电8 000千瓦。1945年9月25日,苏联人开始拆迁机器;1945年11月11日,6台发电机已被拆除;苏联动用了5 000名苏军士兵、4 000名日军战俘以及800名日本平民进行拆迁。(Source a,No. 23,p. 30)

90. 大丰满人造煤油公司的全部机器均被拆除。(Source a,No. 23,p. 30)

大连

91. 从1945年11月直到1946年3月中旬,苏联人拆迁了像车床、磨面机、刨床、电锯、钢厂、钢筋、管道、铝、锌、铜、木材、工具、测量仪器这样的机器、补给以及设备。(Source a,No. 4,p. 59)

图们和龙井村

92. 在图们和龙井村的木材厂遭到苏联人的拆迁。(Source a,No. 1)

敦化

93. OJI纸业工厂分厂被苏军拆除。这个最初雇用1 500名工人的工厂利用木材制作浆板。(Source a,No. 1,p. 62)

东宁(见第79条)

94. 1945年9月10日,苏联人刚抵达就命令拆除满洲轴承生产公司多数好的机器并将之装入柳条箱当中。该公司专业生产滚珠和滚柱型号的轴承。这些机器被运至托木斯克。被运走的机器包括4个美国制造的"Heald"可测内圆磨床、1个美国制造的"Blanchard"表面研磨机、30个日本制造的Ballrace研磨机、6个日本制造的轴承测试机、10个日本制造的硬度测试机。1946年10月剩余的机器遭到拆迁。(Source b)

95. 鞍山钢铁厂的设备被拆除、装箱并经由大连运至符拉迪沃斯托克;200车货物被运上船。瓦房店轴承公司的机器被拆除、装箱并运至龙江;货运量有50车。(Source b)

永吉(见吉林)

(三) 西伯利亚和其他苏联领土——总体情况

96. 伏罗希洛夫和Kolenki成了苏联人处理从满洲拆迁的前日本工业设备的场所。机器被重新装箱、分类并运至鄂木斯克、共青城、车里雅宾斯克以及新贝加尔(市)。(source b)

97. 从鞍山和奉天工厂拆迁而来的机器在大连装船。多数的箱子被运往下列地区:符拉迪沃斯托克、共青城、哈巴罗夫斯克、东古比雪夫、伊尔库茨克、鄂木斯克、尼古拉耶夫斯克、赤塔、斯摩棱斯克以及伏罗希洛夫。(Source a,No. 14,p. 79)

(四) 西伯利亚和其他苏联领土——城市情况

阿尔图霍沃(镇)

98. 火车站东南2.5英里的货车生产厂所使用的机器由满洲、德国、美国制造生产。这

个工厂由6幢木头建筑、一幢砖瓦建筑以及许多小型建筑物组成。工厂每天可以生产20辆货车。(Source b)

阿尔乔姆

99. 1947年3月，该城北部6英里处一家扩大和改建后的电厂安装了来自满洲的设备。这家电厂有4幢60×15码的2层砖瓦建筑组成。该厂拥有两台两万千瓦的发电机。(Source a，No. 42，p. 94)

100. 1947年3月，该市东部的一家电厂正在使用满洲的发电机。这家电厂拥有一幢占地50平方码、3层的水泥大楼。这家电厂生产的电力用于供应阿尔乔姆和符拉迪沃斯托克。该厂以煤作为燃料。(Source a，No. 452，p. 94)

101. 1947年3月，战俘在火车站东南5英里处的一家机器工厂卸下从满洲而来的机器设备。这些设备使用电力进行驱动；目击者注意到有20台大型车床以及20个大型变压器。这家工厂还没有开工。(Source a，No. 42，p. 94)

阿尔乔姆-格列斯(在阿尔乔姆的附近)

102. 1947年4月，北面约1.5英里处的一家电厂为阿尔乔姆、符拉迪沃斯托克、伏罗希洛夫提供电力。包括1台三菱型号在内的3个涡轮机从大连运来并予以安装。(Source a，No. 42，p. 95)

103. 1947年4月火车站东南5/8英里处有一家电厂。附近的几家货栈储存着日本制造的发电机、车床以及其他设备。配备了来自满洲机器设备的另外两家工厂即将兴建。这家电厂原先发电能力为1.5万千瓦，但是从满洲获得的额外大型发电机使之增加到4万千瓦。一条支线从阿尔乔姆铺设到这家电厂。(Source a，No. 42，p. 95)

别卢哈山

104. 一家钨提炼厂自1945年12月以来一直都在兴建当中。所有的设备和机器都是崭新的；80%是美国制造，15%苏联制造，5%拆迁至满洲。(Source b)

比尔扎伊(市)

105. 1945年9月，告密者报告说他听说火车站附近兴建了一家大型纸厂，并且机器设备来自满洲。苏联人不会操作这些机器。(Source b)

106. 1947年7月另一个告密者报告说有一家大型纸厂正在使用满洲的机器设备。(Source b)

比尔斯克(市)

107. 满洲的机器设备被安装在火车站以南半英里处的一家纺织厂。这家工厂有3座单层的、160×40英尺的水泥建筑物，此外还有一处仓库。(Source b)

108. 火车站以西0.6英里处有一家纺织厂正在兴建。这家1 900×990英尺的工厂拥有5座133×33英尺的大型砖瓦建筑。工厂安装了从满洲拆迁过来的日制机器。(Source b)

109. 火车站西北0.6英里处有一家3 300×2 300英尺的电厂正在兴建。许多日本制造

的发电机被从满洲运来提供给这家电厂。(Source b)

110. 许多满洲拆迁过来的织布机被用在火车站以南 750 英尺处一家纺织厂。这家工厂拥有 4 座 230×66 英尺的白色木制建筑,其天花板为木制,并且未经过油漆。那里还有两座黑色的金属烟囱,每个高约 100 英尺。这块 990×990 英尺的地块中的建筑物被栅栏所包围。(Source b)

布拉戈维申斯克

111. 许多从满洲运来、状况良好的火车头在布拉戈维申斯克卸车并被运至北方。连接北安城和黑虎屯、长达 200 英里的单轨铁路 1945 年 12 月被拆除。(Source b)

112. 位于火车站以西 2.5 英里处一幢 2 层水泥大楼中的电厂配备了从满洲拆迁过来的 4 个小发电机、1 个大发电机以及 4 个锅炉。这家电厂 8 小时耗煤 40 吨。(Source a, No. 42, p. 93)

(见第 41 条)

布卡恰恰(市)

113. 1947 年 4 月,3 家沥青煤矿使用的全部设备都来自从满洲拆迁的日本机器。(Source a, No. 42, p. 93)

114. 该地区煤矿使用满洲拆迁的设备。这些设备包括压缩机、钻机、电气设备、两个大型车床以及两个小型车床。(Source b)

布基卡(Bukika)

115. 1947 年 4 月,满洲运来的日本车床被安装在一个钢铁厂内。这个钢铁厂拥有一座 60×10 码的单层水泥建筑。大约 80 名战俘在此工作 8 小时并实行 3 班轮替。这家工厂生产螺钉、螺帽、汽车门以及厨房用具。(Source a, No. 42, p. 93)

车里雅宾斯克(见第 22、29、73、96 条)

赤塔

116. 1946 年 12 月,火车站南 150 英尺处的一家热电厂配备了日本制造的直径为 5 英尺、长为 15 英尺的锅炉。(Source a, No. 42, p. 93)

117. 大批满洲过来的机器被储存在货栈当中,并通过货车运抵这个城市。(Source a, No. 42, p. 93)

118. 1947 年 4 月,火车站东北 990 英尺处的货栈储存着从满洲没收的商品,包括电线、钉子以及通讯设备。那里有 20 个 160×66 英尺的木制建筑物。(Source b)

(见第 7、97 条)

诺尔莫林(Hormorin)(共青城西北 50 英里)

119. 火车站西北 984 英尺处的汽车和机器配件厂使用满洲没收的机器。车床的商标为新泻钢铁以及大阪钢铁。这家工厂拥有 10 座 49×16.4 英尺的单层木制建筑,它们位于一块 635×984 英尺的地区之内,并由带刺的铁丝网所围绕。大院的西北和东南角有岗楼。西北角的热电厂有 3 台 75 马力的柴油机。这家工厂生产卡车和拖拉机零配件。(Source b)

伊曼(Iman)

120. 火车站附近3个木头搭建、有着镀锌铁皮屋顶、50×23英尺的货栈，储存着从满洲没收的像马达、铁轨这样的设备。(Source b)

伊尔库茨克

121. 一家拥有一座单层砖瓦结构、500×150英尺以及木制屋顶建筑的汽车厂，预计将于1947年10月完工。它位于1号火车站南2英里处。大约200货车的车床、7 000件机器工具以及其他从奉天军队补给站没收而来的设备堆积在工厂附近。告密者相信这家工厂将会雇用15 000名工人。(Source a, No. 42, p. 92)

122. 1947年4月，满洲拆除的机器，包括500张6英寸车床、切桌、钻孔机以及直径为10英寸的锅炉，被人在火车站后面所发现。车站东北的一幢老式建筑被改建成了一座汽车修理厂，并且配备了所拆除的日本机器，包括30张6英寸车床以及6台钻孔机。(Source a, No. 42, p. 92)

123. 从满洲运来的经过包装的机器被放置在火车站西1.2英里处一家正在建设的汽车厂的南面。两座砖混的建筑正在建设当中。(Source b)

(见第16、20、73、97条)

卡达亚(镇)

124. 1946年12月，从德国和满洲运来的发动机、车床、金属锅炉在此处被发现。(Source b)

卡利诺(镇)

125. 1945年11月，23号战俘营东北800码的一处氟石矿所使用的机器为日本制造；它是从满洲没收而来。该矿每天的矿石产量为180吨。(Source a, No. 42, p. 93)

126. 1947年4月，20张日本制造的车床在一家生产螺钉和螺帽的大型机器厂被发现。这家工厂位于汽车修理厂以西50码。(Source a, No. 42, p. 93)

哈巴罗夫斯克

127. 1945年9月，战俘卸下通过铁路从哈尔滨运来的汽车配件、钢丝、铁屑。(Source a, No. 42, p. 95)

128. 告密者发现1号火车站东984英尺处的一处货栈里面的多数机器都是从满洲没收而来的。那里有20幢木头建筑。(Source b)

129. 一家由4座一层砖瓦建筑和2座单层木头建筑组成的汽车修理厂位于火车站以南1.6英里处。2座最大的砖瓦建筑中含有一处汽车组装部、两处修理部、一个电瓶充电部、一个引擎组装部以及一个扫尾部；其他建筑用来充当货栈。工厂使用了50名战俘和100名平民。机器和设备来自从满洲没收的日制机器。(Source b)

130. 位于火车站东南1.25英里的卡冈诺维奇工厂，以12小时轮换制使用100名苏联人和150名战俘进行生产。工厂生产耙子、铲子、锄头、犁头以及其他小型农具。机器和设备没收至满洲。(Source b)

131. 在火车站以东 330 英尺处的一家货物补给站(补给站由两部分组成,每一部分长宽为 990 和 660 英尺,有 19 幢木头房子),大约 300 名来自16-1战俘营的战俘以及 150 名来自16-13战俘营的战俘卸下从满洲运来的播种机、脱粒机,大小电力马达、服装以及医疗补给品。(Source b)

132. 火车站以东 1.9 英里处以及农具厂使用的机器是从满洲没收而来。这家工厂由 4 幢砖瓦和钢筋混凝土建筑以及 6 幢小型砖瓦建筑组成。在 1 幢建筑中,只有 4 幢保持开工;其余被用来作为车间或者货场。(Source b)

(也可见第 7、29、41、47、97 条)

霍尔姆斯克(莫卡)(在萨哈林)

133. 4 万吨的机器和物资被从满洲运来以在码头附近建设一个长宽为 395 和 100 英尺的新工厂。哨兵将工厂团团围住;商品和生产处于保密状态。(Source b)

134. 1947 年初,来自满洲的采煤机器输入该市。这些机器由日本和美国制造。(Source b)

基托伊(市)

135. 位于火车站以南 1.625 英里处的小型电厂拥有一个日本制造的锅炉。(Source a, No. 42, p. 92)

(也见第 170 条)

共青城(市)

136. 苏联人打算在储油罐以西 1.2 英里、火车站以北 4.3 英里处建一座纸浆厂。大批满洲的机器设备散布在一块长宽为 990 和 33 英尺的地块内。建设还没有开始;1946 年 12 月,对一片长宽为 990 和 1 900 英尺的地块进行清理和平整的工作已经开始。一条单轨铁路在纸浆厂附近通过。(Source b)

137. 满洲的机器设备被堆积在火车站西北 1.2 英里处的一家汽车修造厂附近。这家工厂由 10 幢尺寸不一、有着镀锌铁皮墙的砖瓦、木制以及钢构建筑组成。一条单轨铁路将这家修理厂与火车站连接起来。(Source b)

138. 位于火车站以北 2 英里、2 号战俘营以南 750 英尺的一家火车头修理厂所使用的机器来自于满洲。这家工厂有一座 490×330 英尺的大型建筑物,其圆形屋顶由镀锌的铁皮覆盖之。由木篱笆围绕的战俘营和火车头修理厂都在同一个院子当中。(Source b)

139. 大约 3 500 件从满洲运来的机器被用于火车站以北 1.8 英里处一家正在兴建的工厂。这家工厂使用了火车站 50 英寸的水箱。(Source a, No. 51, p. 6)

140. 将该城镇与东北偏北 90 英里处的戈林(GORIN)连接起来的单轨铁路已经完工;铺设开始之时路床就已经完工。铁轨和建设材料从满洲没收而来。(Source a, No. 51, p. 29)

141. 从佳木斯运来一个完整的造纸厂。告密者相信这些从日本运来的机器原本打算安装在佳木斯。(Source b)

142. 从满洲没收的、大约150件采矿使用的机器，在一家钢铁厂附近堆成一堆。(Source b)

143. 大约33件车床在火车站东南4.8英里处的一家拖拉机修理厂得到使用。这家工厂有一座高330英尺、82.5×66英尺的8层砖瓦大楼。一条单轨铁路连同了铁路干线。(Source b)

144. 火车站以东4.2英里处有一家水箱厂正在建设当中。其建设始于1944年，不过暂停了一段时间；1945年10月战俘被投入到这个项目的工作上。两座350×165英尺、覆盖以电镀铁皮屋顶的单层水泥建筑以及一座4层的砖瓦大楼已经完工。工厂还没有安装机器和设备。车床、铣床以及满洲的其他设备被存放在附近。工厂预计于1948年7月完工。(Source b)

145. 火车站以东6 600英尺处有一大堆没收的日本物资。告密者注意到有许多机器，比如车床以及大堆的铝锭和钢材。这些机器用中文和俄文刻着满洲的地名。(Source b)

146. 满洲没收的机器和设备准备用于正在建设的工厂；一个大型砖瓦厂、一个水泥厂、一个飞机机身和轻型炸弹厂、一个大型火药厂以及5个融化德国设备的钢铁厂已经建成。巨型的水泥墙包围着这些工厂；每个工厂只有两个出口。(Source a, No. 42, p. 95)

(也见第29、53、96、97条)

克拉斯诺亚尔斯克(市)

147. 位于火车站东北2.5英里处的火车头修理厂使用德国和日本制造的机器。这家工厂每月可以修理25个火车头。(Source b)

148. 火车站0.9英里处的火车头修理厂拥有500张德国和日本制造的车床。这家工厂每月可以修理21个火车头。(Source b)

149. 德国和日本制造的车床构成了火车站以南2 625英尺处的火车头修理厂所拥有设备的半壁江山。这家工厂有8座覆盖以电镀铁皮屋顶的砖瓦大楼以及7座木头建筑。这家2 635×1 315英尺的工厂由10英尺高的木头篱笆所包围。(Source b)

150. 火车站以东2.5英里和34号战俘营以东0.6英里处有一家电厂正在建设当中。这是一幢4层、L型、砖瓦混之以钢筋骨架、262×196英尺的大楼。很多满洲的发电机还没有安装到这座大楼当中。(Source b)

151. 1946年1月，40名日本车床工人在火车站以东9英里处一处较大的工厂操作60台车床；这家工厂每天生产1 600个齿轮。火车站东北2英里处是一家无线电工厂，有一座4层、500×100英尺的钢筋混凝土建筑。工厂使用了大约150台车床、钻孔机、铣床，其中多数是日本制造。(Source a, No. 42, p. 91)

152. 15台10吨、15吨、30吨的日本起重机以及电力驱动的车床被安装在火车站附近的一家起重机工厂。(Source a, No. 42, p. 91)

153. 满洲过来的日本设备被用于位于9号战俘营以东500英尺、西伯利亚铁路东北2.5英里的一家电厂，这家电厂有两幢80×50英尺的砖瓦建筑以及两个70英尺高的烟囱。(Source a, No. 42, p. 91)

库利杜尔

154. 告密者声称，用于修建火车站通往一不知名地点的单轨铁路是从满洲没收而来。(Source b)

库伦祖拉伊(Kurunzulay)

155. 拥有一座50×30英尺的电厂，位于煤矿往西1.625英里处。这家电厂配备了一台柴油机，一台日本制造的汽油机，两台以煤为动力的蒸汽机。这家工厂拥有15 000千瓦的产能。(Source a，No. 42，p. 93)

156. 铁路大院中有大批的满洲货车车皮。(Source b)

马格达加奇

157. 火车站附近有6个火车头修理车间。6号修理车间制造火车头车轮，并且配备了从满洲没收的5个制造车轮的机器。该设备有"满洲铁路"的标记。2台5吨和15吨的起重机有"东京-日立"的标记。1947年4月这些机器被人发现。(Source a，No. 42，p. 93)

曼佐夫卡

158. 马达(40马力)以及满洲过来的其他机器被储存在火车站附近，并随后被分发到不同地点。(Source b)

马卡里耶沃(镇)

159. 1945年10月，50个日本制造的马达被安装在火车站以东600码的一家铸造厂。这家占地为300×100码的铸造厂有一幢100×15英尺的砖瓦建筑，以及5个小型建筑，(Source a，No. 42，p. 91)

160. 一名被派来指导苏联人如何使用满洲机器的技工战俘说，他所工作的工厂被认为是一家化肥厂，但是没有生产什么化肥。在工厂附近可以经常闻到硝酸钾的味道，他认为那儿正在生产火药。(Source a，No. 42，p. 91)

161. 根据一份报告，1946年12月，在火车站正南方大约22个由木头、砖瓦以及混凝土筑成的货栈落成。这些货栈和火车站以东2英里的其他货栈被用来存放从满洲没收的合成燃料机器。1947年4月，这些机器被运到一家电池厂旁边，在所有的战俘被遣返之后此处准备兴建一家合成染料厂。这些设备被没有围墙的临时性货栈所保护；大批的机器露天存放。(Source a，No. 42，p. 91)

162. 1946年8月，火车站卸下德国和日本制造的发电设备。这些设备包括大小不一带有仪表和仪器的电组板，大型的高压输电绝缘体，变压器，50个直径为3英寸、旋轴为1英寸的马达，数百个小型马达，60个直径为3英寸、带有马达驱动的送风机，直径为3英寸的闸门阀，数千个小型阀门，附有6英寸管道的泵、锅炉以及管道。1946年11月，为了存放这些设备，火车站前面兴建了12个80×20的木制货栈。1946年8月，该市东南1 650码处，安加拉河旁边正在兴建一家水电厂。(Source a，No. 42，p. 91)

163. 日本制造的灌溉管道、500个马达(100～1 000马力不等)、发电机、锅炉、螺钉以及阀门存放于火车站以东1.625英里处的16个木制的50×20码的货栈当中。

164. 1947年3月，据报一个大型的机器和电锯工厂完全配备了日本制造额机器，包括100个500～1 000马力的马达，6台金属车床以及其他车床。这家工厂位于火车站以东500码的地方。(Source a，No. 42，p. 91)

165. 从满洲和德国没收的各种机器和机器零件被存放于火车站以北的24个大型货栈当中。(Source b)

纳奇基

166. 在这个城市可以看到南满铁路的火车头、车皮以及河北[①]的标记。

尼古拉耶夫斯克

167. 一家修理1 000吨的江河和小型海洋船只的修船厂所用的重型修理设备和零部件由美国、日本和德国生产。船用锅炉、发动机以及其他零件要么通过铁路，要么通过海运从不知名的地点运来。(Source b)

(也见第97条)

新贝加尔(市)(见第96条)

鄂木斯克(见第67、96、97条)

168. 火车站以东1.5英里处的火车头修理厂配备了26台美国制造的车床以及40台从满洲没收的车床。1946年发现工厂拥有了这些设备。(Source a，No. 42，p. 94)

希马诺夫斯克(市)

169. 1946年6月，许多从满洲运来的机器部件被安装在希马诺夫斯克机器厂。据说苏联人打算建设一个大型工厂。(Source a，No. 42，p. 94)

斯摩棱斯克(见第97条)

苏霍夫斯克和基托伊

170. 在这两个城市之间正在兴建一个大型工厂：距苏霍夫斯克约7.5英里，距基托伊约1.2英里。整个工厂长约2.5英里。这个工厂被认为是一家合成燃油工厂。在这一区域发现了大批的日本和德国机器。(Source b)

171. 火车站以西2.5英里有一家机器修理厂，它占地约0.6平方公里，由7幢2层164×66英尺的砖瓦建筑组成，其木制屋顶正在建设当中。告密者发现了从满洲和德国运来的机器，并认为其将被安装在修理厂当中。(Source b)

172. 1947年4月，日本制造的机器被安装在一个几近完工的工厂里。这个工厂由砖瓦和混凝土筑成，位于战俘营以西1英里处。(Source a，No. 42，p. 92)

173. 1947年4月，据传苏联人打算在该城镇北面125英里的安加拉河上修筑一条大坝，并在附近兴建一个水电站。苏联人动用了日本战俘中的技术人员和劳力来兴建这个工程；在遣返的表格上他们是最后一批被遣返的战俘。(Source a，No. 42，p. 91)

174. 由100名日本战俘兴建的贝加尔湖—黑龙江的铁路，已经修筑至距离该城镇西北

---

① 日本一地名。——译注

75 英里的地方。物资和补给从德国和满洲没收而来。(Source b)

175. 大约 5 000 名战俘修筑一条穿越山区的铁路;这条铁路铺设于该城镇以东 85 英里的地方。路基已经完工到距离该城镇 103 英里的地方。这条打算通至布拉茨克的铁路预计将于 1948 年初完工。城镇以东 67 英里的一家锯木厂为之供应枕木;该厂使用了 2 个满洲运来的柴油发电机。(Source b)

176. 一家工厂配备了优良的设备以便彻底检修拖拉机和交通工具。机器和设备从满洲运来。所有的拖拉机和卡车零件得以生产。(Source b)

177. 火车站以东 86 英里的地方兴建了一条单轨铁路。告密者认为修筑工作在同一方向 126 英里处终止。铁轨和道钉从满洲运到筑路地点。修筑铁路的实际目的还不清楚,但是告密者相信苏联在为将来的战争做准备。(Source b)

178. 满洲运来的机器被安装在火车站东北 63 英里处的一家锯木厂。这些新机器包括两个粗齿锯和两个圆形锯。锯木厂紧邻一家发电厂,它由圆木修筑而成,占地约 1 640 平方英尺。

托穆斯克(见第 61 条)

乌格洛夫卡

179. 1947 年 2 月,位于城镇西北 1.5 英里的地方配备了满洲工厂的电气设备。据传这家工厂将会变成炼油厂。(Source a,No. 42,p. 94)

乌斯别诺夫卡

180. 1946 年 3 月苏联人正在修筑大坝以提供电力。一家大型的造纸厂也正在建设当中;它配备了满洲来的机器设备。(Source a,No. 42,p. 94)

乌斯里(双城子)

181. 1946 年 1 月,战俘从火车车皮上卸下造纸机器并将其运送至火车站以北 1.5 英里、锯木厂往南 300 码的地方。那里将会兴建一所造纸厂。(Source a,No. 42,p. 95)

乌斯季卡缅诺戈尔斯克

182. 火车站东南 8.4 英里处将会在横跨艾迪殊河的大坝附近兴建一个水电站。从满洲没收的机器被存放在这个城镇里面。电站预计为这个地区的新工厂提供电力。(Source b)

183. 火车站以东 12 英里的鄂毕河上正在兴建一家水电站和大坝。按照五年计划这个项目开工于 1944 年,并且估计需要耗时 5～6 年才能完工。坝基已经部分完工。由于通往该地区的铁路不能运送大量物资,所以从满洲丰满(Honan)水电站拆迁的电力设备和机器堆积在工地以东 3 英里的地方。(Source b)

184. 苏联人开挖了一条运河,并打算在额尔齐斯河最狭窄的地方,即该城镇西南 4.8 英里的地方修筑一条大坝。计划要求兴建水电站、办公机构、机器车间以及少量住所。据传设备来自满洲和朝鲜。(Source b)

185. 火车站以北 9.16 英里处正在兴建一家水电厂。机器和建筑材料拆迁至满洲的两个的水电站。这个项目开工于 1946 年 8 月。(Source b)

186. 大约 200 名战俘每天工作 8 小时以在火车站以南 3.6 英里处兴建大坝。设备来自

满洲和朝鲜相邻处的丰满(Honan)大坝。设备上可见“日立”的商标。(Source b)

瓦尼诺

187. 从满洲运来的2个直径为6.6英尺、长23英尺的锅炉被用于火车站以南990英尺处的一家锅炉厂。这家工厂拥有一座165×99英尺、44英尺高的水泥大楼,铺满鹅卵石的屋顶上有一座99英尺的黑色的铁制烟囱,该工厂预计将于1948年4月完工。蒸汽动力被用于一家火车头修理厂。(Source b)

耶洛非·巴甫洛夫市

188. 1947年1月,城市以东990英尺处的一家火车头修理厂正在修理的20个火车头几乎全部来自满洲。这家工厂由4幢260×100英尺的单层石头建筑组成,覆盖以电镀的铁皮屋顶。这家工厂一次只能修理4个火车头。8条铁轨从主要的双轨铁路线延伸出来。(Source b)

符拉迪沃斯托克

189. 城市以北60英里正在兴建的新的卡车和飞机厂预计会配备满洲的机器。能源由伦平河(Lung-p'ien-ho)上的一家配备满洲发电机的电厂提供。(Source a,No. 42,p. 94)

(也见第7、11、17、21、25、26、28、32、34、35、41、45、61、97条)

伏罗希洛夫

190. 1946年5月火车站西南3英里处兴建了一家占地500平方英尺的变电站。这家变电站安装了2个日本制造的、从满洲运来的2万伏的变压器。大约2万伏的电流从符拉迪沃斯托克输送而来。(Source a,No. 42,p. 94)

191. 告密者认为苏联急需技术人员以安装从满洲和朝鲜运来的日本机器。(Source b)

192. 一家变电站在火车站西南2.7英里的一座2层砖瓦建筑中兴建,为营建这座变电站250名战俘每天工作8小时。满洲和朝鲜运来的机器尚未安装。(Source b)

193. 用于储存从满洲缴获的日本商品的货栈位于4号战俘营的北面。10幢200×33英尺、覆盖以电镀铁皮屋顶的木头建筑正在兴建当中。(Source b)

(也见第96、97条)

扎斯奇塔,位于乌斯季堪察斯克6.2英里处

194. 一家使用满洲丰满和松花江大坝设备的水电站预计将要兴建。那里发现了3个直径为13.2英寸的发电机和经过包装的电气绝缘体。横穿额尔齐斯河的大坝预计将在火车站东南18英里处兴建。(Source b)

济马

195. 1946年12月,5个日本制造的电锯被安装在位于奥卡河大坝边上的城镇东郊的一个锯木厂。这家锯木厂有2幢建筑,一座是红色的、50×15英尺、20英尺高的砖瓦建筑,带有许多玻璃窗和一个木头屋顶,另外一个是带有两个大烟囱的砖木建筑。(Source a,No. 42,p. 91)

兹罗文①

196. 从满洲没收的车床和钻孔机被安装在火车站以东0.6英里的一家火车头工厂。

① 原注:未经确认的地点。

(Source b)

197. 1947年3月,火车站以北1.625英里处的3个木制货栈存放了满洲运来的车床、电动马达、喷水式推进器、冲压机以及发电机。货栈旁边的一个大院则存放了重型机器。(Source a,No. 42,p. 91)

四、设备种类索引

类 别	段 落 编 号
飞机	41、46、146、189
兵工厂	21、40、67、68、72、73、80
轴承制造厂	94、95
水泥和砖瓦厂	24、57、58、59、146
化学和合成燃料工厂	17、19、23、27、28、29、39、47、48、50、53、54、55、57、58、62、81、86、90、146、160、161、170
通讯设备	30、32、73、79、118
电力设备	14、15、28、37、38、42、45、50、51、52、58、60、61、62、65、76、77、82、85、87、88、89、100、102、103、109、112、116、119、135、150、153、155、162、163、173、175、179、180、182、184、185、186、187、189、190、192、194、197
钢铁制造厂	5、6、7、14、22、25、28、29、34、82、83、95、115、146、159
伐木厂、造纸厂、纸浆厂	9、78、92、93、105、106、136、141、175、178、180、181、195
机器制造厂	16、20、33、35、41、69、70、101、119、121、122、123、129、151、152、164、169、171、176、179、189
机床	22、25、31、41、45、66、67、71、76、91、94、101、114、115、119、121、122、124、126、143、144、145、148、151、152、163、164、168、172、196、197
采矿设备	14、36、84、113、114、125、134、142
有色金属生产厂	10、39、104
铁路设备和制造铁路设备的工厂	3、4、8、35、43、44、49、63、76、78、98、111、120、137、138、140、147、148、149、154、156、157、166、168、174、177、188、196
橡胶厂	82
纺织厂	9、18、71、75、107、108、110

OSS China and India,Reel-4-16,SWZOSS0091

王昊译,杨奎松校

2－13

国务院关于美国对华政策给国家安全委员会的报告

（1948年10月13日）

NSC 34

美国对华政策

（1948年10月13日）

问　　题

评估并确定美国对华政策

分　　析

一、人口方面的基本考虑

中国人口大约有4.5亿人。严谨的学者就这一问题做出的估计从3亿～6亿不等。这两个数字之间的差距，相当于美国人口的两倍，从而表明了中国问题的模糊性与庞大性。

中国人口出生率很高。同样其死亡率也是如此。高水平的美国人口学家认为如果粮食生产改善以及和平条件下带来的高死亡率的降低，且出生率维持在当前水平，中国的人口可能会在50年或者60年内翻番。这样一副全景画面属于经典意义上的马尔萨斯主义，即不断增加的人口将突破由疾病、贫困和频繁的战争造成的局限性。

工业化一般被认为提供了改变这种让人忧虑局面的最大可能性。不过工业化也造成了一种艰难的两难局面。发达国家的经验表明工业化对农业社会的早期影响是减少死亡率并开始一个人口高速增长的时期。例如，日本人口在本世纪前30年里增加了大约50%。只有在工业化有足够时间去影响大多数人口的社会态度，国家的人口出生率才会显著下降进而降低人口的自然增长率。这种发展阶段在大多数国家还没有完成，直到工业化的过程将总劳动力的近乎一半从乡村转移到城市里面的职业上。

二、基本的经济考虑

中国基本的、持续性的经济问题是它是否能够工业化。中国在这方面的前景如何呢？

正如下表对三种关键资源比较所示，中国的自然资源相对适中。需要进一步注意的是中国的焦煤储量，不管是就数量还是位置而言，限制了对通常为低品位的铁矿石的开发利用。

已探明矿藏量	美 国	马歇尔计划国家	苏 联	中 国
煤(10 亿吨为单位)	2 800	500	1 650	284
铁矿石(10 亿吨为单位)	10.5	10.5	10.9	4.6
石油(10 亿桶为单位)	21	负数	7.1	负数

中国目前农业特征十足的当前经济，按照西方标准处于原始状态，生产水平落后。例如，在美国一个农业家庭可以生产维持四个非农业家庭粮食。在中国，四个农业家庭的劳作才能为一个非农业家庭提供粮食。虽然所有目前的产品实际上都在国内消费，但是仍然不足以向全体人员提供维持生存的最低标准。工业化的必要条件即国内资本积累因此非常缓慢。

可以注意到的是，19 世纪和 20 世纪初期，自然资源上甚至比中国还要匮乏的其他农业国家，在外贸和引入外国资本的基础上进行了很大程度的工业化。但是那个时段存在的巨大的自由市场已经基本消失，而且是否会再次出现也是不确定的。此外，可以理解的是，资本对于海外冒险已经变得非常胆怯。

不过，前述这些因素并不是中国工业化的最严重障碍。最大的障碍来自于中国社会的内质和基本的人口问题。

工业化需要政治稳定和高度的行政能力。这两个条件几十年来中国都难以实现。它们不是现在才有并且也不会一夜之间就能实现。这两个条件可能决定性地影响了我们从短时段进行估计。

从长远来说，我们认为中国的人口问题将会极大地从负面影响它进行工业化的能力。如果中国的人口不保持稳定，其无情的生殖能力将会吃掉任何工业化的初期成果，并将加剧阻碍工业化的不稳定因素。

这种情况之下中国在理论上有两个选择。或者沿着它所熟悉的历史轨迹去解决人口问题，即通过足够强度与速度的工业化去缓解人口压力。或者放弃寻求基本的解决方案，尝试通过剧烈的本土解决方式，去处理人口增长带来的症状。

如果中国尝试通过工业化解决人口障碍，它将面临一个范围广阔、极为复杂的任务，以至于我们有理由去质疑它的可行性。如果用历史先例充当向导的话，用可能 30 年到 50 年的时间段将大约 2 亿人口从乡村转移到城市，工业化有可能稳定中国的人口曲线。

另一方面，如果中国只是去解决人口压力带来的症状，以及政治和经济的混乱状况，它必须求助于高压统治和严刑峻法。人口问题仍会存在、恶化。环境不理想的工业化能否在任何重大或者持久的程度上得以完成，这是一个值得怀疑的问题。

三、基本的军事考虑

在可预见的将来中国缺乏工业潜力使之成为一个主要的军事强权。另外，中国丰富的人力资源价值以及其在可能的美苏冲突中所处的地缘位置受到接下来的段落将会充分讨论政治、社会因素以及该国的欠发达特性的制约。虽然普通的中国士兵具有强大的忍耐力的特点，甚至在有限补给条件下，但是源于中国社会内质造成的落后训练和指挥严重制约了中国军队的效率。不管中国军队在美苏战争中为美苏中的哪一方而战，这个因素都会限制中国在美苏战争中所发挥的作用。除了沿海地带，至少中国要在广袤的内地建立现代化的交通网络之后，中国才会更近似于战略泥潭而非战略跳板。

四、基本的政治考虑

在传统中国社会中拥有土地和知识的官僚阶层统治农民阶层。商人和小生产者构成的中间阶层规模小而且政治上虚弱。统治这个社会数个世纪的儒家学说是其形式和专断的意识形态。从家庭最小的儿子到中央王国的皇帝，传统中国社会的每个成员都有它自己严格、详细规定的地位和责任。在这个意识形态之下，不存在多少或者没有人权或者是法律上平等待遇的对应东西。

然而，这一点得到承认：由于统治者的越轨和人民的暴动，将会不时打断统治阶级及其仆从之间的等级关系。就这一点的理性认识发展出来了一种理论：有时不过是外族入侵所引发的国内暴乱，意味着皇帝违背了上天所赐予他的天命。因此专断的儒家意识形态赋予民众反抗统治者以合法性。这类麻烦事件在中国历史上有规律地不断发生，通常标志着一个王朝的衰落和一个新王朝的崛起。

虽然儒家意识形态造就了一个不同寻常的历史延续的社会，但是这个社会却是复古和停滞的。文化上自高自大的中国社会不时回顾它自己的黄金时代并视一切异族为野蛮人。在文人统治下，它缺乏生机勃勃的特性。

19 世纪和 20 世纪初期中国经历了它一再所经历过的王朝衰落的熟悉模式。不过这次的分裂相当复杂，并被强有力的西方影响所加剧。这两种破坏性发展的重合造成了并将继续引发深远、全面、给中国社会带来灾难性影响的革命。

衰落和动乱的此起彼伏首先导致了中国的分裂以及军阀主义，又逐渐出现了目前中国国内冲突的两个主要对手——国民党和共产党。率先登场的国民党在民族主义革命的推动下掌握了权力；极具讽刺意味的是，它得到了共产国际和中国共产党的帮助。它采用了一定的西方民主作为装饰，但是它的政党结构以及后来的政治监护理念的发展从本质上来说，属于威权主义和列宁主义。然而，国民党的权力基础狭小：城市有钱人、乡村贵族和部分军人。大约占中国人口 80%的农民，很大程度上遭到忽视，而且他们对该政府更多地持一种漠不关心的态度。

在蒋介石的领导下，20 世纪 30 年代中期，国民党已经使自己成为中国最重要的力量。毫无疑问，满洲已经落入日本人之手，并且一些军阀保持着自治，但是这些例外都是微不足道的。对于国民党的优势地位，共产党只是造成了不太重要的反叛挑战。中国的未来似乎属于国民党及其行政力量——中国国民政府。

1937 年，日本开始了全面征服中国的努力。这场接踵而来的战争对于国民党手中的权力有着灾难性的影响。蒋介石和国民党进入多事之秋，并且一直持续至今的发展在很多方面和王朝衰落的历史模式有着惊人的类似之处。

日本入侵导致了主要城市的快速沦陷，从而剥夺了蒋的主要经济基地。席卷广阔乡村地带的日军将国民政府官员驱逐出去，使得乡村实际上处于政治真空当中。另外，战争的张力加剧了遍及整个国民政府的腐败，并导致了行政效率的下降。

国民政府权威趋于瓦解以及骚乱增加的趋势，创造了共产党能够迅速利用的、新的革命局势。作为农民运动他们不准备占领城市，但是却做好了在乡村扩张的准备。他们挤进了乡村的政治真空地带。通过民族主义、稳健的改革计划以及有组织但往往是残酷无情的活动方式，共产党开始有系统地动员农民阶层并得到了他们的支持。因为在大多数中国爱国者眼中，他们进步而且清廉，所以共产党吸引了大量来自日本占领的城镇和国民党地盘的城市中国人。其他的一些非共产党力量，比如在日军战线后方遭到孤立的国民党军队以及脱离日本人的傀儡军队，也加入到共产党力量。

共产党名义上的力量蓬勃增长。任何与中国相关的统计数据都给人留下了印象，而下面这些粗略估计也是极具启示性的。

共产党占领地区的大致面积	占中国总面积的大致百分比	共产党统治下的大致人口总量	占中国总人口的百分比
1937 年 6 月　0.85 万平方公里	1%	50 万	—1%①
1945 年 8 月　6 万平方公里	11%	1 100 万	23%
1948 年 8 月　90 万平方公里	24%	16 000 万	35%
需要引起注意的是在 1945 年中共党员数量总计有 100 万人			

① 原文如此。——译注

这副全景式的图表仅是力量弱小、组织严密的共产党少数派在民族主义和改革的农民风潮中,发展为地方实力派的场景之一。抵抗日本侵略的爱国信念,对改善自身境况的渴望,以及国民党不会做太多或者无助于他们的信念,使得协助教条主义共产党的、五花八门的派系凝聚在了一起。

五、从日本投降到现在

随着日本投降,国共冲突演变为全面内战。内战的主要内容是国民政府和共产党之间围绕接管投降日本人占领地区所展开的竞赛。通过空运 3 支国民党军队,海运了 11 支国军到华中、台湾和华北,美国支持国民党的这些努力(包括将那儿的军队通过陆路运到满洲)。

与此同时,共产党也将大批军队转移到满洲。内战因而从满洲扩散到扬子江流域。

不过诉诸于公开目标的国民政府打算通过政治手段解决共产党问题,共产党与国民政府之间的和谈在 1945 年 9 月和 10 月于重庆召开。委员长和毛泽东都参加的这次和谈,达成了召开所有党派和无党派领导人参加的政治协商会议的协定,以讨论有关政治监护的终结、建立宪政和召开国民大会的问题。据此,美国政府在 1945 年 9 月表达了它的美好愿望:加快结束敌意,从而去落实中国各方达成的协议,以及尽快尽可能解除日军武装并将其遣送回国,而这是上述步骤的前提条件。1946 年 1 月 10 日,双方达成了一份停止敌对行动的协议,但是随后它就被强度不断增加的行动所破坏。显而易见的是,政府和共产党已经到了水火不容的地步。美国在 1946 年底放弃了中间调停的立场,于是内战全面开始。

此后共产党在内战中不断取胜。他们现在已经控制了整个满洲,除了包围中的国民党的长春、奉天和锦州之外。他们控制了大部分的华北,并正在威胁国民政府权力核心——华中。

在评估内战时,决不应忘记的是双方都获得了外部援助。至少没有苏联的默许,共产党不可能率先进入满洲。如果苏联没有提供或者允许他们接管苏军从日本人手中俘获的军火,他们在满洲和长城以南的军事活动不会如此成功。共产党以这种方式接管的武器数量目前没有确切的统计数据。所知的是他们获得了大约 60 万日军的军火(加上重装备)。除了从国民党那里缴获的大批美国武器之外,政府没有共产党获得其他外国装备的证据。

关于国民党,这方面的记录是再确切不过了。我们知道他们获得大约 100 万向我们和中国政府军投降日军的军火。战争结束一年多来我们通过美国海军,实际上是为国民党,控制某些重要的交通线。从日本投降到 1948～1949 财政年度这段时间,我们使国民政府得到了估计价值肯定不少于 20 亿美元的其他经济和军事援助。① 比较起来,从价值上来讲这些援助相当于同一时期内国民政府全部预算的 1.5 倍还多。最后,我们向国民政府提供了总计有 500 名军官和 800 名征募人员组成的军事顾问团和海军顾问团,派出特别使团与国民

① 原注:见附录一美国援华部分清单。

政府进行商讨，而且我们欢迎国民政府为美国顾问和技术人员提供的非军事性工作。

前述证据表明国民政府本应当赢得内战的胜利。它拥有比共产党要庞大的军队；它拥有一支空军和海军舰船，而这些共产党都没有；它拥有超强的火力，优良的装备，以及 39 个美式装备（以及部分美式训练）的师团，并且经常得到美国的建议。为什么国民党正在失败而共产党正在取得内战胜利？

由于不能应付一场深刻的革命局面，由于蒋和国民党借助的意识形态工具新儒教太过陈旧，由于按照传统的中国观点来看，蒋介石显然气数已尽，国民政府正在失去这场内战。在对日战争的过程中，曾经是革命力量的国民党暴露出其活力的缺失，当时它不能作为一股重要的地下政治力量在敌后存在。在不断推进的日军阵线的后方，如果国民党还保持着以往的活力，那就不会有什么政治真空留下来，国民党和国民政府的权威仍将存在，共产党也就难以进入和有效组织起他们当下统治着的庞大而强有力的民众组织。

自那时起，腐化堕落日趋深重。国民政府赖以维持的狭隘的统治基础进一步土崩瓦解。政府的经济局面继续恶化，直到目前处于剧烈的危机状态之中。无能和腐朽加剧、导致了士气的总体低落和对政府的信心的下降。这些同样的缺陷困扰着军队，其力量的虚弱在于自身而不是他们的武器。与其说是缺乏装备，倒不如说是领导、士气和人民的肯定性支持是他们必须控制的。

共产党正在赢得内战是因为他们是有组织的革命力量。他们适合从事目前正在摧毁中国的原始形态的冲突。他们经济上接近自给自足。尽管他们镇压并残酷对待反对他们的力量，但是在所控制的地区他们还是获得了绝大多数肯定性的普遍拥护。在目下的农村环境中，他们在行政上保持着相对较高的效率。他们的军事领导熟练于他们所从事的战争形态，他们军队士气高昂并且纪律严明。结果就是在当前的革命形势下，共产党掌握并保持着主动权。

六、克里姆林宫和中国

在分析苏联关于中国的目标和策略之前，尝试从克里姆林宫的角度去评估该国是有用的。

从经济角度上来看，不管是不能让日本所用还是发展苏联远东，克里姆林宫肯定垂涎满洲的自然资源，其次是华北。至于中国本土，克里姆林宫几乎将之视为一个庞大的救济院，责任是它要回避的。

没有什么理由可以相信现实的克里姆林宫对关于中国的实力潜能尚怀有一丝幻想。在可预见的未来的任何战争中，中国最好是一个虚弱的盟友，或者最差是一个无足轻重的敌人。但是，中国的部分地区，尤其是满洲和新疆有可能会成为第三方势力进攻苏联的通道。对于陆上边界十分敏感的克里姆林宫，因而必将把满洲和新疆视为缓冲防御地带的缺口。

中国的政治局势必将引起克里姆林宫野心勃勃的兴趣。在争夺世界主导权的斗争——

克里姆林宫通过政治行动(甚至不惜以内战为代价)进行的斗争中,数以百万计的中国人的忠贞正在遭到苏联人积极争取。从积极意义上来讲,中国之所以有价值,是因为一旦在中国得手将会成为一次伟大的政治胜利,并将获得一块广阔的缓冲地带以发起对东亚其他地区政治上的攻势。

因此,克里姆林宫的对华目标就是扩大它在华的影响力并最终控制所有属于中国的领土。

为实现此目的克里姆林宫的策略是:1. 破坏并清算一切积极反抗共产主义扩张的活动;2. 将所有本土性的共产主义力量及其合作者都尽可能置于牢牢控制之下。为了打垮敌对势力,中国两支最强有力的本土性政治力量予以利用:民族主义情感(反帝主义)被用来抵抗外国反对势力;改革和建立新秩序的呼吁被用来反对本土性压迫即国民政府。由于对抗的主要工具之一是反帝主义,苏联极其小心地避免公然干涉的印象;它依靠本土性力量——中国共产党及其从属组织以进行战斗。

将中国共产党及其合作者置于克里姆林宫控制之下的过程已经开始。至少在这起事件中就已经开始了——让被认为是斯大林主义者的李立三掌握权位。同样减少需要中共直接控制的中国领土面积也是一样。这是对布尔什维克经典的分而治之教条的运用。这暗示着至少在满洲和新疆西部和北部会存在着直接向莫斯科负责的分离主义政权(这样可以同时填充苏联防御缓冲地带的缺口)。另外,中国共产党对某些满洲蒙古人的宗主权遭到拒绝,但是迄今却批准了对热河蒙古人的共产主义宗主权。

正如有时我们被告知的那样,所有的共产党包括中国人在内,都会固执地追随莫斯科的指令并成为克里姆林宫实现目标的工具,为什么小心行事对克里姆林宫仍然是必不可少的呢?答案是斯大林和他的政治局同事对于人类的天性并不抱太大的信任。他们的这种犬儒主义倾向已被经验所证实——他们中每一个人掌权后都要教训性地回避铁托同志。这一点非常正确:共同的意识形态可以充当强有力的团结工具。但是对于克里姆林宫的背叛者而言,有关外国共产党的这些问题被提了出来:谁控制着党的机构?谁控制着秘密警察?谁控制(如果他们存在)武装力量?这些外国领导人热爱权力超过了他们对克里姆林宫的恐惧吗?

如果对这些问题的回答适用于中国,克里姆林宫肯定会像在南斯拉夫事件中一样感到不满意。这样莫斯科就面临着一个试图将中国共产党置于它完全控制之下的艰巨任务,因为再也没有人像毛泽东一样有如此长的时间居于领导地位——几乎是铁托掌权时间的10倍。

另一方面,即使是中国共产党所有党的机器都被克里姆林宫控制,毛现在出于恐惧也是忠诚的,莫斯科对这种局面仍不会满意。中国疆域实在是太过于辽阔,人口实在太过于众多。甚至莫斯科不允许毛和他的同志最终控制整个中国——这个诱惑对他们来说实在太大,尤其是因为他们上台部分上是靠高擎民族主义的旗帜。克里姆林宫倾向于,在可能的地方,就这些事务不去冒这种风险。

最后，可以这样说，克里姆林宫对中国的基本担忧现在不是如何去帮助中国共产党去击溃敌对势力赢得内战——在这一点上他们做得和预期当中的一样好——而是如何确保对他们及其合作者的完全和持久的控制。没有人会比老练的克里姆林宫更加敏锐地意识到精明和耐心去实现这一点的必要性。克里姆林宫仍然记忆犹新的是其在 1927 年公开干涉当中愚蠢的冒险，以及它从莫斯科所策划的剧烈的亚洲革命，结果只是导致革命遭到亲密合作者蒋介石的“背叛”。

七、美国在中国的角色

一个世纪以来，美国对中国的兴趣主要是通过贸易和理想主义引发的。通过福音主义、宣扬美国式的生活方式以及同情中国在国际上长期的受支配地位，美国的理想主义得以展现。

通过外交信笺、条约以及政策声明，对华方式得以体现出来。世纪之交国务卿海约翰提出了在华商业机会均等和国际尊重该国领土行政完整的美国原则。这些基本的原则在随后的岁月中一再得到重申和拥护，尤其是在 1922 年的《九国公约》中。

虽然传统美国政策不仅仅只是一般意识到保护中国免受传统帝国主义的戕害，不管是其作为市场还是作为一个公认的地理学术语，但是它距离实现目标还差得很远。这是因为美国对华评估基本背离了中国的现实。由于低下的生活标准，中国远不是美国贸易商所认为的传说中的潜在市场；20 世纪 30 年代我们与该国贸易约占我们贸易总额的 4%。

中国没有满足我们源于理想主义的期望。本质上不信仰宗教的中国人对于改宗基督教，相对来说无动于衷。美国式的生活方式，以及其从意识形态和物质上所暗含的一切内容，对于稍多一点的中国人而言，都从来没有变得可以理解、合情合理或者可以实现。此外中国没有足够的团结和实力去捍卫它的领土和行政完整。

1925～1928 年蒋介石的掌权以及国民政府的成立承诺解决美国政府的政策受挫感，以拯救美国政府错误立场——等同于维护中国主权这一几乎唯一的责任。最后出现了一个强势领袖，他看上去有着进步、现代的风貌，改宗了基督教，并且似乎能够统一国家并捍卫主权。

郁闷的蒋介石既没有成功地统一中国，也没有捍卫中国的完整。日本的帝国主义，共产党的反叛，以及国民政府无力解决中国政治经济问题，挫败了这项伟大的设想。

随着蒋时运的衰退，美国政府倾向于向蒋做出更多努力可能不足为奇，因为我们已经将蒋介石同我们追求的——一个强大统一的中国等同起来。因此，作为对国民政府未来充满信心的姿态，在二战期间政府坚信中国应当被赋予战后世界五强之一的地位，这是自然而然的。在蒋介石明显已经不可能赢得内战很长一段时间之后，我们仍然继续支持蒋介石，这也是可以理解的。

继续给予蒋排他性的承诺可以理解，但这决不是好的外交。它把政府同一个单一的进程束缚起来,摒弃了其他选择,使我们缺乏可以回旋的空间。如果形势发展朝着有利于我方的态势发展,主动权的丧失可能还不是足以致命的。然而,在当前中国局势下形势对我们不利,在我们明确航向之前,我们需要自由的调整方向,甚至可能抛锚。

结　论

一、遥远的未来

从这份文件关于经济和人口因素分析当中,我们得出结论,即中国长期以来为这些问题所困扰:(1) 难以缓和的人口压力,这可能导致了(2) 一般生活标准徘徊在生存线周围或者低于生存线,这反过来趋于引发(3) 大众的骚乱、(4) 经济落后、(5) 文化滞后和(6) 不加控制的粗放的出生率。

这种邪恶的循环给中国未来提供的政治可能性是骚乱或者威权主义。民主不可能植根于如此暴虐的环境之中。

威权主义可能会通过剧烈的方式打破这种循环,比如通过暴力的“社会主义化”。这种方式最好不过是以给整个社会结构带来沉重和长期拖延的损失而生效;最糟糕莫过于激起使整个国家再度陷入无政府状态的暴乱。

二、不远的将来

在此我们遵循在前面部分做出的分析,即,国民党和国民政府的力量衰微,以至于他们可能处于与中国共产党长期斗争失败的边缘之上。

问题自然就出现了:最终,和现在构成一样的国民党和国民政府是否能够实现自我拯救呢,美国援助能否扭转内战的进程呢?对这个问题的前半部分的回答是“不”。它在10年前就开始明了,且现在更加清晰:蒋介石、国民党、国民政府组成的集团缺乏胜出的政治活力。问题后半部分的回答是“或许会,但是除非美国提供必要的尽可能长、尽可能多的大量援助。”

我们已经提供的援助(见附件一)不足以阻挡共产党的推进,远远不足以扭转进程。还需要多少援助可能与其说是一个算术级数问题,倒不如说是一个接近几何级数的问题。全面援助等同于公开干涉。公然介入会增加对干涉者的反抗。新民族主义的不同分支以及传统中国人的仇外力量将有可能聚集在共产党周围,而共产党与苏联的联系,在中国人看来则被共产党强烈的反帝主义所遮掩。美国的公开干涉,就像美国军事上增强蒋介石一样,趋于从政治上加强共产党的地位。这样我们公开介入根源极深的中国革命越多,我们政治上就会陷得越深,国民政府在中国人眼中越趋于类似傀儡政权——因而不可信任,我们的任务就越艰巨，并且干涉的花费就越高昂。

最后，乐观地设想一下：如果美国人民不惜政治和财政上的代价，共产党是否会在战场上被击败，国民政府是否会在统一的中国上面处于优势？我们能确信国民政府不会再度迅速地走向瓦解？我们对革命能有什么样的保证——我们的行动不能解决革命的基本原因——革命是否再次开始，革命是否再次被克里姆林宫所利用？背负着令人沮丧的对中国国民政府的政治、军事和财政责任，何时我们能够得到回报呢？

因而，给予国民政府全面援助，是一场耗资巨大、投入无限和危险的行动过程。美国政府确实不能以美国的威望和资源进行豪赌。

这样我们就面临着国民政府消失的可能性，正如我们现在知道这只是时间早晚的问题。这种变化怎样发生目前还不能预见。它有可能受到下列事件之一或更多的推动而发生：

(1) 蒋介石的死亡、退休或者被驱逐下台；

(2) 政变；

(3) 重要政府人员变节；

(4) 分离主义政权或者其他政权的建立；

(5) 共产党一系列重要胜利；

(6) 接受共产党建立联合政府的建议。

然而，变化平稳地出现，甚至即便是副总统李宗仁很快地接替蒋并且现存国民政府的结构能够总体得以维持，也会带来一种让人困惑和不稳定的局面。战争可能会继续。更有可能的是一个筋疲力尽的停战协定可能会达成，因为全中国强烈地渴望和平。不管出现什么情况，新的争夺权力的斗争将会立即按照政治计划开始。

至少首先，这场竞争中最强大的一方显然是共产党。其他几方是：某些国民党的军事司令官，如傅作义①；某些省份的老军阀，比如龙云②；广西集团；东北(满洲)集团；国民党的改革派围绕在李济深③周围，惹人注意的是现在没有几个政治领袖站在国民政府一方了。

在这场斗争中，我们不应假定非共产党力量一定会处于分裂状态。当然这种局面有可能会出现。不过更有可能的是这些离心力量会失去平衡，尤其是在共产党趋于将多数非共产主义派系团结起来、持续不断的压力之下。

我们不应当假定非共产主义派系会很快屈从于中共。当然他们有可能会这样。不过他们中的一些人，尤其是傅作义和甘肃宁夏的穆斯林，由于南京只给予不多或没有给予援助，他们会从地方的层次展现与共产党打交道的能力。如果这些集团在能干的领导者带领下团结起来，在控制地盘上他们会比国民政府做得更好。而他们能否击退共产党是另一个大

① 傅作义，国民党将领。抗战胜利后，任张垣绥靖公署主任兼察哈尔省政府主席、华北"剿总"总司令，执行蒋介石的内战政策。1949年1月天津解放后，接受中国共产党提出的和平解放北平(今北京)的条件率部起义。——译注

② 龙云，民国时期云南省军政首领，1945年10月被蒋介石免去云南省政府主席等职，给予军事参议院院长的空衔，并加以软禁。1948年12月从南京逃往香港，加入中国国民党革命委员会。——译注

③ 李济深，曾任黄埔军校副校长、国民革命军第四军军长、国民革命军总司令部总参谋长、广东省政府主席等职。1933年秋参与组织反蒋的福建事变失败后，逃亡香港创立中国国民党革命委员会。——译注

问题。

至于共产党,国民政府的瓦解并不会标志着他们麻烦的终结,即便是他们实现了他们想得的——全国联合政府。正如已经表现出来的,内战可能仍将继续。不过,这是一个他们处理起来高度娴熟的、熟悉的问题。

共产党所面临的真正的、尚未解决的麻烦是结束敌对行动,当他们作为全中国或者部分中国的和平政府将会碰上这个问题。他们可能不会马上碰上所有这些问题,但是如果他们存在下去,迟早会面对这些问题。

在稳定的局势下,他们不得不需要解决的第一个问题相对来说比较容易,即政府。共产党在国家、省和城市管理上缺乏有经验人员,这已是普遍共识。即便大批有经验的管理者从他们自身阶层以外招募,他们的政府在一切方面效率都不会太高,除了政治监督和惩罚以外。不过,他们再糟糕也要很少比现在的国民政府的效率更没效率。

更为严重是他们的意识形态和中国现实之间的冲突所引发的复杂问题。作为马克思主义者的共产党,在理性驱使下通过社会主义以进行集体化和工业化。不过正像苏联过去所为和现在仍在做的那样,中国是否有足够的人口和经济活动空间去成功完成这项如此奢侈的事业,值得怀疑。共产党中国不可能从国外得到大量投资帮助,从资本匮乏的苏联也得不到多少援助。这样社会主义化就会碰到中国式个人主义最低程度的消极拖曳和狡猾抵抗,以及最具分裂性的社会骚动。

毛泽东,作为他中国同事极为精明的仲裁者,有可能会被说服接受渐进不可避免的合理性。他可能认为中国社会主义化应当徐徐推进。如果他这样做了,他的运动将会冒失去现在因意识形态激情所具备的活力的风险。它将会冒着成为另一个受挫的国民党的风险并且陷入中国的麻烦当中。

最后,民族主义对共产党而言可能也是一个棘手的问题。共产党掌权部分上就是借助民族主义大潮,这样不仅共产党的合作者,而且他们自己的党员,都感染上了中国式的爱国主义。只要他们在苏联帮助下首先打击日本然后是蒋介石,他们能将民族主义和效忠苏联等同起来。但是如果当战争停止,使之合理化的斗篷坠落在地,克里姆林宫和中国政治局的联系可能,或许是突然之间,或许是逐渐地露出它们的原来面目。如果中国政治局表现出不论如何都屈从于克里姆林宫,根据民族主义和仇外主义的强烈情感,以及中国大众和党内民族主义分子的立场,中国共产党的领导层就会处于困境当中。

极为讽刺的是,此时此刻,中国共产党领导层最有可能的是希望隐匿它与莫斯科的关系,克里姆林宫最有可能的是施加最大压力置其于完全控制之下。如果我们再度获得行动的自由,这种需要几乎不需详加解释,那种局面的可能性将会出现在我们面前。

这就引出有关我们在华的角色可以得出的结论。

三、美国政策

传统美国关于中国的目标是:(1) 在国际上尊重中国领土和行政完整,(2) 机会均等,以及(3) 鼓励一个友好、统一的中国的发展——可以被视为我们长期目标的一种表述。

鉴于中国形势的现实和我们能力的局限性，显然我们传统目标不同于现在的目标，而且它在一段时间内也不容易实现。因而，我们需要为可预见的未来拟定一种政策，作为我们走出中国迷宫的务实向导。

不过，如果我们在现阶段尝试制定以后几年将要遵循任何详细行动规划，将会产生误导。当前局势是如此混乱，紧随现国民政府灭亡后的情况是如此不确定，以至于任何对行动的明确规定都是错误的。在世界局势变得更加明了之前，尤其是关于苏联和中国的局势，我们不久的将来的政策必须用最富有灵活性和最基本的术语进行定义。因而，对于可预知的未来，美国的对华政策应当是：

(1) 继续承认国民政府作为现行政府。

(2) 正如我们现在所知道的，随着国民政府的消失，关于承认问题做出的决定要考虑当时的形势。

(3) 只要中国可能成为苏联政治和军事力量的附庸，予以阻止。

四、美国战略原则

在执行前述政策时，我们应当牢记以下原则，它们将主导我们的策略。

我们必须意识到强大的、根基深厚的、超乎我们控制能力以外的本土性力量在中国内部的运动。因而我们应当接受这个现实，在影响中国事态发展进程方面我们所为存在着巨大局限性。如果我们主动或者被他人操纵采取违反中国基本力量的行动，这些局限性将会倍增，我们趋于自己打垮自己；相反，如果利用这些自然的力量进行行动，我们的影响力将会倍增。

类似地，我们必须明白克里姆林宫出于整体目标影响和利用中国的能力也受到这份文件里提及的人口、经济和政治考虑的严格限制。在接下来关键的五年里，克里姆林宫能够一定程度上动员中国的资源和人力，构成对美国安全的严重威胁还不大可能。从长远来看克里姆林宫完成这个目标即克里姆林宫作为凶残的国际力量继续存在，有待证实。如果苏联帝国主义不复存在，中国的共产主义会给我们造成些微安全忧虑，因为中国只有作为苏联政治军事力量的可能附庸的时候，它才会对我们具有潜在的重要意义。

这一点从前两段得出：中国的命运很大程度上掌握在它自己手中。中国的自我摧毁还是自我拯救必然取决于中国人，而非外国人。

在长远规划远东其他国家时，我们必须考虑到，在一段时间内，中国将是远东舞台上的一个不稳定和不可靠的因素。

因为中国不可预知，我们决不能对任何一种行动过程或者中国任何一个派系做出不可挽回的承诺。显然，当任何卷入可能表明是个失败的建议，我们必须情愿舍弃我们的损失。

我们决不能一味依赖中国任何派系或者政府对美的主观态度。如果能够熟练的运用，恐惧和恩惠总是能够并仍将基本上左右外国政府对我们的态度。

如果我们的力量得到尊重而不是被轻视，它必须以有效的形式加以运用；它决不能被误用从而造成浪费。我们可运用的力量有四种一般的形式：军事、经济、政治和文化。我们承认，在高昂的代价之下，我们的军事力量不可能成为有效加以使用的方式。克里姆林宫主要依靠政治文化措施并避免公开干涉，在驱动中国革命大潮方面上占有显著优势。在争夺中国的战斗中，最为有效地利用我们的力量将是通过政治、文化和经济的形式。

如果在没有苛求的情况下它继续被给予，经济帮助就会成为恩惠。我们要牢牢地掌控这种恩惠，对于后蒋介石时期的局势来说，经济援助授权的制定决不能提前允诺。行政部门对于给予，或完全拒绝，或者部分给予援助必须保持灵活性，只有这样美国的政治经济影响力才能被感受到。

附录

日本投降后美国政府对华经济和军事援助一部分清单[①]

DDRS,CK 3100371087 - CK 3100371119

王昊译，杨奎松校

① 此附录内容分别是租借、剩余资产、海军物资、救济赠与。略去未译。——译注

2－14

中情局关于中国可能发展趋势的报告

（1948年11月3日）

DRE 27－48

机　密

中国可能的发展趋势①

（1948年11月3日）

结　　论

1. 正如目前所继续的那样，中国国民政府的崩溃在下面几个月可能发生。

2. 现政府不大可能重新使华中新分界线的局势稳定下来。

3. 即使国民政府和目前一样继续存在下去，估计共产党仍有可能成功控制长江以北和黄河河曲以东的全部中国地区，同时非共产主义的中国估计可能分崩离析而成为一个准独立地区，国民政府的实际权威逐渐局限于难民所的周围。

4. 在上述过程完结之前，蒋介石迟早有可能会被包括李宗仁在内的小集团所代替，如过去一样李宗仁将继蒋之后成为国民政府的领导人。然而，政变很有可能会加速非共产主义中国的崩溃。

5. 基于共产党和非共产主义者联盟之上的新政府成立后，中国内战才有可能最终结束。通过与非共产主义者结盟这种方式，共产党力图安抚剩余地区的抵抗并巩固他们对中国的控制。结盟会受到国民党对美援拖欠不满的进一步推动，并导致中国排外主义总体上的增强。

6. 虽然共产党将会主导任何基于这种联合之上的国家政府，但他们对中国政治控制的巩固决不是确定无疑的。反过来，他们可能也将证明不能解决那些国民党所不能解决的政治和经济问题。也有可能的是，屈从于莫斯科的问题，要比屈从于“美国帝国主义”显得更为急迫，中国人的民族主义将会证明要比国际共产主义强烈得多。

---

① 原注：该情报正在由国务院、陆军、海军、空军情报部门的协调当中。

中国可能的发展趋势

1. 当前局势

一年半以来，中国国民政府的军事、经济、政治局势日趋恶化。这一点已经多次预测过：这种趋势如果得不到抑制，必将导致政权的最终崩溃。最近的发展表明这种灾难正在迅速到来。

国民政府过度扩充它的军事统治，在立场上排斥非共产主义中国的更富活力的政治势力，极其无能且腐败，不能处理中国的经济、社会问题以及共产党的军事暴动，并且已经丧失了群众的信任。最近蒋介石要负很大个人责任的军事失败，暴露了政府军的弱点，导致了政府大批有生军事力量被消灭。这些事件的冲击加剧了已经迫在眉睫的财政危机。目前的国家领导人不大可能改变由此所致的混乱状态，并且不可能唤起国民抵抗共产主义的新精神。

然而，即使在这样的局势下，现政府或者放弃对共产主义的抵抗，或者给可能的国家领导人让路，都将是异常的。在被暴力取代之前或者最终征服之前，估计该政权可能会以它所能得到的支持继续进行抵抗。

2. 稳定新的分界线的可能性

到目前为止，中国内战发展的不利趋势部分是由于国民政府过度扩张的军事行动所造成的。华中新分界线局势稳定的可能性有待考察。这种稳定本应该在内战的早期阶段就应当实现。如果在最近的失败之前，或者更加快捷地提供必要物资，或许还能实现稳定。在目前局势下稳定分界线是难以设想的。

3. 现政权的维持和趋势

即使国民政府和目前一样继续维持下去，内战目前趋势可能以加速度继续发展。共产党将迅速地扩大他们对扬子江以北和黄河以东整个中国的控制。在继续的失败和财政崩溃之下，国民政府的威信和权力继续下降，同时中国南方和西部的地方当局的独立程度将会增强，不管他们是否公开否认蒋介石的权威。最终国民政府的权威将仅仅只是名义上的，并且实际影响限于难民所周围。

4. 蒋介石的替代问题

在上面所提到的过程发生之前，蒋介石迟早可能会被国民政府内部小集团这样的方式所代替，旨在没有公然打断政权的延续的情况下更换领导者。到目前为止，蒋不大可能自愿退休，这样的调整要么通过他的死亡要么通过强迫他辞职才能加以完成。政变可能只能通过包括副总统李宗仁在内的联盟成功登上总统宝座才能加以完成。虽然公开政变会带来更有活力的领导人，但是实际结果可能会加速非共产主义中国的崩溃。

5. 与共产党结盟

内战的最终结果将有可能是建立一个共产党和非共产主义者联盟为基础的新政府。联盟的心理基础在于对中国停止战争的深深渴望。通过把内部的敌意转向导致内战所有罪恶的外国(美国)“帝国主义”,联盟的共同的基础产生了。共产党的宣传已经在利用这个论调。这可能得到自身有着排外历史、抱怨美国援助疏怠(他们自己的观点)、最终被形势所迫与共产党结成联盟的国民党的响应。

由于当前和未来的内战趋势有利于共产党,共产党可能会将敌意维持下去,直到他们达到减少的回报与付出的努力不成比例这一程度。此时他们会寻求利用联盟作为缓和其余地区抵抗并巩固对整个中国控制的手段。同时他们没有忽视建立联盟的政治准备工作,强调反帝与和平的主旋律,向所有的“民主”力量(比如民盟)摆出抚慰的姿态,甚至将一些非共产主义分子,如李济深将军,作为这样的一种摆设。

不过,为了有效结束中国内战,联盟有可能会囊括目前国民政府的重要人物。只要蒋介石继续掌握政权,这种联盟是没有可能的。即使蒋下台后,李宗仁也不大可能立即与共产党结盟。最终,他或者他的继任者可能会寻求建立一种不同的、准独立的地方权力。

6. 共产党统治巩固的前景

虽然共产党会控制最终的联盟,但他们能否巩固对全中国的政治统治根本不能确定。毫无疑问,联盟是实现这一目标的工具,但是中国的情况根本不同于苏联控制的东欧国家。

迄今共产党已经开始应对他们领导下的全国政府将要面对的问题,维持全国范围的政治秩序以及管理国民经济。他们的成功局限于政治组织和自给自足的、原始状态的乡村经济管理,并且获益于战争必然所造成的破坏。反过来他们处理蒋介石没能解决的较大问题的能力有待证明。他们将难以避免地不得不寻求中国社会本质上反对共产党的势力的协助。至少会有这种可能性,即中国共产党会重复以前曾经革命的国民党的历史经历。

同这个考虑相关的是中国城市经济极度依赖海外贸易。考虑到他们的反帝主义,共产党不可能在与西方隔绝状态下解决紧迫的经济问题。

就他们当前目的而言,中国共产党正从反帝主义中(中国民族主义)获得回报。当屈从于莫斯科的问题比屈从于“美帝”更为紧迫的时候,他们可能会自食其果。

的确,屈从于莫斯科的问题会给中共内部带来分裂的负面作用。尽管,中国共产党毫无疑问是共产主义者,他们要比铁托更有可能潜在地依附于莫斯科。在这一点上铁托是独特的。但中国共产党取得的胜利越大,克里姆林宫为实现“国际主义控制”而介入中国的意向就越强烈,调和中国民族主义和反帝主义分歧的困难就越大。最终,中国的民族主义很有可能证明比国际共产主义要强烈得多。

DDRS,CK 3100374847 - CK 3100374853

王昊译,杨奎松校

2－15

中情局关于中共领导全中国能力的报告

（1948 年 12 月 10 日）

ORE 77－48

机　密

中国共产党控制全中国的能力①

（1948 年 12 月 10 日）

概　　要

国民党军队的快速崩溃表明，对中国共产党军事力量的有组织的抵抗很有可能在几个月内结束。如果国民党没有在中央司令部指挥下做进一步抵抗，共产党军队将会轻而易举地继续消灭在内蒙、华南、中国西部的反共力量。

共产党至今没有公然推行激进改革计划。在新获取的土地上他们措施温和并且是调解性的，从而使他们赢得了日益增多的广泛支持。共产党利用华北和华中毫无希望的经济形势，在那儿任何共产党的计划看来都要比国民党的残存更符合人民的愿望。

作为国民政府投降的结果，共产党主导的政府可能将接管权力。这个政府可能会被宣布为"联合"政府，它将包括很多非共产党成员，其间还有现在国民政府人员。作为"联合"政府，它将对并不一定丧失的国际承认有好处。但是，几乎可以肯定的是共产党官员将决定该政府的政策。

毫无疑问中国共产党一直都是苏联的政策工具。尽管不能确定中国共产党会一直屈从于苏联，但在共产党没有控制中国之前，看来该党内部或者该党与苏联之间不会出现分裂的机会。

这份文件预设中国共产党的目的是实现对全中国的控制。文件的目的是判断中国共产党是否能够做到这一点。

一、军 事 状 况

中国共产党军事力量和成功的策略是共产党提升的主要工具，并且在国民党军队一切

① 原注：这份文件的信息截止到 1948 年 12 月 1 日，国务院、陆军、海军和空军的情报部门对这份文件予以认可。

有组织抵抗被击溃之前,它们仍将继续发挥作用。由于国民党军队是共产党提升的主要障碍,所以共产党军队的使命是继续歼灭国民党的有生力量。通过尽可能利用现有的人力资源,通过获得(剥夺或者是诈取)共产党控制区域民众的支持,通过狡猾地利用宣传工具,共产党军队克服了战争物资方面的初步局限,并且达到或超过与国民党在数量、武器、装备上势均力敌的状态。相应于其对手共产党最大优势在于娴熟地利用人力资源,并且他们最后胜利的前景也维系于此种能力。

1. 人的因素

高昂的士气,杰出的领导,反复和可靠的宣传主题,再加上精心设计的目标意义,将一度物质匮乏的共产党军队提升到处于内战冲突中的优势地位。对手国民党士气尤为低落,不仅表现在对消极战略的偏爱上,也体现在大批军队经常拒绝作战上。整支军队成建制地投降,甚至那些愿意作战军队经常发现相邻军队变节导致他们的阵地处于战术上无法防守的地位。由于继续抵抗变得没有意义,也由于共产党的宣传强调这一点,防御很快就崩溃了。另外,防御中心如长春、奉天、济南的陷落,和战术意义上的地方变节一样,在整体战略意义上具有相同的效果。

共产党的宣传旨在不仅要提高共产党内部的士气,也要削弱国民政府支持者的士气,共产党经常重复的一个简单的论调就是在共产党统治下形势会更好。这种论调适时推出,并且在目前固有的局势下,国民党官员和民众深信它是正确的。共产党对“投诚”的人给予同样礼待;他们用食物进行引诱;他们一再强调所有中国人的内在兄弟感情以及两败俱伤的战争无益性(尤其是继续抵抗共产主义浪潮的无益性);他们点明国军中的腐败和歧视现象;实际上共产党的宣传当中总有一些东西适合每一个人。这对于削弱国民党的抵抗意志是有效的,使其在这段重要时间内非常难以组织起任何继续的有效抵抗。共产党第五纵队的破坏效果和共产党情报显而易见的优势,大大有助于共产党军事和政治的胜利。国民党在每个领域的对抗性举措完全失败。

2. 物的因素

据估计共产党军力大约有150万人,绝大多数都是能征善战的部队。此外他们还拥有战略后备队。他们遭到略超过100万的国民党军队反抗,而他们中的大多数在投降共产党之前只会做些象征性的抵抗。对共产党来说,吸收日渐增多的国民党投降者加入他们部队是不必要的,因为当前共产党战斗部队对完成其使命而言已足够强大。如果他们计划吸收大量投降的国民党军队,很有可能会影响他们的实际力量。除了一线部队,当有必要的时候共产党可以征召200万人的非正规军进行战斗,共产党以为对他们的教导要强于投降的国民党。

相对于国民党,共产党的后勤情况他们现在有了显著的优势。前者从各种渠道获得了日、中、美的储存武器,现在几乎在武器的各个方面超过了后者。就现有的武器生产来看,双方武器都不能自给,都要依赖外界供给。美国从过去到现在一直提供武器和弹药给国民政府,同时共产党军队的主要供应来源靠缴获国民党的军火。苏联允许共产党接管日本关东军在满洲的大量物资(这些军火现在可能已经消耗殆尽),甚至可能现在给共产党提供技术建议,但是没有确凿证据证明苏联正在向中国共产党供应苏联或日本的军火。

由于共产党控制了华北和东北绝大多数乡村的产粮区域,所以他们可以将食品当作内部竞赛的武器。国民党控制的城市遭到包围并被切断正常食品来源,缺乏食物以及后来的饥馑对这些城市的沦陷起了很大作用。通过有效利用各种可得到的交通工具,通过策略调整这方面的局限性,共产党在战争供应上获得了相对优势。最近满洲铁路又让共产党获得新的、非凡的机动能力和打击力量。恰恰相反,国民党的运输却越来越糟糕,现在已经缩减到只剩下极少量的战区公路、铁路通往战场。这些残存的通道辅之以水路和空中运输,虽然不够但已经是国民党现有的最重要的运输方式了。

国民党只拥有一定的海空军力量,所以他们还享有一定有限的战术优势。但是,在轰炸和战斗机支援上,国民党空军表明它是一个效率不高的军事组织。此外,缺乏维持一支空军所需要的几乎所有物资,使得国民党空军主要局限于运输职能。

3. 战略和未来可能趋势

共产党的策略重点随着军队发展发生转移。最初只是暂时的,但近来共产党开始自信地攻击那些防御相对完善的大城市。虽然这产生了一部分偏离游击战传统概念、有可能夺取国民党任何城市的共产党军队,但仍有数目相当可观的共产党军队主要遵循游击路线。后者主要是在任何新的军事行动的最初阶段予以使用。进攻部队的任务是控制已被包围、行将沦陷的国民党控制的孤立地区。共产党的策略是将继续利用国民党的缺点,而在这一点上他们或许是很成功的。

目前国民党抵抗的主要区域是华北的天津——张家口以及徐州周围的华中地区。能征善战的共产党军队正在进入阵地以夺取前面这些地区,同时一股强有力的共产主义运动在徐州地区展开。威胁该地区的国民党部队并为夺取防守薄弱的南京铺平通道的这项运动,或许证明这种"光荣革命"对国民党军队有组织抵抗的作用。国民党抵抗的其他区域西安、Kuelsul、太原、汉口正在沦陷或者不久将被共产党轻易控制。南部、西南或者华西缺乏国民党军队的有生力量,并且地方部队也不能成功地抵御共产党。可以这样认为,随着国民党军队有组织抵抗的结束,共产党的势力延伸到那些地区是不可避免的。

二、经 济 状 况

在范围和种类上,中国共产党面临的任何经济问题都不会阻挡它实现其最近的军事和政治目标。随着共产党军队军事计划接近完成以及国民党零星抵抗的减少,共产主义的经济形态将会从相对自给自足、经济独立地区所组成的松散共同体,逐渐演变成为日渐统一和相互依赖的结构。

1. 农业因素

共产党占领地区的粮食状况并不严重。虽然农业前景不怎样,但是共产党地区粮食状况不会比它在国民党统治下差。满洲南部的病虫害降低了满洲正常时期大量的粮食剩余,但是中国华北的前景看好,生产应当可以接近战前水平。中国华北总会有些地区发生灾害,著名的地方有山西、洪水泛滥的淮河、洪泽湖和微山湖地区,但这可以通过从粮食充足地区调拨粮食来部分得以解决。华北经济区的统一将会直接有益于以往将农民和遍布华北平原的无数小城镇联系起来的分配体系。在不远的将来向共产党已经控制或即将沦陷的城市供应粮食的问题,将会通过掌握的铁路运送粮食剩余地区的粮食得以解决。向这些新增加的城市提供粮食负担将会给共产党的粮食资源造成压力,但在共产党统治之下这些城市的生活标准估计不会降低。

2. 工业因素

中国共产党迄今只是对满洲的资源和工业进行了有限的开发,但是共产党区域的交通、采矿和工业的进一步恢复可能比较困难。这一地区以前建立的重型钢铁工业没有得到大规模的恢复。除了少量的消费品如纺织品以外,现有的小规模家庭手工业的有限产出,加上从国民党区域走私来的商品,显然满足了共产党经济的直接需要。

如果共产党控制了华北城市的大型纺织厂以及其他工业设施,华北将拥有可能超过中国共产党直接需要的工业能力。满洲纺织品的短缺问题因而可获得缓解。

通过控制完好的奉天和济南,共产党得到了大量的工业设施和原料、制成品储备。如果天津和别的大城市落入共产党之手,而且工业设施、能源工厂和铁路网以相对完好的状态由他们接管,这将有可能创造一个先例。在试图重建新占领地区的工业过程中,共产党肯定会面对更新落后的机器和设施这一问题,但是在不远的将来,所有共产党的工业需求只能通过这些维护不善、过时落后的工厂加以解决。共产党不会面对技术人员的大量缺口,因为国民党工厂的绝大多数技术人员可能会受到引诱而在共产党统治下工作。

奉天的大型军工厂落入共产党之手并将增强共产党的军事潜力。此外,共产党通过俘虏的国民党军队获得了如此庞大的武器装备存货,即使没有这些军火,共产党军队也拥有充足的弹药供应。

满洲不缺乏煤炭,且采煤能力恰好超过了能源工厂、铁路和燃料的需要。开滦煤矿(天津北部)沦陷后,华北将会有超出共产党国内需求的多余煤炭。

华北和满洲虽然维护不善、且大多数严重退化的交通系统,将使共产党巩固对东北和华北的统治大为获益。有的铁路线已经正在运作当中,并且另几条看来也将恢复运营。此外,占领的华北港口可能会给共产党提供大量的小型船只,总计约有10万吨。而这将为海运需求提供充足的船只。

3. 未来的可能趋势

共产党具备的基本优势源于这一事实:国民党统治的华北华中经济形势已经彻底恶化,以至于任何好点的改善,不管是多么微小,都将给共产党提供巨大的心理上的好处。通过重建华北、满洲主要城市和周边农村的正常联系,战时影响贸易和交通的障碍将会减少,而共产党巩固他们在中国这一地区所获收益的机会将大大增加。

三、政治状况

在这一时期,共产党的政治行动与军事行动平行开展并依赖于军事行动。共产党将自觉地:1. 巩固已占领地区的统治;2. 准备接管即将控制的地区;3. 继续建立共产党主导的、实现对全部中国统治的政府框架。

1. 巩固统治

在中国,共产党获取了农民大众最基本的普遍支持,其次是产业工人和城市知识分子。共产党娴熟地利用这三股严重和真实的痛苦:农民的惨状、国家权力的侵犯以及腐朽和无能的国民政府。通过比国民政府更大规模地推行基本的农村改革如分地削减租税,显然共产党向其控制区的绝大多数人口展现了比国民政府统治要强的实际优越性。尽管中国共产党依附于苏联,但共产党抵御外侮的愿望在一些地区受到欢迎。国民政府不仅没有解决也拒绝解决中国基本的政治和经济问题,这一特点理所当然成为共产党可资利用的主要财富。农民大众从来没有支持过国民政府,并且现在不会去抵制共产党的推进。另外,后者正在吸引逐渐增多的大批的城市工人、商人、知识分子和官员。

共产党所占领的中国各地过去由中国共产党的中央执行委员会管理;然而,这个组织不能完全履行中央政府的职能,并且统治尚未稳固的地区显然容许一定程度的行政自治。3个月之前共产党宣布成立华北人民政府,正式统一了以前的两个边区地方政府。华北政府可能是当共产党尽可能快地巩固统治过程中,公开在中国其他各地建立的大量的"人民政府"的一个典型。这些不同的地方政府可能将处在中央政府管理之下,但是对于共产党实现与别的不同政见团体以及目前国民政府不同派系"联合"的计划而言,公开宣布成立这样一个政府是不必要的。同时,不同的地区政府将有可能得到允许去执行最适合当地的政策。

2. 统治的准备工作

目前共产党在控制区和即将准备控制的地区正在推行稳健政策。共产党军队进驻遭到围困的城市之前,共产党承诺与商人、地主和国民党军队合作,并呼吁城市的人民要保持秩序、维持政府机构并坚守岗位。共产党承诺它将宽容对待所有与之合作者。这些策略看来表明,由于缺乏经过培训的人员,他们必须部分依赖国民党的城市管理,但是无论如何,这种惯例使得共产党能够迅速地控制任何特定城市并有效管理之。政工人员随着军队进入城市。只要现实可行,军事管理被文职机构所取代。共产党将维持秩序、重建市政管理与经济,视为一种有利的对比——无序和混乱存在于它进驻之前以及许多尚未遭受共产党威胁、国民党占据的城市。共产党甚至宣称只要私人产业与共产党"合作",他们将保护私人产业的利益。由于共产党缺乏经验和人员运营大工业,他们显然乐意暂时地接受任何领域的帮助。因此上述声明的确鼓舞了那些希望在共产党政府统治下健康生活的有产者。不过,当共产党做好准备工作的时候,共产党很有可能将实现对所有企业的完全控制。

共产党对乡村地区也遵循稳健政策。总体上公然征收土地、清算地主、威慑大众的惯例,已被共产党公开地被指责为“极端主义”。农村改革,尤其是在共产党过去几个月占领的地区,显然已经变得谨慎和渐进。华中地区快速的农村改革计划已经被无限期地推迟。就目前而言,只有减租和减息正在落实。共产党宣称,农民大众对于迅速、完全的变革缺乏“意识形态准备”。这显然承认了共产党面临着巩固统治的真正问题,不过这也意味着,通过推行稳健政策,共产党极大地扩充了在农村地区的支持度。

3. 全国政府

在规划成立一个全中国的政府时,共产党必须在下列选项中做出选择:(1) 在已经控制的地区建立一个“联合”政府,这个政府要包括各地共产党的地区政府,有反对国民党的民革、民盟和其他不同政见团体;(2) 或者与上述团体一起,继续规划成立一个将控制全中国的政府,并且这个政府可能也将被宣布是“联合政府”,包括国民政府的部分成员(对共产党而言,宣布成立联合政府并不必要;不过对他们而言这样可能看起来合情合理)。

共产党选择上面所述的第一个方案似乎不大可能。仅仅吸纳了民革和民盟,仅仅限于共产党已控制区域,这样一个早产的“联合”政府不会产生多少的积极效应,最为不利的是必然丧失国际承认。此外,不久之后通过苏联的斡旋,国民党别无选择只好与共产党尝试谈判成立一个共产党主导的全中国联合政府是有可能的。

或许国民政府事实上投降之时,作为其结果也是共产党主导的政府接管权力之时。不过这个新政府将被宣布为“联合政府”,而这并不一定会丧失国际承认。这个政府包括来自民革、民盟的代表,以及目前国民政府的成员。很有可能共产党会倾向于选择一个非共产党人士担任名义上的政府首脑。但是几乎可以基本上肯定的是,政府各个层面上的真正权力最终只能由共产党行使。

共产党主导的联合政府和与苏联、美国随之而来的关系将具有相当程度的复杂性。依照苏联领导的国际共产主义运动的当前策略,中国共产党主要将以民族利益代言人的身份出现于中国人面前,而非国际共产主义运动的一个成员。另外,中国共产党和苏联强调前者在中国积极成就的政策极其有效,关于这一点只有一部分中国人充分意识到亲苏的共产党政府的隐含意义。共产党和苏联持有共同的意识形态、政治组织、战略和方案,并且目前还拥有共同的目标。中国共产党从来没有公开偏离苏联的路线,从来没有公开指责过苏联的行为和苏联的代理人,也从来没有做出过任何暗示表明它将偏离苏联靠拢美国。可以肯定的是中国共产党一直都是苏联的政策工具。虽然不能确定共产党现在,或者将来都是苏联完全可靠的工具,但现在看来,至少在共产党主导的中国政府接管权力之前,中国共产党内部,或者苏联与中国共产党之间不存在分裂的可能性。

CIA Research Reports China,Reel-1-0236

王昊译,杨奎松校

2－16

国务院情报研究所关于中共夺取政权后对远东其他地区的影响的研究报告

（1949年1月24日）

OIR 4867

秘　密

共产党统治中国后对远东其他地区的影响

（1949年1月24日）

概　　要

共产党中国的出现，将对远东其他地区产生以下影响：

1. 它将加剧远东每一个国家内部的政治分化，使主张中间道路的党派的影响力下降，自由主义的劳动统一战线政策和社会、经济计划将屈服于极权主义。

2. 它增加了一种危险，即共产党可能会有效地控制历史上已经发展起来的、源于当地人民在过去一百年与西方民主紧密相关的社会改革运动和政治、经济的独立运动。

3. 它将使一般的政治、经济和社会组织处于共产党的指导之下。

这些影响在形式上和强烈程度上将会有所不同。因为朝鲜和印度支那半岛的共产主义运动势力强大，共产党控制中国后对这些地区的影响比其他地区可能会更为深刻。由于相对大量的中国人口在马来亚，马来亚的反应也将相当广泛。菲律宾、日本、印度尼西亚和暹罗能够更好的控制共产党的活动，如果他们改善经济状况，采取进步的社会、经济政策，以后可以继续控制共产党的活动，像日本就很有效。

中国内战的结束将更易于获取这个国家的资源。如果日本得到这些资源，这将非常有助于日本的经济恢复和政治稳定，而且也间接地有利于和日本贸易的其他国家。日本共产党和中国共产党很可能将利用这种潜力以进一步实现他们共同的政治目标。如果中国共产党一开始并不严格限制对日贸易，他们可能以此作为交易的武器，去实现他们和苏联对日本和其他远东国家共同的政治目标。

共产党统治中国后对远东其他地区的影响

一、日　　本

1. *政治影响*

11月3日，吉田茂①首相的报告间接地反映了最近中国共产党的军事胜利对日本保守圈内人士的影响。他断言："日本想像到了共产党占领全部中国的可能性，没有任何焦虑……"因为它相信中国共产党不久将成为民族主义者，和以前的任何政权一样反对外国，因此，中国和日本的关系基本上和战前相同。然而，面对这些发展变化，他心情平静，这很可能源于一种希望，即美国可能将投入更多的资金和精力，把日本建成他所称的"远东的民主堡垒"。可能是在保守党的支持下，他说他很高兴看到这种变化。他还说，日本仍然希望早日缔结和平条约，但"在目前情况下"，看来没有办法实现这一目标。

吉田茂首相的声明很可能反映了保守的政治、经济和财政界的观点，也反映了被当局镇压的超国家和反军事阶层的想法。他们可能还认为，中国的这些发展变化是日本在西方国家的支持下，最终重建为主要强国的保障。

毫无疑问，中国共产党的胜利进军有助于保守党在国内获得不断的支持，1月23日议会的选举已证明了这一点，进而加强了他们在国内的政治、经济地位。这将削弱走中间道路的民主社会党的地位，他们在选举中损失惨重，因此，也削弱了中小企业家、独立的农场主以及加强这些阶层力量的劳动者协会的影响。在维持他们地位的努力过程中，他们显然已经在政治上支持了极右派或极左派。因此，从长期来看，中国共产党统治中国将进一步分化日本的经济界和政治界。

事实上，日本的延安共产党领导人野坂参三②对中国共产党胜利后的反映是，日本共产党应该走毛泽东路线。毛策略性的政策主张与拥有土地的农民、分给土地的佃农和小资产阶级(反对垄断资本家)合作；支持工人运动；支持统一战线下的联合政府；强调暴力的革命策略让位于议会的合法斗争。共产党总书记德田球一③也同样盛赞中国共产党的胜利，宣称他们的政策是"正确的"。这虽然不是日本共产党要采取的全新方针，但随着日本政治力量的两极分化，他们可能期望着自己取得比以前更大的胜利。

① 吉田茂(Yoshida)，1946年出任日本自由党总裁，同年5月组成第一届吉田内阁。1947年4月辞职。1948年3月任民主自由党总裁，同年10月再次组阁，之后连续任首相七年之久。——译注

② 野坂参三(Nozaka Sanzo)，时任日本共产党主席。1940～1945年，他曾以冈野进为化名在延安与中共一起工作。——译注

③ 德田球一(Tokuda Kyuichi，1894～1953)，日本共产党创始人和主要领导人之一，国际共产主义运动活动家。1920年参与创建日本社会主义同盟。1922年7月参与创建日本共产党，并当选为中央委员。1945年12月，在日共四大上当选为中央政治局委员和中央委员会总书记。1946年日共五大上，继续当选为中央政治局委员和中央委员会总书记。——译注

对中国共产党胜利的这些援助性和鼓动性的反映，对恢复与共产党控制下的东北亚经济集团的贸易关系是一种推动。随着华北和满洲实现和平以及战前贸易模式的可能恢复，这将在日本引起重建贸易关系的强大压力。与和平的，即使是共产党统治下的中国，重建正常贸易关系的期望，已经在日本强化了缔结和平条约的诉求。

共产党统治下的统一的中国建立后，其产生的政治结果可归纳为：首先，它将以中间力量为代价，使日本的政治、经济势力进一步两极分化，进而加强了极左和极右派，激化了意识形态和政治领域内的斗争。其次，在保守势力的领导下，日本潜伏的民族主义和沙文主义可能有所表现而受到关注，进而导致日本希望恢复在国际事务中的全部主权和平等地位。保守党领导人将利用紧张的美苏关系，通过挑拨离间和梦想建立起强大的防御力量，以重建他们自己的国际地位。同时，他们将寻求能够发现的任何市场。他们未来将依靠美国的支持，依靠美国进行防御，直至他们恢复经济，并建立起防御力量。因寄希望于大部分民众传统的保守主义和对苏联和共产主义的恐惧，如果允许他们重新拥有足够的警察和防御力量，他们可能期望在共产党的影响下成功镇压左翼势力。

然而，在缺少战前地位所依靠的大量常备军、秘密警察、宪兵以及警察的情况下，保守派可能会发现，通往重新控制政府的道路上还有一些困难。日本被占领后，劳工运动、社会党和共产党都在迅速扩大他们的影响，这全然无助于盟军最高指挥官(SCAP)的民主化政策。这些势力的源头可追溯至1920年代，并在1930年代得到有效的控制。因为1930年代处于半战争心理的时期，军队扩张，国家的警察部队得到加强。在有利的占领条件下，他们的复苏绝不能假设为他们缺少根基，并且易于被镇压。镇压可能导致共产党指导下的左翼运动在普通民众中得到巩固。有迹象表明，这种趋势已经开始蔓延。

最后，从国际角度看，中国共产党的胜利将促使苏联要求早日缔结对日和平条约，以削除盟军最高指挥官对日本的控制，也使中国和苏联援助下的日本共产党在后条约时代可以更自由地行动。如果共产党中国的代表获得联合国和远东委员会的席位，那么，日本共产党获得他们正在寻求的那种和平条约的可能性将更大。① 如果今后美国寻求巩固保守派地位的政策，左翼将会不断支持早日缔结对日和约。如果盟军最高指挥官帮助日本的保守派控制整个国家，并有机会建立起他们需要维持其地位的警察力量和最终的军队或警察部队，日本保守派只有无可奈何地接受占领的延续。

然而，假设保守派依然是美国在远东实现目标的消极工具，这是缺乏判断力的。如果条约签订后，保守派成功地巩固了对国家的控制，他们将孤注一掷地追求独立的外交政策，这显然不符合美国或者苏联的目标。

2. 经济影响

当贸易重新建立起来后，即使是共产党统治下的中国的和平，也有利于日本经济恢

① 原注：见OIR 4794，1948年11月1日。

复的前景。越来越明显，没有美国的继续援助，日本不可能实现经济上的自养，除非恢复与东北亚，特别是中国以及满洲的贸易。下面的讨论表明，这种贸易对中国、日本和美国是有经济利益的，而且这样的讨论是建立在政治因素不会禁止或极其严格地限制这种贸易的基础之上。从严格的经济观点来看，除大豆外，苏联对中国的原料没有太多的兴趣。在不牺牲自己国内经济利益的情况下，苏联没有能力向中国提供资金和消费品。

战前日本与中国、满洲的贸易不但占其所有贸易的很大比重，而且由于自身的自然条件，这些贸易对维持日本的工业经济至关重要。例如，在1936年，满洲和华北几乎提供了日本所有煤炭进口的65%。日本大豆进口的72%、含矿物油物质的47%以及生铁进口的30%也来自上述地区。日本也非常依赖这些地区作为其工业品的出口市场。

表一反映了战前日本与中国、满洲对外贸易的重要性和1947年有限的贸易规模。

表一 1936年和1947年，日本与中国、满洲的贸易和总贸易的比较*

(单位：百万美元)

	出口			进口		
	总计	至日本	占出口日本的百分比	总计	自日本	占从日本进口的百分比
(1) 1936年						
中 国**	262.8	36.5	13.9	363.7	62.9	17.3
满 洲	174.8	68.9	39.4	200.6	147.1	73.3
福摩萨***	112.5	101.3	90.0	84.9	68.1	80.2
(2) 1947年						
中 国****	217.3	4.9	2.3	600.0	6.2	1.0
香 港	304.2	3.8	1.2	387.5	9.2	2.4

*除标明之处，所有资料均依据美国商业部的贸易报告。资料中每个地区的货币已转化为美元，并尽可能以每一年的平均汇率为基础。

**包括香港贸易。

***尽可能不包括转口贸易。

****包括满洲和福摩萨。也含联合国善后救济总署(UNRRA)的进口物资。

这种贸易甚至对日本更重要，不仅因为收取额外的航运款项，更因为与朝鲜贸易(已列于表二的大部分是往来于中国的转口贸易形式。

表二 1936年日本与东北亚的贸易

(单位：1 000美元)

地 区	进 口	出 口
朝 鲜	150 234	187 896
华 南	3 625	1 044
华 北	20 192	17 437
华 中	21 083	27 840
满 洲	69 430	144 427
库页岛(Sakhalin)	34 636	15 594
东北亚总计	299 200	394 238
其他地区	791 217	660 926
贸易总计	1 090 417	1 055 164

由于战争的影响，粮食、焦煤、铁矿的短缺和日本出口产品的有限市场，这些都是日本经济恢复的主要障碍。日本主要从亚洲以外的地区获得绝大部分原料，代价高昂，而未来这些地区为了国际收支的平衡，是不可能吸收日本的出口产品。

可以想像得到，满洲和华北的仇恨结束后，可能不久将成为一个大豆、含矿物油物质、焦煤、木材和兽皮等有着大量盈余的世界市场。共产党控制华中至少也应该让出一些铁矿。这些生产剩余的原料也可能从内地运往各港口，以求销往国外。

中日贸易的早日恢复使得这些原料可以交换日本出口的产品，这有助于冲破目前阻碍日本经济恢复的束缚。考虑到中国的焦煤和铁矿，日本的钢铁工业即使没有恢复到500万吨铸铁的水平，也能够在经济上扩张。1947年，日本的铸铁产量仅约90万公吨，但生产能力大约为800万吨；1948年9月，铸铁产量几乎以每年200万吨的速度增长。日本的机器工业与这种扩张保持同步，如果获得必需的钢材和其他金属，将有能力生产足够数量的资本货物，以满足从中国的资本进口，这样便无需从印度和其他南亚市场转口。

当然，恢复与中国的双边贸易并不是包治日本所有经济问题的灵丹妙药。日本需要进口的产品主要是粮食、原棉和石油。除少量粮食外，中国不可能供应这些物资。因此，日本还将继续依赖于其他的资源供应，1936年这部分资源分别占日本进口的50%以上，1947年则占大约80%。这些进口需要获取外汇，反过来迫使日本在能够提供合适货币的市场上出售其出口产品。直至在东南亚或远东其他地区获得多余的粮食，日本才可能继续严重依赖美国。此外，日本减弱对美国原棉的依赖程度也是不可能的。

涉及美国利益的问题是，日本部分地定位于东北亚共产党集团的贸易是否将最终导致一种彻底的依靠，进而改变日本的政治和战略定位。如果从中国或其他共产党地区以有利的条款获得粮食、石油和其他原料，日本可能被拉入共产党集团。如果日本打算发展多样化的贸易模式，能够独立地抵制中国可能的经济制裁，那么，最大限度地利用印度和东南亚市场是最为基本的。如果有合适的支付手段，日本大部分的重机械和设备可以在印度出售。相当数量的轻工业设备和消费品也可以卖给其他东南亚国家。如果东南亚不断增长的粮食生产能够替代日本的粮食来源，且日本与亚洲其他国家和西方的贸易成比例地增长，日本对共产党集团的定位将是一个选择的问题，而绝非被迫的问题。如果日本毫无限制地获取中国的煤炭和铁矿，并且保证其制成品的要求，日本可能抓住这一机遇将其铸铁的产量增至或者超过战时几乎 800 万吨的高峰。届时，也许是 10 年以后，中国突然拒绝供给煤炭和矿石，这可能造成日本严重的经济危机，进而导致日本与共产党集团搞政治联盟。然而，如果届时日本成功地利用了东南亚市场，铁矿、煤炭和生铁、钢材就可以从其他地区买到，并且从出口中有利可图。

从日本经济恢复和自养的前景来看，美国可能将直接得益于中日贸易的恢复。自中日战争开始后，日本从中国的进口每年至少价值 2 000 万。据估计，中日贸易的恢复将使这种进口从 1950 年约 1.1 亿美元增至 1953 年 2.45 亿美元。① 除这些不断增长的有利因素外，如此规模的进口有利于日本工业的恢复，至少同等价值的出口品出口至中国，也有利于日本解决因从这些国家进口原料和粮食而无力出口的严重问题。

总之，中日贸易的恢复可能明显减弱目前日本对亚洲以外原料和粮食供应的依赖，向日本提供了在东南亚获得更有利的贸易条件之前的必要喘息，同时，这也有利于日本的经济恢复，可能减少美国对其援助。此外，如果美国在东南亚的这种援助被用于增加农业产量和发展工业，它将会实现美国在这一地区的双重利益，不仅保证了日本未来经济的独立，而且从某种程度上保障了整个远东经济的平稳，进而有利于它们维持政治上的独立。

二、南 朝 鲜

共产党在中国的不断胜利，只能使美国支持下的南朝鲜政府在地理位置、意识形态和政治经济上更加孤立。这种孤立影响到新成立的大韩民国的稳定，影响韩国政府和人民对美国和远东邻国的态度，使美国实施其将朝鲜建成反共、自治、民主的经济基地的政策更加困难。

美国在朝鲜和整个远东丧失声誉是显而易见的，这主要源于长期获得美国支持下的中国政府的失败。此外，在未来影响朝鲜的国际会议上，中国代表将拒不支持美国的有关朝鲜政策。即使残余的国民政府继续存在，美国当局的支持也将不再重要，而且限制其继续存在的需要也将通过妥协、调解或联合的方式，削弱这种支持。

共产党对中国的控制使得南朝鲜政府将无法获得来自中国道义上和政治上的支持。中

① 原注：此为 1948 年的价格。

国人的治国理论在历史上影响着朝鲜。日本占领朝鲜期间，许多现在处于领导地位或在南部有影响的朝鲜人都曾被流放到国民党中国，自 1945 年后，中国的政策鼓励在朝鲜建立一个反左派的政府，如 1948 年 8 月建立起的政府。即使在国民党中国受威胁的联盟破裂，这对南朝鲜政府和人民也会产生不好的心理影响。北朝鲜政权的正式建立、苏联及其欧洲卫星国的承认、丽水(Yosu)叛乱①所体现的左翼分子在南方的渗透以及朝鲜认为美国部队将很快撤出的信念等，这些都易于引起南朝鲜领导人的失败主义情绪，导致他们缺乏信心。伴随着政府内部的较量以及迄今对政府任命、运作的普遍不满，这种态度已促使政府分裂，使政府的地位虚弱而丧失决定性，并且培育了一般老百姓失败主义者的态度。

南朝鲜的一些领导人已经认识到，建立与日本的密切联系是减缓南朝鲜日益孤立的一种方式，但这样的政策与朝鲜的民族主义和深深的反日情结是背道而驰的。这些民族主义情绪和反日的态度一定会被美国未来通过重建日本以弥补其在中国的损失的任何努力所膨胀，而且会使老百姓进一步疏远主张这种政策的南朝鲜领导人。

因此，在这种情况下，南朝鲜政府的主要靠山就是美国，由于大韩民国现在看起来严重地依赖这个靠山，从今以后韩国人带着怀疑去检验这种支持的真实程度将是很正常的事情了。一些迹象表明，美国对朝鲜政府的经济、政治援助是一种象征性或暂时性的，且是要被行政、立法上的突发奇想所抛弃的，这将导致几乎最热心反共的朝鲜人缓和他们的信念和行动，因为他们认为共产党的控制是不可避免的。在南朝鲜已经出现了一种谣言，美国援助中国也没有阻挡住那里的共产主义潮流，因此，美国已经放弃了在朝鲜半岛与苏联支持下的共产党势力的斗争。

共产党在中国的胜利也可能对南朝鲜鼓励国内外私人投资以作为其复兴计划一部分的希望产生不利影响。当前和未来的朝中贸易也是朝鲜重建的一个因素，但这很可能被中国共产党政府所阻挠，或者中国共产党为了实现其政治目标，可能会通过对北朝鲜进行经济援助的方式控制朝中贸易。

来自北朝鲜不断增加的军事威胁依然存在，这主要源于满洲、华北的和平以及曾经与中国共产党并肩战斗的部队返回北朝鲜。南朝鲜已经意识到这种威胁，朝鲜国民大会做出决议，承认需要美国军队留在朝鲜，直至朝鲜的防御力量足以保护该地区，即证明了此点。美国军队应主权政府的要求而继续留在朝鲜的事实并没有使苏联畏缩不前，也不能阻止北朝鲜政权指控美国在朝鲜有帝国主义的意图。基于这种控告基础上的宣传有着增强信心和支持朝鲜政府的效果。

三、东 南 亚

一些重要的反共领导人、工商业者有可能从中国逃到东南亚，特别是新加坡和曼谷。在

---

① 丽水叛乱指 1948 年 10 月发生于丽水的南朝鲜军队的叛乱事件。之后，叛乱迅速波及浦项、大邱、春川等地。叛乱失败后，这些军队以智异山、普贤山、太白山和五台山等为根据地转入游击活动。——译注

这些地方，他们可能会在当地中国团体的帮助下，组织秘密抵抗或者搞反对中国共产党政府的宣传。在他们的努力下，他们可能至少分别得到暹罗、马来西亚、法国和荷兰政府的支持。与此同时，中国人控制下的马来西亚和暹罗的共产党也将得到资金、人员、宣传材料和精神上的支持。因此，这些地区中国共产党的活动和中国人反抗共产党的活动都会加剧。

保守派的思想可能在中国人中毫无影响，因为很多人还与中国保持着血缘关系、商业联系，或有资产在中国，因此易于受到共产党压力的影响；一些人的基本动机是，希望联合中国人应付当地的反华措施；有些人从某种程度上还保持着其爱国者的身份。中国商人群体和其他亚洲人抵制中国共产党影响的程度，可能取决于他们对中国共产党的实力和西方民主国家（特别是美国）对这些地区的人民给以充分的政治、经济、文化以及军事支持的可能性的评估。①

1. 马来西亚

相对有着自己总人口的马来西亚②，在东南亚国家中有最多的中国人，所以，很可能是中国共产党最易影响的地区。马来亚的矿井、大农场和码头有着大量的中国劳动力，这使得共产党的煽动大有用武之地，而且马来亚多年来一直是共产党影响的目标所在。马来亚共产党受中国人领导，其成员的 90%是中国人。它的影响尚未扩展至北婆罗洲。

马来亚共产党的影响严重受制于几个相互平稳的因素。英国正忙于扫除共产党政治影响和地方性盗匪的军事运动。截至 1948 年底，他们的运动看起来已确保取得军事上的胜利。伴随着逮捕、对可疑组织的查禁以及外围的左翼集团的扰乱，这样的军事行动至少从马来亚完全清除了有效的共产党组织。英国在马来亚的军事力量足以对付当地的任何问题。

然而，为了在政治上控制马来亚，中国人和马来亚人进行着激烈的争夺，加之民族主义情绪高昂，如果允许其失控，这将在未来创造出一种极易受共产党影响的形势。也必须记住，如果中国商人对哪一方获胜有任何的不确定性，他们在马来亚的利益决定了他们可能在冲突中去应付每一方。因此，不管他们的立场如何，如果他们确信亚洲将是共产党的势力范围，他们将给共产党集团以秘密的财政支持，并限制对反共集团的公开支持。如果他们认识到中国允许获利的商业活动进行，这将更有可能。

2. 印度尼西亚

既然谈判已经失败，印度尼西亚共和国作为有效的政治实体已被暂时祛除，共产党领导人将发现更易于号召遍及印度尼西亚的激进的民族主义者。中国共产党的成功将在心理上，甚至最终可能在物质上支持他们实现目标。荷兰统治下的印度尼西亚很可能开始严厉的反华、反共控制，因此，当地共产党将转变策略，进行阴谋破坏活动。

中国形势的典型特征——政治分化，现已遍及东南亚，这将是印度尼西亚的不祥之兆，因为不满的民族主义诉求将有利于共产主义的发展，两类亚洲人将寻求联合以反对一个小

① 此处为该文的第 18 页，但第 19 页重复。——译注
② 原注：此处使用的“马来西亚”一词包括马来亚联邦、新加坡殖民地、文莱以及北婆罗洲和沙捞越殖民地。

而困难的欧洲国家。另一方面，西方民主国家已保证支持印度尼西亚实现自治，这也许能够使其有效地抵抗共产主义。

3. 菲律宾

毫无疑问，菲律宾政府将制定反华法律，包括严厉的排外法案。从目前趋势看菲律宾经济上的民族主义，这一反华法规的一些术语可能直接反对所有外来商人的利益，因而既影响了中国人的利益，也影响了美国人的利益。此外，菲律宾人很可能期待着来自美国额外的军事和财政援助，以作为其坚定地反对共产党中国的回报。像日本一样，菲律宾人正表露出要用这样的交易实现其目的。

如果 1949 年劳雷尔(Laurel)当选，菲律宾政府可能将继续坚持其反共立场，但会接纳一种更独立的、泛亚洲的国际地位。因为劳雷尔的部分支持者来自左翼势力，他可能会采取有限的措施抑制劳工运动中的共产党势力。

4. 东南亚

中国出现一个共产党政权，对东南亚直接的经济影响要小于政治影响。中国与东南亚的贸易包括少量消费品和纺织品的交易，如大米、橡胶和糖。这样的贸易从未占据中国和南方各国贸易的显著地位。双方仍在进行的一些贸易是小规模的地方工艺品交易。很可能，后一种交易形式主要因为无力控制，将继续进行。中日贸易的恢复复兴了日本的经济，从某种程度上来说，这也间接地推动了日本与东南亚的贸易。

从东南亚中国商业圈向中国的汇款(1936 年为 5 000 万美元)可能将减少，因此，这部分资本可能投资于小规模的地方工业和商业企业。从中国沿海城市来到东南亚的反共商人也可能带来新的资本和商业技术。然而，这一地区可用于投资的总资本相对要小于资本的总需求。

共产党中国的出现将激化了自二战结束以来就没有解决的政治、经济问题，因而就更需要西方民主下的建设性政策以反击日渐强大的中国共产党搅起的动荡。

四、结　　论

共产党中国的出现对远东其他地区产生以下总的影响：

(1) 它可能加剧每一个国家内部政治上的两极分化，使右翼和左翼有更明显的分裂，导致走中间道路的党派的影响力缩小，增加了自由主义的劳动者联合政策和社会、经济计划臣服于极权主义的控制的可能性。

(2) 它将增加一种危险，即共产党可能有效地控制历史上已发展起来的社会改革和政治、经济的独立运动，这一在第二次世界大战时发展迅速的运动跳出了当地人民与西方民主的关系。

(3) 在东南亚没有宣布共产党为非法的地方，它将促使一般的政治、经济和社会组织处于共产党的指导之下，进而导致共产党控制各个国家。

(4) 在东南亚宣布共产党为非法或采取镇压策略的地方,它将导致不断的起义和阴谋破坏。从当地的政治独立运动和社会、经济的改革运动的角度来看,消极的镇压政策不可能解决亚洲的共产主义。

当亚洲共产党在国内政策方面调整策略以适应不同处境时,他们的对外政策也应保持与克里姆林宫的一致。这样的态势可能将继续存在。

共产党控制中国后,影响每一个国家的形式和强烈程度都有所不同。这种影响在朝鲜和印度尼西亚将比其他地区更深刻、更广泛,因为那里共产主义运动的力量更为强大。对马来亚潜在的影响是广泛的,因为这里的中国人口众多。菲律宾、日本、印度尼西亚和暹罗能够更好地控制共产党的活动,如果经济状况得到改善,采取进步的社会和经济政策,这样的控制仍将继续,日本即是一例。

中国内战的结束可能开启了这里的资源之门,远东其他国家与其进行贸易是有利的。日本共产党和中国共产党可能将利用这一潜能去实现他们共同的政治目标。如果日本再次获得中国的原料,这将加速日本工业和贸易的恢复,因此,不但有助于日本实现自养的目标,而且也有助于远东其他国家的恢复和发展,进而削弱了共产主义在亚洲人民中的吸引力。从某种程度上来说,日本与东南亚、印度以及世界其他国家的贸易在以后几年将有所增长,这将使日本不再依赖于和东北亚的贸易,因此日本留在反共集团内的前景将会更大。

OSS China and India ,Reel - 4 - 20,pp. 1 - 25

刘建平译,杨奎松校

2－17

国务院情报研究所关于中国政权变更的研究报告

（1949年2月14日）

OIR 4847

机　密

中国政权的变更

（1949年2月14日）

概　　要

军事上处于优势地位的中国共产党，目前正选择他们在政治上控制整个中国的方式。他们面临着以下三种可能性：

（1）与现存的国民党政府妥协，先接受已有的政府机构，然后逐步改造它们以适应共产党的需要。

（2）彻底打碎已有的机构，进行政治改革，建立一个基于军事实力的事实上存在的政府。

（3）通过可以接受的国内民主程序，利用孙中山的遗产缔造一个新的符合宪法的政权。

第一种方式使得共产党可以进入国内外已经承认的中国合法政府，但这显然不符合共产党的主义。

第二种方式是中国共产党建立起自己的军事独裁政府，可以想像得到，这种方式将会使其丧失国内外的一切合法性。

通过政治协商会议缔造新政权的第三种方式将提供给共产党一条中间道路，它介于军事独裁和向国民党妥协这两种极端方式之间。尽管这种方式取得国际上的合法性会更加困难，但它可以保证共产党获得足够的国内支持。

中国政权的变更

前　　言

目前，中国军事权力的转换已经结束，政治权力的变更日益迫近。由于未来中国的国际地位很大程度上取决于政权变更的方式，所以，对中国共产党履行假想的全部正式权力的方式和可能遇到的困难进行预评，是目前一件重要的事情。

去年的事件可以清楚地看出，中国政权的更替可能会通过以下方式完成：(1) 共产党通过与中央国民政府或其正式授权的代表进行和平谈判，在全国范围内进行正式的权力交接，或者(2) 进行一系列地方性的处理，不涉及政治权力的正式变更，共产党只是通过军事实力逐步地扩展其行政权力。

中国共产党已经明确决定暂时使用地方处理的方式，但这并不排除共产党的终极目标是正式的政权交接的可能性。这种“零碎”的方法可能被看作共产党的权宜之计，旨在获取制定管理计划的时间和正式交接的准备。

这份报告对以下内容进行了评估：政权从国民党到中国共产党的变更方式、可能影响这种变更的阶段以及在国内外可能遇到的困难。

一、中国共产党实现中国政权变更的方式

在进行权力交接时，中国共产党有三种选择：

(1) 他们通过接纳已有的宪法和政府机构，溶入国民政府的模式，然后以合法的手段逐步对其进行改造。

(2) 他们以暴力革命的方式摧毁现有的秩序，缔造一个基于军事力量之上的、事实上存在的政府。这种政府完全以共产党的面貌出现，无需任何合法性和历史的延续性。

(3) 他们可能寻求介于(1)和(2)这两种极端方式之间的一条中间道路；这条道路将要通过国内认可的手段，起草新的宪法框架。

大体说来，第一种方式最可能赋予共产党以国内外的合法性；寻求第二种方式将丧失国内外的合法性；而第三种方式对国际承认来说是冒险行为，但这能够保证共产党的大部分措施为国内所接受。

(一) 在既定政府框架内的方式

1. 利用已有框架的方式。如果中国共产党决定通过已有的政府框架实现权力交接，他们有以下的权宜之计可供选择：(1) 举行立法院新的选举，立法院有权修改宪法，但必须得到国民大会的同意；(2) 召开新的国民大会，国民大会有权修改宪法，并选举新总统和副总统；或者(3) 通过事先安排主要人员的辞职(蒋、李宗仁和孙科等)和共产党对可以接纳者的任命，以控制政府的行政机构。最后提到的权宜之计，可能会任命南京政权中亲共的成员担任总理(行政院院长)一职，在没有总统和副总统的情况下，总理有合法的权力修改当前的宪法以解除总统的职权。[①]

---

① 原注：共产党最可能使用的人选是张治中、邵力子和于右任。

2. 通过既定政府框架的优点。相比较使用军事力量,向已有政府体制的妥协,给共产党提供了控制全中国更为廉价的方式(就人力、装备、时间而言)。通过进入国外已经承认的中国合法政府,共产党将迫使其他国家处于两难境地,或者自动承认其政权,或者公开拒绝承认。与此同时,共产党采取这样的行动能够以和平的方式扩张其权力,使国内的批评最小化,并且可以获得国家管理所需技术人才和管理人才的拥护。共产党对已有政府妥协的决定并没有限制他们的行动自由,因为,无论如何,他们可能会控制即将建立起来的"联合政府"(由于他们的军事优势),然后通过法律和议会程序操纵它。

3. 决定共产党抛弃既有政府框架的因素。尽管共产党通过溶入现有的政权结构可能会得到一些利益,但没有迹象表明他们可能这样做。事实上,共产党不可能采取这一行动是有着许多令人信服的理由。第一,共产党攻击现在的宪法是未经他们同意而起草的非法的一党文件;[①]此时,接受它的决定将是对其主义的严重背叛。第二,共产党接纳目前的宪法体系,意味着愿意与当前的国民党政权谈判实现"妥协的"和平,并允许国民党保留部分权力,但到现在为止,共产党还没有表现出这种意愿。第三,共产党更不可能希望在现有的选举体制下使用一个选举而来的国民大会,因为国民党依然控制着这样的选举体制。

(二)现有政府框架之外的方式

1. 军事独裁。共产党完全有可能反对使用合法的和平方式进行权力交接,而会建立一个事实上存在的基于军事实力之上的独裁政府。目前,共产党有足够的军事实力粉碎所有的抵抗,能够以武力彻底推翻国民政府,建立一个没有任何党派和团体参加的军事独裁政府。

另一方面,虽然这样的作法完全可行,但它也会给共产党带来许多不利之处,因为它将:(1) 丧失国内外的所有合法性;(2) 就资源、军队、装备和时间来说,代价高昂;以及(3) 有引起大规模的民众不满的危险,可能导致分离主义情绪抬头。

2. 共产党类型的"联合政府"。在完全接受现有的政府体制和缔造一个基于军事实力上的独裁政府之间,共产党还有第三种方式。这种方式将会废除目前的宪法,以国内能够接受的方式起草一部新的宪法框架,并建立共产党类型的"联合政府",一些非共产党的党派、集团将参加该政府。

共产党采用这样的方式,可以获取很多战略上的利益。否认现在的宪法模式将使共产党能够建立起他们自己选择的政府。虽然这一计划有丧失国际合法性的风险,但共产党因此将获得国内足够的拥护和认可。

(1) 共产党联合政府的概念。因为中国共产党建立新政权的方式主要取决于他们主义上的设想,所以,揭示中国共产党联合政府的概念及其暗含的内容,就十分重要。

在中国共产党的学说和主义里,联合的概念并不是新事物。它的历史可以上溯至1924

① 原注:共产党反对这部宪法,直指其通过的方式,而非其本身。

年，当时国民党允许共产党员加入，①而且，联合与1932年革命阶级的统一战线思想紧密相连，当时共产党首先提出要与国民党结成联盟以抵抗日本。② 从那时起，中国共产党的联合与统一战线的概念已经发生变化，由与国民党的联盟演变为与国民党以外的“民主”党派和团体的联盟，不再仅仅是国民党。1947年12月25日，毛泽东最清楚而详细地阐述了这样的统一战线政策。在那时，毛宣称，共产党的基本目标是“联合工人、农民、士兵、学生、工商业者和所有受压迫的阶级、民主党派、少数民族、海外华人以及其他爱国者……建立一个民主的联合政府……这个统一战线必须是在中国共产党坚定不移的领导之下……”③

“联合政府”的概念是毛“新民主主义”思想的附属品。毛是一个传统的斯大林主义者，他可能认为革命进程是渐进的，并且将新民主主义看作是从资本主义发展到社会主义的一个阶段。从资本主义到社会主义社会的过渡阶段就是“新民主主义”，这个过渡社会在政治上的对应物是“联合政府”。毛所描述的这个政府，是一个“建立在统一战线基础上的，所有民主阶级进行合作的政治体系……”④

“联合政府”内包括三个主要“集团”：共产党、“民主党派”（一小部分非共产党团体，如民主同盟和国民党革命委员会）、包括各种职业的“民主要素”（如工人、农民、专家、知识分子、“自由主义的资产阶级”和“觉悟了的绅士”）。在这样的“联合”中，中国共产党和无产阶级（工人和农民）是真正的动力，在毛看来，无产阶级是革命的先锋队。

毛把这一政府采取的形式称之为“民主集中制”。在这个阶段，政府的权力集中于共产党手中，共产党的作用是去“指导”广大未受训导的民众。

与共产党“联合”的思想相联系且不可避免的一个问题是，允许国民党残余在共产党主导下的政府中的代表程度问题。如果共产党领导人的声明属实的话，这表明共产党不可能允许国民党的主要机构在未来的联合中有任何份额，共产党与国民党合作的只有李济深的革命委员会。毛最近声明，所有“反动阶级”将被排除在未来的政府之外，中国共产党将“接替南京国民党政府及其基层政府组织的所有权力”，这样的声明看起来证实了上述解释。⑤

鉴于共产党的目标和目前的能力，国民党作为一个有组织的集团绝对不可能在未来政府中起任何作用，当然，它的个别党员也绝不会被彻底排除在行政职位之外。尽管共产党领导人在进行严厉地批评，但他们仍有可能实施一些相当温和的政策，国民党内较反动的高层人员，如列入“战犯”名单的人和CC系成员，将会被“清除”，但不反动的中低层国民党党员，将以一些非正式的方式被逐渐吸收至共产党政府中。这样的安排使共产党获得了他们所需要的受过训练的管理者，通过吸收其进入政府，也有利于进一步中立潜在的反对势力。毫无

---

① 原注：共产党和国民党1924年至1927年的联盟从一开始就是非常松散的，但在共产党的思想里，它确实有着“象征性的”价值，并且有助于共产党虚构来自于孙中山的血统。

② 此处有误，中共提出抗日民族统一战线显然不是1932年，而是1935年以后的事情。——译注

③ 原注：FBIB，《每日报道》，1948年1月2日、5日。

④ 原注：见中国共产党第七次全国代表大会上毛的报告《论联合政府》，1945年4月，《解放日报》延安，1945年5月2日。

⑤ 原注：FBIB，《每日报道》，1949年1月17日。

疑问，这一安排中的关键因素是国民党革命委员会(KMTRC)，它很可能被授予甄别所有申请职位的前国民党党员和在过去成绩的基础上确定他们资格的任务。①

(2) 缔造共产党类型的联合政府以及使其合法化的权宜手段。如果共产党决定通过废除当前的宪法体系，并在新的宪法框架内建立一个"联合"政府以实现政权的更替，他们将面临寻找一些国内认可的行动方式的问题——这就是，他们必须寻找到权宜之计，一方面使他们建立起与中国过去的连续性，同时还要得到国内的普遍认可。

共产党可能使用的最显而易见的权宜之计是：① 在共产党的指导下召开新的政治协商会议，作为"民主联合政府"形成的序曲；② 利用中国的共产主义和孙中山传统政治理念的相似性，使共产党政权适应已有的能被接受的政治传统。

① 政治协商会议。在最近的官方声明中，共产党一再重申他们召开政治协商会议的意图，会议的代表来自所有的"民主"党派和"人民团体"，目的在于建立"民主联合政府"的基础。很显然，共产党认为，新政治协商会议是建立一套新的宪法体系和获得新政权所需的国内认可的手段。由于这样一个多党会议的思想的确根植于中国的过去——1946 年的政治协商会议就是潜在的国家统一的象征，它向共产党提供了建立历史延续性的有效手段，并且是获得国内拥护的令人信服的手段，如果不考虑国外的话。

1947 年 10 月，香港民主促进会的李济深第一个提议召开新政治协商会议。在 1948 年 3 月的计划中，李号召所有的民主党派和团体共同支持新的政治协商会议，以此作为重建国家各级政府、起草真正意义上的民主宪法的序曲。共产党的第一反应是谴责李在分赃中的贪婪。然而，1948 年 5 月 1 日，共产党改变了起初的态度，并提出他们自己关于新政治协商会议的建议，表示愿意与"所有的民主党派和团体、人民团体以及进步的社会领导人"合作，而且愿意"迅速召开政治协商会议去商讨人民代表大会的召开以及民主联合政府的组建等事宜"②。

由所有"民主党派"代表组成的新政治协商会议，最初被安排在 1 月底或 2 月初。然而，中国共产党中央委员会决定推迟会议至 5 月或 6 月。地点尚未正式宣布，但最可能的地点是北平或河北的石家庄。中国共产党掌握着召开会议的主动性，所以，会议很可能会继续无限期推迟，如果中共希望这样的话。会议召开的主要前提是签订永久的停战协定以实现和平，恢复秩序。

新政治协商会议可能的任务和作用包括起草并通过新宪法以及制订"联合"政府的基本行政政策。会议日程是否包括实际上起草新宪法，或者会议是否只批准通过"宪法起草委员会"递交的草案，还不是很清楚。③ 因为影响新政府建立的主要决策已由正在华北召开的预

---

① 原注：见李济深关于在吸收国民党残余人员基础上组建华北临时政府的陈述。D－72，香港，1948 年 11 月 23 日，秘密；也可参见罗隆基的声明：共产党可能与国民党个别领导人谈判，他们将在共产党领导下的"联合政府"中任职。D-4912，南京，1949 年 1 月 16 日，机密/仅美国官员。

② 原注：《远东公报》，第 6 卷，1948 年 8 月 13 日。

③ 原注：李济深最近的声明表明很可能会召开单独的宪法起草会议。

备会议所决定,政协会议可能只是一个橡皮图章式的大会,借它来通过被一小部分共产党人和"友好的"持不同政见的领导人事先决定的政策。

最近,共产党决定将政治协商会议的规模扩大至几千名代表的报告表明,共产党打算使会议成为展示共产党式的"民主"的招牌。同时,它显示出,共产党正在计划用从解放区"选举"的代表们来包装这次会议。

② 利用孙中山主义。与政治协商会议相联系,且能够用来为新的共产党政权在中国人眼里获得合法性的第二个权宜之计,将是大规模地利用共产党的主义、实践与孙中山理论的相似性,因为孙的理论已成为现代中国政治思想的主流。孙中山若能够提供给共产党一套现成的象征符号,他们将非常有效地以此在能够被接受的国家传统内建立起自己的符号。在中国缺少真正起作用的完善的宪政的情况下,成功调用孙中山的传统能够使共产党的权力获得国内的认可,这与正式的宪法程序一样令人信服。

共产党在未来利用孙中山的传统思想,可能会使用以下的方式进行运作:

① 共产党可能重提他们被孙亲自承认而正式加入国民党的 1924 年至 1927 年这段时期,以此事实证明他们继承的遗产是合法的。[①]

② 他们可能反复重申他们的观点,只有中国共产党体现了孙中山的真正意志,因为它推行农民大众的革命(如 1924 年的宣言所指出的),而放弃大众革命的国民党曲解了孙的教诲,背叛了中国人民所寄予的信任,因此丧失了上帝的授权,现在中国共产党被委以革命进程中唯一合法的工具的重任。

③ 共产党可能会进一步争辩,称他们并没有颠覆中国的合法政府,也不是创立一个"新"政府以取代当前的国民党政权,只是迎接孙中山所倡导的政府的"第三"阶段或"宪政"阶段。[②]

二、政权更替经历的阶段

在此紧要关头,预测共产党领导下的新政府准确的演变阶段是不可能的。最近的发展形势,例如推迟政治协商会议和共产党拒绝国民党签订停火协定的要求,表明共产党现在可能推迟任何彻底的政治解决,直至他们粉碎最后的军事抵抗残余,使华南全部或者大部处于他们的军事控制之下。[③] 这样的行动计划与最近共产党的宣传完全一致。在共产党最近的

---

① 原注:共产党解释孙中山主义的关键是 1924 年的宣言,它号召实行三个主要原则:共产党与国民党合作、与苏联结盟以及扩大包括农工在内的革命基础。在《新民主主义论》中(1940 年),共产党的领导人毛相当关注这一宣言。对毛来说,它是革命进程中的转折点,是"旧"革命(资产阶级—国民党)和"新"革命(农民—无产阶级)的分界线。毛认为,宣言所概括的三大原则真正体现了孙的革命哲学,并取代了以前的一切主义。毛暗示,他并不认为孙中山主义能构成革命行动的充足基础。他谨慎地说,"新民主主义"的计划远比孙所预见的革命计划更加彻底。毛好像把孙看作一种鼓舞人心的先知和空想家,其模糊不清的概念在《新民主主义论》中得到澄清,并进一步系统化。

② 原注:当然,共产党不承认当前的政府是中国的合法政府;他们进一步否认它是真正的宪法规定的政府,因为它的宪法建立在 1946 年"伪造的"一党制宪法的错误基础之上。(毛在 1944 年宣布,国民政府"没有任何法律地位。")

③ 原注:最近,李济深和几个美国观察员的声明证实了这一观点。

宣传中,他们号召“将革命进行到底”,并且攻击所有来自南京的和平建议为美国煽动的反动阴谋,企图阻止革命目标的实现。①

由于共产党坚持拒绝和平谈判,继续使用武力,直到他们完全摧毁国民党政府这一有组织的政治力量,这表明未来共产党的政策发展可能呈现以下形式:

(1) 在事实上存在的临时政府时期,吸纳国民党政权残留的中下级人员,降低正式和平谈判的需要;②

(2) 紧接着是长期的“联合”政府时期,这一时期首先召开政治协商会议,选举一个“人民”委员会,并起草新宪法。

“临时政府”的建立意味着历史的连续性非常明确的中断,因为这个政府可能接替已不存在的国民政府,政府建立后(可能几个月后)紧接着将召开政治协商会议,颁布新宪法。因此,如果共产党决定成立这一政府,他们必须准备进入宪法上的真空状态,而且就国内外的承认而言,他们也必须承受历史延续性中断带来的结果。

三、政权更替过程中可能涉及的困难

(一) 国际方面的困难

在共产党领导下,建立在新宪法基础之上的“联合”政府面临的主要困难将是获得国际承认的问题。如果共产党坚持要摧毁现存的政府机制,废除国民政府自 1946 年 1 月签订的所有“卖国条约”,他们也正好破坏了能够从外国获得承认其为中国合法政府的手段。

为弄清共产党在现存条约下的准确地位,有必要追溯至 1947 年 2 月 1 日中国共产党中央委员会制订的一项重要政策。那时,共产党的地位取决于这样的前提,即政治协商会议是“中国最高的政治机构”,“所有民主国家由国会来通过的重要的国际外交事务应该由政协会议通过……它们被认为是有效的之前……”然而,国民政府忽视了这一会议,有“很多次与外国政府进行外交谈判”没有事先征得参加会议的党派和团体的同意。这样的谈判包括“向外国政府贷款、延长租借条约、购买接收军火和战争剩余物资以及签订有特殊权力的条约”。对于这些条约和义务,中国共产党明确表示:“我党现在不承认,将来也不承认任何丧权辱国的外债、条约以及 1946 年 1 月 10 日后国民党政府签订的所有和约与协定,不承认以后未经政治协商会议通过或者未获得我党和参加政治协商会议的其他党派同意的外交谈判。我党绝对不会承担以上提到的任何义务。”③

中央委员会的这一声明并不表明,在现存条约义务上,共产党官方的态度发生了实质性

---

① 原注:见 1948 年 12 月 31 日题为《将革命进行到底》的共产党社论,引自 FBIB,《每日报道》,1949 年 1 月 3 日。另见最近华北预备会议代表们的声明,他们攻击国民党的停战命令是美国煽动的、为了阻止革命力量的阴谋。(FBIB,《每日报道》,1949 年 1 月 24 日。)

② 原注:即使正式的对抗结束前,李济深在 1948 年 11 月底接受采访时就建议成立临时政府。

③ 原注:FBIB,《每日报道》,1947 年 2 月 5 日,第 BB-1～3 页。

改变。的确，“卖国条约”的废除是共产党八项和谈“条件”之一，这个事实表明，共产党决心划清与国民党政府自1946年1月与外国缔结的条约的关系。

（二）国内的困难

如果共产党决定废除当前的宪法，在实际存在基础之上建立“临时”政府（因此造成当前国民政府和新政府之间明确的间断），他们将面临一种选择，或者为其统治寻求暂时的拥护，或者接受一种非法的地位。虽然通过一些方式，如政治协商会议和新的立宪会议，他们最终将建立起宪政体制，并获得国内的认可，但是，他们接管全国政权后，国内的统治在一定时期内仍依靠事实上存在的基础。在这种情况下，他们的国内处境可能大体上相似于布尔什维克在1917～1918年的状况和国民党形成期（1928～1929年）的状况。由于共产党拥有巨大的军事力量，“临时”政府的非法问题将主要是学术性的，且仅仅是一个暂时的障碍，立宪政府的成立将会消除这一障碍。

OSS China and India，Reel－4－21，pp. 1－25

刘建平译，杨奎松校

2 - 18

中情局研究评估署对台湾可能的发展趋势的评估

（1949 年 3 月 14 日）

ORE 39 - 49

机　密

台湾可能的发展趋势

（1949 年 3 月 14 日）

概　　要

1. 共产党对台湾的控制和苏联乘机在战时进入该岛，将严重地影响美国的战略利益。

2. 从法律角度来看，台湾不是中华民国的一部分。在对日和约未决之际，台湾仍在美国拥有专属利益的占领区内。

3. 台湾本地人希望从中国人的控制下获得解放，但是目前他们还不足以进行成功的反抗。台湾人变得越来越焦躁不安，然而，因国民党官员和军队的涌入，他们将更易受共产党的影响。

4. 假使美国无所作为，台湾最终将处于中国共产党的控制之下。从军事战略的角度来看，美国出面阻止台湾陷落的收获是大于由此而带来的不利的政治后果，当然，这取决于美国实施计划的时机和方式的选择。

目前，阻止共产党政府在整个中国的建立是不现实的方式。可以想像得到，共产党主宰下的政府将努力在台湾建立起自己的权威。有迹象表明，中国共产党目前正在寻求将其控制延伸至台湾，并且他们很可能将继续这种努力。中国共产党直至控制台湾，才认为这是在中国的最后胜利，因为目前国民政府正在将台湾发展成为继续与共产主义斗争的主要基地。在这一讨论中，假设中国共产党依然是亲苏联的，他们建立的政府将是苏联的战时盟友。

台湾可能的发展趋势

1. 台湾对美国的战略意义

中国共产党对台湾的控制与苏联乘机在战时进入该岛，对美国的安全是极为不利的。

共产党在中国的胜利，很可能不久将拒绝美国进入中国大陆的所有战略要地。在此情况下，台湾增加了自身对美国的潜在价值，一旦发生战争，它可以成为军队的中转地、战略空军基地、控制日本与南部海洋航线的海军基地，也可作为岛屿之间相互支持的美国防御链上的重要一环。

在中国，假使新的共产党政府倾向苏联，并且在战时成为苏联的盟友，那么共产党控制台湾后，必将允许苏联在战时进入该岛。苏联在军事上对台湾的利用，将会增加其扰乱西太平洋地区海、空交通的能力和发起对琉球和菲律宾作战的能力。

台湾没有极为丰富的战略物资，也没有巨大的工业潜力。然而，台湾有其自身的经济价值，绝不会成为占领者的负担。目前，台湾生产能够出口的大米、糖和其他食物，这些产品对粮食不足的中国和日本经济是极为重要的。如果有充足的化肥，台湾的农业产量可能还会有可观的增长。相对于日本，台湾的工矿企业虽然小，但在工业落后的远东正是由于它的存在，使这些企业获得了与其实际规模不相称的重要位置。

如果日本可以获取台湾的大米和糖，这将部分地减轻日本对更遥远、更依靠资源的东南亚的依赖，从而缓解了美国在该地区的负担。日本向台湾提供的纺织品、其他消费品和工业设备都将会有利可图，台湾经济也是完全可以消化的。因此，在目前情况下台湾经济分离于中国大陆，重新定位于日本，很可能对台湾、日本和美国都是有益的。

2. 台湾的国际地位

台湾目前在法律上不是中国的一部分。它的地位仍决定于对日和约。然而，自 1945 年日本投降后，该岛已处于中国人的管辖之下。中国在台湾的地位取决于(1) 军事控制，(2) 1943年 11 月的开罗宣言，美国、英国和中国宣布台湾和澎湖列岛回归中华民国。1945 年 7 月 26 日，美国和英国在波茨坦重申了开罗宣言。因此苏联坚持波茨坦公告和开罗宣言。然而，美国和其他国家都没有正式承认中国并吞台湾，台湾的法律地位还要等到对日和约的签订。美国与其他对日战争的参加者在军事占领地区，依然享有专属利益。

3. 台湾可能的发展趋势

在台湾岛内，有支持独立的强烈呼声，但台湾当地人的利益与国民党的冲突使形势变得更为复杂。自抗日战争胜利纪念日以来，台湾人就苦苦反对国民党当局在台湾的政策。中国统治者已经对本地人的剥削达到极限，根本不考虑他们的福利和岛内资源的保护。1947 年不成功的暴动①充分展示了台湾人的问题的本质。

(1) 台湾人的抱负和能力

台湾本地人希望从大陆中国人的统治下获得解放。台湾人可能没有要求立即独立的强烈渴望，但他们可能会支持台湾成为联合国或美国的托管地。

由于缺乏有效的组织、领导以及国民党军队在岛内的出现，台湾人近来成功反抗中国政府是不可能的。但是，台湾人随时都可能诉诸于暴力行动和破坏行为以抗议大陆中国人进

---

① 此处指 1947 年台湾的二二八事变。——译注

入岛内。这些抗议行动并不是希望获得成功，而是希望吸引国际社会对台湾问题的关注。而且，即使非共产党的台湾政权得以建立，因台湾领导人缺少政府经验以及政权带来的经济问题，其承受来自大陆共产党政权长期压力的能力也是脆弱的。

(2) 国民党在台湾的残余势力

随着国民政府在大陆的崩溃，国民党领导人在将台湾发展为继续抵抗的基地和最终的庇护地方面，取得了显著的成效。国民党高层官员和大量家眷、财产已转至台湾。此外，国民政府已经将大部分的黄金储备转移到台湾。现在岛内很可能有 6 个师正在受训，这个数字还会随着大陆军队的撤回而增加。最近美国的战争物资运抵基隆，加强了这些军队的装备和军火供应。而且，台湾日渐成为中国海军和空军的主要基地。

国民党的基本纲领明显是继续从大陆东南各省反攻共产党，这很可能会得到西南、西部各省的非共产党抵抗力量的合作。在这一计划中，台湾将作为反攻大陆的主要军事、经济基地和残存的国民政府所在地。最近国民党前参谋长陈诚被任命为台湾省主席，充分说明了台湾的重要地位。有迹象表明，仍然有总统头衔的蒋介石可能移住台湾。国民党领导人已经公开宣称要使台湾成为光复民国的反共基地，并且以私人身份向美国官员建议，将经济合作署(ECA)的援助转移至台湾以及恢复台日关系。

国民党在台湾的残存政府能够阻止共产党控制该岛是不足以信赖的。国民党的陆军、海军和空军不仅毫无作战能力，而且他们的忠诚和战斗意志也是令人怀疑的。此外，这样的避难政权因台湾本地人民的反对是不稳定的，在此情况下，他们将更易受共产党的影响。

(3) 共产党控制台湾的能力

虽然共产党在台湾的力量还没有占据相当的分量，但是共产党将其控制渗入岛内的计划是明确的：事实上他们已将台湾列入打算占领的 16 个主要抵抗中心之内。在以后的几个月，共产党可能将占据一些港口和船只，进而为其在军事上进攻台湾提供了可能，但是，只要国民党的海军和空军依然忠诚，共产党的攻击很可能被击退。因此，共产党很可能会通过政治手段将其影响渗入台湾，而不是直接的武力攻击。通过政治渗透，共产党可能向台湾的叛乱者提供有效的领导和武器；通过政治手段，比如对援助共产党的国民党将领的赦免或奖励，国民党的抵抗意志可能会被消减。所以，国民党政权将最终被共产党领导的地方运动所瓦解，除非台湾获得美国的军事援助。

除政治手段以外，共产党也可能通过全国性或地方性的国共和平谈判以达到对台湾的控制。共产党不可能同意任何一种国家级别的政治谈判，除非能够确保共产党控制台湾的军队和资源。

假使美国无所作为，台湾虽不可能立即落入共产党手中，但最终将会处于中国共产党的控制之下。

4. 美国在台湾采取行动抵制共产党的结果

美国采取行动抵制共产党控制台湾，将产生一些不利的政治后果。

(1) 任何一种行动，都会招致国民党或者台湾人的敌意，每一方都将反对美国支持另一方。台湾人反对美国支持国民党控制台湾，积极援助国民党很可能将台湾人赶到共产党一边。另一方面，美国支持台湾人的政治意愿，这将要求接管已经建立的国民党政权。

(2) 美国影响当前台湾发展态势的行动将会为苏联和中国共产党提供反美宣传的口实。

(3) 中国的反美情绪可能会有所增加，台湾回归祖国在中国已被看作一个事实，虽然这在某种程度上取决于美国采取行动的实质。这个问题已经为共产党政权赢得了越来越多的民众的支持。

(4) 如果美国希望与共产党政府保持正式的外交、领事关系，那么美国的行动很可能阻止了这种关系的维持。如果美国支持或者被指控为支持台湾残存的国民政府，这些当然会发生。

(5) 台湾人的问题可能被提交到联合国，这对美国来说是一件头疼的事情。

另一方面，美国的行动也可能有利于自身的利益。日本、朝鲜、菲律宾、其他远东地区，包括中国东南沿海地区，抵抗共产主义的意志可能会有所增强。美国明确的对台计划将被认为是美国坚决阻止共产主义在远东蔓延的标志。如果美国的计划能够确保台湾的稳定，并且满足台湾人的独立情绪，这将更为有利。这样的计划还必须补充能够体现美国支持远东人民的民族义诉求的内容，如果没有的话，整个远东地区的政治结果可能明显不利于美国。

5. 结论

因台湾人的不满和国民党试图将台湾作为最后的堡垒，加之中国共产党在台湾的利益和控制台湾的能力日益加强，对美国而言，台湾的形势变得更加严峻。假使美国无动于衷，台湾必将为中国共产党所控制。这样的发展态势对美国的国家安全是极为不利的。从军事战略的角度来看，美国实施阻止共产党控制台湾的计划所获取的利益是大于其产生的不利政治后果的，当然，这取决于美国实施计划的时机和方式的选择。

CIA Research Reports China，Reel-1-0250，pp. 1-5

刘建平译，杨奎松校

2-19

国务院情报研究所关于"一个失望的党员"透露的中共状况及中苏关系的报告

（1949年3月22日）

OIR？

秘　密

从一个失望的党员重新认识中国的共产主义

（1949年3月22日）

概　　要

1948年8月和9月，一个声称是中共大连安全警察官员，并且对中共在他的国家中的统治感到失望的中国人，在这个东北港口向美国副领事讲述了他的见闻。尽管他的行为并不总是符合他所说的动机，但由这位情报提供人所提供的信息，总体上应当被认为是可信的。

情报提供者认为，苏联对中国共产党施加了很大的影响，并且一直寻求扩展这一影响。他强调说，这种外在的压力是中国共产党党内目前存在分歧的主要原因之一，在目前情况下这种压力可能会变得越来越弱。据称，中共其他已经发生的认识上的分歧，有实行土地改革的问题，以及军人对党的政治忠诚的问题。

情报提供者以其个人的经历证明，著名的"社会保卫部"，即中共的安全警察，已经落入苏联之手，而大连港已经成为苏联在远东进行颠覆活动的重要基地。

情报提供者长期生活在苏联控制下的大连、旅顺地区（从1945年11月到谈话之日），这毫无疑问影响了他的大部分说明，并减弱了它们对在中国的中共区域的适用性。

从一个失望的党员重新认识中国的共产主义

1948年8月和9月，一个声称是中共大连安全警察官员，并且对中共在他的国家中的统治感到失望的中国人，在这个东北港口向美国副领事讲述了他的见闻。[①] 得到这份情报，为

① 原注：D-10，1948年10月15日，秘密。（以下凡引自该情报者，均不另做注释。——译注）

根据可靠的资料来重新评价中国共产党的组织、活动及其特性等，提供了独一无二的机会。①

这位自称是中共大连安全局国际情报科的一名上校副科长，名叫陈志仁（Ch'en Ch'i-jen）的人，于 1948 年 8 月 27 日首先拜访了美国驻大连的副领事格莱斯廷（Culver Gleysteen）。情报提供者称此次访问与其脱党计划有关，因为他对这个党已经感到失望。这个计划将会在他不久后被分派去朝鲜期间实施，他希望得到大连领事馆的帮助。这位情报提供者渴望与美国情报当局建立联系。在对自己的到访意图进行解释之后，这位共产党特务在领事馆里开始了与格莱斯廷的长时间谈话，最终有了副领事这份冗长的报告。

虽然陈的行为与其讲述的动机并不总是一致，并且他的评论也有些出入，但他提供的信息在总体上仍然是可信的。

应当注意到，情报提供者描述的情况均来自于满洲，甚至是更地方性的，是来自于关东（Kuantung）②的。此外，陈抱怨的只是共产党的策略。他既没有提及列宁、斯大林和毛泽东阐述的"殖民地革命"理论，也没有谈到中国共产党领导中国现代化的特权，他也许对此并不怀疑。

一、情报提供者的重要陈述

（一）中国共产党对苏联的臣服

情报提供者的结论是，苏联通过两个相互作用的方式影响着中国的共产主义委员会，以支持苏联的观点：中国共产党领导人是一群"斯大林主义者"、苏联的行动创造着某种条件。

陈声称，在中国共产党的政策制定者中，情愿追随苏联的"斯大林主义者"占据大多数。在毛的领导下，他们非常"勤奋"。此外，当地的条件影响着这些人的决策，而苏联人的行为制造了当地的状况，这种连续性得到了"斯大林主义者"的默许。这些苏联制造的状况包括，公开建立苏联在满洲的优先地位，紧密注视着中国共产党安全局的工作，严格控制进入共产党中国的外国信息，教育中国共产党的一些党员，在物资和技术方面大量地援助共产党在满洲的军队。

由于某种原因，陈无意于评价这些情况在多大程度上动摇了"斯大林主义者"的想法。他断言，无论是苏联的军队、官员和公民在关东的冒犯行为，还是苏联坚持内蒙古加入蒙古人民共和国的要求，都没有削弱主要中国共产党人的亲苏态度。

作为苏联将其观点强加于中国共产党的一个具体例子，陈讲述了在他参加的 1945 年 4

---

① 原注：第二部分将评估情报提供者的个人叙述及其提供的资料。关于共产党个人的更多材料可以在传记信息部分看到——秘密的传记信息正在准备中。（有关秘密的传记信息等，可见本专题译文：《情报研究室关于世界共产主义运动在远东的潜力（第四部分：中国）的报告》，1949 年 8 月 1 日。——译注）

② 关东指山海关以东地区，这里当指辽东半岛一带。——译注

月召开的第七次党的代表大会上，毛插手干预，并确保接受苏联那些明显招致危害的观点。陈说："抗日战争结束前，中国共产党人中的普遍情绪是攻击国民党，竭力想运用军事手段拿下全中国。"另一方面，"苏联想让共产党与国民党达成虚假的和平，并且准备转入地下，除了在满洲。"虽然毛的干涉使党同意了苏联的政策，然而，当卷入战争的国民党军队显示出其作战能力极差以及国民党在和谈期间的要求无法满足共产党"必需的行动自由"时，这个策略后来就被抛弃了。

(二) 中国共产党内的早期裂痕

陈说，党内的主要分裂存在于那些宽恕土地改革中革命过火行为的人和对过火行为感到恐怖的人之间。毛属于宽恕这些过火行为的集团。萧军①、徐懋庸②和王明(陈绍禹)③属于那些因持反对意见而遭到清算的人。

党内分歧的更多细节存在于那些接受苏联指导的人与那些"主张发展中国的共产主义"的人之间。遗憾的是，在对这些人所属集团的划分上，陈是不一致的。在这一点上，他将毛、李立三、林彪、聂荣臻、林枫、陈绍禹(王明)、薄一波和习仲勋划为第一个集团，而周恩来、刘少奇、康生、罗瑞卿和李富春属于后者。关于七大，情报提供者将聂荣臻列为苏联反对的军事政策的主要支持者，在内蒙古问题上，刘少奇显然是"苏联"政策的支持者，主张这个地区加入蒙古人民共和国。"斯大林主义者"留下的印象是，他们宽恕了实施土地改革计划过程中的无情的过火行为。

党内的第三条分裂线是把军人分成二类，即非常依靠党的将军和那些有着更加令人钦佩的军事荣誉的将军。很显然，林彪和聂荣臻属于前者，刘伯承和许世友为后者。

总之，情报提供者告诫，"多数中国共产党员……被团结起来，希望推翻国民党，在中国建立共产党的制度"，而且，目前没有公开的分裂。

(三) 苏联指导下的中国共产党安全局的活动和组织

情报提供者关于中国共产党安全局(通常名叫"社会保卫部")的资料是迄今为止的主要贡献，资料内没有相互矛盾之处。在简短提及了中国共产主义运动中政治警察的漫长历史之后，陈详尽地介绍了苏联对这一组织的关注，但没有追溯到苏联关注的起始阶段。他说，苏联的目的是"准备以后消灭潜在的民族资产阶级或腐化的资产阶级的叛变"。然而，暂时的清洗是受到严格限制的。

大部分党员并没有清楚地认识到苏联在这一组织中渗透的程度。但是，遗憾的是，陈声

---

① 萧军(Hsiao Chun)，著名小说《八月的乡村》的作者，1946 年在东北创办《文艺报》，坚持个性，反对教条，主张有条件地拥护苏联，受到中共东北局宣传部有组织的思想批判，并被下放到抚顺煤矿去改造思想。——译注

② 徐懋庸(Hsu Mao-yung)，杂文作家，1934 年加入"左联"，1938 年加入中共。——译注

③ 王明(陈绍禹)，留苏学生，曾担任过中共政治局委员、中共中央驻共产国际代表团团长及共产国际执委会委员等职，1937 年 11 月底奉共产国际派遣回国，与毛泽东等发生权力之争，1940 年代初在延安整风期间被批判。——译注

称在这一点上也不能解释清楚。他断言,作为中国共产党安全局的局长、中央委员会委员以及中国共产党政治局委员的康生,与苏联的安全局局长紧密配合,甚至有一些事情连毛也不知道。推断的结论是,苏联为了自己的目的,正在通过康将安全局的所有分支机构模式化。

仅根据大连分局就可以完全展示出苏联对安全局运作的控制情况。在这里,中国和苏联的安全警察"在一起工作,几乎如同一个单位"。苏联的特务指导着大连社会部的工作,以至于大连的机构已经类似于苏联的同类组织了。当地的苏联国家安全部的官员鼓励中国人直接向他汇报。俄罗斯人对他们的中国同事进行在职训练,他们与哈尔滨的警察训练学校有着说不清楚的联系。俄罗斯人经常寻求在中国密探之间建立并维持某种团结精神。当社会部成员被派遣到海外时,他们主要为苏联国家安全部驻当地的代办处从事特殊的工作。陈总结说,"这种关系的结果是,大连社会部几乎全部是亲苏的。"

根据情报提供者的资料,大连分局有五个主要的部门:秘书处、教育办公室、情报办公室、审讯办公室和外国密探办公室。秘书处是管理中心;它接收报告,发布命令,保存文件,管理账目,并且负责一些重要人物的拘留。教育办公室负责对局内人员进行在职培训;还要对市政警察、政府官员和党员进行安全训练,并向一般民众灌输各种各样防范外国间谍活动的内容。情报办公室的一个科,有 693 个全职密探,负责掌握关东外国人的活动,另一个科有约 500 个全职密探,负责调查当地老百姓的活动;两个科的密探均有权拘捕可疑者。情报办公室还有一个 11 人组成的档案科。这个科有行动和分析的功能,陈说"它比其他科有更大的权力,可以派遣其他科的密探组成特遣队"。审讯办公室对当地的法院工作有很大影响,但其主要任务是进行政治清算。审讯科负责严刑逼供,监狱科负责看管政治犯,直到得到满意的招供,然后由判决科发落他们。外国密探办公室由大连分局局长直接负责,它与情报部的国际科联系密切。它是介于中国共产党总部与党的密探之间的联络处。许多从这个办公室出来的中国密探都是有影响的党员。

(四) 作为国际颠覆活动中心的大连

陈认为:"中国共产党已经将大连建成了一个向外国输送密探的中转站和基地。这是因为大连有通向世界的航运,有商业为密探作幌子,残留的朝鲜人和日本人可以提供与这些国家联系的方式,还有密探所需的装备以及苏联的积极援助。"从情报提供者的观点来看,一位中国两星将军担任大连社会部长官的事实说明了中国安全局在这里的重要性。

陈称,中国共产党派往国外的大部分密探都直接在社会部的领导之下工作。另外,还有一个"联络部",受林枫①领导,并设法获得海外中国团体的支持。

---

① 林枫,自抗战以来曾任中共北方局书记、山西省委书记、晋西南党委书记、晋西区党委书记、晋绥分局副书记兼书记、中共七大中央委员、东北局组织部长兼东满分局书记、东北行政委员会主席。——译注

(五) 中央军事委员会的权力

根据陈,中国共产党中央军事委员会的权力“仅次于政治局”。他给出了十七个成员的名字。三个有基本的政治职务;九个基本上负责军事事务;两个负责安全局;另外有三个是俄国人。[①]毛、任弼时[②]、朱德、叶剑英[③]、康生[④]和李富春[⑤]等六个人可能以这个机构的名义来作出政治和军事上的决策。在这六人中,仅有二人有纯粹的军事背景。

二、评　　论

这份评论总的目的是为了确定情报提供者的可靠性及其提供信息的真实性,并试图评估情报者评述的意义。

(一) 情报提供者的可靠性

从陈所说的动机来看,他的行为并不是合情合理的。结合陈偶尔矛盾的陈述和对某种细节的模糊,这很可能表明陈是诚实的,正体现了正常人的前后不一致。另一方面,他的来访获得了其上级的同意,这种可能性也是存在的。

对共产党在中国实施的计划的不满,陈列出了政治方面的三个原因和个人方面的一个原因。政治方面的原因有破坏性的内战、中国共产党对苏联的从属和共产党的土地改革政策。个人方面的原因是,共产党士兵杀害了其属于地主成分的父母亲和两个未成年的儿子。1948 年春天,陈向党写信诉说他的委曲,同时表示了自己一如既往的忠诚。但并没有回音。他说,他才有了在美国驻大连领事馆的援助下“逃离共产主义”的想法,但直至 1948 年 6 月,说汉语的副领事格莱斯廷到任后才开始实施。

尽管他有预防措施,陈可能没有引起上级的猜疑,这是非常值得怀疑的。众所周知,他个人的抱怨必然会引起他们对其经常访问领事馆的怀疑,而且在访问期间,他交待了 75 页的信息。对陈来说,向领事馆成员提供传记资料,或者演出收买密探和外汇兑换商的假戏是否是一种似乎可信的托词,这仍是令人怀疑的。因此,中国部分安全警察的勾结、串通看起来是极有可能的。

情报提供者在接近美国驻大连领事馆时的轻率和鲁莽,也使人对其声称对中共离心离德的可靠性产生了怀疑。既然他已经知道被派往南朝鲜,按道理,他应该等待有利时机,到能够保证自己人身安全的地区后再透露信息。然而,在共产党控制下的东欧国家,已经有他这样的先例。在“安全的”地方通过美国政府官员,这种背叛的恐惧很显然是问题的症结所

① 1945 年中共七大确定,这时仍维持不变的中共中央军事委员会成员总共有 12 人,即毛泽东、朱德、刘少奇、周恩来、彭德怀、陈毅、聂荣臻、贺龙、徐向前、刘伯承、林彪、叶剑英。——译注

② 任弼时,时任中共中央秘书长。——译注

③ 叶剑英,时任中央军事委员会委员兼副总参谋长。——译注

④ 康生,时任中共中央社会部部长。——译注

⑤ 李富春,时任中共中央副秘书长兼中央办公厅主任、中央财政经济部部长。——译注

在，也说明了有可能提供情报的人肯定生活在被怀疑的环境之中。

情报提供者在接近美国领事馆时的延误与其讲述的故事有着一致的解释：在这样一件对个人来说重要的事情上的犹豫不决；解释的不信任以及希望试探格莱斯廷的个人意见。另一方面，他的延误可能并非完全真实的事情；陈可能为了他们自己的目的，事先征得上级同意后，才开始与副领事进行谈话。

陈所说的个人历史原因是可以自圆其说的，符合这个时代的历史。

（二）情报提供者所提供信息的真实性

通过仔细而彻底的检查，结论是陈所提供的情报是真实的，如同一个人期盼着另一个人相信自己的观点一样。虽然他讲述的内容有一些需要限定条件，有一些自相矛盾，还有一些与其他渠道获取的信息很不一致，但是，总的说来，陈的评论是值得相信的。

1. 中国共产党员对苏联的从属。虽然情报提供者最近到朝鲜的任务非常可能影响了他的看法，因为这一地区受苏联影响极大，但苏联不断寻求向中国共产党渗透的论题看起来基本上是正确的。然而，他关于中国共产党员反过来越来越亲苏的断言，就不能轻易地接受。苏联严格控制关于人民解放军胜利的评论，这表明苏联并不是完全满意中国共产党自称的忠诚：苏联大使令人惊讶的迁往广州；据报道苏联大使罗申与蒋介石在进行谈判以及俄罗斯人希望人民解放军留在长江以北。

虽然如此，有外在的迹象表明，控制中国共产党的人坚决主张新中国将在苏联领导的世界革命中发挥积极作用。1948 年 11 月，毛和刘少奇宣布了这一计划。[①] 情报提供者将毛描绘为世界"斯大林主义者"；通过这一术语，他的意思明显是"亲苏"。总的来说，这样的标签是合适的。毛已经独立地实施了列宁和斯大林所概括的"殖民地革命"计划。自从太平洋战争结束后，中国共产党在他的领导之下，没有针锋相对地公开抵制苏联的意图，默许苏联占有满洲和新疆。

这些独立的资料同样很好地证明了苏联一手造成中国共产党领导人接受其指导的形势。苏联在关东地区的利益是至关重要的。塔斯社（TASS）严格控制共产党报刊的外国消息，是一个再为熟悉不过的事实。许多中国共产党人因他们的培训而对苏联心存感激，这已被毫无隐讳地承认。它不是简单地显示出苏联对共产党军队的援助程度，而是毫无疑问地表明共产党获得了日本投降俄罗斯时的武器装备。据称，苏联企图使内蒙古逐渐脱离中国共产党的影响，尽管这还没有把握。苏联指导中国共产主义的另外一个机构，情报提供者没有提到，这一机构可能完全受苏联控制，它可以使苏联从远东以外获得中国政治局的外交和军事情报，特别是关于美国的意图和实力的情报。

各种信息都证实了情报提供者所说的苏联干涉过 1945 年 4 月的七大。战争结束前，当中国共产党的军队开始进入满洲时，他们必须得到苏联的批准。毛同意蒋介石关于华南的

---

① 指 1948 年 11 月 7 日中共中央以刘少奇名义公开发表的长篇表态文章《论国际主义与民族主义》。——译注

新四军撤至陇海地区,并且共产党愿意就联合政府问题进行谈判,这些可能也证明了陈的说法。有迹象表明,在运用“殖民地革命”理论方面,毛现在较 1945 年以前缺少策略上的自由权。俄国人显然正扩大他们在中国的策略计划。因此,中国共产党毫无疑问在国内问题上仍有一些自由。

情报提供者引用的另一个苏联指导中国共产党的例子需要限定条件。这是一个声明,即:“只有在维辛斯基(Vishinsky)1947 年在联合国大会上的演讲之后,公开的反美情绪才成为可能。”维辛斯基联合国大会上演讲的前几个月,中国民众中就有反美宣传。不管怎样,那次演讲后,中国之外的反美宣传就成为恶意的,开始攻击美国的政策。

在内蒙古问题上,陈的评论要求一些轻微的限定条件。中国共产党内在内蒙古的归属问题上非常可能存在着观点分歧,但如报道中所说的毛和其他党的领导人“支持内蒙古加入蒙古人民共和国”看起来会使人产生误解的。他们在原则上支持这样的政策是值得怀疑的,相反,由于这个地区对中国共产党的问题来说属于不重要的关系,毛可能以此作为一种策略性的手段。

2. 中国共产党内早期的分裂。这里没有多少关于中国共产党内在苏联指导的态度问题上分裂的资料;仅仅有一些肯定存在的怀疑。陈去掉了关于党内存在分裂的怀疑,但他有时提供的细节彼此之间是矛盾的,这看起来反映了个人的推测。他把毛和周恩来描绘为对立的双方,这不同于一般人将毛与李立三看作对立双方的观点。困难是苏联在毛和周分裂问题上的立场并没有被揭露出来。1948 年夏末,周寻求与张治中将军谈判解决内战的接触就遭到否认。苏联关于形势的看法仍不得而知。

陈关于党主要成员的忠诚问题的陈述有时与他的其他评论是矛盾的,与他后来的行动也是不一致的。被描述为密切与苏联安全局密探合作的康生,应该也是反对苏联控制中国共产党的,这看起来是不一致的。至于重新恢复长江以南军事行动的问题,苏联被怀疑是站在自己立场上的,据说毛反对林彪和李立三的分裂观点,周也许站在毛一边。

在讨论土地改革的实施问题时,陈好像带有许多个人的偏见,如果他的历史是真实的,这是可以理解的。情报提供者关于毛容忍土地改革中过火行为的看法与毛几次惩罚那些拿革命当儿戏者的情况并不一致。此外,情报提供者没有提到社会团体对改革的不满。毛经常警告那些太过热心的党员工人,停止破坏中农的经济资源,甚至包括开办工业企业的富农和地主,这表明土地改革的范围问题可能也已经在激烈地争论之中。

陈关于将军们在政治上可靠与不可靠的判断显然是有道理的,但很难进行评估。他在态度上有所保留应该与某个阵营的个别将军给他的任务有关。例如,最近林彪和刘伯承将军被派往长江以南,援助那里的军事活动,据报道毛对此是持反对态度的。情报提供者关于75%的人民解放军在政治上是不可靠的主张也应该受到怀疑。虽然共产党军队的四分之三有不能让人信任的革命背景,这是可以相信的,但这些军队中的许多人已经成功地忘记了自己的背景,这也是能够相信的。当然,随着解放军的最终复员,这样的转变并不能使问题降到最低程度。

3. 苏联对中国共产党安全局的组织和活动的指导。情报提供者所描述"社会保卫部"的组织和活动的适用性,因其特别应用于关东半岛的形势而受到限制。然而,就关东半岛的地理环境而言,他的叙述显然是可信的。关于苏联影响的主导地位和中苏密切合作的问题,从俄罗斯人在大连及其郊区的绝对优势地位的角度看,陈的结论并无特别之处。在满洲南部地区,苏联人并没有太多的利益,中国人的利益更为突出,因此苏联顾问就显得惹人注意,这一地区的安全局的特征和活动也有别于陈所叙述的那样。另一方面,如果社会部成员的训练完全成为苏联专有的活动,他的结论可能值得在更广泛地应用。

遗憾的是,这份报告对于中国其他地区社会保卫部的工作是无发言权的。陈声称,社会保卫部几乎与党是同时产生的。这表明,中国共产党员长时期(1927～1945)控制着社会保卫部的政策和计划。如果正如陈所说的那样,从 1945 年以前,他就与党的这个机构打交道,那么,他会很自然地注意到 1945 年后苏联渗入了社会保卫部的组织和活动。遗憾的是,他并没有将在关东的社会保卫部与中国其他地区的进行比较。

陈作了社会保卫部"几乎与党同龄"陈述后,副领事格莱斯廷可能是基于陈所告诉他的内容,进行了这样的评论,"几乎其他所有的中国共产党员""都没有认识到内务部在苏联社会主义中所扮演的角色","不懂得苏联紧密注视他们社会保卫部的特殊意义"。与情报提供者所陈述的内容相矛盾的,有可能有一些是真实的。许多人出于对国民党政府的极大蔑视,加入了共产党的行列,他们更加关注中国人生活的重建,而不是共产主义的研究,正如实践中的苏联和中国一样。除此之外,中国共产党自成立后,政治上的需要使得与潜在敌对的或有分歧的团体的合作受到了重视。相反,俄国共产党在国内长期处于政治上的优势地位,危机期间他们权力的利用也未受到抑制。国内政治条件的这种区别导致在苏联能够更大程度地利用安全局,而一些中国共产党人相对忽视他们社会保卫部的潜力,则是可以想像得到的。

尽管情报提供者所描述的中国组织更相似于苏联的国家安全局,但他经常将社会保卫部比作苏联内务部,这显然是不协调的,特别是当他被要求接受苏联的灌输时。这一结论依赖于这样的设想,即当副领事写报告时,认识到苏联内务部和国家安全局自 1943 年就存在的区别。

4. 作为国际颠覆活动中心的大连。情报提供者关于大连的主张并没有降低香港作为同类活动的焦点的重要性。除日本、朝鲜团体以及"苏联帮助"外,香港有着大连的所有优势。最近的报告还将英国殖民地描述为遍及东南亚的一些中国共产党密探的工作基地。

俄国人认为中国共产党在远东"能更好地武装起来"从事煽动性的工作,因此,他们"鼓励中国共产党去作传教士般的对外工作",这样的声明是很难进行评估的。然而,俄国人认为其他国家的人在煽动性的工作方面比他们自己更有天赋,这显然是非常不可能的。虽然苏联鼓励中国共产党"去作传教士般的工作"的程度很难去弄清楚,但远东的共产主义运动和其他地区一样,很大程度上也土生土长地发展起来了。另一方面,中国共产党的确在暹罗、马来亚、印度尼西亚和印支半岛的中国人团体中有着相当的影响力,在这些地方,本地人的共产党组织已经建立起来。

情报提供者过高估计了中国共产党在朝鲜的影响,他说:“北朝鲜大部分的共产党组织工作都由中国人来作。”朝鲜共产主义运动的上层人物中并无有影响的中国人。然而,在所有的可能性中,陈可能把在满洲的朝鲜人当作政治意义上的“中国人”来看待。受训于中国共产党地区的满洲朝鲜人在北朝鲜发挥着重要的作用,尽管他们与受训于苏联的朝鲜共产党人相比较,会黯然失色。

5. 中央军事委员会的权力。军事委员会的存在以及毛和朱德在委员会的位置早已为人所知。美国和苏联设立的同样机构在战时的至高无上性以及政治领导人在其间的同样地位,证实了军事委员会处于支配地位,也证实了中国共产党的政治家凌驾于将军们之上的地位。中国落后的通讯是权力集中于少数人手中的原因。陈所说的委员会中有俄国人或者有关其他成员的陈述,几乎没有任何信息能够证实或者否认。

6. 各种各样的评论。至于中国共产党在关东地区警察力量的规模,情报提供者的陈述并不能被准确地评估。但是,1948 年 1 月 1 日的中国共产党战斗序列信息中没有列出驻扎于旧租界内的部队,仅仅提到在富县附近的一支 4 600 人的游击队和分布于辽宁南部的一支 1.5 万人的野战部队(东北人民解放军第 5 纵队)。

苏联军队在关东的数量大概可以由其他信息来证实,像报道中存在的老虎滩中国共产党军官学校一样。

虽然报告中提到的一些学校现在还不知道它们的存在,但他们也许确实存在;陈称这些学校没有一个是多余的。其他的报道已经提及哈尔滨附近的中国共产党军事学校。国民党也感到培养地方法官的学校是必要的。

陈提到的三个工业联合企业,在 1948 年 7 月被遣送回国的日本人曾报道过,称它们处于中国共产党的管理之下。

OSS China and India,Reel - 4 - 22,pp. 1 - 22

刘建平译,杨奎松校

2－20

中情局关于中国发展形势的评估

（1949 年 6 月 16 日）

ORE 45－49

机　密

中国可能的发展形势

（1949 年 6 月 16 日）

概　　要

说明：以下的讨论是为了呈现中国在随后 6 个月至 12 月内可能的发展趋势，这种发展趋势将会影响到美国的利益。

1. 1949 年夏，共产党拥有的军事力量能够摧毁国民政府在中国统一的外表；1949 年底以前，共产党将组建中央政府，并寻求来自国际社会的承认。

2. 美国不可能颠覆或有力地阻止这一进程，中国共产党倒向苏联在最近一段时间也不会有任何变化。然而，在随后几个月中国的发展形势将引发许多问题，美国对此既可以采取行动扩大在华的利益，也可以置之不理削弱在华的利益。这些问题主要是：共产党中央政府的组建要求国际承认，共产党旨在收回台湾与香港，需要对外贸易，美国对中国反共集团的援助等。此外，美国的利益因共产党在远东的扩张将受到不利的影响，特别是中国共产党政权将会在远东委员会和盟国对日会议中获得席位，要求在未来的对日和约中获得赔偿。

3. 中国共产党声称要组建联合政府，但实际上是共产党的独裁政府。在随后的几个月，共产党在外交事务上会继续与苏联保持一致。新政权将承认 1945 年的中苏条约，它在国际关系上的态度受控于莫斯科。共产党政府很可能坚持对美国和其他遏制世界共产主义运动的国家的不友好态度。

4. 共产党的军事力量目前绝对超过了国民党军队，他们将会继续实施逐地区进行占领的计划。至 1950 年底，共产党军队能够消灭华南、西南和西北的一切有效的军事抵抗。

5. 未来几年里，中国共产党可能不会出现严重的粮食短缺问题。共产党将会采取一些措施来恢复交通和工业，中国的货币将会相对平稳。在未来几个月，共产党面临的主要经济问题是石油、机器、棉花等物资的获得。苏联进行大量援助的前景不太乐观，中国国内资源必须由基本的进口来补充。因此，明年中国经济的恢复很可能依赖于和西方的贸易以及与日本的紧密联系。

地图①

中国可能的发展形势

说明：以下的讨论是为了呈现中国在随后六个月至十二个月里可能的发展趋势，这种发展趋势将会影响到美国的利益。

一、中国的发展形势引发对美的迫切问题

1949年夏季，中国共产党军队有能力完成长江流域从四川东部到沿海间的战役，并且可以将国民党驱逐出广州和其他东南沿海的港口。这一时期，他们的军事行动将彻底摧毁当前国民政府的虚假统一，消灭逃往台湾、西南和西北的国民党残余势力。中国共产党在夏末秋初将召开政治协商会议以组建政府，并宣告1949年底以前统一全中国。届时，共产党中国将控制半数以上的人口，如果没有控制半数以上的国土，至少也控制了大部分最富庶的地区。然后，共产党政府将寻求将其看作中国的全国政府的承认。

美国既不能逆转中国内战的进程，也不能使中国共产党改变其在中国建立独裁政府的意图。美国也不可能改变中国共产党在未来倒向苏联的态势。但是，在以后几个月中国会出现很多影响美国利益的新事态：(1) 可能发生涉及美国军队、官员和公民的暴力事件；(2) 国共争夺台湾斗争的激化，事关美国在台的战略利益；(3) 中国共产党企图拿下香港和澳门；(4) 美国对中国反共集团的援助；(5) 共产党需要对外贸易；(6) 共产党中央政权的建立将寻求来自国际社会的承认；(7) 中国共产党的影响将遍及远东。

众所周知，中国共产党的领导人希望获得国际社会对其政权的承认，也希望建立与西方、日本的贸易关系。这些事实可能使美国在以后的几个月，既可以采取行动扩大在中国和远东的利益，也可以置之不理削弱自己的利益。

1. 可能的突发事件

在炮击长江中英国战舰的事件中②，共产党以事实证明了他们为反对帝国主义侵略中国，已做好了被报复的准备。毫无疑问，中国共产党通过此举在国内和亚洲其他地区赢得了声誉，它很可能将再次利用一些机会挑起对外国军队的军事行动。随着共产党占领一些主要城市后，这种涉及外国官员和公民冲突的机会已经非常之多，如提到的在占领南京时，共

① 原文此处有中国地图一幅。但该地图极为模糊，无法辨识，略去。——译注

② 此处指“紫石英”号事件(Amethyst Incident)。1949年4月20日，英国军舰“紫石英”号经南京政府同意，自上海上驶，准备与在南京的“伴侣”号换防。当“紫石英”号进入三江营江段时，正处于临战状态的解放军第三野战军特种兵纵队炮兵第三团即发炮攻击，“紫石英”号遭到攻击后进行还击。双方激烈的水陆炮战后，“紫石英”号受到重创，被迫悬起白旗，驶靠南岸。——译注

产党士兵强行进入美国大使的住宅①。这些涉及对外国公民的虐待、伤害和攫取外国财产的事件是很有可能发生的。如果共产党政权要求承认而遭拒绝，突发事件将会在共产党的纵容下增加。如果美国增加对国民党的援助，也可能进一步使这样的事件变得相当严重。

2. 台湾

毫无疑问，中国共产党希望控制台湾岛，而蒋介石则准备以台湾来进行最后的抵抗，并渴望世界大战爆发后能得到美国援助而生存下来。随着蒋介石及其追随者在台湾被迫建立起自己的大本营后，国共控制台湾的争夺将会更趋尖锐。

在目前情况下，中国共产党还没有能力发动对台湾的两栖作战。然而，在以后几个月中国共产党不仅能够获得沿海的港口和船只进行两栖作战，而且能够渗入岛内策反国民党的官员和利用台湾人对国民党统治的大规模抵抗。这样的形势将会有利于中国共产党控制台湾。共产党政权必然坚持对台湾的主权，台湾本地政党的领导人也可能适时发表声明支持他们。国民党还不会因内部混乱而失去对台湾的控制，但岛内发生的叛乱很可能会有利于中国共产党的统一事业。伴随着越来越多的国民党官员、军队的成功起义和极为不利的岛内混乱，共产党进行大量的战争宣传很可能是在为军事占领准备条件。

在缺少直接军事干涉的情况下，美国进行的经济和军事援助，既不可能明显帮助国民党控制台湾，也不会有助于国民党在中国大陆的事业。台湾的经济问题主要是国民党管理的无效和岛内大量军事装备的贮备，而非缺乏资源。此外，倘若美国决定承认大陆共产党中央政权，这样的援助计划将会使得与共产党可能建立起正常的外交和领事关系变得非常困难。

3. 西方对香港和澳门的立场

虽然在英国的统治之下，香港向共产党中国提供了某些外贸方面的利益，但民族主义情绪必然驱使共产党要求收回这块殖民地和葡萄牙统治下澳门。英国政府决意防卫香港，正在派遣大量援军前往殖民地，因此，这将削减了其在欧洲和其他地区的军事防务。另外，英国正寻求美国对其香港防御计划至少在道义上的支持。共产党的早期行动很可能是与英国、葡萄牙政府就香港、澳门的权力交接进行磋商。如果英国和葡萄牙提出承认共产党中国的不利要求，或者以其他方式拒绝谈判，中国共产党将会打击报复。中国共产党可能不会惧怕葡萄牙，会向澳门施加军事压力，并辅以共产党的秘密活动。中国共产党对香港不会采取军事行动，很可能会选择强大的共产党秘密活动，这种日益活跃的活动已经对香港形成严重的威胁。共产党可以通过增加交通运输行业的罢工，限制或切断中国大陆的粮食供应，破坏水供应，不限制海盗劫掠，制造香港与共产党中国的货币汇率以削弱香港经济等方式，使香港完全陷入困境。因为英国远东海军基地的虚弱性，香港最终回归中国是可能的，但绝不会在1949年内。

4. 美国对反共集团的援助

美国最可能为存在的反共武装提供所需装备、大炮和弹药，而且这些反共武装也可能单

① 此处指解放军第三十五军占领南京后，下级干部和士兵强行闯入美国驻华大使司徒雷登住所的事件。——译注

独或以国民政府的名义呼吁美国对其援助。但是,蒋介石、张群[①]和西北穆斯林将领马步芳、马鸿逵控制的主要反共力量,或者远离大陆,或者处于中国的边缘地区。加之,除二马外的反共力量是否能够利用美国援助仍有一些疑问。蒋的军队在台湾已经有大量军事、经济资源,张群的军队在四川不需要经济援助。事实上,对这些力量的军事援助也不可能阻止共产党在其选择的任何时间里控制四川。

西北二马(宁夏、甘肃和青海)所处地形险恶,军队意志顽强,组织有效,在中国残存的反共力量中占据了最易防御的地理位置。在过去战绩的基础上与其他反共集团相比较,西北二马最能充分、有效的利用所获援助。但是,美国援助抵达青海和宁夏是最困难的,可能必须通过空运。西北地区粮食可以自给,即使没有美国援助,仍可以支撑几年。因为共产党暂时不愿意进攻西北,或者是因为共产党想把西北作为缓冲地带以抵御苏联通过新疆向中国进行的扩张。

倘若美国决定承认共产党政权,那么,对中国反共武装的秘密援助将影响与共产党政权维持正常的外交、贸易关系。此外,美国对除二马以外的任何反共力量的军事援助,很可能重蹈当年对国民党大量援助的覆辙——结果是援助了共产党。迄今为止,对国民政府的援助最多只能延缓共产党统治全中国的进程,而不可能成功地阻止共产党目标的实现。

美国按照以前的中国援助计划(China Aid Program)对国民党继续实施援助,应有进一步的考虑。随着国民党控制的区域被限定在台湾和中国西部省份,要证明美国援助计划以人道主义立场支援中国人民统一事业的合理性是困难的。因此,在共产党攻击援助计划只是增加或延长了反共残余抵抗的宣传面前,美国日渐理屈词穷。

5. 共产党对外贸易的需求

共产党对进口物资的需求为美国提供了攻击共产党中国的可能的武器。阻挠共产党进口将会延缓中国的战后重建,增加中国共产党面临的经济困难。一些主要石油产品和基本设备只能从美国和英国进口。苏联只有牺牲国内经济,才能提供一部分设备和其他领域低劣的产品,并且可能会向中国提出很高的要求。

美国对中国贸易的控制很可能无效,除非实行严厉的禁止贸易令。美国能否在西方国家中获得对华禁止贸易的支持是值得怀疑的,共产党会将禁止贸易说成是帝国主义的迫害,从而在国内获得同情和支持。英国在华有着最大的经济利益,可能会接受有限的控制,如石油和资本物资等商品的出口。

另一方面,美国可能会受益于与共产党中国的自由贸易,如共产党控制地区的美国领事馆可以合法地存在等。促进共产党中国与日本的贸易,除对中国重要外,显然也有助于日本的经济,进而可以减少美国对日本经济的援助。

6. 共产党渴望国际社会的承认

如同国民政府一样,1949 年底共产党政权宣告成立后,将会寻求来自国际社会的承认。

---

① 张群,时任国民党西南军政长官。

如果新政权对美国的态度不是充满敌意且不坦诚的话，也应该是不友好的。假使共产党政权要求美国承认时，美国可从以下三种走向中选取其一：(1) 无限期不承认，即事实上不承认，法律上也不承认；(2) 立即在法律上承认，这可能是共产党所希望的；(3) 推迟在法律上承认，及早在事实上承认，但根据在法律上承认推迟几个月到一年或者更长。以下简单评估这三种行动的结果。

很显然，承认共产党政权与否都不可能真正改变中国共产党在意识形态中对非共产党世界的敌意。只要中国共产党视苏联为世界共产主义运动的领袖，苏联视美国为其主要敌人，那么，中国共产党对美的准则依然受国际共产党战线的主宰，会同苏联保持一致。

(1) 不承认

对美国来说，不承认共产党中国有许多不利的后果。国民党不可能在大部分中国建立政权，而是注定要流放或灭亡。许多外国政府不可能长时间不承认共产党的政权；其结果是，相比较于承认中国的国家，不承认中国的国家的官员、代表和公民将处于不利境地。此外，共产党政权因一个或更多主要国家的承认会得到巩固，进而要求在联合国、其他国际组织和远东委员会中的席位，并可能获得这些机构的支持。如果美国不承认共产党政权，中国可能会拒绝承认美国在华的领事馆，甚至将其驱逐出境。

(2) 立即在法律上承认

立即在法律上承认共产党政权，符合中国共产党的目标，可以避免不承认所带来的不利后果。中国共产党很可能反对任何缺少法律上完全承认其政权的国际关系，因为仅有事实上的承认等于公开允许西方国家援助中国的反共势力，而且这在中国人眼里是与 1911 年至 1927 年的军阀时期相连的。然而，立即承认不会改变中国共产党对美的敌对态度，甚至可能鼓舞中国共产党对美国及其追随者的傲慢与不合作，从某种程度上说，他们可能服从苏联的领导，严格地限制美国领事馆的位置和数量，特别是在满洲。此外，立即承认不可能改变共产党对中美条约的态度，也不可能使其在国际事务中(如对日和约)对美国的政策保持克制。

(3) 推迟承认

如果美国依据法律，将承认共产党的中国政权推迟几个月至一年或更长时间，可以避免不承认和立即承认的一些不利之处。由于共产党关心的是尽可能获得法律上的承认，他们可能会倾向于与美国就现在、未来的条约和领事馆在华的位置、数量等进行协商，并达成谅解。这一时期也给西方国家提供了一个向共产党政权施加压力的机会。如果推迟承认不影响大西洋公约国家的利益，他们可能会联合行动，但寻求特殊利益的其他国家可能会过早的单方面承认。共产党方面可能会继续沿用传统中国的以夷制夷的外交政策。

7. 中国共产党在远东的影响

中国共产党立志于将 10 亿东方人统一为共产主义的亚洲。为此目标，中国共产党不断地宣称共产主义在亚洲是必然的，只有共产党是亚洲争取独立的斗士。中国共产党对全中国的控制，极大地增加了共产主义的声誉。

(1) 日本和朝鲜

中国共产党已经阐明中国和日本可以,也应该建立友好关系,日本必须与共产党政府缔结和平条约。中国共产党试图开放与日本的贸易,日本共产党则回应说惟有民主力量才能成功地建立与中国的贸易和政治关系。在朝鲜,中国共产党的成功极大地增加了北朝鲜政权的信心,也使朝鲜共和国弥漫着失败主义的情绪。通过与北朝鲜领导人的关系,中国共产党能够对北朝鲜提供大量的军事和经济援助。通过南朝鲜领导人以弥补这一不利的发展趋势的可能性已不存在,南朝鲜现在显然不能阻止这一趋势。西方国家对中国共产党政权的承认对其政治、经济均是有利的,这样便允许中国与日本的贸易。法律承认会使中国共产党进一步要求在远东委员会和对日和会中的席位,削弱朝鲜共和国政府的地位。

(2) 东南亚

中国共产党将自己标榜为民族独立运动的化身,谴责"反动的"殖民地政府,恐吓"法西斯式的"非殖民政府,承诺保护海外华人团体,以此将其影响扩及整个东南亚。西方国家对共产党政权事实上的承认也易于增加中国共产党在东南亚的影响。拒绝在法律上承认共产党政权会使中国共产党在东南亚的工作更加困难,但该地区的政府与华人团体可能不会拘泥于这些法律条文。尽管在海外华人圈仍有明显的抵抗,但当中国共产党控制整个中国时,华人团体可能会倒向共产党。东南亚各国的政府也将进行调整以适应这些新的情况。中国共产党不可能使用军队去实现其在东南亚的目标,它没有充裕的经济资源去进行军事演习。中国的成功将对东南亚有强大而持续的影响。

二、政治形势

(一) 共产党中国

1. 统治的扩张

目前共产党中国的范围。现在共产党中国分为六个行政区:(1) 中国东北,有一个行政委员会,尚无人民政府;(2) 内蒙古,有内蒙古自治委员会;(3) 华北(河北、察哈尔东南角、山西东部、山东西部),有华北人民政府;(4) 中原(河南、安徽大部、湖北东北角),有中原人民政府;(5) 华东(江苏和山东东部),尚无人民政府;(6) 中国西北(山西西部、陕西东部、绥远东部、甘肃东部和宁夏),尚无人民政府。共产党还没有成立中央政府,北平的中国共产党中央委员会管理所有的统治地区。

共产党中国的预期范围。在1949年的新年通告中,中国共产党宣布1949年将跨过长江,并召开政治协商会议成立共产党政府。毫无疑问,共产党政府将在1949年底前占领全中国,这将促使新政权寻求承认其为全国政府。因此,共产党一再重申,其目标是占领全中国,摧毁所有政治、军事上的抵抗。中国共产党宣称,为了保护国家的人力和财力资源,可以选择谈判完成政治和军事权力的交接,但是一旦国民党领导人和军队拒绝和平谈判,共产党军队已经作好了武力接管的准备。

缺少普遍的反抗。共产党军队主张重新进攻，迫使中国共产党向厌倦战争的中国人民阐明军事行动的正义性。在4月的北平会谈以前和会谈期间，中国共产党反复指控国民党是虚伪的，同时声明中国人民不希望以长江为界的划分。为了继续向南方挺进，毛泽东主席和朱德总司令再次非难国民党的谈判，认为这样的谈判只是为了东山再起破坏革命。虽然这样的宣传对中国人民毫无意义，但他们不会因政权的变更而气馁，可能接受共产党的统治，并相信在共产党政权下更安全，而所受的剥削和压迫将更少。

2. 政治权力的变更

新的中央政府。因为中国共产党尚未组建中央政府，政权的国际承认问题还可推延。南京的外交官和其他各地领事馆的官员被共产党当局看作无官方职务的平民，是非政府的代表。这种情况可能会持续到共产党政府的事实承认问题出现时。以后几个月，中国共产党将大量吸收国民政府内的中下级人员，留用这些官员的绝大部分可以避免旧秩序的完全断裂。如果外国的官方代表或平民希望继续在中国活动，中国共产党可能将坚持至少在事实上承认其政权的立场。

“联合”模式。中国共产党承诺在1949年召开政治协商会议宣布成立“联合”政府。国民党作为一个政党将被排除在新的“联合”政府之外。中国共产党已经坦率地讲，未来的“联合”政府是“在中国共产党的绝对领导之下”。“联合”的概念源于毛主席的“新民主主义”中的提法，这是从今天的帝国主义社会到以后的社会主义社会的过渡阶段。在这一结构中，“联合”的对象包括三个主要集团：(1) 中国共产党；(2) 非共产党的民主党派，如民盟和国民党革命委员会；(3) 始终支持中国共产党的民主团体。这个政府允许在代表选举中有一定程度的普遍参与，所有真正的权利将集中于中国共产党，它的作用是“指导”落后的劳动阶层。

政治协商会议。政治协商会议是缔造新的立宪机制和赢得国内对新政权认可的手段，正如1946年召开的政治协商会议是国家统一的象征一样。中国共产党将以自己和其他支持共产党的政党、团体的名义，可能在1949年夏末秋初巩固了长江流域之后召开此次会议。目前尚不清楚会议的规模、共产党是否进行严格的控制等。会议将起草并通过宪法，或者成立宪法起草委员起草宪法，然后设定日期进行选举。宪法的颁布和正式政府的组建会被推迟到1950年。无论如何，政治协商会议仅仅是一个通过所谓“人民”政策的橡皮图章，而正式赋予人民各种权利、意志的宪法事实上并没有被赋予任何权利。

国内对新秩序的认可。为获得国内对共产党政权的认可，中国共产党协同政治协商会议可能将利用共产党的学说与中国“共和之父”孙中山的理论的相似特点。中国共产党宣称，共产党比国民党更符合孙中山著名的三民主义——民族、民主、民生。它指出了1920年代孙中山“联俄、联共、扶助农工”的主张。中国共产党还以1924年至1927年国民党承认共产党的时期来引证，只有共产党真正实现了孙的意志，开创了孙所主张的宪政阶段。中国共产党绝不会神化孙中山，但孙的传统在为共产党铺平道路方面是极为有用的。

3. 对外关系

(1) 中亚关系

日本和朝鲜。在一个试图影响1949年1月日本选举的广播节目中,中国共产党称中国和日本"能够也应该建立友好关系",并指出日本必须与共产党控制的中国政府缔结和平条约,建立经济、政治关系。最近,中国共产党正企图与日本进行贸易。毫无疑问,在共产主义的亚洲,中国可能带有一种使日本和朝鲜从属于自己的想法,并对他们施加经济上的压力和政治上的影响。中国共产党与日本、朝鲜共产党领导人保持着密切的关系,有理由相信至少这些领导人中的一些是倒向共产党中国和苏联的。

东南亚。最近几个月,中国共产党:① 对印度尼西亚共和国领导人说,没有共产党领导,他们不可能成功;② 谴责英国和法国政府在中国的活动;③ 抗议菲律宾和暹罗政府迫害海外华人。当中国共产党控制全部中国并获得国际社会对其联合政府的承认时,这将有助于其对东南亚革命运动的援助和在海外华人中的影响。然而,中国共产党在东南亚的扩张必将遭到反对,因为这些国家存有根深蒂固的对"中华帝国"的恐惧。

(2) 中苏关系

中苏的友好关系应该会继续保持。在去年主要政策的声明中,中国共产党已经支持了对铁托的批判,号召全世界的革命力量团结在苏联周围反对美帝国主义,并承诺中国将在西方挑衅的战争中成为苏联的盟友。中国共产党的战略步骤已经在列宁和斯大林关于殖民地革命的详细论述中找到了传统的正当性,而且中共正在使其政策更符合这些殖民地的"先进"革命。苏联与中国共产党之间仍有一些潜在的冲突,如苏联可能没有能力援助中国的工业化,苏联在中国边界地区居心叵测,中国共产党对亚洲共产主义运动的想法,在一般问题上对莫斯科的服从,但是这些问题不可能立即引起他们之间严重的摩擦。"联合"政府可能通过扩大1945年的中苏条约给苏联在中国以优先地位,两国将在军事、经济上实现更高程度的联合。目前,中国共产党领导人显然感觉到,中苏紧密合作将是中国最大的利益。

(3) 中美关系

① "卖国"条约。中国共产党对包括自1946年初国民政府所签条约的立场是:这些条约没有获得1946年政治协商会议诸党派的同意,因此中国共产党不承认其合法性,绝不承担任何义务。中国共产党已经阐明,"所有那些对国家和人民不利的,特别是那些出卖国家权益的条约,根据情况应当废除、修改或重新签订。"中美条约为国民政府提供了经济、军事援助,允许美国在中国驻兵,中国共产党认为该条约是"卖国的"。中国共产党的观点显然是,首先,1946年以后的中美条约是卖国的,因为他们是与世界共产主义的主要敌人签订的,其次,美国对国民政府的经济、军事援助主要用来与共产党作战。此外,中国共产党明确表示拒不承认中美商约,因为这是美"帝国主义"在中国的工具。然而,为了与美国发展贸易,中国共产党可能会希望进行谈判签订新的条约。

② 作为敌人的美国。当中国共产党宣布苏联是中国的主要朋友时,美国已被描绘为中国最大的敌人。中国共产党认为,美国代表了世界上所有"帝国主义"和"反动派"的领导和

支持者，将“卖国”条约强加于中国，换取在内战中以财政支持国民党，拒绝共产党的“和平谈判”，与国内外力量密谋推翻中国共产党，使东方永远处于奴隶制度之下。

中国共产党抗议美国对国民党的军事援助是可以理解的，凡与中共主张相反的以及美国所主张的基本上是当前中国共产党反美主义的内容。美国在中国的官员代表们和平民虽然没有遭遇暴力，但已被限制了行动，其领事、贸易和教育的功能都被解除，而中国共产党则利用美国在中国声誉扫地之机，通过对西方的不合作态度来巩固自己的威信。“联合”政府可能会要求美国承认，并尝试与美签订贸易条约，但中国共产党会坚决支持苏联与卫星国的外交，继续其不负责任的反美宣传，要求美国撤销对台湾国民党残余的援助，使美国外交工作陷入困境。目前，不可能使中国共产党偏离于苏联。

(4) 其他方面的对外关系

中国共产党对外国政府的敌意程度，取决于他们阻碍世界共产主义运动的程度，而不管他们在内战中是否支持国民党。英国在香港为中国共产党的领导人提供庇护、活动基地的事实，也不能阻止共产党军队向英国长江中的战舰开火。这既不能阻止中国共产党要求香港回归，也不能排除其在马来亚支持恐怖主义活动反对英国。

毫无疑问，中国共产党打算通过谈判结束葡萄牙在澳门的殖民统治，但如果必要也可能采取军事行动。中国共产党谴责法国政府在印度支那半岛的行动，称其是美“帝国主义”在中国的帮凶。荷兰政府在印度尼西亚问题上也受到中国共产党的批评。其他大西洋公约的国家均是中国共产党宣传漫骂的对象。印度被中国共产党看作是争夺亚洲领导权的主要对手，当前还处于英“帝国主义”的影响之下。

英联邦诸国家和许多欧洲国家的在华代表，希望在共产党政权宣告成立后不久即给予承认。这些代表们通过对共产党政权的早日承认，来获取合法地位以保护和可能扩大在华的利益。他们认为对中国实施的经济制裁是无益的，明显期待着与新的政权开展全方位的外贸关系。同时，英联邦和大西洋公约的绝大部分国家承认，在承认共产党政权问题上，坚持统一战线是有价值的。

(二) 国民党中国

国民党在中国已经完全破产，国民政府正在垂死挣扎。政府的瓦解和分裂已不可能建立起有效的政府或者有组织的能够抵抗共产党的松散联盟。

国民政府已无法正常运转，即使是作为地方政权。自 1 月蒋介石辞去总统一职后，政府明显缺乏领导或中央的指导(代总统李宗仁没有权力，如同一个军阀)。几个月来，行政院尚未完成组建，各主要部门艰难前行，效率低下。立法院、监察院和司法院在广州的残余部分影响微弱。政治权力多集中于省或地方，税收和其他基本政府职能已经地方化。

蒋领导下的国民党派系林立，李担任代总统则加速了国民党的分裂进程。虽然蒋没有辞职而退出总统之位，但他依然控制着军队、军事和财政资源、秘密警察、党的机构以及主要官员。代总统李名义上掌管政府，但他对 4 月 20 日结束的和平谈判毫无影响。李蒋矛盾已经激化，不可能再有任何明显的恢复或妥协。李控制着广西，有白崇禧、南方军阀和一部分主和派官员的支持。李在名义上可能继续领导广州政府，直至共产党军队迫使国民党领导人退避他处，届时李可能在中国的西南地区建立政府。

蒋介石据有台湾和邻近的东南沿海地区，但对西南各省的影响日渐削弱。蒋已把国民党的资源有计划地搬运至台湾，以作最后的抵抗；当共产党威胁广州时，广州国民党的官员也将逃至台湾。大量难民已经涌入台湾，台湾省由蒋任命的陈诚将军管理。虽然国民党的统治引起台湾当地人的反抗，但至少在1949年台湾政权是可以坚持下去的。大陆共产党的军事力量是他们的主要威胁，而并非当地人民。

如同过去几个月一样，美国和苏联的议题将占据随后几个月国民政府对外关系的主导地位。国民党中国非常依赖于美国的经济和军事援助，虽然援助是没有前景的。尽管获取援助多次出现闪失，国民政府和国民党仍不断恳求美国，声称这样的援助将会用来对付共产党。

在台湾，国民党有着足够的筹码。他们意识到美国在该岛的利益，会以此为手段，这也可能是防止台湾共产主义化的惟一手段，他们将多方引诱并作出保证，以换取美国对其政权的援助和道义上的支持。尽管台湾的地位尚未通过对日和约而正式确定，国民党也将力争其政权的合法性。

国民政府尽管日益虚弱，但他们还是会努力地确保其国际地位。这样的国际地位主要取决于共产党未来的政策，不过在最近几个月不可能有大的麻烦；只要广州政权存在，国民政府的外交关系可能会延续下去。

苏联令蒋介石和其他国民党领导人苦不堪言。国民党圈内向联合国求援的呼声甚高，这个问题在国民党丧失国际地位前可能还会重提。这样的话，对决定满洲和外蒙古地位的1945年中苏条约的谴责也将随之而来。

当这样的敌对行动反对苏联时，国民政府可能同时与苏联恢复关系，签订进一步妥协的条约，特别是在新疆和西南各省。

国民党中国在最后阶段可能把所有的怨恨撒向美国。他们认为，美国应对雅尔塔协定负主要责任，美国战后的内战调停政策和有限的援助导致了共产党的胜利。如果美国拒绝进一步援助，并且对承认未来共产党政府表现出兴趣，国民党的这些想法会变得更加尖锐。

三、军事形势

(一) 总的战略

中国共产党军队的目标是消灭中国所有的反共武装。为达此目的，中国共产党的策略是以军队作为实现政治目标的手段。共产党将通过逐地区的军事占领计划控制中国的残余政权，这有助于在进行充分的政治准备后管理这些地区。

残存的国民党或反共力量现在已适应上述策略，避免与中共进行军事决战，同时尽可能地否认与中国共产党的划界。

(二) 共产党军队

中国共产党军队拥有消灭所有反共残余的充分的人力和物力资源。消灭大部分国民党精锐后，中国共产党目前正在巩固长江流域。因此，共产党军队可以从容的向南部和西部挺进，直指广东。然而，共产党的政治组织能力可能在某种程度上限制了其进军的速度。

最近，共产党的军事胜利增加了保护交通、城市生活和工业的责任。因而，共产党军队的相当一部分力量必须用来守卫“解放”区和保护交通线。

1. 共产党地面部队的实力与分布

共产党正规军包括野战部队和军区部队，现有总兵力约有 201.7 万人，(见第 14 页表)[①] 远远超过国民党军队。这些正规军，特别是野战部队，领导得力，装备精良，士气高涨，训练有素，在宣传和情报方面也相当出色。除正规部队以外，共产党还有约 200 万的民兵。以后，他们的任务可能是维持共产党地区的治安。第三部分人力资源是经过共产党过滤了的国民党军队，约有 9 万人被充编到中国共产党的军队里。共产党正规军南下时，也将获得控制南方各省的持不同政见者、土匪和游击队的大力支援。

2. 空军

1949 年劳动节，中国共产党的空军首次在沈阳地区公开露面。B-25 和 F-51 型战机参加了检阅。通过策反或俘虏，共产党已经获得战机至少 38 架，包括轰炸机、战斗机、运输机和教练机。虽然共产党极大地夸张称有 2 000 名飞行员，但国民党飞行员叛变的准确数字据说超过 20 起。满洲地区尚未发现苏联飞机，但这种情况会在片刻发生改变。共产党的战机还未投入战斗，燃料的匮乏极大地限制了他们的战斗力。

3. 海军

中国共产党通过策反和俘虏，截获了国民党的战舰 63 艘。至 1949 年 5 月 31 日，这些战舰可能已经可以投入战斗，以下是关于战舰类型的统计分析：

3　护卫驱逐舰(DE)

1　扫雷艇(AM)

7　炮舰(PG)

1　小型修理船(ARL)

1　破冰船(AGB)

1　中级登陆艇(LSM)

1　小型步兵登陆艇(LCI)

17　登陆驳船

---

① 因档案原件中的数字极不清楚，此处略去“1949 年 5 月 16 日的中国共产党军队序列表”一幅。此表将中国共产党的军队分为正规军和民兵两部分，其中正规军有彭德怀、刘伯承、陈毅、林彪和聂荣臻分别领导下的五支野战军，共 101.7 万人，民兵 100 万人。——译注

17　摩托艇

14　小型巡逻艇

共产党多半可以获得上述舰艇的船员和其他一些遭到破坏的船只。这些船只,加上俘获的商船,将会增加共产党跨海作战的能力。

4. 后勤

共产党军队迄今为止完全依赖牲畜运输,通过俘获国民党的贮备物资以补充后勤供应,但目前已克服了这些早期的困难。除 1945 年到 1946 年在满洲接管的日本贮备物资外,共产党军队还俘获了多为美国援助的大量的国民党贮备物资,在物资上处于优势。另外,共产党占领了包括沈阳兵工厂在内的大部分华北和华中的工业中心,仅沈阳兵工厂就生产国民党所有军需器材产量的 60%～70%。这些可能补充了以后大陆军事行动所需的全部物资。目前,共产党已经控制并正在迅速修复铁路和水路网,以替代马车运输。满洲到长江的南北铁路线已贯通运行。

(三) 反共武装

虽然国民党军队目前遭到共产党重创,也缺乏有凝聚力的指挥系统,但这并不是完全败于军事。从 1946 年 5 月国共冲突开始到 1948 年 9 月,共产党的游击战术作战规模小,但成效显著。1948 年 9 月中国共产党猛攻济南,令共产党惊讶的是,国民党主力因地方部队士气瓦解而缴械投敌。济南的溃败形成了以后叛变投敌的模式;从 1948 年 9 月到 1949 年 5 月,投敌、叛变、不愿战斗的浪潮席卷整个国民党军队。因此,国民党军队内部的腐烂导致了它的失败。虽然国民党犯有过分扩张的战略错误,但其失败的基本原因是:(1) 无能的军事将领占据高级指挥官位置的军事政策;(2) 蒋介石控制着战区指挥官,妨碍其独立的策略行动;(3) 经济加速衰退,导致部队军饷、食物、衣服和装备的不足;(4) 高级将领以军队为代价的行贿和贪污。

结果,国民党的士气降至最低点,军队丧失了最重要的"战斗意志"。今天的国民党军队不再是一个有组织、有内聚力的作战机器,而是一群分散的、无组织的、缺乏地区合作的反共军阀。

1. 国民党地面部队的实力和分布

中国残存的反共武装有正规部队约 72 万人,此外还有分散于各战区的部队 50 万人。(见第 16 页表)①

附表中所列的"战斗"部队包括高比例的缺乏训练,且装备较差的省级军队,不包括大量无编制的地方军队。

目前,中国基本上有四个相互隔离的反共中心:(1) 东南(含台湾),直接受蒋介石指挥,

---

① 因档案原件中的数字极不清楚,此处略去"1949 年 5 月 25 日的反共武装组织结构表"一幅。此表分析了汤恩伯、白崇禧、胡宗南、马步芳、马鸿逵、张群、薛岳、陈诚、刘安祺等国民党将领麾下的兵力、效忠对象、当前活动的地区以及未来可能的去向等。——译注

约有 30 万人；(2) 南方的广东、广西，受李宗仁和白崇禧节制，约 20 万人；(3) 西南，受张群指挥(可能包括胡宗南的军队)，约 22.5 万人；(4) 西北，由马步芳和马鸿逵所控制，约有 10 万人。

2. 空军

国民党空军有 8.5 至 10 万人，约 1 000 架战机，据报道，其中 600 架可用于作战。中国空军的潜能也因叛变、被俘而递减，1 000 架战机中的 5/6 已移师台湾。由于维修的困难和飞行事故，仅有 35％的飞机可投入战斗。因为军饷的差异，空军的士气略好于陆军，但还是非常低落。所以，共产党的宣传继续在国民党空军中进行工作，搜捕目标。

3. 海军

国民党海军(最近损失了 63 艘战舰，至少有一艘小型巡洋舰、一艘驱逐舰和一艘炮艇遭到破坏)，约有 150 艘战舰(不包括港口船只)、3 万名海军。与其他兵种一样，海军的士气也非常低落，共产党对海军继续实施渗透。

4. 后勤

国民党战区部队在数量上已被耗尽，大量武器、交通工具和装备被夺。他们的中央供给组织失效，更重要的是，以前成建制进行物资补充的中央供应基地现已不存在。国民党战区指挥官发现自己的后勤供应处境与共产党一年前的境遇相似。反共武装大多被限于不毛之地，当前仅控制了两个能够大量提供后勤供应的地区，即拥有 13 个军火库和丰富农业资源的四川和台湾。农业资源过剩的台湾，最近获得美国的军事援助，而且从长江下游地区迁运来大量军火设备。

与之相反，西北需要空运，中国南部也难以维系。因此，这些地区的长期抵抗将要求国外稳定的军事和经济供应。只要西南和南方地区的人民依然忠诚，这里的交通可保持畅通无阻。

(四) 目前和以后的战役

当前，中国共产党的军事目标是拿下从四川到沿海的长江下游地区，同时在中国南部打进一个楔子，以隔离广西的白崇禧、李宗仁和东南的蒋介石。此外，共产党向广州和福州的推进，将加速国民政府的分裂，迫使其逃往台湾或重庆。

共产党的基本目标很可能将在 8 月底实现。从现在开始，国民党不可能再有坚决的抵抗，因为他们首先关心的是将残余的军队撤到台湾或更遥远的西南地区。所以，至 1949 年底中国共产党将完成对大陆的军事占领。

1. 中国共产党的军事问题

共产党军队目前占有全部优势，但仍面临某些全新的问题。共产党军队向西南、西北的推进将深入山区，为保障供应，他们必须扩展通向这些缺少粮食的地区的供给线和交通。虽然在南部、西南各省，他们将得到持不同政见者、土匪和游击队的极力援助，但在西北则面临当地人民的普遍反抗。他们还面临着粮食衣物的供给、思想灌输和俘虏的处置等问题。

台湾是中国共产党的又一个问题。他们没有两栖作战的经验或训练，缺少进攻台湾的必要船只。缺少两栖作战的经验，可能使得中国共产党将采取比地面进攻所需要的更缓慢的政治手段。

中国共产党面临的最大问题也许在于防止军事占领超过了政治巩固的能力，但暂停军事上的胜利，不仅影响共产党的宣传，而且也可能动摇军队的士气。因此，中国共产党最后的胜利取决于维持军事占领与政治准备之间微妙的平衡。

2. 国民党的问题

当前，残存的国民党军队面临的问题显然是无法解决的。国民党中国的离心倾向席卷全国，残存的军阀虽懂得这一点，但已无法完全控制。国民党的军队非常需要一个称职且有效的中央指挥官，以便重新进行武装、训练和组织，但这显然是不可能的。因此，当国民党军队受到共产党军队威胁时，必定逃跑、被俘或被完全歼灭。

3. 战斗力评估

① 国民党。残存的国民党军队或反共武装不可能有效的抵抗共产党的战争机器。即使通过外部援助可以医治这些军队的顽疾，表面的改革依然不会生效，除非国民党军队重新获得战斗意志。这只能通过向国民党军队提供军饷、粮食和衣物而取得，最重要的是使其懂得为何而战。因此，中国共产党能够且很可能将消灭所有地区的反共武装。

② 共产党。目前，中国共产党有能力对南方、西南和西北同时作战，在1950年底以前可以全部消灭有效的军事抵抗。然而，从共产党后勤供应和过快接管导致的士气问题的角度看，中国共产党可能会继续实施其逐地区占领的策略，那么，最后根除中国的反共武装可能需要2～3年。在中国共产党的军事日程表中，南部和西南可能是首选的两个敌人，在西北则会给二马以致命一击。

四、经济形势

(一) 国民党中国

广州国民政府和各省(除台湾和四川)的经济活动大部分被限于搜寻财政收入以维持其军事实力和政治权力。经济和商业的瘫痪遍及大部分非共产党中国，国民政府和多数省府已经穷困潦倒。

广州国民政府的财政状况令人绝望。因税收的无能、国家货币大面积无法偿付债款以及关税的完全断绝，国民政府的财政收入大幅减少，已如风中残烛。大部分国营企业已经停工，仍然开工的企业除当地政府能获利外，企业自身已毫无利润。广州政府控制的黄金、白银储备相当有限，据报道多数省府的财政状况同样严重。

除台湾和四川的经济相对好一些外，非共产党中国的大部分地区贫瘠不堪。国民党其他的重要资产正在被大量运往沿海地区，金条则已经被运抵台湾。

(二) 共产党中国

1. 内部问题

(1) 经济目标。共产党首要的经济目标是：① 没收国民政府和“官僚资本家”的所有财产；② 保护政府的财政和商业机构；③ 获得社会生产机构的支持。共产党能够没收的国民党资产至少有：蒋介石控制的三百多万盎司黄金、政府的海外资产、官员的私人财产和国民党手中的百万吨船舶。大量的工矿企业不可能迁到国民党地区，这些将被共产党完整地继承下来。

(2) 粮食问题。尽管共产党短期内可能无法恢复战争破坏的市场环境，满洲的剩余物资可能被苏联提前抢劫一空，但共产党地区在6月收获之前不会出现缺少粮食的饥荒现象，当然，在洪水或战争造成满目疮痍的地区除外。

由于从内地生产地到沿海消费中心高昂的运输费用，沿海城市已经长时间进口大米、谷物和菜油，但是，如果中国共产党能够解决征集和分配的问题，长江流域的粮食是很可能足以供应这些城市的。

(3) 交通和工业的发展。据来自满洲、济南、北平、天津和其他一些北方城市的报道，企业重新开工和铁路修复是已经获得解放的城镇的优先任务，这表明工业重建已经开始。共产党控制华中后，原材料、动力和熟练劳动者的缺乏依然限制着自身的工业发展；然而，除石油和棉花必须进口外，共产党有足够的资源经营大部分现存的企业。

随着大量煤炭资源的出现，华中地区将减少对石油的需求。国内棉花的征收和上海目前的贮备，应足以供应中国的主要工业——纺织业今年的需求。修复的铁路，加之在长江及其支流俘获的帆船、驳船，将为基本市场提供足够的内河运输。

(4) 获取生产部门的支持。中国共产党将争取中产阶级的积极支持，但中产阶级还不可能完全相信共产党承诺的富裕生活。共产党已经宣布税收不能过多征收，国有企业不能妨碍私人企业，工人不能要求过高的薪水，利用一切手段鼓励私有工业的生产。即使这些承诺大部分还没有兑现，共产党已经在上海和南京的商人中获得广泛的支持。技术专家是中产阶级中最积极的。他们收入高(据报道，在沈阳是政府官员收入的两倍)，并且在中国经济重建的过程中有可能成为领导。中国共产党显然已经获得了其他共产党地区技术和管理群体的支持，在华中也可能获得了他们的支持。

工人和农民不可能休养生息，因为他们的支持已经被夺得，且中产阶级收入的增长就是以低收入群体为代价的。而改善工人、农民的生活水平将是共产党继续开出的空头支票，工人被告知：作为领导阶级，他们必须承担经济恢复和发展的重担。同样，佃农被告知减少租金和利率，而地主获得的承诺是国家经济太落后，要求立即重新分配土地。

(5) 财政和商业问题。中国共产党非常关注国内财政的稳定和商业的恢复。金融专家的匮乏严重妨碍了共产党建立平稳而富有弹性的通货，而这样的通货是中国北部、中部的工商业所需要的。受国民党最近通货的影响，共产党可能继续对谷物和其他商品执行缺少弹性的易货贸易和税收制度。截至目前，共产党在征收农产品方面是相当成功的，这为他们提供了大量的财政收入。

虽然国内贸易受交通和市场的制约,但中国共产党的商业政策还是鼓舞了国家和私人的企业。长江流域的“解放”将使中央信托和其他国民党机构成为共产党巨大的购销组织,从而加强了共产党的国家贸易基地。

此外,中国共产党占领长江流域,通过恢复中国经济北部和中部的正常衔接,对于根治当前瘫痪的国内商业是一个重要的因素。

2. 外部问题

(1) 对外贸易的要求。以后几年,共产党需要进口的主要物资是石油、棉花以及铁路、工厂、动力设备,任何一种物资的不足都会严重地影响到经济的恢复。燃油的需求可能会部分的由替代品煤来缓解,因为共产党是可能获得大量煤炭资源的。但炼油、汽油、润滑油和其他无替代品的石油产品必须进口。目前,中国包括航空燃油在内每年需 1 500 至 2 000 万桶石油,如果可以充分利用煤炭,且经济活动不再增加,每年最少需要 1 000 至 1 200 万桶。

中国重建的需求是巨大的。一个包括重建中国战后工业、铁路和满洲工业最大生产能力一半的重建计划,将要求 3 至 5 亿美元的进口物资,而且满洲的恢复也需同样的数目。铁路设备将花费巨额开支,其余的则为纺织、采矿和动力设备所占用。因为苏联不可能提供大量的贷款和投资,西方国家投资又有政治障碍,所以,共产党的重建会有许多困难。未来几年中国共产党通过自力更生进行重建将会步履维艰。

(2) 对苏贸易。苏联控制下的满洲是以后几年中国对外贸易过程中的一个主要因素。苏联将继续掠夺满洲大部分的粮食和大豆,以满足整个苏联食物油不足和苏联远东粮食的匮乏。这些从满洲进口的物资以世界市场的价格计,每年超过 1 亿美元。至于华中地区的对外贸易,苏联则不会像在满洲那样享有支配地位。因为苏联市场对中国重要的出口物鬃、鸡蛋加工品、手工业品和煤炭需求有限,华中地区的对外贸易更可能是在苏联以外的其他国家进行。满洲对苏贸易的不利之处在于苏联以廉价的垄断性价格购买满洲主要出口物大豆。苏联通过控制满洲的铁路和大连港,能够阻止满洲的产品流向世界市场。这样的对苏贸易有损于中国基本的进口能力。在华中地区,共产党通过将出口物资卖给任何出价最高的国家,以使回报最大化。对苏联以外的其他国家的出口为中国提供了进口基本物资的手段,这些物资如石油、铁路设备、化学产品更易于从苏联以外的其他国家获取。

(3) 对美贸易。中国共产党对西方和日本贸易的有利条件是中国的进口需求和出口市场。这些优势特别适合于对美贸易,美国战后已成为中国的最大贸易国。

美国是石油、某些设备和汽车的主要生产地。如果美国被排除在与中国的贸易之外,日本、英国和其他西方国家可能会填补中国重建过程中的市场份额,但这些国家未来几年不可能有足够的出口物资满足中国的全部需求。

中国的进口不但必须依赖美国,而且中国手工业产品、桐油和动物产品的市场也将由美国的需求决定。如果缺少美国市场,中国的出口将大幅减少,进而限制了其进口能力。在这种情况下,中国经济恢复的希望是非常渺茫的。

(4) 对日贸易。廉价的运输允许日本哄抬中国部分出口物资的世界市场。就中国大宗出口商品煤炭、铁矿和盐而言,日本是惟一重要且可能的市场。作为交换,日本则卖给中国机器、铁路设备,这显然有助于中国共产党的恢复计划。未来几年,中日两国的贸易量每年可达3亿~4亿美元,占中国对外贸易总量的相当一部分。

虽然中国对工业对手日本的反感是妨碍双方大规模贸易的一个政治因素,但急迫的经济恢复可能会不顾及这样的异议。的确,中国共产党工商业部在4月建议恢复与日本的贸易,吉田茂首相也反复重申日本必须与中国进行贸易。从长远来看,日本和美国的市场对中国的经济独立和恢复非常重要。

附录

国务院情报机构的异议

国务院的情报组织不相信这份主题报告,因为对共产党中国的国际承认问题,它没有给出足够的对策。文件中的对策有过于简单化的倾向,从涉及当前中国形势的重要政策角度看,这种倾向是非常不能令人满意的。

CIA Research Reports China,Reel-1-0277,pp.27-48

刘建平译,杨奎松校

2－21

国务院情报研究所关于中共与桂系恢复和谈的前景的研究报告

（1949 年 7 月 26 日）

OIR 5017(PV)

机　密

中国共产党与桂系恢复和谈的前景

（1949 年 7 月 26 日）

概　　要

两种迹象表明，中国共产党可能对与代总统李宗仁领导下的国民政府进行和平谈判仍抱有兴趣：

（1）北平和谈的前国民党代表现在正与共产党合作，最近发表了公开声明，并且与李和李的代表进行了私人会晤，催促他接受和平。

（2）自从共产党跨过长江，他们在军事上的主要进攻对象是效忠于蒋介石的军队。至于李的同伙白崇禧，共产党的策略是逐步迫使其将部队撤至他们自己的基地广西省。

对李目前处境的评估表明，他可能对共产党的友好姿态反应积极。退职总统蒋对公众事务的干涉，并且不愿意放弃对政府财政、党组织和主要军事力量的控制，使得李无法有效地组织起对共产党的抵抗。

共产党具体的和谈条件还不清楚，但共产党可能会与李宗仁和白崇禧妥协，允许他们继续控制广西省。另一方面，共产党可能会在其他地方任命白为军事指挥官，在其政府中给李一个位置。

李接受共产党的条件将影响到其他地区的领导人，比如马步芳和马鸿逵，他们仍在抵抗共产主义。这也给西方国家带来相当多的问题，特别是代总统李同意共产党的和谈条款，将使当前国际承认的中国政府转化为共产党政府，并且在法律上认可了这一政府。倘若李和共产党达成一致，蒋介石很可能会再次出任总统一职。维持与中国外交关系的大西洋各国之间松散的统一战线可能不存在关于国际承认方面的法律解释的分歧，这将导致共产党和李宗仁通过弹劾程序和蒋辞职时的宪法条款，竭力阻挠蒋重获总统之位。

中国共产党与桂系恢复和谈的前景

一、背　景

1. 桂系

在国民党统治中国的大部分时间里，李宗仁和白崇禧[①]双重领导下的桂系在广西省享有相当程度的地方自治权。中日战争开始后，虽然广西的军事领袖支持蒋介石，但在其他时期，桂系却公开地反叛蒋。广西省的行政管理是家长式的，但相对是比较仁慈的；而且桂系有着“自由主义”的美名。

李和白影响着相当一部分中国人。李宗仁从未公开地与中国共产党合作，他一再重申自己对共产主义的反对态度。然而，很明显，许多反对国民党而与桂系合作的人以及1948年李宗仁竞选副总统时的支持者已经成为共产党的积极合作者。李在1948年的支持者从李济深到傅作义，还包括一些军事领袖，如白崇禧、何应钦[②]、阎锡山[③]、张治中[④]、马步芳、马鸿逵。白崇禧作为中国穆斯林领袖的地位可能影响了马去支持李宗仁。李济深的“国民党革命委员会”和中国共产党的紧密关系，使得李将军不可能公开支持李宗仁，尽管他在与国民党主体分裂以前还是桂系的主要领导人之一。其他与李宗仁结合而成为共产党的合作者还有冯玉祥、傅作义和张治中。

2. 李宗仁的法律地位

1949年1月21日，蒋介石辞去总统一职，根据中国宪法第49条：“当总统由于某种原因不能履行他的职责时，副总统将行使总统的权力”，[⑤]李宗仁成为“代”总统。李宗仁在法律上行使总统一职的所有权利；蒋对李政府的干涉不是作为总统，而是作为党的领导人，或总裁。

蒋在辞职之日告诉美国在华军事顾问团的巴将军，他此前已经有过两次辞职，但每一次都被中国人民和一些事情召回，对这一次他也同样充满希望。4月，蒋声称他将抵挡各种压力复职，除非李宗仁“背叛共产党。”[⑥]1949年7月14日，他又有同样的声明公开发表。[⑦] 虽然如此，蒋的辞职仍是可疑的，这极大地限制了李宗仁作为“代”总统的地位，因为蒋在任何时间都可以重新履行其总统的职责。[⑧]

3. 李宗仁维护自己权威的努力

1949年4月21日，李宗仁和总理何应钦宣布北平和谈失败。随后对抗重新开始，李撤

---

① 白崇禧，在李宗仁当选中华民国副总统后，改任华中剿总总司令。——译注
② 何应钦，时任国民政府行政院院长，旋即辞职。——译注
③ 阎锡山，1949年6月在广州就任国民政府在大陆的最后一任行政院院长兼国防部部长。——译注
④ 张治中，1949年曾出任西北行政长官及国民党北平和谈代表团首席代表，和谈破裂后留在了北平。——译注
⑤ 原注：T-195，南京，1949年1月22日，未设密级；A-28，南京，1949年1月31日，未设密级。
⑥ 原注：T-740，南京，1949年4月10日，机密。
⑦ 原注：纽约时报，1949年7月15日，1专栏第11页。
⑧ 原注：T-198，南京，1949年1月22日，不完全开放文件。

至广西省省会桂林,直到5月8日李仍在反对蒋介石干涉行政和军事事务,特别是阻挠李反对共产党越过长江。李请求蒋或者恢复总统一职,或者赋予自己以实权,不再加以干涉。除了控制着军队和政府资金外,李渴望通过撤换蒋介石的追随者陈诚而控制福摩萨。李计划进行政府和军事改革,以清除不称职的腐败官员,特别是那些一贯反对李的CC系成员,进而复兴国民党。这样将给美国以深刻印象,便于获得美国对其政府的进一步援助。李不断的呼吁美国给予自己在道义上和物质上的支持。①

李宗仁努力中的障碍是巨大的。他只能依靠一个主要军事将领白崇禧的忠诚。其他的军事将领和地方领袖依然追随蒋介石,或者谋求独立而不考虑国家的利益。虽然蒋发表声明承诺,李可以动用政府资金,全力支持其行使宪法所赋予的权利,并且不再受到党的干扰,但蒋并不同意完全退出或离开中国。② CC系成员和其他反对李宗仁的人,包括蒋自己,都怀疑李向共产主义开战的誓言。③ 蒋虽然无意于再担任总统或公开指挥军队,但仍渴望控制党,如果必要的话,则时刻准备着复职。

4. 目前的李蒋关系

李蒋继续在寻求达成妥协,双方都无意于彻底破裂。这些努力的成功是值得怀疑的。李勉强同意了国民党"最高政策委员会"以蒋为主席、李为副主席的组织结构。李在委员会中仍居于蒋介石之后,这要使双方都致力于该委员会的发展是可疑的。④

与此同时,虽然李被承诺可以动用政府资金,但白崇禧还是没有充足的军饷来应付军队。⑤ 李所期望的外国援助也没有变为现实。据报道,蒋没有与李商议就发表了碧瑶讲话⑥,这为李蒋之间原有的一系列争议又平添了对外政策上的矛盾。⑦

国民政府控制的区域正在急剧缩小。新疆和云南已宣布完全自治,其他各省也越来越不合作。包括广东在内的每一个省都在发行各自的货币。云南已经不允许政府军进入境内,贵州也将拒绝溃败的军队和难民拥入。⑧

最近有报道称,李宗仁和白崇禧可能会长期撤至桂林或者与共产党达成协议,这显然不符合政府连续受挫、效率低下的背景。

---

① 原注:T-276,广州,1949年4月26日,机密;T-288,广州,1949年4月27日,机密;T-303,广州,1949年5月1日,机密;T-360,广州,1949年5月11日,机密;T-1026,南京,1949年5月15日,机密。

② 原注:T-338,广州,1949年5月9日,机密。

③ 原注:T-343,广州,1949年5月10日,机密;T-457,广州,1949年5月23日,机密;T-406,广州,1949年5月18日,机密。

④ 原注:关于这个委员会,李宗仁的政治顾问丘昌谓曾发表声明:"你告诉大元帅,他可以认为自己充当着皇太后的角色,但李绝对不是他的光绪。"参见T-303,广州,1949年5月1日,机密。

⑤ 原注:T-664,广州,1949年6月24日,机密。

⑥ 此处指1949年7月11日蒋介石与菲律宾总统季里诺发表的联合公报。1949年7月10日,应菲律宾总统季里诺之邀,蒋介石携前外长王世杰等人访问菲律宾。蒋与季会谈后于11日晚发表联合公报,称鉴于远东各国"过去缺乏密切之合作,以及考虑及于今日各国独立自由所面临共党威胁之严重,余等认为,此等国家应立即组成联盟,藉以达到休戚相关、互相援助,以抵制并消除共党威胁之目的"。——译注

⑦ 原注:T-723,广州,1949年7月13日,机密。

⑧ 原注:T-677,广州,1949年7月1日,秘密。

二、近期共产党的和平行动

1. 中国共产党的和谈政策

据报道，中国共产党中央委员会委员叶剑英在1949年4月的北平谈判中声明，共产党会以有利的方式处理广西的领导人，因为他们曾经作过改善广西人民生活水平的工作。[①]据李宗仁说，共产党允许白崇禧指挥比以前还要多的军队。[②]

和谈失败后，共产党并没有完全关闭再次进行和平对话的大门。共产党在很多场合宣称，愿意与"明辨是非、渴望悔过的"国民党官员达成协议，[③]换句话说，就是那些愿意与共产党合作的官员。1949年4月21日，毛泽东和朱德给人民解放军的命令中特别提到在地方和国家层面上进行和谈的可能性："人民解放军被命令……宣布……对任何国民党地方政府或军事集团的和平建议。如果愿意停止战斗，以和平的方式解决问题，可以签署地方性的条约……人民解放军攻克南京后，如果南京李宗仁政府没有逃亡，并愿意签署中国的和平条约，我们愿意再给政府另外一次机会。"[④]

自南京陷落后，虽然没有共产党官员的直接声明，但有迹象表明共产党的政策依然是寻求与国民党领导人的和平谈判，与李宗仁、白崇禧达成妥协的可能性还是存在的。

2. 最近共产党的姿态

自从北平和谈结束后，中国共产党通过与其合作的前国民党和谈代表多次向李宗仁伸出非官方的和平触角。[⑤]

1949年6月1日，香港的左翼报纸《大公报》发表了国民党北平会谈代表、桂系成员黄绍竑致李宗仁的一封信，呼吁李与共产党妥协："你的和平诉求已经赢得全国的支持。不幸的是，顽固分子阻止了和平的实现……我在上一封信中建议你留在桂林，可以继续与共产党进行和解。当你前往广州时，我感到非常失望，这样你将被右翼顽固分子所包围……为了你，也为了和平，我希望你重新考虑目前的处境，勇敢地行动起来以走出困境……"[⑥]

从报道的角度看，黄的信有重要的意义。因为黄是国民党和谈代表中惟一主张全部接受共产党条款的成员，他现在充当着共产党和李宗仁之间的非官方联络员。

"1949年6月28日，中国共产党的新闻报道和广播特别强调了张治中的一份声明，张在声明中否认了关于和平在北平被武力延误的报道。这一声明没有特别提及李宗仁，只是号召张治中的前国民党的同志们进行改革：'……应该以诚意承认错误，以勇气承认失败……

① 原注：T-287，南京，1949年2月1日，机密。
② 原注：T-677，广州，1949年7月1日，机密。
③ 原注：毛致傅作义的电报，引自FBIB，《每日报道》，1949年4月4日，第CCC-3页。
④ 原注：FBIB，《每日报道》，1949年4月22日，第CCC-2页。
⑤ 原注：现在，邵力子和张治中在北平；章士钊、刘斐和黄绍竑在香港；李蒸很可能在上海。
⑥ 原注：D-155，香港，1949年6月2日，未设密级。

甚望我们国民党中央和各地负责同志能够善用理智，正视现实，以反省自咎的胸襟，作悬崖勒马的打算……现在虽未为最晚，实已到了最后机会，万不宜轻忽的听其错过……目前，大局已演变到此。我觉得，各地同志们，应该惩前毖后，当机立断……至于我们国民党，早就应彻底改造……'"①

评论说张的声明"是对于国民党内爱国分子的劝告，是向他们指出了惟一的光明出路"，"傅作义将军、林遵(Li Tsung)、张韬(Chang Chen)、吴奇伟(Wu Chi-wei)和张治中"已经指明了这条道路。(评论强调改革的机遇并不适用于"被人民抛弃"的国民党，而是国民党内"倾向民主"的一部分人。)

张治中声明发表的第二天，北平民盟的报纸《光明日报》发表了来自国民党和谈代表邵力子和章士钊的一封信，据说这封信在和谈失败后送给了李。据传，张治中完全同意信中的观点。② 不可忽略的是，与共产党关系紧密的民盟认为该信此时是值得发表的。信中说道：

……从你[李]在广州发表的声明中明显可以看出，你对和平还抱有希望。一些人谈到了和平，但支持战争。……在战争贩子控制的南京会议后，你已经不可能表达自己的观点，因此，不得不坚持蒋介石的立场。你如果像最近重申的那样寻求和平，那么，坚持蒋介石的观点是不明智的。你不应该将和谈的失败归咎于代表，这种失败缘于你没有成功地结合忠诚与英明……你正是共产党希望的和谈对象。战争贩子也会导致归顺或投降，但很多人寄希望于你的努力以取得最好的结果。因此，你使自己深深地卷入了旋涡，并且战争贩子们也使你不得自主，尽管形势是主战派散布于广州和台湾，你可以自由行动。当南京陷落后你退到桂林时，第二次机遇降临了。我们再次发给你急电，竭力规劝你及早决定，也希望你移驻桂林办公，继续支持和平进程。然而，在主战派的压力和诱惑下，你最终去了广州而深陷泥潭……今天，不管你喜欢与否，和平已是公众的要求和人民惟一的出路。中国共产党已经对你失去了一些信任和希望，但并没有全部失去。如果愿意的话，你还有很多事情可以作。北平期待着你的回音。③

6月间，前国民党和谈代表刘斐到广州拜访了李宗仁。刘是否带来共产党确切的建议还不得而知，但据报道，他带给李一封邵力子的信和共产党对继续抵抗的威胁，督促李继续进行仍有可能的和谈。④ 另外的谈判是李的政治顾问丘昌谓和黄绍竑在香港举行。众所周知，最近丘和黄在香港有过几次会谈。⑤

---

① 原注：引自T-1092的概要，北平，1949年6月28日，未设密级。(译者注：以下凡引自该情报者，均不另注)
② 原注：《远东公报》，香港，第2卷，25号，1949年6月25日。
③ 原注：引自T-1008的概要，北平，1949年7月1日，未设密级。
④ 原注：T-691，广州，1949年6月6日，机密。
⑤ 原注：T-677，广州，1949年7月1日，机密。

最近,没有与白崇禧进行和平联络的报道,也没有直接接触李宗仁的。然而,共产党军队明显不再直接进攻湖北和湖南白的军队。共产党军队已经南下进至白的侧翼,迫使白向广西撤退,或者冒险被从江西中部西进的共产党军队切断与广西的联系。1949 年 7 月 18 日,共产党重新开始的军事行动意在迫使白进一步撤至广西。共产党很可能会抑制对白的直接攻击,这样与李、白和谈的可能性依然存在。同时,共产党向甘肃、青海和福建的进军将削弱蒋介石领导下的右翼派系的军事力量。

三、影响李宗仁和白崇禧的因素

1. 蒋介石的态度

李的政府之所以不能组织起对共产党的有效抵抗是由于一系列复杂的因素所致,所有这些又掺合着蒋介石对政府的不断干涉和几个国民党派系的不合作、不信任,特别是 CC 系。广州陷落,政府很可能会分裂,多数人将前往台北,很少一部分将去重庆。届时,即使蒋介石不恢复总统一职,李宗仁也会失去代总统已经有限的权力的大部分。最近形势的发展表明,如果李辞职,或与共产党达成妥协,或广州陷落,蒋可能计划复职。蒋任命陈诚为西南军政委员会长官,表明他不愿意放弃对部分军队的权力。蒋介石领导下的国民党"最高政策委员会"在广州召集会议,再次证实了蒋坚持对党的控制。与季里诺总统的碧瑶谈话可以看作蒋获取外国支持的努力。蒋的态度对李、白考虑共产党条件有很大的影响。

2. 对美国援助的希望

为了获得美国在道义上和物资上的援助,李宗仁和白崇禧已经做出了一些努力。尽管李和白反复强调其目的是为了继续抵抗共产党,有报道称李推迟考虑共产党最近的和谈姿态,直至收到远在美国的私人密使甘介侯的报告。[①] 白表示渴望坚持与美国的军事联系,即使美国与李宗仁的外交联系应当停止。[②] 李和白显然希望美国支持他们当前领导国民党中国抵抗共产党的努力,如果这些努力宣告失败,美国应帮助他们守住广西。倘若不能得到美国有效的援助,李和白可能会得出结论:他们保住广西权力的最后机会将是与共产党达成妥协。即使李和白确信美国援助,但这种援助在改观他们处境方面的作用仍是值得怀疑的;也许,美国援助能够最大限度地使李和白抵制共产党的和谈,或者抵抗共产党的进攻会持续更长一段时间。

3. 李和白面临的选择

现在看起来,广州显然无法阻挡共产党的前进步伐。当政府最终被迫撤离广州时,李宗仁面临的选择,或者是在重庆继续做代总统,或者与白崇禧的军队撤至广西。如果蒋重新担任总统,可能是在台北,李只能退居桂林。由于李宗仁和白崇禧没有获得决定性的援助,他

---

① 原注:DX-25374,1949 年 6 月 27 日,机密。
② 原注:T-631,广州,1949 年 6 月 12 日,机密;T-394,广州,1949 年 6 月 28 日,机密。

们可能认为保存实力的惟一希望就是与共产党达成妥协以成为中国共产党政府的成员或合作者。

四、影响中国共产党的因素

1. 渴望和平

由于中国共产党可能在不久的将来在军事上统一中国的大部分地区，与李、白达成协议的主要益处是在展示中国共产党的和平诉求，并且无需战斗即可消灭白的15万军队，极大地节省了人力、物力资源和时间。

2. 桂系的影响

共产党的宣传正在利用部分与其合作的国民党领袖，这种方式表明共产党迫切希望与李、白达成和谈的重要考虑是：这样的和平将会影响另外一些仍在抵抗共产主义的国民党领袖。白崇禧在包括马鸿逵和马步芳在内的中国穆斯林信徒中有相当大的影响，而李宗仁在非共产党的自由主义者中间有一批追随者，所有这些人都是共产党需要的管理者和技术人员。

3. 局部地区和解的益处

共产党与李宗仁、白崇禧的和谈条件还不得而知。局部地区的和解可以使李和白继续控制西南部分地区，但他们对这些地区之外的共产党政府没有任何影响。共产党将会把西南部分地区的管理交给李。随着共产党对中国其他地区的统治，利用充足的影响以确保这些地区的合作和最终并入共产党中国是不困难的。这种方式可能为处理其他地区提供了一种合适的先例，特别是西部和西北。

另一方面，从李、白的角度来看，他们显然无法接受放弃统治广西的和解方式，但这对中国共产党是有益的。据说，共产党将给予白更多军队的指挥权，以使其移出广西。中国共产党会在政府中留给李一个名义上的职位，很可能是副总统或副主席。这一过程将彻底消除了李、白在广西的权力，同时为共产党"联合"的概念给出了一个生动的例证，有利于其宣传和政治意图。

4. 获取合法权利的可能性

如果李宗仁作为代总统与中国共产党达成一致，由此产生的共产党政府可能会宣称是中国的合法政府，并在政治协商会议上修改现在的宪法。然而，共产党最近的声明没有要求立即承认其为中国合法政府的迫切愿望，这表明中国共产党可能愿意推迟承认，直至政治协商会议组建正式的共产党控制下的政府之后。尽管如此，李宗仁作为代总统接受共产党的条件，进而将国际社会对当前中国政府的承认转移至共产党统治下的政府的可能性是存在的。因此，蒋介石将努力恢复总统一职，但共产党会通过蒋辞职的宪法条款和宪法第100条的弹劾进行"合法的"阻挠。

五、结　　论

目前的情况是李、蒋之间的分歧将不会在广州召开的会议上得到解决,他们的关系迟早会破裂,李将撤至桂林。届时,李和白可能会考虑共产党的友好姿态,而不再进行毫无希望的抵抗。在这种情况下,蒋竭力恢复总统一职是可能的,但除了在台湾外,已不可能拥有多少权力,这主要是因为他的法律地位不明确,且李、白接受共产党的条款可能引起其他地区的和解。

李宗仁和共产党的和解将使西方国家在华面临的问题复杂化,特别是共产党可能会要求其合法地位。维持与中国外交关系的大西洋各国之间松散的统一战线可能不会继续存在法律解释方面的分歧,这将引起共产党和李宗仁对蒋介石的总统一职提出严重的质疑。

李接受共产党的条件将对其他地区的领导人产生不良的影响,如正在抵抗共产主义的马步芳和马鸿逵。它也给西方各国带来很多麻烦,特别是李作为"代"总统而同意共产党的和谈条件,这会把当前国际社会对中国政府的承认转移给共产党政府,使共产党获得合法的地位。倘若李与共产党达成一致,蒋介石可能会力争总统一职。维持与中国外交关系的大西洋各国之间松散的统一战线可能不会有国际承认问题上的法律解释方面的分歧,这将导致共产党和李宗仁通过弹劾程序和蒋辞职时的宪法条款,竭力阻挠蒋重获总统之位。

OSS China and India,Reel - 4 - 27,pp. 1 - 17

刘建平译,杨奎松校

2－22

国务院情报研究所关于中国在远东的潜力的报告

（1949年8月1日）

OIR 4909.5

秘　密

世界共产主义运动在远东的潜力

（1949年8月1日）

第四部分：中国

一、中国共产党当前的地位[①]

目前，中国共产党在军事和政治上几乎彻底控制了中国。[②] 世界共产党认为这样的成就仅次于1917年布尔什维克革命的胜利，因为它使有着悠久的历史文化、众多的人口和广阔的土地的中国确立了共产党的统治。从历史上来看，在一个长期习惯于缓慢发展的社会里，仅仅经过30年的权力角逐就取得如此成就（其中20年处于极度不利的地位），这是引人瞩目的。

1945年日本投降以后，共产党对国民政府连续不断的军事胜利，说明了共产党当前在中国有利的形势。这些胜利是共产党20多年前实施的革命政策的结果。这种政策最大的成功之处就是确保了根据地和大量的军事武装。最近，这种政策已使中国共产党的军队从1936年约8万人发展到今天的大约300万人，同时共产党控制的地区也由1936年仅陕西的一处弹丸之地到现在占据大部分满洲和多半个中国。

在法律上，中国共产党还没有建立起全国政府的权威，但共产党倾向于暂时维持这种反抗现存政府的地位，其目的在于通过军事行动摧毁中国南部和西部的那些依附于旧政权的残余势力。在共产党控制的地区，各种类型的地方组织履行着政府的权力，这些组织有日趋成熟的华北和华中“人民政府”，有中国东北（满洲）的“行政委员会”、西北联合的“边区政府”，还有华东和华南前线纯粹的军事政权。

---

① 原注：见附录一“中国共产党简史”。

② 原注：中国共产党统治满洲的准确情况尚不清楚。现在，西北地区还无法进入。

毫无疑问，共产党的地下组织竭力地煽动国统区的学生和工人，使用他们的力量，但不满的农民组成的游击队较城市的地下运动，在总体上更有可能分散国民党的力量。

共产党的领导地位已经相当稳固，他们声称现有300万党员。自1921年成立以来，共产党就由一小部分精英人物来指导，这部分人将自己的命运与党紧紧地联系在一起。像其他国家的共产党一样，这个精英集团主要由三个重要的机构来代理：包括77人的中央委员会、12人的常务委员会或政治局以及14人的军事委员会。在党的大部分历史上，这些人有着相同的背景和经历，这使得统治集团完全成为相同类型的人。中央委员会的77人中，有55人来自华中，仅毛泽东出生的湖南省就有25人。这些人的多数都经历过江西苏维埃时期（中国共产党1931～1934年在江西省和福建省的农村根据地成立的政权）和“长征”时期传说中的艰难困苦。1934年，在国民党的军事进攻下，江西政权覆灭，共产党开始了前往陕西省的“长征”。政治局的全部12人，都有至少21年的党龄，而一半的有25年的党龄。

像世界共产党领导人一样，中央委员会的委员们年龄都不大，平均46岁。然而，考虑到平均的海外任职时间，他们已经展示出了惊人的生存能力；没有进行大规模的大清洗也许能够部分地解释这一点。他们在领导岗位上的训练得益于正规的教育和党内的经历。就接受正规的教育来说，领袖们是特别幸运的，他们有机会进入中国、德国、苏联和法国的学习机构深造。77人的中央委员会中，至少有30人在国外学习过，26人曾在苏联有过一段时间的学习或居住。他们成功地把自己所学运用到复杂的中国，这生动地体现于他们成功地把中国的农民引入了政治和战争。

共产党对中国的强力控制，意味着这些受过良好教育的精英们必须通过300万党员去统治几亿非共产党的中国人。思考解决这种突然大规模的扩张问题的计划是去年共产党一直耿耿于怀的事情。

共产党中国的全国政府可能采用与“人民民主”原则相一致的政府组织形式，共产党显然是有意掩盖在许多统战党派参加“联合”政府背后的权力主义角色。自1948年底，共产党就已经开始了政府的组建或重建。1949年初，共产党在石家庄召开了“政治协商会议”的预备会议，各个团体的代表出席了会议——民盟、国民党革命委员会、文联、妇女组织、工人和农民组织、青年学生团体、海外华人以及其他组织。由于中国和中国共产主义有着极其浓郁的农民色彩，工人的影响力仍相对较为微弱，例如，共产党组织的全国工会仅有80万人。

然而，在下面这段1949年7月1日的演讲中，毛泽东清楚地表示，这一小部分工人阶级的领导绝对是党胜利的根本：

> 人民民主专政的基础是工人阶级、农民阶级和城市小资产阶级的联盟，而主要是工人和农民的联盟，因为这两个阶级占了中国人口的百分之八十到九十。推翻帝国主义和国民党反动派，主要是这两个阶级的力量。由新民主主义到社会主义，主要依靠这两个阶级的联盟。
>
> 人民民主专政需要工人阶级的领导。因为只有工人阶级最有远见，大公无私，最富于革

命的彻底性。整个革命历史证明,没有工人阶级的领导,革命就要失败,有了工人阶级的领导,革命就胜利了。在帝国主义时代,任何国家的任何别的阶级,都不能领导任何真正的革命达到胜利。中国民族资产阶级曾经多次领导过革命,都失败了,就是明证。①

二、共产主义革命在中国的环境

迄今为止,中国社会的动荡显然有利于今天共产主义的发展,而这种剧烈的社会动荡始于共产主义传入中国前的一个多世纪。共产党是第一个承认他们在这一激变中的责任的,他们将这种动荡看作"资本主义"发展演变的一个阶段。这种动荡松动了极其强大的政府权力,中国共产主义荣辱盛衰的事业即证明了这一点。中国共产党的偶然胜利必须被提及,因为共产党事先阐明的理论、计划和以后实际上享有的荣誉之间有很大的距离。在现代中国,研究分析的前提是革命运动的双重性——巨大但无领导的社会力量和共产党试图以世界意识形态的名义利用这些力量,这就要求既要注意到中国的社会环境,又要考虑到各种各样解决社会问题的策略。

(一) 社会环境

中国的发展进程经常被描述(为了更好地理解中国文明)为"西化"或"现代化",这涉及各种社会力量的交互作用,西方从文艺复兴到俄国革命的社会动荡即是如此。就中国经济的发展和技术的革新来说,这样的描述也许是正确的。然而,在共产党的革命之前,中国的另一面——社会、道德和政治显示出总体上的衰落,同时,中国传统社会也努力尝试着进行重建。

为了理解马克思列宁主义的意识形态在1921年至1949年被引入中国时的形势,有必要简单讨论一下上个世纪中国传统社会里显著的个人特征及其体现出的一些变化。

1. 传统社会

正如西方人所看到的一样,传统中国的文明在其大部分历史上保持了人口与可得物质资源的极高比率。② 今天这种比例体现在超过4亿的总人口、每平方里的土地上有1 000人以及30‰的死亡率上;据估计,中国几乎80%的能源来自于有生命的资源而非无生命的资源也反应了这一点;③能够接受的一种观点显示80%的人口从事于农业;平均每人耕种4英亩的土地,而每人仅有0.6英亩用于种植粮食;在实际的消费中,种子类的产品占日常饮食种类的大约90%;很显然处于为生存而斗争的状况,这在一千多年来困扰每一代中国人的三

① 原注:FBIB,《每日报道》,第PPP-5页,1949年7月5日(北平,新华社,1949年6月30日)。
② 原注:现在认为中国人口在公元2年可能为5 000万人,主要集中于黄河流域,人口的密度接近于今天同一地区的密度。
③ 原注:在美国,仅30%来自有生命的资源。

类饥荒中更加突出。

这种状况主要源于社会的观念。然而,某些农业和商业的因素是这些看法的基础。

(1) 生产和分配。为方便起见,“生产”就等于土地的产出,大约占全国收入的80%。① 这一产量可以非常粗略地计为:每年大米5 000万吨、小麦2 200万吨、西红柿2 000万吨、高粱700万吨、小米800万吨以及玉米650万吨。它的总量反应了人力和畜力的广泛使用,但人均可耕土地的数量很小。② 虽然他们的技术在总体上被认为是“原始的”,但相比较于欧洲大约1 700年的技术,仍是令人鼓舞的。

中国的很多农民拥有土地,事实上,佃农的比例总体上和美国的相同。③

中国的租佃是地主和农民之间纯粹的契约关系,佃农所租土地的一部分收入或产品付作租金。这种关系和欧洲庄园制的封建“费用”或“服务”相比较,并没有任何不同之处。租佃是中国资本积累的主要机制之一,有助于受益者聚集起农业上的盈余,但这经常被看作是对农民繁重的负担。因此,租佃在生产力和市场活动最发达的地区最为普遍,如中国西部和南部一年两收的农民中,而在中国北部小麦、小米和高粱单收的地区租佃最少,这并非偶然。

高利贷是传统社会的一个特征,反应了土地被分割为小块以及产品完全受气候、市场控制的经济对资本的迫切需求。贷款的利率一般以每月10%递增,收入归地主或职业放贷者。农民的目的一般是为了短期生产或者消费,这种代价反应了他无力控制自己在中国的生存环境。

在这种关系中,可能有一点被遗忘,即中国的农民是活动于复杂的城镇经济中,这种经济源自中国社会之初。全部农业产量中惊人的一部分进入这一市场——现实中的市场是许多小而独立的地方市场,贸易的项目取决于地方的手工业品或工业产品。在中国历史上,大规模城市生活的存在就是农业市场盈余的表现,官僚体制、军事活动以及财富积累的程度反应了农业盈余流入非农业渠道的程度。

尽管中国许多政客享有贸易的果实,但诚实的商业阶层是能够发展出“商业资本主义”的。④ 但是,由于中国历史上政治价值观的强压和对商业的控制,商人或者追逐政治权力,或者创造这种权力。因此,必须强调的是,中国对资本主义机制并不陌生,它模仿移入了西方“工业资本主义”的形式,但并没有行得通。

(2) 普遍的观点。中国人传统地认为所有的事物处于一种平衡状态,不进步但在不断地进行调整。因为这种观念强调社会的平稳,否认西方的“进步”、“科学”和“秩序”,它使得中国社会呈现出合作、“满足的”特征,而没有竞争和渴望追求的特点。

中国的社会机构和社会活动反应了这些中庸的和静止的态度。中国人从来都缺乏社会激励,无法提取出西方科学中的思维工具。国家权威受到附属的家长集团合作程度的限制,

① 原注:非常粗略的估计,在美国每人每年50美元。

② 原注:大约2.4亿英亩的耕地。

③ 原注:1937年,中国仅有30%的农民是佃农,24%是部分地拥有土地者,46%为完全拥有土地者。

④ 原注:坐商通常涉及家庭的支持、要求数月的冒险计划等。

并且这种合作对个人的生存是不可或缺的。中国的法律是带有个人感情色彩的公正,而非不涉及个人感情的国家权威符号。中国宗教缺少高度发达的"超自然秩序"的信念,因而道德、礼仪和祖先的崇拜非常盛行。许多革新在过去是极讨厌的事情,因为它扰乱了社会机制依赖的人和自然的平衡。

毫无疑问,如果说传统中国社会在满足人的基本物质需要方面是失败的,那么,它在维持高度发达的自发合作的目标方面获得了令人敬佩的成功。

(3) 权力的本质。传统中国从未发展出西方措辞中所理解的"国家",即权力资源,以它的名义可能统治自己或其他人。相反,权力是获得大众接受其政策的能力,可分为:① 父权集团(它的起源是早期的农庄,基础是一种地位关系);② 社会阶层(其源头是早期的城市,他们起着知识、军事或者经济的特殊作用)。

在现代中国使地位永恒化的各种集团中,家庭、氏族、村社和秘密社会处于主导地位。例如,家庭有着多种作用,包括生存资料的获得(农业和商业)、礼仪的保持(祖先崇拜代表了主要的"宗教")、警察的监管(负责所有成员的合法行为)以及知识的灌输(学问、知识和社会价值)。通过血缘关系,中国社会的每一个人和多数的社会职业建立了关系——除了那些要求专家才能起作用的行业,如商人、学者。

必须认识到,阶层的内容(除农民)总是非常杂乱的。原因之一是集团活动的继续存在,家庭组织、商人行会和秘密社会的保留即证明了这一点。

这种进程的一个结果就是在中国没有出现处于统治地位的资产阶级。在西方,资产阶级是全能政府的代言人和资本主义企业的支持者。因为中国经济和知识的发展没有出现产生资产阶级的条件,中国也就无法产生权力主义政府和不带个人色彩的行为准则或"非政治化的"资本主义经济。以西方的标准,而不是以中国传统中无形的标准来看,这是一种失败。

2. 共产党之前的变化原则

中国社会在1921年共产党成立和1949年的胜利以前所体现出的变化,一方面归因于16世纪后西方先进国家的入侵,另一方面是社会内部的缺陷积累的结果。为方便起见,两种发展的结果将在下面的标题进行简单讨论:① 中国土地的饱和;② 财富和权力的新观点;③ 集体忠诚的瓦解和新社会阶层的区分;④ 缔造一个自行发育的国家的问题;⑤ 新观念的出现。

(1) 中国土地的饱和。从1700～1911年,伴随着西方"帝国主义"的入侵和西方工业的移植,中国人口大约翻了三番,这被认为是1911年满洲政权灭亡的主要原因。新的粮食作物刺激下的人口增长,导致了中国可耕土地的饱和①和长期的边界移民运动的中止。② 它的结果很可能相当于美国通过垦边计划带来的经济和社会效果。

关于中国人口集中的研究显示,相当于今天的贫穷在传统中国是常见的。然而,移民和

① 原注:就已有的技术而言。
② 原注:满洲除外,大约在1929年这里的殖民化达到顶峰。

居民的再安置却缓和了这种贫穷，大片内陆和边疆的土地吸收了多余的人口，因而也使得各种灾难维持在可以容忍的水平上（如土地短缺、过高的租金、饥荒和疾病）。在人口急剧增长的满族时期（1644～1911），解决人口问题的外在方法被中断了，这很可能是整个中国粮食作物（如高粱、玉米、马铃薯和花生）的引进及其快速普及的结果。人口过剩的状况很可能只有通过自然的或人为的灾难得以改善，这一推论有着深刻的社会暗示，惟有在中国19世纪初期一系列的农民叛乱中得到证实，尤其是1849～1865年的太平天国起义。即使随着西方各国将现代技术带到中国，满清统治者也慢慢懂得需要一种内在的方法，以解决人口的过剩和贫穷，但同时也要考虑是否有损于古代的合作机制。

(2) 财富和权力的新基础。鸦片战争（1839～1842）对中国统治者的震撼不仅是要改善国民的生活水平，更是要提高中国在世界民族之林中的地位。因为工业化远没有完成，结果就没有心理上的抱负，或者统治集团忽视了工业发展的问题。

伴随着中国人50年中满怀热情地实验西方类型的工业（1860～1910）和同一时期西方在外国租界中令人鼓舞的发展，中国人对这些问题的思考渐趋幻灭。许多国家现代型的发展突出了传统社会的基本困境，而不是解决了这些困境。例如，大规模沿海城市的增加促进了对内陆自耕农的彻底剥夺，也使地租的增长和地主的缺席非常虚假。在同一进程中，世代相袭的佃农同样丧失了其对土地表面的权利。工业品最终深入云南和四川等腹地，完全以低于家庭手工业产品的价格出售。这种向海外倾销的罪恶（在西方是18世纪的现象）同样地席卷了存有家庭编织业的地区。此外，城市出现失业，茶农和丝农开始依赖于世界市场。

孙中山的思想建立了一种仍然盛行着的模式。它假设通过在交通、农业、能源供应以及生产分配方面的革新以实现中国大规模的工业，这将是最理想的。国家资助并管理生产商和资本货物产业（钢铁、水泥、电力、橡胶、机器工具以及一般的工业设备等）。消费型产业（纺织、冰箱、汽车等）由私人开办，进行经营。因此，“国家资本主义”将成为中国人结束贫穷、实现民族独立的正式组织，同时，保证土地所有权“平等”的温和的社会革命与之相伴。

(3) 集体忠诚的瓦解和新社会阶层的区分。随着传统的社会团体的瓦解，保证中国相对平稳的权力结构将消失。例如，家庭破裂的现象很容易被归类：对国家新的忠诚、新的就业机会、妇女的新地位、共同家庭的衰落、家庭规模的缩小、父权的限制以及包办婚姻的逐渐终结。寻找切实可行的替代物并非易事，但这可能不是每一个现代国家所必需的。

暂时来看，这一进程最少导致社会阶层的区分更加清晰，且会有新的阶层出现。以前无组织的阶层将继续进行重组——旧式学者阶层迅速黯然失色、工业的工人阶层成型以及新的技术人员阶层正在产生。

(4) 缔造国家的问题。1911年的革命标志着古老的封建政权正式解体，尽管共和国政府中仍以旧式官僚体制（建立在士绅和保甲的基础之上）和旧省府维持权力（表明地方的政治、军事领袖握有权力）的形式存在着封建残余成分。因此，议会政府作出的妥协很快表明在中国这和局势没有关系。

西方人一般认为法理学理论和权力的概念最终将在中国发展起来，成为“国家”的法律基础。这样的假设并没有变为事实。中国所谓的政党获得授权,作为特殊社会群体的代表机构,但仅仅代表少数人。正如前面暗含的一样,现代政治运动的权威在中国还缺少社会基础。

(5) 新观念的出现。在对共产党以前或者非共产党时代中国的变化的研究中,观念的转变从理论上应该提供了变化方向的主要线索。

有苗头显示,国民政府中部分人士清醒地意识到裙带关系的危害,已经承认知识阶层对体力劳动的看法出现缓慢的变化,承认教育需要一些改革,感受到日渐兴起的民族主义,接受一些主权的理论,以及至少在口头上支持正式的法律原则。然而,在影响更久远的领域,变化仍然没有,如新风纪的发展、语言的改革和技术的革新等。与胡适的名字相联系的"复兴"(重视大众文学风格、西方的逻辑和民众教育)并未产生出新的形式和孙中山所表达的新希望。

如果没有必须的附属的发展变化,形成本土的"意识形态"是不可能的,①不管是阶级教义,还是社会进步的方向。因此,变化的努力在中国缺乏现代思想体系所指明的方向。然而,思维方面的一种变化已经给出了其他所有变化的发展方向,即就是伴随着改善物质生活的次要目标,乐意修正传统社会中处于统治地位的目标——和谐、合作或者平衡的成就。

(二) 共产党对中国的战略

根据共产党的理论,在中国,共产主义是"资本主义"发展和衰亡的社会革命过程,这一过程以"封建主义"瓦解开始,以"共产主义"建立结束。这个过程被认为是中国的初期阶段——自 19 世纪初期,由于西方国家的入侵,中国传统的"封建"社会被注入了资本主义的影响。由此而带动中国社会的转变,共产党将其概括为"半殖民地"和"半封建社会"。

在开始时,注意共产党使用"封建主义"这一术语以作为区别"封建"欧洲的现象是十分必要的。欧洲的马克思主义者通过运用这一术语去理解土地所有制,在这种所有制下,"地主"将土地分给"农奴"以得到某种劳动力服务的回报。就欧洲来说,封建主义也涉及欧洲早期土地共有的农民破产后演变而成的封建采邑社会组织。马克思主义者将封建主义运用到中国去理解土地所有制,其主要特点是"出租者"和"佃农"之间的契约和非义务关系。另外,封建主义描述了一个绅士学者的体系,这一体系是通过农民私人拥有的财产的扩大而形成。所以,从共产党的角度来看,中国"封建"社会的瓦解将演变出远不同于中世纪欧洲的激进的结果。

根据马克思列宁主义的理论,中国革命与西方相比还有进一步的差异。在欧洲工业国家早期资本主义的演变期间,上升的资产阶级最终将其利益伸出国界,开始了"帝国主义"的进程,中国(和亚洲其他国家)第一个被降至"殖民地的"地位。马克思列宁主义者认为后者在中国有两个结果:第一,逐渐统一了封建士绅和国际资产阶级的利益(为了维持中国的封

---

① 原注:这不能与传统相混淆,在中国的儒学中有处于支配地位的知识氛围。

建的和不独立的地位);第二,真正的资本主义的振兴,随之诞生了寻求进步和独立的民族资产阶级和革命的无产阶级。

在历史时期方面,共产党认为中国从1842年[①]到1921年处于“资产阶级世界革命”的“轨道”中,从1921年到1949年则处于“社会主义世界革命”的“轨道”内,这种转变的标志是俄国布尔什维克革命后许多国家共产党的成立。此外,共产党在中国胜利的1949年也可能被看作是“殖民主义时代”在中国结束的标志,尽管共产党的教义并没有讲清楚“殖民地的”独立这一术语。这种模糊的原因在于斯大林和毛泽东发展了列宁关于“殖民地革命”的理论,[②]将历史进程分为“新民主主义”和“社会主义”两个主要发展阶段。通过共产党教义中阐明的这些阶段,资本主义在中国的发展和灭亡就是预料中的事情。

在当前的“新民主主义”阶段,共产党认为他们明智地利用资本主义的进步力量向社会主义前进。这一过程需要鼓励反对外国的具有创业才能的阶层,鼓励私人经济的发展,并且在共产党的领导下团结各个革命阶级。由于工业没有经过充分的发展导致缺少大量的无产阶级,党必须以农民作为当前的动力,而在中国的“封建”土地关系中,这些农民仍然期待着欧洲国家早期资本主义所带来的解放。

由于“殖民地革命”的共产党理论比运用于工业地区的革命理论更重视民族主义以及与进步资产阶级的合作,殖民地地区的共产党和苏联共产党之间就出现了一种特殊的关系。相比较与苏联领导的世界运动紧密相连的党,殖民地的党通常被允许有更多的行动自由。虽然这可能被认为是最近相对策略的变化,但它反应了在中国实现社会主义的长期性和艰巨性,也反应了远东需要释放早期资本主义和民族主义所引发的能量,因而要求冒险与最终可能对共产党危险的本土化运动合作。

就中国而言,上述理论涉及到共产党的六个假设。第一个假设是有一套国际学说可以描述中国的发展过程,并提供其控制的手段。第二是可以指导中国发生的变化问题去改变物质环境,因而要求立即注意经济问题。第三个假设这样的变化将受西方型工业发展的影响。第四个是中国社会整齐的分层是可能的,而且已经实现,这样的社会分层很可能引起阶级冲突,冲突中只有一个现在仍不存在的阶级——无产阶级将获得胜利。第五个假设是共产党可以利用资本主义的生产力量,并能够牢牢控制他们。最后一个是“封建”社会转变为“社会主义”社会的历史进程可以被极大地缩短,这样就只需要西方所使用几百年时间中的一小部分。

很显然,如果没有这些假设,中国的共产主义运动将比其原本的情况更加悲观。在共产党历史上,党有时会重新检讨这些假设,例如,1927年民族资产阶级和国民党“叛变”以后。但是,每一次的回顾看起来都发现了满意的答案,并且从中折射出西方中世纪后期是转向社会主义工业化国家的合理时机。

---

① 原注:《南京条约》签订的时间,它结束了“鸦片战争”,并打开了中国的国门。

② 原注:见斯大林1927年8月的《论国际形势》和毛泽东1940年的《新民主主义论》。

三、一个合理而持久的共产党政权在中国的前景

上面所讨论的中国共产党潜在的各种标准中,对共产党在中国维持一个持久政权的能力的讨论显然是最恰当的。中国共产党已宣布在 1949 年或者 1950 年成立全国政权。在总的战略中,党已经公开声明要实现两个持久的目标:更直接的目标是转变共产党政权的基础,即从农村、农民的基础转向城市、工人阶级的基础,并为这种转变创造条件;更长远一些的目标,城市工人阶级将发展成为共产党在中国执行政策的工具。在中国实现这些目标的过程中,新政权很可能会遇到考验其巩固权力能力的主要问题。

考虑到共产党的日程表在不断地变动,所以,假设任何特定的实现目标的速度肯定是非常武断的。然而,为了能够分析起见,"短期"前景大概指下一个十年(1950～1960),"长期"前景指不确定的 1960 年以后。

(一) 短期的前景

虽然中国共产党现在已显露出明显的"渐进主义"的计划,他们的政权可能最终遇到农民的反对而危及其权力。但是,从短期来看,该政权应该有能力应付这样的威胁。

1. 问题

农民抵抗的假设取决于对中国共产党推行"城市化"运动过程中所遇到的一系列问题的分析。共产党最后"独立"于"外国干涉"的条件是现代工业的恢复和发展,目前在沿海城市和满洲已发现有一些现代化的工业。通过发展现代工业,几个重要的要求将得到满足,如产生城市无产阶级、保证民族独立以及为最终的共产主义提供经济基础。

在中国,共产党将大部分能源集中于现代工业的决定是一个比从表面上看起来更艰难的抉择。中国在农业、交通和市场这些欧洲于 1500～1700 年已为现代工业打下基础的产业方面,仍没有取得基础性的发展。例如,农业的发展还受制于落后的土地使用模式,而这些模式大都是欧洲 19 世纪的事物。可以转化为有利可图的投资的剩余农产品依然没有高效的交通系统进行运输。尽管这种状况引起土地部门的广泛重视,但只有当它能直接援助现代工业的发展时,共产党才计划去作改善工作。因此,农村经济显然只能在城市经济的指令下获得发展,农民自治的地区除外。

如果得到的投资资本可以流入工业领域,那么,付出什么代价才可以做到这样的动员呢?不管处于什么时代,代价显然是相同的。随着人口的增加,中国可耕土地的较早枯竭剥夺了中国人的投资"肥肉",因为这样的投资"肥肉"是与稀少的人口和大量的未耕土地紧密联系在一起的,西方国家工业发展的前期即是如此。现在,农村平均生活标准和维持生存之间的差额在中国非常小,要进行资本动员必须严格遵守两个条件。第一个条件是大部分的工业资本应当来自现存工业企业的积累和共产党控制地区半商业化的农业的积累。第二个条件是人口的增长必须得到严格的控制。

如果人口的增长仍高于国民收入的增长，即使中国现在能够进行小规模的投资，也只能通过控制消费来维持。很显然，中国所有农民将受到这种情况最严重的影响，并且要承担增加的税收和租金。

这里不要求讨论这种控制的一些经济和政治的分支系统。明白下面的问题就足够了：将减少的农民消费资金转化为生产性的工业投资需要立即控制和鼓励农产品的出口（如大豆和花生）；将这些农产品经对外贸易转化为外汇；使用这些外汇购买资本货物。因为强迫贸易将严重地影响新政权的对外政策，驱使其与日本或者北大西洋各国进行交易的动力可能相应地减弱。

但短期出现的主要问题可能会来自内部。现在，大幅度增加农民的税收将会突然否定农民头脑中二十年的与共产党相连的经济政策。这很可能引起农民们不满，进而威胁到新政权的权威。

因为从短期来看，这种权威仍然取决于共产党领导下的联合政府，而在联合政府中，农民的支持暂时还是至关重要的。共产党的权力现在仅仅处于巩固的过程中，在许多政治问题上，很可能要求农民来继续支持，如地方政府的重建。同时，即使共产党求助于农民的支持，他们也必须摆脱把农民作为其运动主要支柱的状况，用减少农民收入的方式去打造无产阶级。因此，他们的政策必须避免疏远农民，而同时要获得城市工人的支持。

如果农民的反抗在中国出现的话，它将包括储藏粮食、消极反叛、杀害收税者、盗匪行径和公开起义等形式。认为共产党的政策将逼迫农民出现偶发事件是没有理由的，但上述四种形式的出现是完全可能的。

共产党的政策不会完全处于中国人的控制之下，这将是内战结束后的最后问题。事实上，消除农民有效权力的方案在欧洲卫星国已有先例，如使用欧洲“人民民主”的早期阶段，显然是合适的一个。但是，将其运用到中国有两个内在的困难：第一，中国共产党为了农业和交通方面的某种发展，可能被迫暂时放弃扩张工业、增加无产阶级的计划；第二，因为苏联担心出现“铁托主义”，[①]中国人将被要求加速消除共产主义运动中农民的影响。

因此，中国共产党可能被陷入苏联主人的苛刻要求和难以控制的国家形势之间的困境。于是，这段时间需要较多地依靠关于中国的“官方路线”。它在解决经济发展问题上是否有变通？它能否批准一份向农民短期妥协的计划？

2. *共产党解决问题时的有利和不利之处*

大众良好的意愿将是中国共产党新政府获得权力的主要有利条件之一。中国老百姓所希望的提高生活水平和巩固民族独立是中国共产党向人民的承诺。如果工业计划的某种困难，如减少农民收入，并没有立即使农民的态度变差，共产党就有可能将这种意愿释放的能量转化为重要的经济和社会财富。有部分弹性的计划是对远东扩张运动中成员国的刺激，这连同有效的宣传显然是中国共产党保持民众良好的意愿，进而维持政权短期平稳的主要

---

① 原注：包括疏于城市化、过分依赖农民、公开的与中间阶级结盟以及经济发展中的独立思想。

有利之处。

现阶段中国共产党总的行动方案是殖民地国家的“人民民主”方案。“人民民主”方案要求公私经济同时发展;征募非共产党技术人员、知识分子和官员来管理政权;鼓励与资本主义国家的贸易;坚持和各种非共产党团体的“统一战线”。中国人被允许长期处于“人民民主”的“殖民地”阶段,尽管在 1948 年 12 月 14 日已获得苏联的认可,当然,这还是令一些人怀疑的。怀疑来自 1949 年 1 月 24 日苏联对中国重要的广播节目中,它指出中国的经济建设需要直接转向重工业以及形成强大的无产阶级。在实践中,这一方案到目前为止还是温和的。

就“人民民主”的形式需征得苏联同意的大前提来说,中国共产党在共产主义运动中不会面临异端的严重威胁。人民民主方案内在的弹性足以允许中国共产党去不断地调整他们在客观形势下的活动,而且没有偏离世界共产党阵营的危险。苏联关于加速结束“新民主主义”进程的警告可能严重地伤害新政权中的农民。然而,如果采取加速的方案,强力的控制显然能够防止威胁政权稳定的不满。

中国共产党领导人和克里姆林宫之间在任何次要问题上产生分歧的可能性在短期内是不必重视的。一位中国共产党的反叛者将苏联在满洲的活动描述为带着面纱的“帝国主义”,这样的描述遭到党的正式谴责。[①] 苏联公开向新疆和内蒙古的渗透也可能伤害了中国共产党党员们的民族感情。然而,苏联显然正在力求避免中国再次出现铁托,而中国共产党还没有足够的理由搞类似的破裂。

如果苏联的严重过失影响到中国共产党的有利处境,导致中共被迫退出,那么,中国共产党成功的可能性将和 1948 年中期的南斯拉夫党一样大。现在,中国党已经成功地巩固了自己的领导地位。在目前的领导下,大部分党员的经验具有连续性和相对褊狭的特点。共产党的胜利尽管主要归于苏联的援助和自己的军事努力,但这样的胜利却建立了一支庞大而独立的军队。只有中国共产党有机会割断与苏联领导下的世界运动的关系,这些有利条件才是重要的,但这样的机会显然是不存在的。

中国参与意识形态的扩张运动,并有可能成为远东其他国家的导师,这将使中国人受到伤害的文化自豪感得到慰藉。此外,在表示希望终结欧洲各国在东南亚国家中的殖民统治方面,中国共产党比国民党更加直言不讳。邻近中国的每一个国家被拉入共产主义阵营,将会减少未来中国内部出现抗议运动的可能性。

最近的宣传集中于有生产能力的新兴“中农”,这表明农民不会很快被疏远。现在,欧洲人民民主的一般政治方法已在中国开始,如整个左翼运动分裂为小的功能性单位(学生、小资产阶级、工会、妇女团体、知识分子团体、富农、中农、贫农),没有一个团体能够形成政治上的反抗力量。这在中国人看起来并不陌生,因为在中国集团政治总是比阶级或政党政治更有意义。

如果中国共产党没有实现其双重目标,即通过无情的分裂和清算以摧毁农民的力量,[②]

---

① 原注:满洲作家萧军曾于 1948 年 8 月和 1949 年 6 月两次这样描写。T-1252,南京,1949 年 6 月 9 日,秘密。

② 原注:将农民分为富农、中农和贫农是现在已经开始实行的主要瓦解政策。通过让贫农反对富农,鼓励、讨好中农,共产党成功地摧毁了富农。下一步将是在中农中划分等级,当中农不再有用时,这个群体也将被摧毁。等等。

同时逐步以城市无产阶级取代农民基础，无论如何，它可能对反对者进行暴力威胁。共产党训练有素的300万军队可能会被用来维持秩序，镇压刚出现的反抗运动。此外，像其他所有共产党一样，中国共产党也有受其控制的秘密警察，而且以臭名昭著的苏联秘密警察的方法进行训练。

如果温和的方案得以继续实施，短时期内还不可能出现暴力事件。党的宣传机器可能会利用大量的民族主义素材劝说怀疑者不要越雷池一步。即使那些在国民党时代疲惫不堪、心灰意冷的城市居民中，行动起来的冲动很可能要延续一段时间。知识分子的理想可能像在日本一样，短时期内就被颠覆为"爱国的"结局，农民则在更严厉的控制下被利用。

（二）长期的前景

共产党政权长期稳定的主要威胁是其政权无法缔造出"国家"的可能性，在共产党的术语中，"国家"是高度集权的，且代表了大部分城市工人阶级的利益。相反，共产党中国的政府很可能被凝固在"人民民主"的形式上，这种形式体现了对现在中国社会权力下放、家长制以及相对无社会分层特点的重要妥协。在这种情况下，中国共产党将面临主要的困境：是遵守中国社会的显规则，还是冒修正共产党学说之险，或者是奉行共产党的学说，还是冒国内政治对手攫取权力之险。

1. 问题

中国社会可能从未发展为西方所理解的现代"城镇"社会，即就是一个至少有30%到40%的人口生活在城市的社会。就现在大量的农村人口(90%)和工业增长的局限来说，在25年到30年中，中国可能依然是一个由农民组成的国家，农民们可能比今天生活得更差，但仍保持他们古代家长制社会的许多特点。

除人口进一步增长的威胁外，迄今为止，所有无形的东西都不利于中国的工业发展：集体生活、中庸的观点，等等。中国工人不同于西方工人，对工资的刺激没有反应，这一事实一般被引为妨碍工业增长的"无形因素"之一。其他一些也可能被提到的因素是家庭商业的盛行、行会的继续增加、西方公司形式的缺乏以及总体上缺少西方人的经济动机。尽管"城市化"一般被看作是这些"疾病"的药方，但"疾病"本身可能会非常有效地阻止变态的中国发展成"城镇"社会。

缺少持久的城镇化，中国可能依然是今天盛行的相对没有社会分层的国家。在划分中国城市的各个"阶级"时——知识分子、企业家、小商人、技术人员等等，共产党经历的困难可能会继续存在。集体的动机可能仍是最主要的，这将使各个阶层的利益重合。此外，工业的劳工力量几乎没有希望发展成想象的社会工具，因为当前它仅占中国4.5亿人口的1%强。

中国的状况完全可能要求对体现在"人民民主"中的利益进行合并。这种合并在中国是政府的典型特点，也曾以知识分子和政治派系、秘密社会、行会以及地区机构结盟的形式出现在国民党的全国政权中。共产党不可能为上述这些相同的政治集团服务，但其政权可能被迫继续作为各种社会团体的代言人。如果共产党没有这样做，相反还坚持逐步清洗除工人阶级外的所有政治集团,那么,发展前景将是普遍的怨恨导致竞争性的政治运动,其主要的武器将是对共产党政权的消极抵抗。

即使中国社会进一步分化,共产党政府可能必须继续代表各种政治力量。在想象得到的条件下,城市的发展必定形成一个坚持自己观点的中产阶级(还有无产阶级)。在毛泽东的《新民主主义论》中已经预见到了这种结局,书中预测新中国成立后,强大的中产阶级的能量将得以释放,但这种释放是在共产党的牢牢监督之下。事实上,"人民民主"必须同时确保这种能量的释放和控制。在中国的环境中,中产阶级一旦形成,是否会迅速地被剥夺政治权力,这只能留给中国历史去展现了。

在最后的分析中,中国社会变化的最长期的问题是发展前景的重新定位问题。中国是否发展西方的风纪,技术革新、西方型的法律和国家概念以及进取的趋势都不是一个学术问题。欧洲的共产主义认为这种现象是资本主义社会基本结构的一部分。中国不会自动发展出这样的观念,以下《新民主主义论》中的引文即是证明:

> 中国应该大量吸收外国的进步文化,作为自己文化食粮的原料,这种工作过去还做得很不够。这不但是当前的社会主义文化和新民主主义文化,还有外国的古代文化,例如各资本主义国家启蒙时代的文化,凡属我们今天用得着的东西,都应该吸收。但是一切外国的东西,如同我们对于食物一样,必须经过自己的口腔咀嚼和胃肠运动,送进唾液、胃液、肠液,把它分解为精华与糟粕两部分,然后排泄其糟粕,吸收其精华,才能作为自己的营养分,决不能生吞活剥地毫无批判地吸收。
>
> 所谓"全盘西化"的主张,不过是一种错误的观点。形式主义地吸收外国的东西,这在中国过去是吃过大亏的。中国共产主义者对于马克思主义在中国的应用也是这样,必须将马克思主义的普遍真理与中国革命的具体实践完全地恰当地统一起来,就是说,和民族的特点相结合,经过一定的民族形式,才有用处,决不能主观地公式地应用它。公式的马克思主义者,只是对于马克思主义和中国革命开玩笑,在中国革命队伍中是没有他们的位置的。中国文化应有自己的形式,这就是民族形式。民族的形式,新民主主义的内容——这就是我们今天的新文化。①

2. 共产党解决问题时的有利条件和不利条件

在对付上述问题时,除了时间和意志外,中国共产党没有主要的有利之处。就时间和意志而言,上面的问题没有一个是不能解决的,而且最近中国共产党已证明了有着充足的时间和惊人的意志。意志非但不会减弱,还会不断发展,包括在最近的工业方案中,领导人认为时间正变得越来越短。

---

① 原注:毛泽东,《新民主主义论》,引自外交事务委员会的报告,《世界共产主义的战略和策略》,附录Ⅲc,"共产主义在中国",第 90 页。

对这一点,苏联的欧洲政策必须承担最终的责任。铁托的分歧和苏联随后对东欧各国共产党关于必须迅速结束“人民民主”阶段的警告,都已在中国产生了影响。尽管中国可能免除东欧卫星国的大部分明确的义务,但“殖民地”的中国现在已认识到他们正在进入的阶段的暂时性特征。这是一个相当大的嘲讽。“人民民主”是从毛泽东1940年首先提出的“新民主主义”阶段演变而来,如同资本主义在中国的对应物。然而,毛没有清楚地表达后者的概念,正如它在欧洲正在被表达一样。他说:“我们应当指出,新民主主义发展的第一个时期将是非常漫长的。”

强迫中国人为半资本主义和半民主时代以后作计划是今天他们重要的长期不利之处,且违背了中国革命进程中以前的设想。实际上,“无产阶级”统治的日期在中国还不可能预测,尽管共产党现在必须为之计划。中国社会许多部分还停留在中国共产党“半封建”的标准上,城市得不到发展。对中国共产党来说,进步意味着不是以农业发展的代价推动工业扩张,而是首先发展工业,工业再服务于农业的发展,因而变动了农村政治权力的平衡。当然,推论是更多的权力应当给予农民,而不是更少的;更少的力量应该用于支持中国城市的工人阶级,而不是更多。

苏联当前针对欧洲卫星国的政策最终运用到中国的代价很难进行评估。由于中国人从不允许修正共产党学说的基本信条,因而,付出的代价可能是牺牲了党在中国的许多真正的政治力量——当然,除非中国共产党选择继续利用其独立于苏联的优势,割断与苏联领导下的运动的关系,寻求在东亚去发展有分歧的共产主义运动。

附录一

中国共产党简史

一、起　　源

中国共产主义运动源自第一次世界大战后知识分子和学生们组成的一个团体。1917年俄国布尔什维克革命的胜利对中国人产生了深远的影响,他们试图用马克思列宁主义来医治困扰中国社会多年的顽疾。新成立的共产国际注意到这种兴趣后,不久即与中国这些持不同政见者取得联系。至1921年7月,这种联系导致了中国共产党的成功建立,党建立时共有12人,包括毛泽东在内。大约在这时,中国共产党也组织了劳工“书记处”,成功地领导了1922～1923年中国工人的政治和经济的斗争。1921～1922年,法国、德国和俄国的中国留学生建立了中国共产党的分支机构。法国的周恩来和德国的朱德就是在这一时期加入了共产党。中国共产党的活动基本上限于学生和工人们的转变工作,且总体上停滞不前,但孙中山和国民党在国际上发展迅速。虽然中国共产党的活动集中于很少一部分中心城市,但世界共产党在其成立后不久即接纳了它。

共产国际也将其注意力转向国民党,确信孙中山的党就是列宁在其著作《殖民地革命》中所说的暂时有用的“资产阶级”同盟。1923年1月26日孙文越飞宣言的发表和1923年秋国民党的苏联顾问鲍罗廷抵达广州为共产党加入国民党奠定了基础。

二、与“民族资产阶级”的合作(1924年1月～1927年7月)

1924年1月,国民党第一次全国代表大会通过了允许共产党加入国民党的议案,这标志着国共合作的全面开始。中国共产党的战略是获得在国民党及其军队中的有利地位,最终攫取其权力。“煽动”是这一时期共产党政策最重要的部分,他们强调对民众进行有关社会、经济方面的“教育”,重视他们开展政治活动的组织。而监督中国共产党的共产国际代表鲍罗廷却主张使国民党成为一个更加有效的革命组织。与此同时,他主张提高共产党在国民党组织中的力量和声望。由于1925年5月、6月在广州和上海相继发生事变,引起中国国民党对共产党革命计划的注意,鲍的工作被停止了。鲍罗廷是成功的,1925年3月孙死后6个月,国民党的左翼已占有明显的优势。

共产党力量的这种增长引起了国民党各集团的内部摩擦,自己也被划于国民党的右翼和左翼之外。右翼寻求不受治外法权约束的国家统一和民族自由,左翼支持内部的社会和经济革新,但不主张革命。由于蒋介石1926年3月的一次反共政变,它们之间的矛盾更趋激化。

与此同时,在继续与国民党合作的问题上,俄国共产党和共产国际的分歧也在发展。实际上,中国共产党的政策已成为苏联国内正在进行的激烈的权力斗争的一部分,也成为世界共产主义运动的一部分。处于优势地位的斯大林派①坚持主张与国民党结盟,加之国民党不愿过于迅速根除其共产党盟友,这就维系了两党之间松散的联盟。1927年4月,蒋介石在上海对工会会员进行了为期三天的清洗后,国民党右翼清除共产党已不可避免。同时,国民党左翼于1926年11月建立的武汉政府也日渐发现共产党希望脱离孙文越飞宣言中最初的合作条件。1927年6月,共产国际代表罗易向汪精卫公布了共产国际关于夺取国民党权力的计划,使国民党左翼以前模糊的恐惧日益明确而具体。因此,1927年7月15日,汉口国民党中央执行委员会开始将共产党驱逐出党。

三、失败与复兴(1927年7月～1936年12月)

这些事件使中国共产党和共产国际陷入了危机。斯大林派急忙摆脱与其政策导致的恶果的关系。1927年8月7日,作为知识分子的中国共产党总书记陈独秀被罢免了职务,成为

① 原注:斯大林派的理由是农民和工人在心理上还没有做好接受与国民党突然破裂的准备。蒋“叛变”革命的迹象还非常不清楚,因此,对“领导者”来说,脱离大众是愚蠢的。

失败的替罪羊,因为他长期高度重视与“资产阶级”的合作。在莫斯科,从中国返回的共产国际代表们则完全屈服于克里姆林宫,严厉责备他们自己低估了农民和工人的革命热情,相反,却过高估计了国民党的力量,并延长了与国民党的合作。

毫不妥协的革命对抗政策取代了与国民党合作的政策。根据共产国际的指示,蒋介石“背叛”后,应采取接受工人和农民革命要求的革命政策,因而,中国共产党坚定地组织起残余力量,试图在中国建立“苏维埃”。国民党则严厉地实施追击新路线支持者的政策。共产党所剩无几的干部不得不逃离城市,躲避于内陆腹地。

在农村地区,遭到失败的共产党及其武装力量建立了新的“苏维埃”。1927 年 11 月,毛泽东在湖南边界茶陵(Tsalin)建立起第一个“苏维埃”政权;1928 年 5 月,朱德加入。在另外的地方,其他一些“苏维埃”也创立起来。

同时,对中国共产党来说,共产国际在其 1928 年举行的第六次代表大会上通过了一项灾难性的政策。他们确立了李立三(陈之后党的领导人)的领导地位,并且认为中国处于可以继续“革命的形势”。新确定的党的路线是通过共产党领导下的农民力量以夺取中心城市。而且,农民进攻大城市的行动很可能得到欢迎共产党解放军的城市民众的支援。

1929 年 1 月,其他武装力量加入后的朱毛军队向南移动,进入江西北部地区。在这里,他们占领了足够的土地,于 1930 年 2 月建立起江西省苏维埃政府。1930 年 7 月、8 月间,共产党的新路线要求进攻长沙,结果完全失败。共产党城市外的军事力量和城市内的劳工支持尚不足以战胜国民党的守备部队。李立三为自己的错误付出了代价,于 1931 年 1 月正式让出了党的领导职务,退至莫斯科。

客观的实力对比迫使被击败的共产党逐渐形成新的战略方针。最终,1927 年大革命失败后被逐出政治局的毛泽东确立了在党内的领导地位。[①] 他的政策要求建立一系列稳固的根据地。这一任务相应地涉及农民群众的民间和军事组织。毛领导下的共产党开始收益于有助于他们的某种外部条件。由于落后的交通、政府的低效、军阀主义横行以及随后日本人的入侵,国民政府根本不可能完全消灭现在的对手。

蒋介石发起了三次“剿匪”运动,每一次都以失败而告终。的确,每一次战斗之后,共产党的力量就强大一些,以至于毛备受鼓舞,于 1931 年 11 月 7 日宣布建立中华苏维埃共和国,同年 12 月召开第一次全国苏维埃代表大会,并制订了所谓的江西宪法。这部基本法律虽对地主非常苛刻,但对“平均分配”土地的理想作了相当大的修正。在实践中,苏维埃政府也展示了主要原则适应现实的能力。

1932 年 4 月 26 日,江西苏维埃共和国对日宣战,但其军队并未抵达前线。这一政策显然是将注意力转向对中国主权的外部威胁,并向共产党提供了一个反对蒋介石的有效宣传武器,因为此时的国民党军队仍在忙于与共产党军队的作战。1933 年 1 月 10 日和 4 月 15 日,毛在政策声明中号召停止兄弟之争,实行反对日本的政策。但他们的声明并不是给国民

---

① 原注:毛这次遭到驱逐源于他领导了没有被认可的湖南“秋收起义”。

党,而是给那些和共产党作战的军队。此时,毛在党内的正式地位还不明确,尽管他的意见已越来越重要。他显然没有彻底控制全党,因为在1933年11月,"党内的教条主义者"拒绝援助国民党的叛变将军蔡廷锴。以前与国民党合作的惨痛教训还留有较深的伤疤。

蒋的回应是发起了第四次和第五次围剿运动。最后,第五次围剿成功地将共产党驱逐出江西根据地,紧接着的"长征"使共产党政府和军队于1936年10月抵达贫瘠的陕北,并建立了新的根据地。根据一份资料,其间,正是1935年1月在贵州遵义才最终形成了毛在党内的领导地位。也正是在长征期间的1935年8月,共产国际第七次代表大会决定实行"统一战线"政策。一旦在延安落下脚,毛即主张与国民党建立统一战线。当毛的政策没有取得所希望的成效时,1936年12月,张学良在西安扣押了蒋介石,间接地实现了共产党主张地对日统一战线政策。这些事件结束了九年的内战,改变了共产党在这九年间失败和不利的处境。

四、与国民党在抗日问题上的相互谅解 (1936年12月～1945年8月)

西安事变开创了中国共产党历史的另一个时代。与国民党的统一战线又一次出现了,但与第一次相比还是有着基本的差别。现在,两个政党的合作是两个有着独立的军队和独立领土主权的实体之间的合作。他们彼此之间的怀疑是不可消除的,以前斗争中苏维埃的出现再次证明是必不可少的先决条件。相互之间谅解的实质只是象征性的松散联盟:1937年9月,两个首都南京和延安之间通过相互交换宣言,使得这一联盟宣告成立。新的谅解依赖于共产党的妥协,这种妥协是没有任何意义的,或者是得到共产国际之前批准的;也依赖于国民政府同意与共产党合作,并援助现已悔改的"土匪"共同抗日。因此,双方应当采取某些一致的措施以保持这种新的精神,但不久即发现停战并非易事。1938年7月和8月,国民政府解散了共产党在汉口成立的三个组织;1938年10月,政府首都迁往重庆,两党的关系也开始严重恶化。至1939年夏,国民党为控制游击区而与共产党军队之间发生的地方性战斗,迫使国民政府封锁了陕甘宁边区政府。1941年1月的新四军事件①彻底结束了统一战线的外表,因此,两党都坦率地关注自己实力的保存和增加,以应付战后的冲突。

在这一并不引人瞩目但重要的竞赛中,共产党取得了较大的成功。共产党利用民众对日本的憎恨动员起八路军以外的所有力量,并使用游击战术骚扰日军,同时扩展了党的影响力,而国民政府的腐败和无能使得其辖区内的士气普遍下降。据报道,共产党这一时期与苏联的联系并不重要,虽然延安紧密与莫斯科保持一致。中国共产党又一次专横地利用了环境。

---

① 此处指皖南事变。——译注

五、内战重新开始(1945年8月至今)

随着1945年8月日本的投降,国共合作的基础已经消失,中国内战便转为公开。美国试图友好地调解双方的分歧,但这被证明是无意义的。伴随日本的投降,解除日本军队武装的比赛也开始了。占领满洲也成为首先进入者的丰厚大礼。苏联违背中苏条约,在东北以各种形式援助共产党。国民党的军队被美国空运至满洲。同时,在美国官员的促使下,毛和蒋于1945年8月进行了虚情假意的谈判,在10月达成毫无意义的协定。1946年1月10日,在马歇尔将军的支持下,双方谈判达成停火协定;2月26日,涉及重新整编各自军队的国共协定签署。然而,双方在一个月内就抛弃了各自的承诺。7月21日,国民政府发起进攻华北共产党的战役。8月14日,中国共产党进行总动员。1947年1月29日,美国正式放弃调停的努力。之后,随着共产党的人民解放军于1947年1月进行自对日战争结束后的第一次反攻,全面战争爆发。紧随1948年10月30日占领沈阳,共产党军队接连不断地取得惊人的胜利,分别于1949年1月15日、1月22日、4月23日、5月25日相继占领天津、北平、南京、上海。他们现在处于攻克华南的边缘,而且今年结束前,共产党很可能宣布成立新的中国政府。

附录二

分类的传记资料

重要共产党人的传记摘记

中国共产党中央政治局

陈云　周恩来*(带星号的包括在附录中,下同)　朱德*　任弼时*　康生*　高岗*　刘少奇*　林祖涵*　毛泽东*　彭真*　彭德怀*　董必武*

中国共产党中央委员会

张鼎丞　张闻天*　张云逸　陈毅*　陈绍禹　陈潭秋　陈云　郑位三　周恩来*　朱德*　贺龙　徐向前　徐特立　饶漱石　任弼时*　康生*　高岗*　李富春　李先念　李立三*　林枫　林彪*　林祖涵*　刘伯承*　刘少奇*　罗荣桓　陆定一*　毛泽东,主席*　聂荣臻*　彭真*　彭德怀*　薄一波　谭震林　邓小平　滕代远　邓子恢　蔡畅,女*　曾山　董必武*　吴玉章　叶剑英*

中央委员会候补委员

张际春　张宗逊　赵振生　陈赓　陈伯达　陈少敏　陈郁　程子华　习仲勋　萧劲光

黄克诚　古大存　黎玉　廖承志　刘长胜　刘晓　刘澜涛　刘子久　罗瑞卿　吕正操　马明方　粟裕　宋任穷　谭政　邓颖超(周恩来的夫人)　曾镜冰　万里　王震　王稼祥　王首道　王从吾　王维舟　云泽(乌兰夫)

其他重要共产党人

冯文彬＊　刘宁一＊　潘汉年＊

张闻天(又名洛甫)

中国共产党中央委员会委员。1898 年,张出生于江苏省南汇县(上海市郊)的一个富裕农民家庭。1916～1919 年,他就读于南京的黄河管理学校。他离开学校后参加了五四运动,随后经常与上海的几家出版社打交道,并结识了一些年轻的进步作家。1920 年,他来到美国担任《大公报》驻旧金山的翻译,并就读于加利佛尼亚大学。1923～1924 年,他在四川省的一所学校教书,之后又返回上海,于 1925 年在这里加入中国共产党。1926～1930 年,张学习于莫斯科的中山大学,后来在列宁大学任教。由于和陈绍禹的关系密切,当 1931 年陈成为党的书记时,张在党内的地位也随之上升,当选为中央委员和政治局委员。从1931～1933 年,担任组织部长的张在党的上海支部非常活跃。1933 年,张进入江西中央苏区,很快就担任了苏维埃的宣传部长。长征期间(可能是 1934 年),他当选为中国共产党中央委员会书记,直至 1940 年。张是中国共产党内最重要的马克思主义理论家之一,是 1930 年代初期最多产的作家,但自 1946 年底以后,共产党的资料再也没有提到他。有迹象表明,他很可能继陈绍禹(在 1943～1944 年解除了陈的许多职务)之后,成为党内相对默默无闻的角色。

陈毅

中国共产党中央委员会委员、中国人民解放军第三野战军司令员、上海市市长。1898 年,陈出生于四川省的一个地主家庭。他曾在法国的 Qrenoble 大学学习化学,与周恩来、李立三等人一起创立了中国共产党的法国支部。回国后,他参加了驱逐四川军阀杨森的政治运动。在井冈山时期,他担任朱德军队的政治部主任。他没有参加长征,但从 1929～1937 年领导了南方的游击队,随后被编入叶挺指挥的新四军。1941 年叶挺被捕后,陈担任新四军代军长一职,1946 年 4 月被任命为军长。在新四军的几次改编过程中,陈一直担任军长,最近新四军被改编为第三野战军。1945 年 4 月,在延安召开的党的第七次全国代表大会上,他当选为中央委员。陈是共产党的一名高级军事将领。

周恩来

中国共产党中央委员会和政治局委员、书记处书记。

1898 年,周恩来出生于江苏省淮阴县的一个普通家庭。他先后在日本的早稻田

(Waseda)大学和天津南开大学接受教育,之后又在法国、德国和苏联的大学学习。周与李立三、李维汉等人一起创立了中国共产党的法国支部,与朱德创立了党的柏林支部。回国后,他担任蒋介石领导下的黄埔军校政治部主任,同时担任黄埔俄国顾问支部的书记。1926年,共产党任命周负责党在国民党军队内的工作。1927年3月21日,周奉命领导了上海工人的暴动,但蒋介石来到上海后,起义宣告失败。周被捕,之后又设法逃脱,前往莫斯科。1927~1930年,他学习于中山大学,在此期间作为中国代表出席了共产国际的六大。1931年回国,周加入江西苏维埃,担任共产党中央局书记。1932年,他担任朱德军队的政委。他参加了长征,在1935年当选为中国共产党的政治局委员。1936年12月,在蒋介石被扣留在西安期间,周是共产党谈判的主要代表。1937~1946年11月,他是共产党在南京和重庆的主要代表,负责共产党和国民政府之间的所有谈判。1938~1940年,周担任中央政府下的全国军事委员会政治部的副部长。1946年11月,他返回共产党地区。1949年4月,他率共产党代表团在北平与国民党代表团商讨和平条件。周恩来是中国共产党负责与中央政府和外国人联络的一号人物。

朱德

中国人民解放军总司令、中央委员会委员、政治局委员、书记处书记。1886年,朱德出生于四川省仪陇县的一个农民家庭。1922~1926年,他先后在云南军事学校和欧洲(大部分在柏林)接受教育。1911~1921年,朱在云南和四川与国民党军队并肩作战。1924年,他建立了国民党的柏林支部,其前身是与周恩来合作创办的中国共产党柏林支部。1926年,由于参加了破坏活动,朱被驱逐出德国。他经莫斯科返回中国。1927年,朱在南昌和其他将领领导了反抗蒋介石的公开叛乱。南昌失守后,他们向广州进军,失败后撤至江西南部和福建西部。1928年5月,朱加入了毛泽东在江西和福建边界地区的井冈山领导的武装力量;1930年,他被任命为红一方面军司令。1934年,朱进入中国共产党政治局。长征途中,他负责红军的作战策略,于1935年10月抵达陕北。在与国民党的合作时期,朱担任八路军总指挥、第二战区副总司令和最高国防委员会委员。自1928年以后,毛泽东和朱德成为共产党的两位领袖,毛是政治上的领导人,朱是军事方面的领导人,虽然朱从来没有毛那样的地位。近几年情况又有新的发展,据说朱已丧失了权力,彭德怀可能已经取代了朱共产党军队的总司令一职。

冯文彬

中国新民主主义青年团中央委员会的主要委员、全国工会青年工人部部长。

他1911年出生于浙江省诸暨县,受过两年的小学教育。1919年,随同其父亲和姐姐来到上海。1927年,冯加入了共产主义青年团,一年后加入中国共产党。1927年后,他在一家煤炭公司作学徒,对工会的活动非常积极。1930年,冯进入福建苏区,参加了红四方面军。到1933年时,他已是中共在福建总部的书记,也是共产主义青年团的积极分子。冯参加了长征，在 1936 年 7 月 30 日当选为共产主义青年团的第 11 任书记。没有迹象表明，冯现在不再担任此职，尽管青年团的名称有过多次变化，最近被称为解放区青年联合会。据报道，他在 1940 年、1943 年两次当选为中国共产党中央委员会委员，但在 1945 年 4 月延安召开的七大上没有再次当选。尽管最初作为积极的工人组织者和"资深的马克思主义工人领袖"，但冯却担任了十年半的中国共产党青年组织的领导人之一。

康生(又名赵云)

中国共产党中央委员会委员、政治局委员、安全局局长、山东省人民政府主席。1899 年，康出生于山东省诸城县一个富裕的地主家庭。他就读于上海大学，1925 年加入了中国共产党。1927 年国共合作破裂后，康积极从事上海的地下工作。他在 1928 年莫斯科召开的六大上当选为中央委员会委员。康可能出席了这次大会，虽然没有人知道他去苏联的时间，但他 1930 年代初期的确在莫斯科。由于那时和中国共产党驻莫斯科的代表陈绍禹的关系，1935 年康被选为共产国际七大主席团的候补委员，也是 ECEI 的成员。他可能在 1938 年和陈绍禹一起回国，据说那时担任延安中央党校的校长。自 1943 年以后，康进入政治局，曾担任过组织部部长。据报道，1946 年康在上海作为和苏联官员们联络的联络官。他在党内的地位很难进行评估，因为，虽然他现在握有相当的权力，但他有着与陈绍禹长期联系的历史。

高岗

中国共产党中央委员会委员、政治局委员；从早于 1945 年起就担任书记处书记；共产党东北局书记。1902 年，高岗出生于陕西省的一个农民家庭。他没有受过正式的教育，也未出过国，曾参加过国民党。1926 年，他加入了中国共产党。直到中日战争结束，高岗的活动完全限于陕西省境内。在 1928～1929 年陕西发生饥荒时，他积极参加当地的农民暴动，由此第一次获得声誉。从 1928～1935 年，他的游击队经常与国民党地方部队发生小规模的冲突，而此时共产党主力还在长征途中。当他们抵达陕西后，高岗已是陕西苏维埃的领袖。当这一苏维埃解散时，高岗另任中国共产党东北局领导。1945 年 4 月的七大选举高进入党的中央委员会。1947 年，他转移至东北，并担任这里军队的政委。自中国共产党主要领导人前往北平后，高岗现在担任党的东北局书记。高岗以游击队的农民领袖开始了其革命生涯，是为数不多的与党的主要领导集团没有关系的(直到他们的军队抵达延安)杰出的领袖之一。他现在是中国共产党在满洲的最高领袖。

李立三

中国共产党中央委员会委员、全国工会副主席。1900 年，李立三出生于湖南省的一个农民家庭。他就读于湖南省第一师范学校，那时毛泽东、刘少奇和任弼时也就读于此。1919 年，他以毛泽东组织的"工读"团体的成员前往法国学习。他与周恩来、聂荣臻和李维汉等人一起创立了中国共产党的法国支部。由于参加了学生运动，李被驱逐出法国，于 1922 年回国。在随后的5年中,他参加了工人运动,并得到共产党的积极支持。1927～1930年,李是党内最重要的人物,等同于这一时期党的政策——为控制主要的工业城市,要求全面进攻。这一计划的失败和共产党在大城市的活动遭到国民党的彻底镇压,使得党和共产国际出现变化,李也成为替罪羊,前往俄国。他在苏联学习和工作共计14年,1945年随从苏联军队回到满洲。李在1945年4月召开的七大上当选为中央委员(缺席)。到1949年2月,李在满洲担任林彪将军的政治和(或者)外事顾问。1948年秋,他被选为全国工会副主席。作为中国共产主义运动的一位有鲜明特征的人物,李和毛之间不管是过去还是现在,都有许多关于李毛之间不和的报道。然而,共产党的高层目前没有分裂的迹象。看起来,李最可能重新成为中国工人运动的一号领导人。

林彪

中国共产党中央委员会委员、中国人民解放军第四野战军司令员。1908年,林彪出生于湖北省,父亲是一位小工厂主,据说家庭成员是孙中山同盟会的老革命。他的一个兄弟是湖北省一位资深的党员工人。林的所有教育是在国内接受的,1925年毕业于黄埔(Whampoa)军事学校,期间周恩来曾短期担任该校的政治训练教员。他分别于1924年、1925年加入了国民党和共产党。1926年和1927年,他先后参加了叶挺和张发奎领导的战斗。1927年南昌起义期间,林的军队叛投共产党,并于一年后加入了毛泽东和朱德在井冈山的军队。1929年,他率领他的军队进入福建省。1931年以前,林支持李立三反对其他的共产党领导人,据说林是李立三非常好的朋友。他参加了长征,到延安后主管了几年军事干部的培训工作,但1938年以前,他受过一次重伤,在苏联治疗了三年。直到1946年,林才返回军事岗位,指挥了两年的东北民主联军。正是在林的指挥下,他的军队为共产党拿下了满洲和华北大部。自1940年以后,林就是党的中央委员会委员。他是一位军事将领而非政治领袖,但在军事决策方面,他显然有着某种程度上的独立决策权。他是共产党中最能干的军事将领和战略家之一。

林祖函(又名林伯渠)

中国共产党中央委员会委员(自1928年)、政治局委员。1882年出生于湖南省的一个地主学者家庭。1911年以前,他留学于日本,并在日本结识了孙中山,成为其好友之一。回国后,林在湖南省为孙的同盟会进行革命活动,1911年,他帮助同盟会推翻了湖北的满族政权。在以后的十年,林保持了与北京政府的联系,并追随孙中山到日本加入了国民党组织。因此,林是1924年和1925年第一位与国民党有联系的中央执行委员会委员。20世纪20年代初期,他加入了共产党,但在1925年担任广州政府财政委员会主席。林是孙中山和林森(前总统)的好友,是为数不多的供职于国民党联合政府的共产党领导人之一。他是担任武汉政府部长职务的两位共产党人之一,他担任财政部部长。国共分裂后,1927～1930年,他先后在欧洲和俄国学习。在这一时期,据说他在苏联的哈巴罗夫斯克市(Khabarovsk)建立了一所中国工人学校。1930年,林秘密回到上海,不久参加了毛泽东的江西苏维埃政府,再次主管财政部。林参加了长征。1936年12月,西安事变发生后,除博古和周恩来外,他是共产党的又一名和谈代表。从1937年到现在,他一直担任陕甘宁边区政府主席。1949年3月,林是与国民党进行和平谈判的代表之一。

刘宁一

全国工会的副主席(三位之一)和国际代表、世界工会联合会的副主席。刘是中国共产党工人运动中最重要的人之一,是一位杰出的共产党领导人。关于他的情况,知之甚少。1946年4月,邓发死后,他第一次变得活跃起来,据说在6月以邓发的名义出席了在莫斯科召开的国际劳工大会。据说,在上海共产党圈,他因在工矿工人中的工作而受到共产党非常高的崇敬。直到那时,他还没有与外国人交涉的经验,并且不是中央委员会委员。他很可能是其领域中进步较快的年轻党员之一。邓发的死将刘推至中国劳工圈和世界劳工组织的第一线。自1946年起,他经常活动于欧洲。6月,他和朱学范出席了在布拉格召开的世界工会联合会大会。1947年7月7日,铁托在贝尔格莱德正式接见了刘和其他亚洲代表。据目前所知,刘是唯一访问过南斯拉夫的主要中国共产党人。自1947年,他参加了世界工会联合会所有的欧洲会议。1947年4月,他以中国代表团副主席的身份出席了拥护和平世界大会。

刘伯承

中国共产党中央委员会委员、第二野战军司令员、南京市市长。1891年,刘出生于四川省的一个很富裕的家庭。他毕业于成都一所陆军军官学校,其早期的教育在中国接受。20世纪20年代初期,刘加入了国民党,直到1926年才加入了共产党。武汉国民政府任命他为革命军第15军军长,在1926年,他的军队驻扎在柳州,但他参加了1927年8月的叛乱。像其他中国共产党领导人一样,1927年年底,他也离开了中国。从1923～1931年,他在莫斯科度过,1931年4月,他与江西的共产党集团取得联系,出任朱德的参谋长和军事学校的校长。1934～1935年的长征期间,他和叶剑英先后担任参谋长,随后又担任先头部队的指挥官。据说刘懂彝族(Lolo)的语言,所以,当共产党通过彝族地区时,他充任有用的联络员。抗战期间,刘担任晋冀鲁豫地区的司令员,但其军队主要战斗于山西省。抗战结束后,他继续指挥晋冀鲁豫的军队。1949年3月,刘担任华中解放军司令员;自共产党攻陷南京后,他出任南京市市长一职。刘在早年的革命战争中失去了一只眼睛,他的一生几乎是在战争中度过的。1945年4月的七大选举他为中央委员会委员,但他的职业从来都与政治无关。作为一位军事战略家和指挥官,他声誉显赫。

刘少奇

副主席、中国共产党中央委员会委员、政治局委员、书记处书记。1900年,刘出生于湖南省的一个农民家庭。1919～1921年,刘先后就读于毛泽东上学的师范学校和莫斯科的远东大学。1919年,他可能是共产国际执行委员会委员。刘于1921年回国,投身到中国的青年劳工运动中。在20世纪20年代前半期,他和毛泽东联系紧密,在党内工作方面和李立三联系更为密切。像李立三一样,刘是共产党领导中早期的劳工组织者,据说他没有能出席1921年共产党成立大会是因为在湖南相当活跃。他是1922年、1925年、1926年和1927年劳工大会的代表,期间,刘和李的关系密切,曾于1930年发表声明支持李的政策,反对党的其他领袖。1927年4月,中共的五大选举刘为中央委员会委员,几个月后,这届委员会将毛泽东赶出了政治局。然而,刘在1931年加入了毛的江西苏维埃,从那时起,就成为政治局委员和书记处书记。在1934～1935年的长征期间,刘是彭德怀红五军团的政委,之后的1935～1937年,他在北平从事重要的地下工作。从1941～1943年,他担任陈毅新四军的政委,在1943年返回延安。刘在20世纪20年代后期曾在满洲工作,也担任过一段时间的华北局书记,但在1948年调任华中局书记。1945年4月,他在七大上当选为中央委员会副主席,自此以后,经常被看作党内的第二号人物。作为共产党重要的理论家,他的演讲常常阐明了党的重要政策。

陆定一

中国共产党中央委员会委员、宣传部部长。1905年出生于江苏省的一个富裕地主家庭。陆在上海的南洋大学学习工程,于1924年加入共产党。他的第一个职务是在共产主义青年团搞宣传,现在已是共产党宣传领域的一号人物。陆在青年团工作直至1927年国共合作破裂,随后,他去了莫斯科。他是1928年在莫斯科召开的世界共产主义青年大会的中国代表,1929年回国重新开始其共产主义青年团的宣传工作。1931年11月,当江西苏维埃政府建立时,陆出任青年团的宣传部长。他参加了1934～1935年的长征,在延安仍继续从事宣传工作,不久担任所谓的信息部部长。博古死后,他在1946年担任共产党的重要日报《解放日报》的主编一职。1945年4月,他在七大上被选为中央委员。1926年,在国共为期七个月的谈判中,陆定一是共产党三位主要的和谈代表之一。自延安苏维埃建立,陆即获得了名望,如今作为宣传部部长,已是共产党的主要政治家和马克思主义思想家。

毛泽东

中国共产党中央委员会主席、政治局委员、书记处书记、军事委员会主席。1893年出生于湖南省的一个农民家庭。毛在中国接受了自己的所有教育,很可能从未出过国。1919年以后,毛在北平工作,并与陈独秀和李大钊这两位党的创始人建立了联系。在国共合作时期的1924年,毛被选为国民党中央执行委员会委员,1926年再次当选。这几年中,他作了大量的湖南省的农民工作。1927年9月,他组织了湖南农民暴动。为此,控制共产党的派系将他赶出了中央委员会和政治局。随后,毛退至闽赣边界的井冈山,并于1927年11月在湘赣边界的茶陵建立了第一个苏维埃政权。这个苏维埃政权仅存在了几个月,但在1928年5月,朱毛在井冈山会师,毛担任朱红四方面军的政委。他们是江西苏维埃的主要倡议者,1930年2月决定成立苏维埃,1931年12月,毛被选为第一任主席。当江西苏维埃的领袖和上海党的领导人(和共产国际的俄国人联系紧密)之间发生冲突时,毛再一次被赶出了政治局。在江西苏维埃存在的 1931 年 12 月到 1934 年 10 月期间,虽然毛是主席,但他并不是共产党中央委员会的主席,直到 1935 年底长征结束以后。1935 年 7 月,共产国际七大选举毛为共产国际的执行委员,从那时起,他毫无疑问已是党的绝对领袖,尽管党的主席的正式任命是在 1945 年 4 月的七大。

聂荣臻

中国共产党中央委员会委员、北平卫戍司令。1899 年出生于四川省的一个富裕地主家庭。像周恩来、蔡畅、陈毅一样,聂也留学于法国。从 1920～1924 年,聂先后在法国、比利时和苏联学习化学工程和军事科学。他是 1921 年建立的共产党法国支部的创始人之一。1925 年回国后,他出任黄埔军校政治部秘书。该政治部随后由周恩来领导。1926 年北伐开始后,聂是国民党军队的一名军人。1927 年 8 月,他的部队参加了南昌的叛乱活动,并加入了叶挺、贺龙和林彪的部队,南下在广东省建立了海陆丰苏维埃。1927 年 12 月,这些部队进攻广州,失败后,聂和其他人逃到了苏联。他在苏联呆了四年,据说在共产国际工作。1932 年,他回国后在江西瑞金担任林彪军队的政委。从 1932～1936 年,聂一直担任此职,并参加了 1934～1935 年的长征。随后,他出任八路军 115 师副师长。1937 年,他协助建立了晋察冀边区政府,担任政府主席一职。他的司令部设在山西五台山,抗战期间,他领导了山西省境内的游击战;抗战胜利后,他的部队进入了满洲。1948 年 6 月,聂被任命为华北人民解放军的司令员。1949 年 4 月,他是共产党任命的和谈代表之一。聂是共产党的高级军事政治领袖之一。直到被任命为华北人民解放军司令一职时,他仍被列为副司令,但随着共产党所占领土的扩大和最近军队的重组,聂负责指挥华北的军队,进入军事领域的前列。他的法语非常流利,过去几年中,他是共产党领导中相对易于和西方人相处的人。

潘汉年

上海市副市长、共产党华南局委员。潘汉年是江苏人,据报道今年 32 岁。他毕业于共产党的培训学校,至 1945 年,他负责新四军联络部的工作。抗战结束后,潘担任上海地区政治委员会主席一职。1948 年春末,他抵达香港。虽然他非常活跃地领导殖民地的共产党活动,积极与左翼的政治领袖进行磋商,但美国和英国的官员从未发现他的秘密活动。他负责自由主义者向共产党的投降工作,催促他们认同共产党。他在这方面获得了最大的成功。潘汉年看起来是共产党的年青一代之一,尽管对他知之甚少,但他在香港工作的成功将使其完全能够胜任共产党未来的领导一职。

彭真

中国共产党中央委员会委员、政治局委员、书记处书记、北平市市委书记。1899 年,彭出生于山西省。他从未出过国。1926 年,他加入了共产党,早年积极投身于华北的工会事业。1944 年,彭出任党校校长一职,他给外国记者的印象是党内重要的人物之一。1945 年 4 月,彭在延安召开的七大上当选为中央委员、政治局委员和书记处书记。中日战争结束后,彭前往满洲,他是这里最重要、最有影响的领导之一,担任东北局主席和林彪军队的政委。1949 年 2 月,彭出任中共北平市市委书记。

彭德怀

中国共产党中央委员会委员、政治局委员、中国人民解放军副总司令、中国人民解放军第一野战军司令。1900 年出生于湖南湘潭的一个农民家庭。他毕业于湖南军官学校,1927 年升任为国民党何键部的旅长。同年断绝了与国民党的关系,加入共产党。1928 年,彭建立了湖南苏维埃政府,至 1930 年与朱德取得了联系。1935 年,他的部队是长征的先头部队。彭 1937 年成为朱德的副司令,并且仍保留着以前的职务。据报道,他已接管了朱德的绝大部分职权。彭被认为是出色的战略家和军事家,但在党的政治活动中并不活跃。

蔡畅(李富春的夫人)

中国共产党中央委员会委员、全国妇联主席、国际妇女联合会副主席、全国总工会女工部主任、世界拥护和平大会书记处书记。1900 年,蔡畅出生于湖南省,她的家庭成员中有几位是早期的共产党先驱。她的嫂子是共产党妇女运动的领导,1928 年被杀害,蔡畅接替了她的工作。同年,她的姐姐被杀;1931 年,她的哥哥被杀害。1919 年,蔡畅在毛泽东的工人学习小组的资助下到法国留学,是包括周恩来、李立三和蔡和森(她的哥哥)在内的中国学生组织的成员,他们于 1923 年成立了中国共产党的法国支部。同年,她与李富春结婚。她的丈夫也是中央委员会委员,目前是东北政治委员会委员,在大连从事情报工作。作为高级的妇女领袖,自 20 世纪 20 年代初期以来,蔡畅忠于自己的工作;至少从 1937 年以后,她拥护毛的领导。法国学习结束后,1923 年她在莫斯科度过,1924 年回国。在 1924～1926 年期间,像毛、林祖函和其他人一样,她也在国民党内任职。1934 年,她参加了长征,抗战期间,她负责共产党书记处的妇女部。抗战结束后,蔡畅积极投身于妇女运动,参加了 1947 年在布拉格召开的国际妇女联合会,1948 年很可能参加了在罗马和布达佩斯的组织会议。在共产党的几位杰出妇女领袖中,蔡畅是最杰出的一位。最近两年中,她通过在妇女组织中的工作,已扬名欧洲。

董必武

中国共产党中央委员会委员、政治局委员、华北人民政府主席。1887 年,董出生于湖北黄安的一个地主家庭。他 1913～1915 年在日本法律学校学习,1928～1932 年在莫斯科列宁学院学习。董是现在中国共产党领袖中两位 1921 年党的创始人之一(另一位是毛泽东)。国共合作破裂后,像林祖函一样,董也在 1928 年流亡莫斯科。1932 年回国后,他参加了江西苏维埃政府,担任最高法院院长。1934 年,他入选中央委员会。董参加了长征,到延安后出任党校校长。1936 年 12 月西安事变后,他是共产党在中央政府中的代表,八年抗战期间,他先后在南京和重庆任职。1945 年,董被国民党选为参加旧金山联合国大会的代表。尽管作为中国代表,他的作用并不重要,但董联系了其他共产党领导人,向美国的华人团体阐明了中国共产党的主张。回国后,他继续担任共产党代表,参加了 1946 年美国支持下的关于联合政府的谈判。1946 年周恩来返回陕北后,董成为共产党的首席代表。1947 年 3 月,他也被召回。之后,他担任中国解放区救济协会主席,1948 年 9 月被选为新成立的华北人民政府主席。董虽然是一位老党员,但并不是共产党高层领导中最有影响的。

叶剑英

中国共产党中央委员会委员、北平市市长。1903 年,叶出生于广东省梅县的一个商人家庭,早年就读于云南省军事学校,1928～1931 年在莫斯科红军学校学习。在其职业生涯早期,曾担任黄埔军事学校的教官,做过孙中山的机要秘书。1926 年,叶加入了中国共产党,担任军官。他参加了 1927 年的广州起义,遭镇压后逃往莫斯科。1931 年回国,担任朱德的参谋长,直到 1949 年。长征期间,叶留守江西,之后加入了共产党在东北的部队。从 1940～1941 年,他是共产党驻重庆的和谈代表之一,1945～1946 年,是北平执行部的共产党首席代表。占领北平后,他立即被任命为北平市市长。1949 年 4 月,当国民党代表抵达北平商讨和平条款时,他第三次被任命为共产党的和谈代表。尽管叶总体上是一位军人,但共产党经常用其充当联络人与和谈者的角色。

任弼时

中国共产党中央委员会委员、政治局委员、书记处书记、中国民主青年团中央委员会名誉主席。

1899 年,任出生于湖南省的一个富裕的农民家庭。他就读于长沙的湖南省第一师范学校,并在这里结识了毛泽东和刘少奇。1919 年北京大学的深造结束后,任前往莫斯科,在远东大学学习了七个月。1921 年回国,他是共产主义青年团的创始人之一,大约在 1925 年担任书记一职。从 1929～1931 年,他一直担任湖北省委书记,实施共产党占领中心城市的计划。自 1927 年以后,任进入中央委员会,1931 年被选入政治局。从 1933～1936 年,他活跃在湘鄂苏维埃政府中,担任贺龙红二方面军的政委,1936 年出任苏维埃政府主席。长征结束后,在重组共产党军队时,任担任八路军政治部主任。1939～1940 年,他在苏联治病。回国后,他担任组织部部长和中国共产党中央委员会书记。现在,他可能不再担任这些职务。1945 年 4 月,任在延安召开的中共七大上被选为大会主席,并再次进入中央委员会和政治局。

OSS China and India, Reel - 4 - 28, pp. 1 - 48

刘建平译,杨奎松校

2－23

国务院情报研究所关于蒋介石与非中共领导人合作前景的报告

（1949 年 9 月 19 日）

OIR 5050(PV)

机　密

蒋介石与中国其他非共产党领导人合作的前景

（1949 年 9 月 19 日）

概　要

1949 年 1 月，蒋介石辞去中国的总统一职，但他并没有因此而放弃权力。特别是 1949 年 4 月北平和谈破裂后，他便不断地干扰、阻挠“代总统”李宗仁复兴非共产党地区和进行有效抵抗的努力。蒋仍然驾驭着国民党，是党的领袖或总裁，控制着海空军、物资和黄金贮备以及福摩萨的对外交流。他已在福摩萨建立起自己领导下的潜在内阁，以图在可能的条件下复职；这个集团已经开始单方面或与广州政府同时处理政府事务。蒋介石与大陆各个地区军事领导人的合作已宣告失败，不再向他们提供武器、弹药或者数量可观的货币。虽然蒋投入了绝大部分的资源在福摩萨建立基地，但由于缺少军事上的协调与组织、共产党在军队中的渗透与叛乱的危险、福摩萨部分地区反对大陆军队与难民的拥入及该岛在经济上的弱点，使得这个据点远非安全。

蒋当前的战略很可能由两个动机所决定：(1) 通过某种方式紧紧抓住权力，直至美国卷入中国事务（当第三次世界战争爆发后），并且恢复他以前的地位；(2) 阻止其他人对非共产党中国的领导，以防止篡夺自己潜在的权力。蒋可能并不指望各地的军阀或者秘密的抵抗运动以恢复他的权力，因此，他不愿意援助这些军阀，虽然蒋尽力保持对他们的某种控制。蒋介石非常可能会阻止那些自己无法控制的抵抗，或者是挑战其作为非共产党中国领导人地位的努力。

从蒋介石对大陆仍在抵抗的领导人非常消极的态度来看，他不可能从福摩萨的贮备中拿出数量可观的物资供应他们，除非对他有某种特殊的诱惑和压力。

美国可能提供给蒋的主要诱惑有：

1. 美国同意补充蒋的军事供应。
2. 美国进一步向蒋提供经济合作署的援助。

3. 一旦大陆的反共军事行动失败,美国确保继续承认蒋是中国合法政府的真正领袖。

美国也可能在政治或经济上给蒋施以压力,包括：

1. 美国声明它将不承认蒋是非共产党中国的领袖,而且未来也没有必要将其视为美国军事援助惟一合适的接受者。

2. 美国暗示它将通过改变福摩萨的国际地位——军事占领、联合国托管或者支持台湾独立,以削弱蒋在福摩萨的地位。

3. 限制福摩萨与美国、日本的贸易。

基于以上诱使蒋供应物资的方式,很显然,获取成功的惟一可取之处：(1) 美国同意补充蒋的贮备;或者(2) 美国威胁将完全绕开蒋,直接援助大陆的抵抗集团。第一种方式有疏远其他非共产党领导人的危险,因为这些领导人长期盼望着根除蒋的影响。这也使蒋更加奉行他的政策,根据对自己的效忠程度严格控制物资的分配。直接援助大陆领导人的威胁肯定被蒋严重地误解为是否诱使自己去援助他们。过去曾经提到过,美国的威胁将影响蒋在亚洲遏制共产主义的忠诚。

蒋介石与中国其他非共产党领导人合作的前景

一、目前蒋介石的处境

1. 蒋介石与非共产党中国

1949 年 1 月 21 日,蒋介石辞去了总统一职。很显然,蒋并没有因此而放弃他的权力,特别是政府与共产党 4 月的北平和谈破裂后。4 月以后,蒋的战略好像是尽可能保存自己的实力以求在福摩萨建立基地,并通过国民党(蒋依然是党的领袖或总裁)、军队将领的个人忠诚以及他对中国海空军的控制,来保持对中国的影响。蒋对政府的干涉和拒绝在战斗中投入更好的军队,或者拒不向那些不忠诚的军事将领提供军火和军饷,已经严重妨碍了“代总统”李宗仁组织对共产党有效抵抗的努力。

一旦广州陷落,当前位于广州的中国国民政府很可能撤向重庆,或者西南的其他一些城市,除非蒋介石复职,政府才可能撤至福摩萨的台北。不顾政府的官方位置,中国的政治权威已经集中在福摩萨有一段时间了。随着非共产党中国的继续分裂,福摩萨在政府中的相对重要性很可能会进一步增加。自从 1949 年 8 月 1 日,蒋以个人“总裁办公室”①的形式组建了一个潜在的内阁。这个集团已经履行了政府的一些职能,而且根本不考虑广州政府,或者与阎锡山内阁同时存在。其在外交事务上更是如此。(前外交部长王世杰现在是总裁办

① 1949 年 6 月 24 日,蒋介石通知在广州的国民党秘书长郑彦棻,定于 7 月 1 日起设置总裁办公室,以强化党权的方式来强化其对政局的控制。总裁办公室下面设立设计委员会,下分党务、政治、军事、外交、财政、文化宣传等六个组。——译注

公室的顾问，而在广州外交部长的职位仍然是空缺的。）如果广州政府陷落，李宗仁辞职，或者大元帅决定复职，总裁办公室将很可能成为政府的核心。

蒋在福摩萨的影响不仅源自他组建的潜在政府，更源自他在岛上的军事物资、黄金以及外汇的贮备。蒋在福摩萨可以动用的物资、黄金和外汇的准确数字不得而知，但这扩大了蒋在大陆军事将领中的影响力却是一个基本的事实，因为这些军事将领们发现获取物资供应越来越困难。此外，中国一些最精锐的部队和海空军已驻扎于福摩萨。李宗仁政府根本不可能动用这些资源和军队。对海空军的控制使得蒋掌握着对共产党港口的封锁，这是目前最为有效，也是中国人追求的反共措施。

中国各地军事将领中的白崇禧、马步芳、马鸿逵、王陵基①、刘文辉②、卢汉③是最为突出的，他们追求各种各样的独立，但并不考虑蒋的影响。他们试图从蒋在福摩萨的贮备中获得数量可观的物资和金钱，却都没有实现。虽然如此，蒋对他们的影响力并没有完全消失，通过满足蒋即可操纵重庆的这些军阀，他们包括马鸿逵、王陵基、刘文辉和卢汉。据报道，一些地方军事将领已经和共产党进行谈判，不管在重庆已达成任何谅解，然而谁也不能保证像湖南最近发生的叛乱④在将来不再发生。

2. *蒋介石以福摩萨作为基地*

战前，福摩萨是一个粮食有盈余的地区。然而，战后的混乱和大陆难民、军队的涌入导致了当前的亏空。尽管可以想象的到，随着大量化肥的进口和采取合适的重建措施，福摩萨还是能够养活起岛内的民众和守备部队，但这显然不可能满足蒋在岛内的长期计划。蒋介石所控制的黄金和外汇可能足够应付当前国际金融赤字好几年，但他不可能用这些资产的相当部分去搞福摩萨的经济重建和发展。

国民党在福摩萨的管理并不乐观。自日本投降后，岛内管理低效，充满腐败和不公正，特别是陈仪⑤主席统治时期。政府官员的舞弊和不断增长的对大陆难民和军队的反对使共产党更易于在福摩萨进行渗透，当然，这也给福摩萨人的独立运动以新的动力。蒋不可能利用他拥有的资源去恢复福摩萨的经济、改善岛内的管理。他也不可能安置岛内无生产能力的军队、官员和难民。

福摩萨有大约 50 万人的军队，包括 6 万人的战斗部队。⑥ 孙立人是一位能干的将军，并不盲目追随蒋介石，他现在是福摩萨战斗部队的总司令。毫无疑问忠于蒋的台湾省主席陈诚，仍然控制着军事物资的供应，陈孙之间缺少合作的问题并没有得到解决，甚至孙立人也不能从福摩萨的贮备中获取足够的物资供应。然而，福摩萨的主要军事弱点并非孙将军和

---

① 王陵基，时任四川省政府主席兼四川省保安司令、四川省军管区司令。——译注

② 刘文辉，时任国民政府西康省主席。——译注

③ 卢汉，时任国民政府云南省主席。——译注

④ 此处指 1949 年 8 月初程潜、陈明仁率部发动的脱离广州政府的长沙起义。——译注

⑤ 1945 年日本投降后，陈仪赴台就任台湾行政长官兼警备总司令。1947 年二二八事变后，被蒋介石解除了台湾行政长官职务，改任国民政府顾问。——译注

⑥ 原注：见孙立人将军在台北的声明，T－76，台北，1949 年 9 月 15 日，机密。

陈主席之间缺少合作，而是军队叛乱的危险和共产党对卫戍部队的渗透。作为大陆分裂后的反共武装，已无所谓忠诚，即使是蒋精选在福摩萨的部队。

福摩萨缺少军事上的合作与组织，随时可能发生的叛乱，经济上的致命缺陷，对“大陆人”日渐增加的不满以及国民党的毫无希望，这些因素很可能纠缠在一起使福摩萨对共产党的渗透策略难以抵御，以至于对中国共产党来说，占领福摩萨都无需全力以赴的军事攻击。福摩萨不安全的军事地位严重地削弱了蒋介石对大陆军事将领的长期影响力。

3. *蒋介石的目标和形势评估*

基于目前的形势和蒋介石过去的经历，概括蒋的目标是完全可能的。蒋毕其一生作为中国国民党的领袖，控制着各个政治、军事集团的忠诚，以不断地保护并扩大他个人的权威和领袖地位。如果必要的话，他经常作出战略上的退却以阻止其他领导人或者党派挑战他自己的最高权威，而且他总是对自己的历史判断充满信心。抗日战争期间，蒋自信日本最终是要被美国打败的，因此，他将自己的力量用来抵制共产党，而且尽可能保存自己的资源以利战后政治和军事上的斗争。对蒋来说，因低效和腐败失去部分下属的事实是次要的，通过重建个人忠诚体系和防止其他领袖去挑战他的地位，以此保护自己的最高权威才是第一位的。蒋对美国的建议和压力表现出飞扬跋扈的态度，因为他自信(1) 不管中国做些什么或不做什么，日本最终将被打败；(2) 美国坚决反对中国共产党，没有最终与其达成协议的可能性。

最近一段时期，蒋的地位与战时有某种相似，正如他自己指出的那样。[①] 蒋显然又依赖于美国最终完全地卷入中国事务(第三次世界战争爆发后)以恢复自己以前的地位。蒋介石并不承认他在中国的领导地位如同抗日战争早期一样已不被接受。他确实认识到，大部分地区的军事将领，甚至“代总统”李宗仁对自己已没有很强的个人忠诚，因此，他不愿意向他们提供足够的物资以抵抗共产党，因为这种物资援助也可能足够有效地威胁到自己的突出地位。

蒋不依靠美国的最终干涉而恢复自己的地位是不可能的。虽然军阀们对他消除共产党在福摩萨的压力是有用的，然而，他对这些军阀没有足够的信任，就不可能向他们提供武器以作有效的抵抗，即使是最能干的将军，如白崇禧和马步芳。蒋没有能力或不愿意充分利用农民和游击队进行抗日表明，蒋未来也不可能组织或承认本地新的抵抗力量，他不会依靠地下运动去对付共产党。现在，蒋可能会尽力地去影响所有的军阀和共产党地区正在发展的零星抵抗。他不可能指望着恢复他的权力，但可能会阻碍那些他无法控制或某一天挑战其领袖地位的抵抗集团。无论如何，正在兴起的抵抗运动一旦获得动力，是不可能希望或接受蒋的领导的。

就蒋自己发现所处的毫无希望的形势来说，他的乐观只能用蒋坚信使美国全面卷入中国事务的第三次世界战争的到来进行解释。目前，蒋的动机看起来是(1) 坚持到美国全面

---

① 原注：见蒋在重庆的声明，T－173，重庆，1949 年 8 月 26 日，未设密级。

卷入中国事务(当第三次世界战争爆发后)和(2)阻止另一个领袖挑战他在非共产党领导人中间的地位。这些目标看似决定了蒋的战略设想——他拒绝防守长江沿线,不愿援助华南、西南和西北的内陆地区,愿意防御广东、福建和福摩萨的沿海地区,坚持干涉李宗仁复兴中国抵抗共产党的努力。这些同样的目标很可能也决定了蒋与大陆抵抗的军事将领和军阀们未来的关系,也决定了蒋与共产党中国兴起的地下或游击运动的关系。

二、美国可能采取影响蒋的措施

根据以上概括的蒋的地位、目标和动机,要精确阐述诱使蒋改变对大陆将领的态度的措施是极其困难的一件事情。蒋对大陆的抵抗问题非常消极,所以,他不可能采取任何行动让出相当数量的供应物资,除非他经受某种特殊的诱惑或压力。

以下部分将讨论和评估美国在理论上可能使用的一系列诱因和压力,当然,这样的讨论是在有些武断地假设的情况下进行的,即从美国政策的角度来看,希望诱使蒋从福摩萨的贮备物资和未来可能接收到的物资中拿出一部分援助大陆正在抵抗的军事将领们。

(一) 涉及在经济和政治上对蒋承诺的措施

(1) 军事渠道的协定。一个可能诱使蒋让出其储备物资的有益方式是,美国作出保证,将向蒋提供资金和军事供应以替代他给大陆军事将领的所有援助。这样一种安排是建立在交换物资的基础之上,不需要涉及任何长期的承诺,且允许美国监控所有供应物资的最终分配。

这样的计划有成功的可能,也涉及某种困难和代价。首先是蒋能否签订协定的问题。如果就可能性来说,他很可能囤积起所收到的任何供应物资。

第二个困难是一个需要更精心处理的问题,即确定如何选择大陆的受援者。如果允许蒋选择受援者,他很可能会忽视那些更能干的抵抗将领们的需求,如白崇禧和马步芳,相反,他会通过那些被信任的官员如汤恩伯和胡宗南来援助大陆。这些官员很可能自己占据较大份额的援助物资,仅留少许给那些更能有效利用援助的将领们。无论如何,大量供应物资的泄漏和浪费是可以预料到的。

通过建立一个全权负责物资分配的美国监督委员会,可以使分配来自福摩萨的供给更为有效。然而,根据蒋过去的行为,他可能认为美国的监督是对其主权无法接受的一种干涉。

与决定大陆什么军事力量间接得益于美国对蒋援助问题紧密联系的另一个困难是,重新对蒋的军事援助有可能疏远,甚至挫伤其他非共产党的领导人,因为他们长期以来希望消除蒋在抵抗共产主义运动中的影响。比如,李宗仁和他的支持者很显然希望美国只与他们打交道,并且要忽略甚至否认蒋的领导地位。因此,进一步的援蒋计划可能引起李和其他人以更加悲观的方式,重新评估拒绝共产党和谈条件的优缺点。

(2) 经济合作署[1]援款的分配。第二种有益的方式是美国作出暗示,如果蒋绝对保证向大陆分配物资,那么,它将更愿意分配给蒋尚未花完的经合署援款。根据1948年的援华法案,从1949年9月16日开始,拨出2.75亿美元中的0.593亿给中国仍然是不受限制的。[2]

对这一行动可能产生的效果的评价必须考虑到:① 获得蒋自己作出承诺的困难;② 美国仅提供经济援助是否能够克服蒋对让出供应物资根深蒂固的不情愿状态的问题。根据后一个问题,只要蒋能够通过高压手段保住自己的权力,他不可能非常关注福摩萨的经济重建。因此,美国提供的经济援助不可能对他的思想产生任何真正的效果,除非这样的援助能够缓解他必须花费现有资产于非军事目的的状况,并且使其更易于购买到军事物资。

(3) 政治上的承诺。第三种有益的方式是,万一大陆的反共斗争失败,美国政府保证它将继续承认蒋是中国非共产党地区的领袖。这种保证暗含着美国不会采取行动改变福摩萨未来的地位。

这种计划内在的主要缺陷是美国对中国的政策将失去弹性。万一大陆的抵抗失败,美国可能只有支持福摩萨的流亡政府,而断绝与整个中国的任何真正的联系。此外,这种计划对蒋的影响是不易预测的,特别是他已经建立起了对美不可缺少的信念。

(二) 涉及使用威胁和制裁的方式

1. 政治方面

美国有许多方式向蒋施加压力,以劝说其向大陆的将领们分配部分供应物资。

美国可能使用的方式之一是,声明美国将拒绝承认蒋是未来非共产党中国的真正领袖,除非他表明积极支持大陆的军事将领们。这样的声明可能也暗含着,美国将考虑直接向大陆正在抵抗的军事将领们提供军事援助和物资供应,除非蒋立即采取措施让出他的供应物资。如果这种声明言之成理,它将击中蒋的神经中枢,即他希望保持在非共产党中国的地位,担心其他非共产党领导人强有力的挑战。因此,这种计划的效果受两个因素的严重限制:(1) 它的影响大部分是口头上的;(2) 蒋认为自己对美国在亚洲遏制共产主义是不可或缺的。

美国可以动用的第二种类型的政治压力是,美国暗示,除非蒋让出他的供应物资,否则,美国将通过改变福摩萨国际地位的手段以削弱他在福摩萨的地位。美国现在有三种可能的处理方式去做:(1) 军事占领;(2) 支持联合国托管;(3) 支持福摩萨的独立集团。蒋在福摩萨的地位在法律和政治上的弱点使他对这种形式的压力异常脆弱,但蒋已经认识到了美国实际运用这种压力的困难和代价,使其自身的脆弱性有所改善。毫无疑问,他已经认识到美国的占领代价高昂,还会冒苏联采取反措施之险。从他的观点来看,他可能认为托管更有利于共产党的入侵,无论如何,托管计划的实施将是一个要求其他国家一致同意的耗时的计

① 原文为KCA,疑为ECA的笔误。——译注

② 原注:此外,从1949年8月1日开始,账户上受到限制的0.493亿美元的余额还未花完。

划。最后,他可能还认识到,就共产党的渗透来看,美国对独立运动的支持仍是犹豫不决的。

2. 经济方面

经济制裁也可以对蒋施加压力。福摩萨的经济对日本的依赖,如大部分糖的出口,使得它极易受到美国制裁的影响。然而,运用这种制裁的方式来影响蒋有许多限制。单独的经济压力是否能把蒋在福摩萨的地位削弱至他愿意妥协的地步,这是令人怀疑的。福摩萨粮食生产方面相对的自给自足和蒋使用军事力量镇压内部反抗的能力,将严重限制了这种威胁的效果。福摩萨的普通老百姓会感受到经济压力的效果,而不是军事阶层。因此,美国在福摩萨利益的损失是巨大的。美国还必须估量额外的代价:(1) 可能损害美国在日本的经济目标;(2) 在菲律宾和远东其他非共产党国家产生潜在的不利政治后果。

OSS China and India, Reel - 4 - 31, pp. 1 - 14

刘建平译,杨奎松校

2－24

国务院情报研究所关于中国政府权力的本质和范围的研究报告

（1949 年 9 月 21 日）

OIR 5037

机　密

从 1949 年 8 月 30 日起中国政府权力的本质和范围

（1949 年 9 月 21 日）

概　　要

伴随着中国共产党近三年来的军事胜利，中国政府的权力已经被彻底分割；从 1949 年 8 月 30 日开始，中国政府的职能在很大程度上被国民党（蒋介石领导）、国民政府（代总统李宗仁领导）、地方军阀、独立的省政府、西藏神权政府、中国共产党及其地方政府、苏联控制下的少数民族政权、甚至苏联政府的派出机构所履行。这种分裂状况在非共产党地区最为显著。国民政府在广西、贵州、四川、西康和目前的首都所在地广东省仍拥有一些权力，在这些地方通过地方军阀行使职权。在中国的其他地区，特别是云南、新疆和马步芳、马鸿逵的穆斯林地区，国民政府的权力纯粹是名义上的。西藏神权政府在其大部分辖区内长期拥有事实上的司法权，当 1949 年 7 月中国代表被逐出西藏时①，国民政府的残余统治已被摧毁。因蒋介石不断干涉政府事务，并且拒不允许代总统李宗仁对福摩萨、海空军、国家金银财宝和效忠于其个人的军队有任何控制，国民政府的权力更进一步受到了限制。

由于中国共产党和军队执行严格的纪律，中国的共产党地区相对更为统一，政权也较为巩固。然而，中国共产党虽然控制着几乎三分之二的人口和三分之一的国土，但从 1949 年 8 月 30 日开始，中国共产党的政权仍缺少有组织的政府的一些职能。共产党地区、党和军队缺少中央的国内权威。共产党中国没有正式的外交关系，没有被任何一个国家承认。苏联控制下半独立的伊犁、呼伦贝尔和内蒙古政权的存在，限制了中国共产党对中国边境地区的统治。② 苏联在满洲获得的让步也限制了中国共产党在这一地区的权力。大连和旅顺港仍

---

① 1949 年 7 月 8 日，西藏摄政大札在印度驻拉萨总领事里查逊策动下，突然切断了与外界的电讯联系，以西藏噶厦政府名义，通知国民政府蒙藏委员会驻藏办事处主任陈锡章，以西藏境内的汉人中有共产党为由，限期驻拉萨的国民政府办事处人员撤离西藏，完全封闭汉族学校，驱逐汉民。这就是震惊中外的“驱汉事件”。——译注

② 原注：见所附地图，“1949 年 8 月 30 日中国统治区域图”。（原档案文件中并未发现附此地图。——译注）

处于苏联的军事控制之下。华北、华东和华中牢牢地控制在中国共产党手中。

虽然共产党中国和非共产党中国的政治权力均遭到分割，但共产党能够在乡村和城镇组织起更为有效的基层社会组织，如家庭、家族、行会等。在中国，政府是要通过这些传统的组织进行实际的管理。现在剩下的问题是，当中共扩张、巩固他们的权力，并控制全中国时，他们强加于这些传统机构的训练是否足以应对自己面临的经济和社会问题。

从1949年8月30日起中国政府权力的本质和范围

一、背景：政府权力的范围

最近三年里，国际社会所承认的中国国民政府已经败于几乎控制了全国人口三分之二和国土三分之一的中国共产党。政治和军事上接二连三的分裂和依赖于蒋介石的地方军事同盟的破裂，导致中央政权的权力进一步萎缩，而共产党政权却越来越稳固。因国民党领袖蒋介石的不合作态度及其对政府事务的继续干涉，代总统李宗仁领导下的广州国民政府的权力进一步被妨碍，而且，在许多领域内，蒋介石要比李宗仁领导下的广州国民政府有更大的权力。自1949年8月30日起，政府的权力在不同程度上被国民党（蒋介石领导）、国民政府（代总统李宗仁领导）、地方军事势力、独立省府、西藏的神权政府、中国共产党及其地方政权、亲苏的少数民族政权、甚至苏联政府的派出机构等所分享。就当前国际社会意识形态的区别而言，中国存在着两个集团，即作为共产党核心的中国共产党和作为非共产党核心的国民党。两个阵营控制的不同区域范围是可以区分辨别的，概括如下。①

（一）共产党地区

1. 呼伦贝尔自治政府。呼伦贝尔自治政府非常亲近内蒙古人民共和国和苏联，很少或者没有受到中国共产党的直接影响。

2. 内蒙古自治政府。内蒙古自治政府非常亲近蒙古人民共和国和苏联，但仍在中国共产党的影响和控制之下。

3. 伊犁政权。新疆的伊犁政权为苏联所控制，并不受中国共产党的影响。

4. 东北人民政府。东北人民政府接受中国共产党中央委员会东北局的领导，但也受苏联的影响。

(1) 延吉半独立地区。虽然延吉受东北人民政府的正式管辖，但该地区的朝鲜人有相当的自治权，并处于北朝鲜和苏联的影响之下。

(2) 大连和旅顺港。苏联控制下的中国共产党当地组织管理着大连和旅顺港，它们与

---

① 原注：见所附地图，“1949年8月30日中国统治区域图”。（原档案文件中并未发现附此地图。——译注）

中国共产党东北人民政府没有正式联系。

5. 华北人民政府。
6. 华中人民政府。

在华北和华中地区，中国共产党的统治非常稳固，国内的“人民政府”已经建立。苏联对这些政府显然没有直接的控制。

7. 华东解放区。
8. 西北解放区。
9. 华南解放区。

在华东、西北和华南地区，中国共产党通过地方局和地方军事长官进行地区控制。国内的行政管理机构只有省级及省级以下的。这些地区显然不受苏联的直接控制。

(二) 非共产党地区

1. 福摩萨。福摩萨受蒋介石领导下的国民党控制。代总统李宗仁领导下的广州国民政府不能在福摩萨行使其权力。

2. 广东。广东省政府仍然受国民党和设于广州的中国国民政府的双重控制。

3. 广西、贵州、四川和西康。广西、贵州、四川和西康为地方军阀所控制，国民政府或国民党可以通过地方军阀行使权力。

4. 青海东部、甘肃西部、宁夏和绥远西部。穆斯林军阀马步芳(在青海)和马鸿逵(在宁夏)控制着中国西北的大部分非共产党地区，他们基本上不受国民党的管制或援助。随着共党挺进甘肃，两位将军之间合作的可能性变得越来越小。

5. 新疆。新疆部分地区不受共产党伊犁政权的领导，国民党任命的官员控制着这些地区，他们承认马步芳的军事领导，不考虑国民党广州政府的统治。

6. 云南。省级官员控制着云南，这些官员不承认广州国民党政府的权力，尽管有报道称他们正在与共产党谈判，但他们仍受制于“共匪”及游击队的活动。

7. 海南。国民党政府和中国共产党的“人民政府”分管海南，前者控制着沿海的城镇，后者控制着内陆地区。

8. 西藏。西藏神权政府事实上长期有该地区的司法权，但是，因为国际社会的承认和中国政府驻拉萨代表的存在，中国一直维持着形式上的宗主国地位。1949 年 7 月，当国民政府的代表被逐出西藏时，才彻底摧毁了其残余的统治。

(三) 权力巩固的程度

从国内来看，共产党统治下的行政管理可能比非共产党政权更能有效地统治基层的乡村和城镇。在非共产党地区(除西藏外)，实际上的统治是通过传统组织，如家庭、家族和行会等来完成的，而共产党正尝试着在其辖区内对这些组织进行控制和训练。从国际上看，国际社会仅仅承认李宗仁领导下的广州国民政府，但该政府的外交部长一职仍然空缺，大部分的外交事务被蒋介石所控制，而且并不与李宗仁磋商。西藏正努力争取国际社会的承认，而中国共产党在其辖区建立起中央政府以后，很可能也会这样做。

共产党地区与非共产党地区之间最主要的区别在于，前者的政治权力与统治日益巩固和集中，而后者中央政府仅存的权力正在迅速消解。

二、政府权力的标准

现在中国政府的权力异常分散,只有通过对体现权力的事物的细微观察,才能清楚地描绘出这个国家各种形式的政府的实质和统治范围。因此,选择下面几种政府的职能以阐明中国各种政治集团的势力范围和控制力。

(一) 立法

在中国共产党统治的地区,共产党行使立法权:(1) 直接通过中央委员会下属的地方局、地方“人民政府”以及附属于各地解放军的政府部门,(2) 间接通过管理机构和各种功能性组织(比如工会)中的党员。在个别情况下,地方职能部门和党的地方局联合实施立法工作。在基本政策的决定问题上,立法权集中于中国共产党的中央委员会。当各地根据实际情况执行国家政策时,地方上党政部门可独立地制定地方法规,但中央委员会保留监督权以审查各地的法律法规。

中国共产党的立法工作在华北、华东和华中地区要好于华南、西北地区。然而,在东北,东北人民政府具有相当的法律自治权。在内蒙古和延吉半自治地区,共产党颁布法律的权力受到严格限定;在呼伦贝尔和伊犁地区,共产党则没有立法的权力。在上述自治的地区中,显然有着相似的,但又相互独立的共产党类型的立法权。

在国民党地区,党的机构(主要指国民党特别委员会)、政府的各部(通过颁布法令)和地方的军事长官直接行使立法权力。自 1949 年 5 月以后,并不算是真正意义上的立法机构的立法院,就没有召开过任何的立法会议。政府里的任何一个机构均没有立法权,同时不像共产党地区选派代表执行立法工作那样,这里的立法工作是分散的和命令式的。由国民党统治(蒋介石、白崇禧、马步芳和王陵基)支持下的主要权力资源采取的一些联合行动,仅仅能够轻微地缓和权力分裂所带来的震荡。那些没有国民党支持的地区,立法权是通过为人们熟知的其他方式表现出来:在西康和云南由军阀决定;在西藏则通过神权政府的特殊机构去执行。

(二) 法院

在中国共产党统治下的地区,只要建立了共产党“人民政府”的地方,“人民法院”便相继在县、省或者各级政权中建立,并依法给予已经成立的“司法部”以上诉权。在实践中,所有的法院,包括非正规的地方或乡村法院,均以中央委员会和地方局所制定的共产党政策为依据。从理论上讲,在所有地区(除 1949 年 3 月 1 日后的华北),国民党的法律法规和共产党的法律政策均是适合的。没有更多的材料让我们去分析尚未在中国共产党统治下的共产党地区的情况,但据推测它们的司法系统和共产党领导下的地区具有相似性。

国民政府行政院下的司法部已丧失了对非共产党中国的大部分法院的控制。这些法院被省级政府所掌控,或者从某种意义上说,被秘密警察所左右。在当前形势下,由于缺少实施决策的资金和可能性,国民政府的最高法院和最高监察院已长时期不能有效地发挥作用。实际上,大多数的司法管理绕过法院系统,通过省级政府直接任命的地方法官,或通过当地诸如行会和家族等非司法机构来控制司法的管理。西藏的司法系统已经与中国的其他地区分离开来。

(三)法律执行机构

在共产党统治的地区,其法律执行部门受每一个中国共产党“人民政府”之下的安全局领导。在一些地区,这些部门还包括共产党建立起来的省级及以下各级的“剿匪司令部”,以用来对付土匪和农民暴乱。此外,每一个共产党地区还建立“军管区”,并配备各自的卫戍部队。没有关于半独立的共产党地区的资料,但类似的方法很可能在这些地区是有效的。

在非共产党地区,“维和部队”、地方民兵队伍以及省市警察力量是主要的法律执行部门。目前,这些部门受省级政府所控制。西藏一直拥有自成系统的地方卫戍部队和警察力量。

(四)秘密警察

康生领导下的中国共产党的秘密警察,隶属于中央,而中国共产党地方政府的司法部门则无权管理。在这一方面,尤其是在内蒙古和东北,共产党的管理方式深受苏联秘密警察(国家安全部)的影响。苏联影响下的伊犁和呼伦贝尔的警察组织是独立的,不受中国共产党的控制。

在非共产党地区,除了像马控制下的省级组织外,至少有两个秘密警察组织。一个是调查统计局,在理论上接受国民政府内务部的领导①;另一个是在国家军队的领导下②。两个组织的运作都有很大地自治权。他们不执行代总统李宗仁政府的命令,反而忠于蒋介石或忠于与蒋介石关系密切的国民党派系。

(五)货币和财政

共产党地区的财政状况良好,各级政府稳稳地控制着货币的流通。然而,在非共产党地区,地方军阀和残存的国民政府分享货币管制权,财政状况基本处于无政府混乱状态的边缘。

没有材料来说明共产党边界地区的呼伦贝尔或伊犁的金融财政情况,尽管众所周知,

---

① 此处指成立于1938年的国民党中央执行委员会调查统计局,1949年改名为内政部调查局,隶属于国民政府行政院内政部。——译注

② 此处指成立于1938年的国民政府军事委员会调查统计局。——译注

他们的贸易分别受蒙古人民共和国和苏联政府的深刻影响。因为延吉是东北人民政府管辖的地区,那里很可能使用共产党的货币。然而,内蒙古自治政府已经建立起自己的银行和金融系统,这显然是独立于中国和苏联的邻近地区。在苏联控制下的大连和旅顺港,苏联通过当地共产党的管理机构指导着它们的金融事务。东北人民政府有权发行东北人民银行的货币,其金融独立于中国共产党的其他地区,财政业务通过东北人民银行进行管理。

在长城以南的共产党地区,包括“人民政府”统治的地区和那些仍处于军管之下的地区,唯一的官方货币是人民币(人民银行的纸币),由中国人民银行的各分支机构发行。这种货币没有硬币、金、银,或者外汇的支持。在他们的辖区内,共产党没有铸造硬币。在某种程度上,中国人民银行起着中央银行的作用,并与军事当局合作,管理解放区的银行。只有在中国共产党没有建立起财政控制的地方,一些非权威人士才在一定程度上掌握着金银的储藏和外汇兑换的权利。

现在,国民党完全控制的财政仅限于福摩萨,在这里,蒋介石储存了中央政府大量的金、银和外汇贮备。在大陆,国民党的财政影响力在广东和四川仍很大;广东流通着国民党的银币和当局发行的省内纸币,在四川中国中央银行还在铸造银币、印发纸币。

在云南和广西,国民党还持有名义上的财政控制权;然而,实际上的权力已属于地方当局,他们发行纸币、掌控着财政业务。没有关于贵州和西康的相关资料。西藏长期发行着自己的纸币和银币,他们的铸币厂设于拉萨。目前还没有关于穆斯林军阀马步芳和马鸿逵所控制地区的相关信息,但是,自蒋最近拒绝向他们提供财政援助以后,据推测他们在西北穆斯林地区推行的货币和财政政策将不再受中央政府的干涉。新疆省政府目前正发行独立于国民政府的货币,其银行受新疆省银行控制。目前,处于战争环境下的陕西南部、湖南以及福建南部的情况尚不清楚。

(六) 政府收入

一般说来,有关货币的业务就是在税收和政府收入问题上的不断重复。中国共产党已经牢牢控制着其辖区内的税收,而国民政府还能获取收入的地区已缩减到稀疏而分散的几个省份。

中国共产党控制着满洲地区的财政资源,这些资源隶属于东北人民政府的管辖领域内,他们的税收政策和税收方式沿用了共产党在长城以南地区建立起来的模式。然而,内蒙古自治政府掌控着其辖区内的税收,在大连和旅顺港,苏联通过当地中国管理机构控制着财政收入。关于呼伦贝尔和伊犁政府控制下的新疆北部地区,还没有任何信息。

在长城以南的解放区,中国共产党完全控制了财政事务。他们可以强行征收对外贸易税和城市里的商业税,特别是对这些地区的外国企业征收重税。他们还试图在华北地区征收工人们的收入所得税,但是,实践证明这是极不成功的,所以最终放弃了。没有共产党征收土地税的资料;然而,农民们反对征收过重的土地税,表明了共产党在大规模地征收该税。

以“慰问军队”捐为掩饰向民众征税也是共产党增加收入的一个手段，对于那些拒绝缴纳此捐的人，共产党会对其进行公开的谴责。最后，他们对奢侈品、旅游和通讯征收近乎禁止性的高额税收。

在非共产党地区，各省政府和军阀们掌控着大部分的税收权力。在福摩萨，国民党仍然控制着所有的收入来源，并且可能正在有效地实施税收法。在四川，国民政府显然还能够控制各种类型的税收，仍可以通过省政府的财政机构进行征募。在广东省，财政收入由省政府和国民党共同控制。

在云南，省政府完全接管了税收系统。以前属于政府的税收，尤其是关税和盐税，现在由省政府征收。共产党煽动的起义妨碍了云南土地税的征收，由于政治方面的原因，这些税收最终暂不实行。但是，省政府已有足够的能力在大部分地区重新推行土地税政策。

贵州的形势不得而知。西康在省政府的统治下，所有收入归地方当局。海南处于分裂状态，中国共产党控制腹地，国民党官员统治沿海城市，国民党能够从岛内征收一部分税收以增加收入，这是让人怀疑的。马已经彻底而有效地控制了其辖区内的收入。新疆现在征收的税收全部用于省政府，国民党没有从这一地区获取收入。

（七）贸易控制

贸易控制显然既可以征收运输货物的税收，也能严格控制这些商品的流动。当然，中国传统上猖狂的走私影响了政府控制贸易的效果。

在新疆北部的伊犁地区，共产党政权已经设置了伊犁和南疆之间贸易的障碍。至于这一障碍的效果仍不得而知；然而，过境走私的可能性很大，因为新疆依赖于苏联邻近地区的许多产品。

呼伦贝尔贸易控制的准确情况还不清楚。在内蒙古，当地自治政府已建立了包括贸易税的税收系统，并与毗邻的中国共产党地区缔结了易货贸易的协定。在大连、旅顺港地区，苏联通过当地特殊的中国管理机构控制着贸易。此地的大部分船只是苏联人的。

东北人民政府和共产党中国的其他地区之间过境关税的存在，加之最近东北当局与苏联缔结贸易协定的事实，说明共产党已经把满洲建成了一个特殊的贸易地区。苏联在这个地区的影响可能很大，完全可以在苏联和满洲之间建立一种不利于中国人的贸易模式。

在共产党中国的“人民政府”和解放区内，对外贸易由外贸局管理。中国共产党也建立了负责进出口贸易的国家贸易部门，这些部门垄断了一些在世界市场中正式贸易的中国商品。但是，由于国民党的封锁，这些机构的实际工作并不明显——除有对外贸易的天津。关于共产党控制的各个地区之间贸易的资料比较匮乏，然而，有迹象表明，管理这些地区易货贸易的机构都是小规模运作。在这一计划下，一个地区出现短缺，可以运来其他地区的多余物资，使短缺状况有所缓解。虽然共产党将北方的物资匮乏归于“过高的价格”，但共产党从北方向上海运输商品的努力并不成功。

福摩萨的位置和国民党对航运设施的控制，使得国民党垄断了福摩萨的贸易。当然，岛内的国民党当局控制着所有的进口。广东通过广州的大部分贸易由国民党控制，虽然省政府仍有一些影响力。四川现在是国民党在西南的主要基地，国民党控制着这里的关税，因此贸易也很可能由其掌控，省府与国民党也是合作的。

现在，云南的贸易几乎完全由省政府所控制，而且还征收中央政府的关税，这遭到国民党当局的抗议。共产党抑制或控制云南贸易的效果尚不清楚。广西的商业主要由地方当局掌控，尽管国民党的影响仍然存在。

西藏的贸易由西藏政府所控制，并且最近试图商谈独立于国民政府的贸易协定。西康省政府控制着辖区的贸易，特别是有利可图的鸦片交易。马军阀过去就曾严密地控制着他们地区内的商业，毫无疑问他们仍会这样做。新疆的贸易掌控于地方官员手中，现在从某种程度上与马结成联盟。最近几个月，苏联并没有成功地压迫新疆在贸易中让步。

（八）赈灾与重建

中国共产党已经动员起学生、士兵、城市工人和农民修建堤坝。然而，在整个满洲，共产党的资源和权力还不足以摧毁来自地方上的对抗，这些对抗影响了水资源的管理和保护措施，最终导致水灾的发生。中国共产党声称已经作了广泛的城市救济和重建工作。大量的居民被重新安置在“无基本”城市设施的土地上，尤其是对上海和南京，但这样的重新安置遭到很多人的反对。当福摩萨的国民党政府还无法在福摩萨和大陆之间实施有关检疫隔离方面的条例时，共产党已声称在上海一次就为350万人作了预防注射。

除零星的地方措施外，共产党之外的城市救济完全被限定在接受经济合作署食物的地区。国民政府已尝试着去修复堤坝和收养难民，但它显然没有足够的人力和财力资源。即使乡村重建联合委员会可能进行重建工作，广东的河堤也不足以抵挡这个春天的洪水。

（九）自然资源和工业的控制

新疆伊犁地区重要的矿物资源（金、钨、石油）由苏联直接控制；其他不重要的资源完全由伊犁政权控制。在呼伦贝尔，据说苏联管理主要的煤矿，这很可能是由附属于1945年中苏条约的“中国长春铁路协定”所决定的。

在满洲，除重要的资源外，中国共产党与苏联共同占有小部分的自然资源。苏联拥有松江省的穆棱煤矿，并操纵着东北人民政府下辖的黑龙江省沿阿穆尔河的金矿工业。苏联的卫星国北朝鲜控制了鸭绿江水电厂，该厂向安东和大连地区的工业提供主要的电力。此外，在大连和旅顺港地区的资源和工业的控制方面，苏联通过中苏合营企业将中国共产党降至从属的地位。

长城以南共产党地区的资源完全处于中国共产党的控制之下。在海南岛，当地共产党组织最近夺取了两个重要铁矿之一的石碌铁矿。

在中国的非共产党地区，国民党还有力地控制着福摩萨、四川、广西和海南岛的部分资源。省政府和军阀们优先控制着广东、云南、贵州和西北各省的资源。尽管国民党在地理位置上的影响力较小,但对国民党来说,拥有福摩萨(糖、铝、化肥、动力、铜、金和煤)、四川(军火、钢铁、动力、盐和煤)、广西(锡、钨、锑和菜油)和海南(铁矿)的资源和工业要比占有其他非共产党地区的资源有着更重要的经济价值。穆斯林军阀马步芳和马鸿逵绝对控制了中国西北的资源。甘肃北部的玉门油田名义上属于国民党机构(全国资源委员会),但其所在地和供应的市场都处于穆斯林的统治之下。西康和新疆省政府无可争辩地支配着各自省内有限的资源(除伊犁地区)。云南、贵州和广东通过建立省属发展公司,设想控制这些省的绝大部分资源。西藏政府完全控制了其辖区内的自然资源。

(十) 交通

1. 铁路。共产党地区有着全中国90%的铁路。目前,满洲的主要干线可能由苏联单方面控制,这主要是苏联解释附属于1945年中苏条约的"中国长春铁路协定"的结果。满洲的铁路是共产党中国惟一正常运行的线路。中国共产党完全控制了长城以南的铁路,并修复了华北和华南的部分线路。但是,最近游击队的袭击和国民党空军的轰炸使共产党很难充分利用这些铁路。共产党已建立了统一的铁路系统,但还没有全面运行。

在非共产党区域,国民党控制着福摩萨的铁路和共产党军队尚未占领的广州至汉口铁路的部分路段。四川当局没有权力,也没有足够的资源完成重庆至成都线的修建任务。尽管福摩萨在经济合作署的援助下作了大量的重建工作,但其铁路的状况仍很糟糕。

2. 航运。共产党中国的航运由"人民政府"和各个地区的行政管理机构控制。惟有在大连和旅顺港,航运直接受苏联当局控制。然而,国民党通过有效的封锁上海,就可以在一定程度上控制共产党地区的航运。

国民党控制了非共产党中国的航运业。

3. 航空运输。共产党中国没有商业航线。虽然共产党可能在满洲与苏联当局共同控制着航空线路,但在共产党的各个地区,它在"人民政府"和管理机构的权限内控制着航线。

非共产党中国的航空运输设施由国民政府发放执照准许生产,但受国民党的控制。就各省军阀接收供应物资来说,对这些设施的控制使蒋介石获得了相当大的权力。在新疆,苏联几乎垄断了整个航空运输,而国民政府准许和控制的公司则限于新疆东部和南部。

(十一) 通讯

1. 邮政部门。关于蒙古自治地区的邮政系统,没有可供分析的资料。伊犁地区有独立的并与苏联保持联系的邮政系统,这些邮政系统与新疆的非共产党地区没有联系。

在每一个人民政府和解放区内,中国共产党已建立起独立的邮政管理机构。上海的邮政局接收来自解放军占领地区的所有邮件。为了减少邮政机构以前对外籍职员的依赖,只有以中文填写地址的信件才被受理。然而,苏联的邮件只需要以中文写上"苏联"的字样即可。中国共产党与苏联集团之外的任何国家没有缔结有关邮政方面的协定,因此,其邮政局可能对苏联集团之外的国家的邮件不负任何责任。

非共产党地区的中国邮政以半政府组织的形式在继续运营。在中国邮政领域内,外国资本的投资很大,并且长期由外籍人员进行管理。中国过去的邮政系统已形成大一统的局面,但现在每一个省都有自己发行邮票的规章法令,这充分反映了国民政府地区邮政机构的混乱状况。

西藏发行自己的邮票,并且有自己的通讯员专门向印度国内送寄邮件。

2. 电话和电报。处于共产党外围地区的呼伦贝尔、内蒙古和伊犁,可能因其电信事业过于贫乏,对共产党来说并不重要。中国共产党的电话和电报机构属于政府机构。每一个人民政府都设有电信局。在占领期间,商业电报服务已停止,但正在逐步恢复。在扬子江以北,现在只受理简体中文电报。连接苏联和香港的国际电话、电报已经建立起来。苏联介入东北或大连地区电信机构的程度还不清楚。

在非共产党地区,包括电报和电话在内的国际电信事业直接受国民政府交通部下辖的邮政和电信分支机构管理。交通部负责出境信息的安全检查。省政府经常在各自辖区内与交通部共同控制电话线路。在云南、广西、贵州和四川,交通部操控着双方相互依存的电信系统。最近没有关于地方电信独立程度的信息;电信服务尚未中断。

新疆和西藏电信事业的发展是严重不足的,在地方政府的控制下,有分别与苏联和印度进行联系的系统,但与中国没有联系。

(十二) 公共信息

1. 新闻业。所有共产党地区的新闻业都遵守共产党制定的方针。关于半自治的蒙古地区,除了解到它们的新闻业是亲苏联和蒙古人民共和国外,没有其他任何信息。伊犁地区的新闻业在地方当局的控制下,是完全亲苏的。中国共产党地区的新闻业由中国共产党中央委员会通过官方的新华社进行控制,新华社评论是共产党政策的官方阐述。东北人民政府下的新闻业受到苏联的一些影响。大连和旅顺港出版并发行中国共产党的报纸。共产党地区发行几份不太重要的党报,国民政府下的一些报纸仍在继续出版,但所有这些报纸都要遵守共产党的方针政策,使用新华社的消息。两份外国出版物仍在上海发行,一份是由美国人所办但亲共产党的《中国一周回顾》,另一份是英国人办的《华北日报》,它们已被禁止使用外国新闻机构的电讯,只负责发布新闻。

在非共产党地区,所有的报纸都要在国民政府行政院下辖的信息部进行登记,政府仍控制着一定程度的报刊检查权。反政府的地下共产党报纸和一些小报仍然存在,但总体上都是短命的。在军阀控制的地区,国民政府的权限非常有限。此外,新疆的南土耳其报纸公开反对国民政府。没有关于西藏新闻业的信息,但所有的西藏发行物都受神权政府的控制,并且喇嘛寺院不受中国人的影响。

2. 广播。蒙古自治区、延吉和伊犁地区未曾听说有无线电播送节目。在中国共产党控制的地区,广播由共产党当局掌控,共产党不仅指定频率,而且监督广播内容。收听广播者和发报者都必须进行登记。除共产党操纵的电台外,上海还有不太重要的私人电台。美国外交机构仍继续使用自己的广播网，尽管这种广播网的使用在国民政府或中国共产党地区都没有法律基础。

非共产党地区的大部分广播台由国民政府的中央广播局控制，由广播局统一发给营业执照；然而，很少一部分电台的经营是为了个别省或私人的利益。除美国外，所有的外籍人员不允许拥有或经营广播电台。在国民政府控制较严的地区，定期检查广播的脚本。虽然驻拉萨的中国代表以前通过广播发送或接收官方消息，但西藏并没有广播电台。自7月中国人被逐出西藏后，西藏当局可能控制了这套设备。

（十三）教育

共产党地区的教育受共产党当局的严格控制。关于半独立的内蒙古、呼伦贝尔和伊犁地区的学校，没有详细的资料，但他们很可能由地方当局控制，有很强的亲苏倾向，并有许多学生到苏联去学习。在共产党直接控制的地区，教育政策由中国共产党中央委员会制定，但政策的解释和实施由各个地区的教育部来进行。虽然共产党严格控制课程、学生和老师，但因需要受过训练的技术人才，许多前国民党党员被进行共产主义的灌输后而留用。共产党允许私立学校和外国学校存在，允许它们讲授基督教的内容，尽管控制相当严厉。所有的学校必须讲授共产党的学说，并尽可能快地重新编写了课本。东北有一些苏联学校，并配有苏联教职员工。

在非共产党中国(除西藏)，行政院教育部控制着教育，负责开设课程和设置标准，特别是对中小学。国民党要求学校讲授自己的学说，使用政府认可的教材。国民政府对大学的控制并不像中小学那样严格，随着国民政府权力的分裂，这样的控制越来越无效。虽然教育部任命了各省的教育厅长，但随着他们与中央政府关系的疏远，国民党的控制力也自然在下降。国民党以前通过三民主义青年团对学生团体的控制已不再有效。在非共产党地区，因为外国人的学校符合某种标准，并且讲授国民党的主义，因此，允许他们存在。政府对这些学校的控制力已变得很小。西藏的学校由喇嘛寺院控制，从不受国民党的影响。

（十四）军队

1. 陆军。共产党半独立地区的武装力量一直在不同程度上独立于中国共产党的军队。呼伦贝尔自治政府除纯粹的地方防御力量外，并没有军队，它的安全依赖于蒙古人民共和国。蒙古人民共和国对呼伦贝尔的地方武装影响很深，而中国共产党并没有控制这些武装。新疆的伊犁政权有一支独立的武装力量，这支武装与中国共产党没有关系，但受苏联的强烈影响。内蒙古人民解放军与中国共产党的军队并肩作战，接受中国共产党的援助和指导，但维持着相当程度的独立性，没有被合并到中国共产党的军队系统内。延吉地区仍存有朝鲜人半独立的组织；这些组织与中国共产党和北朝鲜的军队都保持着联系。

中国共产党地区的军队可分成两类，即“野战军”(总数大约为200万人)和相当于地方师的战区部队(东北、华北、华东、华中和西北)。所有这些部队听命于中国共产党的机构——人民革命军事委员会。共产党中国的陆军严格由共产党中央控制,显然不存在地方主义或者“军阀主义”的问题,尽管游击部队几乎是完全地独立作战,诸如活动于海南、云南和广东的部队。

相对于中国共产党的军队,非共产党中国没有统一的军事指挥。福摩萨和广东的军队(大约 20 万人)是忠于蒋介石个人的,并不听命于李宗仁的国防部长阎锡山。其他主要的反共力量是主要活动于广西和湖南南部的受白崇禧领导的军队(大约 15 万人),白效忠于李宗仁,但蒋拒不向其供应保持战斗力所需的军饷和装备。马步芳和马鸿逵的部队(大约 10 万人)同样面临着缺少装备的后勤问题。他们虽效忠于地方当局,但与白崇禧、李宗仁保持合作。中国残存的非共产党军队是各省军阀领导下的纯粹意义上的地方军(像云南和四川),既不效忠于蒋介石,也不依赖于李宗仁。西藏的军队有约 1 万人,一直是完全独立的。

2. 海空军。中国共产党通过策反国民党的海空军,仅拥有很少量的飞机和小吨位的船只。非共产党的海空军以福摩萨为基地,完全由蒋介石所控制,李宗仁政府根本无法对其施加影响。

3. 征兵。共产党军队的征募经常以“自愿”参军为掩饰,在基层实施(村和县)。最近,因国民党和各省的军队整编制大规模地叛变,所以,共产党的军队在迅速地膨胀。

非共产党中国的征兵在各省军阀和省长的控制下,也同样地在基层进行。据报道,四川和湖北反对国民党的征募,但非共产党军队并没有严重的人力要求问题,尽管新兵的质量越来越差。限制非共产党军队战斗力的主要因素是缺少钱和装备(除效忠于他个人的军队外,蒋拒不供应物资),还有部队士气和共产党策反的问题。

OSS China and India, Reel - 4 - 30, pp. 1 - 30

刘建平译,杨奎松校

2－25

中情局关于影响香港地位的因素的评估报告

（1949 年 10 月 4 日）

OIR 78－49

机　密

影响香港地位的因素（至 1950 年 9 月）

（1949 年 10 月 4 日）

概　　要

1. 1949 年年底以前，中国共产党很可能建立起对英国殖民地香港周边地区的有效统治。

2. 至少在 1950 年 9 月前，防止引发冲突的边境事件是不可能的。对于可能受到的攻击，英国政府已经宣布了保卫香港的决心，以防不测。

3. 至少到 1950 年 9 月，共产党对香港的政策很可能由促使接收香港的因素与维持现状的因素之间的平衡来决定。促使接收的主要因素有：(1) 中国民族主义情绪的压力；(2) 这样的行动将使英国和西方国家在东方的声誉受到损害；(3) 削除香港作为国民党的庇护地；(4) 香港作为中国南部主要港口的经济价值；(5) 共产党军队对英国的胜利带来的声誉。驱使维持现状的因素有：(1) 以香港问题来换取国际社会的承认和对外贸易的可能性；(2) 管理的问题；(3) 英国控制下稳定的香港所带来的经济利益；(4) 冲突的军事代价；(5) 苏联可能反对军事袭击。

4. 英国对共产党政策的反应将取决于一系列相应的因素。促使英国维持香港现状的因素有：(1) 希望一个强大的香港迫使共产党寻求谈判广泛解决双方的经济和政治问题；(2) 撤退有损于英国在东南亚的声誉；(3) 英联邦对香港的兴趣；(4) 英国公众的舆论；(5) 香港对英国的经济价值。迫使英国撤出香港地区的因素是：(1) 如果切断来自中国大陆的贸易，将带来不利的经济后果；(2) 从长远来看，香港在军事上是难以防守的。

5. 共产党全国政府建立后，他们可能将发起夺取香港的宣传。如果英国不愿承认这个政府，或者拒绝香港经济上的义务，共产党可能将采取报复性的措施。然而，至少到 1950 年 9 月，这样的报复更可能是以颠覆活动的形式出现，而非军事攻击。

影响香港地位的因素(至 1950 年 9 月)

一、香港地位日益迫近的危机

1949 年年底以前,中国共产党军队可能将占领广州,并建立起对英国殖民地香港周边地区的有效控制。同时,与其"如果香港受到攻击将进行防御"的宣言相一致,英国将加强对殖民地的防御。虽然中国共产党到目前为止没有对香港的特别声明,但他们已经决心从中国驱逐出"所有帝国主义的侵略势力"。伴随着中国的民族主义情绪,这种决心表明,共产党对邻近地区的占领将危及英国在香港的地位。

英国和共产党中国之间在香港问题上的冲突已成为美国关心的议题,因为一旦共产党对香港采取军事行动,英国很可能劝说联合国进行干涉,并期待着美国进行援助。伴随着美国最强大的盟国受到一个国家的战争威胁或者严重丧失声誉的威胁,美国在远东的利益也将受到牵连。

苏联也关心着共产党在香港的行动,没有向苏联的事先咨询,中国共产党将采取行动是不可能的。当然,苏联对任何一种形式行动的态度将受到当前国际形势和苏联总政策的影响。

二、决定中国共产党对香港政策的因素

中国共产党决意最终控制香港。他们是立即控制还是将其作为长期目标、是通过军事手段还是谈判解决问题,可能将取决于以下几个因素:

(一) 迫使中国共产党及早夺取香港的因素

1. 政治方面

(1) 根据中国的民族主义传统,共产党认为香港是中国领土的一部分,英国通过 1842 年、1860 年和 1898 年的一系列"不平等"条约将其占领。香港在地理上、历史上均属于中国,居民几乎全是中国人,所以革命政权应该恢复对这片未赎之地的主权。二战后期,国民政府迫于公众的压力,已开始致力于收回通过不平等条约丧失的国土;战争结束时接收了以前法国占领的广州湾。

(2) 共产党恢复对香港的主权对英"帝国主义"是一个打击,并进一步损害西方列强在亚洲的声誉。中国共产党则会获得国内的支持,其在亚洲"反帝"人民中的声誉会极大地加强。尽早占领香港对中国共产党巩固对中国的政治控制也是一个重要的援助。

(3) 对列入共产党"战犯"名单的国民党来说,香港是一个重要的庇护地。因此,防止香港成为反共基地将是共产党的利益所在。

2. 经济方面

香港作为天然良港,拥有大量的码头设施、造船业、修理厂及发展起来的商业和贸易,成为中国南部的主要港口。自从1945年,英国政府采取措施,逐渐将香港的港口设施和工业企业恢复至战前水平,这进一步增加了香港的魅力。

3. 军事方面

随着广州和比邻英国殖民地的沿海地区被占领,共产党已经拥有绝对优势的地面部队去攻占香港。共产党的军队是否获得香港内部政治活动的援助,都可以最终拿下香港,尽管英国的防御可能会增加军事行动的代价。共产党成功地炮击长江中的英国战舰①,极大地鼓舞了这样的反英军事行动,而成功占领香港的军事行动又将极大地膨胀共产党的声誉,并使其成为远东支配性的军事力量。

(二)促使中国共产党维持现状的因素(至1950年9月)

1. 政治方面

(1) 共产党全国性的政权建立后,承认的问题将随之产生。如果共产党乐于承担国际义务、遵守现存条约,将会减少苏联卫星国以外的其他国家对其承认的困难。由于这方面的原因,不违背现存条约处理香港的地位问题将符合共产党的利益。

(2) 共产党可能利用维持香港现状的保证换取英国对其政权的承认,并且可能扩展其商业利益。

(3) 由于目前缺乏管理人才,共产党控制的人口稠密地区正面临严重的困难。因此,直至能解决香港的管理问题再进行占领是符合共产党利益的。

2. 经济方面

英国继续控制并保持香港在经济上的平稳发展,对中国南部的经济发展是有利的。中国共产党维持并扩大工业品进口方面的利益绝不允许任何措施干涉从香港的航运。特别是现在,当国民党对中国港口进行有效封锁时,共产党可能宁愿香港留在英国人手中。作为英国的殖民地,香港将不受国民党封锁的限制,成为被封锁的大陆港口的便利基地。另外,为了保持贸易关系,英国很可能使用海军护航中国港口。

3. 军事方面

(1) 到现在,共产党军队行动前,总是认真的权衡利弊。共产党高级将领们意识到,虽然他们拥有解放香港的军事能力,但这样的军事行动在人力和物力方面代价极其高昂。占领香港的战斗将会第一次涉及大量与西方军事强国的条约。战斗将不可能仅限于地面部队之间,外国的海军、空军将会介入。

(2) 没有获知苏联的态度,中国共产党不可能采取军事行动对抗西方的主要国家。苏联绝不会支持军事行动,很可能鼓励与英国谈判,因为这将获得英国在经济上的让步。

---

① 此处指1949年4月20日发生的"紫石英"号事件(Amethyst Incident)。——译注

（三）对中国共产党处境的评估

评估这些因素对共产党政策的影响，区别其长期性与短期性都是必要的。对这些因素的评估表明，共产党决意根除英国在香港的影响，而对香港的占领则是长期的政策，绝非1950年9月以前就可以实现的目标，同时共产党将会使用外交或政治渗透的手段，而不会诉诸于军事。尽管如此，有必要考虑到一些不同于既定政策的自发行动的可能性。过去几年里，共产党通过反对外国和反对帝国主义的宣传，激起了民族的憎恨，特别是在正规的战斗部队中，最轻微的刺激也会引发这种痛恨。这种状况很容易由共产党军队和英国军队在新界的边界冲突而引起。

虽然共产党攻陷华南后，有能力拿下香港，但他们不可能立即采取军事行动。这有以下几方面原因：

（1）即使共产党可能并不认为国际承认问题本身的重要，但他们意识到无视已被认可的国际惯例将会牺牲自己的某种利益，而且主要是对中国重建方面重要的经济利益。对香港的军事行动将加深大西洋公约国家对共产党已有的偏见，而这些国家可以提供基本的资本设备。因此，香港可能成为这些特别利益的交易点，国内任何的抱怨都会通过宣传运动得到合理的解释。

（2）随着华南的陷落，香港作为国民党的避难所已无足轻重，但仍可作为向大陆残存的反抗武装走私军火的基地。

（3）香港目前是中国最重要的出口港口。二战前，中国约有15％的出口物资即通过香港运出，1948年升至31％。这一比例是基于官方的贸易数字，并没有考虑到大量无记录的走私贸易。

中国共产党最终可能会成功的建立对外联系，这将使他们不再依赖香港作为转运中心。但是，最近与香港贸易的任何削减都将严重的减少中国的对外贸易额。对外贸易额的削减并不会影响中国的经济，但这对香港可能不利。中国几乎是自足自给的，并不像香港那样无条件的依赖对外贸易。尽管如此，中国共产党仍相当重视维持目前的出口水平，以保证获取外国工业品的手段。维持和扩大出口水平方面的利益，极有可能使共产党不希望干涉与香港的贸易。

（4）共产党缺乏管理如上海、天津这些人口中心的能力，这可能会成为他们接管香港的障碍。虽然这个因素没有影响共产党对华南大城市如广州、长沙和福州的占领，但这些城市由国民党统治，它们是摧毁国民党不可避免的目标，而管理香港的问题则是可以回避一段时间的。

（5）对香港的军事行动必须是海、陆、空联合作战，这是共产党军队迄今为止尚未遇到的。共产党的高级将领们很可能已经意识到，成功的炮击长江中的英国战舰并不代表战胜拥有人力优势的英国海军，并且国民党的高空轰炸也不能构成评价英国空军作战能力的基础。因此，共产党必须认识到这种作战在人力和物力方面的代价是非常高昂的。

（6）香港中国人的数量优势使各种阴谋破坏、罢工和抵制活动极易发生。流动人口和移民占有很高的比例，他们对殖民政府没有深厚的感情，这更易于发生阴谋破坏活动。去年，香港人口增加了20多万。中国职员供职于所有的香港机构，而英国管理者只有少数。

如果发起有组织的反英运动，供电、供水体系和造船厂可能会立即瘫痪。香港警察叛变的可能也威胁着英国政府维持内部安全的努力。共产党拥有这些强大的武器，武力攻占香港显然只是最后的手段而已。

三、决定英国对港政策的因素

英国在华的主要愿望是通过与共产党的暂时妥协以保护其经济利益和声誉，这种妥协也会保护英国的所有利益。从某种意义上说，香港只是这些问题的焦点而已，但香港也暗示着英国的扩张已超出中国，直至整个远东。除美国可能的影响外，决定英国对港政策的主要压力可归纳以下几点：

(一) 迫使英国在1950年9月前维持香港现状的因素

1. *政治方面*

(1) 香港的稳定、强大的军事抵抗力量和对华贸易的明显优势，极大的增加了英国与中国共产党谈判取得成果的可能性。

(2) 英国在香港的任一弱点都会进一步激起各种力量来改变整个东南亚的现状，并且会削弱其稳定的基础。这在马来亚已经成为事实，当政府军不断地加强他们的防御力量时，马来亚中国共产党的游击队备受鼓舞。这将在整个地区形成一种印象——亚洲新秩序形成前西方正在撤退，从而引起支持中国共产党的潮流。

(3) 英国在远东的地位的明显削弱立即引起澳大利亚和新西兰的关注，因为它们还依赖于英国军事和外交的支持(虽然程度较以前降低)。他们对任何威胁英联盟生命线的新事态都特别敏感。亚洲新独立的印度、巴基斯坦和锡兰，相对来说并不太关注香港，但总体上讲，他们宁愿香港留在英国人手中；无论如何，在他们眼里英国的声誉不会有所提高。

(4) 由于国会的攻击和紫英石事件带来的压力，在维持英国现状方面，工党政府极易受到任何国内批评的影响。

1949年6月，国防部长的确向政府保证将采取措施以确保香港的安全。反对通过香港防御计划的决定将公开了政府的反对立场，这既决定着英帝国的瓦解，也违背了特定的承诺——批评，随着大选的临近，政府特别想避免这样的批评。

2. *经济方面*

(1) 在正常情况下，香港对英国贸易的重要性是可以想象得到的。它是世界上重要的转口港之一，充当华南贸易和远东地区贸易的交易所。香港为大多数远东国家提供金融和相关服务的安全保障，此外，它还是英国在华贸易的神经中枢。

(2) 从短期来看，香港在经济方面是经得起共产党的外来压力的。虽然中国贸易是香港长期繁荣的重要因素，但统计表明香港目前并非仅依靠此种贸易。相比较二战前的45%，1948年香港销往中国的出口物只有18%。从中国的进口也同样在下降。截至现在，面对中国贸易日益严格的限制，香港商人在其他国家开辟商品市场和原料供应地的能力表明，中国共产党可能的禁运措施效果有限。中国的禁运措施不会严重影响香港的粮食状况。香港人民的主食大米已经禁止从大陆出口，但香港已通过走私贸易从缅甸、泰国和法属印支半岛获得足够的供应。

(3) 军事方面

因为香港作为军事基地的脆弱性，纯粹军事的原因推动英国保住香港是不可能的。

(二) 推动英国在 1950 年 9 月前撤出香港的因素

1. 政治方面

没有明显的政治因素迫使英国放弃当前在香港的地位，除非与中国共产党达成长期的谅解。在目前情况下，仅仅无条件撤退并不能获得这样的谅解。

2. 经济方面

(1) 香港与中国的贸易现在较二战前的重要性有所下降，但这仍是香港对外贸易的最大份额（大约占五分之一）。虽然中国共产党有效的经济禁运不可能使香港立即瘫痪，但主要贸易伙伴和资源供应地的丧失将严重地削弱它对英国的重要性。

(2) 英国在华的大量投资和商业利益现在完全由中国共产党控制。对上述利益的忧虑，并希望保护他们，将使得英国必须重新定位其在香港的地位。

3. 军事方面

(1) 共产党军事对抗西方的能力仍然是未知的；但英国在评估其攻占香港的可能性时，无论如何必须假设这些军队装备精良、强大而自信。因此，英国认为共产党军事攻击的威胁是严峻的。

(2) 由于共产党控制着公共事业的工会组织和造船厂，加之一些警察并不忠诚，英国非常关注香港的内部安全问题。

(三) 对英国处境的评估

在评估各种压力及其对英国的可能影响时，必须考虑长期政策和短期政策的区别。面对强大而统一的中国收回香港的要求，英国已经认识到无限期统治香港的无能和无助。然而，从现在到 1950 年 9 月，要求英国坚守香港的压力可能是最大的，而反对的因素则最小。除非共产党肆虐，香港不可能在一年内彻底改变经济形态，以致于英国准备放弃它长远的经济义务。因此，从短期来看，除非与中国共产党政权达成广泛的协议，只有纯粹军事上的需要才能迫使英国撤出香港。

从宣传上看，英国已经采取了保卫香港的措施，但英国显然希望这不是必须的。一份英国应付内外威胁能力的调查表明，他们在突发事件期间有能力维持当地的统治。以下是对英国军事实力的评估：

1. 陆军

英国的预备役是限制香港加强地面部队的因素。当现在服役的部队进驻香港后，英国军队将会完全没有战略贮备。最近的战斗部队是马来亚的卫戍部队,但削减马来亚的守备部队有着最大的顾虑。虽然澳大利亚和新西兰的一些部队可以使用,但英联邦自治领还没有提供地面部队的明确承诺。如果可以接受军队减少而带来的政治和军事冒险,削弱中东地区的守备也是可能的。最后的应急措施可能是在欧洲大陆寻求援助,而这些加强防御的力量将含有大量没有训练过的无经验人员。

2. 海军

除航空母舰外,海军能够提供所有需要的舰艇,没有任何的压力。英国海军陆战队可以提供陆军和空军所需的后勤支持。此外,提前囤聚一些物资是必要的,但这最好是在海军陆战队的潜能以内,以便被毫无疑问地执行。

3. 空军

即使从启德(目前大陆残存的惟一飞机场)投入相对小规模的皇家空军,也会增加空军在其他战区的压力。当然,决定陆上飞机在香港投入战斗的另一因素并非共产党的空战潜能,而是启德机场的有限容量。然而,航母载机的使用可以部分的弥补这一缺陷,从共产党有限的空战潜能的角度看,这在多兵种作战中是有效的。

4. 警察

英国认为内部安全的威胁比外部攻击更直接,防御计划总体上假设这两种威胁是同一问题。例如,去年春天防止对新界攻击的军事策略就假设在城市同时发生叛乱,并且包括应对外部威胁的措施。最近,香港已经采取了在围困的条件下缓和内部紧张的措施,如三个月的紧急大米供应。不到3 000人的常规警力大于战前的规模;但左翼分子企图混入极大地迟缓了扩大警察规模的努力,因此,有必要对招募的所有中国人进行严格的筛查。然而,香港政府已建立了高效的反情报组织,并起草了应急法规,政府认定的任何破坏分子都会被监禁。这些措施如何有效地应对内部叛乱和外部威胁的联手,仍是不可知的。

5. 小结

评估英国在港的作战能力时,必须提及英国并不愿意使用纯军事的方式,仅仅是为了阻止共产党的军事行动而已。宣传加强军事力量的直接目的是向共产党表明,英国在香港并不是虚张声势;但英国从未暗示他们不愿意磋商整个英中关系。在有利的条件下,谈判看来的确是当前英国对港政策的主要目标。英国显然确信,在这种谈判中不合适的要求必然将被废弃,中国人收回香港的要求也将从属于自身在香港的利益。

四、结　　论

很显然从现在到1950年9月,为防止共产党和英国之间的冲突,必须使共产党进攻香港的可能性最小化。据说共产党明年将加强他们的反英宣传,并且为夺取香港施加压力,但目前为止,他们在外交和宣传中都还没有这么做。紫英石号逃离长江所引起的反英鼓动已经在上海出现。然而,共产党的高级将领们可能密切注视着占领香港周边地区的军队,以防止冲突发生。从英国的角度来看，他们将继续加强香港的防务。

当国际承认的问题出现时，中国政府和英国可能会重新审视香港的地位。如果英国不愿承认新政权或者撤出香港的经济设备，共产党可能命令香港的破坏者和煽动者开始行动。但是，中国共产党在 1950 年 9 月以前开动军队进攻香港是不可能的。

CIA Research Reports China, Reel - 1 - 0305, pp. 1 - 8

刘建平译，杨奎松校

2－26

中情局关于中国非共产党政权存在的可能性分析

（1949年10月19日）

ORE 76－49

机　密

中国残存的非共产党政权生存的可能性分析

（1949年10月19日）

概　　要

说明：为了研究，“残存的非共产党政权”指目前还存在的有组织的军事、政治集团和部分名义上的中国国民政府。随后ORE 72－49关于共产主义中国的脆弱性的研究，将论述大陆或台湾的其他非共产党抵抗集团的发展前景。

1．在非共产党中国，政府的分裂已经使统一的外表仅存于正在抵抗的中心地区。国民党的军队士气低落、领导乏力、缺少战斗意志，与此相反，中国共产党的军队斗志昂扬、领导得力，且在数量上以三比一占有决定性的优势。

2．在中国，非共产党的军事力量集结在地理位置上处于半独立状态的四个地区，即华南、西南、西北和台湾岛（包括邻近的东南沿海地区）。共产党的军队当前能够在大陆同时发起对反抗势力的战斗，而且能够在1950年年底以前消除一切有效的军事抵抗。然而，急剧的军事扩张引起的无数问题可能导致共产党要继续实施其逐地区占领的计划还需要额外的一年或两年。目前，各抵抗集团的联合也无法阻止共产党的最后胜利。在目前情况下，国民党政权即使在台湾最多也只能残存三年。

3．美国大量的政治、经济和后勤方面的援助，不可能实质性地改变目前这些抵抗集团毫无希望的处境。美国援助的运输不但极度困难，而且目前中国共产党的部队明显处于优势地位以及因援助物资的获得、运输、分配到抵抗部队需要时间，共产党军队既能在美国的援助被接收前减少受援者，也能缩短战斗时间以缴获大量的援助物资。台湾作为一个潜在的、比大陆任何一个地区更具抵抗力的岛屿，美国的援助很可能加速共产党对该岛采取更剧烈的行动。据估计，美国除军事占领和控制以外的大量援助，根本无法确保台湾作为非共产党地区而无限期存在。

4．因此，即使美国大量援助（缺少美国战斗部队的直接干涉），中国的非共产党政权无一能残存至1950年年底,除非获得共产党的准许。台湾是惟一的可以通过美国有限的军事行动以阻止共产党控制的中国非共产党地区。同时,在台湾的行动对美国其他重要的安全利益也是有益的。但是,没有美国的军事占领与控制,台湾将如同中国其他地区一样,很可能至1950年年底将为中国共产党所控制。

中国残存的非共产党政权生存的可能性分析

1. 国民党与共产党军事力量的比较

到目前为止,分裂已经使国民党中国的统一仅仅成为形式。中国不再有统一的国民政府,而是出现了几个抵抗中心,且每一个中心都日渐成为独立的政治军事政权。这些抵抗中心位于华南、西南、西北和包括邻近的东南沿海地区的台湾岛。这些非共产党地区继续进行有组织抵抗的能力取决于其军事力量存在的可能,从某种程度上说也取决于他们的地理位置。分析非共产党政权生存的可能性,必须重新审视现在其与共产党军事力量相关的陆军、海军、空军的实力。

(1) 国民党

国民党的军队现在分散、虚弱,无法协同作战,其原因在于部队最重要的"战斗意志"的丧失。导致国民党军队丧失战斗意志的基本原因如下:(1) 军队政治事务中充斥着不称职的高级官员;(2) 军队中官员的普遍失职;(3) 蒋介石在战略上的个人干预;(4) 蒋介石拒绝向大陆的将领们提供金钱与物资;(5) 军队的军饷、食物、衣服和装备供应不足;(6) 高级将领们长期的腐化也影响了官兵。由于这些顽疾无法根除,在可预见的将来,中国非共产党军队的复苏几乎没有可能。

① 陆军

第9页附表中68.1万的国民党军队包括训练、装备都很差的各省部队。除此以外,还有50万的杂牌军和30万～35万的地方部队(维和部队)。

② 海军

国民党的海军有约3万人和150多艘小型巡逻艇和以前日本的驱逐舰,其中最具威力的是美国的护卫驱逐舰。由于与空军协同作战成功地实施了封锁和巡逻的任务,最近几个月海军的士气有所改观,但依然很低迷。共产党向海军继续实施渗透,部分部队很可能投敌。

③ 空军

据估计,国民党空军有8.5万～10万人,其中约1 300名飞行员。

目前,国民党空军约1 000架飞机中,军用飞机约500架,基本上是二战时美国提供的战机(轻型轰炸机、战斗机、侦察机、双引擎运输机和教练机),轻型轰炸机中有部分加拿大的"蚊子"战机。除一个轻型轰炸机中队和两个战斗机中队外,国民党空军全部集结于台湾。自南京和上海陷落后,空军的战斗力有一定的提高。

(2) 共产党

共产党的正规部队包括野战部队和战区部队,总计大约 201.7 万人①,在数量上明显超过了国民党。这些正规军事力量,特别是野战部队,领导得力,装备精良,士气高昂,纪律严明,而且还拥有畅通的情报和宣传机构。除此以外,共产党还拥有非正规的、总数约 200 万的民兵。然而,有报告表明,在长江以北的安全地区这些无用的民兵可能被解散。民兵在过去的战役中对正规部队不时进行补充。共产党第三部分潜在的人力资源来自被俘的国民党军队,大约已有 9 万俘虏被并入共产党部队。共产党的正规部队在发动对华南、东南、西南的攻势中,得到已经控制了广大农村地区的持不同政见者、土匪和非正规部队的援助。

除了陆军,中国共产党现在拥有一部分空军力量。这支空军是通过俘虏或国民党变节而建立起来的,已有 40 架战机,包括轰炸机、战斗机、运输机和教练机(大部分集结在满洲)。共产党称叛变的国民党空军飞行员大约有 4 500 名。这个数字也许有些夸大,但无论如何,燃料、维修设备、配件的缺乏将会限制共产党空军未来的作战能力。

共产党的海军作战能力非常有限。据最近估计,共产党已俘获国民党海军至少 63 艘船只(包括 3 艘护卫驱逐舰),但大部分不能航行。大部分舰艇的工作人员,对共产党来说是可以使用的。共产党两栖作战的能力依赖于:① 目标的距离(小帆船可以在黑夜里达到的附近目标);② 共产党已修复掌握的较大战舰;③ 通过破坏、俘虏、起义来消灭国民党海军;④ 获取运输部队的商船(仅对于攻打台湾是重要的)。

2. 非共产党政权存在的可能

目前中国存在的非共产党政权一般位于:(1) 广东、广西和邻近的湖南、江西、贵州等南方省份,约有部队 26 万人;(2) 西南,陕西南部、四川、云南,有 20 多万人;(3) 西北的宁夏、甘肃、青海,约有部队 9 万人;(4) 台湾和邻近的东南沿海地区,约有 13.1 万人。但是,这些地区的军队缺乏必要的联合,指挥官派系林立。惟有台湾在共产党的容许下,在一定程度上有生存的可能性。

(1) 被分割的抵抗地区

① 华南

在这个地区,白崇禧、薛岳②、余汉谋③的军队已无法有效地抵抗共产党对广东的攻势。除非白与共产党进行交易,他可能将残余部队西撤至广西境内,届时广东的残余势力也将加入其中。只要金钱和武器能够支撑,白撤入广西后还是会进行防御的。当白被切断从华东沿海和四川的联系而孤立无援时,他可能逃跑或以 17.5 万人的武装部队为砝码寻求与共产党最好的交易。广东和四川陷落后,白作为有效的反共势力,继续独立存在的可能性将变得非常渺茫。

② 中国西南

西南的主要省份四川、云南名义上由蒋介石委派的张群控制。张是蒋介石的坚定拥护者,理

① 即本书第 549 页表格。——编注
② 薛岳,时任国民政府广东省主席。——译注
③ 余汉谋,时任国民党广州绥靖公署主任。——译注

论上控制着20万人的军事力量，但这些部队士气低落，军饷不足，贮备欠缺。在这个地区，国民党的命令并不是统一的或绝对的。在西南，胡宗南的军队大约有15万～20万人，目前集结于陕西南部，而云南仍有1.5万人受卢汉的直接指挥，该地区亲共产党的土匪势力相当活跃。

此外，云南境内军队的忠诚是可疑的。目前的政府主席卢汉，是蒋介石在1945年以武力驱除龙云后任命的。虽在名义上效忠于蒋介石，但最近他利用一场不流血的叛乱体现了云南的相对独立性。另外，卢是龙云的亲戚，与其关系密切，显然了解龙云与中国共产党最近在香港的谈判。

因此，国民党仅有3.5万人的川军守卫四川。张群与四川籍军阀间的摩擦进一步加剧了防御力量的分裂和不团结。

尽管四川和云南复杂的地形可能延缓共产党军队前进的步伐，但在各地活跃的亲共产党势力的支持下，共产党军队将很可能轻易地拿下这些省份。四川作为国民党在中国大陆惟一残存的重要军火库和粮食供应地，是共产党的必争之地。

③ 中国西北

在共产党进犯前，宁夏、甘肃和青海处于马步芳和马鸿逵的有效控制和相对较好的领导之下，并被认为是最具抵抗力的非共产党地区。西北也包括名义上由马步芳领导的新疆省。然而，共产党的进攻已深入马的控制地区，占领了西北的重要城市甘肃省省会兰州、青海省省会西宁以及宁夏的省会，新疆哈密的国民党卫戍部队也已叛变投敌。马显然无法从蒋介石或其他任何一个残存的非共产党政权那里获得援助，现在已放弃了军队(约9万人)，离开西北。此外，新疆省国民党当局最近断绝了与广州政府的关系，接受了北京共产党政权的任命①。因此，西北作为中国大陆的一个非共产党抵抗地区，已经降到相对重要的位置了。

④ 台湾和中国东南

蒋介石和他最信任的将军们控制着台湾、舟山群岛一部分、广东北部和福建南部的沿海地区。蒋现在的力量不足于防卫东南沿海，阻止强大的共产党军队进入该地区。为防止剩余军队被完全歼灭或叛变，蒋已把精锐部队撤至台湾，放弃中国大陆。蒋很可能继续加强台湾的防御力量，重新担任国家主席，并试图利用国际社会对其政权的承认。目前，国民党的无能、出现的25万②不满者以及渗透到陆军、海军、空军的共产党分子，已经成为台湾的重负。

国民党在台湾未来的总兵力：陆军20万、空军8.5万～10万、海军3万。这样规模的一支有效部队是可以防御台湾相当长时间的。然而，国民党军事失败的诱因依然存在。即使蒋努力鼓舞士气，提高军队薪金，放松对台湾黄金储备的控制，但这些举措能否产生持久的效果是很让人怀疑的。国民党的这些军队亲眼目睹了共产党从满洲南部的松花江到广州和西宁西部成功的军事攻势，而自身却受到国民党的糟糕灌输、不称职的领导和军官的剥削。他们不可能认为台湾是自由中国的最后遗存和反攻的基地。部分当年被强征入伍的国

---

① 此处指时任国民政府新疆省主席的包尔汉于1949年9月底宣布起义，接受中国共产党的领导。——译注

② 原档案中的数字极不清楚，“25万”是译者尽力辨认后的数字。——译注

民党军队,很可能希望返回大陆家乡。撇开台湾当地人对中国当局管理的不满和共产党的宣传渗透不说,惟士气因素即可导致国民党军队的大规模叛变,或者至少也削弱了军队的战斗意志。过去九个月中,共产党"解放"台湾的计划在宣传中相当明确。简言之,台湾国民党政权的存在超过 1950 年几乎是不可能的,除非共产党准许。尽管共产党两栖作战的能力有限,但他们为抢在美国直接干涉前消灭国民党政权,很可能多方瓦解、尽早攫取台湾。另一方面,出于军事和行政方面的考虑,他们也可能推迟到 1951 年或 1952 年再解放台湾。无论如何,国民党台湾政权最多只能残存 2 年或 3 年。

虽然台湾人渴望独立,但没有外来援助,台湾本地非共产党政权继承权力的前景是渺茫的。

(2) 对付共产党的联合行动

中国大陆的四个非共产党抵抗地区岌岌可危。蒋在东南的军队撤至台湾,这个地区和遥远的西北将远离于中国大陆任何一个非共产党抵抗地区;因此,联合行动的前景被极大地削弱。

白崇禧、薛岳、余汉谋控制下的华南和张群名义上控制的西南即使地理位置邻近,也不可能在军事、政治或经济上进行合作。白崇禧效忠于李宗仁,完全反对总司令和他的政策;张群是蒋介石的坚定支持者,仅听命于蒋,薛相当孤立。此外,白和张现在已处于半军阀状态,很可能将惟我独尊。因此,双方之间的相互援助很可能因考虑自身利益而难以实现,特别是在共产党军事力量处于优势的情况下。

在目前情况下,分散的国民党军队或者非共产党军队总数约有 68.1 万人,无法对抗共产党 201.7 万人的正规部队。共产党军队可以同时在华南、东南、西南和西北作战,并可在 1950 年年底以前歼灭全部有组织的有效抵抗。然而,由于种种原因,共产党很可能会继续进行逐地区占领,完全歼灭中国存在的非共产党武装集团要到 1951 年或 1952 年。在这种情况下,非共产党的抵抗力量联合与否,可能会成功地改变其生存的能力。

3. 美国援助的效果

(1) 物资

① 华南和西南

美国对白崇禧和张群进行大规模军事和经济援助(缺少美国武装干涉),不会改变当前毫无希望的军事形势。即使白张联合,并且得到美国大量的后勤支援,依然无法对抗共产党的正规军队。此外,美国物资的实际运输也是极度困难的。共产党军队占据了包括福州在内以北的所有港口,现在正南下向厦门和汕头推进。基于当前他们在沿海前进速度的估计表明,共产党将可能在几周之内占领这些港口。预计到广州的沦陷,国民政府的官员正在撤离广州。当广州陷落,大陆可以接受美国军事援助的香港以北的所有港口都将被共产党所控制。香港以南残存着次于大陆港口的白瓦特城和北海,它们与内地没有铁路连接,只有惟一一条在晴朗的天气下可以通行的公路连接。港口邻近地区共产党的游击队活动猖獗,连接内地的通行线路极不安全。惟一可行的向内地反共产党军队提供援助的手段——空运,取决于这些港口必须保留在非共产党的手中。然而,在所有这些可能性中,共产党军队不会在广州停滞不前,而是会很快地占领广东全境和海南岛的残余之地,使美国无法使用这两个港口。

对这些政权的物质支援不能确保其被有效地利用在对抗优势的共产党军队中。这样的援助在过去已经证明是无效的，共产党军队往往最终成为大量美国援助物资的接收者。由于共产党军队当前数量上的优势和美国援助物资的征集、运输、分配均需要时间，共产党军队既能在美国援助被接收前减少受援者，也可以缩短战斗时间以俘获大量援助物资。至于那些在军事上毫无成效的政权，秘密援助就是小规模的。除此以外的这些考虑，完全抵消了因美国援助而鼓舞士气所带来的好处。

② 西北

马统治下的西北一直卓有成效地保持着地区独立。虽然西北在经济方面可以自养，但没有充裕的装备和军火去对付共产党主力军队的袭击，最近接连失败。空运是向这些军队提供所需物资惟一可行的援助手段。该方式代价高昂，必需在中国西南某地建立并维护一个中等规模的空军基地。这种基地将明显成为共产党的主要目标，且无法抵挡其攻击。即使通过直接空运可以向西北军队提供援助，但西北人力有限，加之残存的军队兵力分散、士气低落，不可能与共产党的军事力量进行长期对抗。美国的空运也会被中国共产党宣传为战争行动。最近共产党在该地区的推进，已经妨碍了其获取有效援助的可能。

③ 台湾

台湾是中国最强大的非共产党地区，其卫戍部队包括陆军和所有国民党残存的海空军。台湾与大陆相隔，不易受军事进攻影响；岛内资金和军事贮备雄厚，易于授受外部援助。然而，据估计这些明显有利的因素仍不足以克服国民党存在的基本缺陷。国民党武装力量领导乏术，政府的舞弊行为更为糟糕。这些因素更便于共产党的渗透和颠覆，这样的渗透已经为共产党的军事占领铺平了道路。

经验表明，美国大规模的政治、经济和后勤援助对国民党的顽疾没有良好的影响。此外，没有迹象说明国民党有愿望或者有能力，通过在台湾建立有效的政府和军事机构以校正自身存在的缺陷。就大陆非共产党地区而言，美国对台湾这种伴有政治暗示性的援助，可能只会加速共产党对该岛采取行动。在这种情况下，没有大量的美国援助、缺少武装干涉与控制，也许会保证台湾作为非共产党地区不确定地存在下去。

最后，假使台湾作为中国一个非共产党地区生存下来，但在地理位置上(该因素最有利于其军事安全)却无助于成为大陆反共产党运动的中心。但是，这并不是说台湾在其他方面对美国的安全无足轻重。事实上，台湾的战略意义是巨大的，它不仅仅是作为一个支援有组织的对抗中国共产主义的基地。

(2) 美国对国民党军队的监督

美军联合顾问团过去在中国的经验和美军二战时期在中国的经验证明，美国的军事建议必须获得军队当局的支持，接受美国监督并至少贯彻至师一级。美国在高层没有必要的指挥权，就无法影响军队的指挥者。然而，美国军官指挥国民党军队的协定，事实上是美国对中国的武装干涉，无疑会被中国共产党和苏联大肆宣传而可能有损于美国。

即使美国愿意承担责任而冒武装干涉之险，美国对国民党军队的指挥、监督在当前就可以改变共产党的军事优势是非常值得怀疑的。没有充裕的时间再去招募新兵、重新组织、装备、训练使残存的反共产党力量恢复生机,以应付当前国民党与共产党在人数上三比一的不对等状况。只有大量的美国战斗队进行武装干涉,才可能明显地改变目前的形势。

4. 结论

中国大陆现存的非共产党政权单独支撑或联合作战,即使有美国大量的政治、经济和后勤援助,无一能残存至1950年以后,除非得到共产党的容许。而且,这样的援助可能会加速共产党的攻势,以在援助物资抵达前消灭受援者。美国能够确保这些集团作为有组织的力量无限期存在的惟一手段是通过武装干涉。有效的干涉需要投入大量的美国战斗部队。此外,非共产党政权的继续存在也不会从中国消灭共产主义。事实上,美国支持名誉败坏的国民党残余政权的军事行动,不仅会加强中国老百姓对共产党的拥护,相反,美国则会遭到世界的谴责,还可能引起第三次世界战争。

台湾依然是一个通过美国积极的军事行动可以有效阻止中国共产党控制的非共产党地区,因而也符合美国重要的战略利益。没有大规模武装干涉,美国对当前国民党岛内政权的政治、经济和后勤援助不能确保其作为一个非共产党基地无限期的存在。惟有美国对台湾的军事占领和控制,才可避免它最终为中国共产党军队所攻克。如果美国对台湾不能成功地实施军事占领和控制,1950年年底,中国共产党可能将消灭台湾的非共产党政权。

中国国民党军队组织,1949年9月27日

当前所处地区	指挥官	军队数量	效忠对象	未来去向
台湾、澎湖列岛	陈　诚	105 000	蒋介石	台　湾
湖南、广西	白崇禧	175 000	李宗仁	四川、广西
陕西南部	胡宗南	150 000	蒋介石	四　川
西　北	马步芳、马鸿逵	90 000	自己	不　定
四　川	张　群	35 000	蒋介石	四　川
云　南	卢　汉	15 000	不确定	不确定
广　东	薛岳、余汉谋	85 000	不确定	广　东
福　建	陈　诚	15 000	蒋介石	广　东
舟　山	陈　诚	11 000	蒋介石	台　湾
总兵力		681 000		
杂牌军		500 000*		
正规军		1 181 000		
非正规军		300 000～350 000		

*原注:其中约20万军队正投入战斗。然而,因缺乏训练和装备,他们的战斗力不强。

中国共产党军队的组织，1949年9月27日

正规部队				
新编制	旧编制	指挥官	军队数量	活动地区
第一野战军	西北人民解放军	彭德怀	158 000	山西-陕西
第二野战军	中原人民解放军	刘伯承	321 000	长江流域和华南
第三野战军	华东人民解放军	陈　毅	400 000	长江流域
第四野战军	东北人民解放军	林　彪	720 000	长江流域和华北
第五野战军	华北人民解放军	聂荣臻	383 000	华　北
华南无编制的正规军			35 000	华　南
正规军总计			2 017 000	
非正规军：民兵			2 000 000(大约)	
国民党被俘军队		以上所列的部队中，仅有约90 000人被充编到中国共产党军队中，其余的尚未编入。*		

* 原注：正规部队总兵力含约63.6万的地方部队以及约9万的前国民党第38、59、60、77军，第84、110师。

CIA Research Reports China, Reel－1－0316, pp. 1－10

刘建平译，杨奎松校

2 - 27

国务院情报研究所关于中国对美国白皮书的最初反应的报告

（1949 年 11 月 3 日）

OIR 5077

中国共产党对美国对华白皮书的最初反应

（1949 年 11 月 3 日）

概　　要

中国共产党将美国对华白皮书的发表解释为一个阴险的政治行动。尽管共产党的编辑们把注意力完全集中于艾奇逊致杜鲁门的信①（可能是那时共产党中国唯一看得到的白皮书的完整“部分”），但他们的评论却将白皮书看作一个整体。这些评论反复说明了以下四个主要问题：(1) 美国对中国仍然抱有“帝国主义者”的野心；(2) 美帝国主义现在企图利用甜言蜜语来颠覆或阻碍新的共产党政权；(3) 这种特别危险而“狡诈的”新方法体现于“民主个人主义”的呼吁；(4) 其基础是与中国共产党和马克思主义者背道而驰的有关中国历史的错误理论。

事实上，所有评论的主要目的显然是向国务卿艾奇逊在信件中提出的“有害的”“革命”理论开战，因为共产党在这一理论中觉察到了对他们控制中国知识分子的致命威胁。共产党认为，现代中国是连续不断的“阶级斗争”的结果，这样的斗争最终不可避免地导致共产主义的实现。与此相反，美国存在着巨大的社会力量——过剩的人口和西方的冲击——没有任何一个集团能够控制，也没有任何一种意识形态可以解释。根据共产党的观点，在如此解释下的中国，美国破坏了共产党存在的一个重要基础。

除上述新闻界的反应外，美国白皮书的发表显然加速了中国共产党当局进一步去限制非共产党的自由知识分子的自由。白皮书关于“民主个人主义”的呼吁很可能增加了共产党的猜疑，他们怀疑许多自由主义者仍同情美国的政治理想。无论如何，中国的许多“无党派候选人”在今年 8 月宣布，他们坚决拥护新的共产党政权，抛弃以前对美国民主的错误崇敬。

---

① 此处指国务卿艾奇逊为《白皮书》的公布致总统杜鲁门的信。艾奇逊在信中指出，中国事态的发展超过了美国的控制能力，美国做了它力所能及的一切，国民党的垮台是它自身的腐败无能与领导错误所致，并且称“中国的悠久的文明和民主个人主义终将再度胜利”。——译注

中国共产党对美国对华白皮书的最初反应

引　言

中国共产党最先于1949年8月13日新华社的声明中评论了美国国务院关于中国的白皮书。① 随着这份介绍性材料的出现，他们通过新闻、广播和公共论坛发起了关于白皮书的一系列讨论，8月底达到高潮。虽然大部分的讨论把注意力都集中于艾奇逊致总统的信上，这可能是共产党中国能够得到的唯一完整的白皮书"部分"，②但所有的批评都将白皮书看作一个整体进行攻击。

六篇主要的社论和许多评论成了共产党对白皮书的最初反应。下面所列的这六篇社论显然只是后来一系列评论的一部分：

(1)"无可奈何的供状"，1949年8月13日。

(2)"丢掉幻想，准备斗争"，8月15日。

(3)"别了，司徒雷登"，8月19日。

(4)"四评白皮书"，8月29日。

(5)"回顾美国的友谊和角色"③，8月31日。

(6)"驳斥为什么要革命的理论"，9月19日④。

很多共产党控制的组织也发表了一些特定的评论：中国文联(1949年8月18日)、中国民主青年联合会(8月18日)、中国劳动者协会(8月21日)以及中国民主妇女联合会(8月22日)。此外，隶属于共产党或"中立的"团体也纷纷撰文进行谴责：国民党革命委员会(8月21日)、中国民主促进会(8月21日)、民盟(8月24日)、燕京大学的教授们(8月23日)以及清华大学的教授们(8月29日)。⑤

一、共产党对白皮书的解释

共产党自以为艾奇逊致杜鲁门的信件中暗含着邪恶的想法，因此认为整个白皮书也是

---

① 原注：美国与中国的关系，发表于1949年8月5日。

② 原注：白皮书发表的前两周，艾奇逊致杜鲁门信件的复印件已送到美国国务院驻中国的所有机构。白皮书发表这一天，信件的无线复印件和各章的概要被发到了台北；在这里，各章概要被译为中文数字代码，并转发中国，包括上海。两周后，国务院驻国民党中国的机构收到他们第一份真正的白皮书复印件。上海收到的白皮书复印件没有准确的数目，中国共产党是否收到复印件还不知道。

1949年8月18日，新华社发表了"逐章"进行分析的白皮书文本，这一文本显然仅仅是基于广播中的概要的。据目前所知，只有艾奇逊致杜鲁门的信在中国共产党的报纸上被全文转载。1949年8月28日的报纸作了刊登。

③ 此篇在1949年8月31日的《人民日报》发表时，题为《五评白皮书》，收入《毛泽东选集》时改为《"友谊"，还是侵略?》。——译注

④ 9月19日似有误，此处的社论应指1949年9月17日《人民日报》发表的《六评白皮书》。该篇收入《毛泽东选集》时改名为《唯心历史观的破产》。——译注

⑤ 此处有几个时间有误。中国文联和中国民主青年联合会应为1949年8月16日发表评论，国民党革命委员会和中国民主促进会为1949年8月18日表态，清华大学的教授则是在1949年8月26日发表了谈话。——译注

如此。首先,他们认为,尽管美国已遭受失败,但仍对中国抱有“帝国主义者”的侵略意图。然而,正如白皮书所表明的那样,美“帝国主义”现在正采取旨在颠覆中国共产党政权的新方针。根据共产党的思维方式,这种新方针的主要危险来自它对中国“民主个人主义者”(特别是中立的受过美国教育的知识分子们)的吸引力。最后,共产党认为这种观念源于一种错误的历史观,是必须与之进行斗争的“资产阶级唯心主义”的观点。

1. 美国的侵略意图。以下摘录的内容反复说明了共产党对美国“侵略意图”的怀疑:

美国政府在中国为所欲为,一直寻求着侵略目标。①

事实上,美国“白皮书”是反对中国人民的宣战书,我们决不能置之不理。②

美国侵略政策的对象有好几个部分。欧洲部分,亚洲部分,美洲部分,这三个是主要的部分。中国是亚洲的重心,一个具有四万万七千五百万人口的大国,夺取了中国,整个亚洲都是它的了。

美帝国主义的亚洲战线巩固了,它就可以集中力量向欧洲进攻,击溃欧洲。美帝国主义在美洲的战线,它是认为比较的巩固的。这些就是美国侵略者的整个如意算盘。③

2. 美国侵略的新形式。以下的陈述反应了共产党对于美国颠覆计划的怀疑:

即令对于国民党的心是死了,美国政府对于继续干涉和侵略中国,继续破坏中国人民解放事业和建设事业的心,却是不会死的。④

在白皮书中,美国对他们显示出了罕见的直率:

白皮书是一部反革命的书,它公开地表示美帝国主义对于中国的干涉。就这一点来说,表现了帝国主义已经脱出了常轨。伟大的胜利的中国革命,已经迫使美帝国主义集团内部的一个方面,一个派别,要用公开发表自己反对中国人民的若干真实材料,并作出反动的结论,去答复另一个方面,另一个派别的攻击,否则他们就混不下去了。⑤

---

① 原注:FBIB,《每日报道》,第 PPP-7 页,1949 年 8 月 15 日,不完全开放。(此句在报告所提到的相关报刊文章中并未见到——译注)

② 原注:同上,第 PPP-9 页,1949 年 8 月 15 日,不完全开放。(此句在报告所提到的相关报刊文章中并未见到——译注)

③ 原注:同上,第 PPP-1 页,1949 年 8 月 22 日,不完全开放。

④ 原注:FBIB,《每日报道》,第 PPP-8 页,1949 年 8 月 15 日,不完全开放。

⑤ 原注:同上,第 PPP-10 页,1949 年 8 月 31 日,不完全开放。

即使美国人的慷慨也是故意埋下破坏共产党政权的基础：

美国有很多钱，可惜只愿意送给极端腐败的蒋介石反动派。现在和将来据说很愿意送些给它在中国的第五纵队，但是不愿意送给一般的书生气十足的不识抬举的自由主义者，或民主个人主义者，更加不愿意送给共产党。

送是可以的，要有条件。什么条件呢？就是跟我走。美国人在北平，在天津，在上海，都洒了些救济粉。

看一看什么人愿意弯腰拾起来。太公钓鱼，愿者上钩，嗟来之食，吃下去肚子要痛的。①

为了寻找侵略的根据，艾奇逊重复的说了一大堆的"友谊"，加上一大堆"原则"……美帝国主义比较其他帝国主义国家在很长时期内，更加注重精神侵略方面的活动，由宗教事业而推广到慈善事业和文化事业。据有人统计，美国教会和慈善机关在中国的投资，总额达到四千一百九十万美元。其中，医药费占14.7%，教育费占38.2%，宗教活动费占47.1%。②

3. 对"民主个人主义者"的呼吁。国务卿艾奇逊将白皮书转给总统的信表达了这样的信念，即"中国悠久的文明和民主的个人主义终将再度胜利，中国终将推翻外来制度。"下面共产党的社论承认了这种信念在中国"中立的"知识分子中潜在的吸引力：

艾奇逊公开地宣称，他们要招收中国的所谓"民主个人主义"分子，组织美国的第五纵队，推翻中国共产党领导的人民政府。

每一个爱国的和自爱的中国人就一定不要这样做，中国人民也一定不允许这样做。③

有一部分知识分子还要看一看。他们想国民党是不好的，共产党也不见得好，看一看再说。其中有些人口头上说拥护，骨子里是看。正是这些人，他们对美国存着幻想。他们不愿意将当权的美国帝国主义分子和不当权的美国人民加以区别。④

"准备斗争"的口号是对于在中国和帝国主义国家的关系的问题上，特别是在中国和美国的关系的问题上尚存有某些幻想的人们说的。他们在这个问题上还是被动的，还没有下决心，还没有和美国帝国主义（以及英国帝国主义）作长期斗争的决心，因为他们对美国还有幻想。

---

① 原注：FBIB，《每日报道》，第PPP-5页，1949年8月22日，不完全开放。
② 原注：同上，第PPP-1-2页，1949年9月1日，不完全开放。
③ 原注：同上，第PPP-10页，1949年8月15日，不完全开放。
④ 原注：FBIB，《每日报道》，第PPP-15页，1949年8月16日，不完全开放。

在这个问题上,他们和我们还有一个很大的或者相当大的距离。①

那些近视的思想糊涂的自由主义或民主个人主义的中国人听着,艾奇逊在给你们上课了,艾奇逊是你们的好教员。你们所设想的美国的仁义道德,已被艾奇逊一扫而空。不是吗？你们能在白皮书里找到一丝一毫的仁义道德吗?②

而且,好像表明真理已经获胜,共产党强迫清华大学的教授们在断绝西方思想时作出以下的交代:

"我们承认虽然过去我们曾经尽力于反帝反美斗争,也不可否认地在我们阵营中,还有过少数人对美帝存有幻想,对美国式的民主存有幻想。"③

4. 暗含在美国"民主个人主义"中的错误历史观。共产党的编辑们煞费苦心地指出艾奇逊致杜鲁门的信件中在历史观方面的缺陷:

阶级斗争,一些阶级消灭了,一些阶级胜利了。这就是历史,这就是几千年的文明史。拿这个观点解释历史的就叫做历史的唯物主义,站在这个观点的反面的是历史的唯心主义。④

共产党发现同样的历史理论在中国仍然存在:

中国的许多自由主义分子,亦即旧民主主义分子,亦即杜鲁门、马歇尔、艾奇逊、司徒雷登们所瞩望的和经常企图争取的所谓"民主个人主义"的拥护者们之所以往往陷入被动地位,对问题的观察往往不正确——对美国统治者的观察往往不正确,对国民党的观察往往不正确,对苏联的观察往往不正确,对中国共产党的观察也往往不正确,就是因为他们没有或不赞成用历史唯物主义的方法去看问题的原故。⑤

美国对中国革命原因的分析——过剩的人口和西方的冲击,遭到共产党的强烈反驳,因此,共产党承认这些是他们最迫切的长期问题:

中国人之所以应当感谢艾奇逊,还因为艾奇逊胡诌了一大篇中国近代史,而艾奇逊的历

① 原注:FBIB,《每日报道》,第 PPP-17 页,1949 年 8 月 16 日,不完全开放。
② 原注:同上,第 PPP-4 页,1949 年 8 月 22 日,不完全开放。
③ 原注:同上,第 PPP-4 页,1949 年 8 月 29 日,不完全开放。(档案原件中的注释有误,此处引文应为 1949 年 8 月 26 日《人民日报》第 1 版《清华大学在校教职员发表对白皮书看法,要以全力为人民服务,湔雪"赔款学校"的耻辱》一文中的内容。——译注)
④ 原注:同上,第 PPP-16 页,1949 年 8 月 16 日,不完全开放。
⑤ 原注:同上,第 PPP-16 页,1949 年 8 月 16 日,不完全开放。

史观点正是中国知识分子中有一部分人所同具的观点，就是说资产阶级的唯心的历史观。驳斥了艾奇逊，就有可能使得广大的中国人获得打开眼界的利益。对于那些抱着和艾奇逊相同、或者有某些相同的观点的人们，则可能是更加有益处的。

艾奇逊胡诌的中国近代史是什么呢？他首先试图从中国的经济状况和思想状况去说明中国革命之发生。在这里他讲了很多的神话。①

按照艾奇逊，中国是毫无出路的，人口有了四万万七千五百万，是一种“不堪重负的压力”，革命也好，不革命也好，总之是不得了。艾奇逊在这里寄予了很大的希望，这个希望他没有说出来，却被许多美国新闻记者经常透露出来，这就是所谓中国共产党解决不了自己的经济问题，中国将永远是天下大乱，只有靠美国的面粉，即是说变为美国的殖民地，才有出路。②

上海等处的失业问题即吃饭问题，完全是帝国主义、封建主义、官僚资本主义和国民党反动政府的残酷无情的压迫和剥削的结果。在人民政府下，只消几年工夫，就可以和华北、东北等处一样完全地解决失业即吃饭的问题。

中国人口广大是一件极大的好事。再增加多少倍人口也完全有办法，这办法就是生产。西方资产阶级经济学家如像马尔萨斯者流所谓食物增加赶不上人口增加的一套谬论，不但被马克思主义者早已从理论上驳斥得干干净净，而且已被革命后的苏联和中国解放区的事实所完全驳斥。③

“西方的冲击”，这是艾奇逊解释中国革命所以发生的第二个原因。……在不明事理的中国人看来，艾奇逊说得很有点像。西方的新观念输入了中国，引起了革命。观念可以引起革命，这是典型的历史唯心论。④

然而，否认“历史唯心主义”的基础并没有排除艾奇逊信件中所体现的民主“思想”的危险。因此，下面就拿出共产党的政府形式以对抗美国“极权主义”的控制。

但是艾奇逊的话有一半是说错了。共产党领导的人民民主专政的政府，对于人民内部来说，不是专政或独裁的，而是民主的。这个政府是人民自己的政府，它对人民必须是恭恭敬敬地听话的；同时又是人民的先生，用自我教育或自我批评的方法教育人民。⑤

---

① 原注：FBIB，《每日报道》，第PPP-1页，1949年9月19日，不完全开放。
② 原注：同上，第PPP-2页，1949年9月19日，不完全开放。
③ 原注：同上，第PPP-3页，1949年9月19日，不完全开放。
④ 原注：同上，第PPP-4页，1949年9月19日，不完全开放。
⑤ 原注：同上，第PPP-13页，1949年8月31日，不完全开放。

二、对共产党反应的评估

在共产党中国，白皮书产生的主要结果是终结了所谓“中立的”或“自由的”政治家和知识分子自我设置的栅栏。重视这些人否认以前对美国的忠诚表明，共产党认为白皮书的发表不仅是镇压“自由主义者”的便利借口，而且将其看作是在“中国人思想斗争”中的一场强大的美国运动。

从共产党对艾奇逊信件的反应可以最好地判定其真正关注的问题。共产党观察到，美国怀疑共产主义是当代中国唯一的革命力量和共产主义的最终必然胜利。他们正好将这种怀疑解释为中国革命的起源。在艾奇逊的信件中，有这样一句话：“到20世纪初，过剩的人口以及新思想的传入等一系列因素可能引发了中国的革命。”共产党对理论非常敏感，尤其是与自己相反的理论，所以，共产党必然拿出其意识形态武库中的所有武器进行反击。

他们嘲讽美国模式为“资产阶级唯心主义”或者“历史唯心主义”，即美国认为“意识”是比“物质”更重要的历史动力。当然，招致他们指责的是这样的事实，美国反对把马克思主义的基本概念“革命”看作是“不断的阶级斗争”。例如，共产党认为，现代中国在“资本主义”和“西方帝国主义”的催化下正在经历着从“封建主义”向“社会主义”的转变。根据他们的解释，这种转变就是以不断的阶级斗争为特征，无产阶级及其先锋队共产党必然将获得最后的胜利。

相反，艾奇逊的信件中怀疑了共产党或其他集团能否控制中国的未来。它表示现代中国与“唯心主义”或“唯物主义”无关，而是政府无法控制、意识形态无法解释的巨大的社会力量的产物。此外，它暗示，虽然共产党现在暂时统治了中国，但无法保证他们永远拥有权力。因此，艾奇逊信件讨论的正是共产党在中国的“使命”问题。

对于美国看作是共产党生存至关重要的“过多人口”的问题，共产党显得尤其敏感。他们否认“过多人口”曾经“引发了”革命，因而间接地重申了他们的观点，革命是永恒的阶级斗争的体现。另外，他们认为“过多的人口”或“失业”问题是因为现在终结了帝国主义对中国的剥削，共产党的作家们也一再坚定他们的信仰，认为当中国社会以马克思主义原则组织起来时，中国人口绝对不会过剩。因此，他们把美国的模式以马尔萨斯式的理论摒弃了。这样的思想路线使共产党认为他们当前的经济困难很快就可以解决，而美国认为这是一种顽症。

至于对中国的“西方冲击”问题，马克思主义关于“帝国主义”的陈词滥调帮了共产党的大忙。共产党称，西方不是通过思想，而是通过强迫于中国的各种“剥削”形式影响了中国。这种帝国主义的剥削使得半殖民地半封建社会的中国最终走向“共产主义”。

共产党也小心谨慎地对抗美国“民主个人主义”的呼吁，开始实施领导非共产党人保卫和颂扬共产党政权的计划。这一行动表明，在发表的白皮书中，美国可能已经在中国获得了重要的心理胜利。

OSS China and India，Reel-4-33，pp. 1-12

刘建平译，杨奎松校

2 - 28

中情局关于中国局势的备忘录

（1949 年 11 月 4 日）

机　密

中国局势

（1949 年 11 月 4 日）

以下评估是可能发生的应急对策。

1. 国民党外交部长叶公超和现驻香港的英国驻华大使拉尔夫·史蒂文森(Ralph Stevenson)于 1949 年 10 月 22 日和 23 日在香港举行会晤，叶承诺，为回报英国对中国共产党政府的不承认，国民政府将：

(1) 放松对上海的封锁，允许英国与华北进行贸易；

(2) 如果国民党重新控制华北，将再度对英国和外国船只开放长江；

(3) 签订新的中英商务条约；

(4) 只要国民政府存在，就允许英国对香港的统治。

2. 叶作出承诺的条款是英国自 1947 年就要求的，这被认为是国民党对英国不承认共产党政权所自愿付出的代价。史蒂文森还提及英国新加坡会议上的情况，他返回伦敦后将上报英国政府。

3. 香港出口物依靠于华北地区，特别是染料、炸药、爆炸性的化学物质，这在北平——天津的市场上有很好的价格。中国北部的买主支付黄金或美元，但香港的商人不能从这些地区带走黄金或美元，只能在当地使用。因此，香港商人正在华北购买出口至南部的物资，甚至低价转售。

CIA Research Reports China, Reel - 1 - 0327, p. 1

刘建平译，杨奎松校

2 – 29

国务院情报研究所关于毛泽东作为理论家和领袖的研究报告

（1949 年 12 月 22 日）

OIR 5101

机　密

毛泽东作为理论家和领袖的地位

（1949 年 12 月 22 日）

提 要 和 结 论

毛泽东在过去 15 年里作为中国共产党的领导人、东亚共产党的理论家和“农民解放”的拥护者这一复合的声誉，最近有迹象表明正在发生变化。过去两年间，毛泽东已经失去了一些以往独立于苏联的形象，他的理论在东亚共产党中引起了争议，毛泽东最先提倡的共产党领导农民的主张也让位于更传统的捍卫劳动阶级和无产阶级的主张。首要的变化是在世界共产党的等级制度中，象征性地服从于苏联的最高领导地位；第二个变化是暂时的误解，现在已更正；第三是为了需要而虚构的内容被抛弃。事实上，目前毛在国际共产主义运动中的地位有可能发生变化。

几个相互影响且有些均衡的因素显然决定着毛未来的事业。苏联对共产党中国出现铁托分子的忧虑，导致其对中国党的严密控制，这明显不利于毛在国内外的独立行动。但另一方面，苏联在亚洲的扩张趋势很大程度上依赖于中国人在将毛的策略运用到东亚其他国家方面的合作。中国人非意识形态的一面、所有的伟大革命以及在新的条件下领袖为维护自己杰出地位而进行权利斗争的困难，改变了适合于毛的这些因素。

这些多重因素将把毛推向何处，这绝对不是一个明确的问题。毛作为中国领袖的声誉因苏联对铁托的批判而有所影响，但这至少可以通过苏联征服亚洲需要毛的帮助得到部分的弥补。然而，总的来说，毛声誉的降低是可能的，事实上这种可能已经发生了。

但是，不可能期望毛的地位产生巨大的改变。最可能的情况是他逐渐沦落为像其他卫星国的领导人大致相似的地位。在这个新的地位上，毛可能依然是中国共产主义不可挑战的领袖，但在亚洲其他国家中，他将只是一个次要的代言人而已。

毛泽东作为理论家和领袖的地位

最近,毛泽东逐渐赢得了世界共产主义英雄人物的美名。在1930年代中期,毛还被看作是一个部落的族长,他带领着疲惫不堪的共产党队伍,历尽艰难险阻来到中国西北这个充满希望的地方。① 毛地位的提升有几个动力,一个重要的推动力是毛将世界共产党统一战线的策略运用到中国,②使他成为团结抗日的支持者。抗日战争期间,共产党所报道的战绩进一步增添了毛的神话。毛获得赞誉的第三个因素是在与苏联中断联系的1930年代末和1940年代初,中国共产党"独立自主"的表现。然而,毛作为理论家的国际声誉直至1940年《新民主主义论》公开发表后才获得,《新民主主义论》是渐进的"殖民地"革命或"人民"革命的基本纲领,满足了第二次世界大战"蜜月"时期世界共产主义运动的特殊需要。最近共产党在内战(1946~1949)中的胜利,在表面上进一步提升了这些名望,国际共产党承认这可以与1917年列宁领导的十月革命和第二次世界大战期间斯大林领导下的苏联胜利相提并论。

仅仅几年前,中国共产党和世界共产党的同情者均毫不犹豫地将毛的主张提升到与共产主义先驱们马克思、恩格斯、列宁和斯大林并列的地位。1944~1945年,美国在延安的观察组成员被告知,毛是"中国化的马克思",③这就是,他成功地把马克思主义运用到广大农民中间和亚洲的广大农村地区。1945年6月,中国共产党通过的章程勒令党员"学习马克思列宁主义和毛泽东的基本思想。"因此,刘少奇在1945年《关于党章的报告》中将对毛的颂扬模式化,称毛是中国共产党的化身:

"我们党的历史道路是被我们的领袖毛泽东同志所最早阐明的历史道路,基于中国革命的特殊性,毛泽东同志的道路最准确、最彻底的代表了我们党的历史,代表了中华民族和中国人民近代革命的历史。尽管毛泽东同志在几个时期不能在形式和组织上决定全党的行动,但这些时期更清楚地表明,我们党真正的历史和中国无产阶级正确的革命方向是在毛泽东同志指引下的,并将继续在毛泽东同志指引下的方向发展,不可能有任何其他方向,也不可能存在以任何其他人为中心的发展方向。"

最近,海外的美国记者安娜·路易斯·斯特朗在她的一本书中④把毛描述为亚洲的圣

---

① 原注:埃德加·斯诺在《红星照耀中国》(第68~69页)一书中这样评论了毛在1936年的领袖地位:"我从未遇到过一个中国红军说'我们的伟大领袖',也没有听到中国人民用其他名词代替毛的名字……"

② 原注:在1935年共产国际第七次代表大会上正式通过。

③ 原注:《新民主主义论》中的表达。

④ 原注:《明天的中国》(纽约,1949),第30~31页和第113页:"在那遥远的窑洞里,毛泽东已经成为一位世界人物。他在《论持久战》一文中的观点已被美国和其他军事专家所接受,可能一些专家根本不知道它来自何处。他在《新民主主义论》中的观点不仅为中国设计了新的政府形式,而且影响了五年后在东欧出现的类似形式。东南亚的殖民地国家热切地研究着他关于中国革命的分析。事实上,全世界的马克思主义者都认同,为了理解亚洲的现代问题,必须研究毛泽东的思想。"

"被认为是中国的第二位马克思主义者刘少奇说:'毛的伟大成就是把马克思主义运用于中国的问题。''毛不仅运用马克思主义的方法解决中国的实际问题,而且他已经将马克思主义普及为中国人民使用的方法……'"

"相比较现在的莫斯科,毛泽东和中国共产党正是印度尼西亚、印度支那和缅甸的民族革命所寻求的最具实用价值的构想。毛的战略适合于这里的人民;因为中国的问题与他们的相同,中国的人民革命也必须打败处于优势地位的军队。这就是它为什么吸引那些面对欧美优势军队的东南亚殖民地叛乱者的原因。"

人,把《新民主主义论》称为亚洲的圣经,1949年2月她在莫斯科被捕前,这本书在世界共产党国家中以多种文字出版。即使在今天,《新民主主义论》和其他一些毛的著作仍是许多中国共产党学员学习马克思主义的惟一教科书。

一、最近的发展形势

1948年年底至1949年年初,有迹象表明毛的声誉正在发生变化,这也是战后所有非苏联的共产党领导人某种共同的趋势。相比较欧洲的同道们,毛通过宣布中国共产党与苏联结盟并依靠苏联,来证明自身的正统性要稍晚一些。同时,中国共产党非常突然地从二十年的"农村"革命政策转向目前更"正确"的城市革命政策,因此放弃了曾经有用的对毛"农民领袖"的虚构。此外,随着远东共产党路线的"硬化",毛的理论家的地位显然要重新审视。现在还不能确定毛作为共产党领导人和理论家最新的动向就是其地位的真正变化,或者只代表对世界充满铁托分子的现实调整,当然,也不能用共产党路线的"硬化"来解释。

毛声誉变化的首要标志是放弃了以前独立的形象。1948年10月31日,毛在一篇纪念俄国十月革命的文章中声明中国将加入苏联阵营。1949年3月和7月,毛进一步倒向苏联,将中国革命的成功归因于苏联在二战中的胜利,①这也是现在卫星国的标准。如果毛没有过分强调中国对苏联的奉承,刘少奇能在去年10月承认内战中苏联的直接援助吗?②

1949年3月,在中央委员会的全体会议上,等同于毛的农民革命政策被突然宣布中止了,论述如下:

> 党在毛泽东同志的领导下团结了广大的劳动人民,执行了这个用乡村包围城市的方针。历史已经证明这个方针是完全必要,完全正确,也是完全成功的。但是,采取这样一种工作方式的时期现在已经完结。从现在起,从新开始了由城市到乡村,由城市领导乡村的时期。③

虽然处于统一战线和内战时期,农民革命政策的放弃显然证明了共产党管理新占领的城市、企业的计划与通过"铁托分子"问题以重建党的"无产阶级"基础的计划之间的冲突。毛公开的无产阶级领导人的转向(共产党逗留中国农村的整个时期,毛明确坚持党对无产阶级的理论认同)可能伴随着名望的丧失,但毛显然会从容地应对。

---

① 原注:毛泽东,《论人民民主专政》,1949年7月1日,引自1949年7月1日FBIB,《每日报道》第PPP-18页和19页:"请大家想一想,假如没有苏联的存在,假如没有反法西斯的第二次世界大战的胜利,假如没有打倒日本帝国主义,假如没有各人民民主国家的出现,假如没有东方各被压迫民族正在起来斗争,假如没有美国、英国、法国、德国、意大利、日本等等资本主义国家内部的人民大众和统治他们的反动派之间的斗争,假如没有这一切的综合,那么,堆在我们头上的国际反动势力必定比现在不知要大多少倍。在这种情况下,我们能够胜利么?显然是不可能的。"

② 原注:10月5日的演讲中作出承认。(FBIB,《每日报道》,1949年10月10日,第PPP-2页)

③ 原注:FBIB,《每日报道》,1949年3月25日,第CCC-1和2页。

毛的先知地位也引起了争议，这表明事态在进一步发展。毛在1940年《新民主主义论》中预言的"人民民主"阶段或联合政府阶段，现在已经被世界共产党普遍公开地定义为走向社会主义过程中短暂的准备阶段，在此阶段，政府的组织形式是"无产阶级专政"。① 印度也已发现了这种转向，现在的"革命"领袖和倾向于毛的少数"改革派"之间的派系战争持续不断，1948年3月改革派的早期领导地位已被剥夺。最近，印度共产主义的新领导人对毛的先知地位偶有争议，进而批评毛的"偏离"和"错误的阐释"，甚至否认共产党中国的农民革命对印度的有效性。② 此外，1949年2月《明天的中国》出版前夕，毛在外国的主要支持者之一安娜·路易斯·斯特朗在莫斯科以帝国主义间谍的名义被捕。最后，苏联在1949年10月1日发布新中国"人民民主"建立时的消息忽视了毛的主张对创新理论的一些结论。10月6日，《真理报》这样解释中国的胜利：

中国民主的胜利是历史发展的必然。伟大的十月社会主义革命是人类历史的转折点，它动摇了帝国主义在殖民地和不独立国家的统治，唤醒了远东受压迫的人民大众，谱写了他们为自由斗争的新篇章。它也揭开了中国历史新的一页。伟大的列宁、斯大林主义的不朽火苗照亮了朴素的中国人民的心灵。中国近邻社会主义苏联的存在、它的发展、革命经验和兄弟情谊，都将有助于中国工人阶级的反帝国主义和反封建的斗争。

人类的伟大天才列宁和斯大林预测到中国革命的爆发。他们精确地阐述了帝国主义时代民族革命的真谛。这些教导丰富了马克思列宁主义的宝库。斯大林同志特别分析了反帝、反封建革命胜利的条件。

共产主义的科学理论指导下的中国共产党是中国为人民民主胜利和民族独立而斗争的基本力量。③

---

① 原注：1948年12月19日，季米特洛夫《对保加利亚工人党中央委员会的报告》，引自1949年2月4日的索非亚，D-21。"(a) 人民民主阶段代表了劳动人民的权利……绝大多数人的权利，并且在工人阶级的领导下……(b) 人民民主阶段是一个过渡阶段，必然要走向社会主义。"

1949年3～4月，雷沃伊《关于人民民主的特征》，引自1949年5月11日布达佩斯的D-365。"拉克西同志断言，人民民主是无产阶级专政，虽然没有苏维埃的形式，但我们的人民民主履行无产阶级专政的功能……很显然，我们的人民民主并非始于无产阶级专政，而是为此进行斗争的阶段……"

② 原注：印度共产党的《为人民民主和社会主义而斗争的一些战略和策略问题》，《共产党》(1949年6～7月，第76～89页。)"我们必须强调，印度共产党认为马克思、恩格斯、列宁和斯大林是马克思主义的权威来源。在此之外，没有马克思主义的新的源泉。……这样的论断已经被多次证明，并非修正主义的阴谋……由于安得拉邦书记处引用毛反对日丹诺夫和苏联共产党对世界形势和人民民主的理解，有必要重新检讨这些阐述。……没有一个共产党能够接受毛的论述……很显然，发展资本主义的思想是反动的，也是反革命的……马克思主义者不可能同意这样的反动论述……毛为争辩其某种偏离而步入新的偏离。那些比较中国与俄国道路的人有许多错误的认识。首先，他们关于俄国革命的思想是错误的。他们认为俄国革命突然在10月7日实现，却忘记了三十年的艰辛斗争，在革命前和革命期间不断地争取多数人的支持。他们也忘记了内战。其次，当他们比较并且支持中国道路时，他们反对民主革命中的无产阶级领导权，而且感到中国革命表明无产阶级领导权是不必要的。土地战争、内战和持续的斗争真正掩盖了无产阶级领导权是不必要的思想。这种意图是在反封建革命、土地革命的名义下进行——总之，是一种农民领导的理论，其反马克思主义的特点已经暴露无遗。"

③ 原注：FBIB，《每日报道》(欧洲部分)，1949年10月6日，第AA-6和7页。然而，7月1日，毛声称："孙中山死去二十四年了，中国革命的理论和实践，在中国共产党领导之下，都大大地向前发展了，根本上变换了中国的面目。"(《论人民民主专政》，1949年7月1日，引自FBIB，《每日报道》，1949年7月1日。)

这一系列事件自然地引发了毛作为亚洲共产主义运动领袖地位的问题。最近在北平召开的世界工会联合会亚洲分会显然提供了部分的答案。在会议上,毛的理论被宣称适合于亚洲所有国家的“解放运动”。在苏联领导下的世界工会联合会亚洲分会上强调中国对亚洲斗争领导的重要性,表明毛的地位不是在降低,而是在重新定义。

不管怎样,毛作为世界共产党领袖和理论家的形象正在改变,因为这种变化伴随着一些极端挑衅的世界性事件,如铁托分子的出现和中国共产党的胜利,所以,考察影响毛的未来的因素看起来是合适的。

二、毛泽东的未来

影响毛泽东未来的因素很可能有三个:(1) 有关铁托问题的争论对中国的影响;(2) 中国革命的新阶段;(3) 东亚共产主义运动的形势。

(一) 铁托主义对共产党中国的影响

从长远来看,中国共产党可以避免与苏联的伙伴关系,也不会成为苏联的卫星国,但为此必须付出艰辛的努力。① 莫斯科已经意识到,中国存在着有利于铁托主义的环境。面对中国独立的危险,恐惧比列宁“自由联盟”的政策可能会更强烈地影响着苏联的领导人,②因为列宁“自由联盟”的政策尊重中国所要求的富有弹性的共产党政策和领导,或者考虑东亚民族主义因素的反应。

世界共产党的报道和苏联不断向共产党中国的渗透,表明苏联这种恐惧的存在。美国《工人日报》③将1949年3月新的城市计划解释为“提前欢迎铁托主义。”《工人日报》和捷克共产党的《红色权力报》④也引用中国出席布拉格和平会议代表的说法“中国现在没有铁托,将来也不可能有。”1949年6月,刘少奇1948年11月《关于国际主义》的专题论文以不同的版本出现在苏联及其卫星国的报刊上,并被窜改为包括了新内容的专门反铁托的评论。⑤最近,毛服从于苏联的宣言可能被看作中国对苏联恐惧的让步,重申中国共产党对美国企图从内部破坏的指控,以此警告西方他们不会妥协到出现铁托分子的地步。

与此同时,也有报道称苏联党正在渗入北平的兄弟党。有证据表明,克里姆林宫影响着共产党的军事政策,刘少奇在1949年10月5日的演讲至少部分地证实了苏联训练了人民

① 原注:苏联对东欧国家加强控制证实了这样的言论,最近苏联人罗科索夫斯基在波兰的任命更说明了这一点。

② 原注:虽然今天有各种各样的解释,列宁的教义可能意味着共产党控制下的国家将在“自由”、“自愿”的基础上联合。在共产国际时期,“民主集中制”原则在理论上剥夺了国家的自由,即共产国际被集中管理,由多数统治。现在各国党的正式联盟已不存在,克里姆林宫将“自由联盟”诠释为“坚持苏联阵营”和承认苏联的“优势”,但铁托和南斯拉夫更接近它的原始意义。有迹象表明,中国共产党正在从中间立场向苏联立场转变。

③ 原注:1949年4月1日。

④ 原注:1949年5月4日的《工人日报》和1949年6月14日的《红色权力报》。

⑤ 原注:例如,比较原始的广播稿(FBIB,《每日报道》,1948年11月10日第CCC1-5页和1948年11月12日,第PPP7-11页)和1949年7月1日发表的《为了永远的和平》、《为了人民的民主》,可以看出原文中仅有一次提到铁托。

解放军在满洲的重要干部的报道。苏联间谍显然渗入并部分地指导着中国共产党的秘密警察。苏联的书刊检查政策和对流入部分共产党中国地区的图片审查看起来是一个事实。越来越多的苏联技术人员出现在中国的重要工业领域，共产党领导人对此也直言不讳。满洲的资源也遭到苏联任意处置。[①] 此外，驻北平的苏联顾问被怀疑可能插手约束共产党官员与国民政府和美国的联系活动。

若出现最坏的情况，这样的渗透可能最终导致苏联对中国共产党权力结构控制，将极大地减弱中国共产党在国内外独立活动的能力。虽然这样可能强化铁托主义者的情绪，但中国共产党内大规模背叛苏联领导下的共产党阵营是不可能的。那些远离北平控制的农村党的领导人必将反对缺乏弹性的苏联政策，在此情况下，党的独立是可以想象的。

然而，某种力量仍然阻止着不测情况的发生。苏联可能认为，中国共产党的背叛并不影响中共的生存。作为东亚共产主义运动的主要国家和民族主义力量，这样的声誉更多是以苏联对中国共产党的态度而定。此外，中国共产党的现任领导人还控制着部分党组织。[②] 党的各级成员仅忠于毛，军队将领看起来也只懂得对老一代党的领导人的忠诚。因此，虽然中国共产党部分领导人"友好独立"于莫斯科的时代现在已经结束，但共产党中国在沦为苏联的傀儡以前，会发生一些重要的变化。

（二）中国革命的新阶段

暴力革命阶段的工程师不可能自动肩负起革命的和平阶段的主要使命——实现"乌托邦"，这对革命的学子们几乎是自明之理。即使没有铁托主义，作为国家领袖的毛，可能会在1949年初发觉自己正面临一生中的主要挑战，这将影响到中国时代的转变。

在缺少毛最近消息的情况下，准确评估其应对挑战的能力是不可能的。如果毛最近几年扮演着"伟大战略家"的角色，并且致力于军事、社会和美学理论等问题的研究，或者他易于将其领导权限制在缓和派系矛盾方面(两者兼而有之也是可能的)，那么在解决新政权的管理问题上，他将面临着严重的个人障碍。在短期内，中国共产党必须使全国政府平稳运行，实现对中国各种政权的有效统治，开展对外贸易，分配有限的粮食供应，建立可以依赖的财政体系，以及安抚各种持不同政见的社会群体。此外，从长远的角度来看，共产党在人口增长几乎不可避免的情况下，面临着促进经济发展、安置劳动力、安抚持不同政见者、保持公众的士气以及严格限定过度的民族主义等问题。这些问题没有一个是容易解决的，且可能还会因苏联经验的采用而复杂化。

无论毛现在称职与否，这些问题的挑战无疑是巨大的。中国的领袖可能已经深深地陷

---

① 原注：苏联显然控制着满洲的大部分地区；其军队仍驻扎在几个主要城市；根据1945年中苏条约的条款，重要的交通线、工业和港口均由苏联管理；1949年苏联与满洲的贸易协定规定，以满洲的原材料来换取某些非限定的工业品。与中国的交通则完全受到限制。

② 原注：尽管党的高层在主要问题上意见一致，但重要的分歧还是存在的。克里姆林宫是否利用这些分歧以提升莫斯科培养的领导人的地位，显然将影响毛的未来。

入了日常事务的洪流之中,他必将利用在20世纪30年代和40年代初期积累的各种管理经验。然而,年龄(毛已56岁,这对中国人来说是一个偏老的年龄)和身体健康(周期性的肺结核又一次被报道)都可能影响到这种想法。

(三) 远东共产主义运动的形势

克里姆林宫的决策显然被运用于远东多数国家,毛在中国对这一策略又有所发展,①这可能弥补了最近因毛而招致的某种损失,即苏联对中国出现铁托主义的恐惧和亚洲共产党阵营的变化。如果苏联继续保持在东亚强劲的扩张势头,毛可能会被置于"亚洲导师"的角色,即他的思想会被巧妙的运用于多数地区,他的代表也可能在亚洲负责共产党策略的组织中被置于显赫的地位。然而,毛的思想体系对殖民地国家还不具有普遍意义,或者中国共产党不可能在整个远东拥有独立的组织权威。

1. 意识形态。尽管世界工会联合会最近确认了《新民主主义论》的策略性,但在战后共产党阵营的转型期,毛的主要著作已失去了一些应用性。中国人显然希望这些文章被当作亚洲"解放"的真理来接受:

"在每一个问题上——国家、农民、战略、党的建设、文学与文化、财政与经济、工作方法、哲学——毛将马克思主义的原理运用于这些新情况,并且发展了马克思主义。他是亚洲成功发展马克思主义的第一人。"②

改良主义者乔希(P. C. Joshi)领导的印度共产党对此热情接受,这在某种程度上强化了中国人的希望。③

然而,即使在1940年毛的文章发表时,半工业的"帝国主义"日本并未出现相关的形势。此外,东亚其他国家的相关形势作为战后亚洲阵营的几个变化结果,也是让人严重置疑的。1948年2月,远东多数国家的共产党受亚洲青年会议的指导,放弃了以前的"改良主义"政策(支持统一战线,依靠农民,贬低工人的地位),开始了一系列极端主义的暴力活动(坚决放弃战时的联合,支持罢工,随时准备武装暴动)。在一些党的内部,苏联培养的领导人开始崛起或重新掌权,他们对毛持有敌意,这显然表明了上述转变。④ 同时,克里姆林宫通过其代言人朱可夫(E. Zhukov)表示对目前中国共产党与民族资产阶级合作政策的怀疑,指出这样的联盟在革命中是不值得信赖的,"大"民族资产阶级已经证明了这一点。⑤ 印度新领导人最

---

① 原注:这一决策在最近的北平世界工会联合会上公之于众。会议承认,印度、缅甸和日本的形势不同于印度支那半岛、印度尼西亚、马来亚、泰国和菲律宾,毛的策略可能将被运用于后者。

② 原注:《明天的中国》,第31页,引自刘少奇。

③ 原注:见安娜·路易斯·斯特朗的《中国人征服中国》(纽约,1949),第12页。

④ 原注:著名的有印度的兰那地夫和印度尼西亚的穆绍。印度支那半岛显然没有这种转变。

⑤ 原注:苏联太平洋研究所所长。见他的文章《殖民体系危机的加剧》,《布尔什维克》,第23期,1947年12月15日,第51~64页。朱可夫在这篇文章中说:"随着殖民地和半殖民地的工业发展,阶级矛盾也随之激化,大民族资产阶级将退出民众解放运动,走上背叛国家之路。最终,这将不可避免的导致大民族资产阶级完全孤立于人民。殖民地国家工业发展的同时,无产阶级将变得越来越强大,资产阶级也更易于和帝国主义联合镇压工人,它是不可能真心的参加民族解放运动。此外,许多殖民国家的大资产阶级甚至尊重与'帝国主义的联系',而非民族独立。通过信贷体系、银行和资本主义殖民剥削的链条,大资产阶级积极介入这些'联系';他们完全从属于这一链条,仍然反对社会震荡。"

近正在利用这种怀疑和源于欧洲铁托问题对“人民民主”的新诠释，彻底击败了前任领导乔希，批判乔希以《新民主主义论》为理论依据。

毛的著作对亚洲的适用性问题至少名义上在北平亚洲工会联合会上得到了解决。对东亚那些目前还存在游击战的国家的共产党来说，毛建立“统一战线”和内战中使用武装力量的策略已经被认可，如印度支那半岛、印度尼西亚、马来亚、泰国和菲律宾。印度和日本这些工业更发达、无游击战的国家显然还要求其他一些战略。然而，“无产阶级革命”的主题（由无产阶级组织领导的、以一党专政为目标的革命）[①]取代了毛“新民主主义革命”的主题（在无产阶级领导下通过阶级联合开展斗争），这样也取代了列宁主义者和斯大林主义者的“资产阶级民主革命”理论（通过一场无产阶级充当次要角色的民族资本主义运动实现独立）。

在东亚，过去两年中意识形态方面伪装的最终结果是使劳工成为主要的伪装工具，并且使共产党获益于“殖民地的解放”斗争。因此，最近已有为美化东南亚根本不存在的劳工组织的辩解（印度支那半岛已被引证为在反法的游击战争中扮演主要角色），也有为共产党中国越来越热衷于“城市生活”和“无产阶级性”宣传的解释，以及近来有迹象表明一党专政将取代共产党北朝鲜的“民主人民联合战线”。

2. 组织。安娜·路易斯·斯特朗吐露的北京将成为东亚的莫斯科的预测，并没有以流放的新闻记者所期望的方式实现。[②] 不是中国人的组织，而是所谓的“国际”组织已经肩负起了“解放”殖民地亚洲的任务；实现这一任务的主流是各国自己的人民，而非中国人。像欧洲的共产党和工人党情报局一样，苏联可能会牢牢控制新成立的世界工会联合会亚洲联络局，并强化各成员国严格的纪律。此外，它的主要机构是东亚各国本国共产党，而非中国共产党。在该组织的主持下，中国人的作用显然是表达建议、继续情报工作和对西方帝国主义表现出适当的外交姿态。北平亚洲工会联合会的会议报告和方案就证明了这一点；最近中国共产党新闻机构发布命令称，泰国的中国人虽然亲近中国，但不应该“干涉泰国的内部斗争”；[③]马来亚共产党近来也在限制中国共产党的活动；以前中国共产党独立活动的地区（如马来亚、泰国），当地党现在已重新活跃起来，这些均证明了上述结论。

如果中国共产党应该希望在东亚扩张他们组织上的影响，他们拥有许多便利之处，诸如良好的声望、所处的中心地位以及与东亚其他国家人民历史上的相似性等。这些资本在第二次世界大战期就曾被利用，现在的北朝鲜领导人（其影响已受到严重的削弱）当时即受训于延安，日本领导人野坂参三也曾受到中共的迷惑。这些年来，野坂参三的演讲中依然能够看到中共的影子，包括他最近的新主张和中共指导下的共产党“大东亚共荣圈”。

---

① 原注：在这个联系中，注意到无产阶级不再依靠自己的力量，而是在农民中组织军队这一点是很重要的。特别要注意李立三承认以前信仰错误的声明。（FBIB，《每日报道》，1949 年 11 月 28 日，第 PPP17－23 页）

② 原注：见《明天的中国》，第 113 页。

③ 原注：见 A－464，曼谷，1949 年 10 月 14 日。

当然,苏联反对在东亚建立“巴尔干集团”(是否通过中国的季米特洛夫或者铁托),中国国内也越来越从属于苏联,南亚反华情绪日渐强烈,加之对毛革命理论策略性的强调,这些都会抵消中共的便利之处。

OSS China and India,Reel－4－35,pp. 1－22

刘建平译,杨奎松校

2 - 30

中情局关于台湾可能的发展形势再评估的备忘录

（1950 年 5 月 11 日）

机　密

台湾可能的发展形势再评估

（1950 年 5 月 11 日）

1. 1950 年 2 月 20 日以来的发展形势并没有实质性改变文件“ORE 7 - 50”评估的主要结论。这些结论是：(1) 国民党政权不能作出有效的政治、经济调整以成功地防御来自台湾岛的内外威胁；(2) 中国共产党有能力在 1950 年年底以前拿下台湾，并且可能将采取这样的行动。

2. 从 1 月到 4 月中旬，国民党军队的士气已经好转。国民党军队对大陆的有效空袭，连续的海洋封锁，打退了小股共产党在海南和其他沿海岛屿的猛攻，突击队对大陆的袭击，表明其战斗力有所提高。因蒋介石在 3 月重新当选总统后的政权重组，国民党军事指挥官好像也变得更加团结。然而，共产党 4 月下旬迅速攻克海南岛和国民党陆、海、空防御台湾效果的不佳，表明了国民党军队战斗力提高的报告是不真实的，并且更强化了这样的观点：国民党军队的顽疾根深蒂固，是长期的。此外，台湾最近在国民党军队内涉及几千人的大规模逮捕，明显产生了副作用。

3. 1950 年的前 4 个月，台湾地方政府和国家政府的政治形势出现了好转的迹象，宗派主义比以前有所改观。这与文件“ORE 7 - 50”中表明的恶化趋势是相反的。整个经济形势相当稳定，不可能对内部安全产生威胁。政治稳定因依赖于军事上的安全感，故共产党轻易攻克海南已经对台湾的政治稳定产生了消极的影响。

4. 虽然共产党在华南和华东地区遇到行政和政权巩固方面的困难，但这些内部困难不可能对中国共产党侵入台湾有明显的影响。因此，对中国共产党军队高级指挥官偶尔的副面报告不能得到证实，不能认为共产党内部的冲突使其消灭有组织的国民党抵抗力量的目标出现转移。

5. 而且，最近中国共产党调动增补部队进入上海—杭州—宁波地区表明：(1) 全力以赴及早攻击国民党舟山岛基地；或者(2) 伪装攻击舟山的强大力量，而主力指向台湾。

6. 共产党进攻台湾的基本障碍是国民党的空军和海军。中国共产党已经长时期尝试着通过颠覆手段来扫除这些障碍。在苏联的援助下，中国共产党已经建立起了一支空军，如果这支空军还不足以消灭国民党的空军和海军的话，也可能将抵消国民党空军、海军的防御能力。再者，如果这支空军力量投入战斗，可能将严重影响国民党军队的士气。

7．中国共产党在1月和2月期间一再宣称，他们打算在1950年解放台湾、海南和西藏。海南陷落后，他们又反复公开宣传解放台湾和西藏。

8．虽然上述简单讨论有相当多的未知因素，但中国共产党至1950年年底攻陷台湾还是未来最可能的发展结果。

CIA Research Reports China，Reel－1－0401，pp. 1－2

刘建平译，杨奎松校